U0862668

深化产教融合校企合作
推动中职教育创新发展

广东中等职业教育教学改革研究与实践

主　编　李　心　王乐夫
副主编　覃易寒　邓兰兰

暨南大学出版社
JINAN UNIVERSITY PRESS
中国·广州

图书在版编目（CIP）数据

深化产教融合校企合作　推动中职教育创新发展：广东中等职业教育教学改革研究与实践/李心，王乐夫主编；覃易寒，邓兰兰副主编．—广州：暨南大学出版社，2015.7

ISBN 978－7－5668－1495－1

Ⅰ．①深…　Ⅱ．①李…②王…③覃…④邓…　Ⅲ．①中等专业学校—教学改革—研究—广东省　Ⅳ．①G718.3

中国版本图书馆 CIP 数据核字（2015）第 127174 号

出版发行：暨南大学出版社

地　址：中国广州暨南大学

电　话：总编室（8620）85221601

营销部（8620）85225284　85228291　85228292（邮购）

传　真：（8620）85221583（办公室）　85223774（营销部）

邮　编：510630

网　址：http：//www.jnupress.com　http：//press.jnu.edu.cn

排　版：广州市天河星辰文化发展部照排中心

印　刷：佛山市浩文彩色印刷有限公司

开　本：787mm×1092mm　1/16

印　张：32.125

字　数：825 千

版　次：2015 年 7 月第 1 版

印　次：2015 年 7 月第 1 次

定　价：80.00 元

（暨大版图书如有印装质量问题，请与出版社总编室联系调换）

前　言

近年来，我国职业教育快速发展。中共中央总书记、国家主席习近平在2014年6月全国职业教育工作会议中指出：“要坚持产教融合、校企合作”，“引导社会各界特别是行业企业积极支持职业教育，努力建设中国特色职业教育体系”。国务院总理李克强也提出“要走校企结合、产教融合、突出实战和应用的办学路子”。国务院在《关于加快发展现代职业教育的决定》中指出：“要深化体制机制改革，统筹发挥好政府和市场的作用，加快现代职业教育体系建设，深化产教融合、校企合作，培养数以亿计的高素质劳动者和技术技能人才”。广东省委省政府制定了《广东省中长期教育改革与发展规划纲要（2010—2020年）》《广东省职业技术教育改革发展规划纲要（2011—2020年）》《广东省人民政府关于深化教育领域综合改革的实施意见》，提出构建现代职业教育体系，推进职业教育产教融合、校企合作。

为深入学习、贯彻全国职业教育工作会议精神，落实国务院《关于加快发展现代职业教育的决定》精神，深化产教融合、校企合作，进一步推动我省中等职业教育教学改革，提高教师教学水平和教学研究能力，广东中华职业教育社和广东技术师范学院联合举办广东省中等职业教育“产教融合·教学改革”研讨会，围绕“深化产教融合、校企合作，推动中等职业教育教学改革”的主题，开展对“产教融合、校企合作体制机制创新”“现代学徒制人才培养模式探索与实践”“中高职专业衔接、课程开发与教材建设”“中等职业学校课堂教学改革与创新”“中职教师实践能力提升与专业发展”等五个议题的讨论。

为总结研究成果，促进交流，我们出版了本次研讨会的论文集，希望书中各位作者的见解能为深化产教融合、校企合作，推动广东省中等职业教育创新发展献计献策。

编　者
2015年6月

目　录

第三编　中高职专业衔接课程开发与教材建设

第四编 中等职业学校课堂教学改革与创新

第五编　中职教师实践能力提升与专业发展

第一编　产教融合校企合作体制机制创新

寻找合适的企业合作

——服装专业校企合作模式探索与实践

龚　苹　陈仕富
（中山市沙溪理工学校　广东　中山　528471）

摘　要：近几年来中国职业教育高速发展，校企合作、工学对接的教学方式变成了职业教育发展的主流趋势，很多的学校都在努力寻求校企合作。不同层面、多种形式的校企合作正轰轰烈烈地开展。然而在开展的过程中，学校、企业、学生遇到了许多问题，发现这比想象中的要困难，甚至需要解除合同重新寻找合作方。也有部分学校由于地处偏远地区或者相关专业与产业群对接不够紧密，总是找不到合作企业。种种迹象表明，在校企合作中会有许多的困难，同时也有很多的技巧。而解决问题的关键是要探索如何寻找合适的企业、以何种形式来进行合作。

关键词：校企合作；服装专业；双赢

根据不完全统计，校企合作是职业教育发展的主流趋势，95%以上的中职学校进行了校企合作。但是大多数学校在校企合作的过程中还存在着许多的问题和困难。

一、校企合作的现状和困境

（一）多数校企合作仅停留在初级阶段

在产业不发达的环境下，众多学校所实行的校企合作只停留在初级阶段，也就是将三年级或四年级的学生组织或推荐到企业去进行顶岗实习，就算完成了校企合作项目。部分比较负责的学校会派一两位教师到企业里面一起管理学生、跟班学习。但大部分学校只是将学生送过去，之后完全由企业安排，因此在企业顶岗实习的学生就像工人一样跟着企业走，所以说这是合作的初级阶段。

（二）学校寻找不到合作的企业

在内地省份，很多中职学校的服装专业由于处在产业环境相对较差的地区，发现不了与企业的合作交点，找不到愿意合作的企业，因此对校企合作没有信心。其实服装产业作为我国的支柱产业之一，在每个省份都会有不同类型的企业，例如制服企业在每个省份都是存在的，但由于不能突破局面寻找到合作点，校企之间不能进行深度合作。

（三）校企合作不顺利

由于学校和企业是不同性质的实体，各自所追求的目标、管理模式都会有所差异。在合作过程中，企业与学校、师傅与教师、员工与学生、课程与生产既相互交叉又相互对立。所以在合作的过程中会产生许多矛盾与挫折。在企业较多的地方，学校可能会经常更换合作企业；在企业较少的地方，学校很可能在与企业合作不顺利的时候终止合同，这会影响校企合作的长期、稳定进行。

二、校企合作、工学对接的核心原则

（一）校企需要有交点

所谓交点就是指学校、企业需要有共同的目标，双方各有所需、各有所求，当这两者能互补，或者观念达成一致的时候，才会达成共识。学校的目标是培养学生能力、提升老师素质，因此学校需要企业在技术、资源、设备、产品、人力等方面提供配合与支援。企业的目标是创造效益、节约成本、储备人才，因此企业希望能得到学校在场室、设备、人力、培训、宣传等方面的支持。当企业和学校双方能相互满足的时候，合作的成功概率就会比较大。因此，有些学校总认为一定要找实力比较雄厚的大企业合作，这并不是完全合理的想法。因为大企业在资源配置和管理模式方面比较规范和完善，通俗地说，就是大企业不缺什么，不需要从学校得到太多的支持与配合，所以不是所有的大企业都是理想的校企合作对象。当然太小太弱的企业也没有足够的实力和学校对接。

（二）校企共赢才能长久合作

学校和企业是不同的实体，各自有不同的目标和定位。在合作的过程中，只有学校、企业在了解对方的需求后，通过换位思考，最大限度地满足对方的需求，合作的过程才会比较顺利，才能实现学校、企业、学生的三方共赢，合作才能长久进行。而在实际的合作中，如果学校不懂得如何配合企业，企业也不懂得如何培养学生、配合学校，就会产生矛盾和摩擦，从而影响合作的长期推展。

（三）校企合作要有健全的管理机制

在校企合作中，学校、企业两者带着不同的目标和任务，老板、员工、教师、学生四方拥有不同的责任，不同性质的人员组成一支很大的队伍，其中有着很复杂的关系。这就需要一套健全的机制来进行约束和管理，如服装课程体系、教学实施方案、教学评价体系、校企合作管理机制、员工管理机制、生产实训管理制度等。

三、服装专业多种校企合作模式的探索与实践

（一）设备育人（合作）——上海和鹰机电有限公司的校企合作模式

该企业专营服装自动、自能化生产设备。其需求为销售设备、推广企业、提高知名度和储备人才。

在与学校合作的过程中，企业一是赞助设备推教育：无偿提供目前服装行业最先进的服装生产、裁剪设备，如智能吊挂流水线、自动拉布机、自动裁剪机、三维人体扫描仪等，在学校建成了先进、完整的制图、裁剪、生产一体实训车间，并定期更新产品。二是

借助学校推企业：通过学校的知名度和社会的影响力，在当地行业、企业起到宣传推广的作用，同时也可以在学校的对外宣传下提高企业的知名度。三是借助产业推设备：以学校作为窗口建立和鹰工作站，借助当地的产业资源，推销公司产品；同时学校借助先进设备培养学生，为提供设备的企业输送熟练的技术人才。通过以上措施，最终达到校企共赢的目的。

学校一方面使用设备开实训：学校拥有设备的使用权，可以将车间变成专业实训工作室，让企业技术师傅和专业教师组织学生进行生产实训，在使用的过程中，设备的维护、维修将由企业技术师傅负责；另一方面利用设备育人才：在使用设备的过程中，通过企业技术师傅培训学校的老师和学生，培养专业的熟悉自动拉布、裁剪、生产、管理等流程的教师和熟练使用专业设备的毕业生。

（二）品牌育人（合作）——中山市红歌服饰有限公司的校企合作模式

该企业为服装品牌公司（品牌：酷侣），主营品牌服装销售及推广。其需求为服装销售、推广企业和提高知名度。

企业一是通过学校开发品牌产品：企业出资建立服装品牌（酷侣），通过学校专业师生开发、制作、发布新产品；二是借助学校师生人力资源：品牌的设计总监和设计师主要是学校专业教师，设计助理是学校定向教学工作室的学生，酷侣品牌产品的网络销售与推广由学校服装电子商务专业的学生完成；三是通过学校提升品牌影响力：通过学校的知名度和社会影响力，在当地行业、企业起到宣传推广的目的。

学校一方面利用品牌培养人才：通过品牌产品的开发、生产、发布和电子商务平台网上的销售，提高专业教师的教学和技能水平；通过各个环节开展生产性、实战性实训，提升学生的技能水平，缩短与企业市场的距离。另一方面模仿品牌、孵化品牌：专业教师带领学生孵化新品牌、新网店，在校内运行，孵化优秀的品牌，在毕业时让学生跟着品牌被企业一起挑走。

（三）产品育人（合作）——中山英仕服装有限公司的校企合作模式

该企业为婚纱、礼服定制公司。其需求为婚纱礼服的设计、生产定制、服装销售。

企业一是让车间设备进学校：在学校投入设备，共建校内生产流水线，把企业的真实生产任务作为学生的学习任务，在合作的过程中获得人力资源；二是让技术能手进课堂：让企业技术师傅进入学校，走进生产实训课堂，指导学生生产实训；三是让订单产品进实训：让企业真实的产品订单进入实训车间生产，让学习内容社会化、生产任务实训化。

学校一方面利用企业的设备、产品、材料、技术等资源，实现了定向培养专项人才；另一方面实现了专业教师转师傅：通过生产实训，让专业教师走进生产车间，在与企业技术师傅共同管理、指导学生的同时，提升自身的技能水平，让专业教师变成真正的“双师型”教师。除此之外，还能使学生作品变为商品：学生通过对企业的订单项目实训，掌握产品生产过程和制作技术技巧，从而完成真实的产品，让作品变成商品走向市场。

（四）资源育人（合作）——南通东帝纺织品有限公司的校企合作模式

该企业为服装面料生产、销售企业。当前需求在于服装面料的推广销售与企业知名度的提高。

企业一是借助学校推产品：该公司的主要产品是休闲服装面料，沙溪镇为休闲服装名镇，企业可借助学校在当地和区域的影响和辐射力进行宣传推广；二是通过师生做设计：让学校的教师、学生根据公司所产面料设计休闲服装，设计稿完成后给企业、客户挑选，用提供的面料将选中的款式做成成衣；三是通过样衣拓业务：制作成形的样衣，提供不同的面料展现形式，让顾客更加直观地了解到面料的成衣效果。

学校一是利用免费面料制样衣：服装是一门技能型的学科，在教与学的过程中需要大量的耗材来进行实践。借助企业的免费面料进行项目的开发和教学，节约了教学资源成本。二是通过企业做设计：新的面料是产品开发的一手资料，通过与企业的合作，学校师生不仅为该公司设计产品，同时可以借此机会为更多同类的服装品牌进行产品的开发。三是整合资源育人才：充分地利用企业的资源，创造条件，提高教师的水平，培养优秀的人才。

（五）技术育人（合作）——深圳创美形象设计工作室（沙龙）校企合作模式

该企业的主要业务是为客户提供形象设计、化妆造型和技术培训，目前需要通过场地接业务办培训，通过学校的资源提高知名度、做好人才储备。

企业一是借力学校办培训：企业可以通过学校的资源平台，办技术培训（学校成教资源）；二是整合资源做业务：通过整合学校资源、校企合作资源、学生资源来承接业务；三是储备人力和资源：教师、学生经过培训，可以参与企业的工作流程。

学校一方面借助技术办专业：借助企业的技术、设备开设学校形象设计课程，并请企业总监担任兼职教师；另一方面通过与企业的对接提升学校的知名度。

四、成效与辐射

通过上述校企合作的实例，学校为当地企业输送了大量优秀的毕业生，深受企业的欢迎。该模式得到了认可和推广，众多的企业、省内外高校前来学习，为当地服装企业的转型升级起到助推作用，为社会、企业提供了培训平台。

参考文献

[1] 方德英等．校企合作创新——博弈．演化与对策［M］．北京：中国经济出版社，2007.

[2] 孙福全，陈宝明，王文岩等．主要发达国家的产学研合作创新——基本经验及启示［M］．北京：经济管理出版社，2008.

[3] 教育部关于职业院校试行工学结合、半工半读的意见．2006.

[4] 刘合群．“百分百”中职教育新理念［M］．广州：暨南大学出版社，2005.

[5] 杨广斌．对“订单培养”模式的初步探索［J］．职教通讯，2006（6）.

现代职业教育中以学长制为核心的实训教学改革与实践

宋小安

（佛山市勒流职业技术学校　广东　佛山　528322）

摘　要：以学长制实施职业教育人才培养，以人文关怀为基础，提升课堂组织管理水平，能改变职业教育人才培养模式。佛山市顺德区勒流职业技术学校经过六年的探索与实践，不断完善职教学长制的理论基础与实践效果，在此过程中积累了丰富的经验。本文系统地阐述职教学长制人才培养的方法与核心要素，旨在拓宽职业教育人才培养途径。

关键词：职业教育；实训教学；学长制；人才培养模式

自2005年10月28日《国务院关于大力发展职业教育的决定》出台以来，职业教育经过10年的高速发展，已显现出一定规模。在广东，特别是珠三角地区，职教学校规模已与普教学校相当，其中佛山市顺德区就办有13所中职学校、1所高职学校。随着产业的转型升级，企业对技能型人才的需求逐步扩大，要求不断提高。职业教育原来那种粗犷式的办学模式已经不能适应现代企业对技能型人才的要求了。加强专业内涵建设，培养技能型人才，满足社会需要成为现代职业教育改革的重要任务。佛山市顺德区勒流职业技术学校是广东省重点职业学校，其模具制造技术专业是广东省重点建设专业。自2008年开始，学校在模具制造技术专业实训教学中首先尝试学长制教学模式。该模式以人文关怀为基础，注重技能的传授，学长不仅要关心学弟、学妹的生活，还要做好导师的助手，在实训教学中传承专业技能。这一模式有效提升了专业人才培养质量，特别是学长的综合素质，满足了企业对复合型人才的需求。

一、职业教育实行学长制人才培养模式的意义

在学长制人才培养模式中，实训指导教师培养一批综合素质高、技术水平出众的学长，在常规实训教学中，指导学长充当导师的助手，传承导师技能。这不仅提高了学生的技术水平，而且让学长在参与教学的过程中锻炼了自己的管理能力。在中职学校专业实训中，将导师制与学长制有机结合并科学运用的实训教学模式尚属首例。

（一）创新学校管理机制

学校模具专业实训教学实施的学长制，将传统的“教师—学生”双边教学变为“导师—学长—学生”三边教学。学长不仅参与教学，而且负责小组的日常管理，将实训指导教师从琐碎的工作中解放出来，形成了学长管理学生、导师指导学长的新型管理机制。学长参与教学管理工作，锻炼了自己的能力，为其日后进入企业，成为班组长、车间主任打下良好的基础；学长参与管理，延伸了学校的管理效能，学校在教学管理上形成了专业部、专业科、专业导师、学长的四级管理机制，管理效能大幅提升。

（二）让德育教育有了载体

在实施学长制之前，学生由于学习技能的积极性不高，德育表现不乐观。在模具专业实训教学中，导师虽然注意教授技能，却往往忘了抓纪律；抓了纪律，却往往影响了技能的传授，顾此失彼，空洞的德育教育无法改变现状。学长制本身就赋予了学生自我教育、自我管理的功能。自从学校将学长制引入模具专业实训教学后，每一位学长都成了学生学习的对象，学长的纯熟技能、优秀品质无时无刻不在提醒学生向学长看齐，言传不如身教，榜样的力量是无穷的。在学长的带动下，其他同学参与实训的积极性也比以往有所提高，教技能、管德育终于做到双管齐下。对于学长而言，他们对同龄人更加了解，教和学更有针对性，更符合学生的实际，可以使实训学生更快地适应技能学习，更好地遵守德育要求，起到教师与学生之间的桥梁作用，有效地促进学风转变，提高实训的教学质量。同时，学长不仅扮演着受教者的角色，也扮演着施教者的角色，这种特殊的体验有助于学长沟通协调能力、语言表达能力和学习能力的发展，有利于学长综合能力的提升，为其进入社会打下良好的基础。

（三）有利于技能型复合人才的培养

职业教育区别于精英教育，是面向普通劳动者、培养学生劳动能力的教育。在职教资源有限的情况下，集中力量培育学长，能够让学长首先成为技能型人才，再带动更多的学生学好专业技能。学长在传承导师技能的同时，教学相长，其他方面的能力也得到显著提升。受导师的专业影响，学长比低年级学生更加认同自己的专业，这些在专业技能上有所建树的学长，最有可能坚守专业，传承、发展、创新专业，成为企业急需的技能型复合人才。勒流职业技术学校培养的众多学长成为当地模具企业的骨干力量，有力支撑了当地企业转型升级。

二、学长制人才培养模式实施的方法

（一）选拔、培养学长是基础

建立学长选拔制度。通过对学长进行职责定位，结合学生心理特点，构建出学长选拔及培养制度。学长制以品格影响和实践引领为原则，目的是在低年级学生的学习态度、技能提升、心理素质等方面提供全方位的帮助和指导。选拔学长的标准是“善于沟通，人际交往能力强，责任心强，专业基础扎实，实践能力强”，尤其是那些曾经参加各种专业技能竞赛或专门接受专业技能培训的学生。选拔出了学长，还需要导师的有效培养，因此必须建立相应的导师工作制度。第一，明确导师的能力特点、培养学长的方法、学长评价制度等；第二，明确学长制的使用范围、实施方法等；第三，建立导师、学长工作的保障制度，明确导师评价、学长评价、学生评价、实训物资保障等制度。在实践中，勒流职业技术学校探索出学长参与实训教学的基本工作流程。导师在实训工作中的侧重点有所改变，提前培养出得力的学长，使技能实训效率得到大幅度提升。通过明确导师与学长职责，在模具专业建立起学长的选拔机制，指导学长参与教学，从而搭建起基于学长制的人才培养模式，弥补实训中导师数量不足的缺陷，提升学长的综合技能水平。

（二）制订学长的工作计划，指导学长开展工作是重点

学长是从学生中挑选出来的优秀者，他的主要工作仍然是学习，做学长是他学习工作的延伸，只有那些学习能力强、技能领悟快、思想觉悟高的学生才会被导师吸收为学长，但学长毕竟不是导师，导师除了传授技能以外，还要传授教学方法，帮其制订相应的工作计划，指导学长开展工作。以勤流职业技术学校模具专业为例，由刘海珍老师编写的《中职学校实训中培养学长的指导手册》共分5章内容，具体描述了学长的工作内容，成为导师、学长开展工作的依据。

（三）分阶段培养学长是关键

将优秀学生培养成为学长，关键是要明确各个时期的目标。导师要根据学长成才规律，在不同阶段设定培养目标，进行有针对性的训练，循序渐进地培养学长的综合能力，将培养目标融入日常教学，导师在实践中教学，学长在学习中实践。学校模具专业学长培养分为5个阶段，分别设定不同的目标。

1. 开展第二课堂兴趣班，在兴趣培养中找寻“准”学长

学校模具专业在一年级新生中开设第二课堂兴趣班，为对技能感兴趣的学生提供初级技能培训。学校要求导师在传授技能的同时注意物色有潜质的“准”学长，目标是那些动手能力强、技能悟性高、品德优秀的学生，主要的方法是沟通。善于和导师沟通的学生容易被引导、培养成为学长。

2. 利用模块教学实训周，鼓励“准”学长脱颖而出

学校模具专业在一年级实训教学中采用的是专业模块实训周制。学校将学生集中实训，将内容模块化，按小班分组，时间为4周至8周。在第二课堂兴趣班上被导师“暗”定为“准”学长的学生，开始展现出成为导师实训助手的能力，并在导师的指导下，逐渐起到学长的作用。经过实训周的历练，“准”学长逐步具备了担任学长的能力。“准”学长再根据个人意愿向导师提出成为学长的申请，导师则通过考核，确定学长培养对象。在模块实训周阶段，导师对“准”学长的能力培养和对其学习态度的肯定，是鼓励其加入学长行列的关键。在第二阶段，培养学长的目标逐渐达成。

3. 在专业综合实训教学中，导师传、帮、带“准”学长

学校模具专业在二年级实训教学中采用的是专业综合实训的方式。“准”学长在导师的指导下开始进行实训技能演示和小组管理。在真实的实训教学环境下，“准”学长很快就能熟悉实训教学流程、技能演示及小组管理，胜任导师助手的工作，完成教学项目。导师的目标主要是指导他解决难题，助其早日成为能独立工作的学长。

4. 专业技能竞赛是学长成长的摇篮

模具专业三年级学长的培养是以提升技能为核心内容的，其中一个目标就是代表学校参加各种专业技能比赛。导师一般将学长分为两组，一组辅助导师教学，一组进行技能提高训练，两组交替换岗。这种训练方法提高了学长的培养效能，使学长的技能水平普遍比较高。

5. 学长参与生产，向技能型复合人才过渡

要将学长培养成技能型复合人才，开展校企合作必不可少。勤流职业技术学校的模具专业与当地模具行业中的大型企业有深厚的合作关系，有着企业进校、学校车间、企业课

堂等多种形式。在企业顶岗实习锻炼的学长回来教低年级学生，效果更加显著，这成为学校模具重点专业建设的一大亮点。

三、对于职业教育实施学长制的思考

（一）找准突破口，实现多方共赢

在实训教学中采用学长制，是学校教师长期摸索的结果。调查发现，导师们非常支持该做法，踊跃参与实践。学长辅教，客观上减轻了导师的教学压力，学长的培养又为导师创造了成就感，许多导师发表了相关研究论文，提升了科研能力。被选为学长的学生也特别珍惜这个机会，通过实践，他们在学习、工作上都有了质的进步，在职业教育技能方面获得了成功，被教师、家长、企业肯定，学长制为这些学生打开了一扇门。在学校管理方面，由于树立了学长这样具体鲜活的标杆，为其他学生指明了学习的方向，德育管理有了有效的载体。学长制培养出的技能型复合人才为企业转型升级提供了人才基础，满足了企业需求。学校模具专业教学步入良性发展的轨道，不管是专业技能竞赛，还是第三方专业技能考核，均名列顺德区前茅，得到了社会与政府教育部门的肯定。各方面的需求使学长制在学校模具专业生根、开花、结果。

（二）实行多元化的学长制运行机制

学长制对于国家职业教育人才培养而言，在应用的广度与深度方面还有拓展的空间，实训教学只是其中的一个成功案例。勒流职业技术学校模具专业的探索还处在初级阶段，其理论与实践不够系统完整。但就研究来看，学长制具有很强的生命力，自 2008 年模具专业实训导师自发研究开始，到 2011 年顺德区正式立项、2013 年佛山市立项、2014 年广东省立项，均受到各级教育行政部门的重视。并且在学校省级重点建设的财会、汽修、计算机、美工、电子等专业实训中普遍开展起来。学校还利用顺德区联盟学校的平台，通过名师讲坛、同课异构等形式，向区内外学校推广学长制成功的做法。

（三）做好评估、绩效考核工作

学长的培养倾注了导师大量的心血，如何进行合理、量化的评价，关系到人才培养质量，是导师工作的指挥棒。要在不断总结完善后，形成学校学长培养的量化评估标准，并在学校学长培养中实施。

（四）长效追踪，做好信息反馈

以前的职业教育在教育系统内部进行，对毕业后学生的跟踪调查较少，层次较浅，效果不明显，与企业实际脱节，受到行业、企业的诟病。通过开展学长制研究，学校要求导师运用现代化通信手段，如微信、微博、QQ、邮箱等，与自己培养的学长建立长期稳定的联系，关注学长毕业后的情况，随时给予关心和指导，做好“售后服务”；同时，也将学长在现实工作中遇到的新问题加以研究，反馈到学长的后续培养中，与时俱进，紧跟现代企业的要求，减少人才培养中的无效劳动，优化人才培养模式。

四、结论

学长制的职业教育人才培养模式，满足了学生、教师、学校、企业四方面的需求。第一，满足了优秀学生的需求，有利于学长成才；第二，满足了教师减轻工作压力的需求，将教师从简单的重复劳动中解放出来，提高了教师参与教育科研的积极性；第三，满足了学校加强组织管理的需求，学长辅助教学，德育管理、技能传承效果显著；第四，这种教学改革为教师科研提供了更高层次的研究平台，带来了实训教学效果的全面提升，培养出了众多技能型复合人才，满足了企业需求，创新了职业教育人才培养模式。实践证明，基于学长制的职业教育人才培养模式具有很强的可操作性，可以在中职、高职专业实训教学中推广，推动以学长制为核心的职业教育技能型复合人才培养效能的提高。

参考文献

[1] 宋小安．基于导师学长制的实训教学案例集锦［M］．北京：现代出版社，2014.

[2] 宋小安．“导师学长制教学模式”在中职学校实训中应用的研究［J］．职业教育研究，2015(5).

校企合作运行机制的探索与思考

陈仕楷　陈宇婷
（中山市沙溪理工学校　广东　中山　528471）

摘　要：当前，职业教育校企合作在实行中遇到诸多问题，未能形成整合资源的长效机制。本文深入分析当前产教融合、校企合作的背景和意义，结合中山市沙溪理工学校以“一主多元”的思路整合学校内部、政府、科研机构和互联网等多方面资源的实践，针对资产核算、利益分配和风险分担等重大难题，总结校企合作运行机制的经验和不足，并提出需要地方政府部门进一步加强决策及监管的建议。

关键词：校企合作；运行机制；资源整合；政府决策

当前，党中央、国务院提出要加快职业教育发展，深化体制机制改革，创新各层次各类型职业教育模式，坚持产教融合、校企合作，坚持工学结合、知行合一，引导社会各界特别是行业、企业积极支持职业教育，努力建设中国特色职业教育体系。李克强总理指出，要用改革的办法把职业教育办好做大，统筹发挥好政府和市场作用，既要加大政府支持，又要通过政府购买、服务等方式，促进更多社会力量的参与，形成多元化的职业教育发展格局。

可见，党中央从国家全局出发重视职业教育发展，设计了“产教融合、校企合作”的发展途径，明确了未来很长一段时期内职业教育要做的事情。走产教融合、校企合作之路的关键在于构建有效的运行机制，这是当前校企合作存在诸多问题的核心所在，也是解决问题的根本途径。

一、产教融合、校企合作的背景和意义

产教融合、校企合作的道路，首先是由职业教育本身的特性所决定的。每个行业、每种职业都有其独特的环境，这一环境要求从事这一行业或职业的人必须具备特定的能力和专门的知识，在这些能力和知识中有某些观念、某些思维和某些观察事物的方式占主导地位。如服装行业里有设计师、工艺师和机械师等职业，分为设计、制版、展示、质检、销售等岗位分工，它们同在服装行业环境里，有基本一致但能互相启发的能力、知识、观念和行为方式，且不断变化。以服装专业中的婚纱加工工艺为例，有裁床、配件、附件、车工、中查、手工、洗油、尾查、包装等16个环节，分裁剪、钉珠、排花、手工花、修下脚等13个工艺工种，原材料有主料、里布、坯布、鱼骨、配件等8大种，流行色彩有白色、速品蓝、奶黄等10种。如果不能在真实的生产管理环境中开展实训教学，很难保证学校培养出来的人才能符合企业要求。

当前，国内外产业竞争异常激烈，中国制造业已经进入产业转型的关键时期，校企合

作成为发展共识——学校需要通过校企合作解决投入不足的问题，改善实训教学条件，提高办学质量；企业需要大量的基础技能技术人才，以实现生产流程优化、工艺技术改进和产品质量提升，尽可能减少耗材和劣品，扩大利润空间；政府面对就业难和用工荒的结构性矛盾，也希望通过校企合作来得到缓解。

2011 年 12 月 13 日，广东职业教育与产业发展对接暨与粤港澳服装业对话活动在沙溪理工学校举行。会上，教育部副部长鲁昕鼓励服装类中职学校大力开展校企合作。校企合作运行机制建设也成了创建国家中等职业教育改革发展示范学校的三大重要任务之一。

二、一主多元，整合内外校企合作资源

校企合作离不开资源整合，资源整合必须考虑到企业意愿。企业为什么愿意把资源投向学校，投向职业教育？很明显，企业的短期目标在于储备人才，中期在于创造利润，长期在于品牌发展——最终还是要靠人才。企业选择与学校合作，希望能够开展深入、高端、持续的合作，让学校在帮它培养人才的同时，还能帮它改进管理和创新产品。企业在参与校企合作后得到实实在在的回报，才有动力继续合作。

基于这样的认识，近年来，沙溪理工学校构建了以学校为主体，政府、行业、企业、科研机构和社会团体共同参与的一主多元运行机制，在资源整合和质量提升上做了以下的尝试。

（一）整合自身资源，提升学校的合作吸引力

沙溪理工学校建立于 1991 年，开设有服装设计与制作、汽车运用与维修、工艺美术、电子商务、物流管理、财务会计等专业。长期以来各专业在资源上存在“你有我无、你强我弱”的不均衡问题，使得学校发展欠缺整体动力。由于服装产业是当地的支柱产业，学校就以服装为龙头专业，提出了“专业对接产业链、教育对接价值链”的人才培养模式，依托当地产业、行业和企业，设置了服装设计、制版、生产、检测、展示、陈列、电子商务、饰品设计、物流、会计等专业。这样一来，几大原本相对独立的专业群就形成了“产业链”的合作关系，企业和该校合作，就不仅是与某一专业、某一环节的合作，而是多个产业环节共同提升的合作。

如果说专业整合配置的是“事”的资源，那么“人”的资源就是师资队伍建设和管理的问题了。为了与企业更好地沟通和对接，学校在师资队伍中实行“层级优化，竞聘上岗”的优化组合制，打破课时量考核，改用工作室和校企项目的质量考核，实行竞争上岗、以职定责、多劳多得、优质优酬。同时，聘请知名设计师、学者、企业家担任专业建设指导委员会专家，聘任企业师傅担任兼职教师；还发起成立了中山市服装设计师协会，吸纳包括学校教师、企业设计师、学校毕业生在内的 400 多名服装设计师参会，每月在学校举办沙龙等进行互动，交流校企合作信息。

实行“专业对接产业链”的人才培养模式中，其中一个对接是“实训中心对接产业链”。即结合服装产业链需求将企业引进校园，把课堂搬进车间，开设“教学工厂”或“教学实训车间”，以企业生产任务为实训项目，实行项目教学、仿真教学、一体化教学；与知名设计师和高级技师开设“名师工作室”，将教师和学生安排到各个“名师工作室”中进行培养。为了吸引企业进驻学校建设校内实训基地，学校主动提供场室，邀请企业把

生产设备、技术精英长驻学校，允许其按照生产实际进行运作，但要和学校教师共同计划、实施和改进教学。学校还协助企业开设英仕婚纱晚礼服等实训专线，让表现比较优秀的学生分批到厂实习，形成良性互动。

（二）融入当地产业转型升级，寻求政府的支持

政府对职业教育持有的态度、定位、投入和发展思维，直接影响社会各界对校企合作的价值取向、合作预期和实际行动。整合政府资源需要机遇，更需要有敢于担当的精神。

沙溪镇是“中国休闲服装名镇”，服装业是其支柱产业，然而大部分企业还处于贴牌加工的生产模式中，自主研发设计的品牌不多，传统的发展模式已走到尽头。2013 年，当地政府提出走产业转型升级之路，要打造时尚创意城、文化旅游城、时尚服饰街等项目，并与电子商务深度融合。在这样的形势下，沙溪理工学校主动配合政府，站在产业转型升级的高度做发展调研和规划，联合企业、行业协会、地方商会、高校、科研机构和专家学者，筹建中国沙溪时尚创意城，推进政府、行业、企业、科研机构、学校五位一体的产学研一体化实践，为行业、企业做好研发、检测、创意和营销等服务，共同推动创意产业与电子商务重点项目建设。学校先后承办了五届服装产业产学研高峰论坛，为上百家企业提供技术和管理培训交流，推广最新的服装机械、IE 监控系统、电子商务等现代化经营模式，被当地政府誉为“产业转型升级的发动机”。当政府认识到学校是做实事、讲实效的，也就愿意在土地、基建、金融、政策多方面继续投入。

（三）整合企业缺乏的科研资源，做好中介服务

产品技术研发是中职学校提升校企合作层次的重要资源，也是企业缺乏而希望通过学校得到的资源。科研机构有了新的产品技术，也希望尽快推到生产经营的前端。在这过程中，学校如果发挥好中介的作用，高效地将双方资源转化成社会财富，就能成为企业和科研机构都离不开的合作伙伴。

近十年来，沙溪理工学校先后承办了中山市休闲服装工程研究开发中心，为企业开展产品研发、技术培训、生产改造和人员培训等服务；与中国纺织科学研究院合建了中纺标 CTTC 中山检测中心，并申报并成为“国家实验室”；还建成了中央财政支持建设的服装专业实训基地，组建了中山市服装设计师协会，与中山职业技术学院创办的沙溪纺织服装学院。这些机构单位都落户在沙溪理工学校校内，成为沙溪理工学校的产学研一体化资源。更重要的是，这些资源都是企业可以充分利用的。沙溪理工学校携手天竹联盟等企业，与齐齐哈尔大学等高校合作，研发了亚麻系列服饰、“世博温差变色 T 恤”等深受欢迎的服装产品，创立和培育了酷侣、东方儿女等服装品牌，为企业创造了实实在在的利润。

（四）跟上互联网思维，整合新优资源

职业教育的资源整合，不能忽略新兴行业的潜力资源。当前，电商风靡，国家提出了“互联网 +”的产业思维，互联网企业就成为了产业转型升级必须要考虑和争取的资源，也就成为了学校正在整合的资源。

2014 年 7 月，沙溪理工学校与珠江地区唯一的阿里巴巴集团认证的金牌淘拍档企业——中山市暴风科技有限公司签订合作协议，共同筹建中山市服装行业电子商务产学研

合作公共技术服务平台。暴风公司携手众多优质服装供应商提供资金和技术支持、运营管理，成立电商购销平台“触电网”，由学校各专业师生全程运营，负责设计、开发、制作、分销、美工、推广、客服、物流、管理等岗位工作。其中，由学校承办的、拥有独立法人资质的中山市休闲服装工程研究开发中心占有其10%的股份，并享受增资收益。通过这样的合作，学校和企业“你中有我，我中有你”，不仅是合作伙伴，更是利益共同体。

三、当前运行机制最大的难点在于资产核算、利益分配和风险分担

在一主多元的运行机制运行中，每走一步都不容易。尤其是目前国家体制还不够完善，职业教育的法律法规还在建设中，产教融合、校企合作面临着一系列实实在在的难题：资源引进来了并且不断做大，怎么区分国有资产和私有资产，以及核算双方资产在经营中叠加、增加和损耗的部分？校企合作产生的效益，应该如何分配？校企合作的人、财、物等风险应当怎样正确评估，怎样分担？

沙溪理工学校在摸索中吃了不少苦头，探索出一些行之有效的对策。

一是成立机构和人员。学校成立校企合作办公室，每个专业部门选出专门的校企合作负责人，形成专业部和学校双层校企合作团队。

二是开展项目申报及调研。充分利用学校联系、调动老师积极性及人脉资源进行校企合作项目申报，并由校企办公室对项目进行市场调研、与专业部门的教师讨论、请专业人士分析等，对校企合作项目进行可行性分析并形成报告。

三是实行民主决策和依法公证。制定校企合作协议，规范合作时间、双方责任、管理模式等，明晰参与各方的责、权、利，通过行政会讨论、修改后，召开教代会，将项目合同条款公之于众，一人一票决定通过后签名，请律师公证以致合法生效。

四是制订详细规划并实施。在校企合作规划和实施方案中，明确合作方式、管理模式、负责部门及人员，对场地、设备、设施等资源做好备案和分配，制订课程和学生培养计划，按要求、按步骤实施。

五是实行过程和结果双导向评估。我们将培养学生数量、质量和就业率作为考核内容，采用校企合作过程量化考核的方式，实行学校、企业和学生的三方评价，制订和实施奖励方案。学校也成立相应的课题研究团队，在校企合作运行过程中进行数据统计、案例提炼和撰写论文等，并将校企合作成果对外展示。

四、校企合作运行机制建设需要地方政府部门加强决策及监管

校企合作问题牵涉到方方面面，并非是倾一所学校之力所能解决的。要保证校企合作项目合情、合理、合法，并解决校企合作运行机制的问题，需要政府部门统筹解决规划，做到法规先行、制度先行，并制定程序细则以确保运行机制行之有效。

一是市政府对地方经济社会及职业教育长远发展进行统筹。地方发展改革、财政、经信、税务、国有资产、科技、商务等部门应对职业教育校企合作的规划计划、资源配置、经费保障、信息服务等给予政策支持。

二是确立高于学校的上级决策、监管主体。由地方教育主管部门作为高于学校的上级决策、监管主体，建立地方职业教育联席会议，负责统筹全市校企合作的规划、资源配

置、经费保障、教育教学改革、实习实训基地建设、师资培养、科技成果转化、资产监管、风险监控、督导评估等工作。

三是通过立法或行政手段明确校企合作的行为。督促职业学校依法制定和遵照学校章程，按照办学宗旨和培养目标，自行设置专业、开设课程、选用教材和开展教育教学活动，并对参与的学校师生、企业及其技师等团体和个人，制定和实施相应的资源补充、效益回流、税费减免、购买保险、劳务补助等激励性措施。

随着职业教育的改革深入，未来地方政府部门可以把步子迈得更大，进一步探索发展多元化办学体制，实行混合所有制、股份制办学，使校企合作运行机制得到更大改善。

参考文献

［1］国务院关于加快发展现代职业教育的决定．国发［2014］19号．2014.

［2］张人杰．国外教育社会学基本文选［M］．上海：华东师范大学出版社，2008.

［3］时晓玲．中职示范校建设重规模更重内涵［N］．中国教育报，2011－11－11.

［4］中山市职业教育校企合作促进办法．2015.

产教对接背景下的“融合—分享”资源共建共享实践探索

卓尚栋　李海钱
（中山市沙溪理工学校　广东　中山　528471）

摘　要：中山市沙溪理工学校以“专业对接产业链、教育对接价值链”作为人才培养模式，坚持产教融合，注重资源共建共享平台的建设，以对接广东服装产业、服务广东经济建设为目标，以校际合作为基础，以校企合作为依托，以专业发展为纽带，通过举办服装设计大赛、产学研高峰论坛，开展校际交流、企业培训、校企招聘会等活动，促进资源共建共享平台的建设。中山市沙溪理工学校资源共建共享平台建设表现出“融合—分享”的鲜明特征，形成自己的特色。通过几年来的努力，中山市沙溪理工学校的“融合—分享”资源共建共享模式，在中高职衔接、人才培养模式等方面都获得了较好的成绩。

关键词：服装职教集团；融合—分享；资源；共建共享

一、资源共建共享平台建设的背景

十八届三中全会强调，要“加快现代职业教育体系建设，深化产教融合、校企合作，培养高素质劳动者和技能型人才”。习近平总书记指出，要牢牢把握服务发展、促进就业的办学方向，深化体制机制改革，创新各层次各类型职业教育模式，坚持产教融合、校企合作，引导社会各界特别是行业企业积极支持职业教育，努力建设中国特色职业教育体系。根据《广东省中长期教育改革和发展规划纲要（2010—2020年）》的精神，广东省各行业开始探讨集团化办学，以专业和产业为纽带，与行业企业和区域经济建立紧密联系。在此基础上，为了进一步推动职教集团研究，创新职业教育集团化发展模式，中山市沙溪理工学校充分发挥职业教育集团服务职业教育、服务企业行业、服务经济社会发展的作用，主要在资源共建共享方面下功夫，逐渐形成“融合—分享”资源共建共享模式。

二、“融合—分享”资源共建共享模式的基本内涵

“融合—分享”资源共建共享模式是沙溪理工学校在资源共建共享过程中，以服装职教集团为基础，整合学校、企业、政府、科研机构、行业协会等各方的资源，建立共享平台，并本着合作共赢的原则来建设这个平台，同时由参与建设的各方分享共建资源。

新加坡发达的职业教育最重要的办学理念就是合作、交流、融合、分享，这表明“融合—分享”资源共建共享模式具有强大的支撑面。

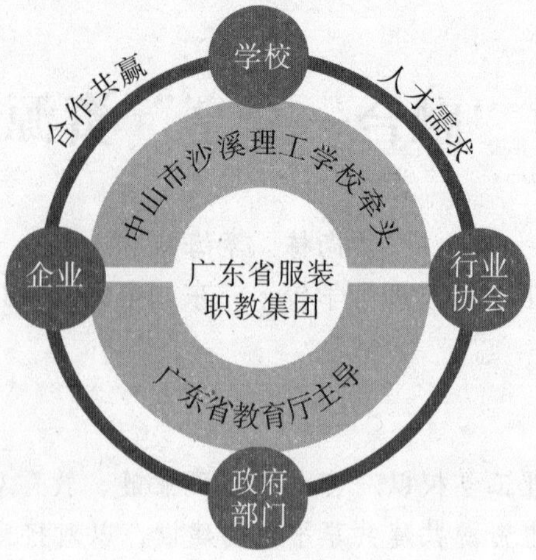

图1

中山市沙溪理工学校服装职教集团依托地方产业经济，对接广东服装产业，服务广东经济建设，通过集团资源共建共享平台的建设，促进校企合作，推动专业发展，培养专业实用人才，形成了学校、政府、企业、行业协会共同参与的“融合—分享”资源共建共享模式。该平台能够充分整合职业院校、行业协会、企业单位各自的优势资源，优化集团资源配置，提高办学水平，实现资源互补、政策共享、连锁培养、科学发展的目标，走出一条低投入、高效益的职业教育发展新路。

三、八大资源共建共享平台建设

中山市沙溪理工学校以本校服装专业为基础，努力加快广东省服装职业教育改革与发展步伐，大力推进校企合作、工学结合，全面促进“三个结合”：社会需求与办学方向相结合、产业发展与专业建设相结合、教学组织与生产过程相结合，与政府、企业、行业、学校共同搭建校际交流学习、服装设计大赛、产学研成果展示、产学研高峰论坛、中高职衔接、师资培训、企业培训、招聘会等八大共建共享合作平台。

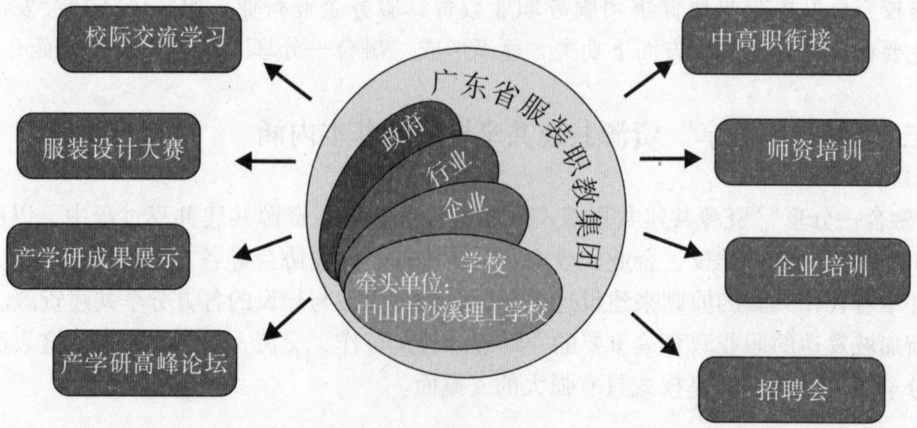

图2

（一）政府投入建设基础设施平台

为推进沙溪服装产业的转型升级，沙溪镇大规模规划建设面积为6万平方米的“中国·沙溪创意设计园”，着力打造“软实力”优势。为了支持沙溪理工服装专业的发展，同时也为了推动沙溪镇服装行业转型升级，沙溪镇结合产业经济发展需要，携手中山职业技术学院，创办沙溪纺织服装学院，学院建成后逐渐成为教育培训、技术研发、管理服务“三位一体”的实用技能型人才培训基地。

（二）中高等教育共建“三二对接”平台

为贯彻落实国家、地区中长期教育改革和发展规划纲要的精神，构建与现代产业体系相适应、体现终身教育理念、中高职教育协调发展的广东特色现代职业教育体系，保证高职院校对口中职学校自主招生“三二对接”，许多中职学校在服装职教集团框架内，致力于推进与中高职业教育相衔接的学历教育：中山职业技术学院与中山市沙溪理工学校、中山第一中等职业学校、东莞纺织学校等学校进行“三二对接”，深圳职业技术学院与深圳市宝安职业技术学校进行“三二对接”。以后集团内将有更多学校采用“三二对接”人才培养模式。

（三）暴风科技打造“互联网+电商”校企合作平台

中山市沙溪理工学校、中山市休闲服装工程研发中心与中山市暴风科技有限公司签订合作协议，三方共建中山市服装行业电子商务产学研合作公共技术服务平台，推动服装产业转型升级。由新组建的暴风服装电商公司领头，携手众多优质服装供应商组建联盟提供资金和技术支持、运营管理，将学校和研发中心的师生、设计师和服务服装行业多年而积累的企业资源无缝融入平台，打造国内领先的以B2B2C方式开展校企合作的共建O2O平台，同时提供众多学生创业、创意及创新岗位，如设计开发、分销、推广、美工、客服、物流、质量检测等岗位，充分发挥校企双方的优势。

（四）高峰论坛搭建服装行业高端交流平台

中山市沙溪理工学校把专业建设建立在行业发展的技术前沿，服装职教集团以此为基础，不断推动行业发展升级。2009年举办服装行业产学研高峰论坛，2010年举办“天竹”杯休闲服装设计大赛，并同期举行服装产业产学研高峰论坛，2011年举办广东职业教育与产业发展对接暨与粤港澳服装业对话论坛，2012年举办广东省服装职业教育集团服装行业产学研高峰论坛，2013年举办第九届天竹联盟代表大会及服装产业高峰论坛，2014年举行“深化产教融合　促进校企合作”论坛。其中2011年12月13日，由国家教育部主办，广东省教育厅和中山市人民政府承办的广东职业教育与产业发展对接暨与粤港澳服装业对话论坛在中山市沙溪理工学校举办，教育部鲁昕副部长、广东省许瑞生副省长、全国70多所高校的领导专家学者到会。

（五）专业成长促建师资培训共享平台

中山市沙溪理工学校经常举办广东省教师培训。2011年，广东省中职学校服装专业技能竞赛指导教师培训会在沙溪理工学校举行。2013年，广东省中职学校服装专业技能竞赛指导教师培训会在沙溪理工学校举行，沙溪理工学校承办广东省青年教师下企业实践活动总结交流会。2013年以来，沙溪理工学校成为广东省教厅组织的校长国家级培训基地，先后有广东省校长培训班、甘肃省校长培训班、云南省校长培训班等来到沙溪理工学校，接受专项培训。

（六）信息化教学资源云平台

服装集团以数字化教学资源为载体，推进教学管理信息化，已经初步建成有行业企业参与、信息量大、专业特色鲜明、使用方便快捷的专业数字化教学资源及共享平台。沙溪理工学校服装设计与制作专业的数字化教学资源及共享平台资源丰富，包括课程展示、资源库、校企合作、师资团队、顶岗实习、在线学习等栏目。为了实现平台的信息化、开放化，学校开发出了实训教学的视频同步系统。此外，学校将与企业合作，将相关课程视频引入企业以方便进行员工培训。

四、“融入—分享”资源共建共享模式的创新点

（一）集团发展为“融入—分享”资源共建共享模式凝聚了强大合力

资源整合既需要充分发挥集团的核心带动作用，又需要充分发挥集团的凝聚力、号召力。沙溪理工学校之所以能够在优质资源共建共享的过程中不断推出新项目、新成果，最关键的是充分调动了政府、学校、企业、行业的积极性，形成了“一主多元，四方协调”的集团管理机制，从而为资源共建共享平台的建设发挥了保驾护航的作用。

（二）多方共赢为“融入—分享”资源共建共享模式奠定了坚实基础

沙溪理工学校以本校资源共建共享为基础，与政府谋求职教支撑多方经济转型升级的共识，与行业、企业谋求校企合作的共识，与服装职教集团内的中高职学校寻求中高级人才培养的共识。沙溪理工学校在谋求三大共识的基础上，把优质资源集中起来，实现了八大资源平台的迅速崛起，四方资源合理融入集团，各方从中分享更多的共享资源，这种共建共享模式抓住了职教集团发展的关键要素：利益共享。

（三）示范性建设为“融入—分享”资源共建共享模式注入强大活力

服装集团优质资源共建共享始于全国示范性学校的创建，然后成为示范性建设的重要构成部分，当这个资源库建设与服装职教集团的内涵发展相结合时，这个项目便具有了强大的生命力。根深才能叶茂，植根于学校服装专业雄厚校企合作基础的优质资源共建共享平台，一旦得到国家主管部门的大力推动，这个项目就有了源源不断的动力和朝气蓬勃的生命力。

（四）产教融合为“融入—分享”资源共建共享模式拓展广阔空间

沙溪理工学校紧紧依托和服务当地服装产业，对接产业办专业，形成了独具特色的“专业对接产业链”的专业建设模式。在这一模式的主导下，服装职教集团的价值取向更加清晰，学校资源平台建设的方向更加明确，在推进教育教学改革，实行工学结合、校企

合作、顶岗实习的人才培养模式等方面的创新与探索会更加活跃。

五、“融入—分享”资源共建共享模式的成果

（一）产学研成效显著

参加产学研培养的师生，成为纺织品实验室的主要技术力量；师生集体开发设计的酷侣品牌休闲装，获得2012年广东时装周最佳休闲装设计奖；集团内聘请了多名“十佳”设计师，并先后培养出杨珊、陈雅洁、林永健三位广东省“十佳”服装设计师；与江苏南通东帝合作开发的服装，打入了2010年上海世博会，并获得了很好的销售成绩；2012年8月，集团内中山市休闲服装工程研究开发中心获得2011年度中山市科学奖励最高奖——“产学研合作奖”；广东省博士后创新基地落户中心，已于2014年12月18日获得广东省人社厅批准；2015年1月，沙溪纺织服装学院顺利通过“沙溪服装专业镇产业学院协同育人基地”建设实施方案论证。

（二）人才培养模式更加完善

学校不但率先创新了中职学校与高校合作创办高等职业学院的新型模式，使中等职业教育向高等职业教育升级的愿景变成了现实；与此同时，集团内部中高等职业学院的升学、招生、实训、就业等一条龙服务为培养更加适应市场需求和产业发展需求的人才提供了丰富的教育资源。职业教育发展更加贴近产业发展的需求，这一改革创新对经济社会的推动作用将是长久而深远的。优质资源共建共享正是“互联网＋职业教育”在信息时代的最新成果，在服务教育和产业发展中必将发挥重要的作用。

（三）校企合作趋于成熟

学校立足地方经济，依托产业办专业，“专业对接产业链，教育对接价值链”，不断把学校的发展与地方产业发展紧密结合，引企入校，开办校内企业，建立教学生产线，与企业共建教学实训室，完善教师工作室，建立教学工厂，推动学校专业建设与企业生产的深度融合，校企合作呈现出多样化、长久化、全面化、特色化、专业化的特征。

六、“融入—分享”资源共建共享模式的努力方向

（一）以沙溪服装创意园区为基础，打造集产、学、训、研为一体的集团化办学模式

学校将继续加强与沙溪服装创意园区合作，形成沙溪服装产业链一体化的集中办公、设计、研发、展示、检测、展示、发布、采购、电商为一体的产业链集群，聚集沙溪本土服装品牌。整合创意园区的资源，在产、学、训、研方面开展全方位合作，实现资源共享，推动人才培养，加强项目研究等方面的合作，进一步拓展集团化办学。

（二）进一步推进中高职衔接，构建现代职教体系

根据国家和广东省的统一部署，学校将继续发挥集团化办学优势，继续探索构建现代

职教体系，建立中高职衔接的技术技能人才协同培养机制，在集团内让更多的学校参与全面合作，制订中高职衔接课程和教材开发等人才培养方案；探索非学历职业教育和非全日制职业教育，服务社会经济发展。

（三）优化资源共享，打造集团师资培训基地

在集团化办学过程中，学校将通过校企合作，加强与企业长期的合作，吸收行业、企业优秀技术骨干人员参与到教学和科研中，以迅速提升学校师资力量。从长远来看，职业学校教师需要有优质的实践学习环境，向行业、企业具有丰富实践经验的师傅进行实践探讨学习。为此学校将进一步打造“中等职业学校青年教师企业实践基地”“广东省服装教师培训基地”，丰富集团资源共建共享的内容，进一步满足市场需求，促进产业发展。

促进优质资源共享，提升信息技术支撑职业教育改革创新的能力，提高人才培养质量，是服装职教集团建立优质资源库，实现共建共享的重要目标。沙溪理工学校希望通过“融合—分享”资源共建共享模式，推进职业教育信息化建设，并以信息化促进人才培养模式改革，从而深化创建国家中等职业教育改革示范学校之后的建设，在全国中等职业教育改革创新、质量提升、特色办学方面真正起到示范性作用。

参考文献

［1］国家中长期教育改革和发展规划纲要（2010—2020 年）. 2010.
［2］关于实施国家中等职业教育改革发展示范学校建设计划的意见. 教职成〔2010〕9 号. 2010.
［3］教育信息化十年发展规划（2011—2020 年）. 2012.
［4］关于实施国家示范性职业学校数字化资源共建共享计划的通知. 教职成司函〔2011〕202 号. 2011.

产教融合促发展　体制改革创未来

——浅谈高州市第一职业技术学校产教融合、校企合作体制机制创新

梁勇健
（高州市第一职业技术学校　广东　高州　525252）

摘　要：十八届三中全会提出“加快现代化职业教育体系建设，深化产教融合、校企合作，培养高素质的劳动者和技能型人才”。高州市第一职业技术学校响应国家号召，顺应职业教育发展的趋势，深化产教融合、校企一体化合作。在各级政府的大力支持和全体教职工的努力下，高州市第一职业技术学校产教融合体制机制创新取得了卓越成效。

关键词：产教融合；体制改革；创新

十八届三中全会提出“加快现代化职业教育体系建设，深化产教融合、校企合作，培养高素质的劳动者和技能型人才”；中共广东省委、广东省人民政府《关于大力发展职业技术教育的决定》（粤发〔2006〕21号）强调“优化重组东西两翼和山区职业技术教育资源。东西两翼和山区各市要增加职业技术教育投入，加快职业技术教育资源优化重组，有条件的县（市）要整合当地职业技术教育资源，集中力量办好1所中等职业学校”。广东的产业转型升级与高州“大产业、大项目、大发展”的五年崛起发展战略，都需要更多能与产业需求紧密对接的技能型人才。高州大力发展职业教育，是创建教育强市、推进城乡统筹发展、实现城乡居民充分就业、全面建设小康社会的迫切需要。

一、校企一体化实施举措

（一）建立校企合作指导委员会

高州市第一职业技术学校引入茂名佳荣五金制品有限公司初期，成立了由学校、企业专家、行业专家组成的校企一体化建设指导委员会，宏观调控校企合作的发展，协调解决校企合作中遇到的问题，为校企合作的发展提供咨询、指导与服务。校企合作指导委员会定期召开会议，随时沟通联系，积极落实各项工作，为校企的紧密合作提供了有效的组织保证。

（二）成立校企合作的运作、研究和考评小组

由高州市第一职业技术学校实训处领导和数控技术应用专业的学科组长成立的校企合作运作小组，分工明确，维持了校企合作日常工作的正常开展；由学校教导处领导和数控技术应用专业的学科组长成立研究小组，负责校企一体化办学的探究和总结等工作；由企业指导人员和学校相关专业的骨干教师组成考评小组，负责考核学生在企业实习实践期间的表现。

（三）共同确定校企一体化人才培养方案

校企一体化办学模式的成功运行，关键在于人才培养方案的科学性与可行性。为此，学校与茂名佳荣五金制品有限公司进行了全方位的沟通和协作，明确相关岗位或岗位群需要的知识点和技能点，共同研究并形成学校相关专业人才的培养目标，根据培养目标、专业技能、职责等制订了人才培养方案。

（四）共建实训基地

学校利用自身的教学设备，结合企业先进的生产设备建立了校内实训基地和生产车间实训基地。校内实训基地成立后，通过“请进来”的方法，请企业技术人员在实训室对学生进行培训，这种方式能帮助学生提前认识企业对技术人才的要求，及早养成良好的职业操守和工作习惯，实现校园所学与工作所需的一体化。生产车间实训基地接纳教师和学生到企业进行实习和生产，为学生提供“学中做，做中学”的教学实践环境，通过进入车间进行实操，让教师和学生了解企业的岗位需求情况，了解企业就业岗位对人才提出的技能和知识要求，了解相关行业产业最新的科技发展和技术装备情况，为有的放矢地组织教学活动打下良好基础。

（五）共同开发课程体系

根据行业发展需要及企业对人才的要求，高州市第一职业技术学校的校企合作研究小组成员以企业的用人需要规范课程设置，利用“三三制”确保课程设置的科学性、合理性，最大限度地提高人才产出的针对性和实用性。

（六）改革考核办法，保证校企共育人才

检验校企合作的成效，重在对学生进行岗位适应程度和实际工作能力的考核。为此，高州市第一职业技术学校根据专业培养目标，由考评小组制定考核标准，对学生的专业理论和实习实践进行考核，检验学生是否达标。

（七）加强教师和技术人员的交流，培养“双师型”教师

1．教师与技术人员分工合作，共同提高

在校企合作过程中，企业的技术人员利用数控设备进行模具加工，学校派出数控专业教师协助生产，在生产过程中，企业技术人员与学校数控专业教师充分交流，相互学习，共同提高专业素养。

2．安排专业教师到生产车间实践

高州市第一职业技术学校根据企业现实和未来产业发展对人才的专业、技能需求，综合利用企业技术人才的优势和作用，有计划地安排专业教师到生产车间实践，建立教师到车间实习的时间表和相关制度，保证每个专业教师到生产车间实践的总时间每年不少于两个月。教师通过实践更好地了解企业技术发展、装备现状及未来学生工作岗位的知识和技能需求，这有利于加快专业课程的改革步伐，推进课程模块化、项目化、生产化进程。

3．请企业专家、技术人员进校

请企业专家、技术人员到学校进行指导或研讨，直接参与实践教学的组织与实施，编写实习实训教材，开设专题技术讲座，指导专业教师队伍建设，为青年教师参加实践提供支持，为教学内容改革提供信息。

（八）以技能大赛为纽带，促进产教结合、校企一体深入发展

高州市第一职业技术学校校内的技能比赛与企业生产实际密切结合，根据企业的实际需求来设置比赛项目和比赛过程，同时由企业积极赞助，为比赛提供专家、技术和设备。通过比赛，企业可将关键知识、技能和场地设备标准推广到各职业院校，做到真正的与时俱进，解决教育与生产实际脱节的问题，为企业深入参与职业教育的发展搭建一个良好的平台。这样可促进产教结合、校企一体深入发展，推动职业教育办学体制的改革。

二、项目的主要创新点

（一）实施校企“双导师”教学

校企共同组建了由校内骨干教师与企业技术人员组成的专业教学团队。制定管理办法，明确企业指导教师的工作职责、待遇。教学任务由学校专业教师和企业指导教师“双导师”共同承担。课程以理论、实践、生产一体教学为主，主要采取任务驱动、项目导向教学，由学校专业教师负责组织教学实施与考核评价；企业课程以实践教学为主，主要采取“做中教、做中学”的方法，强化岗位技能训练和职业素养培育，由企业指导教师负责组织教学实施与考核评价。

（二）采用“三三制”专业教学模式

在对数控专业进行课程改革（课堂、实训、生产的比例为1∶1∶1）的基础上，学校进行“课堂、实训、生产现场”的“三三制”专业教学模式改革，即将每个班的学生分成三个小组，1/3 的学生在课堂进行有针对性的基础理论学习；1/3 的学生在学校实训基地进行专业操作技能培训；1/3 的学生到校内企业的生产车间进行生产实践。最后统一以交流、研讨等多种形式进行总结、提高，从而完成整个学习培训环节。“三三制”的专业教学模式体现了“以满足企业需求为目的、以掌握职业与岗位能力为核心、以实践性教学为主线”的原则，通过校企间的交替学习与培训，不仅使学生掌握了必需的理论知识，而且培养了学生的动手操作能力，其学习目标、职业规范意识、安全意识、环保意识、质量意识等都得到了提升，还给学生提供了一个就业适应期，给企业提供了一个选拔学生的考察期。

（三）细化就业方向，精选教学内容，培养专业人才

学校对数控专业的学生进行了细化就业方向改革，即从入学第二学期开始，要求每个学生对自己的就业方向进行选择，然后根据就业方向开设课程，并对所开设的课程内容进行精选，取消不必要的课程内容，使学生的学习针对性大大增强，实践时间增多，动手操作能力大大加强，该专业中的专项人才得到强化，就业能力明显提高。

（四）校企共同设立“人才培养奖励基金”

人才培养奖励基金的奖励对象分别是：实施人才培养的教师或企业指导教师（专家或

技术人员）和被培养的学生两类。实施人才培养的教师在培养学生的过程中，按照学校《教师人才培养考核标准》考核达标的，学校按标准进行奖励，以鼓励教师的积极性和能动性。被培养的学生在学习过程中，按照学校的《学生能力考核标准》考核达标的，学校按标准进行奖励，以鼓励学生的积极性和能动性。

三、校企一体化实施成效

在推进校企合作、校企一体化办学的实践中，从以学校培养为主体育人到校企“双主体”育人的改革取得了如下成果：

（一）加强了实训设施和核心专业建设

学校现建有茂名市规模最大的独立性专业实训中心三个（数控专业实训中心、汽车专业实训中心、电子专业实训中心）和综合实训中心一个，占地总面积 2.15 万平方米，设备总值 3 858 万元。其中，综合实训中心包括计算机专业、会计专业、学前教育专业、美术设计与制作专业和商务英语专业的实训场室。实训中心每年均出色地承办茂名市中职学校学生技能大赛。数控、电子、汽修三个专业先后被评为省重点建设专业，高州市第一职业技术学校因此成为茂名市“省重”专业数量最多的职校。

（二）加快了课程改革步伐

在校企一体化实施过程中，高州市第一职业技术学校率先对数控技术应用专业、汽车运用与维修专业实行按“三三制”的比例设置课程的教学方法，课程的改革让学生理论与实践互相结合、互相促进，提高了学生的专业技术能力和专业素养。

学校对课程设置的优化，特别是对必修课与选修课的优化，大大增强了学生的学习兴趣，使学生的实践时间增多，操作能力得到大大加强，专业水平快速提高。优化课程设置后效果显著，现在正在将此方法辐射到其他专业，并向学校所在的职业教育集团推广。

根据专业发展需要，学校先后成立了数控、汽车、电子、计算机、会计和学前教育六个专业的专业建设指导委员会，并制定《专业建设指导委员会章程》，聘请深圳宝安职业技术学校卓良福部长、广东省轻工职业技术学校艾雄部长、广东技术师范学院刘炽辉教授、广东省工业贸易职业技术学校伍湘彬书记等 20 多名省内知名行业、企业专家为指导委员会成员，指导各专业建设和发展，成效显著。

对精选课程进行改革，筛选教材内的部分内容，有针对性地为学生精选教学内容，让学生学得轻松、学得巧妙，这更有利于学生掌握和灵活运用教学内容，取得突出成效。

鼓励教师积极参与课程改革和编写实用教材，其中，黄育佳老师编著了《UG NX 数控加工案例精选》和《UG NX 8.0 基础应用与案例详解》，这两部教材已分别于 2011 年和 2012 年出版。

（三）提高了学生的职业技能

高州市第一职业技术学校通过校企一体化合作办学，使学生就业目标明确，社会适应能力增强。学校教学环节企业化的渗透和实践环节真刀真枪的磨炼，极大地提高了学生操作技能掌握的速度和质量，同时也使学生的意志力、团队意识、竞争意识、人际交往能力和社会责任感得到提升。每年5月份学校均开展校园文化技能月活动，各个专业设定技能竞赛项目，学生人人积极参与，在初赛的基础上，选拔优秀学生参加决赛评奖。近五年来，高州市第一职业技术学校学生在茂名市中职学校专业技能竞赛中勇夺96个冠军、108个亚军，在全省中职学校专业技能竞赛中斩获11个二等奖、24个三等奖、37个优秀奖，其获奖人数位居茂名职校第一。

（四）提升了教师的“双师型”素质

校企合作促进了学校“双师型”教师队伍建设。学校一方面以校企合作办学为契机，聘请企业有实践技能和特长的技工师傅到校任教；另一方面定期对教师实施轮训，分批派遣教师到企业参与实践锻炼两个月以上，提升教师的专业能力和实践教学能力。专任教师的学历及职称情况都超过了国家对重点职业学校的要求，整个教师队伍师德高尚，专业思想牢固，教育教学理念先进。

高州市第一职业技术学校靠科学管理树学校形象，靠专业技能树学校品牌，靠校企合作疏通就业渠道，办学效益显著提高，走出了一条快速、健康、科学发展之路。学校科学发展、创新发展的生动实践，受到企业界、职教界及教育行政部门的广泛关注，高州市第一职业技术学校的特色办学成为茂名市职教的一张靓丽的名片。

服装电商校企合作下的专业融合探索与实践

陈仕富
（中山市沙溪理工学校　广东　中山　528471）

摘　要：校企合作工学结合是职业教育发展的主流，电商时代的到来更是指引了市场发展的方向，职业教育学校需要不断调整姿态，把握主流，瞄准方向。因此电子商务类的校企合作即将火热展开，中山市沙溪理工学校作为服装产业链中的中职学校，拥有独特的产业环境优势，也正在与服装电子商务紧密对接。然而服装电子商务的大平台运作逐渐体现出项目大、涉面广的特点，需要集结多方的资源与优势，共同完成校企的深度对接。职业教育发展较好的新加坡所倡导的专业无界化，在中山市沙溪理工学校已经由理论变成了实践并正走向成功，这是一条探索与实践之路，需要不断地总结与完善。

关键词：校企合作；专业对接；服装；电子商务

一、产业优势下的校企对接

广东省是服装业大省，服装产销量一直位居全国前列，而中山沙溪被誉为“中国休闲服装名镇”，经过近几十年的发展，现已拥有完善的服装产业链。沙溪服装产业发展早，规模大，产业链完善，产业集聚度较高，产业集群发展较好，涵盖了原材料、设计、生产、营销等服装业的各个环节，服装成为沙溪的支柱产业。数以千计的服装企业围绕着学校，为学校服装专业的发展和校企合作项目的开展提供了有利的资源，创造了良好的产业环境。

随着市场经济的不断变革与调整，电子商务的兴起和发展来势汹汹，卷起了新的市场风暴。新的市场变革与冲击，迫使市场结构发生巨大的变化，同时企业也面临着转型与调整，这也对学校人才的培养提出了新的要求，同时也为优秀毕业生们的就业和创业开辟了新道路——电子商务。

在天时、地利、人和的条件下，很多服装电子商务企业主动找上学校，想与学校进行深度的校企对接与合作，实现校企共赢。通过与多方的多次洽谈、分析、论证、筛选，最后中山市沙溪理工学校顺利地与暴风科技有限公司、E甸园、仙蒂实业有限公司等企业进行了服装电子商务的合作。其中暴风科技有限公司是合作中规模最大、实力最强、合作面最广的企业。

二、校企合作下的专业融合

（一）实施条件

暴风科技有限公司是一家在电子商务领域有着足够经验和雄厚实力的企业，在中山打造过很多知名品牌，如中山的特产名点咀香园、古镇的灯饰企业、大涌的红木家具等。因此其在校企合作中进行了大的投入，并计划与中山市沙溪理工学校进行全面的对接。但是在运作的过程中，由于服装电子商务牵涉的环节与链条太多，合作有所局限。如在服装产品货源整合、产品的开发与制作、产品的拍照与美化、产品的上架与运营等方面，学校的单个专业无法满足企业的发展需求。在此情况下，学校以产品、项目为主线，进行了多专业的全方位对接。

（二）实施形式

根据企业运行与项目的需求，学校共组建了三个项目组，分别由服装、电商、工美三个专业共同委派专业教师，组建大的项目团队。再根据产品运行与实施的需要组成项目团队。服装设计专业的优势在于服装产品的选货组货、产品的搭配和产品的专业推广（产品详情页的制作），同时也可以根据本店的市场地位、产品定位开发、打样和组织生产与整合；平面设计是中山市沙溪理工学校工艺美术专业的两大专业方向之一，工艺美术的主要职责与优势在于产品的拍摄、产品照片的处理与美化、店面的美化与装修，开展校企合作能够为其提供场地、设备、技术支持；电子商务专业的优势在于产品的网络营销与推广，合作企业可配合网络销售平台的搭建与技术支持，该专业的团队在对接的环节主要完成客服营销、数据分析、活动推广、产品发货与售后服务等。因此在整个项目流程中，从产品的组货或开发生产、产品的拍摄与上架、产品的销售与运营刚好是三个专业的优势，也是三个专业的定位，整合三个专业的优势资源，建立项目工作室与企业无缝对接，这才能使专业、项目、企业、学生都活跃起来，从而让职业教育活跃起来。

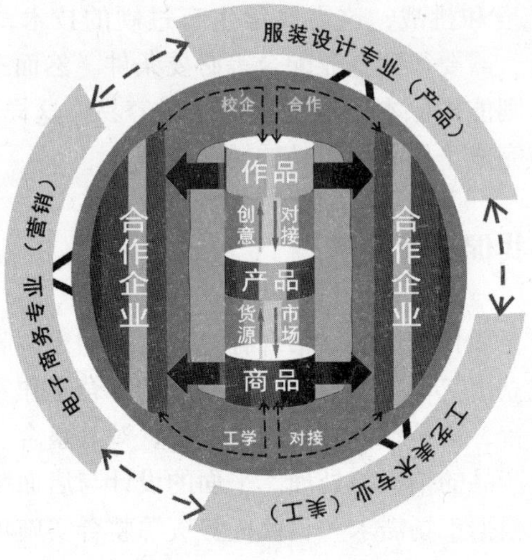

图1

（三）实施过程

在共同的项目组中，三个专业分别由一位指导教师和若干个优秀学生组成，学生和教师在整个项目实施过程和教学成长中实现了“合—分—合”的过程。不同的专业因为共同的校企合作项目走到了一起，实现了“合”。但在整个项目中，不同的专业因为有着不同的分工，又出现了“分”。由于在完成项目的过程中，所有的学生都是为同一件产品做服务，三个专业需要互相配合与沟通。同时，学生在整个项目中除了完成自己专业负责的工作外，也会参与其他专业负责的工作，因为每位学生都有着自主创业的想法，需要了解电子商务运行的整个过程，三个项目的学生与教师们会相互沟通与学习，所以最终实现了"合"。

根据项目需要，可以从以下几个方面进行融合互联：①教师融合：根据各专业的需要，不同专业的教师各有所长，各取所需，进行三个专业的互联与对接。服装设计专业的教师擅长服装设计、款式分析、产品介绍、服装搭配技巧。因此根据教学需求，电子商务和工艺美术方面有部分的课程内容可同时与服装教师进行交换，以此类推。例如，服装专业需要学习服装营销类的知识，可以请电子商务专业的教师参与教学，以此实现三个专业的教师队伍互通、互教、互学，共同完成项目建设和人才培养。②产品互联：任何专业的学生在教学实践、模拟实践、真实项目中都需要依托产品来实现，产品流通让三个专业串联在一起，是整个项目的主线。"产品"和"项目"从不同的专业、不同的角度看，由于专业的需求不同而有所不同。例如，摄影及平面设计在大项目上讲只是一个环节，但是对于工艺美术专业（平面方向）的师生而言，这就是真实的实训"项目"，是他们的"产品"。③学生互联：学生是项目的载体，不同专业的学生就是企业不同岗位的员工，他们需要合作，高度高效地配合，在完成共同项目的过程中不分彼此地共同进步。④场地、设备互联：整个项目链条需要很多、很大、很专业的场地，也需要很专业、很贵的设备，合作各方建设共同的项目，没有必要重复建设与投入。场室设备的共用可以充分合理地利用空间，节约资源，避免资源浪费。

学生所学知识是否企业岗位所需技能，学生所做的作品能否成为企业的产品甚至是市场上流通的商品，是当前职业教育面临的主要问题。通过校企合作项目让三个专业的学生能学以致用，有一定的难度和挑战，这需要学生有过硬的技术，需要有一个好的实践平台，需要一定的资金支持，需要得到企业配合等必要条件。然而三个专业联合在一起，加上来自企业资源的整合，则能把原本困难的事情变得容易。这样既集中整合了优势资源，又各自在自己的专业领域完成了作品到商品的转化过程。

三、"以点带面"共促专业发展

依托服装电子商务校企项目工作室，结合各专业实施的定向教学，在校企合作企业的支持下进行改革试点，成立由三个专业师生组合而成的综合工作室。工作室成了三个专业加一个企业共同组建的平台，该平台与服装团队对接，对其整合、开发的服装产品进行接收，由工艺美术团队负责产品的拍摄与处理、平面的设计与店面装修，电子商务专业团队负责产品的运营与推广。根据市场需求和企业优势资源整合实施项目，项目资源整合主要由服装专业团队负责，同时结合服装当地产业的优势和学校优势资源。因此，该平台并不是一个简单的工作室或者一个校企合作项目，它成了三个专业的窗口，是三个专业走向市场，与企业对接的一个跳板。除了直接参与项目运作的教师学生外，其他学生也可以分批轮岗参与校企平台的工作。同时，它还是专业发展与教学评估的试金石，三个专业借助平台可以将更多的任务安排到专业教学中，通过真实的企业项目实现了"做中学、学中做"，就好比"前店后厂、一家店带发了很多家厂"，这个平台能推动三个专业的全面发展。

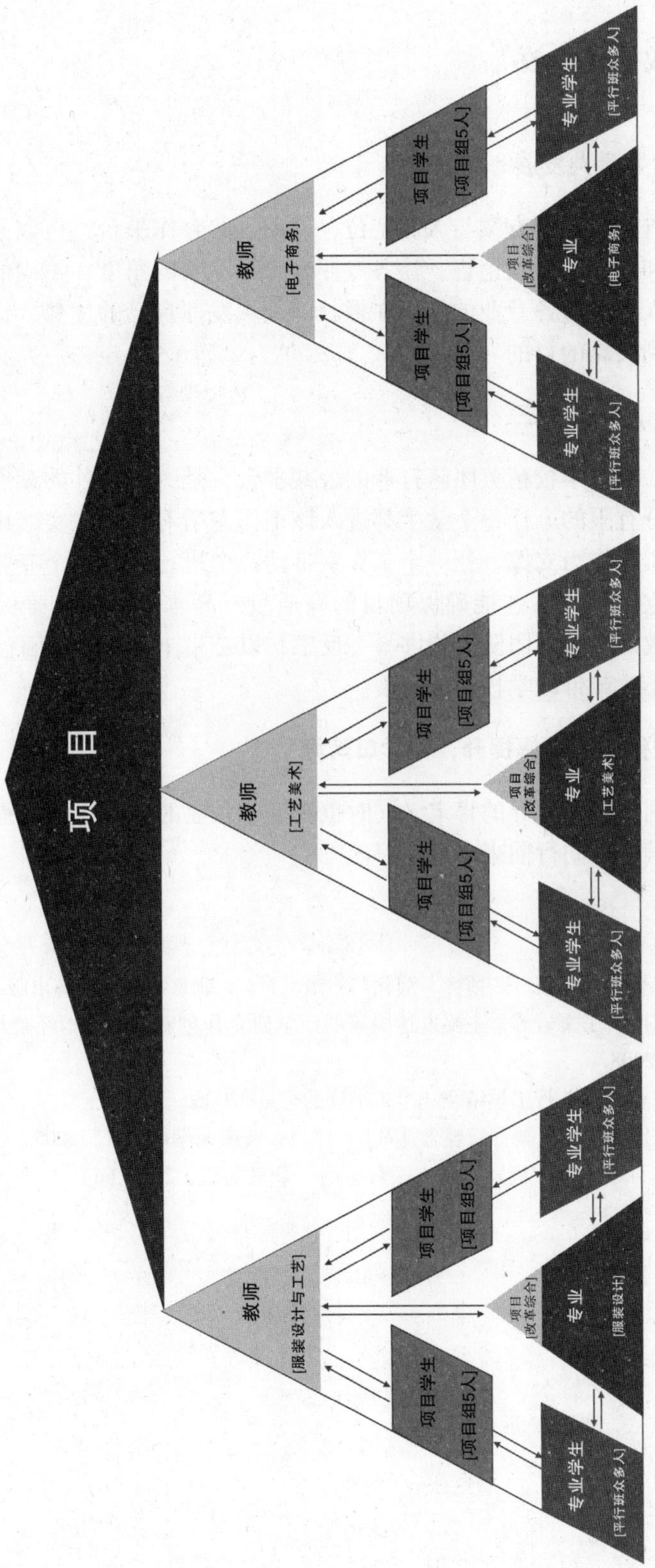
项　目
教师
[电子商务]
教师
[工艺美术]
教师
[服装设计与工艺]
项目学生
[项目组5人]
专业学生
[平行班众多人]
项目
改革综合
专业
[电子商务]
专业
[工艺美术]
专业
[服装设计]

图2

四、实施的效果与成效

（一）校企融合共赢共发展

三个专业都有自己的培养方案与人才定位，借助公共合作平台，可以完成作品开发制作、产品拍摄上架和商品的运营销售。让各专业教师从不同的角度、不同的环节锻炼培养本专业适应市场的人才。让各专业的学生在擅长的领域发挥自己的优势，让整个项目链条活动起来，最后达到共赢的目的。

（二）以一带十，举一反三

项目工作室是一个由学校精英团队打造的公共平台，是一个对外的试点窗口，但其所容纳的人员也是十分有限的。让每个学生都进入该工作室学习不太现实，这需要在此窗口的外围有一个大的团队作为支撑，让一个工作室带动一个班、带动一个专业，只有这样才能实现合作项目成立的意义，才能确保项目的高质量、高水平，才能确保项目的成功运行。因此，各专业教师带领的团队要能够举一反三，以一带十，以十传百。要能够以小平台带动大专业，以小改革带动学校的大发展。

（三）专业质量得到了大幅提升，办学口碑好

项目实施后得到了各级领导的肯定，同时也受到了企业的高度认可，得到了家长的好评，引来众多兄弟学校和同行前来参观学习。

参考文献

[1] 方德英等．校企合作创新——博弈．演化与对策［M］．北京：中国经济出版社，2007.
[2] 孙福全，陈宝明，王文岩等．主要发达国家的产学研合作创新——基本经验及启示［M］．北京：经济管理出版社，2008.
[3] 教育部关于职业院校试行工学结合、半工半读的意见．2006.
[4] 刘合群．“百分百”中职教育新理念［M］．广州：暨南大学出版社，2005.
[5] 杨广斌．对“订单培养”模式的初步探索［J］．职教通讯，2006（6）.

校企合作在中职计算机专业的实践

卢学梅
（信宜市职业技术学校　广东　信宜　525300）

摘　要：校企合作是中等职业学校培养学生的重要方式，也是学生从学生身份过渡到企业的职业人身份的重要环节。建立校企合作人才培养模式后，企业可以参与学校的教学活动管理，将企业的实际项目或案例带到课堂教学中，让学生能更明确计算机专业的人才培养目标和就业方向，更深入地学习计算机专业课的实训技能，更好地走上就业岗位。

关键词：校企合作；计算机专业；实践；人才培养模式

前　言

校企合作侧重学生在实践中学习。职业教育实行校企合作就是坚持以就业为导向，满足学生学习、就业的需要，是优化职业教育资源、扩大职业教育规模的重要途径。信宜市职业技术学校根据重点中等职业学校校企合作的办学经验，结合学校的实际情况，积极探索校企合作的人才培养模式，逐渐改变以学校和课程为中心的传统教育模式，在校企合作的教育教学方向上逐步探索出了现代技能型人才培养模式。下文将从校企合作的意义、校企合作的人才培养模式、校企合作在信宜市职业技术学校计算机专业取得的成效及对其的思考这四方面，来探讨校企合作在中职计算机专业培养技能型人才中的实践意义。

一、校企合作的意义

校企合作，一是能最大限度地满足企业招聘技能型人才的要求；二是能提高中等职业学校学生在就业岗位上的适应能力，缩短学生的成长周期；三是企业参与学校人才培养目标的制定、教学计划的修改，能避免人才培养的盲目性；四是改善了教学硬件滞后于生产应用的情况，能比较好地解决中等职业教育存在的资金不足、教学设备设施落后的问题。校企合作能真正实现“三个零距离”，即专业设置与用工需求零距离、课程设置与职业活动零距离、教学内容与培养目标零距离，真正达到培养与就业的统一。校企合作是解决就业的重要途径，因此我们必须搭建校企合作“互利双赢”的平台，使企业、学校、学生三方受益。

二、校企合作下的人才培养模式

1998 年，时任教育部副部长的周远清同志说：“人才培养模式，实际上就是人才的培养目标和培养规格以及实现这些培养目标的方法或手段。”人才培养模式是指学校为实现其人才培养目标而在培养过程中采取的结构形式和运行方式，它主要包含专业设置、课程开设、师资队伍建设、教育方法、教学设计、实践教学、培养特色与途径等要素。同一类型的人才可以有不同的培养模式，但无论是哪一种人才培养模式，都必须适应社会发展需要，都必须符合当前中等职业学校教育的要求。

校企合作，是人才双向培养，与企业紧密联系、岗位对接的一种新型的人才培养模式。信宜市职业技术学校计算机专业进行了校企合作后，将人才培养分为两个阶段进行，其中一个阶段是在学校里面学习专业基础知识、专业实操技能；另一个阶段是让学生到企业进行技能实操、实践，接受职业培训，借此提高职业素养和综合素质。

为了培养出符合企业需要的人才，必须积极探索课程体系改革，成立有行业、企业专家参与的专业建设指导委员会，充分按照专业与产业、岗位对接、专业课程内容与职业标准对接、教学过程与生产过程对接、学历证书与职业资格证书对接等要求，科学制订课程体系改革方案，明确改革方向，适应企业、岗位需求，及时调整优化课程设置；积极推进课程模块化、综合化改革。对计算机专业原有的人才培养方案进行适当调整，从人才培养规格的制定，到专业课程的设置，教学计划的修改，专业教材的选取、编制，再到专业教师的聘用，甚至毕业生就业等，每一个环节、流程都要有行业、企业专家参与。

信宜市职业技术学校计算机专业在校企合作中的人才培养模式有下面五个特色：

（1）成立有行业、企业专家参与的专业建设指导委员会，共同制订人才培养方案、确定人才培养目标。

（2）优势互补型的课程体系改革，专业基础课、技能实训课、校内项目实训、职业素质拓展、校外企业实习等多个方面的培养策略相互配合。

（3）一体化的实训室，与信宜市东镇凯信广告部建有校内项目实训工作室。

（4）任务驱动式的教学案例是企业制作的商业项目。

（5）对接岗位的“订单式”人才培养，与珠海市精时信息科技有限公司签订“订单式”人才培养协议，共同制订专业人才培养方案，具有明确的企业岗位指向和特定职业要求。

通过校企合作，企业为学生提供了岗位实习的机会，使学生在毕业前能参加实际的项目设计制作，提前进行职业岗位相关的训练，为学生们提供了更好的就业平台。通过校企合作，企业为学校老师提供了实践岗位，让学校老师能够在项目设计制作的过程中了解到最新的行业详情，学习到最新的项目设计制作知识，这对提高师资水平是有很大帮助的。通过校企合作，按照企业的要求培养出企业需要的人才，为企业解决了人才需求的迫切问题，这对企业、学校、学生任何一方都是有利的。

三、校企合作在计算机专业取得的成效

（一）计算机平面设计专业与信宜市东镇凯信广告部成立校内工作室

1．合作项目目标

生产性项目设计模块是建立在工作室教学基础之上的。该模式承接真实企业任务，教师扮演老板的角色，负责任务指导、任务考核，通过不断循环的设计任务，着力培养学生的岗位职业技能和素质。

同时，根据计算机平面设计专业的学习要求，充分运用校内实训室现有的设备，使学生在学习平面设计知识的基础上，进一步掌握完整的企业平面广告设计制作流程。

2. 合作项目实例

以凯信广告部的广告业务为契机，即以企业 Logo 的设计、制作为任务的综合性项目案例教学，能够使学生了解 Photoshop 图像处理软件并掌握它的基本操作技能，培养学生的实践创造力和艺术设计表现力，训练他们使用 Photoshop 软件的钢笔工具进行精细构图，用变形工具进行微调，以及选择恰当的混合模式增强图像的质感，在 Logo 的整个设计造型上下功夫。

掌握 KT 板的基本制作流程，以具备一定的工具使用技巧（如刻刀、包边钳）为前提，先了解写真机的基本喷绘原理，重点掌握覆膜机的使用技能，学会运用包边钳对 KT 板进行包边，最后在实际场所进行安装。

3. 合作项目总体评价

在合作过程中，项目围绕工作过程讲授与生产性项目实训两个模块展开，把创意练习、体验性实训、职业资格认证等环节嵌入工作过程，着力培养学生的创意、知识技能与职业资格认证知识；将分层次讲授融合在生产性项目实训中，着力培养学生的岗位职业技能和职业素养。通过讲、练、体验性实训、生产性实训等教学环节，使学生掌握平面设计师岗位要具备的理论基础知识，使学生具备平面设计师岗位所需要的专业职业能力，全面提高学生的综合素质。

（二）计算机应用专业与珠海市精时信息科技有限公司实行“订单式”人才培养

“订单式”人才培养，是指企业提出用人计划和标准，学校按其要求培养职业技能型人才的模式。近年来，信宜市职业技术学校计算机应用专业与珠海市精时信息科技有限公司实行“订单式”人才培养模式，并冠名“计算机精时班”，目前该班已培养的 374 名学生顺利走向就业岗位，现在还有 62 名学生在该订单班学习。

计算机精时班主要的学习内容有珠海精时公司的管理文化、Office 办公软件使用、文字信息录入、数据排版、图像处理、图形设计等。按照公司员工办公室分区设计实训室，让学生在实习的时候能够快速进入员工角色，也将公司的管理制度、职业素养贯穿到实习中去。

为了使企业参与教学的全过程，培养真正适应企业需求的高素质人才，学校请来了珠海市精时信息科技有限公司的工程师、技术员、平面设计师等参加专业建设指导委员会的建设，让他们参与人才培养方案制订，包括人才需求预测、专业设置、专业教学计划编写等，参与专业教学管理，使专业教学始终能够贴近市场。

（三）计算机应用专业与深圳市海德威创新科技有限公司联合办学

1. 联合办学形式

学校提供场室给公司做厂房，把海德威公司的生产设备、师傅引入校园来，公司提供在校学生实习实训的机会。成立校企合作专业建设指导委员会，学校、公司共同制定一系列的管理制度，譬如《深圳市海德威创新科技有限公司员工管理制度》《生产设备运行安全规范》《深圳市海德威创新科技有限公司财务管理办法》《学生实习管理办法》等；共同确定教学内容，学校派出专业教师协助学生实习实训。学生上午在教室、实训室里学习文化基础课和专业理论课，下午跟实训师傅在校内车间里动手操作，晚上在教室复习巩固白天学习的知识。

2. 联合办学效果

这一办学模式真正锻炼了学生的动手能力，把工厂搬到校园里来，使学生不出校门也能掌握企业岗位的生产技能，突出"做中学，学中做"，强化实训，提高了学生的专业技能和实践能力。

四、对于计算机专业校企合作实践的思考

信宜市职业技术学校计算机专业在产教融合、校企合作过程中取得了一定的成绩，但也面临着以下的挑战：

1. 教学质量不高，不能满足企业人才的岗位需求

最好能够依托本市经济产业结构特点，在本地政府支持下参与本市县的产业发展规划，整合行业协会、专家学者、科研机构、地方商会等各种资源，开展"产学研一体化"的教学实践。

2. 机制不够健全，不能适应校企合作的市场运作

应该建立民主透明的运行机制，保障校企合作的顺利进行。校企双方形成明确、可操作的机制，并在运行中予以不断完善。学校、教师、学生与企业之间的利益关系、责任权利要明晰，可以制定产权协议、各方责任协议书，以有效保障校企合作有效进行。

3. 学校资源有限，不能适应校企合作的需求

一方面，企业的生产生活毕竟不同于学校的教学，将企业引入校园在一定程度上干扰了学校正常的教学秩序；另一方面，学校也不可能有那么多的资金、土地可以用来做厂房。还有，在实际的操作过程中也容易造成教学实训安排的困难。

4. 教材种类繁多，难以找到符合实际课堂教学需求的教材

教材最好能在工作实践的基础上建构理论基础知识，从而更好地激发学生学习的兴趣，使他们能把理论与实践衔接好，打破理论课、实验课或实操课的界限，将理论教学和实操教学融为一体，在实践中教理论，在运用中学技术，真正地实现一体化教学。

5. 最好能编写出体现工作过程导向的项目课程教材

教材章节要围绕工作任务流程展开，工作任务包括以下几个方面的内容：

（1）描述工作任务。包含工作任务在该工作体系中的地位、作用，工作任务完成后对项目作品的规格要求，完成该工作任务所需要的设备、材料、工具等条件。

（2）介绍相关的专业理论知识。根据工作任务的要求，介绍项目作品的设计过程，首先使学生有感性的认识，然后围绕工作任务的完成要求讲述相关的理论知识，引导学生在完成工作任务的过程中构建、组织理论知识。

（3）编好学生动手操作的题目。由学生自己设计作品，提示设计过程中的制作要求，引导学生最终完成项目作品的制作。

（4）师生总结与评价。让学生从外观、作品设计水平、成品质量要求等方面进行评测、相互交流、比较，一起找出各个作品的亮点和不足，加上教师的点评，最后由学生写好实习报告或实习总结。

（5）实训实习要结合技能鉴定，使学生在掌握专业技能的基础上，考取相应的职业资

格证书。教材在结构上可以通过设计项目案例来培养学生的实操能力，对于每个项目案例，要介绍案例用到的工具、辅助软件、最终完成的效果图，最好能图文并茂地表现出来，使学生一目了然，轻松地掌握技能，明确要达到的目标技能。

五、结语

信宜市职业技术学校计算机专业的校企合作人才培养，主要是与广告部建立校内项目工作室、与企业冠名订单班合作、与公司联合办学的人才培养模式，突出了中等职业学校的办学特色，真正实现了学生、学校、企业三者的互利共赢。计算机专业人才培养要紧跟社会发展的步伐，要以市场为导向、以培养技能型人才为目的；计算机专业人才培养还要与社会的发展动态密切结合，灵活运用适合中等职业学校计算机专业发展的校企合作模式。校企合作人才培养模式能充分发挥校企双方的优势，做到资源共享、互惠互利，既为企业创造良好的效益，又为学校学生就业拓展渠道，同时带动专业建设，真正实现高技能、高素质的人才培养目标，从而推进学校、专业、行业、企业的发展，实现人才和效益的双赢。

参考文献

[1] 李跟升．计算机专业之校企合作简论［J］．学周刊，2012（12）．

[2] 深化产教融合　促进校企合作［J］．广东教育（职教版），2014（10）．

[3] 张小建．劳动和社会保障部部长在校企合作培养技能人才工作视频会上的讲话［R］．2007－03－09．

[4] 朱蓉．构建工学结合、校企合作的人才培养模式［J］．中国职业技术教育，2007（10）．

因地制宜　产教融合

——梅州农业学校学前教育专业进行产教融合、校企合作的可行性分析

曾娉婷

（梅州农业学校　广东　梅州　514011）

摘　要：根据《国务院关于大力推进职业教育改革与发展的决定》，借鉴各地推广产教融合、校企合作模式的成功经验，具体结合梅州地区的市场现状、幼教行业的人才需求现状和学校自身师资力量等，梅州农业学校学前教育专业与企业合作联办幼儿园是可行的，如能成功开展，对学校学前教育专业的发展具有重要的意义。

关键词：梅州农业学校；学前教育专业；产教融合；校企合作

产教融合，具体是指职业学校根据所设专业，积极开办专业产业，把产业与教学密切结合，相互支持，相互促进，把学校办成集人才培养、科学研究、科技服务为一体的产业性经营实体，形成学校与企业浑然一体的办学模式。这种办学模式是根据《国务院关于大力推进职业教育改革与发展的决定》，经过全国各地中高职院校不断地进行实践之后，被证明确实是一种值得推广并且急切需要不断改革创新的办学模式。不过由于各个学校的实际情况不同，各专业的特点不同，所以具体做法也不尽相同。在这个背景下，结合梅州农业学校自身的师资力量和梅州当地的市场现状、人才需求现状等方面的实际情况，笔者认为，此种办学模式完全可以在学校推行。下文将就五个方面展开具体的分析。

一、学前教育专业采用产教融合、校企合作模式的意义

（一）有利于激发学生的创造力、创新力

职业学校兴办专业产业，并使之与教学相结合，这为学生提供了必要的实习条件和难得的锻炼机会。学生在老师的带领、指导下，把学到的书本知识运用到实践之中，从而加深对知识的理解，增强应用知识和解决实际问题的能力。不仅如此，产教融合还会激发学生创造、创新的愿望和热情，激励他们在实践中不断探索、不断创新，而这种创新意识、创新能力、创新人才的培养正是职业教育的办学方向。

（二）有利于提高教师的业务水平

专业知识的发展也是与时俱进的，尤其是教育行业，新的教育观点和教育理念随着社会的不断发展而发展。教育培养出来的人才最终是需要适应社会的。国家现在正处于加大力度重点发展学前教育的阶段，这使得我国的学前教育焕发出了新的活力。尤其是近年来，很多国外的先进的学前教育思想源源不断地传入我国，与我们老师当年学习的时候所

获得的知识相比，在深度和广度上都存在着差异。因而，学前教育专业的老师要不断地学习新的知识，并把它们传授给学生，这样，学生从学校出来才能与当前幼教的行业情况接轨。采用产教融合、校企合作模式，在学校开办一个幼儿园，能够让学生有一个更加直观和具体的接触儿童、进行科研学习的机会，老师也能够把新的理念在幼儿园进行试点，找到适合儿童的最佳方案，进而推广到学生中。通过这个模式，专业老师的执教水平与科研能力必然能够不断提高。

（三）有利于促进职业教育的健康发展

职业教育是以就业为导向的教育，培养的是生产、建设、管理和服务第一线需要的高技能人才。产教融合、校企一体的培养思路正是这种需求的集中体现，应大力推广和提倡。

二、学前教育专业采用产教融合、校企合作模式的内涵

梅州农业学校占地 320 亩，校舍建筑面积 6 万平方米，教学、生活设施完善，有教学楼 3 栋，礼堂一座，学生宿舍 10 栋，小型教职工宿舍楼若干栋，图书馆一栋（藏书 16 万册），有融教学、科研、实验、实习于一体的科学馆一座，标准运动场一个，能容纳 2 500 人就餐的食堂一个，有 1 000M 的校园网，电脑 600 台，现代气息浓厚，校内绿植环绕，环境优美，是学生学习与生活的最佳场所。学校周围为居民住宅区，附近有小学和中学各一所，但无幼儿园。

在梅州农业学校学前教育专业推广产教融合、校企合作模式，具体指的是充分利用学校的优美环境及紧邻周边居民住宅区的有利条件，积极引进校外优秀企业的资金投入，于校内开设一个附属幼儿园。这样既能帮助周边居民解决学龄前儿童就读幼儿园的问题，又能为学校学前专业教师进行幼儿园课题研究及学前教育专业的学生进行实践探索提供最真实、最鲜活的实例；同时，企业可以从学校优秀毕业生中直接招聘幼儿园老师，幼教行业中的最新动态也可以随时与学校的专业老师进行探讨，实现教学相长、理论与实践的完美结合，最终达到多赢的效果。

三、学前教育专业采用产教融合、校企合作模式的可行性分析

梅州农业学校是一所农、工、商兼有的公办国家级重点中专学校。学校坐落于梅州城区，办学历史悠久，环境优美，治学严谨，人才辈出，是梅州市唯一的广东省示范性建设中职学校，是省教育厅与梅州市委市政府共同打造的超万人的国家级示范性学校。

学前教育专业自 2008 年开设以来，从专业设置初就读人数几十人，发展到今天，每年合计本专业在校学生接近千人，是我校当之无愧的特色专业，学校领导也非常重视该专业的发展，给予了很多支持。这些年来，学校学前教育专业培养了大批技能过硬、综合素质高的中专幼师人才输往广州、深圳、东莞等城市及梅州本地的幼教行业，其专业素质受到了用人单位的一致肯定。目前，梅州农业学校已经与深圳和广州的几家大型连锁幼教机构保持了稳定、长期的合作关系，这些用人单位承诺优先聘用梅州农业学校学前教育专业的学生，定期于每年 6 月份来学校举办专场招聘会。可以说，学校学前教育专业的学生就

业是不成问题的。

在保障学生就业的基础上，梅州农业学校现在面临的挑战是：如何进一步加强学生的专业学习，帮助学生进一步增强实践能力。众所周知，中职学校的学生，动手能力强是其一大特色，对于梅州农业学校学前教育的学生来说，在“弹唱跳说”这些技能的基础上，还有一点非常重要，就是教学技能的提高，毕竟学生第三年的顶岗实习阶段是直接去幼儿园。目前学校积极与当地幼儿园合作，为学生提供更多的见习、实习机会，然而，让学生在一、二年级就能够通过与幼儿的充分接触，更加直观全面了解幼儿的学习和生活状态，这一方面还是相对比较缺乏的。当然，这也与目前学校周边缺乏优秀的幼儿园实践场所不无关系。

同时，对于梅州农业学校学前教育专业的教师而言，增加实践的机会也是有非常重大的意义的。通过开办附属幼儿园，学校可以提供更多的机会给学生观摩和学习，教师在指导学生的过程中，也能不断更新在幼教方面的知识，修正授课过程中的误区和盲点，完善教学方法，提升自身的业务水平。

对企业而言，通过与学校合作开办幼儿园，一方面能够获得利益回报，这本身就是企业的最大目的；另一方面能够扩大企业影响力，提升企业的品牌形象等软实力，在社会树立一个更好的企业形象。

综上所述，梅州农业学校在学前教育专业推行产教融合、校企合作模式是完全可行的。

四、在学前教育专业推行产教融合、校企合作模式的实施方案

进行校企合作，首先要引进合作的企业。这一方面，可以从学校已有的合作企业中进行招标，选取适合的企业引进。

其次，在场地方面，梅州农业学校占地面积广，环境优美，可以在园区范围或者园区附近择地进行建设。

再次，在人员配置方面，一个好的幼儿园的建设离不开优秀的管理层和教师队伍，这些优秀的人才，可以对外招聘，或者从学校往届、应届毕业生中择优录取。

最后，幼儿园开办之后，学前教育各专业教师可以与幼儿园合作，定点挂钩，定期会晤，交流幼儿园中的先进理念与教学实践，通过这些紧密合作，为打造一个特色幼儿园进行各方面的努力。

五、在学前教育专业推行产教融合、校企合作模式应注意的问题

在这个方案实施的过程中，应该注意以下几个问题：①引进的企业必须是品牌企业，也就是已经具备一定实力的幼教机构，首先保障学校附属幼儿园的资质。②人员分工与配置须明确；幼儿园的管理人员与教师队伍应对外招聘，梅州农业学校的教师仅仅提供专业知识的支持和科研方面的合作；幼儿园自负盈亏，与学校无关。③合作过程中双方保持友好的关系，出现任何问题都要及时沟通，保持良性合作，共同进步。

中等职业教育产教融合、校企合作体制机制创新

沙　媚
（阳江技师学院　广东　阳江　529500）

摘　要： 随着经济的发展和教育方式的改革，产教融合、校企合作逐渐成为一种新型的办学模式，校企合作逐渐成为一种趋势，同时也是当代中等职业教育改革的突破点和转折点。产教融合、校企合作是培养职业技术人才的重要途径，实现产教融合、校企合作对于中等职业学校的发展具有十分重要的现实意义。目前，中等职业教育主要以培养技术性人才为主要目标，实现产教融合、校企合作体制的创新有利于促进中等职业学校教育方式的革新和升级，对于专业人才的培养也具有十分重要的意义。本文将主要分析和研究我国职业教育产教融合、校企合作体制机制的创新之路，以此带动人才的培养和职业教育机制的转型。

关键词： 职业教育；产教融和；校企合作

引　言

校企合作已经成了当前中等职业学校的主要办学模式，培养专业的技术人才是当前中等职业学校改革的重点，产教融合、校企合作是为了满足社会对人才的需要。由于当前对于中等职业人才的需求空前提高，所以要将校企合作的观念落到实处。中等职业学校作为培养和发展人才的基地，实现中等职业教育的产教融合、校企合作有利于综合人才的培养，进而形成一种学校与企业之间互为一体的办学机制，同时有利于学生实践能力的提高，中等职业教育的产教融合、校企合作打破传统单一的教学模式，充分发挥学校、企业、市场的积极作用，真正实现了企业人才需求与专业化教学的融合，促进了教育事业的发展和技术人才的培养。

一、产教融和、校企合作体制的含义

产教融合主要是指通过积极倡导开设专业化的课程，针对企业在生产和运营过程中对人才的需求制订出具体的培养方案，将产业、企业以及行业充分衔接起来，积极实现产业的专业化，将学校发展成为集人才培养、需求分析、科学研究、技术服务等为一体的新型办学机构，最终实现企业与学校之间的相互支撑，同时，由于产教融合打破了传统的教学模式，并将职业与产业、学校与教育等有机结合在一起，充分发挥了各种资源的价值和能量，为企业的发展提供了动力，促进了中等职业学校的改革和发展，实现了人才培养和企业需求之间的完美融合，实现了课程教育内容与职业标准化的衔接。目前我国正处于发展和转型期，工业化和市场化的步伐逐渐加快，对于职业人才的需求也空前提高，这在一定

程度上促进了职业教育朝着产教融合、校企合作体制的方向发展和前进，并在此基础上不断进行创新和改进，为以后企业的发展提供人才支撑。

二、我国校企合作机制的发展现状

（一）区域经济发展不协调

经济基础是职业教育实现产教融合、校企合作的基础和前提，只有足够的资金支持才能保障中等职业教育改革的有效进行。但是与区域经济的增长相比，中等职业学校的办学实力明显不足，资金的缺乏导致中等职业教育离实现职业教育产教融合、校企合作体制机制还有一段差距，在发展过程中，很难实现企业经济与职业教育产教融合、校企合作的有机统一。与此同时，区域经济发展的不协调导致中等职业学校的办学实力很难适应区域经济的发展战略，所以缩短中等职业教育改革与区域经济发展的差距是当前的主要工作任务。只有不断优化中等职业学校改革，才能有效弥补区域经济发展的不协调，减少中等职业教育发展的不平衡，最终实现中等职业教育产教融合、校企合作体制与区域经济的协调一致，进而适应区域经济发展的整体战略。

（二）专业设置与产业发展不统一

近年来，随着经济发展进程的不断加快，产业在发展过程中对专业性人才的需求也呈现出多样化的态势，进而导致人才培养与产业需求之间的不平衡。职业学校所设置的很多专业都是为企业的发展而服务的，但是产业的不断升级导致行业与人才培养之间产生了很大的差距，导致中等职业教育与实际需求之间严重不协调，即使是专业性的技术人才也满足不了企业日益发展的需求。这种矛盾导致产业发展受到阻碍，同时企业需求与人才能力之间严重脱节，使学生在未来的工作中缺乏实践能力和技术指导，限制了学生自身的发展，也影响着职业学校的教育水平。

（三）企业缺乏参与积极性

实现职业学校的产教融合、校企合作主要是为了实现人才培养的目标，但是当前，大多职业院校在实现产教融合、校企合作的过程中，严重缺乏政府的政策支持，企业在与职业学校进行合作的同时，缺乏科学、完善的指导体系，进而导致中等职业学校实现产教融合、校企合作的效率低下。同时，相关企业在参与中等职业教育产教融合、校企合作的过程中也没有得到实际利益的满足，所以在此过程中，企业的参与度和积极性普遍不高。此外，中等职业教育学校的能力有限，同时还缺乏资金支持，导致学校自身缺乏吸引力，致使企业不愿意加入中等职业教育产教融合、校企合作的体制，进而加大了实现校企合作的困难。

三、产教融合、校企合作机制的构建

（一）建立健全法规保障机制

当前，我国的中等职业学校在实现产教融合、校企合作的过程中，严重缺乏政府的政策支持和科学、完善的指导体系，导致实现产教融合、校企合作的效率低下。针对这种状况，首先要建立健全相应的保障机制，为中等职业教育实现产教融合、校企合作提供制度依据，坚持依法治理，只有这样才能确保中等职业学校产教融合、校企合作体制的建立健全和有效实施；其次，建立相关的制度可以确保中等职业教育在经济社会发展过程中的重要地位，通过加大投入力度来确保中等职业教育人才培养的有效进行，同时通过法规的制定来带动中等职业教育产教融合、校企合作体制的实施；最后，建立现代中等职业学校制度，以此来引导中等职业学校走上职业化的管理之路，引导中等职业教育走进企业实践，在教学实践中全面推动校企融合。

（二）建立资源多元化配置机制

经济条件是中等职业教育实现产教融合、校企合作的基础和前提，只有足够的资金支持才能保障中等职业学校教育改革的有效进行，所以，想要保障中等职业教育产教融合、校企合作机制的有效运行，首先要保障资金来源的多元化。要建立起资源多元化的配置机制，保障不同层次的职业院校以及行业组织有机融合在一起，优势互补、资源共享，并实现真正意义上的产教融合、校企合作，为企业的发展培养出更多的技术性人才，缩小企业人才需求与实际教学模式之间的差距，将行业资质、校企合作以及社会组织进行整合，通过建立资源多样化配置机制来满足企业对技术性人才不同程度和不同层次的需求，进而促进中等职业教育产教融合、校企合作体制的科学健康发展。

四、结语

中等职业学校的人才培养是其工作的重点，产教融合、校企合作是培养高素质人才的有效手段，并逐渐成为一种趋势。所以顺应时代发展的趋势，真正实现我国中等职业教育产教融合、校企合作，是当前中等职业学校的主要任务之一。产教融合、校企合作是培养职业技术人才的重要保障，对于中等职业学校的改革具有十分重要的现实意义。

参考文献

［1］陶永红．高职院校产教融合的校企合作体制机制创新性研究［J］．价值工程，2015（8）．

［2］冉义明，唐晓萍．中国创新职业教育校企合作体制机制的理论思考［J］．经济师，2011（7）．

［3］王长旺．推进高职院校校企合作体制机制创新的若干思考［J］．岳阳职业技术学院学报，2011（5）．

［4］丰华涛，姚异卉．浅析高职院校校企合作体制机制创新［J］．辽宁广播电视大学学报，2014（4）．

职业教育一体化教学中“有效评价模式”的构建

贾一竹
（阳江市第一职业技术学校　广东　阳江　529500）

摘　要：随着职业教育教学改革的的不断深入，教学方法与模式不断更新，一体化教学模式在中职学校专业课的应用已越来越广泛。对这类课程有效性的评价是职教者一直在探讨的问题，有效评价模式的建立将有利于教学过程的完善，使一体化教学模式更加深入地应用于职业教育中。

关键词：职业教育；一体化；有效评价模式

前　言

随着教育教学改革的不断深化，教学手段与模式、方法不断更新，一体化教学模式已走入各中职学校专业课的课堂。一体化教学是指打破理论课与实践课的界限，将理论教学与实践教学融为一体，利用先进的教学设施和实训设备，实现专业理论知识传授和实践操作技能训练的统一的一种教学方式。这种模式能很好地解决理论教学和实践教学脱节的问题，减少理论课与实操课之间知识的重复，充分体现学生的主体参与作用，在职教课程中有着很强的适用性与有效性，取得了极好的教学效果。

但是，这类课程的有效性评价却是职教者一直面临的难题，在此类课程的课堂评价模式中，大多数的评价方案都很难尽如人意。

一、建立一体化教学“有效评价模式”的必要性

教学评价是一体化教学模式课程实施的重要组成部分，是实现教学目标的有效方法，它贯穿于一体化教学活动的全过程。有效的评价模式能进一步提高学生的学习兴趣，促进学生对知识和技能的掌握，有利于学生分析、判断、理解、应用等能力的发展。目前可供参考的评价理论极其多样化，但真正具有可操作性的评价方法却少有，在多年的一体化教学改革中，笔者经过不断的总结和改进，逐步设计了一套合理化的有效评价模式，本文将重点分享笔者在多年教学实践过程中总结出来的课程评价方案。

二、建立一体化教学“有效评价模式”的理论依据

建构主义强调人的主体能动性，即要求学习者积极主动地参与教学，在与客观教学环境相互作用的过程中，学习者自己积极地建构自身的知识框架，建构主义思想对教学评价的启示主要有几下几点：①有效的教学应引导学生积极主动地学习，学习者应该参与教学

目标的提出，要让学生在“做中学”。②有效的教学应使教师与学生、学生与学生之间保持有效互动的过程。③有效的教学应为学生的主动建构提供学习材料、时间以及空间上的保障。④有效的教学旨在使学习者形成对知识的真正理解。⑤有效的教学必须关注学习者对自己以及他人学习的反思。⑥有效的教学应使学生获得对该学科学习的积极情感体验。而本文中所提到的评价机制正是在此基础之上建立起来的。

三、一体化教学“有效评价模式”的具体做法

笔者在中职学校从事了十几年的职业教育教学工作，在多年的教学探索与总结中，完善了一套适合“Dreamweaver 网页设计”课程的评价机制，极大地提高了教学成效，优化了教学过程，在职业教育一体化教学课程中起着很大的促进作用。本文将以“网页设计”课程第四单元中的实训项目为例，来详细说明此“有效评价模式”的应用。

（一）“Dreamweaver 网页设计”项目的实训内容

实训项目主题	具体内容
任务	（1）确定本小组要设计的网站主题，小组成员收集素材并进行加工和处理，形成本小组网站设计所需要的多媒体素材，并做好小组项目任务分工。 （2）规划网站布局，利用 Dreamweaver 设计制作网站各个的页面，并完成网站的整体建设。 （3）测试完成的个人网站。
目标	（1）熟悉网站设计流程。 （2）综合运用课程所学的网站设计技能。 （3）提高学生动手与解决问题的能力。 （4）提高学生的团队合作意识。
要求	（1）整个实训过程的各个环节都要求小组成员均有参与。 （2）网站设计结构合理、主题突出、颜色搭配合理、动静搭配得当。 （3）保留小组成员设计过程中的纪录性资料，如影像等。 （4）对小组的合作进行总结，分析存在的问题、解决的方法、以后努力的方向等。 （5）将网站作品在全班进行演示并讲解，时间控制在十分钟内。 （6）各组互评并打分，教师评分。

（二）评价考核标准

评价指标（权重）	评价标准描述（总分：100 分）			
	优秀	良好	合格	需改进
网站主题明确	网站主题健康、鲜明，构思合理。（9～10 分）	网站主题基本明确，构思基本合理。（7～8 分）	网站主题不够突出，构思不够完整。（5～6 分）	网站主题表达不清，构思混乱。（0～4 分）
作品质量	网站结构规划合理，链接完整，色彩搭配合理，动静搭配得当。（35～40 分）	网站结构规划合理，链接完整，色彩搭配较合理，动静搭配较得当。（30～34 分）	结构规划基本合理，链接完整，色彩搭配基本合理，动静搭配较得当。（25～29 分）	结构不够合理，链接，色彩，动静搭配需改进。（15～24 分）
团队协作能力	工作计划详细，进展有条理并作了记录，小组成员分工协作。（16～20 分）	工作计划较详细，有工作记录，小组成员能分工协作。（11～15 分）	工作计划较详细，有简单工作进度记录，基本能分工协作。（6～14 分）	有简单工作计划，分工不明确。（0～5 分）
作品展示	作品展示形式好，有新意，汇报人表达逻辑性强、大方得体。（9～10 分）	作品展示形式较好，汇报人表达逻辑性较强、大方得体。（7～8 分）	作品展示形式一般，汇报人表达有一定逻辑性。（5～6 分）	作品展示形式较差，汇报人台上展示不佳。（0～4 分）
创新能力	作品大部分是自己的认识和观点，认识深刻，观点新颖，原创的内容多。（16～20 分）	作品大部分是自己的认识和观点，认识较为浅表。（11～15 分）	作品是对他人资料的集成，有一些自己的观点和认识。（6～10 分）	仅是复制了他人的资料，没有自己的认识。（0～5 分）
总评：（评语和总分）	（总评在 60 分及以上为合格，75 分及以上为良好，85 分及以上为优秀）			

（三）考核操作评价的关键点

本班一共有 30 位同学，分成 5 个小组，每小组成员共同协作，按要求完成项目任务，并对项目成果进行展示。在展示活动开展之前，教师先对评价考核表进行解释说明，以统一师生对考核标准的理解。之后，将考核结果统计表公布于教室的显眼位置，各组分别推选组员，按安排好的顺序依次上台讲解，此环节按“展示—提问—讨论—评价—总结”五个步骤进行。

1. 展示环节

由小组推选的代表对本组作品从设计理念、设计过程、技术应用、合作分工等方面进行讲解，时间不超过10分钟，其他组成员仔细聆听、思考、记录。

2. 提问环节

10分钟展示完毕，就到了提问环节，其他组成员分别对展示过程中存在的疑惑进行提问，展示小组的各成员均可以解答，此环节时间不超过5分钟。

3. 讨论评价

提问环节结束后，给予各组2分钟的时间讨论，以统一小组分数，各组相继报出分数并登记在统计表中，最后教师对其进行评分。在所有的得分给出之后，每组说出给分的依据，指出所评价成果的优点与不足，大家对此进行讨论。

小组编号	项目名称	小组互评（50%）					老师评分（50%）	总评
		A组	B组	C组	D组	E组		
A组	美食天地	85	87	72	85	92	83	
B组	阳江旅游	82	88	79	83	80	81	
C组	菁菁校园	91	92	92	90	93	77	
D组	动漫网	76	72	77	75	72	73	
E组	名点装饰	82	84	87	82	84	85	

在这个环节中，如果分数最高分与最低分差别过大的话，一般都会引起热烈的讨论交流。如在以上评价中，A组的作品“美食天地”，C组给其72分的最低分，但E组给其92分的最高分，分值相差为20，原因何在呢？这就需要各组给予充分的理由了。原来，E组认为此作品整体设计合理，色彩用淡黄绿色调，设计极其协调，让人看上去很舒服，内容也很充实，动静搭配很合理，着实为网页设计中的精品，所以给出了92分的高分。而C组认为作品看起来虽好，但是本组成员分工不详，没有具体分工，而且多数素材为网上已有素材，创新点不多，包括Logo都并非组员设计，这就是他们给其低分的理由。对此评价，A组表示，他们在设计时一味追求最终效果，未添加太多的个性元素，并且在分工方面以后还得再加强，强化团队合作能力。

同样，C组的作品“菁菁校园”也成了大家评论的焦点。各小组评分均给了90分以上的高分，而教师对其的评分却只有77分，这又是怎么回事呢？大家给出的意见统一是：作品很精致、很完美，创新点多，技术含量也高，讲解也很到位，逻辑性强，几乎找不到不足，所以都给了高分。那么老师为什么会给出低分？对此，老师给出的答案是：作品确实很精美，但是，据老师对实训期间的观察了解，小组共五位组员，但参与本作品设计与制作的其实只有两位，也就是团作合作能力弱，分工不明，积极性调动不够。对此评价结果，C组组员甘心接受，组长表示以后要在调动团队合作积极性上下功夫，帮助组员共同进步。

在这样的交流评价中，往往会形成师生充分交流评价的氛围，进而激发学生们的学习兴趣与积极性，促进了学生情感、态度和积极价值观的发展，达到教育中“教书、育人”的高层目标。对教师来说，在处理这些意外时，他们也会反思自身的教育理念、思维方式和教育行为，同时也促进了自身的发展。

有效评价模式的建立，对于中职学校的一体化课堂教学，起到不可低估的促进作用。此种评价模式已在笔者一体化教学中应用多年，实践证明，该评价模式能对一体化课堂教学进行客观、公正的评价，促进教学效果的提升。多数一体化教学，前半部分的教学活动开展都非常出色，但评价环节存在不足。有效评价模式在一体化课堂中的应用将有利于教学过程的完整，使一体化教学模式更加深入地应用于职业教育中。

参考文献

［1］范昭宏，张庆云．借鉴多元智能理论建立科学的职业院校德育评价体系［J］．文教资料，2010(20)．

［2］马红英．建立新型高职就业质量评价体系的研究［J］．张家口职业技术学院学报，2011（1）．

［3］汪小祥．高职学生职业核心能力评价体系研究［J］．考试周刊，2011（49）．

中职学校美育教学中壮瑶刺绣文化的传承与开发

陶树明
（连山壮族瑶族自治县职业技术学校　广东　清远　513200）

摘　要： 壮族、瑶族刺绣是连山壮族瑶族自治县民间传统工艺美术，是当地价值观念在艺术形式上的体现，是全体社会成员加强沟通和增进情感的桥梁。因此应在中职学校美育教学中进行壮瑶刺绣文化艺术的传承与开发，在教学中重视学生的品行教育，重视对学生职业道德和创业意识的培养，深入开展壮瑶刺绣的教学与研究，展现壮瑶的民俗风情，传承连山壮族、瑶族的民间传统文化艺术，以加强民族传统工艺壮瑶刺绣的传承与开发，守护我们的精神家园，弘扬中华民族文化。

关键词： 中职学校；美育教学；壮瑶刺绣；文化艺术

随着现代化和城市化进程的加快，文化生态环境急剧改变，壮瑶刺绣文化遗产受到冲击，渐渐失去生存的土壤，依靠口传、心授方式传承的文化遗产因后继无人濒临灭绝，加上不重视对壮瑶刺绣文化遗产的保护，导致大量有价值的珍贵实物与资料遭到毁弃或流失。为了进一步开发、抢救、保护和宣传壮瑶刺绣文化，唤起中职学生对本民族文化遗产的热爱，增强学生的保护意识，使壮瑶刺绣文化遗产得以延续并发扬光大，本文就如何在中职学校美育教学中进行壮瑶刺绣文化艺术的传承与开发进行了探讨。

壮族的刺绣除了用于装饰衣着外，还用于背带、门帘、被单的装饰。刺绣用五彩丝线或绒线在衣服、裤子、肚兜、围裙、头巾的边缘或鞋面上，绣以各种传统的花纹图案。刺绣时无须绘画蓝图，而是凭着自己的构思和娴熟的技巧，飞针走线，绣出各种布局工整对称、构图合理巧妙、线条流畅、色彩斑斓绚丽、寓意丰富深刻的花纹图案。瑶族刺绣图案记载着民族的历史，也记载着一个个美丽动人的故事和传说。20 世纪 80 年代后，由于受到现代社会发展的影响和经济全球化的冲击，民族传统刺绣工艺濒临失传。继承和发展壮瑶族传统刺绣工艺成为保护壮瑶族非物质文化遗产的重要内容之一。

一、粤北少数民族地区中职学校壮瑶刺绣教学存在的问题

（一）认识不到位，壮瑶刺绣边缘化

粤北少数民族地区的中职教育通常对壮瑶刺绣不太重视，中职学生对壮瑶刺绣的传承意义没有充分的认识，在学习过程中不够重视，导致壮瑶刺绣边缘化。

（二）壮瑶刺绣的简化

粤北少数民族地区由于经济比较落后，在中职教育办学方面投入少，没有壮瑶刺绣

室，没有电脑平台，只是在文化课室里上课。除此之外，连一些基本的壮瑶刺绣材料也比较欠缺。

（三）中职学生对壮瑶刺绣不感兴趣

在粤北少数民族地区，选择就读中职学校的学生大都来自农村，学生素质参差不齐，在现代高科技多种娱乐方式的冲击下，学生对学习壮瑶刺绣的兴趣不大，对本民族的文化缺少关注和了解。

二、中职学校传承与开发壮瑶刺绣文化的对策

为了克服上述问题，进一步加强粤北少数民族地区对壮瑶刺绣文化的传承和开发，可采取如下四项对策。

（一）调查与研究壮瑶族民间传统刺绣文化

走访壮乡瑶族村寨、壮瑶绣坊、民间艺人，查阅有关书籍、档案和资料，调查了解当地民俗传统艺术的发展历史和内涵，广泛采集壮瑶民族传统文化艺术作品，并进行鉴别和研究。对不同年级的学生进行问卷调查，了解他们对本民族传统文化的掌握情况，有针对性地对各年级学生进行民族传统文化艺术的教育。

对中职艺术类教师进行民族文化艺术传承、课程开发意识与能力的培养，组织刺绣老师参加民族传统艺术培训，到“刺绣坊”学习交流，向民间刺绣艺人学习，进行民族传统艺术交流活动。

（二）改革美育课程教学

将壮瑶族民间传统服饰工艺纳入学校教育体系，丰富艺术课程教学内容。把壮瑶刺绣、民俗绘画与课堂教学相结合，安排民族传统文化艺术课、民族传统文化艺术兴趣小组活动课。将本土民族艺术融入教育内容，逐步形成学校少数民族教育特色。

（三）宣传壮瑶族刺绣文化艺术

建设民族文化廊、刺绣展览室等宣传展示场所，为学生学习少数民族文化艺术、接待外来参观访问者提供多种艺术欣赏的场所，推动壮瑶族刺绣文化艺术的宣传。定期开展民族传统艺术节、文化艺术竞赛、刺绣作品评比活动，推广展示壮瑶族刺绣文化艺术。与兄弟学校进行联谊活动，进行校与校之间的交流，宣传推广壮瑶族刺绣文化艺术。尝试壮瑶刺绣手工业的产业化和流程化，显示其经济功能。

（四）加深对壮瑶刺绣文化的了解

有关壮瑶族刺绣传统工艺的传承与发展在我国广西、云南已有不少学者专门研究过，甚至在广东乳源、连南县已经将瑶族刺绣传统工艺作为旅游商品来开发；在国外，越南、老挝、泰国、日本等国学者对壮瑶族的生产生活方式、宗教仪式信仰、文化变迁、战争、医疗、生育等方面有了一定的研究。

三、在中职学校传承壮瑶刺绣文化艺术的重点和难点

（一）传承壮瑶刺绣文化艺术

挖掘本地区壮瑶族民间刺绣工艺，丰富艺术课程的教学内容，进行美育课程教学改革。创建校园民族文化艺术长廊，刺绣展览室等宣传展示场所，营造浓厚的民族艺术氛围。组织民族传统文化艺术竞赛活动，彰显学生个性，丰富校园生活。

（二）传承壮瑶刺绣文化艺术的难点

全面推进美育课程的教学改革，实现学校美育课程教学与弘扬少数民族传统文化艺术的有机结合，形成学校少数民族教育特色。将壮瑶刺绣手工业产业化流程化，显示其经济功能。

四、传承壮瑶刺绣文化艺术对中职学校教学的实践意义

从学校的美育教学实际出发，从学生的需要出发，从弘扬少数民族传统文化艺术的目的出发，把学校美育课程教学与本地区壮瑶族刺绣文化艺术的传承和发展结合起来，能够加强民族传统工艺壮瑶刺绣的教育，提高全体学生的美学素质，促进学生的全面发展，促进区域内少数民族传统文化艺术的传承和发展。

通过在中职学校中的美育教学中壮瑶刺绣文化艺术传承与开发对于提高学生学习少数民族传统文化艺术的积极性、培养学生的专业能力、提升学生的综合素养和就业竞争力，对于引领学校素质教育工作的和谐发展，提升教育教学质量、形成学校美育工作特色，对于宣传和推广壮瑶族刺绣文化艺术、促进少数民族传统文化艺术的传承和发展都具有十分重要的意义。

五、在中职学校教学中传承壮瑶刺绣文化的教学方法

教学拟采用调查法、行动研究法、个案研究法、经验总结等方法。针对具体实际问题提出改进计划，边实践、边改进，旨在通过计划、行动、观察、反思与调整，遵循螺旋递进的规律，整体推进教学的顺利实施，所以本课程的教学以行动研究法为主：

（1）提出问题：对教学中亟待解决的问题进行预诊，提出行动改变的初步设想。

（2）分析问题：对诊断所提出的问题予以界定，进行初步讨论，分析原因，确定问题的范围，制订计划。

（3）拟订整体计划：包括教学的目标、搜集资料的方法等。

（4）制订具体计划：通过有计划的干预行动解决实际问题，改变现状。

（5）行动实施：在基本设想、总体计划和具体计划的指导下，落实具体教学任务，例如以兴趣班的形式开展，一个星期布置一次刺绣作业，以提交刺绣作业的方式进行交流学习，在临摹的基础上，根据具体情况进行图案纹样的创新，并定期开展小型作品展。

六、在中职学校教学中传承壮瑶刺绣文化的主要教学策略

首先明确壮瑶刺绣文化艺术的课程教学任务。然后开展广泛的调研工作，了解当地壮瑶族民族传统文化艺术的发展历史和文化内涵，了解学校不同年级学生对本地区民族传统文化的兴趣和掌握情况，了解本校学生对民族文化艺术传承的认识、态度、兴趣和能力，了解其他学校开展壮瑶绣教研的能力及水平，制定相关的教学改革方案。

七、在中职学校教学中传承壮瑶刺绣文化的步骤

（1）学习壮瑶刺绣的技法。

收集各种壮瑶刺绣文化的相关资料，学习领会各种图案纹样的寓意，熟悉掌握壮瑶刺绣的各种表现技法，在掌握基本图案纹样的基础上创作新纹样。

（2）完成校本教材的编写。

根据学生学习壮瑶刺绣的教学经验，编写体现壮乡瑶寨地方特色的校本教材，在中职学校推广普及，为传承与发展指引方向。

（3）开展艺术课程教学改革。

把壮瑶刺绣、民俗绘画与课堂教学相结合，举办民族传统文化艺术兴趣小组活动课和各类公开课，探讨如何实现中职学校艺术课程教学与弘扬少数民族文化艺术的完美结合。

（4）壮瑶族刺绣文化艺术的宣传与应用开发。

融合壮瑶刺绣图案纹样的特点，创作具有本土特色的作品，体现民族团结精神的图腾。为适应时代需求，拓宽壮瑶刺绣狭窄的使用范围，让其能以更新、更多样化的面貌示人，开发创新壮瑶刺绣的新文化，让这种民间手工艺得以再放异彩。

（5）壮瑶刺绣兴趣班的组织和管理。

学校开设壮瑶刺绣传统艺术课程，按照学习理论—实践探索—作品展示—总结经验的步骤，突显壮乡瑶寨特色的教学，更好地传承和发展本土民间艺术文化。为探索发展民族传统文化教育的途径与方法，加强自治县少数民族民间艺术的传承和发展，合理对壮瑶刺绣兴趣班进行规范的组织和管理，可以通过一些措施如与旅游节、旅游区、旅游商（酒）店联系，展示（出售）学生的优秀作品；以奖励的方式提高学生学习壮瑶刺绣的积极性，对学生的优秀作品进行奖励并装裱收藏。

综上所述，本文阐述了在中职学校美育教学中进行壮瑶刺绣文化艺术传承与开发存在的问题，并提出了相应的对策。

参考文献

［1］郑超雄．壮族审美探源［M］．南宁：广西人民出版社，1991.
［2］邓菊花，盘万才，莫瑞福．瑶绣［M］．广州：广东人民出版社，2008.
［3］玉时阶．公平与和谐：瑶族教育研究［M］．北京：民族出版社，2009.
［4］李筱文．五彩斑斓——广东瑶族［M］．广州：广东教育出版社，2012.
［5］陈赞民．穿在身上的史书［M］．广州：广东人民出版社，2013.

现代职业教育实施第三方考核评价的路径

苏琼淑
（佛山市李伟强职业技术学校　广东　佛山　528333）

摘　要： 职业学校内部的评价已经不能适应现代职业教育对人才培养的需求，迫切需要建立行业领头、优质企业参与的第三方考核评价新机制，广东省佛山市顺德区率先在这方面进行了先行先试，改革取得了一定成效。

关键词： 职业教育；第三方考核评价；路径

2011 年 8 月 30 日，教育部发布的《关于推进中等和高等职业教育协调发展的指导意见》指出：要积极开展中等和高等职业教育协调发展的研究，吸收企业参加教育质量评估，探索建立职业教育第三方质量评价制度。2015 年 1 月 23 日，广东省人民政府发布的《关于创建现代职业教育综合改革试点省的意见》提出：要加强对构建现代职业教育体系工作的领导和统筹，充分调动市、县级政府发展职业教育的积极性，加快转变政府管理职能，减少部门职责交叉和分散，明晰部门间的职责分工。深入推进职业院校“管、办、评”分离，深化中等职业教育“五统一”的管理体制改革（即统一发展规划、招生平台、经费投入、资源配置、人才培养评价标准）。加强职业教育督导，并逐步转交第三方开展办学水平评估监测。2014 年年底，佛山市顺德区率先在中职学校的模具制造技术、汽车运用与维修、高星酒店管理专业试水第三方考核评价。

一、职业教育引入第三方考核评价的意义

（一）打破了职教系统内部自教自考的弊端

我国现阶段的职业教育几乎是以职业学校为核心进行人才培养，学校制订人才培养方案并进行考核。职业学校自身既是“运动员”，又是“裁判员”，教考不分离的培养制度导致培养的人才质量不高。虽然当前也有行业协会、企业参与学校教学，制定人才培养目标的教育联盟，但是这些组织比较松散，行业、企业介入不深，关键是没有相关利益关系，实际上仍然是学校在主导教学及考评。因此出现学校自身评价学生人才培养质量优质达标，甚至 100% 对口就业，而企业招到学生却快速流失的奇特现象，有些行业甚至出现技工荒，人才断层的危险，职教系统内部自教自考的弊端越来越成为行业、企业发展的障碍，打破这种学校垄断职教评价的壁垒势在必行。职业教育引入第三方考核评价，回归“运动员”的本真，一心一意搞教育，不再患得患失做评价，是时代的必然要求。

（二）职业学校为企业高效输送人才的必然选择

搞好职业教育，为企业输送合格人才是每一所职业学校的办学宗旨。但是，学校在实施这一目标时会遇到各方面的现实阻力，例如，许多不合要求的教师无法安置，为了校园的稳定，牺牲谁的利益？竞相开设热门专业，设备投入跟不上，耗材的消耗量大，缩短实习时间，牺牲谁的利益？学生年少无知，可能选错了专业但不能更改，牺牲谁的利益？学生学习一律按行政班的方式安排上课，特殊学生的个性需求被忽视，牺牲谁的利益？一切皆因考评是学校自己说了算，规则由学校自己定，导致人才培养效率不高。职业教育引入第三方考核评价，促使学校解决这些问题，提高办学效益，“为了学生的利益而办学”不能只是挂在嘴上的口号，而应该让学生通过第三方考评。只有真付出，才有真回报。

（三）职业学校优化教师队伍的有效手段

由于我国的国情，职业教育是从基础教育中分离而发展起来的，目的是要为一部分考不上大学的孩子提供就业出路，所以职业学校的学生都是淘汰下来的学生；无独有偶，教师也是从基础教育中分流出来的老师。从职业学校诞生开始，就打上了二流基础教育的烙印。随着时代的发展，职业教育不再是权宜之计的“二流”基础教育，它成为与普通高等教育并驾齐驱的应用型人才培养的源泉。但是落后的师资承担不起这种责任，职业教育引入第三方考核评价，对职业学校现有的师资水平提出了真正意义上的要求，“打铁必须自身硬”，优化职业教育的教师队伍，恰逢其时，水到渠成。

（四）是职业教育技能竞赛的有力补充

教育部职业教育与成人教育司司长黄尧曾讲过，“通过举办职业院校技能大赛，把多年来职业教育发展过程中逐步探索出的具有中国特色的‘工学结合、校企合作、顶岗实习’的经验和做法加以制度化和规范化，形成‘普通教育有高考，职业教育有技能大赛’的局面”。技能竞赛在职业教育各个层面展开。但是，技能竞赛是高端比赛，且耗费大量资源，参与比赛的选手相对职业教育的绝大部分学生来说毕竟是少数。代表学校、地区的最高水平但不是普遍水平，无法形成就业优势。职业教育引入第三方考核评价，是对大多数学生的普遍评价，它促使学校不仅要关注个别学生技能的最高水平，同时也要考虑大部分学生普遍的就业情况，合理地使用职业教育的资源，平衡两者的关系，才能促进职业教育健康、均衡地发展。

（五）可以帮助职业学校完善教育教学管理体制

现阶段我国的中等职业教育，继承了基础教育的某些管理特征，同时融入了高等教育的元素，职业学校由于没有像高考那样的目标要求，管理效能并不十分理想。突出的问题是学校各个职能部门只为自己部门利益着想，各自为政，看重部门效能，却忽视了职业教育的整体效能。职业教育引入第三方考核评价，客观上为学校各部门的管理指明了方向，对学生的管理有了更加具体的目标，比较容易解决问题，理顺各项管理职能，防止无效的劳动耗费学校有限的精力。

（六）能真正形成政府、企业、行业、学校的职业教育利益共同体

行业、企业作为第三方，由于是用人的主体，他们最关心人才的培养质量。但是现代企业由于企业本身的性质，忙于在市场上拼杀，不可能有意愿长期介入人才培养的全过程。随着行业人才断层的出现，“春江水暖鸭先知”，企业短期介入职业教育成为可能。企业应该根据其用人需求和利益诉求制定合理的考核评价体系。作为企业的民间组织者，行业协会实际上也被大型企业控制，自身还缺乏研究的实力。而作为第一方的学校，因为有国家长期的经费投入，更符合对学生进行长效培养的目的，但缺失有效的监督，是职业学校人才培养质量参差不齐的主要原因。作为第二方的政府，负有对职业教育的监管责任。现在实行“小政府大社会”管理，精简政府部门，无暇顾及职业教育的方方面面是不争的事实，寻求第三方的考核评价就被推到前台。正是由于第一、第二、第三方在职业教育方面的利益驱使，终于形成第二方政府部门监管下，第三方行业、企业进行考核评价，第一方职业学校组织培训的职业教育利益共同体，三方互相制约，有效运行。

二、现代职业教育实施第三方考核评价的路径

（一）政府牵头制定政策，提供法律保障

顺德区政府、教育部门酝酿第三方考核评价已有多年，多次出台相关文件。直到2014年10月，顺德区教育局出资33万元，与佛山市模具行业协会、顺德区机动车维修协会、顺德区旅游协会签订购买服务合同，委托三家行业协会对区内中职学校模具制造技术、汽车运用与维修、高星酒店管理专业毕业生进行第三方考核评价，才正式启动了第三方考核评价工作。

（二）行业协会担当“领头羊”角色

行业协会以前的职能是上传下达，各协会承接政府职能转移和事项委托后，责任更重了。在协调和开展具体工作时，协会成员应开始了解和熟悉相关法律法规，对涉及本行业的职业教育进行深入调查研究，制订因时、因地制宜的实施方案。解决第三方考核评价过程中要及时调和的矛盾，力求达到各方利益平衡。行业协会认识到政府职能能否稳妥转移，取决于各社会组织执行力的强弱，因此，行业协会的从业人员也应该不断地学习和提升，担当起“领头羊”的角色。

（三）优质企业参与示范，作用不可或缺

实事求是地讲，现阶段作为企业的民间组织者行业协会实际上都被大型企业所控制，自身还缺乏研究职业教育的实力。以佛山市模具行业协会为例，这个协会存在的目的就是把第三方考核评价评价的职能转移给旗下副会长单位佛山市科尔技术发展有限公司。该公司是顺德区龙腾企业，也是协会中办得最好的企业之一，有一定的社会影响力。公司下属的技术发展研究中心很早就进行了人才培养质量的研究，并开发出适合企业用人需求的人才培养实践平台。本次模具制造技术专业毕业生的第三方考核评价就是依据该平台进行的。

（四）职业学校转变教育观念是关键

职业学校是职业教育的主体，早就意识到其自教自考的弊端。但是真正实施第三方考核评价，触及学校已经形成的利益格局，许多学校还处在被动应对的阶段。以佛山市顺德区勒流职业技术学校为例，学校领导认识到第三方考核评价是学校改革教学的契机，多次前往科尔公司进行调研，先后抽调组织两批共 16 名模具专业的骨干教师到科尔公司学习企业人才培养质量标准，按企业要求迅速建立现代模具制造技术实训中心，召开现代模具制造技术人才培养模式研讨会，发动学生报名，组织培训。本来该校的模具专业就是广东省重点建设专业，具有深厚的基础，由于教育观念转变及时，跟上了企业的要求，在考核中全区只有 22 人通过模具专业第三方考核评价，其中该校就有 12 人。

三、职业教育实施第三方考核评价的思考与建议

（一）找准突破口，实现多方共赢

为了打消各方对第三方考核评价质量的质疑，负责考评的企业想了很多办法。以科尔公司为例，他们为了追求考评的信度，同时随机抽取企业员工参加测评，作为参考依据。只要学生达到企业员工同一级的考核水平，就与员工同工同酬，缩短做学徒的时间。第三方考核评价平台的建立，不仅能为学校提供测评毕业生培养质量的标准，而且能形成共享平台，企业用工、学生就职、员工加薪都有了统一的参照标准，最后能够实现多方共赢。

（二）形成长效持久的运行机制

本次参加第三方考核评价的有三个专业，顺德区政府提供了 33 万元的启动资金。今后如果在所有专业开展，投入资金将相当可观。是否每年都能持续投入不得而知。以模具制造技术专业为例，全年毕业生 867 人，自愿参与考核仅 140 人，占参考考核人数的 16%。通过理论考 65 人，最终通过实操考核的仅 22 人，占参与考核人数的 16%。根据过往的不完全调查，能较长期留在企业从事对口工作的模具专业毕业生实际只有两成左右。另一方面，企业要求考核的内容多，时间长。一名毕业生的实操考核几乎要 1 个小时才能完成，学生感觉负担重。如果全面展开，普遍考核技能，不可想象其后果。考核也引发了思考，没有从事专业工作的八成学生去哪儿了？能不能在他们进入专业学习时先进行霍兰德职业倾向人职匹配测试，以避免职业教育资源的浪费？

（三）加强宣传，形成全行业多数企业的共识

独木不成林，第三方考核能否坚持下去，必须得到行业协会内、外多数企业的认可与支持。本次考核首先建立了考评专家库。专家来自行业协会、高等院校、企业技术人员、参与考核的学校骨干教师，通过会议研讨、培训，抽选部分专家参与第三方考核评价，考核结果真实有效。同时吸引了多家媒体关注，无论是项目开始、评价过程，还是评估总结，佛山日报、珠江商报、各主流网站都有报道。其中，佛山日报以《顺德职校办学引入第三方考核机制》《140 学生，过半不及格》为题，珠江商报以《第三方考评人才培养新思维》为题，报道此次活动，为职业教育发展摇旗呐喊。

四、结语

2014 年岁末，佛山市顺德区率先在中职学校开展的毕业生第三方考核评价，顺应了国家、广东省职业教育改革的要求，为行业、企业真正参与职业教育找到了切入点，打破了职业学校长期封闭的教学弊端，理顺了职业教育各方的利益纠葛，毕业生通过考核，可以享受优先就业的政策。2015 年该评价体系将陆续在中、高职院校各个专业推行，为顺德产业发展提供了合适人才，注入了新的生机。

参考文献

［1］尹金金．第三方评价在职业教育课程开发中的应用［J］．中国职业技术教育，2014（14）．

［2］陈川雄，安剑．职业教育第三方评价机制的探索［J］．产业与科技论坛，2011（11）．

［3］李翔．中职学校开展第三方评价的意义及对策［J］．新课程研究，2014（1）．

［4］吴双．高职院校教学质量第三方评价机制初探［J］．中国科教创新导刊，2012（20）．

［5］陆春阳．让第三方参与职业教育人才培养质量评价［J］．职业技术教育，2011（30）．

［6］赵金英．职业教育教学质量第三方评价的探索［J］．现代教育，2013（8）．

［7］冯晓沛，胡克祖．英国职业教育第三方评价机制的探析及启示［J］．世界职业技术教育，2013（6）．

［8］梁卿．职业教育质量第三方评价的概念探析［J］．职业技术教育，2014（13）．

［9］陈智球，马芜茗．职业教育第三方人才培养质量评价体系研究［J］．职教论坛，2014（14）．

校企合作中的双元制培养模式

温漠书
（中山市沙溪理工学校　广东　中山　528471）

摘　要： 现代的产业人才应当既有专业的理论知识，又具备很好的实践技能。本文着重探讨了中职教育中以学生实践技能为中心的校企合作机制，对校企合作的条件进行了分析，并由此提出了校企合作中的双元制培养模式。该模式需要依托政府的政策扶持，在执行中需要有效的管理和考核机制，并强调对企业、学校、教师、学生进行评估考核。

关键词： 校企合作条件；双元制培养模式；学生考核体系

前　言

根据《教育部关于开展现代学徒制试点工作的意见》（教职成〔2014〕9 号），产教融合是指专业设置与产业需求对接，课程内容与职业标准对接，教学过程与生产过程对接，毕业证书与职业资格证书对接。要实现产教融合的职教理念，校企合作起着主导作用，是最基本的条件、必备的环节。

一、校企合作中存在的一些问题

（一）学校专业设置与企业岗位实习内容脱节

在专业课程内容开发方面，课程体系单一，缺乏有针对性的专业教学教材；在教学方法上，基本上是采取应试式的教学，教学效果以取证率为衡量标准。专业知识比较书本化，缺乏实践性，在专业课程内容开发建设上缺乏与企业岗位技能和需求的考虑，学生在企业中实训时容易出现理论和实操的巨大差距，难以取得专业技能锻炼的预期效果。这些问题在中职教学和专业建设中是比较常见的现象。

（二）企业在执行学生实训内容时缺乏积极性

学校与企业合作时，缺乏对企业指导学生监督、激励、考核的有效机制，企业因此缺乏教好学生的动力和积极性。学生在实训中的大部分时间里做一些简单的辅助工作，实训流于形式，很多学生反映得不到实践锻炼。

（三）学生实践效果没有很好的评估体系和权威的证明

学生在企业中实训的成果主要是通过学生实训手册、实习日志或实习报来体现，学校只要见到上交的实训材料就可以通过，而不作实质审核。学生实训经历缺乏其应当的价值和权威的经历证明，从而导致学生没有做好实训的动力。

（四）学生在实训过程中的安全存在很大风险

一方面，学生缺乏安全意识，做事经常想当然，容易发生事故和意外伤害；另一方面，实训场所环境比较复杂、设施较多，存在一定的不安全因素。学校在学生实训安全事故上承受着巨大的压力，因而倾向于采取保守的措施，从而使实训效果大打折扣。学校和企业需要建立风险分散和分担机制。

二、校企合作的条件

（一）企业具有合作意愿

中职学生在实训过程中，能为企业创造的价值较少，而要让学生享受企业的资源较多，为了让产教融合良性地、可持续地进行，必须要达到产教的双赢。在实践中，关键是要调动企业的积极性，因为企业更占据主动权，也是教学与实践密切配合的主要因素。为了调动企业的主动性，地方政府可以出台扶持政策，投入匹配的资源来配合职业教育，地方政府对产教融合的政策和具体的配套方案，如果能够做到有针对性，考虑企业的利益和其所重视的因素，就能对企业产生很大的吸引力了，让企业怀有热情投入到职业教育中，具体可以采取以如下措施。

1. 教育经费补贴

政府在教育经费预算中专门设置一项对企业参与职业教育的经费补贴，要求职业教育的主管部门制订具体的补贴方案。根据企业在职业支持中的投入和成效，并考量企业、行业的特性，结合企业提供的软件和硬件制定经费补贴标准和方案。

2. 教育主管部门给予奖励

由地方政府引导，针对在产教融合中贡献突出的企业设立专门的职业教育贡献奖，一方面给予官方的肯定和奖励，表明政府的重视；另一方面，也增加了企业的社会荣誉感。

3. 增加官方媒体对支持教育的企业的多方面报道

报纸、电视台一般都与政府有良好的合作关系，甚至是政府的下属事业单位，政府对于媒体的报道内容和倾向有很大的影响力。政府通过宣传部门与媒体沟通，让新闻媒体为职业教育开辟报道专栏，对于职业教育的产教融合、校企合作进行不定期的新闻特写，同时也帮助合作企业增加了新闻曝光度和社会知名度。

（二）建立新型的学生考察评估体系

1. 理论知识的标准化测试

理论知识的考试应当标准化、规范化。每个地区根据职业对专业知识的基本要求，由地区教育管理部门、职业技能考试部门联合地方学校制定考试知识要求、知识题库。根据不同的专业特点，设置不同的考试模块，主要考查学生对专业知识的熟悉程度、知识迁移的能力、分析判断的能力。在考试组织方面，由教育主管部门统一组织，采用无纸化的统一标准考试，将学生的专业课标准化考试成绩作为毕业的条件之一。

2. 技能实训的综合评审考查

学校应当与企业合作制订学生实训项目整体方案，其中必须明确学生实训的具体内容、实训的技能目标，对企业提供的实训岗位和工作内容以及实训的组织安排做一个具体的规划，学生在实训过程中由专业老师定期、不定期检查学生的实训情况。在实训结束时，由技能鉴定单位的考评员，根据学校与企业联合制订的实训方案中的技能要求和目标，对学生进行现场考评，并记录存档。

3. 专业课程教师的推荐评分

教师一直伴随着学生在校的成长，对学生的特点、学习情况、个人素质和能力有较长时间的观察，教师对学生没有偏颇的评价，比较能够反映学生状况。将专业课教师的评价都作为学生毕业的必要条件有以下方面的考量：可以增加教师的权威；能让学生重视学习的过程和自身的表现；更能全面地、综合地从人文角度反映学生特质。

4. 规范学生档案材料的管理

学生在校期间的表现和参与的活动、各方面的成绩、教师的评价作为学生档案材料的重要部分，进行归档保存，为用人单位提供有效的参考。让学生明确档案资料的重要性和价值，可以促进学生争取更好的综合表现。

（三）学校专业课程开发与行业发展的对接

专业教学应不断更新、丰富教材，使教学知识内容和技能培养更符合行业的要求。专业科组在原有教材资源的基础上，应对企业生产运营进行考察，与行业协会保持专业沟通交流，与行业有影响力的企业人力资源、运营主管、生产总监进行合作，尤其要与合作企业沟通配合，开发专业教学材料。开发的教材应当符合企业的运行现状，符合行业对专业人才的知识和能力要求，也应兼顾在教学上的可操作性，此外，教学内容也应当兼顾实训内容和目标。实践内容丰富、易于教学，并能调动学生主动性的教材，更能引起学生兴趣，也将取得更好的教学效果。

（四）教师的专业知识和实践能力的提升

中职学校专业课的教师绝大部分在毕业后直接从事教育、教学工作，将课本知识对应教学工作，存在与行业知识和技能严重脱节的现象。一方面教师忙于封闭式教学和学校事务，与行业的专业人士接触较少；另一方面，教师本身没有提高专业知识的激励机制。为促使产教更好地融合，需要有高素质、精通专业、善于实践的专业教师队伍，提升与完善教师的专业技能非常重要、紧迫。

1. 专业教师与学生一同参加实训

教师一方面要在实训中引导、监督学生，另一方面也要进行自我提升。

2. 教师的专业知识和职业技能由企业与行业协会考核

专业教师应当融入企业中，对企业的运作和生产有深入的了解，为此，要求教师参与企业的岗位培训、实践锻炼，并获取企业颁发的岗位能力合格证书。为了丰富教师的专业理论知识，要求教师获得专业职业资格证书，按行业对职业资格的要求参加继续教育。对以上方面措施，应加强监督和考核，增强教师实践提升的压力；另一方面，应配套激励机制，如评职称的加分、绩效的奖励等，提高教师的积极性。

（五）建立严谨的校企合作执行制度和协调机制

产教融合中校企合作会遇到很多方面的阻力。首先，企业有可能会消极应付，只是为了获取政府对职业教育的政策福利；其次，学校及教师可能会存在执行、配合及考察监管方面的懈怠。建立起一套执行制度和协调机制来防范以上一些问题，促进校企合作的成效，需要从以下几个方面进行监管制度的规划、设计。

（1）教育行政部门设立产教融合促进办公室。该部门主要对校企合作实施行政监管，制定具体的政策措施，对产教融合、校企合作各方的参与度、教师的专业能力和实践技能、学生实训效果等各方面进行考核评估，并每年发布情况报告，为政府的财政资助、政策扶持提供参考依据。

（2）学校设立校企合作处。该部门对接教育行政部门的产教融合办公室，落实上级的政策措施，并提交考核报告。

三、双元制在校企合作中的应用

（一）学校教育与企业实践的双元制培养模式

中职学生在校三年中，第一年的课程内容主要是基础专业理论知识和技能培养，理论知识以学校教学为主，学校在教学的同时对接企业岗位实训的要求；技能实训锻炼采取企业经理或技工现场传授的模式，并由专业教师陪同共同完成实践，其中，教师的主要职能是组织管理学生。学生在学校理论知识学习和企业技能实践双元制学习模式中，根据教学计划的周期性转换，理论知识学习与企业实践学习所占时间根据不同专业特点由学校和企业确定，并报行政部门批准备案，主要专业课程必须由学校教育和企业技能传授联合完成，并分别通过理论知识标准化考试，进行实践技能的独立考评。第二年，学生学习的内容是核心的专业理论知识和实践技能。第三年，学生可以根据自身情况选修一些细分的专业知识和技能。第二、第三年的学习模式，仍按照前面的双元制进行规划。

（二）双元制的考核与管理

学生每完成一个专业课程或项目都应当进行理论、实践与技能的考察，学生各方面成绩必须达到要求，并记入学籍档案。

1. 专业理论的标准化考试

对学生的理论知识进行考察，建立起一套统一标准的考试系统，可以利用计算机信息技术实现考试的智能化、标准化。考试平台和题库的开发由中职学校的教师、行业的资深专家、计算机技术人员合作完成，以考查学生对专业理论知识的熟悉、理解及运用程度。需要强调的是，对于中职学生专业的理论考察，应当适应其在校所学习的知识内容，有必要从国家劳动部门职业资格考试系统中独立出来，由本地区学校、行业协会与企业、职业资格鉴定部门合作开发专门针对在双元制模式下的理论知识考试系统。学生每门专业课所掌握的理论知识必须符合标准，并作为其毕业的条件之一。

2. 实训效果和技能的专业考评

对于学生在企业的实践效果和技能，应由学校专业教师、行业专家、技能鉴定部门人员组成联合小组进行考评，对学生在企业岗位实训效果和实践技能考察做到独立、公正、客观。该部分的评价计入学籍档案，并作为学生的毕业条件之一。

3. 专业教师与企业“师傅”的评价和推荐

专业教师对学生在校的表现、学习能力、个人特质和素养进行评价，可以用文字说明，也可以通过一些评价指标来体现，企业的“师傅”对学生在实践中的学习表现也可以通过同样的方式呈现，但两方面的评价都应当做到内容和形式的统一，并事先做好方案计划。该部分的评价计入学籍档案，并作为学生毕业的必备材料。

（三）对校企合作的行政监管与促进

1. 教育行政的监管与促进

教育行政部门设立职业学校产教融合办公室，制定一套考核标准，对学校的校企合作方案和计划审核备案，定期对实施进展进行资料的审计、实地检验、多方访谈；对企业资源投入、培养的人数和效果进行资料审核或者现场评估，并根据评估报告决定对其进行财政经费的补助和政策扶持。对没有按计划方案执行的企业和学校实行备案和行政通报；对合作方案和培养效果不佳的，进行降级、处罚。

2. 校企互相监督与促进

学校为企业提供“学徒”，并让他们承担企业的一部分工作，也可以提供一部分的场地和一些硬件设施，但学校必须监督检查企业是否按照设定的方案和协议培养学生的技能，对于没有按要求执行的企业，学校应做好协调工作，并做好资料报备上级产教融合办公室，否则学校将承担管理责任。企业对实训的学生和老师应进行实践岗位工作的指导和管理，没有按照企业要求并违反合作协议的情况，应及时反馈给学校，由学校进行备案约谈，或做出相关的处罚措施。

四、总结

中职校企合作中存在一些比较突出的问题，这些问题主要根源在于缺乏政策支持、执行不力、缺乏监管机制。本文主要分析了这些问题，提出一套监管和考核机制，并对应地提出了双元制的培养模式，并强调执行的效力。如果各方都能执行到位，并有良好的政策支持和行政监管，中职学校在产教融合上定会取得显著的进展。

参考文献

［1］易峥英．德国“双元制”校企合作的成功因素及其对我国的启示［J］．职业技术教育，2006（17）．

［2］李艳玲．我国借鉴“双元制”模式的实践与问题研究［D］．厦门大学硕士学位论文，2006．

［3］李战国．校企合作何以成功［J］．中国大学生就业，2011（14）．

营销口才训练课程教学改革与评价模式初探

原拴双
（普宁职业技术学校　广东　揭阳　515344）

摘　要：本文通过分析中职学校“营销口才训练”课程进行教学改革的必要性，在合理设置教学内容、注重体系化训练的前提下，提出该课程的教学改革措施。教学改革内容主要包括：“体验型”课型、基于行动导向法的“情境教学模式”、案例教学法、“以赛促教”和项目化教学方法在综合实训当中的运用、情景模拟多元化考核，以及学生自评、学生互评、教师评价和嘉宾评价相结合的评价模式。本文旨在提倡在“营销口才训练”课程教学过程中将教学、实践与实战相结合，从而达到在教学和评价模式方面有所突破和创新的同时提高教学效果的目的。

关键词：“体验型”课型；情境教学模式；项目教学法；评价模式；教学改革

前　言

现代社会需要的是具有较扎实的理论功底和较强的实践能力的高层次、创新性强的复合型人才。如何培养能够适应市场、满足地区经济发展需要的多层次、高水平实战型的营销人才，是摆在中职学校面前的一项重要任务。随着教学改革的推进和素质教育的发展，“以学生为本、以就业为导向”的教育理念已逐步深入到教学实践中，很多教育工作者开始践行课堂教学改革。为了实现新模式下商贸专业人才的培养目标，应该对专业相关课程进行整合。

一、中职学校“营销口才训练”课程进行教学改革的必要性

“营销口才训练”是市场营销、经营管理、电子商务等商贸专业的一门重要的专业课程。目前中职学校的市场营销课程教学大多偏重理论、缺乏实践，这制约了“营销口才训练”教学的顺利开展，在这种模式下所培养的毕业生难以满足企业的用人要求。“营销口才训练”课程的课堂教学、实践环节、学生评价模式的改革一直是很多中职教师关心的问题。

根据教育部“要全面贯彻党的教育方针，以服务为宗旨，以就业为导向，走产学结合发展道路，为社会主义现代化建设培养千百万高素质技能型人才”的指示，笔者尝试在该课程进行教学和评价模式的改革。力求更加贴近学生的实际学习需求，提高学生的学习兴趣，从而提高整体的教学效果，使学生能够学以致用。

笔者尝试在“营销口才训练”课程中利用行动导向教学法和“情境教学模式”来调动学生的积极性与创造性，经过一系列的教学改革，教学效果初见成效，现将一些做法介

绍如下。

二、合理设置教学内容，注重体系化训练

本课程使用的教材为罗生芳、李红梅主编，电子工业出版社出版的《市场营销口才训练（第3版）》。在教学内容设置方面，笔者考虑到该专业学生的学情特点，采取了从简单到复杂、从基础到综合应用的方式，将其整编为六个阶段。第一阶段：口才的基础知识学习；第二阶段：口才的基本功训练，包括语音标准规范训练、知识积累训练和语言表达训练、记忆能力训练、心理素质训练和态势语训练等；第三阶段：朗读技巧训练；第四阶段：社交口才训练；第五阶段：演讲与口才训练；第六阶段：职场口才训练，包括公关口才、商务谈判口才、推销口才、主持口才和领导口才。

三、课堂教学改革初探，教学模式逐渐成型

（一）“体验型”课型的设计

在理论课讲授之余，注重课前引例、游戏、阅读材料和实训环节的教授和反馈。实训环节包括：自由训练、课堂训练、课外训练和综合实训。自由训练可以开展的内容有：寻找自信、主动去说、假如我是领导、与陌生人交谈、与领导沟通、叙述、唇音练习、舌音练习等；课堂训练可以开展的内容有：看对象说话、语言表达训练、学会赞美、学会幽默、学会批评、倾听、提问和应答、辩论、语音语速训练、推销用语训练、电话推销技巧训练、模拟业务洽谈、喉音练习、即兴发言、讲故事等；课外训练可以开展的内容有：挫折训练、信任训练、绕口令的训练、拓展活动和课外游戏等。学生在这种“体验型”课型中主动参与到训练活动中来，实现了学生、教师、社会的有机结合，达到让学生在生动、活泼的双边口才训练中提高语言表达能力的目的。

（二）基于行动导向法的“情境教学模式”的运用

本课程引入“行动导向法”和“情境教学模式”教育观，在教学过程综合运用问题引导、讨论分析、设置情境、对比总结的多元化情境教学法，塑造学生的综合职业能力、培养学生的自主学习意识，调动学生潜在的非智力因素。

如在讲授“商务谈判口才”和“推销口才”时，教师可采用模拟业务洽谈和模拟电话推销的教学模式。仿真教学法、角色扮演法等教学方法很适合课堂的“情境教学模式”，在仿真的业务洽谈时，学生可以扮演采购方和原材料提供商，学生是演员，教师是导演。在模拟的电话推销时，师生分别扮演顾客和推销者，师生共同参与角色扮演，这样在很大程度上锻炼了学生活学活用的能力。

在这种教学模式中，学生在模拟的环境中获得了知识和技能的直接经验，教师的任务由传授知识为主转变为以指导学生学习为主，有计划、按步骤地通过“体验”实现由“教为主”向以“学为主”的方向过渡，“教师”将成为“导师”，“教授”将成为“教练”。

（三）案例教学法和“以赛促教”的应用

在“营销口才训练”的教学过程中，使用经典的演讲、辩论视频作为教学辅助，在课程教学中能发挥很好的作用。通过专业人士的演讲视频、专业辩论选手的比赛视频，教师对案例的分析讲解，学生容易找出自身的差距、不足和前进的方向。中职学生年龄大致在18岁左右，他们朝气蓬勃、意气风发、竞争意识强，教师可以有意识地利用比赛激发学生的学习热情。教师把演讲比赛、辩论比赛和推销比赛带进课堂，鼓励学生积极参与比赛，互相竞技。这种比赛的形式，不仅调动了学生的学习积极性，也培养了学生的竞争意识。

（四）项目化教学方法在综合实训当中的运用

结合第10章的综合实训任务，本课程可开展职场口才实训，将学科所涉及的社交、公关、商务谈判、演讲、推销、主持和领导口才进行综合实训。开展以“产品推介会”“消费者见面会”“表彰会”和“商家联谊会”为主题的会议或者party，学生小组讨论，最终确定项目的目标和任务。学生根据实训场景要求，将项目分解细化，完成策划活动、布置会场、着装礼仪、扮演职场角色、体会职场文化和感受职场口才技巧的环节。项目结束后，可以将学生自评、学生互评结合教师评估来综合评价。师生共同讨论、评判项目中出现的问题，学生解决问题的方法以及学习行动的特征。有条件的学校可以对项目活动进行录像摄影，作为项目成果归档。

“项目教学法”始终围绕着完成项目而进行，强化质量意识，以学生为主体，培养学生的创新精神和职业能力；使学生成为教学活动的主体，形成了自主、合作的开放型的学习氛围；可以激发学生自主学习的兴趣，充分发挥学生的主观能动性；将本课程的核心内容融会贯通，并用于实践中。

四、营销口才训练课程评价模式初探

以往营销口才这类理论课的考试只采用平时出勤、期中考试和期末考试相结合的方式，经过初步探索，目前学校采用情景模拟多元化考核的技能考核方式。在评价过程中教师积极创设民主、平等、和谐的学习、评价氛围。实施评价时，将学生自评、教师评价、嘉宾评价和学生互评相结合。

学生互评环节由学生自愿组成的评委团评分，这样可以充分调动学生的积极性，给学生更多的发展和表达的机会，教学要发扬民主，倡导多向信息交流。通过学生和学生之间相互学习彼此的优点，达到共同进步的目的。

邀请专业教师作为嘉宾进行评价，这样可以补充科任评价，更加全面地引导学生在学习过程中正确地关注自我。每个学生在课堂上都能得到老师和同学的认可和赞赏，学生的积极性大大提高了，学习的空间更加广阔了，学生的主体地位也随之得以更加充分的发挥，学生真正把自己当成了学习的主人。

下表为笔者就课程评价模式实施考核的做法：

表1　营销口才训练课程多元评价表

技能考核项目	项目评价标准		所占比例	评价模式
演讲稿（15%）	1. 以“我爱我专业”“岗位竞聘”“毕业、就业、创业”“工作、热情、使命”，环保，科技，统一，和平，团结，立志，自由，理想，生命，青春，自信，素质，“民族自豪感、自尊心”或者“道德、法律”为主题，演讲稿主题鲜明，积极向上（30分）		4.5%	教师评价
	2. 作品原创，语法正确，用词准确，语句通顺，篇幅在800～1 000字（35分）		5.25%	
	3. 语言充实生动，有真情实意，富有感召力（35分）		5.25%	
演讲比赛（15%）	主题（10分）	内容紧扣主题，在教师给予的题目库中选择，学生也可上报新的主题，经老师审核通过后采用（10分）	1.5%	学生互评（学生组成的评委团评分）
	口语（40分）	1. 发音基本标准（10分）	1.5%	
		2. 口语流利（15分）	2.25%	
		3. 节奏优美，发音标准动听，富有感情（15分）	2.25%	
	表达（40分）	1. 表达生动，动作恰当（10分）	1.5%	
		2. 感情处理得当（15分）	2.25%	
		3. 感召力强，富有创意（15分）	2.25%	
	台风（10分）	1. 上下场致意、答谢（5分）	0.75%	
		2. 服装得体，自然大方（5分）	0.75%	
辩论赛（30%）	团体表现（50分）	陈词阶段（8分）： 1. 立论要求思想观点新颖，逻辑清晰，言简意赅，用事实说话 2. 提倡即兴陈词，勇于交锋，恰当地引经据典	2.4%	嘉宾评价
		攻辩阶段（12分）： 1. 攻辩双方必须正面回答对方问题，提问和回答都要简洁明确。重复提问和简单回避问题均要被扣分。不得以提问破坏对方答辩的完整性。攻辩须站立完成，且攻方须攻满规定时间 2. 攻辩阶段小结由正反方一辩完成，按先正方、后反方顺序进行。攻辩小结要针对攻辩阶段的场上实态及涉及内容，严禁脱离比赛实际状况的背稿	3.6%	

（续上表）

技能考核项目	项目评价标准		所占比例	评价模式
辩论赛（30%）	团体表现（50分）	自由辩论（12分）： 1. 自由辩论发言必须在双方之间交替进行，首先由正方开始 2. 自由辩论提倡积极交锋，对重要问题回避交锋两次以上的一方应扣分，对于对方已经明确回答的问题仍纠缠不放的，也适当扣分	3.6%	嘉宾评价
		结辩陈词（8分）： 辩论双方应针对比赛整体态势，结合实际进行总结陈词	2.4%	
		思想语言风度（5分）： 辩论不能只注重辩论的胜败而不注重自身的形象，辩论时要显现出职校学生的思想深度、风采和风度，辩出精彩	1.5%	
		团体合作、临场反应（5分）： 1. 辩论时，辩友之间要团结协作，互相配合 2. 要求辩手要能随机应变，背诵或朗读事先准备的稿件要适当扣分	1.5%	
	个人表现（50分）	1. 思想深刻性（10分）	3%	
		2. 语言表达（10分）	3%	
		3. 整体意识（10分）	3%	
		4. 逻辑推理（10分）	3%	
		5. 辩驳能力（10分）	3%	
推销口才（30%）	设计环节（50分）	2～3位同学组成一组，每组同学运用课堂所学商务谈判、推销技巧等知识点和实操技能来设计推销商品或服务的环节，推销环节由不同的同学分别扮演买方、卖方来完成（50分）	15%	师生评分（结合学生自我评价，教师与学生组成的评委团评分）
	现场表现（50分）	1. 语言表达（10分）	15%	
		2. 扮演买方角色学生的服务意识，扮演卖方角色学生的理性消费意识（10分）		
		3. 扮演买方角色学生的逻辑推理或扮演卖方角色学生的应变能力（10分）		
		4. 成交结果（10分）		
		5. 仪表礼仪（10分）		
平时成绩（10%）	总体印象（50分）	口才好、交际能力强，分析和解决问题的能力强（50分）	5%	科任评价
	考勤（50分）	平时迟早、请假、缺勤等适当扣分，实训环节中，参与度高，态度积极的学生，适当加分（50分）	5%	

五、结论

作为商贸专业的重要课程之一，“营销口才训练”课程最大的特点就是实践性强，因此要学会理论与实践相结合，并应用所学知识进行实战训练。在合理设置教学内容，注重体系化训练的前提下，“体验型”课型和基于行动导向法的“情境教学模式”逐渐成型。情景模拟多元化考核，以及由学生自我评价、教师评价、嘉宾评价和学生互评相结合的评价模式也随之产生。

“营销口才训练”课程教学改革将使市场营销、经营管理、电子商务等商贸专业的教学效果得到较大改善，学生由以前“等着学、被动学”到现在自主学习的转变，实际应用能力也得到了很大的提高。

通过课程教学改革，教师接触了不少新知识、新理论、新应用和新技能，教材内容、案例教学、实训环节的更新等都对教师提出了更高的要求。当今社会，电子商务发展日新月异，作为专业教师，我们只有在课程教学中多思考、多研究，才能适应社会发展趋势，适应教学的需要。

参考文献

[1] 李红梅．市场营销口才训练（第2版）[M]．北京：电子工业出版社，2009.
[2] 罗生芳，李红梅．市场营销口才训练（第3版）[M]．北京：电子工业出版社，2013.
[3] 朱佳．市场营销专业实践教学模式及实施途径探析 [J]．中国教育创新，2009（2）.
[4] 章军．基于能力培养的高职营销专业教学模式 [J]．学理论，2010（15）.
[5] 刘桦．销售语言与服务礼仪（商品经营专业）（第2版）[M]．北京：高等教育出版社，2009.
[6] 颜永平，杨赛．演讲与口才教程 [M]．上海：华东师范大学出版社，2012.
[7] 罗树宁．商务礼仪与实训 [M]．北京：化学工业出版社，2012.

广东省中职学校物业管理专业人才需求与教学改革研究

许燕丹　彭玉蓉

（广州市土地房产管理职业学校　广东　广州　510320）

摘　要：物业管理被誉为城市的“朝阳产业”，广东省因其具有毗邻港澳的地缘优势，物业管理行业发展较早、水平较高。为准确定位中职物业管理专业的人才培养目标，广州市土地房产管理职业学校组织专业老师对全省物业管理的行业现状、省内中职该专业的开设情况等进行了全面深入的调研，通过对调研结果的整理、分析，对该专业的培养目标进行了清晰的定位，并对专业教学提出了自己的意见和看法。

关键词：中职；物业管理专业；人才需求；教学改革

据调查，广东省中职教育开设物业管理专业的历史仅十年左右，目前共有30多所学校开设了这个专业，各校在办学规模上差距较大，培养目标定位各有侧重，存在着课程设置差异大、多数学校实训条件简陋、教学改革不深入等问题。为使广东省中职物业管理专业有更好的发展，在“广东省中职学校物业管理专业教学指导方案编制”的课题研究的带动下，笔者对广东省内中职学校的物业管理专业的毕业生开展了关于专业人才需求和毕业生就业情况的调查，了解目前物业管理专业学生的总体情况，为学校开设物业管理专业提供可行的建议。

一、物业管理专业人才需求调查的必要性

物业管理行业是广东省的重要支柱产业之一，然而物业管理优秀应用性人才的匮乏成为物业管理行业发展的瓶颈。应使广东省中职学校物业管理专业人才培养的目标和规格凸显职业教育的针对性、实践性和应用性，与用人单位需求实现教学与岗位对接。

二、物业管理专业人才需求调查过程

（一）调查时间和对象

本次物业管理专业人才需求与就业情况调查从2010年持续到2013年，调研对象主要包括4类：①物业服务企业调研：分布于省内各地一、二、三级资质的物业服务企业共45家。②行业调研：包括广东省及部分市物业管理行业协会、房管局及房地产交易中心等。③学校调研：广东省内20多所开设物业管理专业的中职学校，重点调研了其中的7所学校。④往届毕业生调研：2001届至2013届从事物业管理工作的毕业生。

（二）调研内容

本次调研的内容包括 4 个方面：①行业调研：了解当地房地产、物业管理行业的发展现状及目前行业的用人需求、职业准入条件与资格证书要求等；②企业调研：主要了解企业的岗位设置与录用条件、年均需求量、适合中职生的岗位、各岗位应具备的知识与技能、各岗位的薪酬待遇及校企合作的情况等；③中职学校调研：主要了解各地中职学校该专业的招生和就业情况、专业规模、培养目标定位、主干课程、主要实践（实训）课程、教学师资及实训场馆、设备条件等内容；④毕业生调研：主要调研中职学校物业管理专业毕业生的就业情况、岗位、薪酬水平、工作职责、发展现状，以及对在校期间所学主要课程的评价。

（三）调研方法

本次调研的方法包括 3 种：①问卷调查：课题组对物业管理企业、物业管理行业主管部门及中职学校发放调查问卷 150 份，回收 146 份，回收率为 97%。②访谈法：课题组上门走访 21 家物业管理企业，访谈 24 位企业负责人，电话访问 12 家物业企业；走访 35 位毕业生，电话访问毕业生 16 人次；走访 5 所学校，电话访问 6 所学校。被访企业人员的职位涵盖物业公司项目经理、人事招聘经理及助理、物业管理处经理及主管、客服中心主任、物业管理人员等。③资料文献法：课题组成员查询了广东省统计年鉴、2005—2013 年广东省国民经济和社会发展统计公报及各类相关网站，得到相关数据。

三、广东省物业管理专业人才需求调研结果

（一）广东省房地产及物业管理行业发展状况

广东是中国改革开放的前沿，一直大力发展开放型经济，综合经济实力居全国前列。房地产业是拉动广东省经济发展的重要支柱产业，物业管理行业将得到迅猛发展，成为房地产业重要的组成部分。在房地产业推动下，物业管理行业发展前景广阔，对具有较高素质的服务型、技能型、楼宇智能化设备管理的专业人才需求会激增。

（二）广东省物业管理从业人员基本情况

1. 物业管理从业人员就业状况

根据广东省物业管理行业协会数据统计，截至 2012 年 12 月底，广东省共有物业管理企业 6 000 多家，其中一级物业服务企业 321 家，二级物业服务企业 442 家，三级物业服务企业 6 192 家。共有物业管理行业从业人员 645 468 人，其中，物业经营管理人员有 128 235 人，管理处主任（项目经理）有 26 057 人。目前，广东省内主要城市物业管理从业人员数量逐年递增。

2. 物业管理从业人员需求状况

伴随着住宅项目的不断更新和广东省高端商业写字楼物业和会展体育场馆等物业类型的增加，商业写字楼项目档次不断提升，新型体育物业场馆在不断地兴建和投入使用，多项国际赛事在省内举行，物业管理行业对人才的需求激增，特别是对管理型、技能型物业

管理人才的需求量很大。专业物业人才缺口大，人才瓶颈与物业的蓬勃发展很不协调。

3. 物业管理从业人员学历、技术等级情况

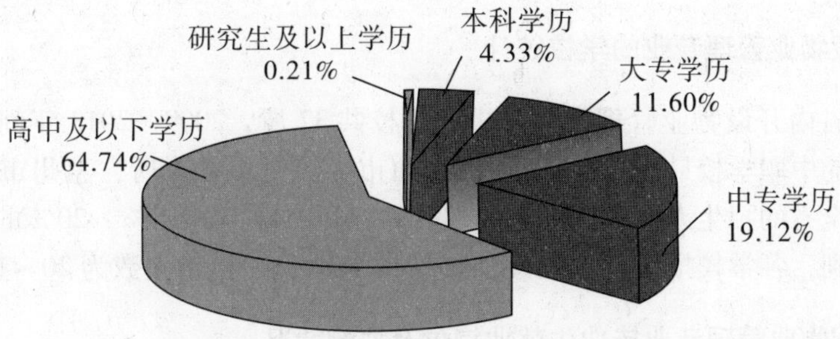

图1 物业管理专业从业人员学历情况

根据调研结果，在广东省物业管理企业中，目前从业人员的学历基本情况如图1所示：广东省物业服务企业人员中具有硕士研究生以上学历的占总人数的0.21%、本科学历占4.33%、大专学历占11.60%、中专学历占19.12%、高中及以下学历占64.74%，从业人员中高中及以下学历的人最多。调研还发现，物业企业服务项目不同，资质等级不同，中专生所占的比例会有所差异，管理的项目档次越高、资质等级越高的公司中中专生的比例越低。

4. 物业管理从业人员基本薪酬情况

中国物业管理协会秘书处《物业管理行业生存状况调查报告》的数据表明，全国物业服务企业管理人员平均年收入仅高于社会平均工资4 000多元，物业服务行业的薪酬竞争力很低，这是行业无法吸引高素质人才的根本原因之一。物业服务行业基层操作人员的年均收入大大低于社会平均工资。目前广东省物业服务企业小区经理的月薪为4 000 ~5 000元，业务主管为3 000 ~3 500元，领班为1 600 ~2 500元，一般员工为1 500 ~2 000元。当然各种不同类型的物业管理薪酬相差的幅度还是较大的。

（三）物业管理企业调研情况

1. 企业的物业管理岗位设置

通过对不同地区、不同资质的物业管理企业进行调研，我们发现项目管理处设在服务的楼盘或场馆内，一般设管理处主任、行政主管、工程主管、物业管理员（物业助理）、智能化监控管理员、设备维保员、文员（行政、工程助理及其他）、物业经营员（会所管理员）、物业安全管理员、物业收费员及保洁、保安、绿化领班与绿化工等岗位，上述岗位在不同企业中可能有不同名称。

2. 物业管理企业对中职生的素质要求与满意程度

在被调研的45家单位中，有5家单位表示对中职生的服务技能、专业基础、工作责任心等非常满意，占11.1%；38家单位表示比较满意，占84.5%；只有2家表示不满意，占4.4%。

四、中职物业管理专业发展情况

（一）开设物业管理专业的学校统计

目前广东省内开设物业管理专业的中职学校共37所，2009—2013年间广州地区开设物业管理专业的中职学校最多，有17所；中山市、江门市各4所，惠州市3所等。物业管理专业每年全省的招生人数在2 300～2 500名之间，每年以15%～20%的速度递增。同时，我们也看到，各学校招生差异较大，以2010年为例，招生人数为20～150名不等。

（二）中职物业管理专业毕业生就业岗位及薪酬情况

省内中职物业管理专业毕业生（2000—2009年）就业岗位主要有物业管理员、前台服务人员、办公室文员、物业设备管理人员、档案资料管理员、出纳兼收费员、房地产经纪人等。工资待遇方面，试用期一般是1 000～1 500元，转正后一般为1 500～2 100元之间，根据企业资质、工资岗位及工作经验等的变化，物业从业人员的工作会有所变动，幅度在5%左右。

（三）中职物业管理专业课程设置情况

近几年来，随着广东省职业教育的发展，各中职学校对物业专业教学都进行了一定的探索，但这些学校在以就业为导向的改革深度上还存在一定的差异。有些学校已对专业课程的结构和课程设置进行了改革，按职业岗位与职业能力的要求，将老三段式的课程结构改为必修课（专业方向课程）、限选课（专业核心课程）、任选课（专业拓展和拓宽课程），在课程设置上加大了实验实训技能培训的力度。但有些学校还沿袭着传统的教学模式。各学校自行设置专业课程的差别较大，缺乏统一规范。

（四）专业师资情况

从被调查的7所学校看，专业教师人数从4人至15人不等，高级职称占总人数的28%，中级职称占42%，双师型教师比例为46.3%。其中绝大部分教师的学历为本科以上，专业对口，师资总体条件较好，基本具备了相关学科的专业理论知识与教学能力，各学校专业教师中50%～80%有企业（行业）工作经验，目前广东省中职学校的物业管理专业教学的教师中，以建筑、房地产专业毕业的教师为主，但是仍然比较缺乏物业管理专业毕业的教师。

（五）物业管理实训条件与实训课程基本情况

目前，广东省内各中职学校配套的物业管理专业实训场地质量参差不齐，主要问题有：一是配置标准低：实训设备与企业具备的装置相比，设备种类不全、数量不够，实训工位数不足；二是缺少系统性的实习和实训：实习、实训的学时数不足，实习、实训设施尚不能完全与教学及职业资格考证配套，难以满足专业教学的需要。

五、物业管理专业教学改革的总体思路

（一）专业培养目标定位

本专业的培养目标定位是：面向物业管理行业和房地产行业内的企事业单位，培养具有与本专业相适应的文化水平和良好的职业道德、服务意识、法律意识，掌握本专业的基础知识、基本技能，具有较强的实际工作能力，能在物业管理的一线服务工作中从事社区物业管理和楼宇物业管理或场馆物业管理等工作，并具有本专业职业生涯发展基础的中初等应用型技能人才。面向的岗位有：物业管理员、物业经营员、行政文员、物业收费员、物业环境管理员及房地产经纪人等。

（二）专门化方向定位与建议

综合考虑目前广东省房地产、物业管理行业的发展现状及房地产开发建设的现状与发展趋势，经分析研究，我们建议物业管理专业开设专门化方向：物业管理专业可设社区物业管理、楼宇物业管理、场馆物业管理三个专门化方向，各地、各学校可以根据当地的行业发展现状进行选择，不同专门化方向开设有针对性的课程。

（三）专业课程设置与课程体系

坚持以就业为导向、以能力为本位，从岗位的出发，以工作任务为引领，整合理论与实践课程，确定课程结构，开设必修课（文化课、专业通用课）、限选课（专业专门化方向课、专业实践课）、任意选修课（专业课程任选、人文课程任选）。在校期间，建议学生考取的职业资格证书有：广东省物业管理员上岗证考证（必考）、物业管理员（中级）考证（选考）。

（四）改革教学内容、教学方法及课程评价方式

按照企业的实际工作任务、工作过程和工作情境组织建构新型的课程体系，教学内容与学生就业岗位的工作内容应该统一。充分利用现代化教学手段，加强多媒体教学，采取灵活多样、实用高效的教学模式和教学方法。推进“理实一体化”课程模式的开展，在对学生的评价中，评价的主体要多元化，让教师、学生、企业都成为评价的主体。

（五）加强师资队伍建设、校内实训基地建设及校企合作

目前从事物业管理专业教学的教师大都不是物业管理专业科班出身，且缺少物业服务的实践经验，专业教师就必须深入实践，建议各校每年选派 3 ~5 名教师到物业服务企业挂职，以积累他们的物业管理实践经验。同时，校内实训基地应具有相应的职业氛围，具有一定的仿真性和综合性，技术先进程度与行业现状和发展趋势相匹配。同时，学校还应进一步加强校企结合，针对专业方向，建立校外基地，以提高学生的技能操作水平。

山区县域职业教育开展产教融合教学改革的思考与实践策略

曾臣煌①

（英德市职业技术学校　广东　英德　513000）

摘　要： 产教融合是《国务院关于加快发展现代职业教育的决定》中明确的职业教育办学方向，山区县域职业教育也应认真学习和领会职业院校校企合作、产教融合的基本内涵和要求，清醒认识山区县域职业教育产教融合、校企合作的现状与问题，立足校本，放眼体系，依托行业、企业和产业，努力推进校企合作、产教融合的深入开展，办出山区产教融合的专业特色和学校特色。

关键词： 山区县域；职教改革；产教融合；策略

产教融合是职业教育办学特色的本质，是当前职业教育教学改革的要求，更是现代职业教育专业建设和特色发展的方向。党的十八大提出，要加快发展现代职业教育，习近平总书记在国务院颁布《国务院关于加快发展现代职业教育的决定》时指出，要牢牢把握服务发展、促进就业的办学方向，深化体制机制改革，创新各层次、各类型职业教育模式，坚持产教融合、校企合作，坚持工学结合、知行合一，引导社会各界特别是行业、企业积极支持职业教育，努力建设中国特色职业教育体系。因此，努力实践习总书记的要求，深化产教融合、校企合作，成为当前各职业院校的重要研究课题和实践课题。作为山区县域职业学校，如何贯彻《国务院关于加快发展现代职业教育的决定》，深化产教融合和校企合作，促进高素质劳动人才和技术技能型人才培养，更好地服务地方经济发展，是我们要深入研究和实践的课题，更是当前学校品牌特色建设和内涵提升要着力探索实践的课题。

一、认真学习和领会职业院校校企合作、产教融合的基本内涵和要求，为深化实施产教融合做好思想和理论准备

人才培养模式是人才的培养目标和培养规格以及实现这些培养目标的方法或手段。传统职业教育是建立在学科体系下的一种教育模式，重知识、轻能力，理论与实践脱节，学生的学习积极性不高，教学效果不理想。随着职业教育的发展，人们逐渐认识到现代社会管理已进入以过程为导向的时代，除专业能力以外，人们更加注重劳动者的执行能力和社会活动能力。打破旧的教学模式，创立以培养综合职业能力为目标的产教融合、校企合作人才培养模式已成为时代的要求，职业教育开展教学改革势在必行。产教融合是《国务院关于加快发展现代职业教育的决定》的新形势下对职业教育人才培养模式改革提出的新要

① 曾臣煌，1963 年 3 月生，男，广东英德人，全日制本科学历，中学职教高级教师。研究方向：中职教育教学与管理。

求，是对职业院校近年来实施校企合作、产教结合人才培养模式改革的深化，是国家经济发展新常态下发展现代职业教育的重要举措。

何谓产教融合?《国务院关于加快发展现代职业教育的决定》对此做出了明确的解释，“同步规划职业教育与经济社会发展，协调推进人力资源开发与技术进步，推动教育教学改革与产业转型升级衔接配套。突出职业院校办学特色，强化校企协同育人”，这就是产教融合的主要精神。我们说的产教融合是产教结合的深化，产教融合的基本内涵就是产教一体、校企互动。也就是说，产教融合就是要实现职业院校专业与产业、学校与企业、课程内容与职业标准、教育教学过程与行业企业生产过程的深度对接，融教育教学、生产劳动、素质养成、技能历练、科技研发、经营管理和社会服务于一体。这种校企融合发展，使职业院校与行业企业形成“合作双赢”共同体，形成产教良性互动的“双赢”局面，不仅能促进高素质劳动者和技术技能人才培养，还将促进职业院校和企业共同开展技术研发并将成果转化为生产力，从而推动企业技术进步、产业转型升级和区域经济社会的发展。

产教融合的基本要求是实现“五个对接”：一是专业设置与产业需求对接。健全专业随产业发展动态调整的机制，优化专业设置，重点提升区域产业发展急需的技术技能人才培养能力。二是课程内容与职业标准对接。建立产业技术进步驱动课程改革机制，推动教学内容改革，按照科技发展水平和职业资格标准设计课程结构和内容。三是教学过程与生产过程对接。建立技术技能人才培养体系，打破传统学科体系的束缚，按照生产工作逻辑重新编排课程序列，同步深化文化、技术和技能学习与训练。四是毕业证书与职业资格证书对接。完善职业资格证书与学历证书的“双证融通”制度，将职业资格标准和行业技术规范纳入课程体系，使职业院校合格毕业生在获得学历证书的同时取得相应职业资格证书。五是职业教育与终身学习对接。增强职业教育体系的开放性和多样性，使劳动者能够在职业发展的不同阶段通过多次选择、多种方式灵活接受职业教育和培训，满足学习者为职业发展而学习的多样化需求。

当前，开展校企合作产教融合的模式主要有行业标准培养引领深度产教融合（基于行业标准的职业能力培养）、企业定向培养引领产教融合（基于企业标准的岗位能力培养）、校企合作培养引领产教融合（基于专业教学标准的专业能力培养）、资源方院校合作培养引领深度产教融合（基于资源方标准的专向能力培养）等模式。这些也初步形成了校企之间通过合同协议的方式建立产教融合合作关系的校企契约合作方式，学校为企业提供场地、部分设备、劳动力等生产要素吸引企业将研发、生产中心办到校园里的校中厂产教融合合作方式以及学校提供劳动力、技术等生产要素参与企业的经营活动、满足企业的需求同时降低企业的成本的厂中校产教融合合作方式等校企合作模式。

二、清醒认识山区县域职业教育产教融合、校企合作的现状与问题，明确山区职校开展产教融合的努力方向

在县域山区，由于经济和产业发展滞后，职业教育办学普遍较为艰难，政府和企业对技能人才需求的紧迫性相对较弱，行业对职教的关注度也不高，即使是近年来珠江三角洲产业逐步往山区转移，部分县域工业开始起步，产业有所发展，但是，引进的企业大都是技术要求不高的劳动密集型或带有污染性的企业，产教结合的力度仍较为薄弱，中职教育

人才培养的服务方向主要还是珠三角的产业。尽管这样，处于如此态势下的山区县域职校，在《教育部关于职业院校试行工学结合、半工半读的意见》的指导下，依然积极地开展校企合作、产教结合办学模式探索，努力实践工学结合、半工半读人才培养模式，通过与发达地区学校与企业的联合，积极推进校企合作、工学结合、订单培养、半工半读，采取灵活多变的工学交替递进方式开展顶岗实习，迈出了校企合作、产教结合的第一步并取得了初步成效。

然而，这些合作和实践，大都还处于低层次或表面上，企业的要求和学校的出发点大多都不在同一个频道上。学校关注的是育人，是人才的培养和成长；而企业关心的是用工，是用工的需求和成本。加之山区县域的条件有限，山区职校的规模也不是很大，与企业在技能人才共同培养上的合作，难以真正有所突破，实现校企资源共享、文化融合、合作育人，特别是在共同研制人才培养方案、共同分享教学资源与生产设备、共同实施教育教学工作、共同管理教学质量、共同建设师资队伍、共同开展应用研究与技术服务、共同完成实习与就业工作等技能人才培养模式改革上只能是虚以口讲，难以深化，产教融合培养人才的模式主要是在低位粗放型的校企合作、顶岗实习、订单培养上开展。

深入分析山区县域职校校企合作难以深化、校企产教融合共同培养人才难以实现的原因，我们认为主要存在如下几个原因：一是政府主导、行业指导、企业参与、学校主体的办学体制机制尚未建立，政府统筹和支持力度不够，企业主动参与积极性不高；二是有的学校领导履职担当意识不够，怕校企合作中烦事多，可做可不做的事不做，主动探索发展意识不强；三是有的中职学校规模较小，当地经济和产业发展落后，产业对技能人才的需求不紧迫；四是国家支持产教融合的激励政策可操作性不强，政策难以落地，无法形成产教融合的“双赢”局面。

三、立足校本，放眼体系，依托行业企业和产业，努力推进山区县域职校校企合作、产教融合的深入开展

总结近年来开展校企合作、产教结合的办学经验，结合山区县域职校的办学条件和经济发展态势以及产教融合的要求，我们认为山区县域要办好职业教育，一方面是政府要真正重视，要“建立政府主导、行业指导、企业参与、学校主体的办学体制机制，充分发挥各自在产业规划、经费投入、实训基地、教学管理等方面的优势”，形成产教融合、校企合作办学的良好生态；另一方面是学校要积极主动，立足校本，放眼体系，依托行业企业和产业，努力开展教学改革、推进产教融合。

首先是职业学校的领导班子必须端正办学思想，勇于担当，不甘落后，敢于面对和解决产教融合过程中的矛盾和问题，增强产教融合、校企合作办学的理念和内驱力，增强服务地方和产业的意识和创新力，增强扎扎实实落实产教融合、教学改革的决心和行动力，按照产教融合人才培养模式的基本内涵和要求，把工作做实、做细、做出成效和特色。同时，在学校内部，要制定切实鼓励教师到企业实践培养的制度机制，提高教师开展产教融合教育教学的能力和水平，也要研究开展产教融合对学生评价的问题，为学生和技能特长生的培养铺路。

其次是必须立足当地，结合实际，服务地方产业，让产教融合服务企业行业和群众的办学影响深入社会生活，形成促进产教融合培育人才的职业教育生态。

服务区域经济和产业发展，是职业教育承担的重要职责，也是职业院校生存与发展的基础。如果职校服务区域经济能力弱、学生服务当地就业少，则职业教育要想得到当地政府的重视支持，在当地有影响，是不可能的。因此，山区职校的专业建设和办学特色既要考虑服务国家产业发展，更要考虑服务地方经济和行业发展。山区职校的技术、设备和人才也应主动服务社会社区和行业企业，通过服务来促进和实现产教融合。为此，山区职校开展产教融合应注意如下几点：

一是专业设置和顶岗实习与就业首先要考虑的是山区的产业和行业。对此，学校要积极争取政府支持，了解地方经济和产业发展情况，开设地方特色专业，协调各方关系，促进校企合作、产教融合培养当地适用人才。比如学校的畜牧兽医专业，比较看好的是温氏养猪和天农养鸡产业在英德的发展，尽管当年招生困难，但学校始终坚持与“温氏”和“天农”公司合作，从产教结合，再到现在的产教融合，共同办学，共同开办新型农民工培养畜牧兽医专业等；再如根据当前英德的红茶产业的发展，学校顺势开设服务茶业种植、销售和品茶的相关专业，如茶叶种植、茶业销售和茶艺等；还有阿里巴巴进驻英德，学校迅速申报开设电子商务专业等，这样办学就为开展产教融合提供了可能。

二是学校教学部门领导和专业教研组长必须走出校门，充分利用山区风土人情和人脉资源，与当地的行业企业联系，尤其是与新进驻当地的企业联系，加强沟通与合作，建立专业委员会，共同制订育人方案，共同实施产教融合培养技能人才。

三是坚持依靠和服务当地企业行业，开展产教融合。我们在组织学生服务当地企业，实施产教融合顶岗实习中，一定要通过大力宣传当地政府对办好本职校的大量资金投入和免费读职校的政策，引导学生形成正确的感恩观念和为当地产业经济发展服务作贡献的观念，深刻认识到顶岗实习是专业学习的延续，是技能形成的过程。行业企业给学生顶岗实习的机会，是对学校和同学成长的支持，是要影响到生产和设备使用的，学校不能过分计较报酬，要体谅和顾及企业。只有“双赢”，产教才能融合，人才才能健康成长。学校的目标是育人，是要在共同培养人才上下功夫，而不是在经济上下刀子。当然，适当的合理的利益也是要力争的。

四是利用学校的技术、人才、设备与场地开设对外服务中心，主动服务社会社区和行业企业，通过服务中心承接的业务来促进和实现产教融合，提供学生直接接触生产维修的现场和机会。比如畜牧兽医专业可以开设动物医院，机电与数控专业可设置机械加工服务部，计算机专业可设置电脑维修服务中心，等等。

五是基于山区条件的局限，山区县域职校开展产教融合，应有所为有所不为。一些没有条件直接按照产教融合人才培养模式而开办的专业，我们可以通过与有条件有资源的学校开展联合办学来解决。此外，产教融合教学改革，教学计划与教材编写、专业标准与课程标准等专业性、理论性较强较严谨的方面，我们可以不为，由职教专门部门去进行融合。我们要为的主要是在实践层面的产教融合，如专业设置、课程开设、教学模式、教学评价、教育教学、生产劳动、素质养成、技能历练、经营管理和社会服务等。

最后是理清方向，活用方式，分段培养，让产教融合与现代职业教育体系的建立相向而行，形成山区职校发展现代职业教育在条件局限的情况下既能拓展专业人才培养的广度又能确保人才培养模式的深度的办学格局。

山区经济产业的落后，制约了校企合作、产教结合的广度和深度，影响了山区职校教师队伍水平的提高，特别是参与企业实践和教育教研的机会与见识的局限，制约了教育教学改革的整体水平。但是，山区发展现代职业教育和确保产教融合技能人才培养质量的意识不能落后，我们可以通过灵活多变、外联内引、分段培养的方式来实现培养和输送更多的山区高素质劳动人才和技术技能型人才这一目标。

一是通过与经济发达地区办学先进的职校联合办学、分段教学来开拓办学专业，增强山区职校技能人才培养的能力。

二是通过外联内引，与珠江三角洲企业紧密合作，举办冠名班，或利用学校的场地和设备的优惠，把企业引进学校来开设生产车间，共同制订培养方案，实施产教融合育人。

三是分类培养，既要服务就业，也要服务升学，为建设现代职业教育体系，加快本科院校的转型提供生源保障。基于这样的理念，开展产教融合、校企合作，也应根据专业和培养目标来分类实施，不能一刀切。比如学前教育专业，我们的结合和融合就应该是与幼儿园的融合，就应该是与学前教育行业协会或职业教育学会学前教育专业指导委员会的融合。再如以升学为主要目标的专业班级，教学计划和课程体系就应侧重在专业知识和专业理论的强化上，而不必全面参与产教融合，产教融合的技能培养则放到高职院校去落实，免去不必要的重复学习。

总之，产教融合是职业院校专业建设和特色发展的方向，是近年来我国大力推进传统制造业转型升级对职业教育人才培养模式改革的新要求，是党中央国务院对职业教育的重大战略决策部署。实施产教融合，需要政府的主导，更需要学校的主动和努力。山区职校虽然办学条件不尽人意，但决不能自甘落后，不能偏离这个办学方向，而应该结合实际，因地制宜，迎难而上，办出山区产教融合的专业特色和学校特色。

参考文献

[1] 秦斌. 产教深度融合是现代职业教育发展的重要方向 [N]. 广西日报，2014-08-05.
[2] 张西陆. 产教融合　校企合作是关键 [N]. 南方日报，2014-12-16.
[3] 陈年友，周常青，吴祝平. 产教融合的内涵与实现途径 [J]. 中国高校科技，2014 (8).

第二编　现代学徒制人才培养模式探索与实践

“双轨四段式”现代学徒制人才培养模式探索

袁吉玉
（佛山市陈村职业技术学校　广东　佛山　528313）

摘　要： 本文阐述了中职学校与企业合作，共同开展“现代学徒制”人才培养模式试点改革的做法与经验，即围绕企业用工和现代产业用人标准，以学生（学徒）技能培养为核心，在传统学徒制现场学习的优势上，形成校企深度合作，学校（教师）、企业（师傅）深入实践教学为支撑的“双轨四段式”人才培养模式。

关键词： 现代学徒制；人才培养；双轨四段式

2013 年 4 月，陈村职业技术学校与广东科达机电股份有限公司（后改名为广东科达洁能股份有限公司）共同开展了机械加工技术专业、机电技术应用专业“现代学徒制”人才培养模式试点。经过近两年的探索，形成了校企现代学徒制“双轨四段式”人才培养特色模式，该模式将现代学校教育与传统学徒制相互融合，围绕企业用工和现代产业用人标准，以学生（学徒）技能培养为核心，以校企的深度融合为基础，在吸收传统学徒制“边看、边干、边学”的现场学习优势上，融合学校（教师）、企业（师傅）进行深入教学。

一、现代学徒制的背景

能够承担“现代学徒制”项目的企业，必须是经营管理规范、有较大规模、有足够资本（资金和人力）的企业，同时它还必须有高度的社会责任感、先进的企业管理文化和敢于进取与创新的精神。硬件条件与软件条件缺一不可，只有具备了这些条件，才能真正践行“现代学徒制”项目，走出一条实用型人才培养的新路径。

广东科达洁能股份有限公司创建于 1992 年，是一家以生产制造陶瓷、石材、墙体材料、节能环保能源等大型机械装备及高端装备零部件高压柱塞泵为主的高科技上市公司，当前综合实力位居陶瓷机械行业的世界前列。该公司经营理念超前，管理文化先进，始终不忘企业的社会责任，不断超越创新，一直以来关注职业教育的发展，主动推进校企联盟，与陈村职业技术学校有着良好的合作基础。

科达公司于 2008 年 10 月成立了企业内部员工脱产培训的科达学院，企业本身对人才有着迫切的需求，急需探索新的后备员工培养模式，因此，公司主管积极到学校考察办学质量，在高度赞赏学校的办学质量与管理的同时，主动提出了与学校合作开展试点。科达公司总裁吴木海认为，企业有责任参与人才培养，也应该积极参与职业教育，只有这样，企业才能获得优秀的员工，才能提高服务水平，实现企业、学校和学生的互利共赢。

二、现代学徒制的内涵

现代学徒制重点体现在“现代”，是相对于“传统”提出的。随着工业化大生产的到来，生产方式发生了根本的转变，企业的规模化生产取代了传统的手工业作坊，传统的学徒制在促进人的全面发展、教育培训效率以及教育的规范性上受到挑战。因此，学校职业教育模式开始占主导地位，但也存在着理论与实践脱节的弊端。为解决这一问题，便产生了“现代学徒制”。它是一种在实际生产过程中以言传身教为主要形式的技能传授方式。

从本质上讲，现代学徒制和传统学徒制是一致的，即都有师傅对徒弟的教育和指导，都强调“在做中学，在学中做”，但其形成的基础以及意义与价值与传统的学徒制有很大的不同，学徒制的主体、形式以及师徒关系均发生了变化。

从现代学徒制与传统学徒制的区别来看，二者在学徒身份、培养目标、学习地点、学习内容、学习方式、学习时间及考核方式等方面都有一定的区别。

一是学徒身份的转变。传统学徒制中学徒只有一种身份——学徒，而现代学徒制中学徒有两种身份——学徒和学生；传统学徒只跟随师傅学习，现在学徒跟随师傅和教师共同学习。

二是培养目标的转变。现代学徒制的培养目标在传统学徒制的基础上有了进一步的发展，即以单纯培养熟练技术工人发展到培养理论联系实际的技术技能型人才。

三是学习地点的转变。现代学徒制的学生不仅在生产一线学习，还在学校学习。

四是学习内容的转变。现代学徒制的学生不仅有实践操作的学习，还有理论知识的学习，多种课程体系同时进行。

五是学习方式的转变。现代学徒制是工学交替，学生从单纯的经验学习或者理论学习到实行工学交替式培训和学习，一部分时间在企业接受培训，另一部分时间在学校学习。

六是学习时间的转变。传统学徒制的学习时间根据各工种不同而有所区别，相对不固定，现代学徒制时间则是相对固定的。

七是考核方式的转变。传统学徒制主要由师傅对徒弟进行考核，现代学徒制由行业和教育部门对学生进行评价。

三、现代学徒制的实施

（一）签订协议，顶层设计

2013 年 4 月 2 日，陈村职业技术学校与广东科达机电股份有限公司正式签订“科达机电公司现代学徒制度项目”合作框架协议书。该协议约定：合作双方通过联合办学、交流合作等手段，优化职业教育资源配置，实现教育教学资源和企业资源的相互共享，包括共享职业教育政策、师资、技术、实训基地、教学信息、技能鉴定、培训等职业教育资源，促进职业教育人才培养。陈村职业技术学校率先成为佛山市“现代学徒制”的试点学校。广东省教育厅中职与高中教育处处长邵子铀、副主任郑霭娴，佛山市教育局副局长赵银生，科达公司总裁吴木海、副总裁许建清、行政总监张峰等领导和嘉宾出席仪式。《佛山日报》《珠江商报》《陈村电视台》等新闻媒体对活动进行了报道。邵子铀处长和赵银生副局长都对广东科达机电股份有限公司与陈村职业技术学校合作的现代学徒制项目寄予厚望，希望通过学校与企业的深度合作，开创现代人才技能培养新模式，促进企业现代用工制度改革，推动顺德区现代学徒制职业教育的发展，满足顺德区机械装备行业的用工需求，带动更多企事业单位承担起人才培养的社会责任。同时，将成功的经验辐射给周边的企业与学校，将该项目打造成为广东省现代职业教育体系建设示范单位。

（二）深度合作，双轨运行

学校方面由彭志斌校长亲自挂帅，袁吉玉副校长主抓落实；企业方面由科达公司董事长助理周鹏博士、人力资源经理李芳芳等组成现代学徒制工作组，负责顶层设计，双方各自在单位成立现代学徒制工作办公室，共同研究制定合作探究模式；同时，校企双方派出专业素质过硬的专业教师和企业工程师（师傅）组成“现代学徒制”教学讲师团队，负责人才培养方案、专业课程建设、教学方式改革、学生（学徒）考核选拔评定等工作的落实。

根据广东省中职学校“2.5＋0.5”人才培养模式，学校“现代学徒制”教学采取学校、企业的形式完成培养过程。前三学期学生在校内学习，第四、五学期在企业做学徒（含企业学校学习），第六学期在企业顶岗入职。整个人才培养要完成四个阶段的学习，校企双方在四阶段培养过程中采取双轨融合的方式合作。在校学习期间，主要专业课程由企业师傅团队负责跟进与实施考核，学校负责部分实操及理论教学、德育表现的考核；在企业学习期间，学生的岗位技能实践由师傅考核，学生的行为习惯等德育表现由学校教师考核。双轨运行，各尽其责，共同承担人才培养责任，这正是“现代学徒制”职业教育模式核心内涵的体现。

（三）开展试点，四段学习

2013 年 5 月 12 日，通过召开双师研讨会、学生座谈会等，双方确定以普通车、普通铣工种专业为试点，在二年级学生自愿报名的基础上，校企选拔了 39 名学生成立了第一届“现代学徒制”班，针对机加工专业学生学习基础和企业普通车、普通铣工岗位要求开始探索学徒制培养。2014 年 5 月 16 日，32 名学生成立了第二届“现代学徒制”班，针对工种普通车、数铣/加工中心、钳工/装配钳工、普通铣、数控车、机电一体化等，学员们要经历四个阶段的学习。

第一阶段学习培训（前三学期）：根据校企人才培养方案双方共同参与人才培养。企业生产、产品制造、生产流程等相关课程由企业主讲，如企业文化及素养课程由企业经理授课，机械制图课程等专业基础由企业师傅到校传授。

第二阶段选拔考核（第四学期第一个月）：教师授课，企业师傅考核挑选学徒。测试考核命题、评卷由科达学院第三方组织，实行末尾淘汰制，此阶段企业提供一定数额的奖学金，用于激励学生学习。

第三阶段学徒实践（第四、五学期）：由企业、学校、学生三方共同签订人才培养协议，企业师傅“一对一”按职业岗位技能及职业素养要求帮带学徒，时间不少于 6 个月。此阶段徒弟的考核由师傅负责，学校教师协助企业全程跟踪与管理，并根据企业绩效制度考核师傅。学生做学徒期间，可选择 3 个工作岗位，分别跟企业师傅学习，享受员工待遇，企业购买工伤保险、并给予一定的生活补助（每天不低于 60 元），每天学习 8 小时。

第四阶段转正入职（第六学期）：企业考核评定学徒，按企业标准确定是否转正并评定技术级别，学徒享有进入科达公司工作的优先权，双方签订劳动就业协议，成为企业的正式员工。

四、现代学徒制模式："双轨四段式"

学校与科达洁能股份有限公司"现代学徒制"项目的实施流程图如下：

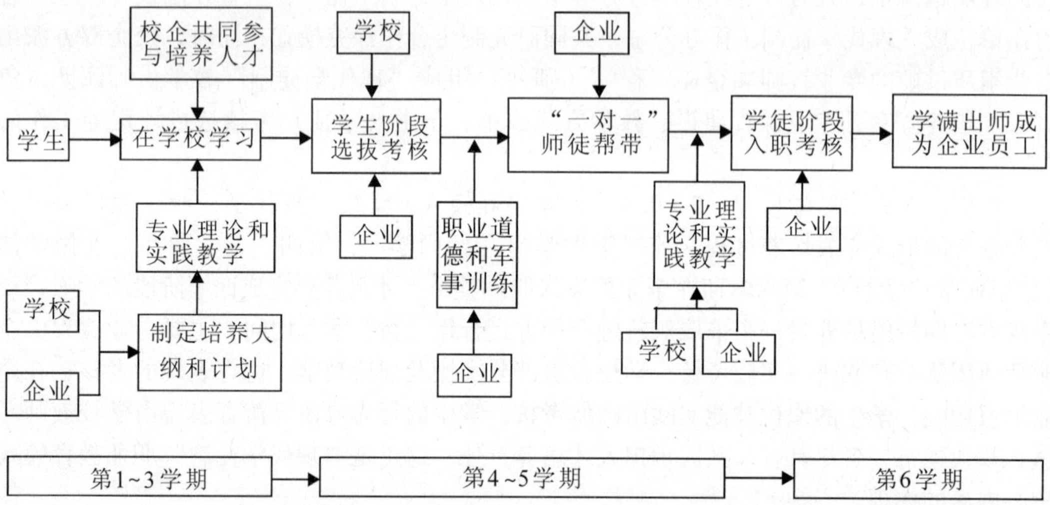

双轨制的教育方式是一种将学校的理论知识与企业的实践技能结合起来，培养既具有较强操作技能又具有专业理论知识和普通文化知识的技术工人为目标的制度，其中的关键是校企双方的成功合作。

双轨制尊重学校和企业两个不同主体之间的差异，倡导学校和企业根据自身不同的特点和优势进行人才培养，如：在校学习期间，主要专业课程及考核由企业师傅团队负责跟进与实施考核，学校负责部分实操及理论学习、德育表现的考核；在企业学徒期间，学徒的岗位技能实践由师傅考核，学徒的行为习惯等德育表现由学校教师考核。双轨运行，各尽其责，共同承担人才培养责任。

"双轨四段式"模式为"深化工学结合人才培养模式改革，真正实现校企一体化育人"提供了有效的方案。

五、现代学徒制的成效

（一）双师合作，校企育人师资优良

在现代学徒制探索中，校企共同建立人才资源库，针对不同岗位、不同专业需求，分别建立了一支高质量、高水平的"师傅团队"和"教师团队"，共同进行有效管理。另

外，企业主动配合，让教师参与企业实践，有利于提升学校师资队伍建设水平，保障试点有效推进。

（二）双轨教学，校企育人质量提高

实施“现代学徒制”后，企业从学生一入校就开始介入，全程参与培养。学生竞争意识增强，学习主动性得到了提升，对职业规划有了正确的定位。而“学徒”身份的体验，接受企业文化熏陶，接受企业安全、责任、纪律等教育活动，其职业素养得到了有效提升，增强了就业竞争力。2014 年 7 月首批“现代学徒试点班”学生顺利毕业，成为科达员工的有 25 人，均能胜任岗位工作。其中，从事大件加工类岗位 7 人，月薪在 8 000 元以上；从事电工类岗位 5 人，月薪在 6 000 元左右；从事小件加工类岗位 6 人，月薪在 5 000 元左右；从事装配类岗位 7 人，月薪在 4 000 元以上。

（三）八个共同，校企育人深度融合

校企不断完善和发展了“八个共同”的育人合作，即：共同制定人才培养目标，共同开发课程，共同制订教学计划，共同编写教材，共同建设实训基地，共同培养师资，共同实施教学，共同对学生进行评价。“八个共同”提出了校企双方在就业、教学、科研、技术服务等方面进行有效合作，实现深度融合，建立职业教育人才培养新模式，提升人才培养质量。

（四）特色鲜明，校企育人影响广泛

在“双轨四段式”人才培养模式的探索中，校企树立以“职业岗位—工作任务—职业能力”为核心，以“学校对接行业、专业对接产业、课程对接岗位、能力对接标准、评价对接社会”五个对接为切入点，以采取双轨教学与考核为手段，以“按企业员工综合素养要求和学生认知规律，引入企业关键技术”为核心，大胆改革，实现学生、学校、企业“三赢”局面。对学校而言，开展“现代学徒制”促进了学校的教学模式改革、课程体系重构、课程开发、管理模式创新，使教育资源得到了整合和优化配置，有效提升了人才质量；对企业而言，培养了专业对口、技术过硬的储备人才，加快了员工与企业之间的融合，提升了企业实力。

“现代学徒制”是中国职业教育的生命力。今后我们要不断学习和借鉴全国各地“现代学徒制”试点项目实施的先进经验，结合本校情况不断完善，开拓创新，力争把完善“现代学徒制”的工作做得更好。

参考文献

［1］国务院关于加快发展现代职业教育的决定 . 2014.

［2］教育部关于开展现代学徒制试点工作的意见 . 2014.

［3］杨黎明 . 关于现代学徒制——构建中国特色的现代学徒制［J］. 职教论坛，2013（15）.

［4］朱敏成 . 论现代学徒模式［J］. 中国职业技术教育，2011（11）.

"双基地互动、双订单递进"的"工学一体"育人模式在机加工专业的探索与实践

李洪泳

（江门市新会机电职业技术学校　广东　江门　529100）

摘　要： 校企合作、工学结合是国家中等职业教育改革发展示范学校建设的一项重要内容，江门市新会机电职业技术学校机加工专业以校内和校外两个生产性实训基地为载体，按照双订单的培养模式开展工学一体人才培养模式的实践与探索，进行了专业建设，完善了相关的机制建设，取得了较好的成效。

关键词： 双基地互动；双订单递进；工学一体

前　言

"工学一体"育人模式是以生产为主线、生产活动为载体开展教学，理论与实训一体，让学生通过参与生产活动、学做融合，实现工与学的对接，使人才规格和专业素质符合行业、企业的现实要求。

江门市新会机电职业技术学校是第三批"国家中等职业教育改革发展示范学校建设"项目中的学校，学校于2007年9月启动"产教联动，学做融合——'生产进校园'的创新研究与实践"项目，在机加工专业以引产入校建设校内生产性实训基地的方式开启了"工学一体"育人模式探索。然而在多年的实践中发现，单一的校内生产性实训基地，难以长期保持在设备、技术、管理等方面的先进性，对行业、企业的开放性也不够，学生对企业的认知度存在不足，还不能完全支撑起"工学一体"的育人模式。2013年，在国家示范学校建设期间，学校与中菱电机有限公司共同构建校外生产性实训基地，实施"双基地互动、双订单递进"的工学一体育人模式，经过近两年的实践，效果明显。

一、"双基地互动、双订单递进"的工学一体育人模式的内涵

"双基地互动"，是指在原来校内生产性实训基地的基础上，学校与中菱电机有限公司共同构建校外生产性实训基地，按照"学校主导，企业牵头，共建共管"的运行思路，使校内、校外两个生产性实训基地的运行达到有机统一：校内基地作为校外基地的一个机加工部门，其生产内容由校外基地统一安排和管理，而两个基地的教学内容由学校实训中心统一协调管理，课程则由校企双方共同开发；校内基地设备多，主要进行基础加工，而校外基地设备先进，主要完成校内基地做不了的后期工序；校内基地是学校对接行业、企业的窗口，校外基地则是个学校直接延伸到行业、企业的桥梁。

"双订单递进"，是指部分学生在二年级时与用人单位（主要是中小型企业）就初步订单培养达成一致，同时与校外生产性实训基地签订定向培训协议。该部分学生在二年级

时由校外实训基地按培养方向进行针对性培训，三年级时经考核合格后才能正式进入订单培养单位进行岗前培训实习及就业。校外生产性实训基地成为中小型企业人才储备的“蓄水池”。

二、“双基地互动、双订单递进”工学一体的专业建设模式

（一）制订“工学一体”人才培养方案

学校与合作企业共同构建校企联盟，行业、企业不只是单纯的用人单位，同时也是育人单位。校企联盟结合产业链对人才的要求，共同开展岗位能力要求调研，研究制定岗位能力标准及课程教学标准，完成“工学一体”人才培养方案，在专业技能培养方面更好地体现行业和企业的需求，使人才规格和专业素质贴近行业、企业的现实要求。

（二）构建组合型的课程体系

本模式打破传统的课程体系开发思想，在综合了所有的订单企业的岗位需求的基础上，以从事的岗位所需要的职业操守和职业技能为出发点，结合知行合一的思想，先把每个岗位的能力需求分成若干个技能点，然后相同类型岗位的技能点构成一门岗位课程，最后每个订单企业所需的不同类型岗位课程则组合成该企业培训的课程体系。校企双方还按照“以生产为主线，生产活动为载体，理论与实训一体”的思路，以生产性实习基地的主要产品为素材，开发了以产品为载体的教学内容。

（三）建设生产与教学深度融合的教学资源库

为使学生在源自企业现实，又经过典型化的“在做中学”环境中学习知识、掌握技能、解决问题，学校还与企业合作，建立产品技术资料库，让学生在实践中，通过对照生产要求和查阅技术资料库资料，掌握独立解决问题的能力。学生还可以通过教学资源平台进行自主学习、网上交流、在线提问和讨论等，实现教学资源共享。

（四）打造项目团队型的师资队伍

实训基地的每个工作室都是一个融教学、生产、经营于一体的独立实体，这种开放式的教学模式自然需要有开放性的师资队伍与之适应。因此，联盟企业的技师、兴趣小组的学生都能成为某门课程或某个技能点的教师，不断要攻克的生产、经营难题也把更多的能工巧匠吸引到师资队伍中来。借助校企合作平台，项目团队教师通过承担教学改革项目、编写教材、开展教学技能竞赛、建设课程资源、改革教学方法与考核方式、撰写教研教改论文等，切实提高了专业知识、技能和专业钻研的水平。

（五）实施多方分层鉴定的评价制度

学校为每种类型的学生量身定做了岗位考核内容，并借助多方力量实施分层次、分阶段评价：学生单个岗位的技能点在学习结束后由任课教师进行考核，考核成绩由基地备案；每门课程完成后，学校组织联盟企业的技师对学生进行该门课程的技能鉴定，成绩上报学校和订单企业；培训结束后学生还要参加国家职业技能鉴定，鉴定项目由学校按照专

业岗位技能要求与市技能鉴定中心共同开发。多方参与鉴定既保证了学生的岗位适应能力，又保证了学生的社会适应能力。

三、“双基地互动、双订单递进”育人模式的创新机制

（一）校企一体化，创新了深度融合的校企合作模式

本项目通过实施校企一体化共建校外生产性实习基地，企业提供独立的场地、技术人员和经营管理人员，学校提供部分设备和全部的生产岗位人员，基地既是企业的一个独立的下属单位，也是学校的一个独立的教学工厂。

这种模式打破了原来共建企业只有人才输送这种单一的获利模式，变成了多管齐下，为合作企业谋利益：一是为共建单位解决用工难的问题；二是以共建实训基地的模式为企业升级改造提供一部分的设备；三是通过购买服务的形式给企业带来一定的利益；四是从其他合作企业共享基地的培训资源和人才资源中获得部分回报。多管齐下、以利益驱动的合作模式不仅极大地调动了企业的积极性，同时使学校一举扭转了以往在校企合作中的弱势地位，牢牢把握了主导权。学校有了主导权，才能保证生产性实习基地的产教联动、生产为教学服务的方向，实现学做融合、工与学的对接，保证学校、学生、企业三方共赢。

（二）双基地互动，创新了生产性实训基地的管理模式

校外生产性实训基地与学校只有一墙之隔，两者的互动十分便利。两个基地不但在生产上互补、在教学上互促，还共同为师生提供了参与生产管理的良好平台。学校把校内基地的每一个车间改造成独立的工作室，每个工作室从接单、生产到结算、分配都直接与校外基地对接，由工作室的师生自行管理。学校实训科只是监控教学的质量和进度，彻底从以往教学和生产的双重管理角色中解放出来。

新的管理模式中，师生既是生产者，也是管理者，提升了师生全面的素质与技能，他们对生产的认识也从“要我做”变成“我要做”，大大提高了其参与生产的积极性。实训科摆脱了生产管理这个并不擅长的角色，减少了麻烦，降低了管理难度。

（三）双订单递进，创新了服务中小型企业的人才培养模式

针对本地区中小型企业为主、这些企业开展订单培养“一没精力二没能力”的现状，学校致力把校外生产性实训基地打造成服务中小型企业的人才“蓄水池”：首先学校按照“企业牵头，学校指导”的思路，组建了校企联盟，构建经济共同体，共同为生产性实训基地提供支持；其次通过校企联盟，把相同类别的企业，按照产业链的推进方式，进行岗位分工和编排，形成有利于联盟成员用人标准的人才培养方案，开展基于产业链的岗位技能培训，使校生产性实习基地成为联盟企业的人才孵化基地；最后是校外生产性实训基地与联盟企业签订协议，使联盟企业统一开展定向订单培养，把培养合格的学生输送给订单企业。

“双订单递进”的培养模式，以生产性实训基地为公共的育人平台，解决了中小型企业开展订单培养能力不够和成本高的难题。另外，以往订单培养是在二年级学生才刚刚开始学习专业知识、对专业的了解极其有限的情况下进行，通过企业的一些简单介绍和筛选

就匆匆签订订单培养协议；新模式是学生过在二年级时经过校外实习基地针对性培训，在三年级经过双向选择才与实习基地正式签订订单培养协议。显然新模式针对性更强，稳定率也高。而对于企业来说，现在“订单班”的学生距离就业的时间大为缩短，企业的需求更容易预测，因此企业可以更从容地确定订单学生的人数和专业，有效促进了企业的参与度，为企业的产品配套提供了人力资源转让的新模式。

参考文献

［1］江国奋．校企深度合作机制建设的实践与探索［J］．机械职业教育，2014（5）．

［2］程方启，童宏永．“教学工厂”模式培养技能型人才的探索与实践［J］．机械职业教育，2014（9）．

“双角色，三联动”电商创业型人才培养模式探索与实践

梁丽丽
（佛山市李伟强职业技术学校 广东 佛山 528300）

摘 要：在创业型人才越来越受到社会关注的背景之下，本文以电商创业型人才培养现状为出发点，在理论的指导下，提出以创业班为切入点，通过网络平台自主创业、公司化运营、项目托管和企业孵化等方式探究“双角色，三联动”人才培养模式，培养电商创业型人才。

关键词：电子商务；创业型人才；培养模式

一、电商创业型人才培养现状分析

世界经济合作和发展组织的专家柯林·博尔博士提出21世纪新的教育哲学观念，他将“创业教育”作为继学术能力、职业能力后的第三种能力，又称“第三本教育护照”。创业型人才越来越受到社会各界的关注，中职学校对创业型人才培养的研究也越来越多，但具体结合电子商务专业研究电商创业型人才培养模式尚处于初始和探索阶段，代表性的研究如下：杨飞在《中职电子商务专业创业实战教学研究》一文提出在创业园的基础上，坚持校企合作、创学结合的原则，发展学生职业能力，奠定学生创业基础；陈漩在《中职学校电子商务课程的创业教育教学实践研究》一文提出通过建立网店并进行经营，指导中职学生进行电子商务创业等。总结起来，职业学校对电子商务创业型人才培养的培养研究不多，目前的研究成果多数关注“校企合作”“工学结合”“网店经营”，但研究仍存在着一些问题：一是对创业型人才培养的研究缺乏理论深度，大部分是局限于对现状的浅层描述与政策的简析；二是缺乏有力度的实证研究，仅停留在理论阐述的层面，比较空泛；三是所研究的内容侧重于学校单方面的教学探讨，缺乏多角度挖掘问题。目前尚未形成独具特色的培养模式。

二、“双角色，三联动”人才培养模式的提出

明代中期著名的教育家王阳明的“知行合一”思想认为，不仅要认识（“知”），而且应当实践（“行”），只有把“知”和“行”统一起来，才能称得上“善”；当今国际职业教育理论界颇有代表性的教育学家福斯特的“产学合作”论坚持“产学结合”的办学形式，倡导改革课程形式，设置工读交替课程，实践课尽量在企业内进行，缩小学校职业教育与实际工作情境的距离；中国著名教育家陶行知先生指出“教、学、做是一件事，不是三件事，我们要在做上教，在做上学”；教育学理论提出“家长是子女的首任教师和终身教师”，让家长参与学校的教学活动，是教育、教学工作的需要，学校教育、社会教育和

家庭教育只有协调一致，才能实现教育效果的最优化。

基于以上认识，李伟强职业技术学校打破传统的学校单方面组织教学的做法，确立了“双角色，三联动”的中职电商创业型人才培养模式。其中“双角色”是指学生在校具备“学生”和“企业员工”的双重角色，“三联动”是指“学校”“企业”和“家长”三方的联合促动，形成合力，参与电商人才的培养。“双角色，三联动”人才培养模式如图1所示。

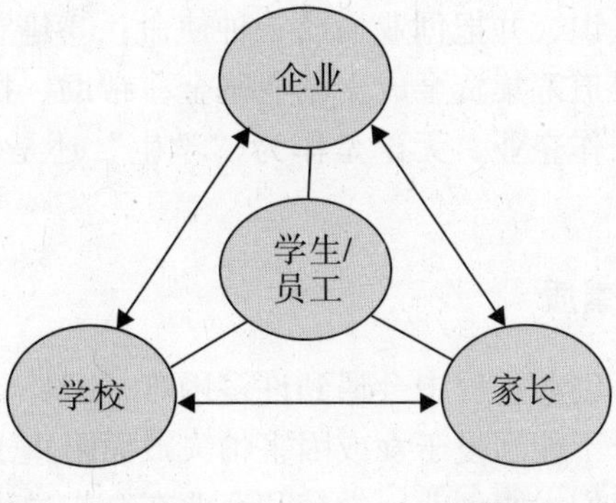

图1 “双角色，三联动”人才培养模式图

三、“双角色，三联动”人才培养模式的实践探索

“双角色，三联动”的核心思想是学校、企业、家长三方深度合作，联合培养，共同制定中职电商创业型人才培养的管理制度、教学方法、课程体系、评价标准等，让学生充分体验学生与员工的双重角色，亲身体验学习和创业全过程，达到培养学生的创业意识，提升学生的创业素质，提高学生的创业技能并积累创业经验的目标。电商创业型人才培养的目标与途径如图2所示。

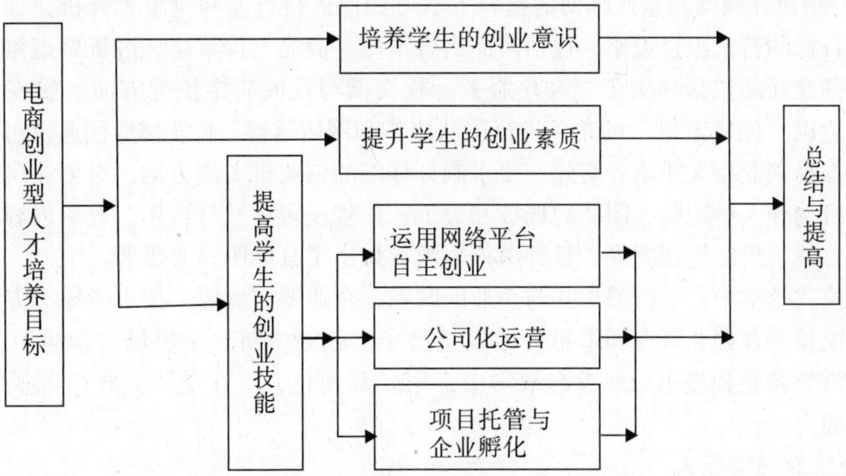

图2 电商创业型人才培养目标与途径图

（一）培养学生的创业意识

创业意识决定着创业行动。职业学校、企业、家长“三联动”能帮助学生树立创业思想，培养学生的创业意识，激发学生的创业热情。具体措施有：①树立创业典型，大力宣传积极创业的优秀毕业生和企业创业成功者典范，并邀请他们分享创业经验，使学生学有方向，赶有目标；②增强学生创业的使命感，让学生了解本地经济发展状况和企业竞争状况，加强对创业重要性的认识，并把创业当成一种使命；③建立有家长、企业和学校共同参与的创业指导机构，多渠道筹集资金成立创业基金，帮助、指导学生创业。总之，要让学生无论是在学校还是在合作企业，无论是作为“学生”还是作为“员工”，都能感受到浓厚的创业氛围。

（二）提升学生的创业素质

成功不是一蹴而就的，创业过程中会遇到许多困难，家长、学校和企业必须教会学生在困难中前进。首先，家长不能溺爱子女或因害怕失败而阻止子女创业，应在日常生活中有意识地锻炼子女，支持他们大胆创业。学校和企业在合作过程中应该引导学生形成健康的创业心理，通过各种方式，让“学生”学习素质训练课程和参与素质训练项目；让“员工”在创业的成功与失败中磨炼，用“双角色”模式锤炼他们坚韧不拔的意志、吃苦耐劳的品格、开拓进取的勇气、团队协作的精神等。是否具备这些素质是创业成功与否的关键。而这些素质的培养是一个系统工程，要求多方联动，共同努力才能达到。

（三）提高学生的创业技能

以电商创业班建设与运营为切入点，改变传统的教学体系，让学生在创业过程中提高创业技能。

1. 利用网络平台自主创业

让学生通过淘宝、天猫等电商网络平台建立自己的网店。在这个过程，学生一边以“学生”的角色在教师和企业师傅的指导下学习如何进行行业和竞争者分析，如何制定自己的经营目标和营销组合策略，包括产品组合策略、商品定价策略、进货渠道策略和促销策略等；并在商品拍摄和美工、客户服务、软文撰写及网店维护等方面接受专项强化训练；另一边以“网店老板”的角色进行团队协作和网店运营，切实体验创业全过程。

为了提高创业型人才培养实效，要求制订详细的创业班实施方案，对创业班的培养目标、组织机构和人员配备、团队的选拔和分工、课程设置、教材选用、教学内容、考核标准及考核方法、班级管理制度、教师考核方法等做出了具体明确的要求。

在该模式教学中，学校需加强与企业的联系，企业要在货源、技术指导等方面给以通力合作，家长要在创业资金和思想上给以自己子女创业支持，学生以“学生”及“网店老板”的双重角色积极主动地参与教学中，用“双角色，三联动”人才培养模式培养学生的创业能力。

2. 企业化运营模式

传统教学以教材为主线、以教师为主体、以课堂为本位的模式与实践是脱节的。学生的职业能力和创业精神只有在实际岗位工作中才能得到很好的锻炼，所以职业学校联合企业和家长签订协议，采用公司化运营与管理模式联合培养电商人才。如李伟强职业技术学校与中国联通公司佛山分公司签订合作协议，联合开办了联通电商创业班，组织机构如图3所示。

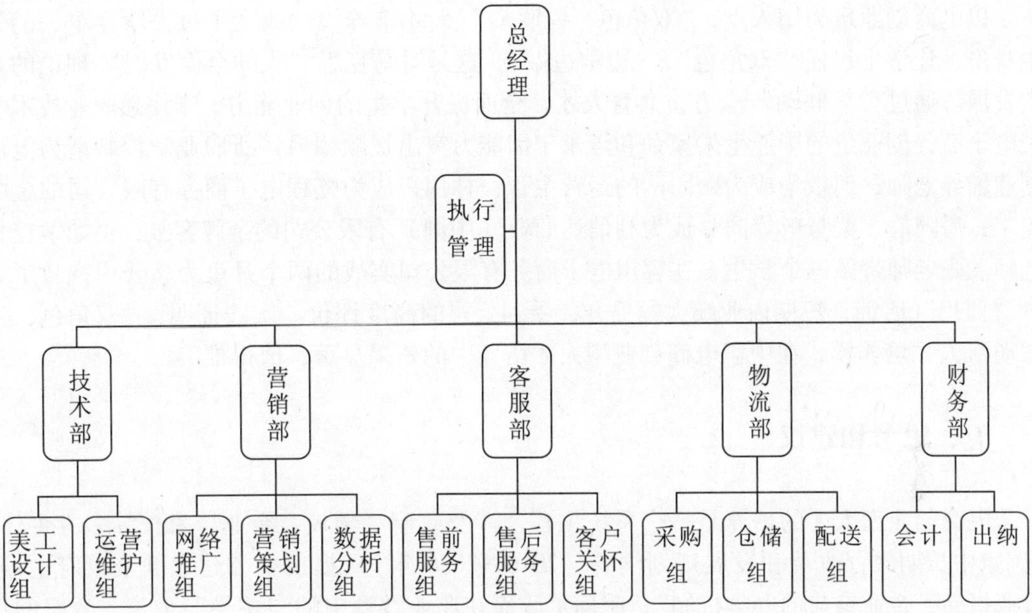

图3　企业化运营组织机构图

在该模式教学中，学生模拟电商企业的组织构架进行分岗位学习，以“学生”角色接受各岗位知识和技能的训练，以“企业员工”的角色承接公司的经营业务和岗位工作，在学校、联通公司、家长的共同培养下，体验各具体岗位的工作要求，在按要求完成工作任务的过程中提高自身素质和能力，达到企业要求。

提供实战场所，可以线上业务线下推，拓展了教学的深度与广度，如学校与联通公司联合建立“联通创业街”，学生创业实战线上、线下相融合，进一步扩大学生“双角色”学习空间。

3. 项目托管与创业孵化模式

顺德地区中小企业为数众多、产品丰富，中职学校有足够的机会与企业合作进行项目托管和企业孵化。李伟强职业技术学校与佛山市乾程电气科技有限公司联合开设“乾程”电商精英班，在整个教学实施过程中，家长、学校、企业三方签订协议，明确各自的权利和义务，进行项目托管与创业孵化。彼此建立利益共享关系，相互渗透，互相促进。学校的人才培养目标与企业的人才使用目标趋于一致，企业全面介入学校教学的各环节，共同确定教学目标和方案，教学内容与岗位任务对接，教学过程与工作过程对接。企业派资深技术人员与学校专业教师组成得力教师团队共同担任教学工作，共同制定评价标准和考核规范。真正实现教育与产业对接，学生以“学生”和“员工”的双重角色完成各项学习任务和实际工作任务。

四、“双角色，三联动”人才培养模式的成效

以电商创业班为切入点，“双角色，三联动”人才培养模式改变了过去学生单一的学生身份，让学生担任“双角色”，“边学边做”，这是对马克思“人的全面发展”理论的重大发展。通过“三联动”全方位共育人才，全面提升学生的创业能力。李伟强职业技术学校电子商务创业班的毕业生朱家劲和伍永宁因能力突出被顺德另一所职业学校聘请为电商创业辅导老师；何啟华成为顺团网的运营主管；林钧衍成为乾程电子商务有限公司的金牌美工；潘阿静、梁慧琳等同学成为利信达商业（中国）有限公司的金牌客服；再如学校林老师、张老师带领三个学生，在容川电子商务有限公司实战的两个月里为该公司挽救了一个“僵尸”店铺，短期内业绩大幅提升，受到公司的高度评价。实践证明，“双角色，三联动”人才培养模式在中职电商创业型人才培养中的效果显著，值得推广。

五、思考和建议

电商创业型人才的培养是一个系统工程，涉及政府、学校、企业、家长等多方主体。《国家中长期教育改革和发展规划纲要（2010—2020 年）》提出要“建立健全政府主导、行业指导、企业参与的办学机制”，明确了政府在职业教育中的“主导”地位，政府的积极推进对职业教育模式的改革具有重大战略价值和深远意义。因此，我们期待政府加大对中职电商创业型人才培养的支持力度：一是加大经费投入，二是完善相关的政策和制度。让“联动”加上政府的大力支持，建立“双角色，四联动”的人才培养模式，高质量的电商创业型人才培养将会得到更有力的保证。

参考文献

[1] 肖晓芳．高校创业型人才培养模式研究［D］．中南民族大学硕士学位论文，2010.

[2] 杨飞．中职电子商务专业创业实战教学研究［J］．职业教育，2014（1）.

[3] 刘炎飞，叶桂郴．我国高等职业教育近十年的发展与相关分析［J］．桂林航天工业高等专科学校学报，2011（1）.

中职学校现代学徒制人才培养模式的探索与实践

郭少培
（英德市职业技术学校　广东　英德　513000）

摘　要：现代学徒制是一种职业教育人才培养模式。本文对现代学徒制人才培养的内涵、特点和现代学徒制在中职学校中的问题进行分析，结合英德市职业技术学校现代学徒制人才培养的基本做法，提出了发展建议，以期为中职学校人才培养模式的改革提供参考。

关键词：中职学校；现代学徒制；人才培养模式

前　言

随着我国市场经济的发展，产业结构的优化升级，就业市场出现了人才供求结构失衡的状况。一方面产业转型升级需要大量高素质技能型人才，另一方面中职学校的毕业生难以就业。究其原因，关键还在于中职学校的毕业生的综合素质不高，未能很好地适应现代企业的岗位工作要求。因此，必须改革中职学校传统的人才培养模式，从根源上改变现行的理论与实践脱节、知识与能力割裂、教学场所与生产情境分离的局面，提升学校的人才培养质量。

现代学徒制作为密切联系职业教育与就业市场的人才培养模式，在实现产教融合方面具有明显的优势，是发展职业教育的基本趋势。现代学徒制正成为国家经济发展和人才资源开发的重要战略，并越来越受到各级教育行政部门的关注与重视。教育部在 2014 年工作要点中明确提出加快现代职业教育体系建设，培养高素质劳动者和技术技能人才，深化产教融合与校企合作，协同育人，全面推动现代学徒制试点的方针政策。

一、现代学徒制人才培养模式的内涵与特点

现代学徒制人才培养是以企业用人需求与岗位资格标准为依据，以校企合作为基础，以学生（学徒）的培养为核心，以师傅为纽带，连接学校教育与培训，以学校、行业、企业的深度参与和教师、师傅的言传身教为依托的人才培养模式。现代学徒制的实施，使企业提早介入了对学生的教育培养，校企双方按照“学生→学徒→准员工→员工”的路径来培养技能型人才。

（一）学校与企业深度合作的“双主体”育人模式

现代学徒制以企业需求为导向，以校企深度合作为基础，以学生（学徒）培养为核心，以工学结合为形式，以教师、师傅联合传授为支撑，校企双方分工合作，共同制订人

才培养方案，共同完成对学生（学徒）的培养。把企业工作岗位的技能训练与学校课堂的专业教学紧密结合，既重视专业理论知识的传授和素质的培养，又重视专业素养和从业技能的训练，既发挥了学校系统教学的优势，又体现了企业的技能优势，增强了“学校+企业”双主体办学的融合度。这样培养出来的学生更能适应产业现状，培养方向能够紧跟劳动力市场，更能有效地缓解人才供需矛盾，实现校企共同发展。

（二）教师与师傅共同参与教学的“双导师”育人模式

在现代学徒制人才培养模式中，学生的理论知识与基本技能由学校的教师完成教授；学生的职业岗位实际操作和技能传授则由企业师傅进行传、帮、带，实现了理论与实践的紧密结合、知识与技能的高度融合。在教师与师傅的共同培养下，学生在掌握学校教学基础理论和专业知识的同时，还可受到企业文化、企业精神的熏陶以及专业师傅的指导。通过工作体验和企业师傅的言传身教，启发“徒弟”们“修德、精艺”，在潜移默化中，培养“徒弟”对师傅的认同感，学习到师傅的专业精髓和企业先进理念，学生一毕业即能上岗。这是现代学徒制人才培养模式的重要特点。

二、现代学徒制在中职学校中的问题

中职学校现代学徒制还处于起步阶段，这种人才培养模式仅在一定范围内得到应用，但其在现实操作仍存在诸多困难。

（一）国家没有制定相关的法律法规

现代学徒制是职业教育的培训模式，也是一种雇用形式。学校、企业、学生三者必须通过法律合同明确各自的责任和权利。德国在1969年就颁布了《职业教育法》，从法律层面严格规定了职业教育是每个职工的终身教育，要求学生每周在企业接受3~4天的实践教育，在职业学校接受1~2天的理论教育；澳大利亚以市场为导向进行运营，采用商业拨款方式，倡导“新学徒制”。而我国虽然在一些文件中大力倡导现代学徒制人才培养模式，但是由于缺乏相关法律法规和政策保障，造成学校难以开展工作、企业不愿意合作等问题。

（二）校企合作“学校热，企业冷”

目前，中职学校也在尝试现代学徒制，但是企业响应的积极性并不高，出现“学校热，企业冷”的尴尬现象。对学校而言，实施“学徒制”就是希望通过校企合作，加强对学生实践能力的培养，为学校节约成本。但是企业认为接纳一批没有工作经验的学生，上岗前要花时间培训，会打乱其正常的生产与运营，所以他们更希望直接用有经验、有学历的员工。企业这种重使用、轻培养的思想，制约了技能型人才的培养。

（三）顶岗实习安排难以固定

学生顶岗实习一般安排在三年级的第二学期，但是进行校企合作必须根据企业的用人需求确定实习时间，企业的用人数量更取决于企业接到的订单数量，订单多、用人需求量大，企业愿意接纳学生；反之，企业就不愿意了。这样，“学徒制”的实施时间难以预先安排，学校的理论教学与企业的实践教学安排无法衔接，这就形成了最大的矛盾。

（四）学生安全管理难度大

在实习期间，学生安全管理是学校和企业最关注的问题。特别是一些风险系数较高的模具、机电、数控等专业，学生不熟悉企业内外环境，工作安全、交通安全以及学生的心理适应等都需要花费较多的时间、精力、人力和物力来进行调节。如何规范管理顶岗实习的学生，避免安全事故的发生是学校和企业面临的难题。

（五）质量监控与考核困难

学生在企业顶岗实习，实习结果的考核，理应以企业评价为主，但企业认为学生的考核应由学校负责，而教师参与顶岗实习结果考核也存在许多困难。目前大多数考核流于形式，缺乏严格的考核制度，致使考核结果有时并不真实。

三、英德市职业技术学校实施现代学徒制的具体做法

（一）准备阶段

1. 选好企业

选择好企业是实施现代学徒制的前提。学校一般选择实力强、管理规范、企业文化氛围浓厚并热衷于职业教育的企业作为试点，因为这关系到实施现代学徒人才培养的效果。

2. 成立校企合作领导小组

成立以学校校长、企业总经理为组长，以分管副校长、企业副经理为副组长，以学校相关处室（实训处、就业办）、专业部长、企业人力资源处经理、车间主任为成员的工作领导小组。

3. 制订方案、计划

学校、企业共同制订《英德市职业技术学校学徒制工作实施方案》《实训实习大纲》《实训实习计划》和《学徒岗位轮训计划》《学徒制手册》，确定学徒岗位人数、学徒制课程教学目标和教学计划，并据此编写学徒制教学、培训讲义。

（二）实施阶段

1. 组建班级

学校、企业共同召开学生、学生家长动员大会，介绍企业的基本情况、企业文化、企业发展规划和对人才的要求。学生自愿报名，家长确认，企业面试确定人选，学校根据学业测试成绩择优录取，组建学徒制班级。

2. 签订协议

实施现代学徒制的过程涉及学校、企业、学生（家长）三方的权利和义务。因此，学校与企业签订合作协议；学生（家长）与企业要签订学徒协议、学徒实习管理协议和就业协议等，明确学校、企业、学生（家长）三方各自的职责，形成现代学徒制人才培养契约体系。

3．拜师收徒，隆重开班

隆重举行学生、家长、教师、师傅以及校企领导参加的拜师收徒仪式。企业总经理致欢迎词，学校辅导老师和企业师傅表态，学徒宣誓，学校领导勉励。

4．实施“2+0.5+0.5”三段式人才培养模式

“2”——前两个学年，以学校育人为主。学生在学校进行文化课程、专业课程的学习，训练职业素养和专业基本技能；企业来校开设关于行业发展、企业文化、专业人才要求等的讲座，让学生了解企业文化。第一年，学生在老师和师傅带领下参观企业，了解企业岗位工作，体验工作过程。第二年，学生到企业进行教学见习，感悟企业文化，并利用寒暑假到企业进行勤工俭学，适应企业工作环境。

“0.5”——实习前半年，安排学生到企业当学徒。学生在岗位师傅的带领下，进行2~3个岗位的技能轮训。一个师傅带5个徒弟，组成学习小组，实行班组管理，确保学生掌握实习岗位所需的技能。学校安排专业老师去企业带队进行理论和技能辅导。

“0.5”——实习后半年，学生以“准员工”身份进入企业顶岗实习。由企业指定师傅和专业教师共同对学生进行技能训练指导，完成岗位专项技能训练和毕业设计，并考取相应的职业资格证书。同时，学校和企业为学生进行专业拓展，增加开设现场管理“7S”、企业产品等课程，培养骨干人才。

5．三方考核

在考核评价方式上，采取学生自评、教师评价、师傅评价相结合，理论考核与操作考核相结合的方式。通过三方考核，学生岗位能力全部达到初级工以上水平。这种三方考核方式，有助于培养学生的职业能力，提高学生学习知识、掌握技能的自觉性和主动性，学生之间学有榜样、赶有目标。

（三）总结阶段

定期召开学徒制工作交流会、总结会，分析讨论工作中出现的问题及解决方法，探索校企双方合作的最佳结合点。完善修正《学徒制实施工作方案》及各项规章制度，创新促进现代学徒制的校企合作育人模式。目前，英德市职业技术学校畜牧兽医专业已经与广东温氏食品集团华农温氏英德养猪公司、深圳农牧公司等企业合作完成了一届学生的学徒制实践。中餐烹饪专业、旅游专业也正在与其他3家企业开展现代学徒制实践。

四、思考与发展

中职学校实施现代学徒制是一个不断探索、实践、反思、完善的过程，现代学徒制人才培养模式的顺利实施有赖于相应的政策和保障。

（一）建好制度，明确职责

现代学徒制人才培养模式是一个系统工程，政府要大力支持现代学徒制，制定《学徒制条例》，明确规定政府、企业、学校各自的责任，完善宏观层面的法律法规和规章制度（如财政、税收等激励性政策），为校企合作保驾护航。学校应在有关政策、法规的范围内与企业建立学徒制工作组织机构，制订各类制度，如《学校现代学徒制工作实施方案》《学徒实习管理制度》《学徒实习考核制度》《优秀学徒评比办法》《准员工实习考核制

度》等奖励机制，使现代学徒制人才培养的实施得到顺畅发展。

（二）开发多元化的经费筹资渠道

现代学徒制对人才培养的师资水平、实训设备、实训环境等要求较高，人才培养成本大。为确保人才培养质量，学校要突破单一的教育教学经费来源，形成政府、企业、学校、学生共同承担培养成本的机制，建立产、学、研发展联盟关系，提升设备的使用效率。

（三）开展多元化学徒制

目前，英德市职业技术学校现代学徒制人才培养还局限于企业用工需求量大、操作性强的畜牧兽医、烹饪、机电等专业，尚未推广到所有专业。对于会计、经济管理等专业，学校将采用“引企入校”，参照企业生产场景及学徒实训要求，把校内实训场室建成“准工厂”。成立由行业专家、企业岗位能手、学校专职实训教师组成的“能工巧匠型师傅团队”，实施“校内实训基地学徒制模式”。

参考文献

[1] 胡锦秀. 现代学徒制人才培养模式研究 [J]. 河北师范大学学报，2009（3）.
[2] 杨小燕. 现代学徒制的探索与实践 [J]. 职教论坛，2012（9）.
[3] 谢俊华. 高职院校现代学徒制人才培养模式探讨 [J]. 职教论坛，2013（16）.

创新人才培养模式 提升学校发展正能量

曾小凡① 张远萍②

（梅州农业学校 广东 梅州 514011）

摘 要：农村中等职业教育是我国职业教育的重要组成部分，是促进地方经济发展的重要力量。本文结合梅州农业学校主动融入地方产业发展，深化产教融合、校企合作，服务区域经济的实践创新，探讨农村中等职业教育创新产教融合、校企合作体制机制，创新人才培养模式，推动中等职业教育教学改革等问题。

关键词：农村中等职业学校；产教融合；校企合作；人才培养模式

随着经济发展新常态的形成，科技创新能力成为提高国际竞争力的主流，深刻地冲击着中国的传统产业，直接影响着农村中等职业教育的培养目标，指引着教学改革的方向。它要求农村中等职业学校明确服务对象，在培养目标、专业结构、课程设置和教学环节的总体设计上深度融合地方产业发展，创新产教融合、校企合作体制机制，解决好“依据什么培养人”“如何培养人”等职业教育发展的“战术”问题，全面培养适应新常态的高素质技术技能型人才。

一、创新产教融合、校企合作机制，提升学校发展正能量的实践

（一）依托产业优化专业建设，提高产教融合、校企合作的契合度

建立与区域经济和产业发展相匹配的专业结构，完善与生产流程直接对接的课程体系，把人才培养与社会服务结合在一起，提升专业服务产业的能力，是农村中等职业学校不断彰显特色，实现可持续发展的制胜法宝，更是探索校企“双主体”合作培养人才，实现社会服务运行模式创新的根本所在。

梅州农业学校自2005年以来的跨越式发展就是例证。该校坚持立足“三农”，植根于社会实践，以服务当地经济社会发展为己任，准确定位，紧贴梅州市的社会现状，实施“一园两特带动一精”的战略，优化专业建设。对传统的园艺、畜牧兽医、园林技术等涉农专业进行优化建设，巩固传统优势专业，增设精致农业等课程，夯实农校特色。面向广州（梅州）工业园产业，开设汽车应用与维修、机电技术应用、计算机应用、模具制造技

① 曾小凡，1965年生，男，广东梅州人，经济学学士，高级讲师。研究方向：职业教育理论。

② 张远萍，1972年生，女，广东梅州人，计算机讲师。研究方向：中职教学研究。

术、数控技术应用等工科专业；立足梅州打造特色文化旅游主导产业，设置了电子商务、计算机平面设计、会计、旅游服务与管理、中餐烹饪与营养膳食、学前教育等专业，拓宽了服务面，实现了专业与产业的对接。依据产业发展战略定位和行业岗位群，与行业企业合作成立专业指导委员会，共同制订专业人才培养目标和实施方案，专业适应性强，效果明显。园林技术、畜牧兽医、机电应用技术、汽车运用与维修、中餐烹饪与营养膳食 5 个专业被列为省重点专业。在校生由 2005 年的不足 1 000 人增加至现在的 10 135 人。

（二）"六模式"实践创新，以质量夯实深度合作的根与本

农村中等职业学校要主动融入地方产业的发展，适应新常态，服务区域经济，建立有特色的高效技术技能型人才培养模式显得尤为重要。

梅州农业学校坚持农、科、教一体化办学，实践并形成特色鲜明的人才培养模式。

一是"专业 + 公司 + 项目"产、学、研嵌入型的社会服务模式。该校依托农科类专业人才和技术优势，创办校办实体绿色企业，以项目为载体把学生的专业技术能力培养和职业核心技能培养有机结合，做到"教师走进基地、课堂开在基地、产教研结合、教学做一体"，师生全程参与项目试验、生产、示范和推广，并在整个过程中完成教学任务，教学效果得到科研成果、生产成果的有效检验。

二是股份合作管理的育人模式。该校畜牧兽医专业的校内实训基地，按"划分校舍，责任到人、经常检查，考核记分（公布）"的要求，教学管理部门与学生实行以劳带资、带设备入股的股份合作制管理的新模式，即管理上实行股份合作制，自主经营、独立核算、自负盈亏，使其在经营上瞄准市场、因地制宜、计划明晰，在分配上按股份分配。具体做法是：根据教学需要确定项目，教学管理部门与参加实训的同学是股东与股民的关系。教学管理部门提供实训条件和后勤保障及资金，学生自由组合、自定原料计划与供应商、自定出栏时间、销售价格的生产实训经营模式。生产中按照产品类型分化产业链，对应生产工艺流程形成技术链，配置专业技能人才生成人才链。使教学对应生产，推进专业链与产业链、课业链与技术链、能力链与人才链的对接，实现教学内容与企业用人标准、教学过程与企业生产过程、教学环境与企业生产环境的深度融合。

三是与行业合作办学的育人模式。中餐烹饪与营养膳食专业与梅州市餐饮协会合作办学，以烹饪行业企业的用人需求和产业链及人才培养链的要求，共同研究确定专业核心课程，共同开发和建设课程，共同撰写教学方案，共同开发教材，共同制定考核标准，将生产操作、工艺流程、行业标准和管理理念融入实训过程，形成校企双轮驱动，师资、专业、基地、就业合力的人才培养机制，实现人才培养与市场需求、专业建设与产业发展的融通对接。

四是"校厂一体"的育人模式。模具设计与制造、数控技术应用专业与广东柳菱宏通实业有限公司合作，建产品生产线，将教学实训与企业生产、产品研发等融为一体。以企业生产标准和操作规程为课程标准和实训操作规程，实现了校企双向开放、资源共享，实训基地成为学校与社会融为一体的媒介，使学校服务社会、培养人才的功能得以实现。

五是"校中厂"的育人模式。汽车应用与维修专业与梅州区声发机械厂合作。将生产操作、工艺流程以及管理理念融入实训过程，以任务驱动、项目导向、工作过程系统化的形式贯穿专业人才培养的全过程，师傅是老师，学生是徒弟，建立现代学徒制度，提高学生的职业技能和职业素养，形成校企共建、共享、共用的技能实训系统，使学生未出校门

先入“行”。

六是“前置订单、后置定岗”的人才培养模式。畜牧兽医专业、机电技术应用专业与梅州市畜牧局、温氏集团和梅州博敏电子有限公司等企业合作，实施“前置订单、后置定岗”的人才培养模式。按照“分类定制”的原则，为企业组建前置订单班，开设“乡村牧医班”“温氏班”“博敏电子班”，实现了学生“定岗”，提高了学生就业与地方产业的粘合度和学校办学与地方经济发展的适切度，夯实合作的深度。

（三）坚持教学、科研、生产、推广相结合，以成果“引凤”

农村中等职业学校要充分利用已有的省级实训基地、师资和技术等优势，积极开展科研推广工作，进行产、学、研结合，以项目为载体，在项目实施中解决生产技术问题，服务地方经济发展。

梅州农业学校坚持产、学、研结合，充分利用人才和技术优势开展科研、生产、示范和推广工作，服务地方经济的发展。该校积极开展农业高新技术研究与推广服务，“竹子与水稻远缘杂交技术”项目育出水稻新品种“竹稻966”“竹稻989”及“竹糯系列品种”，填补了国内外空白，并转化为生产力，在蕉岭县、五华县、兴宁市、梅县等地每年的种植面积为1 000多亩，每亩增效值300多元，获梅州市科技进步一等奖。“梅花的引种、筛选和栽培技术”科研项目荣获广东省科技进步三等奖；“粤东地区铁皮石斛资源综合利用”被列为科技部星火计划立项课题；“金线莲组织培养与栽培技术的研究、应用”获市科技局立项；“铁皮石斛大棚高产栽培技术的研究应用”获市科技进步三等奖，推广种植400多亩，年产值1.2亿元，在扩大学校的影响力和知名度的同时，引企合作。

（四）创新社会职业培训，以服务帮企排忧

农村中等职业学校应主动为农村剩余劳动力提供转岗培训，解决农民就业和转变农业发展方式中技能提升等实际问题。

梅州农业学校充分利用教育资源，努力拓宽农村职教服务面的做法值得借鉴。一是依托省扶贫培训基地平台，开展农村贫困青年实用技能免费培训，每年举办2～3期500人以上的培训，并推荐就业，达到“培训一人，输出一人，脱贫一户”的目标。二是依托“星火学校”和“梅州市基层干部和农村实用型人才培训基地”平台，每年组织专业教师深入到乡镇、村委举办实用技术培训班，开展现场教学，现场解决实际问题。每年培训专业户、农民技术员和村干部等多达2 000人次。三是结合“十百千万”工程系列活动，制定针对农村贫困家庭子女就读的扶贫济困制度。帮助农村贫困青少年走出了“升学无望、就业无门、致富无术”的困境。四是组织专业教师科技“赶墟”，利用农村“墟日”，送科技下乡，到田间地头，开展科技咨询、科技服务，为农民排忧解难，深受农民欢迎。五是充分利用特有工程职业技术鉴定站、国家职业技能鉴定站、CAD/CMA职业技能考试授权考试网点等技能鉴定站的优势，积极服务社会，开展技能鉴定工作，每年累计达2 000人次，拓宽了学校的服务面。

二、对策与建议

（一）政府重视，强化统筹，增强发展合力

农村中等职业学校要适应经济发展新常态，在提升人力资本素质，促进经济平衡健康发展和社会和谐稳定中发挥作用，这离不开改革，离不开创新，更离不开政府的推动和促进。

首先，教育行政部门应强化政府统筹、指导职能，引导农村中等职业学校按照“资源共享，优势互补，项目共担，互惠互赢”的原则，推动校企合作，产教融合的办学模式创新。

其次，要加快形成多方参与的工作机制，发挥好政府、行业、企业、学校、社会力量各自的优势，从学校专业建设入手，通过课程设置、教学内容、评价标准等改革，力求实现职业教育与地方产业发展同步规划、与产业建设同步实施、与技术进步同步升级，不断提升学校专业与地方产业的契合度、依存度，实现“产销”对接。

再次，要科学规划建设区域开放共享型实训基地，搭建现代学徒制教学平台，按照“政府主导、行业指导、学校主体、企业参与、集约建设、开放共享”的多元合作模式，建设集教学、生产、培训、技能鉴定、科研开发、成果孵化、社会服务等功能于一体，生产运营场景和工作场景真实的现代学徒制教学平台，夯实学校产教融合的发展基础，优化和丰富农村职业教育资源。

（二）夯实办学内涵，创新服务地方产业发展能力

“培养什么样的人”是职业教育的总体“战略”目标，然而具体到一个地区、一所学校而言，就必须结合地方经济社会发展的需要，明确服务对象，定位培养目标，解决好“依据什么培养人”“如何培养人”等职业教育发展的“战术”问题。

1. 明确方向，夯实产教融合的发展基础

通过理论学习、专题研讨、“走出去、请进来”等方式，更新职业教育理念，提高服务地方产业发展的行动自觉性，深度融入地方产业的发展，主动研判科技和地方产业变革大势，面向市场需求确定教育教学突破口，确定学校优势和特色项目建设，以人才培养模式改革推动特色专业建设，以教学团队建设带动课程建设，以教学方法改革提升课堂教学效果，以加强实践教学凸显人才培养特色，以完善教学质量监控体系保障质量工作建设，以技术技能型人才培养满足社会对高素质人才的需求，丰富产教融合、校企合作的内涵。

2. 明确培养目标，进一步深化教学改革创新

农村中等职业学校应根据中央经济工作提出“要坚定不移加快转变农业发展方式，尽快转到数量质量效益并重，注重提高竞争力，注重农业技术创新”的会议精神，对接企业人才需求和岗位技能要求、生产过程技术要求，建构育人目标与用人标准一致、适合现代农业发展的专业课程体系，增补适应高新技术的课程和教学内容，增设名、优、稀、特等精致农业、特色农业课程，增设和加强农业生态与环境课程；基于岗位职业标准，结合企业具体任务，选取典型工作项目作为能力培养载体，改革和优化教学内容，实现课程内容与职业标准对接，满足培养高端技术技能型人才的要求；重组教学过程，实施“实景教学

—分解演练—真实操作—多岗轮训”的递进教学，改革实践教学为实习而实习的做法，使实践教学产业化，并在生产中培养高素质的技术、技能人才。要加强现代学徒制实践，形成与现代学徒制相适应的教学管理与运行机制。要改革学业评价标准、教学质量评价方式、教学管理方法、人才评价标准、实行多元评价，引导学生全面发展。

3. 明确教育为经济建设服务，推动服务体系的创新

过去学校只培养人，教师只教书；而进入经济发展新常态后，农村中等职业学校必须主动为地方产业发展服务，主动进行知识创新和技术创新，推广知识应用和技术应用。现代职业教育规律决定了学校培养高素质人才服务经济建设的任务，而培养高质量人才必须建立产、学、研体制，加强产教融合，把教师科研成果转化为生产力，把人才、知识和科技资源引导到地方经济建设的主战场。因此要提高校企合作产业项目的科技含量，以高科技提高其经济和社会效益，还要建立奖励制度，创新和转化体制。要总结和完善以项目为依托、农科教结合、转化科研成果的运行机制，进一步与企业共建新技术、应用推广体制和产业化经营，为地方实体经济的发展壮大提供智力支撑。

发展中职学生的多元智能，改革中职教育教学的理念和模式

张　磊

（广州市黄埔职业技术学校　广东　广州　510730）

摘　要：教育要“因材施教”，对智能类型不同的学生进行分流，在语言智能和数理逻辑智能上有优势的学生可以升入高中，在身体运动智能、空间智能、音乐智能等方面有优势的学生可以选择中职。中职教育教学的理念和模式应当改革，要尊重中职学生的智能类型和认知风格，迎合中职学生的智能潜力和学习风格，从课程设置、教材编写、教学方法、实习制度和评估方式等层面做出系统的教育决策。寻找一种适合中职学生学习心理差异性的教学模式，重建中职学生的学习信心，进而取得良好的学习效果，使人尽其才，最终获得职业成功。

关键词：智能类型；因材施教；改革中职教育

有论者称，应当增加普通高中教育机会以实现教育公平。言外之意是所有的初中毕业生都升入普通高中才是教育公平。此论表达了对中职教育的蔑视，应引起我们的反思。

反思一：对所有学生采用同一种教育模式是否恰当？

多元智能之父霍华德·加德纳批评美国升学教育是应试教育，只关注学生的语言智能和数理逻辑智能等狭窄方面。如果美国的标准化升学考试被斥为应试教育，那么中国的中、高考教育呢？应试教育已遭到众多诟病，现在还要所有的人走这条道路，这是真正的教育公平吗？

什么是教育公平？我们以为就是孔夫子所讲的“因材施教”，必须认识到个体的差异性。心理学研究证明，每一个人都有各自的“聪明”方式。人们拥有不同的智能类型、认知风格和学习风格。意识到个体学习心理的差异性，并有针对性地发展个体的优势智能，使每个个体用自己的方式学习，用自己的方式成功，这才是真正的教育公平。

我国的中、高考教育制度是典型的应试教育，在某种程度上是教育的异化，是一种极端功利的教与学的方式。教师只教考试中会考的知识和应试技巧，学生只学教师要求的内容。有位普通高中的校长在家长会上讲话，把看小说与玩游戏、谈恋爱一并列为影响学习的因素。如果连自发阅读这种真正的自我教育活动都要扼杀的话，我们的教育便真的违背了初衷。

我国的中、高考标准化试卷，主要测试的是学生的语言智能和数理逻辑智能。那些在这两种智能上有优势的学生便会很容易成功，而不具备如上智能优势的学生则很容易失败。所以说忽视学生学习规律的差异性，按当前应试教育的模式一路走到黑，才是真正的教育不公平。

反思二：中职学生是失败者吗？

从多元智能理论的角度看，中职学生不是失败者。研究表明，升入中职学校的学生与升入重点高中的学生的差异并不在智能水平方面，而是在智能类型方面，只是应试教育未能发挥其智能优势，我们一厢情愿地称之为“失败者”。

但现实是，社会舆论，包括中职学生本人，大都认为他们是“失败者”。对家长而言，如果子女考不上普高而去读中职，他们也是不愿意接受的。为什么人们会对中职学生抱有这种看法呢？笔者认为有如下原因：第一，中国人历来有“万般皆下品，唯有读书高”的科举意识。要做人上人，不做人下人。人上人，无外乎官爵禄位；人下人，百工之人也。瞧不起技术人士，这是农耕文明的陋习。恰恰是这种陋习，阻碍了中国工业化的进程。第二，现实中的中职教育质量不尽如人意，存在着教学失效、学习失效的现象。如果我们的中职教育可以培养出更多的技术型人才，让他们为社会发展做出贡献，或许可以改变社会舆论对中职教育的刻板印象。

中职学生经常在自己的作文里使用如下表达：“中考失败后”，这说明他们大多有种挫败感。这里不仅有社会评价因素，更是学生自身的真实感受。从小学开始按成绩排名，按成绩分班，很多学生不得不承受这样的羞辱。甚至一些学生感到无助，不会学习，进而怠学、厌学。在中职学校的课堂上，学生睡觉甚至扰乱课堂的行为层出不穷。他们不仅被别人贴上了“失败者”的标签，而且自己也认可了这个标签。大量学习成绩不好的学生集中在中职学校，便是眼下中国职业教育的现状。

教育的目标应当是改变更多的人。我们应当如何改变相当一部分对学习没有兴趣的中职学生呢？怎样改变他们怠学、厌学的状态呢？

笔者曾在课堂上给学生普及多元智能的理论，期望他们改变对待自我的态度，激起学习的动力，可效果不佳。看来，仅凭一些理论说教是不能真正改变这些学习上存在障碍的学生的。必须针对他们的智能类型和学习风格，开发迎合他们学习习惯差异性的教学方式。如何改变这些“被”失败的和自认失败的学生，是一项系统工程。要从课程设置、教材编写、教学方法、实习制度和评估方式上进行系统研究和实践。而霍华德·加德纳的多元智能理论是中职教育的一道曙光。因为它重视个体的差异性，为不同智力结构的人用自己的方式学习成功奠定了思想基础。真正的教育就是使个体发挥自己独特的智力优势进行学习，并促使人自我提升。

“因材施教”原则蕴含着教育的真理。每个人在智力潜力上各有优势，教育应当关注个体的学习习惯差异性，用适合个体智能的方式和风格施以教学，才能使每一个学习者都获得学习成功。

应试教育是一种扭曲的教育，是极端功利的教学。它的标准化学业测试主要运用的是语言智能和数理逻辑智能。这种狭隘的教学模式，扼杀了学习者的智能优势，影响了他们的潜能开发，甚至导致他们学习能力的退化。矫正这种不良现象便成了中职教育首先要解决的难题。中职教育在课程内容上要适合学生的智能类型，在教学方法上要适应学生的学习风格，这样才能激发兴趣，实现有效教学，进而改变学生的学习态度，产生自觉的学习行为。重塑中职学生的学习自信，启发他们认识并运用自己的智能优势，才能使他们获得学业成功，并由此改变他们对待自我和世界的态度，真正达到教育塑造人的理想。

中职学生普遍存在学习不良的现象，其原因不在于中职学生在智力上水平不够，而在于他们的智能优势和学习风格没有得到重视。从某种程度上说，中职教育是对基础教育的矫正。中职教育应当让每一个中职学生学习成功、就业成功、人生成功。搞好中职教育利国利民，这才是真正的教育公平。

席瓦尔等人的《多元智能与学习风格》一书对多元智能理论和学习风格理论进行了整合研究。该著作以八种智能为教学内容维度，以四种学习风格为学习方式维度，形成一个有 32 种教学法的矩阵。在此基础上，我们运用这 32 种教学法进行了教学实验。

为迎合中职学生的智能类型和学习风格，我们从课程设置、教材编写、教学方法、实习制度和评估方式等层面做出系统的教育决策。实验之初，首先测量中职学生的智能类型和学习风格。然后，在中职学生擅长的领域，设计适当的学习任务，令学生产生满足感和成就感，改变中职学生的挫败感，改变他们对待自己和世界的态度，让他们在学习中找到意义，使他们改厌学为好学，从不会学习变得学会学习。成立实验组教师团队，共同学习多元智能理论和学习风格理论。跨学科集体备课，整合课程，正确地处理文化基础课和专业课的关系。一般来说，中职学生在文化基础课业内容方面没有优势。但是削弱甚至取消中职文化课也是不可取的。中职文化课应该服务于学生的专业学习，成为其综合职业素养所必不可缺的组成因素。但是在教学上不能再采用应试教育的那一套做法，而是要将文化基础课程与专业课程整合，用中职学生喜闻乐见的方式教学。中职学生或许在语言智能和数理逻辑智能上没有优势，但他们或许更擅长身体运动、人际交往，或者更善于解决现实问题。那么采用情境的、工厂实地的教学法或许更适合中职学生的智能优势和学习风格。应该让中职学生一入校就认识到所选专业所必需的职业素养。文化基础课和专业课相结合才能培养出全面的有文化的人才。课程整合，交叉教学，一切以中职学生擅长的内容和方式为导向进行教学。评估亦应遵循同样的原则。该教学实验目前已取得良好的教学效果。

总之，中职教学必须尊重中职学生学习习惯的差异性，教学与评估必须迎合中职学生的智能类型和学习风格，让中职学生体验到学习的成就感，重建自信，在学习上获得成功，继而成功就业，获得成功的人生。

参考文献

[1] [美] 霍华德·加德纳. 智能的结构 [M]. 沈致隆译. 北京：中国人民大学出版社，2008.
[2] [美] 席瓦尔等. 多元智能与学习风格 [M]. 张玲译. 北京：教育科学出版社，2003.
[3] 赵志群. 职业教育与培训学习新概念 [M]. 北京：科学出版社，2003.

服务于新型专业镇发展的现代学徒制本土化研究

——以中山市的现代学徒制试点工作为例

鲁东晴

（中山市教育教学研究室　广东　中山　528400）

摘　要：新型专业镇就是在传统专业镇产业的基础上，推动产业向“微笑曲线”两端高附加值处（设计、品牌、管理、销售服务等）转移，使专业镇的产业从劳动密集型向技术和资本密集型转变。新型专业镇的发展将对职业技能人才的质量提出更高的要求。引进现代学徒制是职业教育人才培养模式新的尝试和探索，开展现代学徒制本土化研究，可以为新型专业镇发展提供更有力的人才支撑。

关键词：现代学徒制；专业镇发展；本土化

前　言

中山市引导区域特色产业集聚发展，逐步形成闻名全国的“一镇一品”的产业模式。全市24个镇区，基本上每个镇区都有一个具有较强市场优势的主导产业。比如，中山小榄镇是“中国五金制品生产基地”和“中国内衣名镇”，生产的锁具、燃具、内衣和音响闻名全国；古镇镇是“中国灯饰之都”，全国60%～70%的灯饰来自古镇；沙溪镇是“中国休闲服装名镇”，生产的休闲服占全国50%左右；大涌镇是“中国红木家具之都”，红木家具占全国40%以上的市场份额。目前，中山市拥有省级专业镇16个，国家级产业基地35个，专业镇生产总值占全市的比重达72%。落户中山的世界500强企业有24家，知名品牌有483个。

经过30多年的发展，中山市专业镇也面临着土地资源刚性约束、企业成本增加、人力资源缺乏、国际市场乏力等一系列问题。2014年11月，中山市委、市政府审时度势，提出建设新型专业镇的发展战略，要把推进新型专业镇发展作为今后中山市产业转型升级的主战场。新型专业镇就是在传统专业镇产业的基础上，推动产业向“微笑曲线”两端高附加值处（设计、品牌、管理、销售服务等）转移，使专业镇的产业从劳动密集型向技术和资本密集型转变。新型专业镇的发展将对职业技能人才的质量提出更高的要求。

产业转型升级对技能人才提出新的要求，特别是针对企业升级定制的人才相对缺乏，企业在招聘上往往花费较多的精力和成本。如何破解这个突出的结构性矛盾，为经济转型升级服务？众所周知，培养高技能人才需要校企的深度融合。目前正在推行的现代学徒制就是增强校企融合的重要途径。现代学徒制具有校企“双主体”、学生“双身份”的特征。双主体是学校和企业共同育人，双身份是学生兼有学徒和学生两重身份。这样的人才培养模式继承了职业院校教育模式的知识教育和素质教育优势和传统学徒制的技术技能训练优势，弥补了职业教育模式的实践不足和传统学徒制的知识不足。

一、开展现代学徒制本土化研究，为新型专业镇的发展提供人才支撑

（一）开展现代学徒制本土化研究，是中山市新型专业镇探索和发展的迫切需求

中山市与我国沿海地区的东莞市、温州市等城市类似，都是以专业镇（县）为产业布局形态。近年来，尤其是国际金融危机以来，不管是中山市，还是我国其他产业形态类似的地区，都面临土地资源约束、企业成本增加、国际市场乏力等问题。中山市委、市政府于 2014 年 11 月率先提出建设新型专业镇的发展战略，新型专业镇发展是我国类似经济区域产业转型升级的积极探索。由于新型专业镇以技术和资本密集型企业为主导，传统职业院校产教分离、学用分离的人才培养模式不能满足企业对高素质技能人才的需求。英国现代学徒制被实践证明是产教一体、校企联合的技能人才培养模式，其强大的人才培养功能备受世界瞩目。因此，引进现代学徒制是中山市新型专业镇探索和发展的迫切需求。在中山市设立现代学徒制试点，也将树立起职业教育服务经济发达地区产业转型升级的典型。

（二）开展现代学徒制本土化研究，是帮助外来人口融入社会，树立职业教育服务“移民城市”社会建设的有效途径

与其他沿海城市类似，中山市是外来人口较多的“移民城市”。在 320 万总人口中，约 160 万是外来务工人员，他们当中有第一代农民工，更多的是第二、第三代农民工。这些外来务工人员大多在各专业镇的劳动密集型企业就业，是城市的弱势群体，难于融入当地社会。实施“招生即招工”“招工即招生”“校企联合招生、联合培养”的现代学徒制，为占城市人口一半以上的外来务工人员提供了学习的机会，将使他们从低技术、低技能的劳动者转化为高技术、高技能的劳动者，实现阶层的跃迁，使他们彻底融入当地城市。因此，推广现代学徒制是解决外来人口较多的城市人口和社会问题的关键。在中山市设立现代学徒制试点，将树立起职业教育服务“移民城市”社会建设的典型。

（三）开展现代学徒制本土化研究，将丰富我国职业教育学徒制模式

从全世界来看，职业教育学徒制包括德国的“双元制”、澳大利亚的“新学徒制”、英国的“现代学徒制”等各种模式，不同模式适合不同的经济社会特点。因此，在学徒制推广的初期，应鼓励不同区域（如中西部、东部等）探索适宜于当地产业特点的学徒制模式。英国现代学徒制的主要特点是“准市场化”，学校和企业通过利益驱动，而非政府强制来合作培养人才。中山市作为改革开放的先行地区，市场经济发达，选择“准市场化”的英国现代学徒制具有较好的可行性。因此，中山市试点英国现代学徒制本土化研究将丰富我国职业教育学徒制模式。

二、建立政府投入机制，为现代学徒制的实施提供政策保障

中山市是较早启动现代学徒制试点工作的地级市。中山市教育局较早（2014 年 3 月）主动与英国领事馆洽谈引进英国现代学徒制。《中山市人民政府关于进一步推进职业教育改革与发展的实施意见》中明确指出，要依托企业推行“招生即招工”的现代学徒制，

企业根据用工需求与职业院校联合招生（招工）和培养，实行校企“双元”培养，明确每年拿出至少200万元以上专项经费支持现代学徒制的推广。

在现代学徒制试点中，中山市成立了试点工作领导小组、试点工作咨询指导小组。其中，试点工作小组由市教育和体育局局长牵头，成员包括全市职业院校院（校）长；试点工作咨询指导小组成员包括英国总领事馆文化教育处官员和英国现代学徒制中国项目部负责人。此外，还要求各试点学校联合试点企业，由英方代表、职教专家、校长、企业总经理、专业教师、企业师傅组成相应专业的学徒制工作小组，主要是负责开发现代学徒制框架，制订现代学徒制班的人才培养方案、课程标准和教学计划，实施现代学徒制等。

与此同时，教育主管部门积极研究制定促进校企合作的地方政策，制度化、系统化推进校企合作和现代学徒制工作，完成了《中山市职业教育校企合作促进办法》意见征求和修订工作，制订了《中山市教育局现代学徒制试点工作实施方案（2014—2017年）》等。此外，还采取多种措施激励企业参与职业教育，推动企业将职业院校纳入人才培养和技术创新体系。

中山已组织了两批全市“现代学徒制”的专题讲座与培训，并组织相关校长到英国学习现代学徒制。根据相关协议，我市2015年将派出14名专业课教师到英国开展为期3个月的现代学徒制学习。中山市教育和体育局2014年下发了《关于公布首批中等职业学校“现代学徒制”试点专业的通知》，决定在7所职业学校的7个专业中进行“现代学徒制”试点工作，并向试点学校预拨付了200万元的专项资金，2015年将招收第一批现代学徒制学生。另外，2014年沙溪理工学校就与英国诺丁汉中央学院建成IMI中心，启动了汽车维修专业的现代学徒制的试点工作。

三、借力科研机构人才智库，为现代学徒制的实施提供智力支撑

2014年3月，中山市与英国驻广州总领事馆、广东省教育研究院签署了《中英职业教育国际合作示范区项目合作备忘录》。三方携手在中山市共建中英职业教育国际合作示范区，探索和推广“现代学徒制”。借助广东省教育研究院、英国北方职教联盟和Proskill等国内外专家团队和科研优势，负责指导和研究现代学徒制专业人才培养方案、教学标准和课程标准等项目，特别是借鉴英国的经验开发适合中山产业和企业需求的技术技能人才培养标准。

四、创新校企合作机制，形成校企双主体的互动和契约关系

（一）通过契约关系，发挥企业的第一主体作用

通常情况下，校企双方签订的合作协议是一种“自觉约定”，或者是学校对企业的一种单方的和无约束力的要求，这样的校企合作效果自然大打折扣。现代学徒制实施的一个关键是要落实校企“双主体”作用，特别要强调企业的第一主体作用。在推进现代学徒制试点工作中，要注意调动和发挥企业“第一主体作用”。政府主要领导、学校负责人多次深入企业调研，就如何有效地推进现代学徒制、实现多赢等问题交换意见，并最终与部分企业达成合作共识。企业主动与学校合作，联合学校开展招工招生工作，并制订合作“契

约”。由此可见，现代学徒制中的校企合作是买方与卖方双主体的互动和契约关系，校企合作不再是传统的“友情合作”，而是一种“契约关系”。

（二）建立校中企模式，选择有实力的企业开展学徒制工作

在中山市仅1 800平方公里的土地上，有各类企业近30万家。在这些企业中，既有传统的服装、灯饰、家具、五金、电子等产业，也有船舶制造、风电、包装印刷、健康医药和北斗系统等战略性新兴产业和先进制造业，为现代学徒制合作企业的选择提供了很大的空间。有统计表明，中山市每年需要技能人才20万人，可谓“一人难求”。我们在企业调研中也发现，中山市大型制造企业被技能人才缺乏的问题困扰已久，焊工、镗车工、风电维护工等月薪5 000元以上的岗位都难以招聘到合适的技术工人。

根据产业升级和企业用工需求，我们在研究现代学徒本土化工作过程中，对学校和企业提出“资质”要求：一是对学校来说，参与现代学徒制的专业原则上为省级重点建设专业，有比较好的校企合作基础，有较好的校内外实训或生产基地，并能与产业对接，有一定的生产能力，特别是企业设立“校中厂”的学校，鼓励他们进行学徒制试点；二是对企业的要求，要对推广现代学徒制有较高的积极性，具备一定实力、对高技能人才需求迫切的企业，能主动与学校合作，能承担相应的主体责任。例如，沙溪理工学校的汽车运用维修专业引入三家企业进驻学校，建立了“1＋N”校中企合作模式；火炬开发区理工学校电子技术专业与中山创税大户台资企业伟创资通合作，建立了长期和稳定的合作关系。预计随着现代学徒制工作的推进，到2017年，中山市专业课教师取得高级职业技能等级证书的比例将达到90%以上，“双师型”比例将达到86%，每个试点专业有3位教师取得英方的评估师和内审员资格，在企业聘请50名“技师型”兼职教师，建设一支100名左右的企业师傅队伍，每个试点专业有2位师傅取得英方的评估师和内审员资格。

五、引入第三方评价体系，为现代学徒制的实施提供保障

我们借鉴国外先进的现代学徒制经验，引入第三方评价体系，构建中山特色的现代学徒制管理和评价体系。根据2014年3月签订的《中英职业教育国际合作示范区备忘录》，由英国驻广州领事馆负责引进英国现代学徒制的框架、资格体系和制度。英国北方职教联盟和Proskill为中山培训内审员、外审员，负责培训各试点专业的科组负责人和骨干教师，指导中山市建立课程标准，开发相应课程体系。同时，英方选派一名专业人员常年驻中山市，指导现代学徒制的试点和推广。

我们在进行现代学徒制工作试点的过程中，根据具体情况来不断调整方案，以期在相关专业的试点工作获得成功后，扩大和增加试点学校和试点专业，最终针对中山市专业镇发展来升级劳动力结构，探索符合新型专业镇发展要求的、本土化的现代学徒制模式。

参考文献

[1] 吴艳红．英澳现代学徒制比较研究［D］．东华理工大学硕士学位论文，2013.
[2] 关晶，石伟平．“现代学徒制”为何国际上受青睐［N］．中国教育报，2014－09－29.
[3] 卢超．基于校企合作下的“现代学徒制”模式新发展［J］．湖南农机，2013（11）.
[4] 夏旭，潘长珍．“现代学徒制”的人才培养模式研究［J］．湖南工业职业技术学院学报，2014（5）.

“三级递进、工学交替”现代学徒制人才培养模式探索

朱小东　卓尚栋　鲁东晴

（中山市沙溪理工学校　广东　中山　528471）

摘　要：“三级递进、工学交替”现代学徒制人才培养模式是中山市沙溪理工学校汽车维修专业探索出来的具有校本特色的人才培养模式。该模式将现代学校教育与传统学徒制相互融合、围绕企业用工和现代产业用人标准，以学生（学徒）技能培养为核心，以校企深度融合为基础，在吸收传统学徒制“做中学、学中做”的现场教学优势上，充分实现产教融合、工学对接。“三级递进、工学交替”现代学徒制人才培养模式最突出的特点，就是学生不出校门，通过校中企提供的岗位就可以完成从技能学习到岗位培训的全部工序，真正实现教学与生产的无缝对接。

关键词：三级递进；工学交替；现代学徒制；人才培养模式

中山市沙溪理工学校的现代学徒制培养人才模式起源于全国中职改革与创新示范学校建设，在各级教育行政部门、高等学校相关专家的关心、指导及社会企业的积极参与和支持下，参考德国、英国、新加坡等国际职业教育的经验，结合学校汽车专业实际，在建立汽车维修教学工厂的基础上，经过近五年的探索，汽车专业的现代学徒制育人模式逐渐成型，初步形成了“三级递进、工学交替”现代学徒制人才培养模式。

一、“三级递进、工学交替”现代学徒制人才培养模式的内涵与特点

“三级递进、工学交替”现代学徒制人才培养模式是沙溪理工学校汽车维修专业培养人才的突出特点。它以学生的技能成长为基础，以对学生基本技能、专业技能、综合技能等三级技能的培养成型为标志，按技能级别和学习时段来规划学生的专业课程、教学地点与指导教师（企业师傅），把学校的教学与企业的生产结合起来，让学习与工作反复交替，直至学生真正达到企业生产的实际要求，使他们在毕业的时候能够在专业技能和非专业技能方面全面成长为能够独立生产的技能工人。目前中山市沙溪理工学校“三级递进、工学交替”现代学徒制人才培养模式具备如下三个特点：

1. 依托中山汽车产业夯实现代学徒制的专业基础

“专业对接产业链、教育对接价值链”是沙溪理工学校专业建设的突出特点。学校汽车运用与维修专业依托中山市汽车产业经济，对接产业需求发展专业，引厂入校，专业教学与企业深度合作，采用生产型实训教学，通过教产融合、双线工学，引企入校、校企结盟、订单培养等方式，实现校企强强联合、校企资源优势互补。大力打造汽车教育集团化办学平台，让学生直接在真实的企业环境下，按照企业相关工作项目进行学习，实现了专业对接产业链的拓展延伸，推动校企合作、工学结合的人才培养模式转型升级。

2. 依托中英合作项目标准推动现代学徒制的改革与创新

汽车专业开办中英合作班，引进英国先进的教学模式与方法，结合英国汽车工业协会（IMI）所制定的职业标准，主要面向汽车产业，培养汽车售后服务、经营管理、技术推广的高端技能型人才。

3. 依托汽车产业的专业技术和管理技术组建校内“教学工厂”

针对汽车钣喷技能人才市场紧缺问题，2008 年开始，学校提出汽修专业钣喷“教学工厂”项目方案，并组织实施，解决人才培养难题，在此基础上开始了现代学徒制的探索与创新实践。

（1）引入“教学工厂”，为专业对接产业搭建育人平台：引入社会企业进校园，建立钣喷“教学工厂”，构建“教、学、做”轮岗育人机制，为校企合作育人搭建平台。

（2）校企深度融合，促进专业建设和教学管理水平提升：以人才培育为核心，实施促进教师职称晋升、技能提高与学习培训全面提高的教师鹰成长计划；以生产实践为基础，构建专业课程体系，推动专业建设发展；教学、生产、实训三结合，班级管理企业化、实训中心车间化、教学过程生产化，教学任务与生产任务对接，实操能力与岗位能力对接，教学过程与生产过程对接。

（3）汽车钣喷生产性实训“教学工厂”实施效果明显：钣喷“教学工厂”在推动课程改革和构建“教、学、做”三位一体的人才培养模式，在促进师资建设、探索有效途径、构建实训体系等多个方面取得了一系列成果。

二、“三级递进、工学交替”现代学徒制在汽修专业的实践

现代学徒制是通过学校、企业的深度合作与教师、师傅的联合传授，对学生以技能培养为主的现代人才培养模式。职业教育如何走向现代化成为时代最迫切的任务，沙溪理工学校在实行现代学徒制方面作出了一系列的探索。

（一）从顶层设计着手的人才培养模式改革

1. 宏观布局、小处落脚

中山市沙溪理工学校依托地方汽车产业的强大基础，与用人市场对接，建立沙溪理工汽车维修专业人才培养的目标与模式、标准课程体系、实习实训体系、教学管理体系、精干的专业师资团队以及校企合作工学结合的制度规范。

2. 联合办学、合作培养

把企业引进校园，为学生提供真实的职业技能学习与实训的环境，是推进职业教育产教融合的第一关。学校把引企入校作为汽车人才培养的关键来抓。2012 年 4 月 26 日，沙溪理工学校与中山市雄鸣汽车维修公司正式签订“雄鸣汽车公司与沙溪理工现代学徒制度项目”合作框架协议书。校企约定合作双方实现教育教学资源和企业资源的相互共享，促进职业教育人才培养。

3. 国际合作、标准认证

沙溪理工学校牵手英国高校，开设英国认证职业课程。经与英国驻广州领事馆多次协商，双方决定在中山市联合开展现代学徒制试点，一批经营良好、信誉卓著、乐于合作的企业成为学校的试点企业。中山市雄鸣汽车公司在校内开设二级企业“沙溪理工汽车维修

厂”，与学校在现代学徒制、考评标准引进、课程体系建设、联合培养学生、教师互派等方面推进合作。

（1）招生与招工同步，打造现代职业学徒。

汽车运用与维修专业依托中山市汽车产业经济，对接产业需求发展专业，引厂入校，“中山市沙溪理工学校维修中心”具备二类厂资质，专业教学与企业深度合作，成立汽车检测与维修技术专业中英 IMI 汽车班，面向初中毕业生和汽车集团员工招收定向培养学徒。这些学生通过英国职业教育认证体系的考核以后，可以前往英国就业。

（2）校企联合双元育人提升人才标准。

沙溪理工学校中英 IMI 汽车班的人才培养具有三个方面的复合因素：一是具有德国职教血统的校企双元育人的因素；二是具有英国职教血统的职教标准认证的因素；三是具有新加坡职教血统的“教学工厂”因素。

（3）学徒制管理革新教学管理运行机制。

沙溪理工学校与雄鸣汽车集团根据培养现代学徒的实际需要，共同建立汽车教学运行与质量监控体系，强化过程管理。合作企业保证为中英 IMI 汽车班学徒提供充分的实习实训岗位，合理安排专业教学，学校根据学徒培养课程要求，按照技能分段教学与实训，将学徒岗位工作任务完成情况纳入考核范围，并计发相应的报酬。

（二）校企合作形成以“育人为本，合作双赢”为基础的长效机制

共建校企合作办学机制，形成以“育人为本，合作双赢”为基础的长效机制，为校企合作的持续性发展打好基础。企业和学校共同制订方案，合作搭建相关平台，学校的场地和设备提供给企业使用，企业派项目组技术人员及员工进驻学校，由企业负责生产。真正实现了校内生产性实训基地的“六合一”，即学校与企业合一，教师与师傅合一，学生与学徒合一，教室与车间合一，实训项目与生产项目合一，作品与产品合一。

（三）标准化管理，分段培养工学交替

2014 年 9 月，通过召开双师研讨会、学生座谈会等，学校完成中英 IMI 汽车班的招生工作。在制订中英合作 IMI 汽车班（专业方向）人才培养方案的基础上，实施现代学徒制的新阶段的实践探索，共分三级技能、八个学段实施人才培养。

第一阶段（第一学年三个学段）为基础能力学习，属校文化基础、专业理论和实操基础学习阶段。根据校企共同制订的人才培养方案实施课程教学，校企双方共同参与人才培养。

第二阶段（第二学年三个学段）为专门技能培训。学校安排专业教师和企业师傅共同完成学生专业平台课系必修课、选修课、综合实习等三个学段的学习。

第三阶段（第三学年两个学段）为综合技能培训。重点完成岗位方向课、专业拓展课、顶岗实习、学生作品等教学任务，学徒时间不少于 6 个月。此阶段徒弟的考核由师傅负责，学校则派出教师协助企业全程跟踪与管理，师傅的考核由校企共同负责。

三、“三级递进、工学交替”现代学徒制人才培养模式的实践与创新

中山市沙溪理工学校认真贯彻关于开展现代学徒制试点工作的精神，以全国示范校的

风范，积极推动现代学徒制试点工作，积极探索现代职业教育人才培养的新方法、新经验。沙溪理工学校中英 IMI 汽车班教学试点在改革实践中获得了如下成果：

（一）人才培养模式创新

在中英 IMI 汽车班试点项目开展期间，沙溪理工学校与企业共同制订人才培养标准和培养方案，企业师傅被聘为兼职教师，学校教师下企业培训，学生在生产中轮岗实训。专业教师实现三个“百分百”目标：百分百都是中高级技师职称，百分百都是“双师型”教师，百分百手中都有项目。专业学生实现三个“百分百”：百分百学业合格，百分百双证毕业，百分百对口就业。

（二）教学内容体系创新

中英 IMI 汽车班试点项目改革了教学模式，制定了有企业参与的课程标准，开设了汽车车身结构、钣喷修复工艺、车身涂装工艺等 3 门核心课程，并按照分层教学原则，形成了“模块 + 层次”钣喷课程教学体系，专业实习实训体系完善，生产实训教学项目对接企业生产。

（三）教学管理制度创新

中英 IMI 汽车班试点项目引入生产企业，班级管理企业化、实训中心车间化，创新了钣喷实训教学管理方式，让企业和学校共同参与教学、生产、实训三大环节，在教学管理制度和方法上融进了鲜明的企业管理特色。

（四）教学评价方法创新

中英 IMI 汽车班试点项目在校企合作培养人才过程中，传统评价方法发生改变，在教师评价的基础上，引入企业评价、客户评价，学生服务直接接受市场评价，推动了教学评价方法的改革与创新。

四、“三级递进、工学交替”现代学徒制人才培养模式的成效与反思

（一）人才培养示范成效

1. 校内示范成效

中英 IMI 汽车班试点项目推动汽车维修专业学生人才培养模式革新，学生的成才与就业进入新阶段。汽车专业全部 22 名专业教师通过岗位轮训在教学工厂完成企业实训与培训提高，汽车专业教师黎佩珊在全国中职信息化教学设计说课大赛中获全国一等奖，并在全校说课比赛经验分享会上为大家介绍经验。

2. 行业企业示范成效

中英 IMI 汽车班试点项目在中山市是首个示范项目，沙溪理工学校与英国诺丁汉大学合作办学的协议正式生效以后，现代学徒制试点正式落地中山。学校汽车专业成为中山市职教协会汽车专业委员会主任单位、中山市汽车行业理事单位。同时也是中山市技能竞赛基地和企业技术人员培训基地。

3. 区域示范成效

中英 IMI 汽车班试点项目获得社会的广泛支持，中山市为了支持现代学徒制的试点，在全市投入 6 亿元的资金，大力深化现代职教学徒制的人才培养模式改革与创新，每年吸引 100 多个兄弟院校、企业来学校参观交流、学习培训，产生了良好的社会效应。汽车运用与维修专业成为广东省财政竞争性支持重点专业和国家重点示范专业。

（二）对现代学徒制实践的反思

1. 要建立政府主导的运行机制，确保强有力的制度约束和支撑

现代学徒制是校企之间资源交换的一种形式，目前企业的主体性发挥不够，企业积极性依然是问题。

2. 课程与岗位的对接需要进一步调研

现代学徒制的人才培养方式对教师与学生都提出了新的要求，专业课程与生产岗位的对接目前还在尝试中，有待通过更加深入的调研来提出更好更恰当的对接方案。

3. 教师的角色转换须符合企业要求

专业教师要按照企业要求提高教学与管理技能，在学徒制管理中实现角色转换，教师的指导要符合企业的技术标准。

参考文献

［1］国家中长期教育改革和发展规划纲要（2010—2020 年）. 2010.

［2］范心忆 . 英国现代学徒制及其在我国的实施策略［J］. 职教通讯，2014（3）.

［3］王炜波 . 工学结合课程建设的内涵与着力点［J］. 职业技术教育，2011（34）.

［4］教育信息化十年发展规划（2011—2020 年）. 2012.

［5］薛胜男 . 现代学徒制的西方经验与中国现实［J］. 教育与职业，2014（8）.

中职学校电子商务专业“企中校”办学模式探索与实践

杜　慧
（普宁职业技术学校　广东　揭阳　515344）

摘　要：校企合作的关键在于构建一种共赢机制，加强企业参与合作的积极性，“校中企、企中校”的办学模式可以进一步促进“产教深度融合、校企紧密合作”，提高专业人才培养水平，提升合作企业的经济效益，带动职业教育的建设与发展。普宁职业技术学校与广东仙宜岱股份有限公司强强联合，采用“企中校”合作办学模式，创建“天猫班”，本文以此为载体，深入探索与研究了“企中校”办学模式的必要性、实施途径及办学成效。

关键词：企中校；校企合作；电子商务；人才培养

校企合作是职业教育的一大特色，职业教育区别于普通教育的本质特征是“产教融合、校企合作”的人才培养方式。没有企业参与的教育不是成功的职业教育，只有产教深度融合、校企紧密合作，职业教育才会有质量、有生命力。目前校企合作的主要障碍在于企业缺乏合作的积极性，因此急需构建一种利益共享、责任共担的有效机制，以“校中企、企中校”的职业教育办学模式促进“产教深度融合、校企紧密合作”，以带动职业教育的发展。目前我国中等职业教育发展已进入了从“规模到质量”的瓶颈阶段，如何满足企业岗位需求、加大专业改革力度、加强专业内涵建设、提高人才培养质量，已经成为我国职业教育发展的当务之急。

在此背景下，职业学校纷纷进行校企合作的探索与实践，普宁职业技术学校与广东仙宜岱时装股份有限公司紧密融合，合作成立了“天猫班”，深入探索与研究了“企中校”的运行模式与机制，通过“企中校”的建设不断深化人才培养模式改革，提升“双师型”教师水平，提高学生的就业竞争力，增强学校的社会服务能力。

一、实施“企中校”合作办学模式的必要性

（一）“企中校”办学模式是职业教育发展的要求

教育部《关于全面提高高等职业教育教学质量的若干意见》指出，工学结合的本质是教育通过企业与社会需求紧密结合，职业院校要按照企业要求开展企业员工的职业培训，与企业合作开展应用研究和技术开发，使企业在分享学校优势资源的同时，参与学校的改革与发展，使学校在校企合作中改进人才培养模式。职业教育的发展离不开校企深度合作，实施“企中校”办学，是适应现代职业教育发展的要求的。

（二）“企中校”办学模式是提高专业人才培养水平的要求

为进一步加快电子商务专业人才培养模式的改革、师资队伍的培养、实习实训基地的建设，提升专业人才培养水平和培养质量，学校急需与当地一批知名企业开展校企合作，构建校企合作载体，开展校企合作机制、体制探索，开展“企中校”项目，优化一体化教学设计，提高人才培养水平。

（三）“企中校”办学模式是合作企业发展壮大的要求

近年来，随着社会经济的快速发展，电子商务得到了飞速发展，传统企业纷纷开展电子商务业务，企业之间的竞争越来越激烈，企业对电子商务人才的需求也逐年递增，并且更加重视电商人才队伍的建设。在此种情况下，企业急切期望找相关的知名学校开展合作，充分利用学校优势资源，双方合作进行“企中校”办学，按企业要求培养人才，加快企业人员结构调整，加强企业文化建设。

二、实施“企中校”合作办学模式的途径

（一）选择具备“企中校”建设条件的企业进行合作

在合作企业的选择上，学校主要考虑的因素是企业电子商务现状、企业的社会声誉、企业在当地行业内的影响力。通过初步筛选，揭阳市服装行业中的龙头老大——广东仙宜岱股份有限公司，成为学校的首选合作对象。该公司成立于1999年，注册资金8 880万元，占地5万平方米，员工1 000多人，拥有20多项国家专利，是内衣行业国家高新技术企业之一，年产内衣600多万件。仙宜岱公司电子商务事业部于2011年4月进入全国20多家B2C电子商务平台开设网上商城或网上店铺，2012年先后以“XZYD仙子宜岱”“XIANYIDAI仙宜岱”品牌旗舰店进驻天猫商城。电子商务团队内部设有电视购物部、第三方B2C平台部、淘宝运营部、独立B2C商城部、客服部、设计部、推广部等部门。综合来看，该企业的各项资质都符合学校选择合作企业的条件。

（二）校企双方共同制定人才培养方案及教学组织模式

“企中校”项目难度在于项目实施初期的合作。由学校与合作企业共同制定人才培养方案，采用分段式教学组织模式。“132”分段式教学组织模式，即第一学期在校学习电子商务专业基本理论知识及企业文化，第二、三、四学期在“天猫班”培养专业基本技能并养成职业素质，第五、六学期进入实习阶段，主要在电商各岗位轮训学习，部分同学可通过选拔实现预就业，成为企业的正式员工。

（三）资源互投、优势互补、成果共享

“企中校”项目之所以能够顺利实施，很重要的一个原因就是校企双方始终秉承“资源互投、优势互补、成果共享”的基本合作原则。校方将优质的教学师资、教学体系、教学方法等资源引入企业，在企业环境下进行系统化教学，以提高学生及企业员工的质量与水平。企业将丰富的实践经验、先进的管理技术、实际的岗位流程、作业内容以及务实开

放的企业文化等资源用于校方的专业教学，以提高教学质量与水准，同时提高校方教研、教改的能力和针对性。作为企业，参与了合作办学，共享了学校的教科研优势，可获得专业教师在新理念、新技术等方面的一些支持。如学校教师参与编写的网店客服教材，成为仙宜岱客服培训的主要教材；学校教师多次指导仙宜岱美工设计促销海报、制作商品细节图等。

（四）以协议形式约定双方责权关系

合作共赢使得双方达成意向，但是项目的顺利运行离不开责权关系的约定。为保证合作的顺利进行，进一步维护校企双方的利益，双方共同举行了签约挂牌仪式，签署了校企合作协议、资产托管协议、“企中校”项目运营协议等，校企双方以协议形式约定责权关系，保证校企合作的有效运行。

（五）项目投入初期的资金预算

项目启动资金主要为天猫商城入驻费用，主要包括：保证金、技术服务年费、天猫佣金扣点费用等，品牌旗舰店 R 商标为仙宜岱公司自有品牌，故省去了商标注册费。天猫商城运营相关费用主要有：运营核心人员成本、水电费、库存费用、场地管理费。推广费用主要有：直通推广车费用、钻展费用、淘宝客费用、聚划算坑位费。实训设备费用主要有：实训电脑室、相关办公用品。其中由学校承担的费用为电脑投入费用，其他费用则由仙宜岱公司负责。

表 1　天猫商城初期启动所需的基本费用表

项目	类目	费用（万元）
商城资费	保证金	5
	技术服务年费	6
	天猫佣金扣点	20
运营成本	运营核心人员成本	20
	水电费	2
	初期库存产品	20
	场地管理费	2
推广费用	直通车推广费用	20
	钻展费用	6
	淘宝客费用	4
	聚划算坑位费	10
实训设备	电脑	35
	办公用品	2
费用总计		152

（六）组建“企中校”教学团队

学校一共选派专业带头人、骨干教师、生活老师 7 人，企业一共抽调电商部门负责人、美工、运营、客服、仓储管理 5 人，校企共 12 人组成“天猫班”教学及管理团队，负责“天猫班”的正常教学及管理。

（七）人才评价模式

在“企中校”办学模式下的人才质量评价中，企业满意度是“企中校”学生评价的核心指标，据此，双方构建了以企业岗位能力要求为标准，四方参与的四维评价模式。该评价模式由企业人员职业评价、专业教师教学评价、学生互相评价、学生自我评价共同构成，参照企业对员工岗位能力的要求，从职业技能、职业素养、职业道德、职业习惯等方面进行综合评价。

三、“企中校”合作办学模式的成效

（一）共建“一体、双管、三服务”的“企中校”运行管理机制

“一体”：校企一体；“双管”：学校和企业共同参与教学管理；“三服务”：服务教学、服务企业、服务社会。为形成校企合作长效机制，学校在仙宜岱公司的电子商务部门建立了“天猫班”，把课堂直接搬到企业，通过专业教师与企业专职人员穿插授课、指导，实现了理论知识与实践技能的无缝对接。“天猫班”里的学生在实训过程中直接进入岗位角色，让企业与教师共同参与学生学习过程的评价。同时企业新进员工也在“天猫班”里接受培训，不断提升他们的专业素养与专业技能，进而不断提升企业的竞争力，为企业服务，为社会服务。

（二）一体化教学实训，实现了教学内容与生产内容的实时对接

在“企中校”的教学中，教师采用“教、学、做”一体化的教学方法，实现了“学习环境工作化，工作环境学习化”；学校利用企业良好的条件，实时引入国际化行业标准，构建“教学中生产、生产中教学”的理实一体化教学平台，围绕企业实际生产管理与经营改革教学内容，确保教学内容、教学方法、教学模式具有足够的先进性、应用性和前瞻性，实现在“教学中生产，生产中教学”，解决教学内容时常落后于生产内容的实际问题，实现教学内容与生产内容的动态实时对接。

在第二阶段的学习中，“天猫班”所有同学全部加入客服中心，进行客服岗位实战，如：与消费者进行实时地沟通交流，收集意见、建议，维护、管理客户信息资料等。部分同学参加了网络营销调查实训，通过互联网直接面对客户的特性，充分了解客户的需求，对消费者的偏好、体验评价、个性化需求等数据进行统计分析，帮助企业有针对性地进行产品研发、生产供应和市场推广，减少市场调研和盲目开发所产生的巨大成本和不确定性因素，提升产品的市场信誉度。部分同学参与了企业产品海报、详情、广告图设计等相关工作，审美能力得到了提高，掌握了美工、美编岗位的实操技能。部分同学参与了直通车、淘宝客的推广活动，了解了店铺引流、品牌推广和产品营销的方法。

天猫“仙宜岱内衣旗舰店”参加了产品特卖会、限时折扣、秒杀、团购、聚划算、淘抢购等多种促销优惠活动，不但提升了品牌知名度，增加了销售收入，而且公司对客户需求的快速反应能力及综合挖掘能力也得到了大幅度提升。学生通过参与这些促销活动，了解电子商务活动促销的运作模式和基本流程，感受到了电子商务的“快时尚”文化，快速地提升了专业技能和综合素质。

（三）培养了一批高素质师资队伍

根据“天猫班”的教学需求，校企双方通过多次沟通座谈，安排学校电子商务专业带头人、骨干教师、企业电商部门的运营人才共同承担“天猫班”的教学任务，他们既是教师又是企业电商业务运作的参与者。通过企中校的建设，校企双方合作打造了一支“能上讲台，能下企业”的具有“双重身份，双重职务”的高技能教师团队，不仅提升了学生的专业技能，更促进了学生职业素养的提升。

（四）人才培养质量提升，教学实训成果显著

采用这种合作办学模式，学校极大地解决了相关教学资源不足的问题，将课堂开到企业中，让学生充分了解企业各个岗位的技能要求及操作流程，通过让企业全方位参与专业建设和人才培养，保证了教育行为与企业需求不错位。这种新型合作办学模式是学校推进教学模式改革和人才培养模式改革，促进产、学、研结合的新举措。

根据2014年11月店铺数据统计，“天猫班”学生由客服主管统一安排培训及轮岗后，学生打字速度、客服服务语言技巧，都有了大幅度提升。整店客服在线时长达18小时，学生每人日接待人数平均达400人次，高峰期达650人次，且均为优质回复，客服询单转化率由去年同期的49.7%提升到了67.4%。分配到推广部门实训的学生了解了淘宝客、钻展、直通车的运营，在企业推广部和学校创业导师的带领下，店铺平均日流量比去年同期增长了25%。配货发货部同学主要参加物流发货、收货理货、分拣、复核、异常处理、拆装包装、更换商品标签、打印条形码等实训，包裹打包量人均100个/天。参与设计部实训的学生能熟练掌握宝贝详情优化、海报制作、广告图设计、店标店招设计的实操技能，在设计部技术精英和我校美工团队的共同努力下，宝贝详情页面的静默转化率也由去年同期的18%提升到29%。

（五）显著提升企业效益，实现人才战略储备

开展“企中校”合作办学后，仙宜岱公司的效益显著提升。2013年，仙宜岱内衣旗舰店全年销售业绩为220万，“天猫班”进驻仙宜岱企业之后，在校企双方共同努力下，销售业绩大幅度提升，2014年高达380万。

与往年比较，在天猫促销活动旺季，如“双11”“聚划算”等促销活动来临时，公司最头痛的一个问题就是“用工荒”，因为用工高峰期主要集中在促销活动期间，这给企业人力资源部门招聘带来很大的不便。“天猫班”进驻仙宜岱后，通过轮岗实训，学生被分配到客服、美工、物流、推广等各个岗位，充分解决了用工难题，大幅度降低了企业的人力成本，提升了经济效益。在“天猫班”进驻之前，仙宜岱公司每年在招聘新员工、培训新员工、员工流失等方面的成本较高，目前通过“企中校”培养模式可以及时获得新员工，省去了招聘和培训新员工的成本。

（六）“企中校”办学模式让学生搭乘就业直通车

“企中校”合作办学模式有效提升了学生的职业能力，使毕业生能快速实现由学生向社会人的角色转变，学生在校期间就具备了企业等用人单位录用新员工所需的工作经验。参与工作实践，很好地培养了学生爱岗敬业、吃苦耐劳的精神，增强了他们对岗位、职业的感情，让学生较早地接受企业文化的熏陶。同时理论知识和实践能力融为一体，使学校的教学质量得到了真正提高，而学生的动手能力、综合分析能力、独立完成工作的能力和应变能力等职业岗位能力也得到了很好的培养和锻炼。学生熟悉企业对人才素质的要求，了解企业聘用新员工的意向，能够及时掌握就业信息，实现学生就业和企业用工的顺利对接。

（七）构建了新型人才培养质量评价体系

通过“企中校”的建设，吸收企业参与人才培养质量评价，以企业满意度作为评价企中校学生的核心指标，构建了“以企业岗位能力要求为标准，多方参与，多维评价”的评价体系。该评价体系参照行业、企业对员工岗位能力的要求，由企业、教师、同班学生、自我四方从职业技能、职业素养、职业意识、职业习惯等方面对学生进行综合评价。此评价体系有利于学生的可持续发展。同时根据实时评价的结果，让教师及时了解学生的专业学习与专业素养养成等情况，以便及时调整教学内容，增强教学的针对性，切实推进教学改革。

（八）“企中校”合作办学模式和项目教学模式的示范推广

鉴于这种合作办学模式在本专业初步取得的显著成效，学校积极开展教学模式的改革，发挥仙宜岱“天猫班”的示范和带动作用，以促进学校教学水平全面提高。学校通过组织仙宜岱“天猫班”的办学成果展，举办天猫“仙宜岱内衣旗舰店”的运营经验交流会，召开项目化教学和场景教学分享座谈会，组织校内电子商务专业师生到仙宜岱公司进行参观等方式，交流先进的教学经验，进行教学方法的研究，逐步实施项目一体化教学。

目前，以电子商务专业为首的校内教学也探索和实践了“项目教学”以及“场景教学”等新型教学模式，让学生在做中学，在学中做，实现“教学做一体化”，学生综合技能与职业素养得到不断提升。如学校“天猫班”专业教师与企业人员共同开发的校本教材《网上经营与实务》成为校内本专业学生的专业教材，除此之外，本专业教师也积极在校内开设校级示范课，供校内老师观摩学习，起到了良好的效果。

在学校和企业的共同努力下，“仙宜岱内衣旗舰店”2014年销售额高达380万，我校电子商务专业“企中校”合作办学模式取得了较好的成果。在普宁市范围内，不少兄弟院校前来取经，如普宁新世纪职业学校、金荣职业技术学校，也尝试在校企合作项目中，积极借鉴本校经验，实施“企中校”合作办学模式。

参考文献

［1］王坤．“校中厂、厂中校”校企合作模式的探索与实践［J］．陕西工业职业技术学院学报，2013（3）．

［2］万雯．旅游管理专业“企中校”运行模式的探索与实践［J］．旅游纵览·行业版，2013（9）．

［3］创新“企中校”模式［N］．现代物流报·教育与培训，2014－06－06（C4）．

共推共育高星级饭店运营与管理专业人才

钟小辉

（河源理工学校　广东　河源　517000）

摘　要：面对当今企业用工的困难、学校办学的瓶颈、家长的期盼和中职饭店专业学子的困惑，我们应寻求方法来解决上述企业、学校、家长和学生所面对的问题。本文就此提出了制订颇具特色的、接近企业实践的人才培养方案，大胆接纳企业参与招生宣传环节，大胆进行教学改革、课程改革，重视环境育人、加强学生的综合素养、提高学生的专业学习兴趣等措施。

关键词：共推共育；高星级饭店运营与管理专业；人才培训

在当前社会背景下，“用工荒”“技能型人才荒”的情况以高星级饭店表现得最为明显。在全国各项人才调查资料中，饭店各基层岗位人才紧缺排在前十位，更不要说高素质的专业人才。在中职学校饭店专业招生困境中，山区城市的家长普遍对服务行业有所误解，戴着“有色眼镜”看待这一行业，家长的决策影响初中毕业学子对专业的选择。虽然近年来整个旅游业呈现越来越红火的趋势，但是高星级饭店运营与管理专业的招生并没有出现同样的情况。那么，“用工荒”饭店企业和学校如何解决这一问题呢？本文针对这个问题，提出了一些具体的解决办法。

一、制订颇具特色的、接近企业实践的人才培养方案

在学校招生之前，成立课题改革小组，参与人员由学校专业教师和校企合作订单班的部分单位代表组成。然后到高星级饭店、兄弟院校进行调研，调研单位数量至少要 10 家具有地方特色或较高名气的饭店、5 所大型兄弟院校，这样才能真正了解当今专业教学面临的困境。只有通过对兄弟学校调研，才知道现在学校高星级饭店专业教学真正存在哪些困惑；也只有通过对高星级饭店企业调研，才知道学校“闭门造车”出来的人才为什么在企业中没有竞争力，才能解释毕业生进入企业后容易“跳槽”“改行”的行为。通过调研撰写调研报告，在人才培养方案中开发有特色的课程体系。

二、大胆接纳企业参与招生宣传

企业专班，是指成立真正的酒店专班，而不是以往所谓的“冠名班”。其中区别在于，“专”体现在学生成长、成才的整个过程企业都全程参与，犹如养育一个孩子，不应纯粹是学校的行为，而应该是双方（校方、饭店方）共同培养。“孩子”最终是企业的，企业应充当“父亲”的角色，要承担起责任来，校方只是充当“母亲”这一角色。而“冠名”

则只是给孩子起了企业名字，等到孩子长大了，就来“享受天伦之乐”，不付出孩子成长时的抚养行动。具体工作为：在学校招生前，企业应准备相应的介绍资料，让家长知道酒店的具体情况，逐步改变家长对酒店行业的误解，同时让酒店专班的代表融入学校招生队伍，以企业人的身份参与宣传，尤其要让产品在客户面前进行展示，加强与家长的沟通，缩短家长与酒店行业的心理距离，从而更好地引导家长，更为主要的是引导初中学子就读高星级饭店运营与管理专业。

三、大胆进行教学改革、课程改革

在人才培养方案已经提出了开设一些贴近企业实际的特色课程后，作为计划（方案）执行者的教师，应如何做好这一环节工作？笔者认为，计划执行者应由校、企双方共同构成。

（一）在教改方面，从师资队伍建设着手

学校教师应从知识体系方面进行完善，应由过去的“理论型”转化为“理、实”一体的“双师”型教师；同时企业的“能工巧匠”要主动进入课堂，不能对专班学子“弃之不理”，也不能以“客人”身份进入课堂，而应以企业方的代表进入课堂，把专业学子当成是自己的员工来培养。从学生入校开始，企业就要让学生、家长在心中定位，他们是企业未来的员工，让他们对自己或自己的儿女的未来充满憧憬。

（二）在教学方法上采用基于工作过程的行动导向教学法

改变过去的纯理论式教学方式，而采用以学生为主导的教学方法来“教”，采用“工学”结合“一体化”模式以及情景化教学等方法进行教学。在教学环境方面，充分利用好学校的多媒体课室、实训场室以及企业实际场室（如饭店餐厅空闲时段或客房空置时期）。

（三）在授课内容环节上，课程改革势在必行

在兄弟院校的调研中，我们发现当前的饭店行业课程体系，同一内容在不同教材中重复，“炒来炒去”，如客房类型这一内容，在“前厅服务与管理”“客房服务与管理”“饭店概论”等课程中都出现了。我们应果断删除这些重复的课程，把时间还给学生，做到既能传授学生知识，又能“腾”出更多时间让学生去“动”、去“做”，让学生在“做”中“学”。具体做法是，对现有的课程体系进行改革，作为院校的教师应整合原有上课内容。在整合课程内容时，应力邀饭店的“能工巧匠”参与，具体应做到优化整合、不重复建设，将饭店工作岗位中的职业素养、学校原有文化基础课程的基础知识点、专业基础知识点及专业操作技能整合到一起，开发特色教材。

四、重视环境育人，加强学生的综合素养，提高学生的专业学习兴趣。

在以往的教学环节中，教师可能会经常抱怨学生“一代不如一代”，埋怨完“80 后”接着埋怨“90 后”，埋怨永无休止。其实笔者认为，那是我们没有找到最根本的原因——

学生的成长环境。就拿礼仪来讲，部分学生喜欢“奇装异服”，男生喜欢留长发或剪怪发、染“杂”色，女生喜欢留“碎”发、剪怪发、留遮眉刘海及染“杂”色等。那是因为他们没有在酒店环境中上过班，而且“身”不在饭店中。犹如一个人生活在垃圾堆中，乱丢垃圾非常自然，但是如果他生活在一个“一尘不染”的环境里，相信他的卫生习惯会有较大改变。作为服务行业的专业学子，如何改变这些现状呢？应该从以下几方面着手：

（1）观念引导，多灌输服务意识、服务观念。

（2）重视专业教师（含饭店代表）的榜样树立作用，即常说的“为人师表”，如酒店代表着工装上课，让他们感受服装整洁、整齐的“美”。

（3）学习环境转变，养成班级集体统一着装的习惯，让他们在统一着装中发现“美丽”，作为一个班级要有学校的“校服”，作为一个企业专班，企业应为学生定做一套职业班服（酒店员工装），让他们知道自己就是企业的一名员工。

（4）利用班级文化和实训场室文化建设对学生进行感染，在教室布置上，相应饭店专班应展示相应饭店的企业文化，如企业概况、服务理念、服务宗旨、企业制度及企业员工职业形象要求等，在实训实操场室布置企业文化，让学子们在这些场室中进行学习，通过环境影响他们，让他们自觉养成职业习惯。

笔者认为高星级饭店运营与管理专业人才的培训，不是靠哪一方的努力能单独完成的，只有通过企业的诚心、学校的关心、家长的爱心和学生的用心，共同努力才能培养出与高星级饭店零距离接轨的高素质服务型人才。

基于“五个对接”的现代学徒制模式构建

何 力
（广州市黄埔职业技术学校 广东 广州 510665）

摘 要：目前来说，现代学徒制的人才培养模式比较成功的国家主要是德国、瑞典和英国。培养技能型、应用型人才的现代学徒制模式的核心是校企深度融合，主角仍然是企业，但主体和主导应该是职业院校（这由中国的国情所决定）。检验是否属于现代学徒制人才培养模式主要看是否包含了：专业设置与产业需求对接，课程内容与职业标准对接，教学过程与生产过程对接，毕业证书与职业资格证书对接，职业教育与终身学习对接等要素。

关键词：现代学徒制；人才培养模式；五个对接

一、现代学徒制人才培养模式背景

众所周知，现代学徒制的人才培养模式比较成功的，一是德国、瑞典模式，二是英国模式。德国、瑞典模式主要有以下特点：①学徒制的培养场所都是由职业学校和企业组成；②其培训对象都是以中学毕业生为主；③经费主要由政府和企业提供；④学制一般都是3年左右；⑤在学徒制的实施过程中，职业学校和企业之间的分工明确；⑥在德国和瑞典的职业教育体系中，把学生培养的重点放在了企业的具体实践操作上（德国学徒一般“一周内有4天留在工厂里实习，第5天返回职业学校接受理论课程学习；瑞典学徒每周1～2天在学校学习，另外3～4天在企业实习）；⑦企业承担学徒在企业实训部分的基础费用和直接费用，诸如向学徒支付工资，提供学徒的福利待遇等。

与德国、瑞典模式相比，英国现代学徒制的实施则由企业的雇主决定，主要培养企业所需的技能型人才。英国现代学徒制培训没有标准的培训框架，各行业采用的培训框架由本行业内的国家培训组织根据行业特点及工作性质自行设计，但普遍遵循一种基本的运作模式：①签订培训协议。学习与技能委员会作为学徒制培训计划的组织者和培训协议的公证人，引导雇主（施训方）与学徒（受训方）签订培训协议，并监督协议的执行。②学徒获取三级国家职业资格（NVQs）并掌握相关的关键技能。雇主和有关组织结合学徒自身特点为其拟定一份个人培训计划，规定其学习目标，即力争获得该行业的三级国家职业资格，并掌握相关的关键技能或其他资格。③在职培训与脱产学习相结合。在职培训学徒一般具有受雇佣身份，每周可领取适量工资，脱产学习则主要在继续教育学院或其他地方学院进行。④政府提供资助。

根据德国、瑞典现代学徒制模式和英国现代学徒制模式的特点，我们可以发现，无论从立法和经费支助以及实施方式，政府和企业都处于主导地位，职业技术学校只起着从属和辅助作用。

虽然我国也意识到现代学徒制对培养高技能型人才的重要性，国务院发布了《国务院关于加快发展现代职业教育的决定》（国发〔2014〕19 号），教育部也发布了《教育部关于开展现代学徒制试点工作的意见》（教职成〔2014〕9 号）。但由于政府只是倡导，并无刚性的法律法规文件，企业往往以赢利为目的（事实上企业只有在赢利的前提下才能承担社会责任），因此，中国的国情决定：推进现代学徒制模式，职业院校必须主动出击（至少在开头要起主导作用），积极寻找符合现代学徒制人才培养模式的企业，并争取政府在经费上的支持。

从学徒制的历史渊源看：学徒制原本就是企业行为，与学校并无关联。由于工业化进入了 1.0—2.0 时代（以福特汽车装配流水线为代表），传统学徒制 1 对 1 的人才培养模式成本过高、周期过长、规模过小、师徒相对固定，已无法满足工业化 2.0—3.0 企业对技能人才规模化的要求。因此，成本较低、规模较大、周期适度的职业技术院校人才培养模式取代了传统学徒制人才培养模式。

然而，当工业化进入 3.0—4.0 时代，企业发现职业院校培养的技能型、应用型人才根本达不到企业技能人才的标准，需企业再培训，无形中增加了企业的运营成本。

尽管从统计数据来看，职业技术院校的就业率比普通高校高，但对口就业率则偏低。学非所用、用非所学现象非常普遍，职业技术院校培养的技能型、应用型人才对企业来说仅是半成品。如何提高对口就业率？校企融合是必经之路。

在激烈的市场竞争中，企业亦发现：学徒制人才培养模式并非一无是处，但企业为了降低成本，提高核心竞争力，又不可能恢复传统的学徒制人才培养模式。这也是现代学徒制人才培养模式被国家大力推崇，被国内职业院校和现代企业认可的历史背景。

二、现代学徒制的内涵与特点

什么是现代学徒制？与现代相对而言的就是传统，在解开现代学徒制这个疑惑之前，我们有必要回溯什么是传统学徒制。

百度百科的解释是：传统学徒制是一种古老的职业训练方法，是指在职业活动中，通过师傅的传、帮、带，使艺徒获得职业技术和技能，主要是在师傅或专家的指导下掌握所学手艺或工艺的背景知识和取得实际工作的经验。即在学习与日常生活中，在一定的工作场所（环境）通过观察、模仿师傅的技艺，在实践中自然习得技能，受用终身。

现代学徒制的解释我们同样引用百度百科：由企业和学校共同推进的一项育人模式，其教育对象既包括学生，也可以是企业员工。就学即就业，一部分时间在企业生产，一部分时间又在学校学习。因此，学生和员工都可以从企业领取相应的工资。但是，作为一种新模式，在推广中需要企业和学校专门制定相应的人事政策予以支持。

德国的“双元制”人才培养模式其实就是典型的现代学徒制人才培养模式，而且是比较适合中国借鉴的一种模式。

由于没有学校的参与，传统学徒制对技能型、应用型人才的培养，企业是“独角”；而现代学徒制，由于有学校的参与，企业由“独角”转变为主角。德国、瑞典、英国的现代学徒制就是这方面的代表。

三、如何构建适合中国国情的现代学徒制模式

由于制度和国情的不同，西方的现代学徒制人才培养模式并不能直接引入我国，否则难免“水土不服”。因此，我们需要根据自身的情况，对现代学徒制人才培养模式进行重构。

构建适合中国国情的现代学徒制人才培养模式，也是本文论证的主题。但这里我们又面临一个新的问题和疑惑：如何构建符合中国国情、广州区（区域）情的现代学徒制人才培养模式？

我们认为：培养技能型、应用型人才的现代学徒制模式的核心是校企深度融合，主角仍然是企业，但主体和主导应该是职业院校（这由中国的国情所决定）。检验是否是现代学徒制人才培养模式主要看是否包含了专业设置与产业需求对接、课程内容与职业标准对接、教学过程与生产过程对接、毕业证书与职业资格证书对接、职业教育与终身学习对接，我们简称为“五个对接”。

了解了现代学徒制的历史背景、定义，厘清了现代学徒制人才培养模式构建的标准后，下一步就是如何具体操作和实施，给学校、企业构建一个可静观、可模仿、可借鉴，也可商榷的现代学徒制人才培养的模型或范式。

众所周知，职业院校专业的兴衰与产业的发展息息相关。但今天，信息技术类专业，如计算机应用专业，则相反。一方面信息技术产业方兴未艾，市场需要大量具有综合能力的信息技术类技能型人才；另一方面则是职业院校的计算机应用专业招生困难、专业规模日渐式微。

事实上今天广州市绝大多数中等职业技术学校信息技术类专业都有不同程度的萎缩，有个别中职学校，已不再开设计算机应用专业。究其原因，就是人才培养模式出了问题。

其实开设信息技术类专业的职业技术院校早已意识到学校人才培养模式与企业人才需求没有对接或对接缝隙过大的问题。如某职业学校计算机专业，早在 2003 年就努力尝试改变：如开设电子商务专业、动漫专业、计算机网络技术专业，引入全国计算机高新技术考试站、微软双证考试站（包括微软认证课程）、思科网络技术学院企业精品课程等。但由于没有找准人才培养模式的基准点，尽管和过去相比人才培养模式有所调整，开始走向校企合作，但职业院校的教学理念、管理模式、师资来源等先天不足依然存在，尤其是中职院校，“普教改良型”现象普遍存在，致使人才培养方式仍然停留在“学科系统化”模式，难以向工作过程系统化模式迈进，职业院校培养的技能型人才自然与企业需要的技能型人才有一定的距离。种种努力的结果，并未根本改变专业的颓势，只是延缓了专业的消亡。

四、校企深度融合，打造现代学徒制人才培养模式——以联想为例

职业院校在寻求校企深度合作的同时，作为中国 PC“老大”的联想集团为了降低用人成本，也在寻求与职业院校的深度合作。

在激烈的市场竞争中，PC 机中国第一大品牌联想集团（Lenovo）较早意识到想要继续保持在 IT 产业中的领先地位，IT 服务人才应当是既懂得多种 IT 技术知识，同时又具备

IT 服务能力的复合型 IT 人才。

联想服务体系每年的人才缺口多达3 000 人。与此同时，联想已经成为华为、沃尔玛、比亚迪、海南航空等50 多家企业唯一 IT 服务合作商，这些企业级项目每年的人才需求也在2 000 人以上。为解决人才缺口问题，联想集团从2013 年起开始和部分中职学校合作，探索新型的校企合作机制，通过这种机制，企业可以源源不断地获得满足要求的人才，打造 IT 服务行业的人才“蓄水池”。

基于上述原因，以前的浅层次校企合作已经无法满足企业需求，必须通过和学校进行专业建设层面的合作，才能保证培养出来的人才满足行业需求。但与职业院校合作需解决以下几个问题：

（一）双方的人才培养目标是否一致

为了确立3C 服务国内第一品牌的地位，联想3C 服务中心需要大量符合“联想3C 服务中心”规格的 IT 运维服务技能人才，这与中职学校培养技能型人才的办学目标相吻合。

（二）校企合作的内容是否包含了以下“五个对接”

1. 专业设置与产业需求对接是现代学徒制建构的基础

“五个对接”中，“专业设置与产业需求对接”是绝大多数职业院校经过市场调研基本能做到的。产业与专业其实就是皮与毛的关系，所谓“皮之不存，毛将焉附”？事实上，职业院校普遍开设计算机应用专业就是缘于信息技术产业的高速发展。作为世界500 强的联想集团就是信息技术高速发展的成功者。

2. 课程内容与职业标准对接是现代学徒制建构的必要因素

受学科系统化的惯性思维影响，不少中等职业学校开设的专业课程内容并不符合职业标准，如早些年中职学校计算机应用专业曾开设的计算机原理、数据结构、编译原理、电子技术等课程，与职业标准相去甚远。

下面我们看一看联想3C 服务中心在学校开设的课程内容：①IT 职业素养与职业规划；②微机组装与维护；③计算机系统集成；④IT 服务职业技能；⑤LCSE 职业技能；⑥计算机硬件维修；⑦LCSE－IT 服务与产品运维；⑧联想产品维修实践；⑨多产品维修实践等。这完全是职业岗位的内容，而且这些职业岗位内容的选择，也是基于 IT 运维（ITIL）的职业标准。

3. 教学过程与生产过程对接是现代学徒制建构的充分条件

前面我们介绍的德国和瑞典的职业教育体系，是把学生培养重点放在了企业的具体实践操作上（学徒一般一周内前4 天留在工厂实习，第5 天返回职业学校接受理论课程学习）。一周有4 天时间留在工厂里实习，这就是教学过程与生产过程完全对接的典型实例。

由于国情和产业的不同，教学过程与生产过程对接的方式也不完全相同，我们不能照搬德国“双元制”模式。如联想与学校合作，则以“校中企”的方式实现教学过程与生产过程的对接，具体操作如下：

（1）学校与联想集团共同设计 IT 专业人才培养方案，共同开发一体化教材，共同建设一体化实训基地，培养“双师型”教师团队，实现职业教育人才培养的行业对接。

（2）联想集团将生产流程、服务标准规范和企业文化引入学校，将真实生产运作的“联想3C 服务中心”平移进校园，如图1 所示：

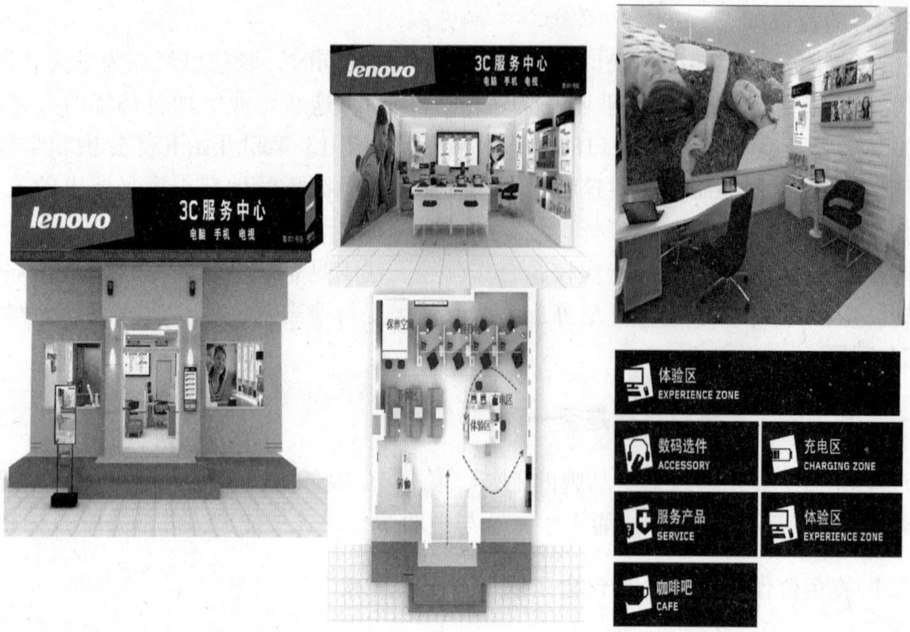

图1 “联想3C服务中心”平移进校图

黄埔职业技术学校联想3C服务中心建设流程：①由联想集团管理部门在广东省内以招标形式选择联想服务体系最优质的服务商，并授予建站资质。②由选定的服务商在黄埔职业技术学校免费提供的店面建设3C服务中心，联想集团负责该门店的运营。③校企双方的收益。企业的收益：由于校方提供场地，企业可以节省房租成本。学校的收益：黄埔职业技术学校联想3C服务中心会免费为黄埔职业技术学校所有联想品牌计算机（教师及实验室）提供免费的检测及维修服务（硬件损坏除外）。该联想3C服务中心在合同期内作为校内学生实习、就业的最佳场所，真正体现教学过程与生产过程对接。如图2所示：

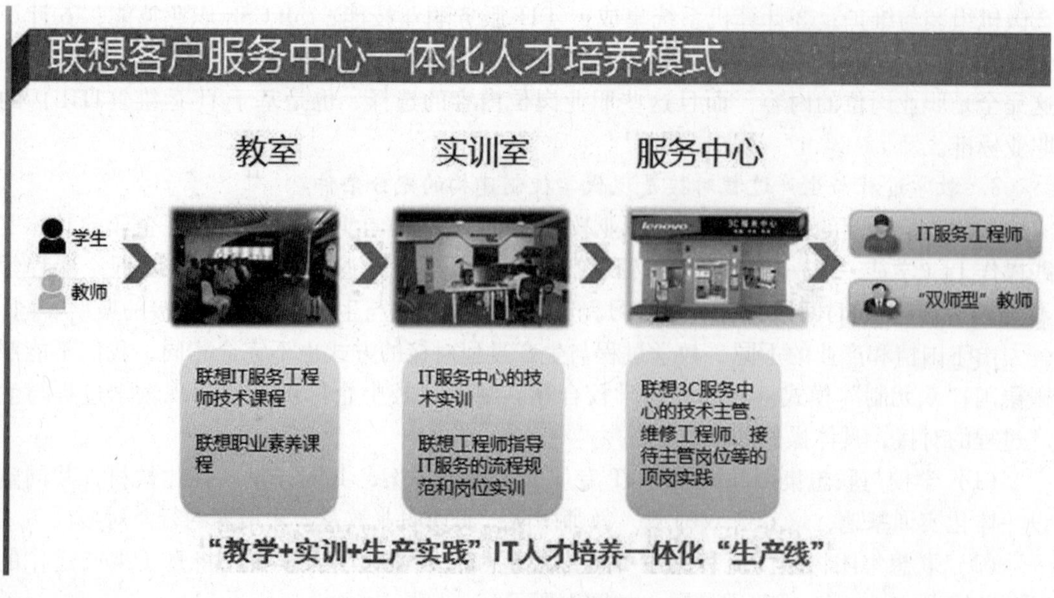

图2 教学与生产对接图

4. 毕业证书与职业资格证书对接是现代学徒制提高人才质量的根本保证

为了保证 IT 运维服务的质量，IT 运维岗位人才除了有一定的学历要求外，还必须通过职业资格认证。世界著名的 IT 职业资格认证除思科的 CCNA、CCNP 认证外，还有美国计算机学会的 A + 认证，这些认证可以当作国际职业资格通行证，而联想 LCSE 则是国内的权威认证，比较适合中国的中职学生。如图 3 所示：

图 3　联想 LCSE 证书

虽说职业院校双证毕业是普遍性要求，且如今职业院校的学生基本都能双证毕业，但问题是不少职业院校学生考取的职业资格证缺少权威性，也不被行业、企业认可。如某些职业资格证书考试内容 10 多年没有更新，不像国际知名品牌企业、行业公认的职业资格证书，如思科 CCNA 职业资格证书、联想的 LCSE，除了 18 个月内容更新一次外，还成了就业、获取高薪的通行证。

5. 职业教育与终身学习对接是现代学徒制建构的人才成长立交桥

IT 技术日新月异，选择了 IT 行业，就意味着选择了终身学习。

联想除了与中职合作建立针对终端的 3C 服务中心项目外，还与高职学校合作建立了针对服务器、存储、网络管理的服务中心，如图 4 所示：

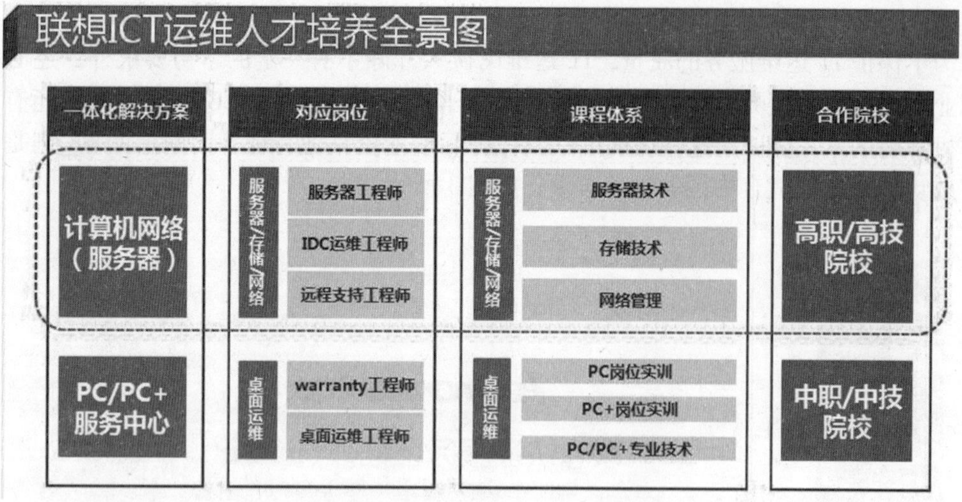

图4　联想 ICT 运维人才培养全景图

综上所述，“五个对接”是职业院校构建现代学徒制人才培养模式的最基本架构，但并不是唯一的架构，也不限于“五个对接”，如人才培养对接用人需求、教材对接技能等也大有裨益。但不论是“五个对接”还是其他对接，对接的核心都是教学过程与生产过程的对接，“教、学、做合一”是现代学徒制最基本的人才成长模式。

现代学徒制的实践与探索

李洪泳

（江门市新会机电职业技术学校　广东　江门　529100）

摘　要： 现代学徒制是深化校企合作、工学结合人才培养模式的一项重要内容，江门市新会机电职业技术学校加工制造类专业以校外两个生产性实习基地为载体，开展现代学徒制人才培养模式的实践与探索，进行了专业建设，完善了相关的机制建设，取得了较好的成效。

关键词： 现代学徒制；校外生产性实习基地；试点

前　言

2014 年 2 月 26 日，国务院召开常务会议，提出“开展校企联合招生、联合培养的现代学徒制试点”的决策。新会机电职业技术学校积极响应教育部《关于开展现代学徒制试点工作的意见》（教职成〔2014〕9 号）文件精神，开展“现代学徒制在中职加工制造类专业中的实践研究”的课题研究，以数控技术应用专业为试点。该课题于 2014 年 7 月被列为省级教育研究重点课题，经过近一年的研究与实践，取得了阶段性的成果。

一、传统校企合作模式存在的问题

在传统校企合作模式中，无论是订单培养还是顶岗实习，在学校与企业的“零对接”方面都存在一系列的问题。

1．企业与学生之间感情上难有交点

职业学校现行的校企合作模式大多是在学生二、三年级才开展，从在读的学生中二次筛选。这种做法，一方面使得企业与学生之间的了解与感情不够深，导致学生就业后稳定率偏低；另一方面使学生在毕业前始终倾向于认同自己的学生身份，对订单或合作企业的认同意愿不强烈，参与程度不够。这些都影响了企业参与合作的积极性。

2．企业岗位技能要求与学校专业技能训练存在落差

当前学校的专业建设仍以学科体系为主，专业课程体系与教学内容尚未完全摆脱传统学科体系的束缚，教师在教学设计时通常以知识的系统性作为教学内容的逻辑主线。在实施工学结合模式的过程中，引入企业的重点工作项目作为课程教学内容的载体，往往偏大、偏全，针对性不强，岗位工作任务不能有机地融入课程内容，学生上岗后仍然需要一定的适应期，不能满足岗位高技能人才培养目标。

3．教师与企业师傅双向流动的渠道不畅通

要实现“名师出高徒”，就必须有好的师傅，好的师傅需要校企双方共同建设，并通

过双向流动来共同提高，而目前这种机制还存在这样那样的障碍。这就造成了在现有的模式中，学校的教师还是在教学中占主要地位，企业师傅只是补充，能工巧匠的作用未能充分发挥。

4. 现行教学管理模式与工学交替运行机制有待磨合

在工学交替运行过程中，由于教学空间由校内延伸到校外，以及参与主体的多元化，在教学管理运行中，要求做到工学衔接合理，实行校企共同参与的“柔性化”的教学管理模式，校企共同实施课程管理、共同评价课程实施效果和评估高技能人才培养绩效。而现行比较成熟的教学管理模式，一种是以学校为主的单纯的教学实施管理模式，另一种是以企业为主的生产管理模式，没有真正形成一套适合于产教融合、校企共同管理的教学管理模式，校企双方的着力点仍有偏差。

二、现代学徒制的含义及学校试点思路

1. 现代学徒制的含义

现代学徒制是传统学徒制融入学校教育因素，由企业和学校共同推进的一种职业教育育人模式。其突出特点是就学与就业一体化，学生一部分时间在企业从事生产活动，一部分时间在学校学习。从顶岗实习到订单培养，再到现代学徒制，是职业教育校企合作不断深化的过程。

2. 学校现代学徒制试点思路

试点工作主要采用工学交替培养模式。学校与企业共同研究制订人才培养方案，确定相应的教学内容，学生一半的时间在学校学习理论知识和基本专业技能，一半的时间在企业接受岗位培训。以三年学制为例，采用“1.5 + 0.5 + 1”的形式：一年半的时间（一年级和二年级每学期的一半时间）在学校学习理论知识和掌握最基本的技能；半年时间（二年级每学期的另一半时间）集中在公共的校外实习基地进行“轮岗实习”；三年级学生分散到学徒制签约的企业进行“顶岗实习”。

三、主要做法

1. 构建多种方式并存的招生模式

招生与招工一体化是开展现代学徒制试点工作的基础。根据“招生即招工、入校即入厂、校企联合培养”的现代学徒制招生指导思想，学校积极与教育主管部门共同进行招生模式改革。在原有基础上，重点将农村富余劳动力培训、双转移项目培训及退伍军人培训等纳入现代学徒制的招生范畴中来，使技能培训与学历教育接轨，使职业教育的培养对象范围进一步拓展，建立更加有利于现代学徒制试点的招生渠道，为开展形式多样的职业教育创造条件。

2. 创设更适合带徒工程的教学环境

现代学徒制试点工作的教学环境在学校、校外生产性实习基地和企业工作现场之间轮换。其中校外生产性实习基地是连接学校学习和企业实训的关键一环，也是本课题试点的独特之处及第一阶段。校外生产性实习基地是由企业提供独立的场地、技术人员和经营管理人员，学校提供部分设备和全部的生产岗位人员，按校企一体化的要求建成的一个独立

的教学工厂，它有与本专业对口的基本工作岗位。把学徒统一安排在基地里进行轮岗实习，既保证了学徒培养的“职业性”，又发挥了学校培养的规模效益和可持续发展的优势。

3. 打造全程参与的“双导师”队伍

校企共建师资队伍是现代学徒制试点工作的重要任务。学校除了积极聘请企业高技能人才作为学校的兼职教师，还与学徒制合作企业共同制定系统性激励机制，激励企业高技能人才把加入导师行列、参与带徒作为自己的任务和工作内容，学校教师和企业师傅共同形成“双导师制”。

双导师全程参与学徒的培养，并在不同的培养阶段进行角色互换。学徒在学校学习阶段，主要由学校教师进行理论教学和技能培训，企业导师进行职业素养的引导和熏陶；在轮岗实习和顶岗实习阶段，则主要由企业导师进行岗位培训，学校教师进行辅助管理。双导师配合，确保学徒系统掌握专业岗位技能和习得职业操守。

4. 制订符合岗位技能人才成长规律的培养方案

学校立足区域经济建设需求，结合产业发展的趋势与合作企业共同确定专业人才培养目标，制订人才培养方案，确定相应的教学内容。在人才培养目标的指导下，打破传统的课程体系，开发思想，以从事行业所需要的职业操守和职业技能为出发点，结合知行合一的思想，由职教专家、企业技术骨干和学校专业教师共同按照企业用人需求与岗位资格标准来设置课程，建成以工作过程为主线、以“公共课程 + 核心课程 + 教学项目”为主要特征的适合现代学徒制的专业课程体系，并以产品为载体，开发与之配套的工作页。符合岗位人才成长规律的培养方案，可以确保现代学徒制的有效开展。

5. 按照出师的要求改革教学质量评价标准和学生考核办法

出师是现代学徒制的最终目的。因此，标准的制订就要紧密结合出师的考核要求来进行。学校结合技术技能人才的岗位发展变迁和要求制订岗位考核标准，将学生工作业绩和师傅评价纳入学生学业评价标准中去，同时建立师傅考核责任制度，严格开展岗位技能鉴定，把好出口关。

6. 以岗位技能鉴定为抓手，推行岗位上岗证书考核制度

借助学校职业技能鉴定平台，按照专业工种的岗位技能要求，与市场技能鉴定中心一起进行岗位技能考核项目开发，量身定做岗位考核内容，制订考核标准。开展学徒岗位技能鉴定，为考核合格的学徒颁发相应工种的上岗等级证书。

四、主要成效

1. 大大拓展了校外生产性实习基地的职能

通过试点工作，校外生产性实习基地在保留原有的学生实习功能的基础上，又增加了学徒顶岗轮训的功能。另外，各个合作企业的高技能人才在聚基地带徒、授课和交流，使基地成了校企合作的一个现实的交流平台。

2. 明显提高了学生的岗位工作能力

一方面由于实行了“双导师”制，学生从一入学就明确了自己“准职业人”的身份，直接接受企业导师的职业教导，更好地培养了自身的职业态度；另一方面有了符合岗位人才成长规律的培养方案，加上企业高技能人才的指导，培养了学生更有针对性的岗位工作能力。

3．极大地提高了企业参与校企合作的积极性

企业从一开始就参与了学徒的培养，学徒对企业的认同感明显提高，岗位工作能力也更加符合企业的要求，企业得到了更多更符合岗位工作要求的人才。同时，在合作中各个企业可以共享校外生产性实习基地的资源，降低了培训成本，对试点工作的热情也就更加高涨。

4．探索出了一条现代学徒制培养模式可持续发展的道路

在实施现代学徒制的过程中，为了保证质量，学徒要由名师来指导，所以规模难以扩大。另外，由于本地区大部分为中小型企业，单一企业不可能有持续大规模的学徒培养要求，这些都是现代学徒制持续开展的难题。学校把校外实习基地作为学徒制的一个重要的公共培养基地，使之成为行业岗位人才的蓄水池，同时充分利用企业资源，既解决了师资问题，又解决了生源问题，为现代学徒制人才培养模式的可持续发展提供了一个可行的途径。

参考文献

[1] 许辉．产业融合背景下高技能人才培养研究［J］．机械职业教育，2014（6）．

[2] 程方启，童宏永．“教学工厂”模式培养技能型人才的探索与实践［J］．机械职业教育，2014（9）．

现代学徒制人才培养模式探索与实践

房　雁
（梅州农业学校　广东　梅州　514021）

摘　要：本文概述了现代学徒制的内涵与特点，就现代学徒制在中职学校中的现状及其存在的问题进行了阐述。从法律保障、激励企业、股份制、混合制办学，以及建立现代职业教育体系等方面，结合区域经济特点，选择合适的模式，成立职教集团，盘活资源，论述我国现代学徒制人才培养模式。

关键词：现代学徒制；人才培养模式；对策

前　言

现代学徒制，是由企业和学校共同推进的一种育人模式，既可以解决企业用工难的问题，又可以使职业学校学生在企业工作场所得到实训。各国根据自己的特点，制定了适合本国经济发展的现代学徒制措施。2011 年，我国现代学徒制已经开始试点，旨在探索适合我国的现代学徒制，培养适合产业升级所需的高技能人才。通过前期文献调查，了解我国高职人才培养现状，分析现存中职人才培养模式的不足，在借鉴国外现代学徒制先进经验的基础上，结合我国中职院校实际情况，构建富有中国特色的现代学徒制人才培养模式。

一、现代学徒制人才培养模式的内涵与特点

（一）现代学徒制的内涵

“学徒制”是一种在实际生产过程中以言传身教为主要形式的技能传授方式。在传统学徒制中，师徒之间关系非常密切，通常是师傅带徒弟的“一对一”教学。这种模式培养出的徒弟具有丰富的实践经验，但无法大规模地培养人才。随着西方工业革命的兴起，传统的学徒制模式已无法适应现代化大工业的生产方式，而且，该模式使学生对知识的迁移能力不强，职业发展空间狭窄。因此，职业学校教育取代了传统学徒制。职业学校像机器生产线一样，迅速培养了大量学生。但职业学校班级授课模式受实践条件限制，注重理论教学而忽视了实践操作，导致学生虽步入社会，实践技术却普遍没有达到要求，仍需在社会实践一两年才有相关经验。因此需要构建“现代学徒制”教学培养模式。现代学徒制是通过学校与企业的深度合作、教师和师傅的联合传授，以培养学生技能为主的现代人才培养模式。从本质上讲，现代学徒制和传统学徒制是一致的，即都有师傅、徒弟以及师傅对徒弟的培训和指导，都强调“做中教、做中学”，但是现代学徒制形成的基础、意义和价值与传统的学徒制有很大的不同，学徒制的主体、形式、制度以及师生关系均发生了

变化。

（二）现代学徒制的特点

通过签订协议，工学交替，实现企业与学校对接、课程设置与产业标准对接、学生与学徒对接、师傅与教师对接。

二、现代学徒制在中职学校中的现状及问题分析

我国从 2011 年开始试行现代学徒制，有些职业学校与相关企业合作，共同培养学生，虽然取得了一定成效，但都是学校热，企业冷。在工业密集的一、二线城市，学校为提高学生的实践能力，主动找企业合作，而这些企业也因用工难，自己培养员工难，愿意开始合作。但合作过程中出现的问题是企业付出大，收获小。具体表现在：

（1）校企合作中，学校没有选择，有企业愿意合作就不错了。所以，找到的企业都是一些技术含量不高的劳动密集型企业。因此，专业与产业对接得不是很好，专业设置无法适应社会需求。

（2）学生到企业实习，因为不熟练，消耗的原料多，机器出故障的概率也相对大一些，师傅要花时间和精力培养学生，损耗师傅在企业的工作时间与精力。

（3）学生到企业工学交替管理难，学徒工的安全无法保障。一些专业，如模具、数控、机电等，几乎全是男生，比较活跃，而这些专业的实习企业的生产线都存在安全隐患。专家认为，在我国法律体系中，学徒身份及相关的保障并没有明确规定。《教育法》《职业教育法》《劳动法》等只是原则性地提出工学结合的建议，没有明确学生进入企业成为学徒后的身份、待遇、劳动人事保障等。所以，一旦发生事故，该承担什么样的责任以及按照什么样的社会保障方式来执行等问题就摆在了企业面前。

（4）中职教育培养的是产业工人，不符合中国社会“学而优则仕”的观念。很多学生成绩一般，家长宁愿其上普通高中，认为三年后考个三本大学也好过上中职学校。因此，读中职学校的是普通高中也考不上的学生，这一点，就让社会产生偏见。企业付出了培训成本，却没有多少学生留在企业工作。

（5）企业承担培训成本，却为他人“做了嫁衣”，还要承担安全责任。所以，企业不愿意主动合作。在工业不发达的城市，基本没有校企合作。中职学校只是教育部门创办的，没有条件购置不断更新的生产线，也没有熟练的技师，专业设置跟不上社会需求。目前，中职学校的教学模式几乎都是课堂理论教学，即在校学习两年，第三学年办个毕业推荐会，学生自己去顶岗实习。

三、我国现代学徒制人才培养模式的发展对策

（一）加强政府在现代学徒制人才培养模式中的职责，激励企业提供学徒岗位

德国的学徒制从“二战”后开始实行“双元制”，政府提供了强有力的法律保障，实行激励机制，行业受惠，培养了大批技能人才，促进了工业发展，形成了一个良性循环。我国工业还不够发达，像德国已提出“工业 4.0”，而我国目前的水平仅是“工业 2.5”。

再加上我国企业自身的不稳定性，技术含量也不高，受经济形势影响，企业本身也存在不稳定的情况。中国的整个硬环境（工业）不如发达国家，软环境（政府配套的法律支持、经费补贴）也不到位。

职业教育的改革不像基础教育改革那样简单，如高考改革，只是教育系统纵向直下就行了。职业教育牵涉许多部门：教育部门、社会各行各业以及主管这些行业的部门、职业学校。教育部门直管学校，但社会各行业及其主管部门，既没有法律上的硬规定支持，又无经济上的利益结合，教育部门是无法长久横向结合各行业的。到目前为止，我国只有《国务院关于加快发展现代职业教育的决定》，教育部出台的《关于开展现代学徒制试点工作的意见》，其他部门没有（人社、税收、国资委）出台配套的利好政策。所以，现在的职业学校与企业的合作不长久。中国青年报记者在实地探访新余职业教育中心的过程中发现，现代学徒制“新余试点”，只是“看上去很美”。2015 年 4 月 25 日广东省职教学会在梅州农业学校举办省中等农业职业教育改革发展论坛，参会的有省职业校长培研班的校长们与我校的部分师生。省职教学会会长李小鲁在学术报告会后，与现场的校长、师生进行了互动。惠州工贸学校的校长提问，校企合作中，如何改变企业的冷？李小鲁会长回答：“最重要的是立法，确定各方的义务与权利，其次要有奖励机制。”

（1）在现代学徒制开展比较完善的德国，政府扮演着非常重要的角色，为企业与学校制订了一系列政策法规，筹备资金。在制度层面，由于现代学徒制在我国尚处于试行阶段，缺乏相关法律法规的支持，企业及学徒的合法权益难以完整界定并得到有效保障。因此我们认为，顶层设计应该是国务院召集与职业教育相关的各部委（教育部、农业部、工业、税务、国资委、人社），修改《职业教育法》《公司法》《劳动法》，把企业参与职业教育作为企业的社会责任。被当成现代学徒制范本的德国，早在 1969 年就颁布了《职业教育法》，从法律层面严格规定了企业在职业教育中的权利与责任，要求职业教育中必须有两个施教主体，即企业和学校。

（2）由政府牵头，联合教育部门、行业协会、学校、企业制定各个行业的指导标准。行业教育指导标准是现代学徒制课程设置的航标灯。政府搭建企业、行业、学校交流平台，开展交流，或开通网络平台，把各行业标准、成立了哪些行业协会、名师傅库、名企业等各种信息在网上公开。

（3）建立收支相对平衡的经费制度。经费制度是所有国家激励企业开展现代学徒制的核心措施。基本思路是使企业开展现代学徒制的成本与收益大体相当。经学校与行业指导委员会（职业教育集团）按培训质量考核学生后，由学校向当地税收部门出具证明，以减免开展现代学徒制企业的税收。国家多方筹集资金，资金来源由国家向企业征收一定比例的职工培训费，通过购买培训返还给参与培训的企业。采取这种策略的通常是学徒制传统薄弱的国家。为激励学生选择现代学徒制，企业必须支付较高的学徒工资，而为了保护企业的参与积极性，政府必须为企业培训成本买单。英国就是使用这一策略的典型国家。

（4）修改《教育法》《职业教育法》《劳动法》，使学徒身份及相关保障得到明确规定。学徒在工学交替期间去企业实习，企业要为学徒购买工伤保险，签订学徒实习协议，企业、学徒（家长）、学校三方权责分明，让企业无后顾之忧。

（二）结合本地区经济工业园区，成立校企合作理事会，明确职责，共同培育学生

（1）结合区域经济特点、专业特点，选择合适的模式。立足区域经济的特点，政、

企、行业，组成职业教育集团。职教集团的职责：根据国家行业标准，制订本行业标准与课程体系，根据协议安排企业师傅带好学生，实施“工学结合”；根据行业标准考核学生；安排教师到企业指导学习、实践。

（2）并不是所有的专业都适合开展现代学徒制，要重点选择具有区域产业优势、岗位实践特征鲜明、适合企业化环境培养、具有良好职业发展前景的专业；有文化、有规模、有技术、有市场、有感情、有层次的企业，招生即招工，学生在校报名后，即与企业签订学徒合同。学校也可在企业已招的工人中招生，由学校教师到厂教理论。

（3）要针对不同的行业、不同的产业情况，采取灵活多样的实现形式，发展混合制、股份制职教集团。如财会专业，学校可以出地方、师资、技术作股份，在学校成立会计师事务所，会计行业出部分资金，与学校合作营业，成立股份制企业。如面点师专业，学校可以出地方、师资、技术作股份，可以在学校成立面包坊，与社会上营业的面包店合作，把面包制作坊搬到学校。一些传统的工艺、手艺，可以成立大师工作室，请大师到校教学。

（4）加强师傅的选拔培养和建立“双导师”激励机制。可通过国家职业技能鉴定与学校教育集团学生评价相结合的方法，评价现代学徒制中的优秀带教师傅，在晋升高级工、技师或高级技师时作为考核条件之一，给予优先晋升职业技能等级的机会；安排教师到企业指导学生实践，同时也接受企业培训和实践、收集行业最新信息，更新教学内容、改进教学方法，教师的专业知识和指导专业实训能力得到提高，成长为双师型教师。教师晋升的考核内容，不再是以往闭门造车的方法，写一两篇论文就可以评职称，评到了高级就万事休，吃老本。作为职业教师，其职业生涯应是一个永远学习知识、技能的动态过程。

（三）普通教育与职业教育双轨制，构建现代职业教育体系

国内大学培养的大学生在社会看来，是精英教育。大学生毕业后理论多，实践少，又不愿意进企业，个个想考公务员。当前，民营和中小企业招工难，特别是技术操作工。有的后继无人，技术断档，电焊工、数控机床操作工等一些关键技术岗位，尽管有的月工资近万元，但企业依然招不到他们需要的人。中国缺少的是技术人才，因此，我们要加大对职业教育的扶持力度，构建现代职业教育体系。

（1）普通教育与职业教育的培养数量比要合理。应减少普通高中学校数量，集中布点，且控制或减少指标，决不能放开招生。并且引导一批地方大学转为本科制的职业大学，招收二本以上的职业大学生。

（2）中高职衔接，普教与职教学分相通。职业教育发展到今天，逐步陷入了一个“瓶颈”——在传统意义的职业教育框架内，学生到了高职、专科这个层次就很难再往本科、硕士、博士等层次发展，因而被称为“断头教育”。中职生也应该有上升的渠道。中职和高职本属于同一类型教育中两个不同的层次，在专业理论知识及实践技能方面，高职学生均比中职学生高一层次。然而，由于高职人才培养方案的设计大多基于普通高中毕业生考虑，大多招高中生，这样高中生上高职往往缺乏实践经验。高职学校可以在初中毕业生中招中考分数达到普通高中的学生。据调查，这些考取普通高中的学生，高考时大多数考取的是三本院校，不如就在中考时，选取五年连读高职。上完中职可以考高职院校，上完了专科高职课程可以考本科职院（技能占七成，理论占三成）。学分相通，也可以考研

究型大学（理论占七成，技能占三成）。

（3）提高职教学生的社会地位，给本科层次的高职学生授“工士”学位，并给本科层次的高职生考公务员的机会，能文能武。职业学校的教师要从研究生层次的高职院校中招聘。

（4）搭建各种平台，让职业教育成为全民意识。政府可以在各种媒体上，宣传职业教育；各职业学校可以定期举办开放日，让中学生或社会各界人士参观，展示中职生作品；在普通中学开展职业素养教育，培养中学生的职业意识。

综上所述，现代学徒制是解决职业学校长期缺少实训场所、师傅，课程设置脱离产业，学生只能在校学习完理论后才能顶岗实习等问题的一种新的工学交替的人才培养模式。我们要学习国外现代学徒制的先进理念，更要结合我国政治经济发展、产业升级的大环境，只有这样职业技能教育才能挑起培养经济转型所需要的大批高技能人才的重担。

参考文献

［1］胡秀锦．“现代学徒制”人才培养模式研究［J］．河北师范大学学报，2009（3）

［2］刘金辉．高级技能人才缺乏　建立现代学徒制面临诸多困境［EB/OL］．新华网，2014－04－18.

［3］李菁莹．现代学徒制“新余试点”看上去很美［N］．中国青年报，2011－08－29（11）．

［4］关晶．企业充分参与，现代学徒制成功的前提［N］．中国教育报，2014－10－29（6）．

现代学徒制在汽修专业中的教学探索与实践

董晓丹
（广东省民政职业技术学校　广东　广州　510310）

摘　要： 为了提高教学质量，中职汽车运用与维修专业需要改变传统的教学模式。本文从现代学徒制的角度进行论述，通过对“现代学徒制”人才培养方式的内涵、特点和现代学徒制在中职学校中的现状及其所存在的问题进行分析，阐述实现“现代学徒制”人才培养模式的发展应采取的对策，进而为中职汽车运用与维修专业的教学探索与实践提供参考依据。

关键词： 教学改革；教学模式；现代学徒制

前　言

随着汽车售后服务业的不断发展，汽车快修快保人才需求猛增。为了满足市场的用人需求，许多中职院校都开设了汽车运用与维修技术专业。然而，按照现有学校的教育培养模式，本专业毕业生的就业情况却不尽如人意，由于缺乏相应的职业技能和职业素养，企业对学生不甚信任。因此，如何提高中职汽修毕业生的职业技能和职业素质，追本溯源，还应从教育内容及考核方式上进行研究和改革。近年来，随着我国职业教育改革的发展，政府和学术界对现代学徒制研究给予了极大的关注，我校在教育部门的支持下也开展了现代学徒制的试点工作，2014 年向广东省教育厅申报了“现代学徒制在汽车运用与维修专业的教育改革与研究”课题，着手开展中国现代学徒制实践模式研究，下文将结合试点工作进行分析。

一、现代学徒制人才培养方式的内涵与特点

我国现代学徒制发展经历了技工学校教育的起步探索、半工半读教育形式的过渡实践和工学结合、校企合作教育形式的完善与发展阶段。它是以校企合作为基础，以学生（学徒）的培养为核心，以课程为纽带，以工学结合、半工半读为形式，以学校、行业、企业的深度参与和教师、师傅的深入指导为支撑的人才培养模式，强调“做中学、学中做”。主要实施路径是按照“学生→学徒→准员工→员工”四位一体的人才总体培养思路，实行三段式育人机制，学生第 1 ~ 2 学年在学校完成文化课程学习任务，掌握专业所需的各项基本技能，践行六个对接（学校与企业、基地与车间、专业与产业、教师与师傅、学生与员工、培养培训与终身教育），让学生体验、模仿、尝试、感悟企业文化；第 3 学年实行现代学徒制试点，让学生真刀真枪践行企业工作和企业文化。同时，实施企业班组化管理模式，1 个师傅带 5 个徒弟，组成学习小组，确保学生切实掌握实习岗位所需的技能。

具体特点如下：

（一）现代学徒制中招生即招工，学生即学徒

学校在招生之初就和企业约好，或者企业直接参与招生面试，确定某个班就是该企业的学徒班，以后招工就从这几个班中选招。缩小企业最后选择的范围，使企业知道这就是他们的工人“预科班”。这样企业在教学管理各方面就会认真对待，也会积极参与教学工作。为了进一步使企业积极参与教育教学，我校与壳牌实行企业冠名班的做法就值得推荐。在冠名之初，企业就对该班有责任感，学生（学徒）也感受到企业的存在，对企业有认同感。

（二）现代学徒制中学习即学徒，课堂即工厂

鲁昕指出：“培养汽车专业技术的学生，必须在专业设置、课程教授等方面认真倾听并采纳来自汽车行业专家的意见和建议。要大胆吸引汽车行业的企业参与职业教育专业设置改革和课程体系改革，充分激发他们参与发展职业教育的积极性。”学徒制能很好地提高企业积极性。课堂即学习的开始，学习的一切知识和技能都是学徒走上岗位必备的条件。企业也会介入教学过程，教授的内容，实习的安排，包括实习的纪律都体现企业对学徒最终上岗的要求。进入企业实习时，学生就是该企业的学徒，这种关系使得纪律的遵守成为必然。企业的考核将直接决定学徒的前途。考核优秀者减少顶岗实习阶段的学徒时间；略差者，延长学徒时间；考核不合格者，将被开除，学籍也将被取消。

（三）现代学徒制中顶岗即上岗

第三年顶岗实习，考核合格者将直接上岗，这是我们实行学徒制的主要目标。目标达成说明学徒制的实施是成功的。学生毕业即上岗，这样缩短了学徒和企业的磨合期，也使学徒和学生时间重合。企业提高了效益，学生不仅节省了时间，更能对口就业。

二、现代学徒制在中职学校中的现状及问题分析

（一）教育理念落后，教学方式缺乏时代感

受传统教育体制的约束，中等职业教育改革没有完全适应企业发展的现实需求，其制度和教学管理等机制建设不完善，办学理念缺乏新意，以至于在实行现代学徒制教育改革时，有些学校由于缺乏与企业之间的有效沟通，导致现代学徒制人才培养模式形式化，人才培养计划和课程安排不合理，且有些学生和家长对学徒制不理解，不愿意到企业实践。同时，由于中职院校软硬件布局不合理，所培养的技能人才与社会需求有较大的差距，造成“一方面高级技术人才欠缺，另一方面毕业生就业难”的局面。此外，中职院校的教学管理制度体系与企业的日常运作规律相冲突，使得中职院校与企业间难以实现教学计划与生产计划之间的无缝连接。

（二）教学内容陈旧，教学质量管理效能较低

一是现有的教学内容与人才培养目标不相适应，所传授的知识与企业最新的技术脱

节，导致所培养人才难以达到企业要求，且由于培养人才时缺乏职业针对性，因而在就业竞争越来越激烈的情况下，中职毕业生的特色完全体现不出来。二是中职课程无法适应人才需求的多样化，课程结构不合理，基础理论和专业课程比例不合理，导致学生欠缺可持续发展的能力，后劲明显不足。三是教师在教学方法上仍沿用传统的学历教育方法，存在一定的局限性，学生的动手操作能力较弱。

中职院校的实践教学质量管理制度建设力度也不足，重理论知识教学轻能力素质培养、重知识传承轻知识创新、重课堂教学评估轻实践环节评价的现象依然存在。其根源主要在于实践教学质量管理工作存在管理效能评估指标设计难、客观测评难、评估数据科学化处理难等问题。中职院校难以对外聘企业员工的教学活动进行有效监控与评估，导致实训教学效果的评估易受主观因素影响，使得实训教学管理者难以对教员实施有效管理。

（三）企业实践环节没有得到足够的重视

一是企业实践教学是培养学生职业能力的重要方法，但目前很多中职学校办学指导思想不明确，与企业合作力度小，未能建立起适应企业需要的实践性教学体系，导致理论和实践严重脱节，覆盖面窄，且实践时间短。二是由于实习实训基地设施设备落后，科技含量低，不符合生产实际，致使学生无法接受与企业生产紧密结合的实习训练。

三、我国现代学徒制人才培养模式的发展对策

（一）积极构筑校企合作平台

现代学徒制是学校教育制度和传统学徒制的结合，其主要特征是学生和学徒身份相互交替。学校和企业是两种不同的教育环境和教育资源，实施现代学徒制，需要突破体制与机制上的瓶颈，使校企合作向纵深发展。在学徒制人才培养模式中，企业的作用主要体现在学徒项目、学徒课程选择等方面，而中职院校的基础作用主要是理论教学的系统化。只有学校和企业共同负责培养，校企共同制订培养方案，共同实施人才培养，各展所长，分工合作，才能培养出既有扎实的理论功底，又具有丰富实践经验的、企业需要的技能型人才。目前我校与广州市大钟斯汽车配件有限公司进行深度合作，成立了汽修快保标准研发中心，共同制订相应的现代学徒制人才培养方案、开发课程和编写教材。

（二）课程体系重构改革

通过对汽车快修快保企业工作岗位的调研，对中职汽车运用与维修专业毕业生的就业岗位进行分析，同时对岗位综合能力、教师团队与企业技术、管理人员等方面进行综合分析，我校汽修部对汽修专业课程体系进一步重构。汽车运用与维修专业课程体系重构为四个核心领域："发动机构造与维修核心领域""汽车底盘构造与维修核心领域""汽车电气构造与维修技术核心领域""汽车维护与保养核心领域"。

（三）现代学徒制实施方案

岗位轮训是实行现代学徒制的重要组成部分，也是理论联系实际的综合实践教学环节。根据《教育部关于开展现代学徒制试点工作的意见》的文件精神，从广东省中职学校

实际出发，我校汽修部门解放思想、大胆创新，积极探索“学生→学徒→准员工→员工”四位一体的人才培养模式，结合本校教学情况，现代学徒制实施的具体安排如下：

第一学期：完成所有公共基础课程的学习（含新生军训），利用假期，如“十一”长假期间参与“企业体验”，去合作企业参观、考察，让学生了解企业、了解岗位，有利于其专业的学习。

第二、三学期：采用“项目实训”和“轮岗实训”的方式进行培养，完成专业课的各个课程设计。具体可以班级为单位，“一个月在企业、三个月在学校”依次轮流进行企业岗位培训、见习。与自己的师傅见面，完成拜师仪式，师傅、学徒（学生）之间相互了解，建立有效的沟通。学徒（学生）专业技能的要求和实训的内容均由学校与企业共同确定，共同制订专业实验实训项目，并指导学生共同完成实验实训项目，目的就是让学生在完成课程设计的同时进一步了解企业、了解岗位，将学校所学的理论和企业的实践结合起来，达到在实践中学习、在学习中实践的要求，为“现代学徒制”的生产第一线——顶岗实习做好准备，同时也让学生了解企业岗位对专业知识的需求，在专业学习上有的放矢。

第四学期：完成汽车运用与维修专业课程的全部理论、实验实训的学习，尤其是专业核心课程实践技能的学习、培训。在专业实验实训时，由合作企业聘请专家或师傅来学校共同制定实验实训项目，并指导学生共同完成实验实训项目，这是共管共建的需要，也是师傅、学徒之间进一步了解、沟通的需要。

最后一学年（含第五、六学期）：到相关的合作企业进行“现代学徒制”的顶岗实习，到企业的生产第一线工作。学生（学徒）开学时统一到学校报到，完成全部注册手续后，由带队老师带领学生去企业进行顶岗实习。前一个或两个月（视具体岗位工种而定）进行全面的、系统化的岗前培训，由带徒师傅亲自完成这个环节；岗位培训完成后进行正式的顶岗工作，期间，企业师傅、学校老师、学生三方共同完成学生的毕业设计，由企业带徒师傅、学校老师共同制订毕业设计题目、要求并进行方法指导，学生亲自完成。学生毕业时同时取得中职职业教育学历证书和职业资格证书。

（四）学生的考核标准与评价

实行“现代学徒制”之后，将由学校和企业共同考核，实行以企业为主、学校为辅的校企双方考核制度，通常企业考核占70%，学校考核占30%。考核内容分为三部分：第一部分为学生的自我鉴定；第二部分为企业带教师傅对学生实习表现的评价；第三部分为学校指导教师对学生的评价。在顶岗实习结束后，填写《顶岗实习考核表》，第一步，学生自己撰写顶岗实习总结；第二步，企业带教师傅根据《实习表现考核细则》，进行打分；第三步，学校指导教师根据实习生手册完成情况、走访情况等进行评价。学生的综合得分必须在60分及以上，实习等级在及格及以上方为考核合格。

四、结　语

汽车运用与维修技术专业是一门实用性较强的专业。总体说来，引入现代学徒制后，专业课教学真正做到了面向岗位，学生学习的知识和技能来自一线，对口就业率大大提高，企业也找到了合适的工人。学徒制的引入的确使学生的学习积极性得到了很大的提高，同时也将一部分专业教师从课堂解放了出来。但是我们在探索的过程中也遇到了一些困难，比如，学生在企业实践时，因管理不到位，沾染了许多不良习气，企业师傅的教育教学水平不高，企业不愿意出冠名费等。我们相信，随着教育改革的深入，这些问题会得到很好的解决。因此，我们需要充分利用各方条件，培养出真正适应现代汽车快修、快保企业需要的综合性技能型人才。

参考文献

［1］王于松，现代学徒制在汽车专业教学改革中的应用与探索［J］．课外阅读，2012（9）．

［2］陈海忠，陈贵青．英国现代学徒制的改革［J］．职教论坛，2004（1）．

［3］栾炳文．清末工艺局对学徒制的改革［J］．山西师大学报（社会科学版），1989（4）．

［4］关于开展现代学徒制试点工作的意见教职成〔201419〕号．2014．

［5］徐倩．高职教育“现代学徒制”人才培养模式的探索与实践研究［J］．辽宁省交通高等专科学校学报，2013（3）．

中职电商专业现代学徒制人才培养模式探析

梁丽丽

（佛山市李伟强职业技术学校　广东　佛山　528300）

摘　要： 在实践性较强的中职电子商务专业实施现代学徒制，构建“招生即招工、上课即上岗、毕业即就业”的人才培养模式已势在必行。本文以电商发展现状为背景，从建立全方位的双主体育人机制、加强多方面的融合、期待有关部门完善相关的保障措施等方面对中职电商专业现代学徒制人才培养模式进行探析。

关键词： 电子商务；人才培养；现代学徒制

一、中职电子商务专业引入现代学徒制的依据

作为一种新的商业模式，电子商务受到越来越多的企业的重视。据中国电子信息产业发展研究院的报告，我们得知中国电子商务市场交易额将保持年均20%左右的高增长态势，2020年有望突破30万亿元；“双十一”刚刚过去，阿里巴巴便公布天猫当天成交金额高达571亿元。在电子商务大发展的背景下，顺德区电子商务发展规划的总体目标是依托本区的产业优势，把顺德区打造成为华南地区电子商务发展的重要增长和创新区。

顺德电商的发展，人才是关键。作为职业学校，如何培养创业型人才帮助本地企业开拓电商之路，是摆在职业学校电商专业建设面前的重要课题。传统的学校教育模式无法从根本上克服教学脱离企业实际的“弊病”。电商从业者的职业能力只能在真实的“电商工作情境”和整体化的“电商工作过程”中获得，所以必须走深入的校企合作之路，而这恰恰是现代学徒制的核心理念。

现代学徒制是通过学校和企业的深度合作，教师与师傅的联合传授，培养学生的职业技能、职业精神、社会责任感和创新精神。2014年8月25日，教育部以教职成〔2014〕9号印发《关于开展现代学徒制试点工作的意见》，大力倡导职业教育开展校企合作，推进现代学徒制的发展。

我校电子商务专业作为广东省重点专业，多年来致力于教育教学改革，在校企合作方面取得了显著成绩，和众多电商企业有着紧密的合作，具备实施现代学徒制的条件。如何在我校电子商务专业教学实践中引入现代学徒制，提高电商创业型人才的质量？本文将从以下几方面进行积极探讨。

二、中职电商专业现代学徒制的实践与探索

（一）建立全方位的双主体育人机制

双主体育人即“学校”与“企业”双方共同参与到人才的培养中来，根据电商创业型人才成长规律和电商工作岗位的实际需要，建立联合培养机制。

1. 校企联合招生招工

以往的做法是“先招生、后招工”，即学校先按政策招生，学生毕业后企业再按照自身岗位需要“招工”。学校招生与企业招工是脱节的。一方面，学校培养出来的毕业生因不能符合企业岗位的需求而找不到满意的工作，出现“就业难”的问题。另一方面，因电商行业的快速发展，企业需要大量的电商人才，出现“招工难”的现象。如龙江致胜威家具有限公司就曾到各职业学校招聘电商人才却满足不了需求。这种脱节要求学校和企业必须立足双方的长远发展，建立校企联合招生招工制度，实行“招生与招工一体化”，以合作双赢为目标共同研制招生与招工方案，通过联合招生协议书来规范各自的责任和权利。学校和企业共同选择学生，学生根据自己的意愿选择企业和学校；与过去不同的是，企业对合作学校的学生数量、学生具体条件等方面的选择具有相应的话语权。

2. 联合制定职业标准与课程内容

目前，劳动部电子商务师国家职业标准及职业等级的制定更多关注的是本专业的通用基础知识和基本技能，通过基本理论知识和模拟软件操作考核成绩来进行职业技能鉴定，这样的鉴定未能结合电商实际的工作过程和岗位任务的完成情况，显然是脱离实际的，职业标准的引领作用不大，职业资格证书含金量不高。从课程体系上看，更多的是强调电商学科体系的完整，理论性强而实践性不足，不利于学生掌握和提高岗位技能。现代学徒制强调产教深度融合，所以职业标准和课程内容的制订，不应缺少电商企业的参与，而应该在校企共同的人才培养目标的指导下，由企业与职业学校根据实际岗位要求共同制订职业标准，由校企双方积极参与并设计课程体系，在此基础上确定符合企业要求的、适用和实用的教学内容。

3. 联合实施教学过程

现代学徒制的教学实施过程是一个“双重培养”的过程，教学任务必须由学校教师和企业师傅共同承担。一般来说，学生的理论知识与基本技能及基础素质由职业学校的教师完成教授，学生的实际岗位操作知识与职业技能及素养则由企业师傅进行指导。当然，两者不是独立的，而是一个“理—实一体化”的过程。以网络营销中“搜索引擎营销”为例，搜索引擎的基本概念、核心思想和优势等基础知识可由学校教师传授，而针对企业店铺中的具体产品进行搜索引擎营销则需要企业师傅现身说法。二者相互浸透，相辅相成。

4. 联合进行教学质量评价

以往是以学校为主的单一的考核方式，尽管也分为笔试和上机操作考试，但考核内容相对片面，往往只能考核学生对知识的掌握程度，难以衡量学生对知识的运用及实际的工作能力和效果。因此，在考核评价方式上，要改变过去一元化的学业评价方式，采取学校评价和企业评价相结合，引导学生全面发展；在考核评价内容上，要将学生岗位工作任务完成情况、学生工作业绩和效果纳入考核范围；在考核评价过程上，将学生在工作过程各

个环节的工作态度表现、团队协作、敬业精神等加以考核。这种综合考核评价体系，有助于培养学生的职业能力，增强学生对企业的认同感和忠诚度，也为其今后可持续发展创造条件。

（二）切实加强校企多方面的融合

1. 专业与产业的融合

顺德电商发展迅猛，据有关资料显示，红城电子商务旗下店铺销售额达2亿元，SKG企业年销售额突破10亿元，小熊电器的系列产品在淘宝网上一天的销售就有上万台……临近生产基地使得顺德电商发展后劲十足，电商产业从品牌策划、网店美工、网络推广到客户服务、物流仓储等，都需要大量的电商人才，所以中职学校电商专业要与行业紧密融合，积极参加电商行业的各项研讨活动，紧跟行业发展大势，将专业教学活动与行业动态紧密结合起来，开门办学，通过项目共建等方式，深化与电商企业的合作，避免教学与行业需求脱节。

2. 教师与师傅的融合

校企共建师资队伍，教师与师傅相融合，形成"双导师"制。一方面，积极促进教师流向企业参与相关岗位的电商实战，运用教师自身学识帮助企业解决实际问题。如我校林老师、张老师和杨老师带领学生团队深入乾程电商公司和容川电商公司日夜奋战，运营、客服和美工等方面的能力得到极大提升。另一方面，合作企业选拔优秀业务骨干和资深员工担任师傅，并明确师傅的责任和待遇，指导学生进行相关岗位的工作。如乾程电商公司张总及其业务骨干进校为我校电商精英班授课。总之，加大学校与企业之间人员互聘共用、双向任职、横向联合研发力度，打造一支实力超强的导师队伍，促进教学质量的提高。

3. 学生身份与企业员工身份的融合

"入校即入企，上课即上岗"，学生由单纯的学生身份转变为学生与员工的双重身份，一方面以学生身份接受学校的管理和教师理论与技能的培养；另一方面以员工的身份，接受企业的管理，师傅根据工作和岗位需要对其进行培训，并在企业的安排下承担相关岗位的工作任务。通过双重身份，使学生真正得到"学校人"和"社会人"的深切体会；学会适应"从学生到员工、从员工到学生"身份的转变，明白工作和劳动的含义，懂得吃苦耐劳、纪律以及团队合作，激发责任感，积累就业经验，向合格职业电商人转变。

4. 教学内容与岗位工作任务的融合

目前，许多职业学校仍然没有摆脱传统学科体系的束缚，电子商务课程和教学内容的设计仍以知识的系统性作为教学内容的逻辑主线，岗位工作任务不能有机地融入课程内容，学习和训练缺乏针对性。所以，现代学徒制的实施必须进行课程体系的重构和课程内容的重组，使教学内容与岗位工作任务有机融合，保证学生学以致用。这样才能保证培养出来的学生能胜任相关岗位。

三、现代学徒制在中职电商人才培养中的效果及反思

现代学徒制倡导校企纵深合作、同育共管，企业深度参与学校的培养过程，整个教学过程具有极强的针对性和实用性，学生职业能力得到切实提升，毕业生受到社会的广泛认

可，他们必将成为电商发展的一支生力军。现代学徒制有着如此美好的前景，然而，实践证明，该模式在实施过程中仍会遇到一些问题，主要表现在：

（一）政府指导政策有待建立

从政策上看，我国促进现代学徒制实施的相关制度没有完全建立起来，管理制度不健全，激励机制不完善，使得这一在西方获得成功的职业教育模式在我国实行起来显得心有余而力不足。

（二）企业参与职业教育的积极性有待提高

目前，虽然很多企业缺乏电商人才，但企业参与职业教育的积极性仍然不高。一是企业投入大量时间和精力培养的熟练电商人才轻易跳槽，使企业不太愿意持续不断地参与到漫长的人才培育过程中去，而宁可通过临时招聘或短期培训等渠道获得相关人才。二是缺乏利益驱动，企业参与人才培养，无论是提供人力还是物力教学资源，都是需要财力投入的，这种财力投入在短期内难以获益。

（三）学校观念有待更新、管理有待完善

一方面，中职电子商务专业教学改革的方向应该坚持“能力本位”和“行动导向”，主动与企业对接。但多数职业学校的教学体系还处于相对封闭的状态，无论是观念上还是行动上都有待转变。另一方面，学校目前虽然有一套传统且完善的学生管理制度和方法，但现代学徒制打破学校的界限，在工学结合情况下学生在学校和企业间流动频繁，如何保证他们很好地完成学业？如何保证他们在学徒情况下的权益和安全？这有待协同合作企业形成相关的管理制度和管理经验。

四、保障措施

现代学徒制作为一种职业教育模式，要确保其得以实施并取得好的效果，须考虑以下几个方面的问题。

（一）坚持政府主导

1. 经费支持

在实行现代学徒制后，无论是学校的教学设备设施、师资队伍培训、课程开发，还是企业师傅津贴、电商项目推进、实训项目共建等均需要大量资金投入。所以，政府应该建立现代学徒制专项资金，根据需要为学校和企业提供经费支持。

2. 制度保障

（1）推进职业学校招生制度改革。加强对中职教育招生工作的统筹协调，赋予学校和企业一定的招生自主权，如允许双方根据合作企业相关岗位对电商人才的需求，共同研制电商招生与招工方案，允许学校与企业根据需要采取灵活有效的招生考核方式、制定考核内容和录取办法。

（2）推进学制的改革。政府要允许并鼓励学校打破学年制和学时制的限制，采用并逐步完善弹性学习制、学分制等。

（3）打破现有教师编制和用工制度的束缚，加速教师与企业员工的双向流动。

（4）成立现代学徒制指导委员会。政府有关部门应联合成立现代学徒制指导委员会，指导和支持校企合作不断深入，提高企业的责任感和社会服务意识，稳定校企之间的良好合作关系。

（二）坚持企业为主体

企业在人才培养过程中应该处于主体地位，企业的作为直接影响到人才培养的质量。参与现代学徒制人才培养模式的企业，一方面，应该拥有完善的安全管理体系，具有相当生产规模和各种先进的技术设备，能够为教师和学生学习提供相应的岗位，各岗位拥有经验丰富的师傅等基本条件；另一方面，必须签好“企业与学生、企业与学校”两个合同，并积极履行。最后，在企业内部建立和完善现代学徒制的相关制度，如师傅激励和考评制度、学徒激励和管理制度等。

（三）坚持学校主办

发展之道，观念先行。因此，学校首先要进行管理观念更新，加强内涵建设，积极参与社会竞争和合作，主动与企业对接，把学校和学生的发展放在首位。其次，科学合理的教学管理是现代学徒制实施的重要保障，学校要积极形成与现代学徒制相适应的教学管理制度，如探索实行弹性学习制度和学分制，允许学生灵活工学交替、做学结合。联合合作企业制订规范的现代学徒制培养方案，完善符合现代学徒制的教学管理机制。

以校企深度合作为灵魂的现代学徒制目前虽然在实行过程中受到一些因素的制约，但这些因素并不能掩盖该模式在职业教育中的独特魅力。所以，我们应该积极将现代学徒制引入电商专业教学中，探讨如何整合学校和企业两种不同的教育环境和教育资源，培养更多的优秀电商人才，以促进本地电商产业的发展。

参考文献

［1］推进招生与招工一体化现代学徒制试点［EB/OL］. 中新网，2014-09-04.

［2］谢宏武. 校企合作人才培养模式之现代学徒制发展对策［J］. 教育与教学研究，2013（03）.

［3］黄宏丽. 从“新余现象”到“新余模式”——新余职业教育发展思考［D］. 湖南师范大学硕士学位论文，2012.

中职学校电商创业教育的实践与思考

黄惠雯
（佛山市李伟强职业技术学校　广东　佛山　528300）

摘　要：随着电子商务行业的迅猛发展，电商人才的市场需求也急剧增加。在目前中职学校电商人才培养存在系列问题的背景下，本文从创新中职人才培养模式的角度，对中职学校电商创业教育的实践进行总结与思考，并提出了今后的发展思路。

关键词：中职学校；电子商务专业；创业教育

一、电商创业教育缘起

《国家中长期教育改革和发展规划纲要（2010—2020年）》提出要大力发展职业教育，职业教育要面向社会，着力培养学生的职业道德、职业技能和就业创业能力。如何依托区域优势，培养出更多更好的电子商务创业人才，以创业促进就业，已成为中职电子商务专业教育改革的重点。

随着经济的快速发展，电子商务正逐步成为国民经济发展的新动力，同时也成为顺德产业升级的风向标。未来3年，顺德将着力打造特色鲜明的“418”电商服务功能区，即“四个集聚区，一个产业园，八个中心”。为了适应电子商务的迅猛发展，更好地服务区域经济，培养社会紧缺人才，并鼓励学生敢于有梦、勇于追梦、勤于圆梦，依托顺德的创业土壤，学校紧紧抓住顺德大力发展电商的契机，创新中职学校电商人才培养模式，2013年2月，组建首届电子商务创业班，开始中职学校电商创业教育的实践探索。

二、电商创业教育实践

（一）创业教育目标

我们的创业教育不是以学生赢利为目标，而是通过创业体验，培养学生的创新意识、创业能力，积累创业经验，让学生带着创新、创业的种子走向社会。学校创业教育的目标是以创新、创业教育为主线，实现学生多途径发展：100%的学生接受创业意识教育；50%的学生接受专业的创业课程培训；20%～30%的学生参与创业实践；2%左右的学生毕业后创业当“老板”。（见图1）

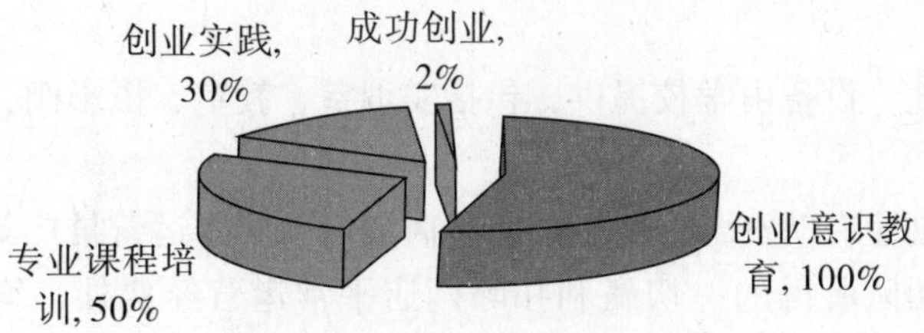

图1　学校创业教育目标

(二) 创业教育举措

1. 机构成立

为了确保创业班筹建工作顺利进行，学校成立了由学校校长、副校长，相关行政、专业部长及项目负责人组成的创业工作领导小组。

2. 组建过程

创业班组建分为筹备（2012.10—2013.2）和实施（2013.2—现在）两个阶段，其流程为：制订创业班实施方案—学生报名（选拔对象：高一、高二在读各专业学生30人）—面试考核—选拔录用—家长会—组建班级—正式运作。(见图2)

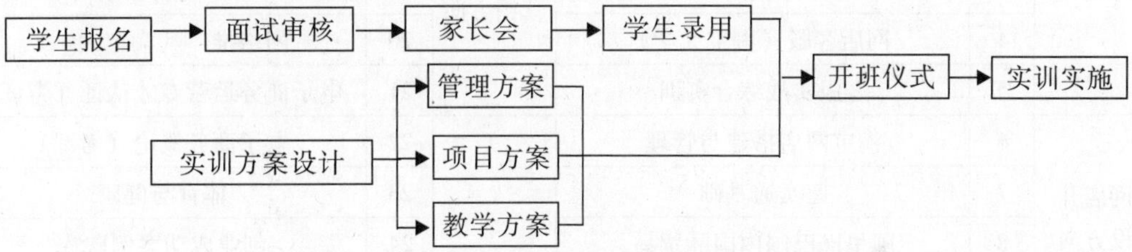

图2　“创业班”筹备阶段主要工作及流程

3. 人员配备

(1) 教师团队：由6名老师组成，其中4名主讲教师、2名辅导老师。教师均为本科以上学历，并多年担任电商技能大赛辅导工作，有着丰富的教学与实战经验。其中一名教师为创业项目经理，负责全面开展工作。

(2) 学生团队：入选学生自由组合，组成5个创业团队。团队与个人均与业绩及考评体制挂钩，采用淘汰机制。每个团队制定团队制度，进行团队分工，各负其责，主要分为：店长(兼财务组)、店铺组、物流组、美工组、营销组、客服组。(见图3)

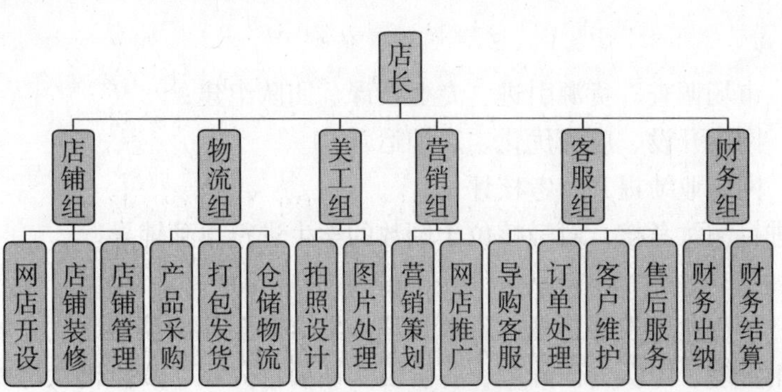

图3　创业班学生团队架构

4. 场室建设

创业班实训场地、设备由学校提供，包括实训室、教室、摄影棚、货品仓库等。

5. 经费运营

每位学生自备创业启动资金，用于团队开店消保和网店运营推广等。按团队制订的财务分配管理制度，团队所得的一切赢利扣除网店平常运营经费外，均分给团队的成员作奖励。

6. 课程设置

创业班课程分为专业类和公共基础类课程，创业实践课为核心课程，公共基础课为重要的辅助课程（见表1）。专业课程采用模块化教学，分为网店运营、拍摄美工、营销推广、客服物流四大模块，团队教师根据自身专业特长，承担相应模块的教学及辅导工作。

表1　创业班课程设置

课程类别	序号	课程名称	课程类别	序号	课程名称
客服模块	1	消费者行为学	网店推广营销方向	17	文案写作技巧
	2	演讲与口才		18	网络营销
	3	客户关系管理		19	市场营销学
	4	网店客服（淘宝大学）		20	网络推广（淘宝大学）
	5	客服实战综合实训		21	电子商务运营专才认证（考证）
网店开设方向	6	淘宝网店搭建与管理	其他	22	电子商务概论（考证）
	7	速卖通基础		23	体育与健康
	8	阿里巴巴国内国际贸易		24	创业成功案例欣赏
	9	网店工具应用		25	品牌学
产品处理	10	图形处理技术		26	财务基础
	11	产品拍摄与描述		27	电子商务前沿知识
	12	网店美工与广告设计（淘宝大学）		28	创意色彩
	13	店铺装修		29	商务英语
物流与配送	14	物流管理			
	15	产品包装技巧			
	16	商品配送与存储			

7. 教学实践

第一阶段：市场调查、货源引进、专业授课、团队组建；

第二阶段：网店开设、店铺优化、店铺运营；

第三阶段：网店业绩提升、考核评价；

每个阶段进行淘汰考核，对考核位于倒数的学生进行单独辅导。

8. 管理模式

创业班制订了创业班教师管理、班级管理、学生安全外出请假、创业实训室管理、摄影棚和仓库使用管理、团队责任分配、各阶段实训项目分配、阶段淘汰考核等制度，日常管理采用“公司化”管理模式：

（1）教师管理：教师考评与其他教师分离，单独评价。项目经理负责制，下设总监4人：运营总监、美工总监、客服总监、策划总监，由相应的教师担任，分管各学生团队。专业教学由项目经理统筹负责、德育管理由班主任统筹负责，并统一按教师管理制度考核。

（2）学生管理：学生团队自主管理模式，店长负责本团队组员的整体管理，包括网店运营工作分工、德育管理等，并进行队内考核。

（三）创业教育成效

1．学生素质增强

自主创业大大调动了学生学习的主动性，学生的专业能力和综合素质大幅提升，自信心和成就感亦不断增强。在校内外的创业经验交流会上，创业班的学生们都侃侃而谈，表现得落落大方。创业班毕业生也深受企业青睐：胡健同学被区电商协会聘为“淘宝专员”；4名毕业生在莱尔斯丹集团面向社会的招聘中脱颖而出，被成功录用。多家电商企业也主动联系学校，希望与学校合作开办创业专班或进行业务合作。

2．教师快速成长

在引领学生创业实践的过程中，创业班的教师团队也迅速成长为学校的骨干精英。

3．专业发展盘活

学校创业班重构传统的课程体系，采用模块化教学，实用性强且效果好。通过实践摸索，清晰地了解了电商行业的发展动态、企业的岗位要求，更好地与市场接轨，盘活了学校的电商专业，学校的电商技能竞赛也取得历史性突破。

4．创业氛围形成

首个创业班开设了多家学生网店，涌现出了大批创业典型个人和团队。其中4家网店6个月左右的时间均获利过万，成为创业班的“万元户”。同时引发了学校的创业热潮，各专业部亦纷纷开启创业项目，学校也因此组建了创业部。

5．培养模式确立

经过实践探索，学校形成了独特的“双角色、三联动”的中职电商创业型人才培养模式。其中，“双角色”指学生同时扮演老板和学生或员工和学生的双重角色，上课即上岗，上学即上班；“三联动”指学校、家长和行企三方联手，形成合力，共同培育创业人才（见图4）。

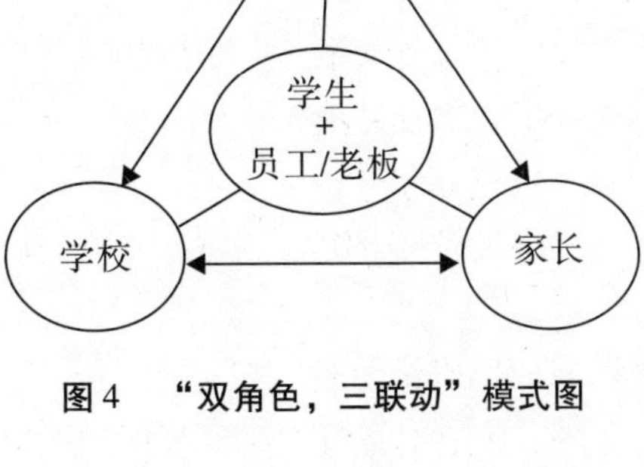

图4 “双角色，三联动”模式图

6. 社会声誉提升

创业班自开办以来，受到社会各界的广泛关注和一致好评，人们纷纷前来参观指导或学习取经。各大媒体也多次对创业班跟踪报道，学校的社会声誉显著提高，电商专业的招生也异常火爆。

三、电商创业教育展望

创业教育不是一蹴而就的，我们前期的探索也只是触到其冰山一角，在未来的发展中，我们还将从以下几个方面不断加以改进，努力营造良好的创业氛围，为更多的学生开启创业梦想。

1. 加强行企共建

学校将加强与电商协会、大型电商企业、高职院校的创业教育合作，通过标准同定、人才共育、师资互换等举措，共同做大做强学校的创业教育和电商专业。学校与企业合作的联通创业班和“乾程”电商精英班也在积极推进中，并取得了较好成效。

2. 深化课程改革

未来，学校还将细化创业人才培养计划，完善课程体系，并编写校本教材，将素质教育与创业教育相融合，进一步提升创业学生的专业技能和综合素质。

3. 组建专业集群

学校还将以电商创业班为窗口，带动学校电商部、动漫部和商旅部转型融合发展，打造学校“电子商务专业群”。力争用3至5年的时间，把学校办成特色鲜明、在广东省内具有示范性的“电子商务特色学校”。

“纸上得来终觉浅，绝知此事要躬行。”创业、就业、专业能力不是教出来的，而是练出来的。让我们紧跟网商时代的步伐，积极与社会、市场、企业接轨，在做中学，学中做，学做合一，成就学生的创业梦想。

参考文献

国家中长期教育改革和发展规划纲要（2010—2020年）. 2010.

中职学校基于校企合作下人才培养模式的实践与探讨

李带好　钟志恒

（广东省华侨职业技术学校　广东　广州　510520）

摘　要： 中等职业教育是与经济发展密切联系的教育，尤其与当地的产业发展水平密不可分，而校企合作教育是实现中等职业教育人才培养模式的有效手段。为了让学生能体验真实的企业岗位要求，给学生提供一个基于真实工作环境的学习条件，我校分别与会计师事务所、税务师事务所和其他公司等成立校企合作关系。现对在校企合作实施过程中，中职学校基于校企合作下人才培养模式中的政府主导、学生的继续学习和考核评价机制等问题进行探讨。

关键词： 校企合作；政府主导；继续学习；考核评价机制

中等职业教育是与经济发展密切联系的教育，特别是与当地的产业发展水平息息相关，而校企合作教育是实现中等职业教育人才培养模式的有效手段。为进一步推动我校教育教学改革，提高教师教学水平和教学研究能力，我校分别与广州中职信会计师事务所、广东智华会计师事务所、广州永道税务师事务所和广州市羿蓝电子科技有限公司等建立了校企合作关系，同时成立了由学校、行业专家、高职院校等相关人员组成的校企合作专业建设指导委员会。

为实现培养模式上的“产教融合，工学交替”，让学生能体验真实的企业岗位要求，给学生提供一个基于真实工作环境的学习条件，我校根据校企合作单位的需要，于当年的12月份至第二年的6月份，安排部分学生到合作单位进行岗位工作的学习。在校企合作实施过程中，通过校企合作让学生到实际工作岗位进行学习，综合校企合作单位的意见反馈、专业建设指导委员会的工作会议和座谈及岗位工作学习学生的座谈意见，现对中职学校基于校企合作下人才培养模式进行探讨。

1. 政府应为校企合作对接平台搭建的主导

目前，与中职学校进行校企合作的企业，基本上是通过学校本身的各种关系直接进行对接。企业由于考虑到成本、风险等问题，参与的积极性本来就不高，加上中职学生与高职以上学历的学生相比，合作企业普遍反映中职学生由于年纪比较小，学生的知识基础普遍薄弱，理解能力较差，师傅带着学生比较辛苦，对中职学生的培养无论在人力、财力和物力方面都要投入得更多，这也是校企合作中，企业不愿招收学徒工，也不愿花钱培训员工的原因。虽然在2014年6月22日发布的《国务院关于加快发展现代职业教育的决定》（国发〔2014〕19号）中，强调了健全企业参与制度，但是目前在制度层面，还缺乏相关法律法规的支持，企业和学生的合法权益难以完全界定并得到有效保障。同时，政府的相关扶持政策在落实过程中也往往大打折扣，致使职业院校与企业的积极性受挫。

目前，中职学校自主开展的校企合作，无论在实力、规模和数量上都较难开展和得到保障，更不用说做到专业设置对接产业需求、课程内容对接职业标准、教学过程对接生产过程的“三对接”。因此，政府部门应加快构建现代职业教育体系，在制度层面研究制订促进校企合作办学的有关法规和激励政策，比如对于企业组织实施职工教育培训、对接职业院校，设立学生实习和教师实践岗位，达到一定规模以上的企业因接收实习生所实际发生与取得收入有关的、合理的支出，按现行税收法律规定在计算应纳税所得额时扣除相等的税收优惠政策，鼓励行业和企业举办或参与举办职业教育，要求企业把开展职业教育的情况纳入企业社会责任报告中去，从而发挥企业办学主体的重要作用。

同时，根据企业的优势和特点设立企业资源库及按特色专业设立中职学校资源库，积极培育企业和学校协同模式，推进中等职业学校与企业对口合作。通过政府的主导，构建完善的法制、政策、机制保障体系，让中职学校与企业真正做到“专业设置对接产业需求、课程内容对接职业标准、教学过程对接生产过程”的“三对接”。

2. 通过“岗位化”教学，有效解决学生的继续学习的问题

在校企合作模式下，很多企业单位特别是会计师事务所和税务师事务所，他们接收学生到实际岗位工作学习的时间，通常是每年的12月份到第二年的5月份左右。目前，中职学校的培养模式基本上是“2+1”模式，也就是说学生到企业的实际岗位工作学习的时间，是学生在学校的第三学期末到第四学期之间，而这时候，很多学生尚未全部完成专业理论课程和专业综合操作训练的学习。中职学生本身入学年纪小，在校学习时间短，因此造成接收企业反映中职学生普遍存在会计知识基础较差，理解能力较差，无法顺利、有效地完成审计、查账任务等问题。针对会计师事务所和税务师事务所的工作性质，又无法安排学生到第三年的顶岗实习阶段才到会计师事务所和税务师事务所进行实际岗位工作的学习。而在企业提出的问题中，大部分都可以通过1~2天的专业理论学习让学生自行解决。但是，往往由于学生参加了企业的岗位工作学习，必须遵守企业的规章制度，不同企业的休息时间无法一致，同时考虑到成本、师资等原因，造成中职学校无法利用周末时间统一进行补课，因此，急需找到一个能有效解决提前进入岗位工作学习学生继续学习问题的补救方法。

其实，企业也希望学生在提高实际工作能力的基础上，通过学校教学进一步加强自身专业理论的学习，建议学校让提前进入岗位工作学习的学生再次回校继续学习，让学生在提高了实际工作能力的基础上补充完整相关的专业理论知识。考虑到这些，学生的教学地点已经由学校课堂转移到实际岗位，学习方式由理论学习向岗位锻炼转变，能否采用“岗位化”教学（即学生在企业，除重点学习企业规章制度等企业文化、专业实操、定岗实习等之外，每周需安排1~2天的时间学习专业理论）的问题值得探讨。学习的具体内容由校企双方共同决定，由企业师傅和学校派出的专业实习指导老师共同承担、共同完成，让学生在企业中边学习专业理论，边进行岗位工作实操，突破校内教学的局限，把教学搬进企业，实现课堂教学的“岗位化”。

3. 健全校企合作机制，实施新的考核评价机制

对于我校的在校生，一个学生的综合评价主要由以下几方面组成：平时表现+作业+阶段考核+期中期末。但是对于提前进行岗位工作学习的学生而言，只能保证参加期中、期末考试。如果这些学生的综合评价和在校生一样，势必造成提前进行岗位工作学习的学生出现综合分不合格的情况，会对实施校企合作人才培养工作造成很大的影响。

因此，我校主动与企业合作、沟通，进一步加强实习实践教学管理，为学生提前进行

岗位工作学习创造良好的环境，并在良好的劳动环境中以实现学生专业发展为根本目的。我们对这些提前进行岗位工作学习的学生实施新的考核评价机制。对于学生的平时表现，主要由工作企业具体负责，针对学生的出勤情况、工作态度、团队协作等方面，企业每月对学生的表现进行综合打分；而学生需要根据自己完成的岗位工作内容写月工作报告（或小结），附上相关的工作照片，作为作业考核内容；对于阶段考核分，主要根据学生独立完成本职岗位工作的情况，由工作企业和学校的专业实习指导老师共同考核后打分，结合期中、期末分，作为学生的综合成绩。

目前，中职学校的校企合作人才培养模式还处在渐进式探索阶段，随着校企合作人才培养模式的实践，还会出现各种需要探讨的问题，但随着政府的重视和大力推动，企业和中职学校将会进一步深化校企合作，为社会培养出更多高素质和高技能人才。

参考文献

张三保，舒熳．推行现代学徒制，政产学如何发力［N］．中国教育报，2015 - 03 - 26.

走“订单式”人才培养道路

——暨校企合作联合办学实践报告

高振仓

（江门市新会机电职业技术学校　广东　江门　529000）

摘　要：校企合作的形式多样，我校与企业为适应社会需求共同探索“订单式”人才培养道路。通过实践总结，全面展示培训过程，分析其重要意义。

关键词：订单式；培训；校企合作

为适应社会发展的需要，学校秉承“以人为本，适应社会，追求发展；让学生成才让家长放心，让社会满意”的办学理念，与广东江门科杰机械自动化有限公司合作，为努力实现人才培养的目标，建立了“课堂—工作间”“课堂—岗位”“学生—企业”的零距离联合办学模式。量体裁衣，为企业“订单式”培养实用型、技能型的中、高级应用型人才。

“订单式”人才培养模式，是指学校针对企业的人力资源规划的需求，双方共同制订或修订专业人才培养方案，在师资、技术、设备等办学条件方面合作，利用合作双方的资源优势，采取多种形式组织教学，学生毕业后，经学生与企业双向选择，学生到企业就业的一种产、学结合的人才培养模式。

一、企业状况

广东江门科杰机械自动化有限公司是集研发、生产、销售为一体的高新科技企业，主要从事数控机床设备的生产和研发，生产三轴、四轴及五轴联动高速数控雕铣机、鞋模机、玻璃数控加工中心、高速钻削中心、六自由度机械人、光纤激光切割机等产品，远销德国、英国、日本等工业强国。企业正处于蓬勃发展阶段，急需大量拥有相关技术的高级技工人才，如机床装配检测、售后服务、数控技术培训人员等。

二、校企合作现状

新会机电高级职业技术学校是一所以数控、模具、机电、汽车为主要专业的综合性技能培训学校，现有学生6 000多人。以往的校企合作主要有以下几种形式：

1. 定向计划招生

2005年，学校与当地一间造纸企业合作，开设机电专业（造纸设备）人才培养课程。学校通过设置与企业需求相关的课程进行教学，企业为就读该专业的学生提供助学金和实习岗位，学生毕业后到该企业工作。合作过程中，一方面由于学校缺乏造纸专业的教师和设备，专业技能不突出；另一方面，由于企业规模不大，技术含量低，学生到企业实习得不到锻炼，缺乏企业认同感，学生与企业间没有培养协议，学生毕业后不愿意到该企业工作，企业无法得到合适的人才，校企合作得不到延续。

2. 顶岗实习

根据《国务院关于大力发展职业教育决定》中“大力推行工学结合，校企合作的培养模式”和“逐步建立和完善半工半读制度”的精神，中职学校推行“2+1”的教学模式。学校根据学生特点和社会需求，在就读期间分阶段安排学生到企业实习，学生实习时在技能和心理素质上都得到一定的锻炼。但由于企业的需求与学校的目的存在一定的差距，一方面企业急需的是一线生产工人，学生在企业实习时得不到相关专业技能的培训，逐渐沦为普通劳动力；另一方面，由于学校学生众多，对口实习岗位不足，学生不能完全对岗实习。学生无法在实习中提高技能，企业也很难得到相关专业技能的高级技工人才。

3. 举办人才招聘会，推荐毕业生

近几年来，学校为解决学生就业，通过与各界友好企业合作，每年定期举行人才招聘会，让企业招收到合适的人才，学生找到满意的工作单位。由于企业需求与学生专业技能存在较大的差距，学生到企业后都要经过较长时间的培训和磨合。通过双方深入的了解沟通，我们得知部分学生因不满意企业的待遇和环境而离开企业，部分学生达不到企业的要求被解雇，造成双方在资源和时间上的损失。

三、走“订单式”人才培养之路

1. 把握机遇

学校与科杰机械自动化有限公司在学生顶岗实习、就业推荐、技能培训上已经有多年的良好合作，学校开设的数控、模具等专业与企业的需求基本相适应。在发展过程中企业为学校提供了不少机床设备和教师技能培训的机会。由于企业发展的需要，在技工人才上提出了更高的要求，学校的高级技工班正好能适应它的需要。

2. “订单式”人才培训班建立方案

（1）组班。

学校在09级高级技工班中（模具设计与制造、机械制造与自动化两个专业，毕业时间为2011年7月），通过学校宣传发动、学生自愿报名，以及学校和企业共同挑选的方式组建培训班，人数在50人以内（最终报名人数为51人）。

（2）培训程序及管理。

为规范培训过程，提高培养效益，培训过程分两个阶段，并作出以下要求：

①第一阶段：

a. 对所有参加培训的学生，进行基础知识教授。

b. 在第一阶段，对参与培训并满勤的学生，给予满勤奖励。

c. 结束不愿意参加第二阶段培训以及考核不及格同学的培训。

②第二阶段：

a. 在完成第一阶段的课程后，对学生进行筛选和分组，开始第二阶段有针对性的专项技能的教授和强化。

b. 在第二阶段开始之前，在学生、学校、企业三方协商一致的前提下，三方签订“就业协议”。

c. 在培训过程中，企业对受训学生的表现进行考评，评选出表现好的学生，按优良、优秀、优异三个等级进行奖励（奖励人数约占总人数的20%左右）。同时，得奖者在企业就业后可缩减试用期。

在人才培养过程中，采取“双向选择”机制，一方面由企业不定期对本班学员进行品德、知识、能力等方面的测试，不合格的，随时淘汰；另一方面，如果学生自己感觉不适应这种模式，可以随时申请退出。

（3）教学培训模式。

学生要在正常上课时间完成学期教学计划的各项教学任务，企业专业知识培训主要安排在课余时间进行，如利用晚上或双休日等时间。

企业制定培训计划，学校根据培训计划和学校教学安排组织培训班的教学工作，包括人员的通知、上课地点的安排、设备设施的准备。培训指导老师主要由企业指派，专业培训设备仪器（学校不能满足培训需要的时候）由企业提供。根据培训需要，由企业安排学生到企业进行短期专业技能培训。

（4）就业安排。

在完成全部培训项目之后，企业考核和选择培训班的学生，并与学校协商后，达到企业要求的学生可以直接进入企业就业。

四、培训过程

整个培训计划为避免与学校教学计划相冲突，培训过程分两个阶段进行：

1. 第一阶段：相互了解和交流

表1 第一阶段培训课程安排

课次	主题	内容
第一课	公司介绍	介绍公司的情况，包括：企业性质、厂房厂貌、行业信息、产品信息、公司福利等
第二课	初级知识讲授	数控机床技术知识讲授
第三课	互动测试	分问答、游戏、座谈、测试四个环节，其中问答和游戏属有奖环节

第一、二课安排在多媒体教室进行，通过企业人事部和培训部的人员讲解企业的状况、企业文化、员工福利待遇、数控设备基础知识等内容，让学生对企业有初步的了解。

第三课是一次富有特色的活动，活动安排在学校舞蹈室进行，学生离开熟悉的教室，感到新奇和兴奋，而活动过程更是一场团队精神的扩展培训。活动中学生通过团队扩展游戏，如二人三足、钻呼啦圈、顶皮球等活动展现自我能力，企业人事部门工作人员通过问答和游戏，记录和考核学生在基础专业知识、个人团队协作意识、人际交流等方面的表现。

第一阶段结束后，有2个同学因个人原因退出培训班。在本阶段培训过程中，学生纪律表现出乎意外地好，与平时上课大相径庭，学习热情高涨，期间只有一个学生因交通问题迟到而得不到全勤奖。

2. 第二阶段：专项技能的教授和强化

第二阶段课程根据培训的特点和设备要求分两部分进行，第一部分由企业安排技术人员到学校授课，第二部分安排学生到企业实习。

（1）第一部分：基础专业技能培训。

表2　第二阶段培训课程安排

课次	课时	培训内容	设备器材	器材准备
第一课	8	电气原理	数控机床系统检测平台	企业
第二课	8	机床操作	佳铁系统雕铣机	学校
第三课	8	横梁调侧母线	花岗岩横梁、丝杆总成六角匙、百分表、桥板	企业

在培训过程中，培训人员在实操过程中不断对学生进行考核，记录每位学生的学习情况，包括接受能力、形象、主动性、沟通能力、吃苦精神、团队精神等方面，作为第二部分分组定位（工作岗位的分配）的依据。

由于涉及企业的专业技术问题，培训讲师和指导人员均由企业派遣，部分设备和专业工具由企业提供，机床设备使用学校现有的佳铁系统雕铣机。企业技术员对机床知识的讲解，让在场的老师和学生对相关知识有了更高一层的认识与理解。学生争相比试，希望有更好的表现以获得理想的职位，学生纪律一如既往地好。

（2）第二部分：岗位专业技能培训。

通过第二阶段第一部分的培训，企业对学生的能力已有基本的了解，接下来是对培训班的同学进行岗位（职位）的指定以及针对性培训。由于岗位种类多样（如售后服务员、装配检测员、技术培训师等），要使用的设备设施以及开展培训都无法在学校进行，因此第二部分的培训学习安排到企业进行。为了不影响学生的正常学习任务，培训时间定在寒假，为期两周。

学生到企业后，所有管理事宜由企业负责。分组后的学生各自在指定的岗位上接受培训，学生按企业的规章制度进行考核和管理。企业不断对学生进行岗位考核，优胜劣汰，最终通过考核的同学直接进入企业就业。

五、培训总结

1. 校企共赢

学校通过与企业的合作，一方面可以很好地为学生解决就业问题，学生满意、家长满意、社会认可，取得良好的社会效益；另一方面，可以提高学生的学习积极性，让学生明确专业方向和目标，并在学校营造一个良好的专业学习氛围，推动相关专业在教学技能上的进步和发展。学校相关专业的老师在参与培训过程时，通过与企业技术人员的技术交流，专业技能得到了较快的提高。

企业通过培训班，提前在学校物色合适的优质员工，在激烈的高级技工人才争夺中取得先机。缩短企业员工岗前培训时间，并更好地解决以往招聘中，如由于企业与员工之间的不适应，出现员工流失、影响生产需求、浪费培训资源等问题。

2. 存在的问题与不足

本次“订单式”人才培训，企业和学校双方都高度重视，在培训过程中，从人力资源和设备上提供了有力的支持，特别是企业一方。企业的认可和支持是成功的关键。但社会上大多数企业（特别是中小型企业）由于技术含量低，不重视人才的培养，要大力推广这种人才培养的模式需要找到合适的对口企业，存在较大的困难。

学校现有的设备设施虽然很多，但不能很好地应用到本次培训中，如数控机床系统检测平台，学校有多台华中数控系统的检测平台，但由于与佳铁系统不兼容而被弃用，最终要由企业派送相关系统设备。学校相关专业的老师，由于对企业机床设备和技术的了解不足而无法对学生提供较好的帮助，未能发挥技术培训作用。

总之，随着校企合作的不断深入和发展，在专业技能的交流、教育资源的互补等方面将会不断提高和增加。在企业的真诚协助之下，学校的教学将更加有针对性和专业性，学校将作为一个社会人才的缔造者，为企业提供更高素质的、适应社会需求的各类型专业人才。

建立特色现代学徒制　点亮人才培养新前景

袁吉玉　陈雪华
（佛山市陈村职业技术学校　广东　佛山　528313）

摘　要： 现代学徒制是职业教育校企合作不断深化，乃至无缝接轨的一种新的形式，它以学生（学徒）为主体，以学校、企业的密切合作和教师、师傅联合指导的三位一体的人才培养新型教育模式。本文结合学校推行现代学徒制的实际做法，归纳总结出具有特色的现代学徒制实践策略，从而探索有力推进中职教育发展的人才培养新途径。

关键词： 现代学徒制；人才培养

《国家中长期教育改革和发展规划纲要（2010—2020 年）》是我国教育持续发展的风向标，其中提到的要实施产、学、研合作培养创新人才的政策，更是引领职业教育蓬勃发展的导航仪。针对当前职业教育的现状，结合当下社会经济发展的趋势，中职学校推行校企合作的现代学徒制，既符合职业教育发展的内在要求，也适应企业发展乃至社会经济发展的客观需求，更响应了国家职业教育改革与发展的号召，与产、学、研合作培养创新人才的政策相吻合。

现代学徒制是产、学、研相结合的人才创新培养模式，基础是校企合作，核心是学生理论学习的全面巩固与专业技能的全面提升，关键是专业课程的兼容性和发展性，有力保障是学校、企业的密切合作以及教师、师傅的联合指导。现代学徒制不仅对学校教育教学方法的改革有较大的积极影响，对实训设备的更新以及师资队伍的建设也有莫大的促进作用，对不断提高学生适应社会的综合能力更是有重大的培养效果。现代学徒制促使职业教育更具社会影响力，其专业实践操作的特性也就更突显了。这是职业学校人才培养模式的一次重大革新，也是职业学校蓬勃发展的一个里程碑。

一、以陈村职业技术学校为例，阐述中职学校推行现代学徒制的积极意义

陈村职业技术学校作为佛山市首个现代学徒制试点学校和“中国机械 500 强”——广东科达机电股份有限公司签订了现代学徒制项目合作协议。现代学徒制职业教育模式在该校的实施，解决了该校校企合作面临的困境，同时培养了更优质的教育“产品”，并很好地打开了销售渠道，使企业得到符合用工要求的员工，一举“三得”。

（一）增强学生的专业技能，锻炼学生的社会适应性

师生和师徒处于同一教学情境下，及时沟通和反馈，极大地提高了学习效果，增强了学生的专业技能。同时，学生以学徒的身份真正参与企业的生产过程，体验到了企业文化，从而使其学习更有指向性和社会性，为专业学习和终身发展打下了坚实的基础。

（二）提升师资队伍的质量，助推学校的内涵建设

为了培养符合企业需求的学生，教师需到企业实践，了解行业发展动态，掌握技术进步情况，提高指导实践教学的能力，从而更好地提升教育教学质量。学校也需根据企业的需求，进行客观调研、教学改革、专业调整、课程重设、实训设备更新等一系列工作，从而不断提高学校硬件、软件的同步发展，增强教学实效，有力推动学校的内涵建设。

（三）增添企业的生产活力，促进企业的不断发展

在参与培养现代学徒的过程中，企业的专业技术水平、生产能力、创新能力都得到不断提升，这就好比给企业注入了源源不竭的活水，既能解决企业发展的瓶颈，又能给企业带来全新的发展契机，更是大大激活了企业的发展动力。

二、分析支撑现代学徒制的重要因素，为现代学徒制的顺利开展保驾护航

（一）构建校企合作平台

现代学徒制最基本的特点就是搭建了广阔的校企合作平台，其主体构成是学校、企业、学生，其主要特征是学校和企业联手互通。具体表现为：招生等同招工，培养的对象具有双重身份，学生即学徒，而且相互交替；校企共同培养，分工合作，各司其职，各负其责，共同完成学生（员工）的培养工作。

（二）重建学习主要载体

现代学徒制培养的是高技能实用型对口人才。针对此培养目标，其课程体系和课程内容必须进行相应的调整。专业课程体系必须与岗位专业能力培养对接起来，岗位工作任务必须融入课程教学内容。现代学徒制的重要举措，就是要重构课程体系以及重组课程内容，并让这两大学习主要载体充分体现专业能动性。

（三）改革教学管理模式

现代学徒制的主要培养方式是工学结合、工学交替。因此必须实行校企共同参与的“合作性”教学管理模式，根据中职学生发展的共性和个性需求选择合适的组织方式，根据中职学生的培养目标以及企业的人才需求选择合适的管理方式，为现代学徒制培养高技能人才提供管理上的支撑。

（四）组建教学精英团队

现代学徒制使中职学校的教学模式发生了质的改变，扩大了施教者的范围，也对施教者提出了更高更严的要求。中职学校教师是现代学徒制中的第一施教者，不仅要具备扎实的学科专业知识，还要熟知专业所对应的主要职业领域的工作知识，同时具备本专业领域内较强的职业实践能力。企业兼职教师是现代学徒制中的第二施教者，即我们俗称的“师傅”，他们在熟知企业岗位的特点及任务的基础上，必须具备先进的职业教育教学理念，掌握先进的教育教学方法以及较为娴熟的执教能力。

（五）形成核心评价机制

评价在现代学徒制中相当于审核判定教育对象的达标性，因此建立完善的核心评价机制是现代学徒制的最终保障。现代学徒制的评价机制必须针对性与发展性相协同，过程考核和最终考核相配合，其目标考核全面渗透到现代学徒制实施过程中学习和实践的各个环节，从而保证现代学徒制的严进优出，为企业培养精英人才。

三、建立具有中职特色的现代学徒制，拓宽中职教育蓬勃发展之路

陈村职业技术学校在充分考虑支撑现代学徒制发展之重要因素的基础上，在探索实践中不断积累总结，不断创新完善，力争开拓更宽阔的途径，建立具有特色的现代学徒制。

该校在实行现代学徒制中采取的培养策略是：在明确我国现代学徒制的定义与内涵的基础上，结合学校的发展目标，遵循一个中心，实行二元育人，建立三个主体，实现四个融合，贯彻五个落实，开展六个联合，深化产教融合、校企合作，做到工学交替、实岗育人。

（一）遵循一个中心

坚持以邓小平理论和“三个代表”重要思想为中心指导，深入贯彻落实科学发展观；坚持以学生技能培养为根本，以学徒能力提升为重心；坚持以岗位资格标准为导向，以企业用人需求为标杆；坚持以专业学习和实训计划为统领，以教师、师傅（双师）的教学实践为支撑；坚持校企双方联手共建，深度合作，互惠互利，从而不断创新教育机制，推进人才培养模式改革，提升中职教育的核心竞争力。

（二）实行二元育人

学校通过与企业签署校企联合培养协议，建立“二元育人”的培养机制。职业学校教师主要负责教授学生的理论知识与基本技能，企业师傅主要负责指导学生的职业岗位实际操作知识和技能提升，学校教师的讲、引、练以及企业师傅的传、帮、带，实现了对培养对象的双轨栽培，也就实现了理论与实践的紧密结合、知识与技能的完全融合。学校教师组织考核学生的理论知识与基本技能，而企业师傅对学生实际操作知识和技能培训的考核，则由企业与职业学校共同制订考核标准，从而实现学生与学徒、教育与培训、考核与评价的“二元育人”模式。

（三）建立三个主体

学校与企业首先达成协议，并签署校企合作合约，搭建共同培养平台，然后在明确双方效益与职责后，建立校企联合招生招工制度。现代学徒制实施的前提是企业与现代学徒制试点专业学生签署相应的培养协议，学校给该专业学生配置优质的教育教学条件（包括优秀的教师以及先进的教学设备），从而形成“学校教师、企业师傅、在校学生”三个主体共同参与的现代学徒制人才培养方式。基于自愿原则，三方主体明确三方利益追求的一致性，即将学生培养成符合企业职业岗位能力要求的高素质技能型实用人才。最终目标的一致性将三方主体结成稳固的有如三足鼎立的关系，内在的紧密联系也就促进了三方的共

同发展。

（四）实现四个融合

在现代学徒制试点中，教学方式方法的改革创新以及学时学制的重新调整，实现了实训与岗位、教师与师傅、考核与评价、学历与证书的四个融合。其中实训与岗位的合二为一（实岗育人）是现代学徒制最大的特点。学校师资与企业师傅的分工及合作是现代学徒制能发挥应有作用的双重保险。考核与评价重视过程的考查以及最终的考核，是现代学徒制中体现人才培养的重要保障。学历评定以及专业证书的考评，体现现代学徒制对人才综合能力的高度重视，也实现了学生的价值提升。

（五）贯彻五个落实

学生在校学习期间，兼有企业学徒工身份。企业将落实师徒传、帮、带，奖学金，出师入职，学徒工资，社保费用等五个保障措施。现代学徒制的这种入学即入职的培养模式，对当前就业比较困难的中职学生来说极具吸引力，也更能得到经济比较困难的家庭的支持。一方面，学生如果参与到现代学徒制培养模式中来就解决了毕业后的就业问题；另一方面，学徒工资一定程度上减轻了学生家庭的负担。为了让学生专心学习，日后安心工作，必须对学生进行鼓励和奖励，对员工提供全面的保障。因此贯彻五个落实是实现现代学徒制的重要保证。

（六）开展六个联合

校企联合培养过程中，结合企业需求以及学校要求，针对学生特点制订人才培养方案，根本做好人才培养目标的定位与调适工作，核心做好“双师”（教师与师傅）培养与管理工作，具体做好学生的教学与管理工作，关键做好专业课程设置与专用教材的编写出版工作，重点做好学生实训与就业工作，实质做好学生（学徒）考核与评定工作。做好六个联合是实现校企联合培养，成功建立和完善现代学徒制的具体措施。在六个联合中要特别注意渗透文化育人的观念，学校文化塑学生品质，企业文化铸员工魄力，由内而外双重打造，为企业培养出更优秀的现代专业技能人才。

现代学徒制是焕发中国职业教育鲜活生命的动力源泉。今后我们要不断学习和借鉴全国各地现代学徒制试点项目实施的先进经验，结合本校情况不断完善，开拓创新，力争把现代学徒制工作做得更好，从而点亮中职人才培养新前景。

参考文献

［1］杨黎明．关于现代学徒制——构建中国特色的现代学徒制［J］．职教论坛，2013（15）．

［2］朱敏成．论现代学徒模式［J］．中国职业技术教育，2011（11）．

［3］贺国庆，刘向荣．西欧学徒制的历史演变及现代意义［J］．河北师范大学学报（教育科学版），2011（11）．

［4］许竞．再析英国的现代学徒制培［J］．职业技术教育（教科版），2005（4）．

［5］吴言．现代职业学习理论［J］．职业技术教育，2003（4）．

初探工作室制教学改革模式，搭建中职艺术设计专业校企合作桥梁

——以中山市沙溪理工学校艺术部为例

刘　丹

（中山市沙溪理工学校　广东　中山　528471）

摘　要：中职艺术设计专业尤其需要培养学生的动手实践能力，企业用人单位正处在“用工荒”状态，根据目前市场和职业能力需求，需提高学生专业综合能力，搭建校企合作对接桥梁，从而实现我校专业对接产业链的教学理念。与此同时，该教学模式能提高教师的专业实践技能，培养学生的实践操作能力、创新设计能力和创业能力，同时满足学生个性化发展的要求。

关键词：工作室制；教学模式；建设；校企合作桥梁

一、工作室制教学模式的内涵和特点

（一）工作室制教学模式的内涵

（1）概念：工作室制教学模式以工作室为空间依托，以专业教师为主导，以辅助教学和承接技术项目为主要任务，将产、学、研融为一体。学生通过双向选择进入工作室，采用师徒制模式，理论课程与实践教学纵向交替进行、横向互相渗透，逐步形成知识、能力、素质有机结合的教学体系，由教师带领学生承接和完成设计任务的综合专业技术的训练。

（2）管理结构：工作室为开放的教学空间，艺术部工作室负责人负责教学组织安排和总体规划，对工作室成员实行二级管理；教学团队具体负责学习任务、项目开展、校企互动等。

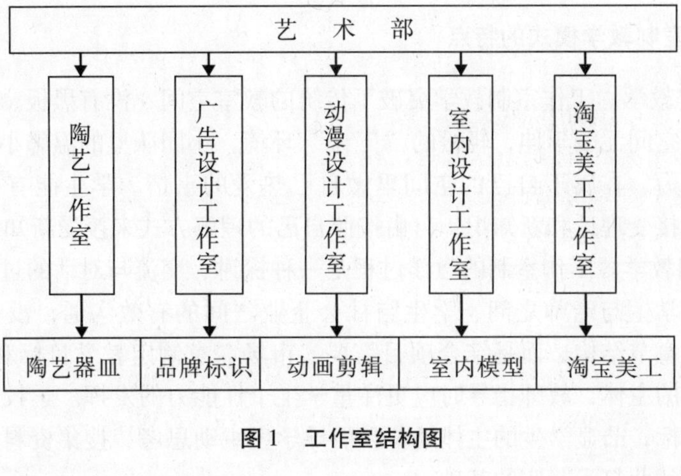

图1　工作室结构图

（3）目标定位：工作室以任务为中心，强调阶段任务目标的完成，有意识地加强课堂的互动、讨论及动手实践，激发学生主动思考的能力。工作室不仅可以培养和选拔学生，承担培养技能竞赛团队的责任，还可以负责各项专业技能大赛等教学任务，承接对外商业服务，如企业的品牌设计、淘宝美工、摄影、书籍排版、短版印刷、动画制作、室内家居设计等服务。到目前为止，广告设计工作室不仅成为学校的宣传输出阵地，负责学校校园文化建设工作，而且为当地几十家企业设计宣传网页、淘宝美工和动漫。工作室在近期的省级技能大赛中获一等奖 3 个，室内设计工作室获省一等奖 2 个、二等奖 3 个，同时获广告竞赛二等奖。自工作室成立以来，累计获单项国家级奖励 3 项、省级奖励 15 项、市级奖励 40 多项。

（4）师资培养：工作室的建设和日常的运作，对教师专业水平及综合知识、实践能力有较高的要求，迫使在工作室任职的教师必须具备“双师型教师”素养。既能承接项目，又能担负工作室的各项任务，有高度的责任心和奉献精神，对工作室的学生进行道德情感培养，提升其实践能力。

（5）教学评价：采用一年一度的教学成果创意集市的形式进行教学评价。每学年工作室的学生将已完成的作品集中，以创意集市、档口的形式进行展示、售卖，不仅可以评价指导教师，更加可以检验学生的学习成果，看其是否能将作业变成作品、作品变成商品。分享设计成果的同时，通过电视、广播媒体、企业评价、社会评价等多维角度进行教学评价，会无形中激发学生学习的原动力和创造力，促使工作室学生你追我赶，形成互相学习、互相竞争的良性循环。

表 1　顾客评价卡

商品评价卡	编号	好评原因
最佳作品创意		
最佳卖点作品		
最佳团队作品		
最温馨服务		

（二）工作室制教学模式的特点

（1）开放式教学。工作室制教学突破了传统的教室空间，没有黑板、没有固定的课堂环境。把课堂的空间无限延伸，轻松的“工作”环境，小团队里的温馨小屋，可以自由发挥想象力、创造力，在属于自己的空间里做自己热爱的事情。学生能有更多的学习自主权，不再被动地接受理论和新知识，自由按照自己的理解方式来接受新知识。

（2）项目制教学。工作室制的教学过程是一种探讨、交流与对话的过程。它更注重学生与学生之间、学生与老师之间、学生与社会企业之间的有效沟通，没有传统教学的概念、没有书本的章节结构，而是结合项目需要、市场需求制定教学目标和教学中的项目。学生作为工作室的主体，教师指导时应更注重学生个性能力的发挥。学校以培养应用型技能人才为终极目标，凸显学生的主体地位，引导学生主动思考、搜集资料，提高的学生专业能力，为今后就业打下坚实的基础。

（3）有利于培养学生团队合作精神。目前，社会日益发展，更多实力强劲的企业更注重企业文化和企业团队的建设，个人的力量将逐渐被淡化，取而代之的是对综合实践能力和团队合作能力的需求。如淘宝美工岗位，不仅涉及网店售卖产品本身的知识，还要了解企业产品品牌策划、市场推广策略、网店管理、网上推销等多方面的内容。团队的形成要受到多方面条件和因素的制约，学生要学会如何获取各种知识和技能，包括网店售卖经验，更要学会项目进展中不同阶段的团队管理。设计人员的相互帮助、相互协调，组成和谐团队，才能不断为企业创造财富和价值。

（4）结合学校“产、学、研”理念，工作室搭建校企合作桥梁。通过工作室制教学模式，不断深化学习是为了就业需要的理念，以工作室为桥梁，引入企业真实项目，学生可以直接参与社会企业的设计、制作、生产，实现在校融入社会，让学生真切地感受企业的真实项目、真实需求，从而加大、加强学生之间的讨论、交流，建立成果展示。同时，及时收集企业的反馈，不断修改与提高设计方案，让学生在校内学习期间就熟悉设计方案的整体流程、客户的需求心理，无形中培养学生的职业素养和职业道德意识，增加学生的荣誉感。学年末进行校内展示的同时，邀请企业、行业、家长、社会人员从多角度评选学生的优秀作品。毕业后，学生就可以快速与企业岗位工作实现无缝对接。

二、工作室制教学模式的建设

（一）工作室制教学模式的课程建设

1．以阶段性课程为主体，结合项目任务

示例一：陶艺工作室

三大阶段课程：第一阶段：基础盘泥条、切泥板（基本功阶段）→第二阶段：生活器皿（成型阶段）→第三阶段：创意元素（创意造型阶段）。

学生明确阶段目标，更有主动学习的信心，可以充分发挥动手实践能力，培养审美素养。与此同时，在每个阶段中配合任务单，并给予奖励，使学生主动学习的动力更加强劲。

示例二：广告设计工作室

阶段任务课程：基础设计构成课程（包括图形图像软件学习、案例的临摹）→设计案例学习（简单创意思维的表达）→企业真实任务训练→就业岗位素养。

工作室制教学模式的课程让学生更真实地体会企业需求，有效地学习和不断提升技能素养。

2．工作室制教学运行模式

（1）与课程结合的运行模式。结合当下中职学校艺术设计专业的发展趋势，结合课本知识，用项目教学法引导学生，注重学生参与、师生交流、互动实践，生产创意作品。

（2）课外实践运行方式。工作室不定期与校外专家、专业指导委员会成员展开交流、学习，进行小组探讨，传达专业信息，了解职业知识，认识行业岗位的具体要求，增强学生对专业未来就业岗位的有效认知；组织学生进行不定期的校外考察与交流，对目前行业展示、展览策划进行互动与探索，帮助学生有效地融入社会各行业。

3. 工作室制教学模式的教学方法

（1）布置任务。结合课程教学，给学生分配任务，由组长分配具体任务，小组成员了解、讨论所分配的任务内容。

（2）市场考察与调研。接受任务后，学生进行市场考察与调研活动，了解任务的具体细节工作，对设计思路、主题、完成效果有初步的认识，并撰写调研报告或考察总结。

（3）设计方案阶段。对调研结果或考察总结做具体设计方案，对方案进行详尽地说明，进行文案策划。

（4）讨论与总结。对设计方案和效果进行小组讨论，给出不同的意见和建议，联系实际，提出问题。教师对小组方案给予评价和总结，对学生提出进一步的教学要求与目标，激励学生完成下阶段的工作。

（5）完成设计，进行考核与评价。在设计过程中充分考虑实际需求，教师及时给予评价和考核，对学生的设计结果给予客观的建议。

（二）工作室制教学模式的发展思路

目前，工作室制教学模式还存在制度保障不完善，实施过程不协调、不完善的问题，需要指导教师以更强劲的双师前沿实践经验和实践体会，不断结合市场岗位需求来培养学生的实践能力。校企合作之路漫漫，未来工作室制教学模式不仅仅是简单的教学改革，更是有效带动教师不断提升专业素养、专业综合能力，不断激发学生主动学习、热爱专业的良好平台和桥梁，同时也为提升学生的艺术素养做好充分的准备，它也将不断考验学校对企业用人需求的满足能力。

参考文献

［1］姜大源．职业教育学研究新论［M］．北京：教育科学出版社，2007.
［2］杜威．经验与自然［M］．南京：江苏教育出版社，2005.

教师工作室三结合分层育人的实践与探索

卓尚栋　刘　丹
（中山市沙溪理工学校　广东　中山　528471）

摘　要：中山市沙溪理工学校在2013年完成全国中等职业学校改革创新示范校的穿件工作任务以后，进入示范后建设。学校创建的“专业对接产业链，教育对接价值链”育人模式得到进一步深化，在这一过程中，表现非常精彩的是学校的教师工作室。沙溪理工教师工作室具有鲜明的专业特色，每个专业部都已经基本建立起自己的教师专业工作室，这些教师工作室很有特色，突出表现为结合分层育人：教师工作室在专业教学课程方面分层实现精品课程与重点课程结合；在基地实习实训方面分层实现专岗与轮岗结合；在专业设置和专业拓展方面分层实现社会调研与企业协助相结合；在校企合作方面分层实现教师技能提升与生产实训结合，这些结合最终都落实到育人这个核心目标上来。本文认为，专业对接产业链等三大对接在教师工作室这一点上得到了全面统一，教师工作室正是沙溪理工学校实现专业与产业之间三大对接的利器。因而，教师工作室在深入实践产教对接理论、师资力量培训以及校企合作三大方面发挥了巨大作用。

关键词：教师工作室；结合分层育人

工作室制起源于德国包豪斯学院的作坊制，包豪斯倡导技术与艺术结合，提倡艺术家、企业家与技术人员的合作，主张自由创造，反对模仿因袭，墨守成规。包豪斯强调：艺术是教不会的，但工艺和手工技巧是能教会的。包豪斯的教学模式使学生在学习过程中能深入理解所学知识，掌握各种技能，提高实际动手能力，使教学成果直接以作品的方式展现，是现代职教发展值得借鉴的教学改革经验。

一、教师工作室三结合分层育人的功能与机制

沙溪理工学校借鉴德国工作室制的做法，从学校专业发展的实际需求出发，通过建立教师工作室，探索四结合分层育人，以培养专业技能人才、为地方经济发展服务为核心目标，建设校内实习实训基地，建立教师工作室，推动教育教学改革。

教师工作室采取专业教师负责制，专业工作室由专业部统一规划，按照专业工作室的发展要求，专业部部长遴选出专业教师主持教师工作室，教师工作室的组建与日常运作由专业教师负责。专业部明确专业教师的权利与义务，制定专业教师考评以及奖惩制度，探索和完善专业教师工作室的管理措施及运行方式。

教师工作室以任务驱动为工作机制。这些任务源于教育教学实践、实习实训以及技能竞赛等，将产、学、研融为一体。学生通过双向选择进入工作室，采用师徒制模式，理论课程与实践教学纵向交替进行、横向互相渗透，逐步形成知识、能力、素质有机结合的教

学体系，由教师带领学生承接和完成教师工作室的各项任务。

教师工作室以校内外实训场室建设为依托，分为硬件建设与软件建设。硬件建设主要包括场地、设备、材料建设等方面，软件建设包括专业教师的项目申报、主要任务、工作室制度建设等方面。

教师工作室最大的特点是分层育人，即按照学生的专业兴趣与技能水平的实际情况，分方向、分类别、分专项全员育人。分层育人要求在教育对象上因“材”施教、在教育目标上因“业”施教、在教育实践上因“时”施教，循序渐进地开展德艺双修的教育与实践活动。

二、教师工作室三结合分层育人的内涵

教师工作室的三结合分层育人具有特殊的含义，突出表现在如下三个方面：

（一）专业教学课程分层：精品课程与重点课程结合

课程建设是专业发展的重要内容，沙溪理工学校以教师工作室为纽带，推动课程建设的深刻改革。工作室制教学模式的课程建设内容以阶段性课程为主体，结合项目任务完成。以广告工作室为例：黄丹、刘丹广告工作室以广告设计为主要方向，在开设素描基础、色彩基础、POP 制作、广告 CAD、图形图像处理等重点课程的基础上，创办了《印花工艺》精品课。2012 年底，工美部主持了国家数字化精品资源库建设精品课程《印花工艺》的课题研究，并在全国六个课题参与单位中任组长单位。历时两年，这个国家课题取得重要成果，全套《印花工艺》数字化共建共享资源库建立起来，成为广告专业的国家级精品课程。该课程的设置全面影响了广告专业的发展，广告专业教师工作室的教师迅速成长为省市级优秀骨干教师，有两人三次获得广东省说课一等奖，有两人两次获得广东省说课大赛二等奖。2015 年 5 月 17 日全国职教活动周期间，广告工作室的学生在专业教师的指导和带领下，利用热转印技术为群众提供日用品印花服务，受到参与群众的热捧。

（二）基地实习实训分层：专岗与轮岗结合

校在校内外基地实习实训方面，沙溪理工学通过教师工作室，落实广大学生的实习实训岗位。这些岗位中，有一些是专业实训定岗岗位，有一些是专业实训轮岗岗位。定岗岗位主要面向部分被遴选出来进入教师工作室的学生，这些学生一般肩负明确的任务，比如动漫工作室的学生专项工作组要参加广东省动漫设计大赛，室内设计工作室的学生参加中山市相关的比赛。他们不但要接受有针对性的专业训练，还要努力适应整个比赛流程，了解比赛规则，通过锻炼提高竞赛技能。而轮岗岗位主要是带有普遍性的基础专业课实训岗位，比如图形设计实训室的 60 个电子制图岗位，基本上是面向本部门所有图形设计学生开放的岗位，同时也是面向成人教育大专部学生开放的岗位。不同专业方向、不同教师工作室的学生可以在不同专业教师的带领下，与实训室的管理员协商，完成相关课程任务的学习。在教师的指导下，专岗学生的技能提升明显要快得多，而且这些学生主要以就业为导向，所以，他们能够在专业教师的指导下，通过不断完成任务在专业上迅速成长。比如林显玩广告工作室，很多学生都能够从教师工作室直接进入广告企业，并很快成长为独当一面的技术员工。

（三）专业设置和专业拓展分层：社会调研与企业协助相结合

一个专业部的专业方向如何设置非常关键。专业方向设置如果适应产业发展需要，这个专业的发展就会很迅速，如果不适应产业发展需要，那么这个专业的发展就会举步维艰。沙溪理工学校在专业方向的设置上以专业教师工作室为纽带，通过广泛的社会调研，对专业方向设置进行充分论证，同时又邀请业内专家对专业方向如何发展发表意见，从而获得相应的支持。如沙溪理工学校工艺美术部在开设陶艺工作室时，不但充分考察了陶艺在中山的发展现状，也认真听取了东北师范大学陶艺专家陈力石教授的很多建议。同时，还邀请佛山陶艺制作设备老总参与讨论陶艺室的设计与创建。在此基础上，聘请佛山陶艺设备老总和东北师大陈力石教授参与陶艺室的创建与运作。一年以后，刘健陶艺工作室建立完成，并投入正式运作，陶艺工作室的专业教师正是由陈力石教授推荐的。实践证明，专家教授在师资输送方面起了决定性作用，而佛山陶艺制作设备企业从设备的配置到使用技术的培训，都对这个专业工作室的发展起到了重要作用。

三、教师工作室三结合分层育人的创新与示范

（一）专业对接产业链的深入实践

沙溪理工学校探索出“专业对接产业链”的人才培养模式，通过专业教学对接产业链，促进教学改革全方位地推进；通过实训基地（中心）对接产业链，增强企业对专业人才的依存度；通过专业设置和专业拓展对接产业链，建设具有吸引力和生命力的专业。专业对接产业链等三大对接在教师工作室上得到了全面统一。

教师工作室正是沙溪理工学校实现三大对接的利器。学校建设的所有方面，归根结底，都体现在人，也就是教师这个要素上来。教师工作室在专业教学课程方面分层实现精品课程与重点课程结合；在基地实习实训方面分层实现专岗与轮岗结合；在专业设置和专业拓展方面分层实现社会调研与企业协助相结合；在校企合作方面分层实现教师技能提升与生产实训结合。

（二）教师队伍建设的重要举措

教师工作室是以教师为核心来实现专业对接产业链的全部环节的有效连接点，每一个环节都有与之相对应的措施和工作制度，教师工作室的专业教师在这个过程中也实现了自身的内涵拓展和价值提升。

沙溪理工学校对教师培养坚持“专业培养和综合培养同步进行”的策略，推行专业教师人才“鹰成长计划”，分为培养新人教师的“雏鹰计划”、培养工作两年以上专业教学新秀的“飞鹰计划”、培养骨干教师的“精鹰计划”和培养专业带头人的“雄鹰计划”，从而培养“四能”“五有”人才，致力建设一支“校企互通、专兼结合、动态组合”的“双师型”教师队伍。实现“鹰成长计划”最基础的一环，正是建立教师工作室。通过工作室的建设和日常的运作，不断对教师专业水平及综合的知识、实践能力提出更高的要求，促使工作室负责教师必须具备“双师型教师”素养，既能承接项目，又能担负工作室的各项任务。学校各重点建设专业以教师工作室为平台，都打造了各专业“双师型”教师

团队，他们中不断产生出专业（学科）带头人、专业骨干教师，并以此为基础，规划专业发展方向、人才培养模式和课程体系设置等。经过多年的积累与沉淀，学校教师团队成长迅速，教师出国培训20多人次，既有全国百杰校长、全国优秀教育工作者、全国优秀技能指导教师、南粤优秀教育工作者，又有广东省名校长、中山市名教师、中山市十杰市民，还有多次受到国家、省市嘉奖的教书育人模范团队。教师工作室的工作机制告诉我们，只要教师工作室存在，这里就会源源不断地产生出新的优秀教师。

（三）校企合作、工学结合的关键枢纽

校企合作是职业教育是否具有活力的关键。教育部副部长鲁昕反复要求，职业院校和高校要根据产业转型升级和技术进步的趋势，积极主动服务行业、企业的实际需求，深入推进校企合作、产教融合，加快学校治理结构和人才培养模式的改革步伐，通过集团化发展、建立专业指导委员会等方式进一步深化校企合作、工学结合。

沙溪理工学校从建校之初，就牢牢抓住立足地方经济服务产业经济这根红线，积极推动校企合作，走工学结合之路，与地方知名企业合作，将企业生产线、名师工作室引入校园，进一步拓宽产、学、研一体化的办学之路，研发了亚麻系列、世博变温T恤、中小学生校服等广受欢迎的服装产品。学校还建成了师生作品与名家名作同堂辉映的美术馆、修身养性的陶艺车间、激发创意的手工艺作坊和建筑模型制作室。

在这个过程中，我们不能不关注的一个最重要的事实就是：沙溪理工学校校企合作最成功的时期，是沙溪镇休闲服装研发中心转移到沙溪理工学校以后。这个休闲服装研发中心，就是一个类似教师工作室的机构，最初由两位服装专业教师承担，面向服装企业，开展项目合作。后来这个中心的功能逐渐由技术研发向产品推广、技术推广、企业引进、行业服务、人才岗位培训等方面延伸。在休闲服装中心的努力下，和鹰集团、雅丽绣花车间、英仕婚纱集团、华人礼服公司等企业纷纷入驻校园。

而今，在沙溪理工各专业部的推动下，专业教师工作室正在全面开展校企合作。以汽车专业现代学徒制的教师工作室为例，2014年沙溪理工在汽车人才培养方面与英国合作，开办中英合作班，引进英国先进的教学模式与方法，结合英国汽车工业协会（IMI）所制定的职业标准，主要面向汽车产业，培养汽车售后服务、经营管理、技术推广的高端技能型人才。经与英国驻广州领事馆多次协商，双方决定在中山市联合开展现代学徒制试点，一批经营良好、信誉卓著、合作紧密的企业成为学校的试点企业。中山市雄鸣汽车公司在校内开设二级企业“沙溪理工汽车维修厂”，与学校在现代学徒制、考评标准引进、课程体系建设、联合培养学生、教师互派等方面推进合作。在校企合作、产教对接中，IMI现代学徒制项目的直接承担者就是张正龙老师主持的钣喷项目教师工作室。

以此为典型案例，在教师工作室不断深化与拓展的过程中，大量企业进入学校，如暴风科技企业直接对接服装职教集团的李海钱教师工作室、E电园直接对接财经专业的陈碧兰教师工作室、广州新梦园直接对接工美部黄丹老师主持的动漫工作室。同时，校企合作也呈现出多样化趋势，比如与企业合作办班、与行业举办产业论坛、与产业建立项目服务联系、与网商实现“互联网+”方面的多层面合作，校企合作实现从线上到线下的多角度全方位合作等。

教师工作室是中山市沙溪理工学校在示范后建设中最活跃的因子，也是沙溪理工学校在校企合作、工学结合方面深入拓展的典型案例，其成果也令人耳目一新。从某种程度上

来说，中山市沙溪理工学校教师工作室的日益活跃正在革新这所学校校企合作、产教融合的新模式、新途径，我们有望在这一方面看见中山市沙溪理工学校更多更出色的表现。

参考文献

[1] 国家中长期教育改革和发展规划纲要（2010—2020年）. 2010.

[2] 鲁昕：校企合作共同开展人才培养和技术研发 [N]. 中国教育报. 2013-11-28.

[3] 教育信息化十年发展规划（2011—2020年）. 2012.

[4] 郭志勇. 职业学校实施“分层次全员育人”的内涵及策略探析 [J]. 重庆电子工程职业学院学报，2013（2）.

[5] 郭一璇. 构建全员育人机制，激发师生内在动力 [J]. 时代教育（教育教学），2012（9）.

第三编　中高职专业衔接课程开发与教材建设

中等职业学校课堂教学改革与创新

——论如何用“慕课”理念指导中职学校ERP课程建设

罗　赟

（广东省民政职业技术学校　广东　广州　510310）

摘　要：目前，ERP课程非常热门，但是国内外尚无关于中职ERP课程的数字化教学研究。中职ERP课程教学目前面临的最大困难是如何将课程资源与中职学生的学习特点进行教改整合。假设我们的中职ERP课程能引入“慕课”理念，将ERP课程的企业经营基础知识和ERP运营规则等大量需要学生反复记忆的内容进行数字化、碎片化、微课化和趣味化处理，并辅以相应的教材、考试软件。那么中职ERP课程就能根据中职学生的学习特点进行教学资源整合和优化，这不但能让中职学生随时随地通过在线资源平台进行自主学习，也能极大地丰富中职学校ERP课程的教学资源，提高课堂教学质量。

关键词：中职；ERP课程；慕课；微课；二维码

前　言

目前，ERP课程非常热门，但是国内外尚无关于中职ERP课程的数字化教学研究。如申办2015年中职ERP国家技能竞赛和2015年广东省中职ERP技能竞赛的用友企业，只对竞赛软件进行了开发研究，没有研究中职ERP教材和中职ERP微课资源。国内大中专院校，如清华大学、北京大学、华中师范大学等都出版了高校和高职的ERP课程的沙盘实训教材，但没有配套研究微课资源，更没有对中职ERP课程及数字化教学进行研究。目前无论是企业还是国内外大中专院校均没有关于中职ERP课程的数字化教学研究。所以，本文的研究及实践将能填补中职教育研究领域关于ERP课程数字化教学研究的空白，也符合国家教育部推进信息化教育的要求。

一、中职ERP课程的现状

（1）中职ERP课程教学目前面临的最大困难是如何将课程资源与中职学生的学习特点进行教改整合。目前，国内的高校及企业在用ERP课程进行企业管理人才培训的时候，鉴于培训对象具备企业经营的基础知识或者实战经验，ERP课程一般只需要连续集中授课一周，即40个课时便可以完成课程训练内容。但是由于中职学生学习基础薄，也不具备基础的企业经营知识或实战经验，所以在ERP课程讲授的过程中需要耗费大量的课堂时间讲解企业经营流程、ERP运营规则、企业实战案例等问题；且由于ERP课程涉及大量的决策和数字运算，中职学生在学习过程中普遍有畏难情绪，这就使得目前中职的ERP课程对授课教师的授课能力和课堂管理能力十分依赖。

（2）根据《教育部2015年工作要点》第二大点第15小点节选内容“15. 加快推进教育信息化。继续加大优质数字教育资源开发和应用力度，探索在线开放课程应用带动机制。加强‘慕课’建设、使用和管理”。在信息化技术普及的当今社会，信息化学习、数字化课程能让学习变得有趣、轻松、高效。假设我们的中职ERP课程能引入“慕课”理念，将ERP课程的企业经营基础知识和ERP运营规则等大量需要学生反复记忆的内容进行数字化、碎片化、微课化和趣味化处理，并辅以相应的教材、考试软件。那么中职ERP课程就能根据中职学生的学习特点进行教学资源整合和优化，这不但能让中职学生随时随地通过在线资源平台进行自主学习，也能极大地丰富中职学校ERP课程的教学资源，提高课堂教学质量。

二、以“慕课”理念指导中职学校ERP课程建设的改革思路

“慕课”是一种新的在线课程开发模式，它是一种将过去发布的资源、学习管理系统以及学习管理系统与更多的开放网络资源综合起来的新的课程开发模式。学生可以在“慕课”签到、学习、做作业、考试、考证。

但是，“慕课”不是简单地将课程改革推向数字化、信息化。《中国教育报》曾发表文章指出培养学生自学能力不是“慕课”的优势，“先学后教”也不是“慕课”的优势，“慕课”的优势是教学资源的“精品化”和“精细化”，是教学过程的“个别化”和“个性化”，是教学活动的“交互性”和学生高度的“可参与性”。因此，当中职学校的ERP课程改革打算以“慕课”理念为指导时，上述的几点都必须把握好。

1. 教学目标的改革，定位中职学校ERP课程的教学目标为“玩中学，玩中教”

教学目标定位明晰，教学方向才正确。中职ERP课程教学目标的定位应该与中职生的年龄、学习能力、就业方向保持一致。例如，企业的一线管理人员学习ERP是为了维持企业日常运营。所以，企业ERP课程教学目标是利用ERP解决企业面临的实际问题；高校具有经管专业背景的学生学习ERP课程是为未来从事企业管理岗位打基础，它需要学生模拟团队管理、模拟企业经营。所以，高校ERP课程教学目标是利用ERP培养学生的企业团队管理能力和企业资源经营管理能力。中职学校商贸专业背景的学生毕业后的就业岗位往往不是管理岗位，且高校ERP课程对财务知识、营销知识、物流知识的考查系统而严谨。所以，中职学校ERP课程的教学目标定位是要通过这个课程考查学生对财务知识、营销知识、物流知识的掌握，学生是抵触、畏难和不愿意学习的。换个角度看，中职学生大多是未满18岁的孩子，天真烂漫，爱玩游戏。因此，假如能大胆地将中职ERP课程的教学目标定位“玩中学，玩中教”，那么中职ERP课程对学生而言更像是企业模拟经营游戏，这个游戏里面出现各种影响游戏输赢的条件。教师根据“玩中学，玩中教”的教学目标将各种财务知识、营销知识、物流知识隐藏在沙盘游戏中，寓教于乐，这样的中职ERP课程教学改革会非常有趣。

中职学校ERP课程的教学目标定位不是僵硬地定位要学多少，而是要定位于学得快乐。在快乐中学习，在快乐中领悟知识的作用。中职的学生毕竟年纪小，现在刻板地让他通过ERP课程学习理论管理知识，会产生抵触心理，因为毕业后工作用不到，绝大多数学生属于被管理的员工，而刻板的学习也会给学生留下学而无用的坏印象，破坏了教育的本源。只要学生能快乐地参与到中职的ERP学习中去，不论他负责的企业经营是否破产，

他觉得快乐就行；不论老师评价他学习的知识是否足够，他愿意学习就行。这样的课程教学定位不但为学生打下了升学学习 ERP 的基础，也强化了学生对学习的态度，让学生乐学，这方为教育的真谛。

2. 教学资源的改革，中职学校 ERP 的“慕课”资源数字化、碎片化、微课化和趣味化处理

中职 ERP 课程将学生分组成若干的小组，模拟企业经营，在经营的过程中小组间相互竞争，抢夺市场资源。但是由于中职学生知识底子薄，不具备基础的企业经营知识或实战经验，所以在 ERP 课程讲授的过程中需要耗费大量的课堂时间反复讲解企业经营流程、ERP 运营规则、企业实战案例等知识；且学生对 ERP 沙盘课程知识的接受程度不同。我们在一个 40 人的营销班测试过，用 1 个课时讲解完市场开发规则后，虽然 40 个同学都能将规则背出来，但是在接下来的企业模拟过程中，仍有 23 人对与市场开发相关问题存在疑问。所以说，对中职 ERP 课程规则的讲解，让中职生的记忆很容易，让中职生理解却有难度。当学生将理论代入沙盘实战时问题就会出现，而授课教师假如针对一个问题重复讲解 10 次以上，那这样的课堂教学肯定没有达到预期效果，必须要进行教学改革。

假设我们的中职 ERP 课程能引入“慕课”理念，将 ERP 课程的企业经营基础知识和 ERP 运营规则等大量需要学生反复记忆的内容进行数字化、碎片化、微课化和趣味化处理，那么学生可以随时随地通过在线资源平台进行自主学习。一个需要授课教学讲解 10 次以上的问题，现在只需要该授课教师将这个问题具体化并且用微课的形式录制，放上在线资源平台，那么学生就可以不限时间、不限空间、反复自主地进行学习。一次看不懂，可以再看一次；看完就忘记了，遇到问题后可以再次上网进行重复学习。在信息化技术普及的当今社会，信息化学习、数字化课程能让学习变得有趣、轻松、高效。

3. 教材的改革，运用“慕课”理念在中职学校 ERP 的教材改革中加入二维码帮助学生在线学习

传统意义上的教材指的是纸质教材，即一本书，一本可以拿在手上阅读翻页、可以做笔记做习题的书。当中职 ERP 课程的相关知识点已经进行了数字化、碎片化、微课化和趣味化处理后，在教材的相应位置插入二维码，那么学生除了可以阅读教材课本外，也可以在对应页面用手机扫教材上的二维码，利用智能手机和平板电脑快速地通过二维码进入中职 ERP 课程在线资源平台进行学习。

目前，随着智能手机和平板电脑的普及，二维码渗透进了我们生活的方方面面，让人感觉二维码无处不在，这也从一个侧面反映出二维码在数字化资源接入方面的便利性。二维条码/二维码是用某种特定的几何图形按一定的规律在平面上（二维方向上）分布的黑白相间的图形记录数据符号信息的；二维码可根据资讯内容的多少、应用的功能需求生成码图。教材内容是文字的，二维码接入的在线资源平台上显示的“慕课”资源是生动的。因此在教材中放入二维码能让学生保有书本阅读的乐趣，也能享受移动互联网学习带来的便利性。

4. 教学过程的改革，“慕课”理念指导下的教师可以通过线上线下发布不同的课程任务

传统的教学方式是把教学过程浓缩在课堂教学、课堂学习、课堂练习、课堂考试、课堂答疑中。以“慕课”理念为指导，中职学校 ERP 课程的教学过程可以进行如下改革：

首先，把在课堂学习变为可在课堂学习也可在课后学习，老师将教学知识点、中职 ERP 课程运营规则等进行数字化、碎片化、微课化和趣味化处理，让学生在学习知识量总

和一定的前提下，可以根据自己的学习情况随时安排学习内容和学习时间。

其次，把在课堂练习变为在线上发布任务，授课教师可以将市场调研信息、市场需求每周在QQ群或微信群公布一次，让学生自己根据相关数据信息计划安排，可以在课上于老师的指导下完成，也可以是课后学生们自己完成。

再次，把在课堂考试变为在线考试，中职ERP课堂进行企业经营模拟竞赛，考试就放在互联网上，通过在线资源平台接入让学生写实训报告，在论坛中交流企业模拟经营的心得。

最后，课堂答疑模式可以改革为线上线下答疑共存，学生可以在线上给老师留言提问，教师可以在线回答，可以在课堂上回答，也可以通过“慕课”资源的制作进行回答，甚至还可以是学生以积分的形式悬赏问题，由其他学生来回答。

5. 教学反思的改革，“慕课”理念指导下的中职ERP课程改革可以进行数据化教学反思

“慕课”理念指导下的中职ERP课程改革，可以非常便利地统计学生浏览每个知识点的次数，浏览得多意味着不懂的学生多，授课教师可以有的放矢地开专题练习；浏览次数少的授课教师要检讨是学生懂了，还是因为这个微课做得不好吸引不了学生。

以往的教学反思都是授课教师单方面在做，引入“慕课”后，授课教师也可以悬赏学生给教学内容提建议和投票。授课教师可以根据学生的反馈意见进行课程调整，这样的教学反思交互性强，更生动、更具有实践意义。

三、以“慕课”理念指导中职ERP课程改革后的预期应用价值

（1）以“慕课”理念指导中职ERP课程改革的结果能有效化解中职ERP课程过度依赖授课教师的授课难题；

（2）以“慕课”理念指导中职ERP课程改革的教材、微课资源、考试软件的应用能提高学生的学习自主性和学习热情；

（3）以“慕课”理念指导中职ERP课程改革的研究成果可在中职ERP课程教学中进行推广应用；

（4）以“慕课”理念指导中职ERP课程改革的研究为中职课程的数字化教学研究提供了实施方式和途径。

参考文献

[1] 邓文博．企业经营模拟沙盘实训［M］．广州：华南理工大学出版社，2013.

[2] 何先华．ERP沙盘模拟实训手册［M］．武汉：华中师范大学出版社，2011.

[3] 周菁．ERP沙盘模拟教程［M］．北京：北京大学出版社，2013.

[4] 刘平．ERP沙盘实训手册［M］．北京：清华大学出版社，2011.

[5] 刘贻玲．企业ERP沙盘模拟经营实训教程［M］．北京：电子工业出版社，2013.

[6] 汤敏．慕课革命：互联网如何变革教育［M］．北京：中信出版社，2015.

[7]［美］哈伯．慕课：人人可以上大学［M］．刘春园译．北京：中国人民大学出版社，2015.

[8] 赵国栋．微课与慕课设计初级教程［M］．北京：北京大学出版社，2014.

[9] 罗赟．微课该如何走进中职教育的课堂［J］．广东教育（职教版），2014（6）.

“产教融合、校企合作”的专业建设探索与实践

——以中山市沙溪理工学校服装专业为例

唐汉邦　李　莹

（中山市沙溪理工学校　广东　中山　528471）

摘　要： 基于“产教融合、校企合作”的专业建设探索与实践，中山市沙溪理工学校在近几年的专业建设实践中（特别在中等职业教育改革发展示范学校建设中）取得了丰硕的成果。以服装专业为基础探索出特色的专业建设路径，总结出实践操作性强、借鉴价值高的专业建设经验，辐射示范本校其他专业建设外，也为其他中等职业学校提供了借鉴与参考。

关键词： 产教融合；校企合作；机制；专业建设；服装专业

2014 年，全国职业教育工作会议召开，习近平总书记作了重要批示，让社会各界为之振奋不已。《国务院关于加快发展现代职业教育的决定》提出，现代职业教育要走“产教融合、校企合作”之路，坚持工学结合、知行合一，服务经济社会发展和人的全面发展，推动专业设置与产业需求对接、课程内容与职业标准对接、教学过程与生产过程对接、毕业证书与职业资格证书对接、职业教育与终身学习对接。“产教融合、校企合作”是当前职业教育深化改革的主题，但在实践和推进的过程中有三大障碍：第一是配套的法律法规不完善；第二是学校、行业、企业和政府在推进这项主题工作过程中的错位、缺位；第三是面对产教融合、校企合作这一个大课题，学校在实践过程中对顶层设计、制度建设、长效机制的建立仍然不主动。当务之急是如何很好地跨过这三大障碍，办出专业建设特色，总结出学校的办学经验。在此以中山市沙溪理工学校服装专业为例，谈谈学校“产教融合、校企合作”的专业建设探索与实践。

一、“产教融合、校企合作”的目的及意义

（一）产教融合是职业学校专业建设的前提和基础

产，指产业界，包括政府、行业、企业；教，指职业教育界，当然也指学术教育界，包括大学与科研机构。因此，产教融合的概念已经包含了校企合作、产学研合作、政产学研合作、官校企行合作等流行词语的内涵和外延。

职业学校要突出能力本位，培养学生的实践能力，产教合作是必经之路，是重要途径，是前提条件，更是基础工作。离开产教合作的土壤，职业学校的专业建设就是无源之水、无本之木。缺乏产教合作前提的专业建设，无异于关起门来的自娱自乐。所以，产教合作是职业院校的专业建设必须做、必须做好而且需要持续性做好的工作。

（二）校企合作是职业学校教育改革创新的关键

《国家中长期教育改革和发展规划纲要（2010—2020 年）》提出，要建立健全政府主导、行业指导、企业参与的办学机制，制定促进校企合作办学法规，促进校企合作制度化。校企合作已经成为职业教育发展的战略引擎，是职业教育发展的必由之路。

职业教育学校大多存在实训条件不足、“双师型”教师缺乏、教学内容与企业岗位脱节等突出问题。校企合作能够推动职业学校人才培养模式的改革、课程体系建设改革、师资队伍建设改革等。所以，校企合作是职业学校教育改革创新的关键，可以有效解决职业教育发展的一系列难题，促进职业教育的发展，提高人才培养质量，更好地实现职业教育与经济社会产业对接。

（三）“产教融合、校企合作”的意义

实施“产教融合、校企合作”，发挥学校和企业各自的优势，共同培养社会与市场需要的人才，这不仅是职业教育办学的显著特征之一，而且有助于加强学校与企业的合作及教学与生产的结合。校企双方互相支持、互相渗透、双向介入、优势互补、资源互用、利益共享，是实现职业教育现代化，促进生产力发展，使教育与生产可持续发展的重要途径。

二、“产教融合、校企合作”机制建设的作用

（一）职业学校专业建设产教融合的核心和基础是机制建设

职业学校作为教育单位，其首要任务是教育教学，而企业作为经济团体，其首要任务是提高经济效益。双方的利益有着明显的差异。要弥补差异的鸿沟，除了在沟通协调中找到合作的兴趣点，找到合作项目中双方利益的平衡点之外，更需要在合作中磨合出一套完整的合作机制，保证合作不因人员变换而中断，保证合作的可持续性和有效性。

（二）沙溪理工学校服装专业建设的丰硕成果得益于产教融合机制建设

2010 年以来，学校服装专业不断深化产教融合，先后与中国纺织科学研究院、中山市设计师协会等 100 多个高等院校、科研机构、服装企业合作，在人才培养目标定位、服装职业能力标准开发、专业人才培养方案制定、专业标准开发、课程开发、师资队伍建设、教材建设、大赛组织、课题研究、社会培训、专业实习、顶岗实习、毕业设计、就业等方面开展了深入、持续的合作，先后建成了省级重点骨干专业和中央财政支持服装实训基地。2011 年国家首批示范院校建设中，建成了 4 门专业核心课程，2 本教材被评为“国家‘十二五’规划教材”，学生获得全国服装技能大赛一等奖 11 个、二等奖 13 个和三等奖 16 个，获得省级服装技能竞赛奖项多达 56 次，专业建设取得了丰硕的成果。被誉为“全省乃至全国广大地区职业教育改革发展的领头羊”的学校办学模式——“专业对接产业链，教育对接价值链”，就是服装专业建设丰硕成果最直接的体现。

丰硕成果的背后，是产教合作专业建设机制的构建和不断完善。学校服装专业产教合作专业建设机制的探索，对其他中等职业学校的专业建设具有一定的参考和借鉴作用。

三、沙溪理工学校“产教融合、校企合作”专业建设的具体实践

资源和质量共同形成职业教育的DNA，是职业教育发展、蜕变的生命力来源和核心竞争力所在。资源和质量相辅相成，缺一不可。质量是学校的生命线，学校没有质量，就不能成为有用的资源，更难以吸引其他资源。职业教育是投入比较大的教育，除了常规教学经费外，还有实训场室建设、设备投入、师资培养等，与行业、企业密切互动。目前，职业教育的资源匮乏，培养人的质量也需要提高。《国务院关于加快发展现代职业教育的决定》提出，走“产教融合、校企合作”之路，是职业教育解决资源和质量问题的正确思路。无疑，校企合作需要企业投入资源，但企业为什么愿意把资源投向学校？对此，我们要分清学校和企业看质量的角度不同之处。学校所追求的质量始终在于育人；企业所追求的质量，短期在于储备人才，中期在于创造利润，长期在于品牌发展，最终还是要依靠人才。企业选择与学校合作，要求学校有较高的教育教学水平，能够开展深入、高端、持续的合作，在帮它培养人才的同时，还能帮它改进管理和创新产品。基于这样的认识，学校从五个方面开展校企合作。

（一）整合学校自身各种资源，优化合作条件

学校采取三个措施来整合自身资源：

①整合专业设置。学校建立于1991年，开设有服装设计与制作、汽车运用与维修、工艺美术、电子商务、财经五大专业。学校一直在思考和探索，试图寻找一种模式，把五大专业有机地整合在一起，增强学校自身的实力。

服装是沙溪的支柱产业，学校以服装为龙头专业，提出了“专业对接产业链、教育对接价值链”的办学模式，依托当地产业和行业企业，办互相联系、互相促进的优势专业，设置了服装设计、制版、生产、检测、展示、陈列、电子商务、饰品设计、物流、会计等专业。

②提高师资素质。学校对内实行“层级优化，竞聘上岗”的优化组合制，打破课时量考核常规，改用工作室和校企项目质量考核方式，实行竞争上岗，以职定责，多劳多得、优质优酬；聘请设计师、学者和企业家担任专业建设指导委员会委员，聘任企业师傅担任兼职教师；学校还发起成立了中山市服装设计师协会，吸纳包括学校教师、企业设计师、学校毕业生在内的400多名服装设计师，每月在学校开展服装沙龙，交流互动。

③改革实训模式。“专业对接产业链”其中一个对接是“实训中心对接产业链”，学校结合服装产业链的需求，引企业进校园，把课堂搬进车间，开设“教学工厂”或“教学实训车间”，以企业生产任务为实训项目，实行项目教学、仿真教学、一体化教学。与知名设计师和高级技师联合开设“名师工作室”，将教师和学生编配到各个名师工作室中，与名师面对面交流、学习。

经过以上实践，学校的整体实力大大增强，老师和学生的专业眼光放得更远。企业来谈合作，发现学校不仅是一个专业的力量，而且是整所学校的力量；不仅是一个环节人才培养的合作，而且是整个企业品牌发展的合作，是真正为企业服务的，由此与学校开展真诚的沟通。

（二）主动融入当地产业转型升级，分担政府重任

整合资源需要机遇，需要有敢于担当的精神。沙溪镇是中国休闲服装名镇，服装业是支柱产业，然而大部分企业还处于贴牌加工的生产模式中，自主研发设计的品牌不多，传统的发展模式已走到极致。当地政府意识到只有转型升级才有出路，2013 年，沙溪镇出台了《“一二三四五六”发展战略规划》，着力打造时尚创意城、文化旅游城、时尚服饰街等项目，并与电子商务行业深度融合。

在此形势下，学校主动配合政府，筹建中国沙溪时尚创意城，与行业企业合作，共同推动创意产业与电子商务行业重点项目建设。此举体现了学校不再立足于简单的教书育人，而是站在经济社会发展的高度，紧紧围绕转型升级的需要，为行业、企业做好研发、检测、创意和营销等方面的服务。

在政府的支持下，学校努力整合各种资源，从行业协会、地方商会、高校、科研机构、专家学者等着手，积极参与当地的产业发展规划，在土地、金融、政策等方面获得支持。学校先后参与了十届中国沙溪休闲服装博览会，承办了五届服装产业产、学、研高峰论坛，加紧推进“政府、行业、企业、科研机构、学校”五位一体的产、学、研一体化实践，为上百家企业提供技术和管理培训，推广最新的服装机械、IE 监控系统、电子商务等现代化经营模式，被当地政府誉为“产业转型升级的发动机”。

（三）与创业成功毕业生合作，反哺学校发展

办学二十多年来，学校培养了三万多名既全面又专业的毕业生。很多毕业生在一线磨炼多年后，成功走上技术骨干和中高层管理岗位，还有不少人成为当地的干部、企业家，涌现了全国劳动模范、中国杰出品牌企业家、广东十佳服装设计师等优秀人才。这些校友身上的资源，是学校比较容易争取到的。

2014 年 7 月，学校与 1998 届校友梁锡坤创建的中山市暴风科技有限公司实现了大合作。中山市暴风科技有限公司目前已经成为珠江地区阿里巴巴集团唯一认证的金牌淘拍档企业。梁锡坤回校和学校共同筹建了中山市服装行业电子商务产、学、研合作公共技术服务平台，并携手众多优质服装供应商提供资金和技术支持，共同参与运营管理。通过此平台，学校各专业部师生全程参与到设计、开发、制作、分销、美工、推广、客服、物流、管理等岗位。通过合作的方式，学校和企业实现“你中有我，我中有你”，不仅是合作伙伴，更是利益共同体。

此外，学校还与其他校友合作了“E 电园”等多个项目。这种与校友的合作，极大地提高了师生们的热情和信心，让双方觉得校企合作真的是可以多赢的，是大家能够把握住的。事实证明，这种合作是成功的。

（四）给企业最大的红利，发挥资源价值

校企合作还是要让企业得到实实在在的回报，让企业觉得学校是稳定可靠的。为了吸引企业进驻学校建设的校内实训基地，学校主动提供场室，邀请企业让生产设备、技术精英长驻学校，允许其按照生产实际进行运作。唯一的要求就是，企业必须把设备和师傅投入到学校教学中，把生产计划和教学计划结合起来，与学校教师共同实施和改进教学。学校还协助企业在学校开设实训生产专线，如英仕婚纱晚礼服学生实训生产专线等，让表现

比较优秀的学生分批到生产线上实习，形成良性互动。

除了人才，企业还希望得到资源。学校让企业充分参与到产学研一体化过程中，可充分使用学校的资源。这些资源包括中央财政支持建设的服装专业实训基地；与中国纺织科学研究院合建的中纺标 CTTC 中山检测中心（已成功申报成为“国家实验室”）；学校承办的中山市休闲服装工程研究开发中心；学校组建的中山市服装设计师协会；与中山职业技术学院创办的沙溪纺织服装学院；中山市服装行业电子商务产学研合作公共技术服务平台等。

事实证明，企业确实得到了发展。学校携手天竹联盟等企业，与齐齐哈尔大学等高校合作，研发了亚麻系列服饰、世博温差变色 T 恤、中小学生校服等深受欢迎的服装产品，创立和培育了酷侣、东方儿女等服装品牌，为企业创造了实实在在的利润。

（五）建立民主透明的运行机制，保障校企合作

运行机制建设是校企合作的最大难题。目前国家体制还不够完善，职业教育的法律法规还在建设中，“产教融合、校企合作”存在许多困难，资源和质量在融合中也存在诸多风险。为了规避风险和提高教师积极性，学校决定通过民主管理，让权力回到群众手中，把合作晒在阳光下。对于有意向进驻的企业，通过教师代表大会讨论其实力如何，口碑如何，学校能做怎样的让步，需要怎样的保障，把项目合同条款公之于众，一人一票决定，最后请律师公证，合法生效。学校尽最大努力厘清学校与企业、教学与生产、学生与员工之间的利益关系，明晰参与各方的责任与权利，制定合法、具体、务实的产权协议和各方责任书，形成明确、可操作的机制，并在运行中不断予以完善。

四、结论与建议

（一）结论

产教合作是职业学校人才培养、专业建设的必由之路，是重要途径，是前提条件，更是基础工作。

沙溪理工学校服装专业产教合作进行专业建设的实践做法，可能有助于中等职业教育同行的专业建设实践。

（二）建议

同行学校在借鉴参考实践时，应该充分考虑本校的专业设置及当地产业的背景，紧密依托当地产业，将成功运作的关键因素理解透彻，才能得到启发。

同行学校在实施专业产教融合、校企合作建设时，应该区分学校专业的层次，以便于学校、企业和专业的各个层次划定职能与规划，提高通过产教合作进行专业建设的成效。

参考文献

杨经元．校企合作是推动职教改革和创新的关键［J］．交通职业教育，2011（3）．

基于工作过程系统化的“使用普通车床加工零件”课程改革开发与实践

陈志富

（中山市建斌中等职业技术学校　广东　中山　528415）

摘　要：本文从“使用普通车床加工零件”课程的现状及存在问题出发，分析了基于工作过程系统化课程改革的理论基础，阐述了课程开发的方法与步骤。通过企业调研、走访行业等方式，得出中职学生使用普通车床加工零件所需掌握的技能及职业素养。结合工作过程系统化的教学改革理念，从理论到实践，较系统地阐述了“使用普通车床加工零件”课程改革、开发的方法与步骤。

关键词：工作过程系统化；使用普通车床加工零件；专业技能；职业素养

一、“使用普通车床加工零件”课程改革的背景

目前“使用普通车床加工零件”课程设置普遍存在的问题主要体现在以下几方面：

（一）传统的教学以课本为中心，学科为体系，老师为主导

教学过程中老师主导课堂，先是理论讲授，然后是操作演示，再是学生训练。这种灌输式的教学模式忽视了学生的主体地位，削弱了学生学习的主动性与积极性。把老师作为教学过程的主体，违背了教育的基本理念，不符合现代职业教育的要求。

（二）传统的教学理论与实操脱节，过程与评价不挂钩

教学过程中理论课程与实操课程无论在时间上还是内容上都不能得到统一。往往出现理论讲授完后，过一段时间才能进行实操，但这时学生的理论知识已经忘得差不多了。评价方式也往往停留在学生的工件层面上，缺少过程评分，不能很好地调动学生的积极性。

（三）教学实训项目不贴合企业实际生产，随意性大

现在有些中职学校的“使用普通车床加工零件”课堂教学也采用了实际操作的教学模式，但实操项目的设置随意性大，不能贴合企业实际生产，学生没有质量意识。

综上所述，传统的教学存在以课本为中心、实操与理论脱节、实训项目与企业脱轨等问题，其教学模式已不能适应中职学生的学习。找到一种符合学生实际，贴合市场需求的教学模式迫在眉睫，基于工作过程系统化的课程开发及教学改革就是在这样的环境下诞生的。

二、基于工作过程系统化课程改革及开发的基本理念

（一）基于工作过程系统化课程改革的理论基础

工作过程是在企业里为完成一项工作任务并获得工作成果而进行的一个完整的工作程序。而所谓工作过程系统化课程，是围绕职业活动中为完成一件工作任务并获得工作成果而进行的一个完整的工作程序从而建立起来的课程体系。它以工作过程系统化为导向开发学习领域课程，突出能力本位教育，注重学生综合职业能力的培养。它具有以下特点：

（1）重构课程体系：打破传统学科型课程体系，针对实际工作体系重新构建课程体系，并按实际工作结构重新设计课程结构。

（2）重组教学内容：打破传统学科型课程以学科知识逻辑为主线的教学内容。

（3）转变实施方式：打破学科型课程主要进行知识灌输、学生被动接受、实践与理论脱节的实施方式，形成主要进行任务实施、学生主动构建、实践与理论一体化的实施方式。

（4）改造教学情境：打破单一的教学模式、课堂化教学环境，创设尽可能与工作实境接近的教学环境，实现学校环境与工作环境的有机融合。

（二）基于工作过程系统化课程开发的基本思路

课程的开发要打破以知识传授为主要特征的传统学科课程模式，转变为以工作任务为中心组织课程内容。让学生在完成具体项目内容的过程中构建相关理论知识，并发展相关的职业能力。基于工作过程系统化专业课程体系的开发步骤应遵循“行动领域—学习领域—学习情境”的开发路径，其课程开发分为以下几个步骤：

（1）进行企业调查，分析职业岗位，确定工作岗位群。

（2）根据企业调查得出工作岗位群，分析、归纳、总结，得出行动领域。

（3）将行动领域转换配置为专业学习领域。

（4）为每个学习领域创设学习情境。根据归纳、总结得出学习领域，系统设计和学习情境。

（5）按照工作过程系统化“六步法”的教学模式编写教材，即资讯、计划、决策、实施、检查、评价6个完整过程。

工作过程系统化课程改革强调的是工作过程的完整性，不能过分强调学生技能的培养，而忽视了其他专业素养的养成。应把理论知识与实践操作有机结合在一起，通过完成一个个完整的工作项目，提升学生的技能，培养学生的专业能力及专业素养。

三、基于工作过程系统化的“使用普通车床加工零件”课程开发与实践

按照工作过程系统化课程开发的基本思路，课程开发有以下步骤：

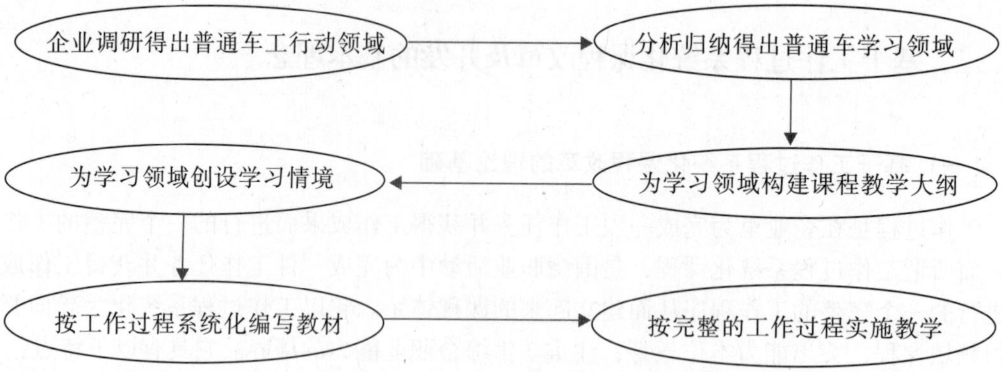

图1 基于工作过程系统化课程开发的步骤

（一）企业调研普通车行动领域

企业调研主要以与企业技术主管面谈、校企人员座谈、电话访谈等多种形式进行。调研组调查了小榄及周边的多家大中型企业。其中包括“固力保安制品有限公司”“广瑞达精密模具有限公司”“中山市法斯特精密五金有限公司”等企业。通过调研发现，使用普通车工加工零件是企业常用的一种零件加工方法。其加工的零件主要包括：加工模具的模柄、螺杆、传动丝杆、轴套、曲轴等。

（二）分析归纳得出普通车学习领域

根据调研得出的行动领域，结合学校的实际情况，整合、归纳总结得出普通车床学习领域。学习领域的确定要考虑工厂生产实际及学校教学条件等因素，主要方法有两种：一种是把可行动领域直接转化为学习领域；另一种是改造行动领域，把不太贴合学校实际的行动领域改造成贴合学校实际教学的学习领域。通过归纳、总结，结合学校的实践情况，我们得出普通车学习领域包括：台阶轴加工、切槽切断、内孔加工、螺纹加工、偏心件加工、蜗杆加工等。

（三）为学习领域构建课程标准

结合前面调研分析得出的学习领域，制定“使用普通车床加工零件”学习领域课程标准。基于工作过程系统化的课程标准不能单单是专业技能的课程标准，还需要把文化基础课也融入其中，构建由“文化基础理论课程标准”和“专业课程标准”结合的工作过程系统化课程标准。此课程标准核定了课程的教学目标、与前后课程的联系、课程教学内容等。“使用普通车床加工零件”课程教学内容包括：外圆台阶加工、切槽切断、三角螺纹加工、内孔加工、车型锥度加工、三角螺纹及端面直槽加工、蜗杆加工、偏心加工等8个项目。

（四）为每个学习领域创设学习情境

学习情境也就是通常所说的学习领域的课程学习载体。学习情境是为学习领域服务的，学生通过学习完成一个个学习情境，就能顺利掌握该学习领域要掌握的技能及相关的专业素养。学习情境的创设应符合以下思路，以紧固螺栓的普通车削加工为例说明如下：

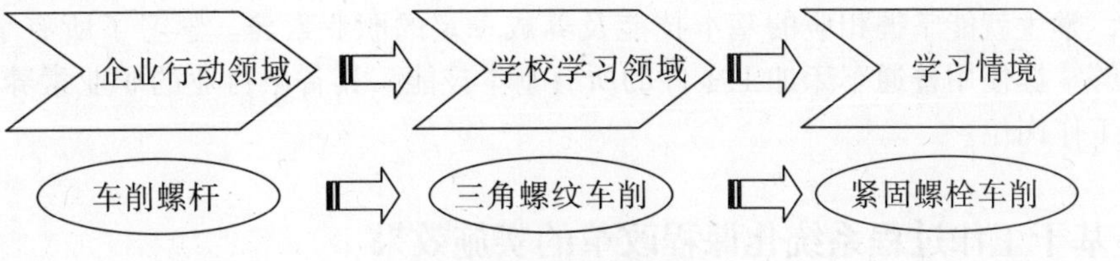

图2　学习情境思路

学习情境根源于企业的行动领域，围绕教学大纲进行设计。根据教学大纲制定学习内容，“使用普通车床加工零件”设置了8个生产性的学习情境。如表1：

表1　“使用普通车床加工零件”的8个生产性学习情境

序号	学习情境	对接内容	对接能力
1	倒挡轴的普通车削加工	1. 车床的熟悉 2. 外圆台阶加工	车削外圆台阶的能力及相关素养的养成
2	测厚仪支撑附件的普通车削加工	1. 工件切槽 2. 工件切断	外圆切槽及切断的能力及相关素养的养成
3	紧固螺栓的普通车削加工	1. 三角螺纹车削	车削三角螺纹的能力及相关素养的养成
4	轴套的普通车削加工	1. 钻孔 2. 内孔车削	钻孔、车削内孔的能力及相关素养的养成
5	锥型轴套配的普通车削加工	1. 外圆锥度车削 2. 内孔锥度车削	车削内外锥度的能力及相关素养的养成
6	传动心轴的普通车削加工	1. 梯形螺纹车削 2. 端面直槽车削	车削梯形螺纹、端面直槽的能力及相关素养的养成
7	蜗杆轴的普通车削加工	1. 蜗杆件车削	车削蜗杆的能力及相关素养的养成
8	偏心轴的普通车削加工	1. 偏心件车削	车削偏心零件的能力及相关素养的养成

（五）按基于工作过程系统化教学模式编写教材

基于工作过程系统化的课程，是围绕职业活动中为完成一件工作任务并获得工作成果而进行的一个完整的工作程序从而建立起来的课程体系。每个学习情境的教材编写都应按一个完整的工作过程六步法来进行编制。即资讯、计划、决策、实施、检查、评价等6个过程。“使用普通车床加工零件”按工作过程系统化的六步法对8个学习情境进行教材编写，编写出了基于工作过程系统化的“基于工作过程使用普通车床加工零件”教材。

图3《基于工作过程使用普车床加工零件》教材

（六）按工作过程系统化教学设计及实施教学

每个学习情境都是一个完整的工作过程，应按工作过程系统化的教学模式进行教学设计及实施教学。即资讯、计划、决策、实施、检查、评价等6个过程。每学习一个学习情境，学生就能掌握相应的基本技能及养成一定的职业素养。学习了所有学习情境，学生就能够掌握使用普通车床加工零件的所有基本技能，具备该行业的职业素养，能胜任该领域的工作岗位。

四、基于工作过程系统化课程改革的实施效果

（一）变被动为主动，提高了学生学习的积极性

基于工作过程系统化的教学模式打破了传统的学科的体系。其学习的目的是完成某个任务或者解决某个实际问题，有效解决了学生被“满堂灌”的被动学习状态。学生为了完成一个任务或解决一个实际问题，会积极主动地去获取所需的知识，从而解决问题，而老师则起引导的作用。这种教学模式变被动为主动，大大提高学生学习的积极性。

（二）突出了学校教学与企业岗位对接，教学效果明显提高

基于工作过程系统化的教学过程都是全程模仿企业一个完整的工作过程。教学过程就等于工作过程，学校的教学与企业的工作对接了起来。学生毕业后能更快适应企业的岗位工作，提高学生就业的对口率。另外，学生实训的项目也多来源于企业的产品生产。这样的课堂教学与企业连接是密切的，使学生的学习针对性更强，有利于学生分析问题及解决问题。

（三）教学手法及考核手段多元化，提高了学生的综合素质

基于工作过程系统化的教学模式要求课堂教学方法及考核手段多元化。如引导教学法，在资讯阶段应用比较多。老师先提出问题，引导学生去阅读资料，最后找到问题的答案。如头脑风暴法，学生在作计划的时候，充分发挥学生的主体作用，先自行制订自己的行动计划，然后进行头脑风暴训练，一起分析讨论，得出最优的行动计划方案，最后加以实施。教学方法的多元化，使不同学生群体的优势都能发挥出来，提高了学生各方面的素质及能力。

五、结语

基于工作过程系统化的教学模式是一个庞大的学习体系，包含了课程的开发、教学方法的改革、相应教材的编写等多方面。本文从“使用普通车床加工零件”课程的现状及存在问题出发，学习了基于工作过程系统化课程改革与开发的理念，践行了“使用普通车床加工零件”基于工作过程系统化课程改革与开发的过程。希望更多的同行投入工作过程系统化的教学工作中来，找到一条符合中职教育、适合企业需求的新路子。

参考文献

［1］姜大源．基于工作过程系统化的课程开发模式［J］．中国职业技术教育，2008（27）．

［2］姚和芳，首珩，周虹．基于工作过程数控技术专业学习领域课程方法开发与设计［M］．北京：高等教育出版社，2008.

［3］严中华．职业教育课程开发与实施——基于工作过程系统化的职教课程开发与实施［M］．北京：清华大学出版社，2009.

控制论视域下"理实相成课"的亚课型实践探索

——"理实循环课"

付　强　谭重安

（从化市职业技术学校　广东　从化　510920）

摘　要："理实循环课"是在"理实相成课"的基础上，基于系统控制论反馈原理发展演变而来的一种适合中职工科公共专业基础课的特色亚课型，在强调"理实一体化"教学过程的同时，引入知识信息的反馈机制，更强调理论与实操的动态平衡，并通过实践运用，反思该课型。

关键词：反馈原理；理实循环课

引　言

在国家对中等职业教育高度重视的背景下，课堂教学的有效性成为中职教育者的研究焦点，而课型的研究恰恰能作为研究有效教学的一个准确切入点。广州市中等职业学校电子与电气教研会在电类专业基础课中，推广以"理实相成课"为代表的特色课型，取得了很好的效果。这种理实一体化的教学，不仅解决了理论知识与专业技能的紧密性问题，更进一步贯彻了以学生为中心的教学理念。

但是，在"理实相成课"实践运用中，突显出两大难题：一是对中职学校教学场所软硬件要求较高；二是对理论知识的反演不够明显，更偏重"实"的掌握，而忽略对"理"的深化。尤其是后者，在很大程度上制约着"理实相成课"更广泛的应用。为此，在"理实相成课"课型中尝试引入系统理论中的控制论，运用反馈原理，反复循环，力求在"理""实"之间寻求一种最佳的动态平衡，从而在"理实相成课"课型基础上演化出一种亚课型——"理实循环课"。

一、理实相成课型

所谓课型，一般指根据教学任务而划分出来的课堂教学的类型。具体来说，就是由一节课的教学内容、教学目标、教学方式、师生双方在教学中的地位所决定的一种课堂教学结构，是课堂教学中最具有操作性的教学结构和程序。本文涉及的理实相成课型和理实循环课型都是以课堂的教学组织形式和教学方法为基点分类的。

理实相成课型是指将理论与实践融为一体，在同一学习任务（或工作项目）中，既学习理论知识又进行实践操作，理论知识与实践操作相辅相成的课型。采用理实相成课型，首先要求在学习任务中理论知识与实践项目的高相关性、高辅助性，能使理论和实践确为"一体"；其次，理实相成课型课达成理论知识和实践操作相互渗透、相互融合、相互促进、相互成长，可同时同步地促进学生综合能力的发展。

二、控制论下的反馈原理

自美国数学家维纳 1948 年在《控制论》一书中提出“控制论”后，控制论的思想和方法在各个科学研究领域得到广泛的应用。控制论的核心理论就是对整个系统实现最优化控制。其具有以下三个基本观点：①所研究的系统都是可控的。在控制的作用下，控制论系统能改变自己的运动进入某种状态，达到一定的预期目的，并通过反馈机制维持系统的稳定。②所研究的系统都具有信息联系，存在信息流。为了增加系统的有序性，系统和环境必须以信息交换来减少无序性，从而达到稳定或者其他特定的目的。③反馈对系统的控制和稳定起着决定性的作用。系统的平衡和稳定都是通过反馈机制实现的。在控制论看来，课堂就是一个信息联结和传递的开放系统，它由以下几个要素构成：教师、学生、信息（理论知识、专业技能）、手段（教学方法、课型）和教学环境（软、硬件）等，将控制论的理论和方法应用于课堂教学中，以寻求最佳的教学效果。

反馈是控制论中最关键的一环，它要求通过输出量与设定输入量不断对比，使得输出量逐渐趋于预先设定的值，达到有目的的活动控制。在课堂教学系统中，学生在教师的指引下通过不断的学习获取信息，同时将学习效果反馈给教师，教师迅速找出回传信息的偏差，及时调整自己的教学行为，对信息的再输出产生影响，以趋向某种预定目标（如教学目的）。课堂教学的有效性取决于教师在信息转化过程中的调控能力。

三、“理实循环课”课型简介

“理实相成课”作为理实一体化教学活动的具体表现形式，是一种能比较好地解决理论与实践有机融合问题的课型，它强调在同一个学习任务（或工作项目）中，既学习理论知识又进行实践操作，理论学习与实践操作相辅相成。而“理实循环课”是在“理实相成课”的基础上运用系统控制论中的反馈原理提出的亚课型，它更注重理论学习与实践操作的动态平衡。它的教学程序和“理实相成课”类似，有以下 6 个环节：

（1）明确学习任务，确定跟理论相关的专业技能的实践项目，教师引导学生分析任务内容，讨论任务要求。此环节确定了该学习任务的方向，相当于设定预定目标。

（2）让学生初步认识实践项目，教师通过对学生进行相关基本理论知识的渗透，学习理论，点拨和引导实践方向。此环节是课堂教学系统中信息的输入端。

（3）学生根据要求进行实践项目的循环操作，完成实践项目，提升实践技能。学生可分小组或独立完成，处于主体地位；教师通过反馈回来的信息，及时改进反演理论的方法。

（4）反演理论知识。根据测试数据或实操结果，在教师引导下，学生反复反推理论知识的学习，同时，教师通过不同的方式（回答问题、测验、眼神等）接受反馈回的信息。此环节是课堂教学系统的输出端。

（5）本课型所表达的“循环”目的的关键是：教师将学生输出的信息收集回来并及时调整，作为修改下一次发出的知识点的依据，从而能再次进行理论知识的渗透，使得教学目标更具体化。

（6）对实践项目的拓展和推广应用，使学生所学的知识得到巩固和升华。此环节是对教学效果的验证。

其教学流程如图 1 所示：

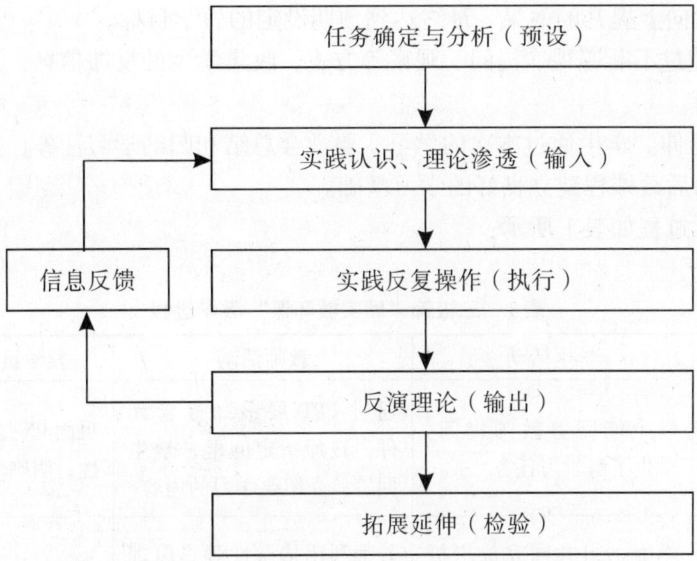

图 1　“理实循环课”亚课型教学流程

四、“理实循环课”课型在电子技术基础课中的实践应用

“理实循环课”是在“理实相成课”的基础上演变而来的，其目的是提高电子技术类专业基础课课堂教学的有效性。之所以选择“电子技术基础”这门课，除了自身研究条件的限制外，更重要的是此课为中职学校工科类专业的公共专业基础课，具有很强的代表性。

下面以三极管的识别与检测实训项目为例，介绍如何实施“理实循环课”课型的教学。

（1）确定学习任务。学习任务是三极管，它涉及的主要知识点包括三极管的外形、电路图形符号、内部结构、管脚、类型以及检测方法等，所以确定了三极管的识别和检测作为相关性实训项目。通过教师分析学习任务，预设出本次教学活动应达到的教学目的：在正确使用万用表判断出三极管的管脚、类型和质量的前提下，掌握与三极管相关的知识点。

（2）认识实践项目，渗透理论知识。教师根据掺杂性、PN 结以及单向导电性来介绍三极管，学生进行相关理论的学习，并根据这些理论知识引导实践操作的方向，进入实训项目。教师在整个教学活动中需不断收集学生的反馈信息，及时调整理论知识的内容和进度。

（3）学生进行三极管的检测。学生在此过程中要学会正确使用万用表来检查判断三极管的管脚、类型、质量好坏等情况。教师必须通过理论知识的渗透，使学生反复操作，强化学生使用万用表测量三极管的知识。

（4）反演理论，信息反馈。学生利用测量获得的结果和数据，反演三极管的内部结构、符号、管脚表示等内容，并及时将自身掌握到的知识信息的程度反馈给教师，以便教师了解学生掌握理论知识的深浅，随时在课堂教学中进行调整，从而达到理实循环，不断巩固，呈螺旋状向上提升的效果，最终达到预期设定的教学目标。

（5）教师通过不断巡视、提问、观察等方式，收集学生的反馈信息，及时调整课堂教学的内容及进度。

（6）拓展延伸。学生通过本次的学习，要学会总结和归纳学习任务，并实现知识的拓展，同时也要为后续课程建立良好的学习基础。

具体的教学过程如表 1 所示：

表 1　三极管“理实循环课”教学过程

教学内容	学生活动	教师活动	教学目标及设计意图
复习二极管元件，展示学习内容（预设）	学生能回答教师提问；学生了解学习任务	通过 PPT 展示二极管元件，教师指定问题，学生回答；介绍要学习的内容	巩固 PN 结及单向导电性特性；明确学习任务
三极管的等效示意图、图形符号、管脚及类型（输入）	学生小组共同完成三极管的等效示意图，并分析三极管图形符号特征；辨认常用三极管；了解各管脚名称及类型	教师利用掺杂性画出原理图；同时教师介绍三极管图形符号、管脚名称、类型；教师指导学生辨认常用三极管外形	画等效示意图，理解三极管的结构特点；学生能分辨符号特征、实物特征
测量三极管各管脚间的阻值（执行）	学生小组使用万用表测量各管脚间的电阻值，并找出不同之处	教师提醒：万用表使用安全规范；教师巡视并指导；指出基极和类型的判断方法	学生正确使用万用表；能观察到万用表指针的变化，找出变化规律
认识并判断出基极和类型（反馈、输出）	学生小组记录数据	教师小结刚才测量过程中的突出问题	学生能掌握基极和类型的判断方法
给出判断集电极的接线示意图（输入）	学生小组分析讨论用什么方法代替 B、C 间所接电阻	教师给出接线示意图并提出问题：找什么代替所接电阻	明确人体电阻的使用及注意事项
认识并判断出集电极和发射极（执行）	学生小组按照教师所授方法操作	教师通过 PPT 演示判断方法；教师提示、指导、点评	学生在观察指针变化的基础上掌握集电极和发射极的判断方法

（续上表）

教学内容	学生活动	教师活动	教学目标及设计意图
判断集电极和发射极的理论依据（反馈、输出）	学生小组回答老师提出的问题，能理解三极管中两个 PN 结的状态	教师明确万用表红、黑表笔输出电压；指出指针偏转大时三极管内部 PN 结的变化	为三极管工作状态的讲授打基础
学生再次检测三极管（输入）	学生小组进行测量，能发现问题并向老师提出	教师将若干坏的和好的三极管混合发给学生	为三极管质量好坏的检测做铺垫
三极管质量好坏检测（执行）	学生小组能从所发三极管中找出坏的三极管，并初步判断损坏原因	通过 PPT 展示三极管好坏的判断方法	掌握三极管质量好坏的检测方法
小结并点评学生学习情况（反馈、输出）	学生回忆本次课所学内容	教师小结本次课所学内容；点评学生学习情况	师生共同小结本次课教学内容
作业（检验）	实训报告填写要求；查找三极管检测的其他方法	让学生听讲	课后作业；拓展延伸

五、对“理实循环课”课型的反思

“理实循环课”源于已在广州市中职学校工科类专业的公共专业基础课教学实践中，取得有效实施和不错教学成效的“理实相成课”课型。两者都以学生为中心，强调理论与实践的并重，实施一体化教学。当然，这两种课型都对教学场所有较高的要求，对教材的选用和教师的能力也有很高的要求。此外，“理实循环课”在课堂实施过程中，还应注意：

（1）加强课堂系统的可控性，使课堂处于师生的共同控制下。也就是说，教师有目的地引领教学过程，且教学过程的进行及其发展方向和速度都由教师控制。在这个过程中，教师要协调好理论与实践。学生是主体，学生提供的反馈信息是教师下一阶段教学是否有效的决定性信息。因此，只有教师和学生双方配合，才可能使教学过程向积极的方向发展。鉴于现有中职生的学习状况和能力水平，教师怎样处理理论与实践的比重，怎样调动起学生的能动性，是值得研究的。

（2）提高教师的主导作用。虽然理实一体化的教学强调学生的主体性，但绝不能忽视教师的主导地位，不能降低教师在课堂教学中的作用。既不搞教师“集中一言堂”，也不鼓吹学生“尽情放手干”，而是教师“收放自如、尽在掌控”，学生“自由翱翔、渴望成功”。当然，这需要授课教师具有高超的教学技巧和深厚的教学经验。

（3）注意反馈的可信度和时效性。学生不可靠的反馈会给教师带来无法有效控制教学过程的潜在问题，导致知识技能无法传递顺畅。同时，反馈必须及时，教师要根据人脑的记忆和遗忘规律，加强对学生知识技能的巩固。

参考文献

［1］何小春，李丽．“理实相成课”课型在电类基础课教学中的探索及应用［J］．广州教学研究，2011（9）．

［2］陈凯．谈中等职业教育的课型研究［J］．广州教学研究，2012（6）．

［3］张云．运用控制论反馈原理调控政治课堂教学节奏［J］．考试周刊，2012（49）．

试论中高职衔接动漫专业课程的设置与改革

——以惠州城市职业学院动漫专业教学改革实践为例

姜福吉

（惠州城市职业学院 广东 惠州 516000）

摘 要：按照国家建设现代职业教育体系的要求，为加速职业教育中长期的发展，使中高职协同发展，达到协同育人的目标，共同打造协同育人平台，促进区域经济发展，要真正做到产学研一体化、产教融合。而中职与高职的衔接是优化职业教育结构的重要工作，课程衔接又是其基础。课程设置不仅关系到中职与高职教育专业内部衔接的顺利实现，也决定中职与高职课程的教学效果。笔者从动漫专业培养人才的实际经验和案例出发，从我国现代职业教育体系构建的需求出发，从科学的培养人才服务地方区域经济发展的角度出发，探讨如何促进动漫专业中职与高职课程衔接，并借鉴国内外的先进经验，结合中高职学校个体实际需求，依托行业岗位切实需求，统筹规划、科学合理处理教学环节，开发校本教材，关注学生由深度及广度的持续性发展，探索现代的、科学的中高职动漫专业课程衔接体系的改革方向。中职学生应注意夯实基础，以动漫素描、动漫色彩、场景绘制、人物设定等为主。高职则进行运动规律、原画创作的深入挖掘。中职课程设置应就业兼顾升学，高职则以就业目标的总体思路进行改革实践。

关键词：中高职衔接；动漫专业；课程设置

一、中高职衔接课程设置的内涵

构建现代化中高职的衔接课程体系，应把职业教育看作是阶段性教育而非终结性教育，大力倡导职业教育的先进性和实用性。其实质在于以终身教育为指导思想，适应社会经济发展以及学生可持续发展的需求，在满足中职教育本身要求的同时，完成中职阶段培养“初中级”技能型人才和高职阶段培养“高级”技能型人才的顺畅对接，构建现代中高职动漫专业课程衔接体系的改革方向——中职学生以夯实基础，高职学生进行设计创意，中职课程设置就业兼顾升学，高职以就业目标的总体思路进行改革实践，为“单一技术”到“综合能力”技能人才顺利转型奠定基础。以就业为导向，如何能让学生从“初中高级”逐级良性提高技能，科学合理地安排课程是十分必要的。课程衔接是中职与高职教育专业内部衔接顺利实现的重要途径，合理优化配置课程资源，避免出现课程重复浪费现象，是我们目前探索中高职课程衔接的重点和难题。

2002 年《国务院关于大力推进职业教育改革与发展的决定》提出：“加强中等职业教育与高等职业教育的衔接与沟通。”国家对我国的职业教育进行了充分调研，在社会舆论中，只有不爱学习的学生和学习成绩比较差的，才会去职业院校学习一技之长。但是，当今时代按照新的职业教育体系标准“从中国制造，转向中国创造”，需要我们有更多的专业拔尖人才走进创新的职教中来，为职教事业添砖加瓦。通过多种渠道，不拘一格选拔人才。2015 年劳动节期间，国家主席亲自为全国各条战线的劳动模范们颁发奖章，以资鼓励。这是国家高度重视职业教育，大力发展职业教育的很重要的一个风向标。各省市的教育主管部门积极落实中央大力发展职业教育的决定，积极开展各级各类技能比武活动。对参加技能比赛获得省一等奖的中职学生，可以免试保送到本省高职院校就读，获二、三等奖的同学可以在三加二升学考试的时候给予加分，同等条件下可以优先录取，而辅导教师也可以在职称晋升方面得到加分等。2011 年 8 月教育部发布的《关于推进中等和高等职业教育协调发展的指导意见》指出，“当前职业教育仍然是我国教育事业的薄弱环节，中等和高等职业教育在专业、课程与教材体系，教学与考试评价等方面仍然存在脱节、断层或重复现象……迫切需要更新观念、明确定位、突出特色、提高水平，促进中等和高等职业教育全面协调育人发展”，并提出开展职业教育内部衔接的要求，加快职业教育发展。

可见，中职与高职课程设置的衔接，是当前构建职业教育体系的重要工作。目前，很多中职学校开设的课程与高职院校开设的课程重复。如何施行五年一贯制课程体系，探索新的“3 + 2”模式？只有建设中专与大专套读等科学论证课程体系，才可以避免教育资源的浪费。对中职学生按照“初、中、高级工”的标准进行培养，而高职院校要按“技师、高级技师”的标准进行培养，学生的技能培养过程逐级递进，才不会出现重复现象。

二、中、高职动漫专业课程设置衔接的现状

当前处于职业教育发展体系改革的初期，就具体的动漫专业课程衔接过程而言，目前还普遍存在着几点问题：

（一）缺乏科学依据指导，行业参与度不高

由于历史原因，国内对动漫产业的人才需求急剧增加，但个别院校没有专业的师资，很多都是由计算机专业的教师改行的；没有专业实用的教材，很多的教材脱离实际；学校培养的学生，到企业后不能着陆；课程体系设置严重不合理，出现课程开设混乱的现象，连动漫专业的课程名称也出现了混淆。这也是新兴的动漫专业发展必然经历的阶段，因此科学合理的动漫理论体系规划显得非常重要，加快产、学、研的脚步势在必行。我国职业院校的动漫课程组成要素源自各构成学科自身，以学科逻辑来组织课程。例如，素描沿袭传统的教学模式——在结构素描基础上进行明暗调子练习，形式单一、题材较为狭窄，不能较好满足动漫专业基础教学需求。目前对基础课进行了大量的整改，基础素描改变为动漫素描，从单一的形体临摹素面转变为人物素描，这样可以更加贴近实际，不再与实践脱节，使学生更加深入地了解课程体系。职业院校的学生群体因社会发展将越来越多样化，作为教学过程的学科课程与学生自身的知识结构、理解能力与技能操作难以衔接这一问题日益突出。我国在职业教育改革进程中，尽管相关主管部门一直强调职业教育要着眼于学生可持续发展的需求，专业设置要与行业对接、课程与职业资格对接，但诸多原因使得我国动漫行业更侧重于在社会招揽毕业脱岗的人员再进行长时间的集训考核，在校企合作中注重“人才选择”，忽略“人才培养”，参与职业教育的积极性整体不高，基本未能参与课程开发。很多毕业生在毕业后未能实现本专业就业，很多都改行或者重修。我国职业教育课程也缺乏与职业资格认证书标准的对接，技能等级证泛滥，考评标准不一，导致衡量学生技能标准不统一。构建衔接的中高职课程体系，迫切需要动漫行业专家进校指导，进

行充分的全新的校企合作，确定明确的课程标准。院校应充分运用基础设施优势、师资优势、与知名动漫企业合作的优势，把校企合作落到实处，把培养人才、服务地方区域经济的发展落到实处。

（二）学校之间存在沟通障碍，需共性和个性相结合处理问题

中职和高职院校属不同的政府部门，有行业、集团兴办以及民办等不同类型。因属于不同的管理部门，公办学校和行业培训学校动漫专业培养途径、目标存在差异，就公立学校内部来说，虽有中职、高职办学层次的区分，但各个学校都是独立的部门单位，高职学校对中职学校既无政务从属关系，也无教务指导职责。所以动漫专业课程衔接，首先面临着学校之间重重的障碍。中职与高职课程衔接的施行，必须依赖于教育主管部门的宏观统筹，否则无法突破学校壁垒，难以确定衔接标准，更难确保实施效果。统筹教学目标、课程设计、教学内容乃至评价尺度设置中高职动漫课程，可增加各校动漫专业共性，但又难以顾全各学校的个性和实际，从而同化学校动漫专业各自的办学特色；而若不推行宏观统筹，不同学校各司其教，课程衔接则难以顺利推行。政府大力倡导职业教育的同时，要为院校之间、校企之间搭台，共建学习氛围，各取所长，共同进步，最后实现学生就业，带动区域经济发展的总体目标。建议明确教学目标，因材施教，根据地方特色创新人才培养方案，把人才培养落到实处。

（三）动漫教学与学生能力错位，教学计划设置出现问题

在构建中、高职动漫专业课程衔接方面，很多学校仅考虑课程内容的逻辑衔接，而没有思考如何使动漫教学结合学生的具体背景、现有能力，即存在课程教学与学生能力水平不能衔接的问题。不少学生因为喜爱动漫而选择此专业，入校学习不久后却丧失兴趣。主要是因为动漫专业课程的设置方面往往存在“闭门造车”“生搬硬套”的现象，且课程之间缺乏连续性，部分课程结束后直至毕业都不再提及，这样的课程设置如果学生不理解其关联，基础课程就失去铺垫递进作用。表面上看全面发展了学生的专业知识与技能，但忽略了中、高职学生的能力差异，以及动漫类专业职业教育的可持续发展。职业教育内部衔接的关键是课程衔接，而课程衔接的重点是教学任务的章节划分，动漫专业以培养有“一技之长”的动漫工作者为目标，课程教学内容实质上不是为理论讲授的，而更应该侧重于动画制作实践。因而，教学章节的划分，既可以以内容难易程度为标准，也可以以动画制作流程为标准，或以项目教学完成作为标准。探讨新的不同的人才培养方案，分段式教学，也因学校之间各自教学章节的不同而成为职业教育课程衔接的主要难题之一。

（四）学生分流面临发展需求问题

实现中职与高职教育的贯通，必须从终结性教育向阶段性教育转变，将动漫专业课程设置为由简单到复杂的教学章节。但对于一些专业技能核心课程，若在中职主要以培养中级技能为目标，高职则主要以培养高级技能为目标，将更高要求的知识技能学习放在高职教育阶段，则不得不面对一个严峻的现实问题——不是所有的中职学生毕业后都继续接受高职教育。因此，中职与高职课程衔接若处理不当，对于仅完成中职学段教育的动漫专业学生，将无形中降低他们的专业技能水平，使他们不能胜任行业工作，学生不得不长时间参加行业岗前培训进行再筛选，致使大量中职毕业的动漫专业学生就业不对口。而分流后

由中职升入高职的学生也面临某些专业技术学科重复学习的问题。所以探讨新的适合中、高职课程衔接的体系是当务之急。

三、中、高职动漫专业课程衔接设置中的改革建议

针对中职与高职课程衔接的问题，我们有以下建议：

（一）全面推行校企合作，加大行业指导力度

由国家或省级教育主管部门组织动漫行业的专家根据行业需求、社会经济发展、人才流动模式等因素，构建中高职动漫类专业衔接的课程标准体系，一切以岗位要求为标准设置学科课程，明确课程目标、课程内容，为中高职动漫类课程的设置指明方向。全面推行校企合作，我院先后与“今视影业传媒”“依子动漫”展开工学互用的动漫专业人才培养模式，学院由教师主导成立“汇意达美工作室”深入探讨校企合作。由学校与企业共同建设实训场地，师资互派，组织“解决项目模式”实践性教学，让学生在学习专业技术基础之上，也能和行业岗位深入接触，工学结合给予学生实践专业知识的平台。在此过程中，真正地实现了教学相长，教师在实践中提高，学生在学习中发展，而企业在合作中受益，实现了校企双赢的局面。

（二）学校密切沟通，共建职教体系

加强校际间的资源共享，学校之间打破壁垒，打造区域动漫经济育人平台，为共同构建现代职业教育体系而交流学习。《教育部关于推进中等和高等职业教育协调发展的指导意见》指出：“要围绕中等和高等职业教育接续专业的人才培养目标，系统设计、统筹规划课程开发和教材建设，明确各自的教学重点，制定课程标准，调整课程结构与内容，完善教学管理与评价，推进专业课程体系和教材的有机衔接”，这就需要教育行政主管部门发挥职能，科学统筹、调查研究，把中高职的动漫课程当做一个整体，按照循序渐进的知识递进方式进行课程安排，设置课程标准、教学目标和评价方式。在部分基础学科（原画设计、运动规律、场景设计等）的考核方式上可借鉴澳大利亚中、高职课程的衔接时采用的学分制形式，各个中高职院校之间互相承认对方的学分，从而避免课程重复、教学计划雷同等现象，既能提高教学效率，也能使中、高职之间有效地进行了“无缝”对接，这也确实是探索中高职课程衔接的一条新路。

（三）根据学情，灵活划分教学章节

职教传统的动漫人才培养模式是先基础后专业，先理论再实践。但动漫专业需要通过大量实践制作才能有所体会和收获。在现有的课程设置中，专业核心课程如动画制作放在第二学年，中职学生所能参与制作的时间太短，部分学生还没有等到这个阶段就因大量理论知识灌输和枯燥的原动画绘制而失去学习热情。若能将动画理论学习和实践操作并进，甚至可以在掌握了最基础原理后，就让他们将自己的想法变成动画作品，这个过程的探索亦促进理论知识学习，促使学生深入理解动画制作究竟是什么，其中的乐趣足以支撑学生学习接下来的课程。因此，其教学章节的划分可以按动画制作流程为标准，实施项目教学，根据课程实际和学生情况，灵活划分教学章节。

（四）求同存异，鼓励校本教材的开发

解决宏观统筹与学校各自办学特色的问题。宏观统筹课程设置容易抹杀学校的个性特点，在中职与高职课程衔接的大形式下，求同存异主要在于课程标准、教学目标和评价方式层面的“同”，课程任务、实作项目的“异”。为保护、彰显各学校的个性和特色，可鼓励其积极开发校本教材，在完成共通的基本内容教学的同时，加入具有特色内容的教学。如我校中职段结合本土文化开发的动画片《西子湖畔》，既完成中高职衔接课程中动画制作的教学任务，又凸显本校动漫专业二维动画的特色。求大同存小异，从而既保障中职与高职课程衔接的顺利实现，又能尽量避免各校特色尽失。教师带领学生进行实践的同时，可以践行校本教材的开发和研究。以项目合作的模式进一步融合校企合作。在实践中，我们利用当地职业教育协会的力量，每年积极开展活动，为动漫专业教师搭建平台，开展多种形式讨论学习资源共享，互通有无。

（五）学生的发展由深度带广度

动漫设计专业课程名目繁多，公共基础课、专业基础课、专业技能课多达二三十门。学院为了让每一个学生全面自由地成长，每门课程面面俱到，短短两年，中职学生在繁杂的课程体系下什么都学，什么都会，进入行业却没有一样谋职强项。在中职阶段让学生把精力放在自己感兴趣的方面，选择课程方向、保证学习时间、增强其专业性。部分仅完成中职学段教育的动漫专业学生有了一项过硬的技能，在行业上尚能由深度及广度持续地发展。进入高职继续学习的学生也能以点带面地完成由“单一技术”到“综合能力”技能人才的顺利转型。在职教体系中，动漫专业的课程学习由深度挖掘到广度拓展，符合学生发展需求。构建现代中高职动漫专业课程衔接体系的改革方向，以中职学生夯实基础，高职学生进行设计创意，中职课程设置就业兼顾升学，高职以就业目标的总体思路进行改革实践，势在必行。

综上所述，为实现动漫专业课程无缝衔接，需科学地解决中高职学校之间的壁垒、教学章节划分、学生实际需求、宏观统筹与学校个性问题，宜充分发挥教育部各主管部门的作用，统筹中职与高职课程衔接，发挥行业、企业职业教育与培训课程开发制度中的基础性功能，积极探索校企合作的新思路，保证职业教育与培训课程的职业导向，经由求大同存小异、根据学校实际合理科学地确定相关能力领域、鼓励校本教材开发、人才培养由深度及广度等方式来解决。在构建现代职业教育体系的道路上，路漫漫其修远兮，业内同仁将上下求索，通过动漫专业教学研究的不断实践，走出一片新天地。

中等职业教育德育课程改革与创新

孙　峰

（广东省经济贸易职业技术学校　广东　广州　510440）

摘　要：本文在对中等职业学校德育课程教学体系现状调研的基础上，提出了中等职业学校德育课程教学的改革将采用企业和学校合作开展调查研究的方式。从工作岗位、工作任务出发，共同选择、设计德育课程体系，建设德育课程精品课例，优化德育课程内容，开发校内第二课堂综合实践；研发具有校本特色的德育课程、生活教育校本课程、主题德育活动校本课程，建立微系列德育素材库等，从而使中职学生的德育课程与职业需求紧密结合，达到教育目标。

关键词：德育课程；改革；创新；实效性

一、国内中等职业学校德育课程体系现状及问题分析

现代职业教育存在的最根本的问题是，人才培养的实际效果与人才市场需求之间有一定程度的差距，而课程的设置不当是导致这一偏差出现的直接原因。企业对毕业生的要求除工作技能外，还包括基础知识水平、职业道德等体现个人发展潜力的方面。但国内中等职业学校德育课程改革却步入了比较尴尬的境地，这主要体现在以下几个方面：

（一）定位不够清晰

中职院校德育课程应按照“有用、够用、实用”的原则，定位为专业课程服务，依据职业领域的能力需求与职业岗位工作过程的特点，将学习内容巧妙融入专业学习领域的各个情境和场景之中。德育课不仅应具备为专业课程服务的工具性功能，更应具有“润物细无声”的人文教化功能。通过对近年来中职课改进程的考察，可以明显看出以工作、就业为导向的专业课程体系改革推进的速度在不断加快，但德育课程无论是实践探索还是理论研究成果，都乏善可陈。

（二）实用模块较少

按照目前认同度较高的“德育课程课改要突出实用性、职业性、社会性、人文性”的课程设计理念，德育课必须突出职业素养与职业能力兼顾的人才培养目标，使课程教学与工学结合的人才培养模式相匹配。而实际教学过程中，德育课程是以学科为中心设计的，这种学科本位的课程观，从事实上割裂了基础学科与专业学科之间的内在逻辑联系。

（三）理论实践分离

中职德育课程应突出职业教育特点，以“必须、够用”为原则，按照中职教育的职业性、技术性、规范性的要求，以就业为导向，并以就业作为教学改革的立足点与出发点，提高学生就业、转岗和创业的能力，引领学生更快更好地提升职业能力、职业素养。毋庸置疑，这是对德育课教师教学观念与教学能力的一大挑战。实际上，德育课教学要真正实现“学、说、做”一体化仍困难重重。学科导向型的课程设计，使基础课教师很难满足专业培养目标的需要，真正做到分专业、分层次教学；在教学内容安排方面，教师也不能紧贴学生实际，结合学生所学专业予以适当调整。因此，理论与实际之间出现了明显的分离。

除上述三方面的问题外，中职德育课程还有较为僵化呆板的课程实施计划、课程设置的不合理甚至缺位、教学过程中普遍重理论轻实践、重专业知识讲解轻技能强化训练、授课模式一味效法普通教育等问题存在。

二、中等职业学校德育课程教学改革的紧迫性

随着国家对职业教育的重视，其对中职教育的扶持力度不断加大，但招生规模逐年递增、高中段招生比例不断提高、中职招生门槛逐年降低，导致在中职生群体中出现了以下问题：

（1）集体意识淡薄，缺乏主人翁精神。

（2）无尊重他人的意识，我行我素，未养成礼貌用语的习惯，甚至不懂基本礼节。

（3）对网络世界“一往情深”。

（4）自我保护意识弱、法律观念淡薄。

（5）诚信意识淡薄，惧怕、厌恶劳动，拈轻怕重。

（6）职业意识和职业伦理缺乏等。

在中等职业教育发展的过程中也遇到了一些瓶颈，如师资结构不尽合理，年轻教师比例过大，经验不足，德育课程建设理论研究力度、深度和广度不够等。

中职学校肩负的一个重要使命是使受过系统职业训练和专业熏陶的合格学生，在毕业后顺利走向社会，独自谋生，接受用人单位的检验。目前，很多用人单位录用求职者首先看重的往往并非技能水平的高低，反而更强调品德的优劣。不少毕业生工作后被辞退并非技能不强，而是道德品质和行为习惯出现了问题。德育工作成效如何，很大程度上影响着中等职业学校培养出来的学生的就业录用率和稳定率，而后者往往是衡量一所中职学校办学是否成功的重要标准。因此，中等职业学校德育课程课堂教学改革迫在眉睫。

三、中等职业学校德育课程教学改革的内容

中等职业学校德育课程教学的改革旨在创新中职学校德育课程模式，力图在实践操作层面为中职学校提供可资借鉴的德育课范例，提高中职学校德育的实用性、实效性、职业性与人文性。同时，通过学校德育课程教学改革，发挥德育在整个学校育人工程中的导向作用，提高学生道德认知水平和思维能力，丰富学生道德体验与道德实践，增强学生道德

意识，促进其良好道德品质和文明行为习惯的养成，实现“一专多能，素质合格”的培养目标。

（一）改革的基本思路

中等职业学校德育课是学校德育工作的主渠道，各专业学生必修的德育课由“职业生涯规划”“职业道德与法律”“经济政治与社会”“哲学与人生”四门课程组成。德育课程也是学校实施素质教育的重要内容。中等职业学校德育课的主要任务是以邓小平理论和“三个代表”重要思想为指导，深入贯彻落实科学发展观，对学生进行思想政治教育、道德教育、法制教育、职业生涯和职业理想教育以及心理健康教育，提高学生的思想政治素质、职业道德和法律素质，促进学生全面发展和综合职业能力的形成。德育课教学应遵循“贴近实际、贴近生活、贴近学生”的三贴近原则，从学生身心健康发展的规律和中等职业教育培养目标的实际需要出发，注重实践教育、体验教育、养成教育，做到知识学习、能力培养和行为养成相统一，切实增强针对性、实效性和时代感。

具体而言，中等职业学校德育课程教学的改革将采用企业和学校合作开展调查研究的方式，从工作岗位、工作任务出发，共同选择、设计德育课程体系，建设德育课程精品课例、优化德育课程内容、开发校内第二课堂综合实践、研发具有校本特色的德育课程、生活教育校本课程、主题德育活动校本课程，并建立微系列德育素材库等，从而使中职学生的德育课程与职业需求紧密结合，达到教育目标。

（二）中等职业学校德育课程教学的改革内容

（1）德育课教学精品课例，四门德育课——“职业生涯规划”“职业道德与法律”“经济政治与社会”“哲学与人生”，一课一精品。

（2）德育课程内容优化设计。

（3）第二课堂综合实践活动。

（4）具有校本特色的德育课程。

（5）生活教育校本课程。

（6）主题德育活动校本课程。

（7）建立微系列德育素材库。

（8）设计德育课程的活动方案。

（三）中等职业学校德育课程教学的研究方法

（1）观察法：对师生在德育课教学过程中的具体表现进行细致观察并详细记录，了解德育课的教学效果。运用这一方法应包括以下具体步骤：

①作大略调查和试探性观察；

②确定观察的目的和中心；

③确定观察对象；

④制订观察计划；

⑤策划和准备观察手段；

⑥规定统一性标准；

⑦提出观察提纲。

（2）抽样调查法：确定部分教师和学生作为调查样本，借以推断德育课总体教学效果。具体应包括以下步骤：

①确定调查的目的；

②确定抽样总体，确定待收集的数据；

③选择抽样方法；

④确定需要的精确度；

⑤根据所用的抽样方法进行数据分析；

⑥完成调查报告。

（3）行动研究法：针对德育教学活动的具体问题，在行动中不断地探索、改进工作，将改革行动与研究工作结合起来。其模式是：计划—行动—考察—反思（即总结评价）。

（4）经验总结法：根据德育实践所提供的事实材料，分析概括德育实施现状，挖掘现有的经验材料，并使之上升到教育理论的高度，以便更好地指导新的德育实践活动。

（5）文献法：分类阅读有关文献（包括文字、图形、符号、声频、视频等具有一定历史价值、理论价值和资料价值的材料），得出一般性结论或者发现问题，寻找新的德育课教学思路。

（6）个案研究法：对单一的研究对象（教师或学生个人、个别班级、个别学习小组等）进行深入而具体的研究。

四、中等职业学校德育课程教学改革的预期价值

职业教育德育课程建设将职业领域的工作过程作为分析的逻辑起点，有望在课程构建方面实现较大突破。工作过程是专业能力、方法能力、社会能力的综合。工作过程系统化课程吸收了模块课程灵活性、项目课程一体化的优点，并力图在此基础上实现从经验层面向策略层面的发展，关注在满足社会需求的同时重视人的个性需求，关注在就业导向的职业教育总体目标下人的可持续发展问题、教育的本质属性问题。在职业教育专业能力培养的过程中，让学生学会做人、做事与共处，养成良好的职业行为习惯。

中等职业学校德育课程教学改革通过重点研究当前中职德育课程资源开发与利用中存在的问题，提出改善建议与实施有效德育的方法，开发有利于课堂教学的系列德育课程资源，充分发挥其在中职德育课程教学中的应有作用。同时，通过对中职德育课程教学资源的二次开发与利用，弥补教材课程资源的不足，促使教师形成开发、利用课程资源的自觉意识，提高教师对课程资源的整合水平，创造性地开展教学活动。

五、中等职业学校德育课程教学改革的创新之处

我校中等职业学校德育课程教学改革的鲜明特色是“三个结合”，即课内课外、线上线下、企业课堂与学校课堂相结合。具体而言，学生不仅要进行课内学习，还要完成课外延伸性和拓展性学习任务。通过编制校本《德育小读本》及家庭德育作业，促进学生更深入地将学校所学德育知识化为本身内在的行动。利用网络、QQ 群、微信群等网络工具，通过微德育让学生在线上、线下都能学习。同时，将企业对员工的道德素质要求融入课堂教学，提高学生职业素养和道德水平；以“就业”为轴线，以“学生的终身发展”为目

标，合理组织职校德育实践活动，将职业特征、职业技能、职业道德、职业理想、职业人文素质融入德育课程教学；开发基于互联网概念的学生学习平台、微德育微信公众号、教师资源库，实现沟通交流及资源共享。最后，考虑到职业教育与普通教育存在的差异，德育必须将职业教育的特点融入其中。积极贯彻“素质为本、能力为主、需要为准”的原则，打破传统学科体系，改革教学内容和方法，按知识、能力、素质结构要求重新整合教学内容和体系，设置“基本素质模块 + 专业模块 + 订单模块 + 实践模块”四大课程模块，构建技能型人才合理的知识结构和智能结构。

综上所述，中职德育工作的实效性决定着中职培养目标的实现程度，中等职业教育德育课程的改革需综合开发社会、社区、校园、家庭等多方面的资源，提升课程的实效性。

中高职课程衔接的问题与对策研究

——以会计专业为例

贾晓玲　宋　勇

（珠海城市职业技术学院　广东　珠海　519090）

摘　要：课程衔接是中高职衔接的重中之重。但目前中高职课程衔接的现状却不尽如人意，主要表现为基础课开设不足、专业课设置重复和技能课层次脱节等。本文以会计专业为例，提出切实可行的中高职课程衔接方案。

关键词：中高职；衔接；课程

近年来，广东省积极贯彻落实国家、省中长期教育改革发展规划纲要和珠江三角洲地区改革发展规划纲要，构建与现代产业体系相适应的、有广东特色的现代职业教育体系，已开展三二分段中高职衔接试点工作，其目的不仅在于满足学生的升学需求，更重要的是为建设人力资源强省培养高素质高技能专门人才。中高职衔接的重点在于课程衔接，但目前中高职课程衔接的现状却不尽如人意，主要表现为基础课开设不足、专业课设置重复和技能课层次脱节等。如何做好课程衔接工作仍是未来改革的重点，关乎中高职衔接的成败。

一、中高职课程衔接现状分析

（一）基础课开设不足

中职学校学生本身的公共文化课基础相对普通高中学生而言较为薄弱，学生学习能力和学习习惯都不尽如人意。目前，大多数中职学校的基础课程安排都存在一定的局限性。一方面，数学、英语等基础工具课的课时有限。以数学课为例，一般只在第一学年开设，且一周只有3节。但是，数学是提升计算分析能力的基础，是高技能会计人才所应具备的基础能力。三二分段学生在中职阶段的数学基础掌握不牢，到第四年升入高职院校继续学习后，面对难度系数较高的“高等数学”课程，就会陷入学习困境。另一方面，培养学生文化知识和职业态度的人文素质课程开设不足。由于文学、时政、思政等人文素质课程的缺失，学生的审美、判断和行为能力、职业素养无法达到高技能复合型人才的标准。

（二）专业课设置重复

由于中职教育要同时满足就业和升学的需要，中职学校在课程安排上会根据专业要求安排大量的专业课，但高职院校为了兼顾普通高中和社会报考生源的学习能力，多数是基于零起点来安排专业课的。这样会导致专业基础课程重复，课程衔接缺乏连续性。以会计专业为例，学校在中职阶段基本都会开设“基础会计”“财务管理”“会计电算化”，而高职阶段也会作为专业核心课程重复开设这些课程。其中，“财务管理”课程对中职学生而言理论性强、学习难度大，其学习无法扎实深入，而“基础会计”“会计电算化”等专业基础课程的重复开设会使中职学生有“炒冷饭”的感觉，不仅浪费时间，也很容易打击他们的学习积极性。

（三）技能课层次脱节

中高职院校应当通过培养不同层次的技能型人才服务社会，但目前在技能培养上缺乏层次性，技能课程的设置未能实现顺序性和整合性。会计专业的能力层次可以分为核算能力、综合执行能力和决策管理能力。中职学校已经对学生的核算技能进行了强度较大的培训，学生能较好地掌握编制记账凭证、记账、编制试算平衡表、编制财务报表等基础技能。高职院校可在此基础上着重培养学生的综合执行能力和决策管理能力。目前，高职院校技能课程的设置还局限在单项核算能力的培养上，没能把财务管理、税收筹划、ERP 系统融入实训课中，忽视了学生综合执行能力和决策管理能力的培养。

二、会计专业中高职课程的衔接方案

职业教育具有职业的属性，每一个职业都有其特殊的工作过程，即个体为完成一件工作任务并获得工作成果而进行的一个完整的工作程序。姜大源指出，课程的排序必须遵循“从入门到熟练、从单一到综合、从新手到专家”的职业成长规律和“从简单到复杂、从外围到核心、从形象到抽象”的认知学习规律，把功利性的需求与人本性的发展结合起来，每一门课程都应是一个完整的工作过程。中高职课程的衔接方案应该按照工作过程系统化课程开发理念进行一体化设计，以“以就业为导向、以职业为载体的人的全面发展”为宗旨，强调“机体”（个体）对知识的构建与“机体”在工作过程中的行动实现融合。

（一）基础课程的衔接

基础课在促进学生全面发展中具有重要的作用，与专业课相互融合、相互促进。中高职学校应重视合理选择基础课的内容，为学习专业技能提供文化基础，满足社会对职业人才的文化素质要求。在三二分段中高职衔接模式下，中职学校既要满足学生升入高职学习的要求，也要满足未升学学生的就业需求。为了同时满足不同的需求，可以对基础课程实行模块化，将文化基础课分为基础模块和提高模块。

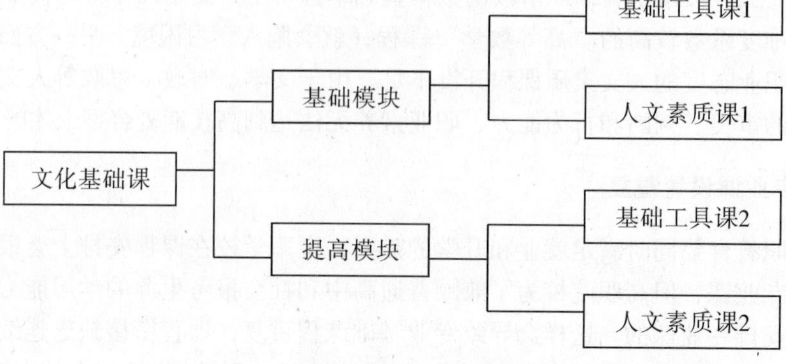

图 1　中高职衔接文化基础课

基础工具课包含语文、英语、数学这三门课程，其中“基础工具课 1”仅相当于中职水平，“基础工具课 2”则应达到升学要求。人文素质课包含文学、思政、职业指导和就业指导等大德育范畴的课程，其中“人文素质课 1”包含政治经济与社会、职业生涯规划、职业道德与法律、哲学与人生四门，课时为 36 节的课程，“人文素质课 2”包含心理健康教育、书法、社交礼仪等课程。若以就业为目标，可以选择文化基础课的基础模块；若以升学为目标，则应在基础模块的基础上应继续选择提高模块，以达到高职学校的入学要求。

（二）专业课程的衔接

中高职各阶段专业课程应结合学生就业的岗位需要进行合理设置，并通过对岗位任务和岗位关键能力的分析确定其培养目标。会计专业的就业岗位可以分为财会前沿岗位和会计专业岗位。财会前沿岗位包括商业企业收银员、仓库管理员、财会文员、统计等。会计专业岗位包括出纳、财务核算会计、成本会计、纳税核算、财务管理等。

表 1　会计专业就业岗位、关键能力与专业课程分析表

岗位名称	关键能力	专业课程
财会前沿岗位	熟悉数据统计的方法；能够熟练使用办公软件；能够正确登记各项物资的收、发、结余；能够正确识别真假币	统计基础、经济应用文写作、Excel 的会计应用、基础会计
会计专业岗位	熟悉企业各项业务的核算内容、核算流程和核算方法；能够正确审核原始凭证并编制记账凭证；能够熟练登记明细账和总账；能够准确结账、对账并编制会计报表	中级财务会计、财务管理、税法、会计电算化、成本会计、用友 ERP 应用

中高职院校应根据岗位能力要求，共同制订一体化专业课教学方案。目前，中职毕业生初次就业的岗位多数分布在财会前沿岗位或是出纳岗位，而高职毕业生则主要分布在会计专业岗位。基于这样的就业形势，综合考虑学生的职业成长周期，中职和高职阶段的专业课程应当具有递进性。中职阶段主要开设实用性和基础性的专业课，而高职阶段开设的专业课则应注重对学生专业理论和专业素养的培养。

表 2　中高职衔接专业课

专业课	中职阶段	学科基础课程	统计基础、经济应用文写作、Excel 的会计应用
		专业主干课程	出纳业务操作、基础会计、初级会计电算化、企业经济业务核算、税的计算与申报、成本核算基础、财经法规与职业道德
	高职阶段	学科基础课程	经济学、管理学
		专业主干课程	中级财务会计、会计电算化、用友 ERP 应用、成本会计、纳税实务、财务管理

（三）技能课程的衔接

中高职院校应合理安排技能培养层次，实现技能培养从单项基础能力到综合运用能力的层层递进。会计专业的技能实训课可以分为基础技能实训、岗位技能实训和综合技能实训。岗位技能实训又可以分为岗位技能实训（初级）和岗位技能实训（中级），其中岗位技能实训（初级）主要包括出纳岗位技能实训和财务核算岗位技能实训。本着技能层次的递进原则和专业知识的交互原则，中职阶段应主要开设基础技能实训和岗位技能实训（初级）课程，以培养学生的单项核算能力，而高职阶段应主要开设岗位技能实训（中级）和综合实训课程，以培养学生的综合执行能力和决策管理能力。

中职阶段：基础技能实训旨在培养学生会计核算最基本的技能，包括点验钞训练、数字速打训练、会计书写规范训练等；岗位技能实训（初级）旨在使学生掌握出纳岗位和会计核算岗位所应具备的核算技能，包括支付结算凭证的填制、原始凭证与记账凭证的填制与审核、各种账簿的登记、财务报表的编制和运用财务软件进行会计核算等能力。

高职阶段：岗位技能实训（中级）旨在使学生掌握成本会计岗位、纳税核算岗位和财务管理岗位所应具备的核算技能，包括编制成本计算表及费用分配表、填写纳税申报表、编写筹资及投资方案、编制预算表和熟练使用用友 ERP 软件等；综合技能实训相当于仿真模拟一个经济业务比较完整的典型企业，综合所有财务业务，旨在锻炼学生的综合执行能力和决策管理能力。在进行综合技能实训时，学生在虚拟企业里扮演不同的会计岗位角色，相互分工合作，共同为“企业”处理会计事务，从而对会计业务流程有一个系统、完整的认识。

三、小结

三二分段模式下中高职课程衔接的关键在于突出中职和高职的技能人才培养层次，实现专业培养的递进衔接。三二分段模式下的高职院校和中职学校可以以单独编班的模式来进行教学管理，制订专门的课程编排计划，可以从以下四方面进行改革：一是创新灵活的人才培养机制，建立“学分互认”机制，避免重复学习。二是以全局观念统筹构建五年的课程体系，课程设置由浅入深。中职课程内容重基础、强应用，给学生初步职业概念。高职课程内容重实践，强创新，鼓励学生在真实或模拟的工作场景中学习。三是组织与中高职课程衔接相关的教研活动。以“3+2”课程衔接为核心议题，将中高职课程体系统一规划，保证教学内容的层级递进。采取高职教师走进中职进行指导和帮助、中职教师到院部接受培训的互动方法，加强师资全方位的沟通与衔接。四是共同编制校本教材。根据中高职衔接各阶段工作任务和工作情景组织校本教材，注重教材内容的实用性和连续性，提高课程衔接的质量。

参考文献

[1] 姜大源．学科体系的解构与行动体系的重构——职业教育课程内容序化的教育学解读［J］．教育研究，2005（8）．

[2] 周凤华．中高职课程衔接：来自东莞职业技术学院的个案研究［J］．职教论坛，2012（7）．

[3] 朱琳佳，芦京昌．中高职课程衔接初探［J］．职教论坛，2012（22）．

［4］韩玮，张吉良．高技能人才成长规律透视［J］．中国成人教育，2007（10）．
［5］刘祝兰，丁金平．高职院校财会职业岗位实践教学模式改进［J］．财会通讯，2012（10）．
［6］吴慧萍．就业导向下的会计专业课程开发研究［J］．教育与职业，2012（06）．
［7］唐秋烨．高校会计学专业课程体系改革的思考［J］．学术论坛，2011（12）．

中职电子商务专业“网店经营管理”课程教学改革探究

钟雪梅
（中山市沙溪理工学校　广东　中山　528415）

摘　要：“网店经营管理”是中职电子商务专业的核心专业课程，传统的课堂教学已难以培养出满足电商企业所需的技能型人才。本文以中山市沙溪理工学校电子商务专业为例，针对中职学生的整体素质水平，深化校企合作，把网店经营管理的内容、企业岗位技能与职业素质要求相结合，培养学生的创新意识，指导学生就业、创业等，对课程教学进行了多方面的改革探索。

关键词：中职电子商务；网店经营管理；教学改革

随着“互联网＋”这一全新理念的提出和国务院出台《关于大力发展电子商务加快培育经济新动力的意见》的政策，电子商务已经渗透到经济生活中的各行各业，并成为行业转型升级的驱动力，而电商的快速发展迫切需要大批实用型电商人才。针对中职学校电子商务专业学生的特点，如果要培养适合行业企业发展需要的电子商务高技能型人才，就必须对原有的电子商务人才培养模式、课程体系和教学方法进行改革创新。

一、中职电子商务专业“网店经营管理”课程教学存在的问题

课堂教学是整个教学工作的中心环节，是教师和学生的教学活动的主要形式，是决定教学质量优劣的关键。“网店经营管理”是中职电子商务专业的核心专业课程，重点培养学生从事网店经营管理的综合能力，培养学生创业意识、创业兴趣及创业能力，具有很强的实践性和应用性。现阶段由于中职学校的实践条件限制和学生的个性特点，“网店经营管理”课堂教学面临以下几点的考验：

1. 缺乏与职业教育相适应的教学理念

近几年我国电子商务职业教育的发展势头迅猛，然而在快速发展的同时，部分专业课程的教学理念却相对滞后。很多中等职业学校，依然用高中的教学理念要求学生死记硬背，且在“网店经营管理”等实践类的课程教学中表现得尤为明显，阻碍了中职学生职业能力的培养和技能水平的提高。

2. 缺乏与职业教育相适应的教学方法

部分职业学校的教师在“网店经营管理”的教学中方法陈旧、手段单一，甚至还有相当一部分的学校，“网店经营管理”的教学还停留在一本教案、一支粉笔、一块黑板的阶段。现代化、信息化的教学手段的运用流于形式，对互联网的应用不够充分。

3. 缺乏与网店经营管理课程相适应的实践教学手段

现阶段在“网店经营管理”的教学过程中，实践教学手段相对缺乏，很多学校往往存

在着供学生进行模拟练习的电子商务实验室配套不完善、设备简单落后、软件更新滞后等问题，这就使得学生在具体的操作中不能很好地接触到真正的网店运营实践活动，更谈不上深入地理解和应用这些知识和技能。

4. 缺乏适应学生职业能力培养的科学化评价体系

很多中职的“网店经营管理”课程沿袭了传统的笔试方式，学生学习效果评价基本以教师命题为主，考核的方法大多采用笔试，没有真正把学生在实践过程中团队合作能力和技能水平的提高纳入评价体系中，忽视了对学生的职业能力的培养。

5. 缺乏适应学生创新创业能力培养的有效途径

部分中职学校“网店经营管理”课程教学，受传统影响较大，课程教学重知识，轻能力，特别是对学生创新能力的培养重视不够，导致培养出的学生难以满足电商企业用工要求。

6. 缺乏适应网店经营管理实战的师资队伍

在师资力量方面，很多的中职学校也缺少有电商实战经验的教师，无法将课堂教学与网店运营实战结合起来。同时开展的校企合作大多流于表面，引入企业一线的电商人才由于各种因素的影响又无法胜任常规的课堂教学，这样难以达到预期的教学效果。

二、中山市沙溪理工学校电子商务专业“网店经营管理”课程教学改革的实施

（一）中山市沙溪理工学校电子商务专业发展现状

中山市沙溪理工学校是首批国家示范性中等职业技术学校，电子商务专业作为示范性建设专业，在近几年的建设发展中，确定了“校企互联，五双并行”的人才培养模式，依托中山市服装、灯饰、家电等行业的产业优势，培养适应区域经济特色发展建设及电子商务行业需要，熟悉并掌握图形处理、网络营销、网络编辑、网络客服等基础知识和技能，具有良好的职业道德与行业规范，有一定的创新创业意识，具备电子商务综合职业能力，在生产、服务一线工作的高素质劳动者和技能型人才。电子商务专业现有标准的实训室，包括网络编辑实训室 2 间、模拟公司实训室 1 间、摄影室 2 间、网络推广实训室 1 间、电子商务综合实训室 1 间等，同时引入中山市暴风科技有限公司、中山市迪西亚科技有限公司、中山市易服电子商务有限公司、中山市华讯网络信息科技有限公司进驻校园，把真实电商运营项目引进校园，真正让电子商务专业学生在学习“网店经营管理”课程中与企业项目相结合，学以致用。

（二）编写教材并修订教学大纲

在国家示范性专业建设中，电子商务专业组织骨干专业教师、行业企业一线电商专家成立教材编写小组，根据调研得到的本地区服装、灯饰等产业特点，共同编写了校本《网店经营管理》教材，教材将由中国纺织出版社出版。参与教学的电子商务专业教研组集体备课，共同编写了适合学生和实践教学的教学大纲，根据现阶段网店经营管理的流程将教学内容分为 5 个模块、8 个项目、28 个任务，建议 48 课时完成教学任务，如表 1 所示：

表 1　“网店经营与管理”教学大纲

模块	任务		建议课时
网上开店基础篇	项目一 店铺定位	任务 1　组建网店团队	2
		任务 2　选择网店产品	2
		任务 3　选择进货渠道	2
		任务 4　制定合理价格	2
	项目二 淘宝开店	任务 5　开通支付宝	1
		任务 6　注册网店	1
网店装饰篇	项目三 装饰店铺	任务 7　设置店铺版面模板	2
		任务 8　制作店标	1
		任务 9　制作店招	1
		任务 10　制作促销广告	2
		任务 11　制作商品描述模板	2
	项目四 发布商品	任务 12　商品拍摄技巧	2
		任务 13　商品图片美化	2
		任务 14　商品标题优化	2
		任务 15　分类商品发布	2
网店推广篇	项目五 店铺推广	任务 16　淘宝工具推广	2
		任务 17　网络广告推广	2
		任务 18　视频营销推广	2
		任务 19　社交网络推广	2
		任务 20　其他推广方式	2
网店管理篇	项目六 线上管理	任务 21　网络客服管理	2
		任务 22　店铺评价管理	2
		任务 23　店铺数据管理	2
	项目七 线下管理	任务 24　商品仓储管理	2
		任务 25　物流配送管理	1
售后服务篇	项目八 售后服务	任务 26　投诉及处理管理	1
		任务 27　处理商品纠纷	1
		任务 28　处理物流纠纷	1
总计	8 大项目　28 个小任务		48

（三）创新教学手段

1. 分组教学法

根据学生的兴趣爱好和技能水平，将原有班级重新组合，分为企业实训班、创业班、工作室班。首先推荐一批技能水平较高、管理能力较强的学生进入校企合作企业，进行岗位培训，直接参与企业的电商网店实战项目，逐步培养成为店长助理，协助专业老师指导创业班和预备班的教学实践。而创业班与工作室班将学生分成4人一个团队进行实践，选定组长负责，由专业教师管理、企业师傅指导、学生店长协助的方式开展教学活动。

2．以项目教学为主的工作室教学模式

在创业班的“网店经营管理”课堂教学过程中，教师团队由电子商务专业骨干教师和聘请的电商企业精英组成。教师根据自身研究专业方向，结合网店运营项目开展工作室教学模式，如摄影工作室、图片处理工作室、网店运营工作室、广告策划工作室、网络客服工作室等。这些工作室针对电子商务运营不同的岗位技能把专业做得更专、更细、更精。学生可以根据自身特点分方向学习技能，先“试岗”再“定岗”，通过实战式的学习和锻炼，练就一项专长，有效实现中职电子商务专业分方向培养的目标，以满足本地区电商行业日益细分和专业化的需要。

3．开展校企合作的现代学徒制教学模式

现代学徒制教学是由企业和学校共同推进的一项育人模式，其教育对象既可以是学生，也可以是企业员工。中山市沙溪理工学校与中山市暴风科技有限公司、中山市迪西亚科技有限公司、中山市易服电子商务有限公司、中山市华讯网络信息科技有限公司等4家电商行业内实力雄厚的公司签订了校企合作协议。根据公司的发展规划和学生的技能水平，通过招聘考核，由一批学生组建了学徒制特色团队项目，如暴风科技的“触电网”项目、迪西亚的“网络美工”项目、华讯网络的“E电园”项目、易服电商的“网络客服”项目。坚持“校企互联、双师培养、工学交替、岗位成才”的人才培养目标，制订现代学徒制的“网店经营管理”课程教学目标和教学计划。在这些电商实战项目实施过程中，由公司精英人员组成“企业师傅”为学生团队进行一对一培训，充分体现了因材施教的原则，提高了学生的学习兴趣，增强了学生的学习主动性。通过学徒制教学，让学生真正参与到企业的生产过程中，体验企业文化和学校文化的异同，从而使其学习更有指向性和社会性，为其终身学习打下坚实的基础。

（四）制定科学的评价体系

在传统的“网店经营管理”课堂教学评价中，主要采用的是单一的教师评价，如笔试和上机操作，而这些无法真正考查学生的电商知识，反映出学生各种技能水平。通过学校机制创新和教学改革后，学生在校学习期间都可以参与到电商企业的实战项目之中，同时培养了学生的创新创业意识，鼓励学生自主创业。因此，学校和企业共同制定教学质量监控机制、改革评价模式，围绕企业用人标准，针对不同的网店经营管理项目设立不同的评价标准，在课程结束时，创业班、工作室班、企业实践班的学生成绩合格的都可以颁发学校和企业共同盖章的“实践合格证书”，该证书有自我评价、学生评价、企业评价，真实反映学生的兴趣特长、团队合作意识和技能水平，引导学生全面发展。

三、教学改革过程中遇到的问题

1．师资问题

师资是教学改革中的一个主要因素。“网店经营管理”课堂教学注重的是学生实践能力的培养，这要求教师团队不但要具备了解学生个性特点和发现学生特长的能力，还要具备相当的专业理论和网店运营的实践能力。因此，学校在引进校企合作单位的“电商精英”外聘教师的同时，原有的专业教师必须到电商企业去锻炼进修，积极参与电商项目的实战中，这样才能把最前沿的电商知识和技能带回课堂教学中。

2. 学生管理问题

“网店经营管理”课堂教学突破了原有固定教室上课的模式，学生根据兴趣特长重新组合分班，对于在开放互联网的机房和教师工作室上课的学生，必须加强对互联网文明的管理；而一部分进入在企业顶岗实践的学生，可能会对企业文化不适应，企业工作任务难以完成，同时企业与学校规律性的作息时间不同，有一定的灵活性，因而会造成学生思想的波动。

四、结语

中职电子商务专业的培养目标是为社会培养高素质的电商行业应用型人才，因此教师在教育教学上应把提高学生的学习兴趣放在课堂教学工作的第一位，引导学生动手实践，主动探究。“网店经营管理”课堂教学的内容都具有很强的实践性，教学时必须与实际电商运营项目挂钩，努力为学生创造学练结合的机会，让他们亲自动手去做，以激活思维，挖掘潜能，提高课堂教学效果。同时要强化学生的创新意识和团队合作意识，为今后的就业、创业打好基础。

参考文献

［1］宋文官．电子商务专业教学解决方案与实践教学案例［M］．北京：高等教育出版社，2008.

［2］杨品林．构建电子商务专业的职业实践能力培养模式［J］．电子商务，2011（1）.

［3］朱晓峰．电子商务专业工作室教学初探［J］．科技创新导报，2009（27）.

［4］王慧．培养学生创新创业能力推动电子商务专业教学改革［J］．商场现代化，2010（9）.

［5］曾薇．中职电子商务专业教学改革初探［J］．成功教育，2012（6）.

［6］黄依珍．创新中职学校电子商务专业实践教学的探索［J］．电子商务，2011（10）.

基于工作过程系统化的课程设计与改革探讨

——以“淘宝开店”课程为例

庄标英
（中山市建斌中专职业技术学院　广东　中山　528415）

摘　要：本文结合电子商务专业“淘宝开店”教学实践，分析中职学校电子商务专业“淘宝开店”课程的现状和存在的问题，遵循“行动领域—学习领域—学习情境”的开发路径进行基于工作过程系统化的课程设计。

关键词：工作过程；技能培养；课程设计；淘宝开店

在淘宝开店是企业进行电子商务活动的主要内容和手段，更是电子商务创业需要的工作能力，是电子商务专业的一门核心课程。基于工作过程的“淘宝开店”课程的教学改革旨在培养学生的实践能力和应用能力，提高学生在求职中的竞争性，使其更快地适应岗位工作，成为一专多能的全能型人才。

一、中职学校“淘宝开店”课程的教学现状及存在的主要问题

目前，许多中职学校电子商务专业的课程设置基本上由各校自行设置。通过对多所中职学校现有课程的调查来看，电子商务专业没有开设“淘宝开店”课程，或者开设的“淘宝开店”课程只停留在理论课程阶段，或者学校另辟一条路——开设淘宝班，或者与企业合作形成企业专项班——淘宝班，专为该企业培养淘宝人才。

通过对“淘宝开店”课程的教学现状分析，主要存在以下几个问题：

（1）没有跟上学生的就业方向，不能跟社会对电子商务人才的具体需求紧密结合，没有很好地突出以就业为导向的指导思想。

（2）不能很好地突出以技能为本的指导思想，理论课比重大，教学实训、实习条件相对落后。

（3）学校另开淘宝班的学生以自学为主，有问题随时问老师，知识体系方面缺乏整体性和贯通性。

（4）企业淘宝班主要是企业直接参与课程的设置以及教学实践，将企业的文化、理念融入进去，这些学生一毕业马上就能适应该企业对于岗位工作的要求，但是这样学生受行业知识限制较大，不利于其从事其他行业。

二、工作过程系统化课程开发的基本理念

“淘宝开店”是一门综合性和应用性较强的新兴课程，必须从课程本质和社会需求出发，在工作过程系统化的层面对知识系统进行重构。

根据德国不来梅大学以劳耐尔教授为首的职业教育专家的研究，所谓工作过程，是“在企业里为完成一件工作任务并获得工作成果而进行的一个完整的工作程序”，“是一个综合的、时刻处于运动状态但结构相对独立的系统”。

基于工作过程的课程改革应遵循“行动领域—学习领域—学习情境”的开发路径，其课程开发模式的步骤如下：

（1）分析职业岗位。根据专业所对应的工作岗位及岗位群实施典型工作任务分析。

（2）对典型工作任务进一步归纳，提炼本课程所涉及的行动领域。

（3）按照工作过程系统化对课程知识体系进行解构和重构，确定学习领域课程。

（4）根据学习领域课程创设学习情境。

（5）按照基于行动导向的“六步法”实施教学。

三、基于工作过程系统化的“淘宝开店”课程设计

（一）分析职业岗位

通过问卷调查、到企业实地调研、与企业人员共同召开课程建设座谈会，获得淘宝开店职业岗位分析表，如表1：

表1　淘宝开店职业岗位分析表

职业岗位	工作任务	职业能力要求
商品拍摄	对商品进行拍摄	掌握各类商品的拍摄技能
淘宝店长	1. 负责淘宝网店的总体运营 2. 每日监控数据 3. 负责淘宝网店日常的推广项目	1. 熟悉淘宝网店操作流程 2. 具有全局观
文案编辑	负责公司网店推广文案策划	1. 文字编辑能力 2. 具有良好的语言沟通能力，普通话、粤语流利
SEO推广员	熟悉了解网络（淘宝、拍拍等）的广告投放形式，并根据广告数据进行广告的优化及调整	1. 熟悉网络运营流程，了解网络广告的资源及投放形式，擅长广告数据的统计分析，根据数据提供优化及建议 2. 工作积极主动，责任心强，并有良好的团队合作意识
电子商务主管	熟悉网店的总体运营模式，策划店铺及产品推广方案、组织产品销售、制单、发货，售后等营销工作	1. 熟悉淘宝各种推广方式，熟悉网店的运营环境、淘宝制定的交易规则、淘宝网站广告资源 2. 具有良好的沟通及协调能力以及处理突发事件的能力，热爱电子商务，善于学习，积极上进，开朗乐观

（续上表）

职业岗位	工作任务	职业能力要求
网络营销推广	1. 负责公司互联网营销策略计划制订，并负责执行到位 2. 利用有效方式整合各种互联网资源，在行业专业网站建立公司宣传平台、在大论坛及百度贴吧等发布产品和公司品牌宣传高质量软文	1. 熟悉网络口碑营销，了解博客营销，论坛，博客，贴吧，百度知道等软文发布，精通各种网络推广方法 2. 具备一定的文字功底，沟通能力强
网站营销总监	能够利用一切有效的网络平台通过各种方式推广公司网站、网店、产品提高流量、带动销售	1. 精通量子恒道和数据魔方的运用与分析，精通淘宝推广方式 2. 具备一定的文字功底，沟通能力强
淘宝网店设计总监	淘宝网店整店形象定位设计、广告海报设计，新款、爆款营销设计	1. 熟练掌握 Photoshop、Dreamweaver 等网页设计软件工具，具备一定广告宣传策划能力 2. 具备良好的视觉设计能力和美术功底，较强的商业需求分析理解能力和信息系统规划能力
网店客服	售前咨询接单、电话或旺旺售后，客户关系管理及维护	1. 普通话标准，口齿清晰，优秀的语言表达能力和沟通能力 2. 应变能力、协调能力，能独立处理紧急问题
配货人员	1. 按照要求对货物产品进行包装，负责进货和发货等物流方面的事项，清点库存 2. 准确无误地核对面单与商品货号、数量等	1. 货物包装、快递单打印、订单跟踪等 2. 良好的服务意识、耐心和责任心，工作积极主动

（二）提炼本课程所涉及的行动领域

典型工作任务是指完整的职业工作过程，它能反映独立的工作内容和工作方式，是一个过程结构相对完整的任务，不单指一个具体的工作任务。

行动领域是职业工作中相关联的任务的集合，它从构成职业工作内容和方式的工作任务中总结和归纳而来。

通过对典型工作任务的进一步分析、归纳、序化和整合，确定行动领域，见表2：

表2　确定行动领域分析表

工作岗位	典型工作任务	行动领域
商品拍摄	对商品进行拍摄	各类商品的拍摄
淘宝店长	1. 负责淘宝网店的总体运营，推进店铺营销活动，保证网店的正常运作 2. 每日监控数据	1. 淘宝网店操作 2. 数据监控
文案编辑	负责公司网店推广文案策划	文案策划
SEO 推广员	1. 广告的投放 2. 根据广告数据及时进行广告的优化及调整	1. 网络广告的资源及投放形式 2. 广告数据的数据统计分析
电子商务主管	策划店铺及产品推广方案、组织产品销售、制单、发货，售后等营销工作	策划推广方式
网络营销推广	互联网营销策略制定	擅长网站优化 网络推广
网站营销总监	推广公司网站、网店、产品提高流量、带动销售	量子恒道和数据魔方等的运用与分析
淘宝网店设计总监	淘宝网店整店形象定位设计、广告海报设计，新款、爆款营销设计	网店设计
网店客服	售前咨询接单、电话或旺旺售后，客户关系管理及维护	售前售后服务
配货人员	货物包装、快递单打印、订单跟踪	货物包装、快递单打印

（三）形成学习领域课程

当行动领域有了之后就要设置学习领域，它必须遵循两个规律，一个是学生的认知规律，一个是职业的成长规律。职业成长规律即从入门到精通，从学徒到师傅，从简单到复杂。

根据德国各州文教部长联席会议的定义，所谓“学习领域”，是指一个由学习目标描述的主题学习单元。一个学习领域由能力描述的学习目标、任务陈述的学习内容和总量给定的学习时间（基准学时）三部分构成。

按照基于工作过程系统化的课程开发方法进行教学处理，同时参照电子商务人员职业资格技术标准，将行动领域转换成学习领域，实现了知识的重构。

表3　行动领域转化成学习领域课程

行动领域	学习领域	学习目标	学习内容	学习时间
各类商品的拍摄	商品摄影	掌握各类商品的拍摄技能	各类商品的拍摄	28 学时
1. 淘宝网店操作 2. 数据监控	淘宝开店	熟悉淘宝网店操作流程	淘宝网店操作	20 学时
1. 网络广告的资源及投放形式 2. 广告数据的统计分析	广告设计	熟练广告宣传策划	广告宣传	36 学时
1. 策划推广 2. 网站优化	网络营销	掌握淘宝各种推广方式	淘宝推广	48 学时
文案策划	文案写作	掌握文案写作	文案写作	28 学时
售前售后服务	客服管理	提高语言表达能力和沟通能力	客服管理	32 学时
网店设计	店铺装修	掌握店铺的装修	店铺装修	30 学时
1. 货物包装 2. 快递单打印	仓库管理	货物包装、快递单打印、订单跟踪等	货物包装、快递单打印、订单跟踪	24 学时

（四）设计学习情境

学习领域只包含了教学目标的大致描述，学习情境必须要寻找具体描述来完成学习领域中的内容，因此学习情境就是对课程的具体化，就是学习单元。它可以设置成任务、项目或案例，在情境学习中培养学生的专业能力、个人能力、社会能力和方法能力。为了达到学习目标、完成学习任务，我们对课程进行了学习情境的具体开发设计。

表4　学习情境设计

学习领域	学习情境一	学习情境二	学习情境三	学习情境四	学习情境五
商品摄影	棉类商品拍摄	纸张类商品拍摄	木质类商品拍摄	陶瓷类商品拍摄	金属类商品拍摄
淘宝开店	账号注册	店铺设置	标题设置	商品定价	商品发布
广告设计	店铺广告设计	品牌广告设计	商品广告图设计	新款营销设计	爆款营销设计
网络营销	淘宝客户推广	直通车推广	SNS 推广	微博推广	量子统计分析
文案写作	商品描述	推广主题设置	店铺宣传文案	商品软文写作	配图文案
网店设计	店标设计	店招设计	分类图设计	主图设计	辅图设计
客服管理	沟通技巧	谈判技巧	售前咨询接单	电话或旺旺售后	客户关系管理及维护
仓库管理	货物包装	快递单打印	联系快递	订单跟踪	库存盘点

（五）按照基于行动导向的“六步法”实施教学

对于每个学习情境应遵循“资讯—计划—决策—实施—检查—评估”六步法组织教学，培养学生的分析、判断和解决问题的能力。

在实施过程中，学生自主学习，是学习的行动主体，教师以行动过程为导向，从知识传授者转化为学习过程中的组织者、指导者和协调者。在教学中教师与学生互动，构建自主、协作、开放、竞争的空间，让学生动起来，让课堂活起来，全面提高了教学质量。

下面以文案写作学习领域中的学习情景一“商品描述”（为黑妹牙膏制作一份宝贝描述）为例，阐明如何按照基于行动导向的“六步法”实施教学。

表5　商品描述“六步法”教学过程

教学内容	工作任务	教学组织	学生活动	设计意图
资讯（1课时）	通过淘宝网页了解宝贝描述框架，为黑妹牙膏制作一份宝贝描述	教师介绍宝贝描述的框架，布置任务，学生分组。教师提出资讯建议，提供获取资讯的方法与途径信息	学生上淘宝聚划算或宝贝搜索浏览获取资讯	1. 创设情境激发学生兴趣 2. 学习与工作相结合
计划（1课时）	根据宝贝描述的框架和结构，弄清楚几个关键的问题： 1. 我们在卖什么产品 2. 宝贝的卖点、特点是什么 3. 如何证实宝贝的描述真实 4. 客户为什么要买你家的产品 5. 为什么要现在买 6. 灌输品牌理念	听取学生的计划报告，审定实施计划，关注计划中的预期成果	挑选几份宝贝描述模板	1. 学生自己获取资讯比传统的教师演示效果好 2. 要求抓住关键点，培养学生自己的思维
决策（1课时）	提出宝贝描述设计方案，编写宝贝描述实施方案、确定实施计划	听取学生的决策意见，提出可行性方面的质疑，帮助纠正不可行的决策结论。指导学生根据商品制作宝贝描述	确定宝贝描述样板	小组合作提高教学效果，体现做中学
实施（2课时）	按照决定好的宝贝描述模板进行设计及制作	组织学生分工合作，指导学生制作宝贝描述模板。对学生图片制作中出现的问题，组织学生进行讨论，并给予指导 同时，要对学生进行相关职业素养方面教育，如实事求是，诚信做人等	学生分工合作，制作宝贝描述	1. 上机操作 2. 掌握技能

（续上表）

教学内容	工作任务	教学组织	学生活动	设计意图
检查（1 课时）	制作完成后，进行自查、互查，不断优化。教师进行框架和规范检查	对学生制作完成的宝贝描述进行检查。考查学生制作的能力、诚信意识	学生进行自查互查	让学生发现问题，学习如何解决问题
评估（1 课时）	制作完成后，上交宝贝描述设计方案、实施计划、实施报告，并进行框架和规范评价	（1）成果评定：根据技术标准要求对完成的宝贝描述主要从功能、规范上评定成绩，占 60% （2）学生互评：学生对宝贝描述制作成品进行互评，占 15% （3）教师评价：根据学生的考勤、学习态度、协作精神、敬业勤业和职业道德等给分值；根据项目进行过程中的各个环节及结果给出一个分值（见评分标准）占 25%	组内讨论，对项目关键能力的确定评分 小组交叉评分，根据评分项目打分	信息收集、沟通能力进行评价，完成任务具备的知识、技能评价

中职电子商务专业的课程设计应以实际工作任务作为教学内容，以工作过程为行动导向实施课程教学，强调针对性和实用性，创造实训条件，采取灵活多样的教学模式，灵活运用多种教学方法进行教学，包括案例教学法、小组讨论教学法、角色扮演教学法、项目教学法、任务驱动教学法、启发引导教学法等。

参考文献

[1] 姜大源．基于工作过程系统化的课程开发模式［J］．中国职业技术教育，2008（27）．
[2] 周虹．基于工作过程的课程体系开发与实施［J］．职教论坛，2008（18）．
[3] 张春卿．基于工作过程开发设计学习情境的研究与实践［J］．中国现代教育装备，2012（17）．

探索中职心理健康课程的实践改革

蔡夏曼

（广东省民政技术职业学校　广东　广州　510655）

摘　要：本文从广东省民政技术职业学校（以下简称“广东民政学校”）的心理健康教育课程实践出发，针对该校中职生的心理特点和现状，分析传统心理课程的弊端，通过改革教学模式、创新教学方法和优化教学资源三个维度探讨推动中职心理健康教育改革。

关键词：中职生；心理健康教育；教学模式；教学方法

在中等职业教育中，心理健康课程承担着重要角色。一方面，中职学校的学生大都属于未成年人，心智尚未完全成熟，不善于自我心理调适和自我管理行为；另一方面，学生普遍学习基础差，部分学生家庭背景复杂，有些人甚至是所谓的“问题学生”，他们是容易产生心理问题的高风险人群。因此，为了更好地开展心理健康教育，促进学生提高自我认知、情绪管理和适应社会的能力，解决学生成长中的发展问题，广东民政职业技术学校在多年的不断实践探索中，逐渐形成了一套具有特色的多元化课堂模式。根据学生心理特点和发展现状，思考教学方式方法的改进和创新路径，提高心理健康课程的教学质量，并取得了阶段性的积极效果。

一、广东民政学校学生心理健康现状

通过对我校2014级和2013级经贸专业学生的样本访谈调查中，我们发现学生普遍存在以下三个问题：学习障碍和就业压力、不健康心理、早恋及早期性行为。具体如表1所示：

表1　样本访谈调查表

类型	表现	所占比例
厌学情绪	课堂玩手机、看杂志、睡觉、不带课本、聊天	68.4%
考试焦虑	平时学习懒散，考试前异常紧张，寄希望于通过平时表现加分扭转期末成绩	32.5%
就业压力	重视实习、兼职、招聘等有利于就业的机会，金钱压力	52.2%
不健康心理	爱说谎、喜欢用暴力解决问题、情绪不稳定、孤僻、报复、失败感强、注意力易分散	79.6%
早恋	早期性行为、怀孕、性病	7.6%

据统计，近五年每学期都有学生因以上原因而无法继续学业，选择退学。据学校就业指导中心来自就业单位的反馈表明，学生步入社会后大部分存在焦虑、人际交往、自卑、偏执等方面的心理问题。可见，心理健康问题已经成为影响学生专业技能学习和就业的重要因素。

二、传统心理健康教学的问题

（一）教材理论性太强，脱离学生实际

参与教材编写的往往是大学教授、研究机关领导，很少有一线教师的参与。教材编写者具有相当高的理论水平，但对学生的真正需求缺乏了解。因此，在实际的心理健康教学过程中，学生反映教材的理论性太强，枯燥难懂。同时，教材老化、活动设计过于幼稚，和学生实际情况脱节等现象也较为普遍。

（二）填鸭式教学，无法激发学生学习兴趣

填鸭式地灌输知识使学生被动学习，老师靠纪律强迫学生的注意力专注于课堂学习。但是，这种学习方式只适合部分课程。心理健康课采取填鸭式教育可能会产生负面的效果，无法了解学生的所思所想，无法形成良性的师生互动，无法进行有效的沟通。同时学生被动学习他们认为跟专业技能无关的知识，学习情绪难以被调动起来，最终导致他们学习意愿减少，甚至可能出现抵制情绪。

（三）局限课堂范围，教学效果有限

目前，省内许多中职学校都认识到心理健康教育的重要性，也开设了相应的课程。但是，组织学生了解心理健康和学习心理健康常识常常局限于在课堂听老师授课的狭小范围里，存在学生体验不深刻、全班授课缺乏针对性、学生的心理问题反映不出来等问题，最终导致教师对学生学得怎样、是否了解其意图、有否真正解决青春期的某个具体困惑或心理问题无法形成准确的判断，在一定程度上对教学效果产生制约。

三、心理健康课程实践创新探索

（一）改革教学模式

在广东民政学校，心理健康教育课每周安排 2 个学时，每个班级总有一个学期有机会学习心理健康知识。但是学生的心理问题是潜在的，对心理健康教育的需求是常态的，专职心理教师没有足够的精力随时随地为全校的学生进行心理辅导。那么，当学生有心理方面的问题时，如何获得课堂以外的辅导呢？为此，学校进行了一些心理健康教育的模式探索。

1. 增设第二课堂，融入班会

心理班会课是学校积极探索心理健康教育课程的新模式之一。教师结合本班学生自身的情况，创设特色班会心理健康教育课。学校统一规划，保证课程内容不冲突、不重复。

心理健康课偏向学生心理知识的宣导和心理问题的分析、体验和解决；而班会课偏向养成学生自律习惯和社交能力，着重于规范学生的行为标准。而且，学校给予班主任最大的自由组织班会课，提倡“好用即能用”原则，采取多样化、一切学生乐于接受的方式进行，包括户外游、影视体验、游戏互动等。而且，我们在实践中发现，学生在心理健康教育课堂上参加游戏活动的意愿不强烈，区别于“正式课堂”，班会这类“第二课堂”的活动往往能得到学生积极的参与和讨论，原因可能是对两种课堂形式的不同预期造成的。因此，不严肃的第二课堂学习形式使学生放松，易于敞开心扉参与互动，从而收获更好的学习效果。

2. 心理咨询

在对学生的访谈调查中，我们发现很少有学生会去专门设立的心理咨询室咨询，学生有了心理问题羞于向他人袒露，缺少主动寻求解决心理问题的意识。心理咨询室形同摆设。为此，广东民政学校通过非正式途径加强对心理健康教育的普及宣传，比如走廊海报、兴趣小组活动。其次，还利用微信和QQ等沟通工具建立学生心灵沟通互助群，鼓励学生通过倾诉宣泄情绪，通过分享喜悦、分担痛苦，在同学间、师生间建立起一种朋友式的信赖关系。再次，每个班级选取一名志愿者，担任监督员职务，其主要任务是“打小报告”，即当发现个别学生出现心理障碍时及时向课程教师或班主任报告，以便在教师帮助下及时解决问题。通过多样化心理咨询形式，编织一张严密的心理问题预防和监测网。

3. 加强交流，生活辅导

学生心理健康教育是一个复杂多变的问题，如果仅仅停留于课堂的40分钟的教师讲解和学生学习，很难形成有效的互动，真正了解学生心理问题的症结所在，相应的课堂的教学质量也会大打折扣。有一个典型的例子，在一次挫折教育的课程上，老师要求学生写下自己受挫的经历和解决方法并上台演讲，一个平常文静的女孩出乎意料地站在讲台上痛哭，课后我们了解到该女生缺乏母爱，而这件事是她的软肋。在这件事发生后，笔者经常邀请那位学生一起进餐，倾听她的烦恼，只是陪伴而不教她任何心理调节的知识，一段时间后，笔者发现这位学生变得开朗爱笑了。找到学生的症结，及时进行生活化的辅导，使学生感受到温暖和关怀，感受到尊重和理解，比强迫学生被动接受知识更能事半功倍地达到心理健康教育的目的。

（二）创新教学方法

1. 案例讨论，主动思考

Dooley & Skinner 指出，案例教学方法中教师不应进行宣讲式的教学，而是进行苏格拉底式的讨论。即教师只批评与提问，让学生自己发现他们的解决方案。因此在使用案例教学时以案例为中心，教师主要的任务是指导充分调动学生的主动性，提高学生独立思考问题的能力。我们在实践中发现，案例的选择和教师的引导对案例讨论实施的成败有着至关重要的作用。在选择时遵循以下两个原则，一是时效性。选择学生关注的热点新闻或问题，如五一放假前讲解溺水救护课程时，我们选取了汕头一家七口在清明扫墓时由于救人相继溺水身亡的案例，部分学生来自潮汕地区，事件刚发生不久，学生非常感兴趣，自然积极参与讨论。二是典型性。尽量针对学生的具体情况并结合专业技能特性，选取他们会遇到的或身边发生的例子，引起共鸣，并且教师引导学生迁移应用到自己的学习和生活中。

2. 心理剧表演，提高兴趣

心理剧的表演形式能够引起学生的共鸣，运用得当将具有明显的实效。亲身体验，重新审视自我过后，它能帮助学生将正确的健康行为记得更牢固，重新建立健康心理和行为。心理剧的表演形式多种多样，通常我们会尊重学生的意愿和剧本实际选择角色扮演、内心独白或角色互换等形式。心理剧的成败主要取决于题材，我们在实践中发现，学生对反映校园生活中发生的事件和学生心理困惑最感兴趣。也就是说选取满足中职生需要的生活化素材，让学生自己演自己，最能达到教育的效果。如在教授心肺复苏急救操作时，选取学生在家打游戏不小心触电，心跳减弱这种逼真的素材，穿插心肺复苏急救操作的具体示范，比起教师口授知识更容易让学生主动地学习，从而掌握相关知识。

3. 户外拓展，深刻体验

拓展训练作为一种体验式教学，通常在户外进行，它通过亲身经历来实现学习和掌握技能，经由深入沟通使学生获得一种直接而深刻的心理体验。在课程实践中，笔者组织即将实习的13级学生进行背摔游戏，信任背摔是拓展训练的典型项目，目的是通过这个活动建立彼此间的信任，消除学生人际交往中的戒心、偏执等负面心理，为毕业后顺利走上工作岗位，增强与同事之间的合作做铺垫。在具体实施过程中，我们严格按照体验、分享、交流、整合、应用的步骤进行。当天活动没有任何学生请假或旷课。拓展完成后，通过对3个班106个学生进行访谈调查，得到一致正面的反馈，学生非常喜欢这种体验课，表示希望教师增加户外拓展的授课次数。一次成功的户外拓展使学生由变动学习转变为主动体验，主动思考，在分享中升华主题，获得深刻的情感体验。因此选择合适的主题，借由拓展实现教学目的是心理健康教育的有效途径。

4. 心理测试，了解自我

在心理健康教育的课程里，心理测验是重要的工具。借助于各种形式的心理测验来考察人的个性品质、心理特征、个性缺陷及潜在的需要和能力等，有助于学生更好地认识和了解自我，同时使学生乐于进行心理测试。心理测试还可以为教师开展有针对的辅导性教育提供依据。在实践中，笔者在网上下载相关的心理健康状况测验题提供学生测验，结果可以应用于教学管理、学生自我管理、就业面试和职业生涯设计。比如体液说测试帮助教师明确学生的气质类型，假如知道学生A为抑郁质，学生B也为抑郁质，那么安排这两个学生在一起将出现一个冷漠的群体，安排两个胆汁质学生在一起极可能会打架闹事。知道这点，教师可以把不同气质类型的学生安排在一起，气质互补，丰富课余生活。另外，如果在某项心理测验中个别学生测验结果显示存在明显的心理障碍，课程教师可以反馈给班主任，共同有针对性地制订心理指导与治疗的方案，从而防止部分学生心理问题恶化。

5. 心理游戏，调节情绪

课堂游戏有利于活跃课堂气氛，调动学生上课积极性。将有娱乐性的游戏引入课堂来活跃课堂气氛，调解情绪，使学生在笑声中掌握知识、锻炼自己。在实施游戏时，我们认为有两个注意要点，一是确保全班学生都能参与到游戏过程中，避免出现部分学生无事可做、开小差的情况。二是游戏设置最好有竞争和输赢概念，最大限度地激发学生参与的斗志和热情，全身心体验游戏。

（三）优化教学资源

1．培养专职教师，引进兼职教师，实现教师队伍专业化

心理健康教育课程是一门新兴的学科，学校现有的可选的教师中有相关背景知识储备的教师少，在这种情况下，就要注意培养这方面的教师，做好心理咨询和教学工作。在掌握心理学的理论知识结构前提条件下，个人认为培养和引进教师应关注三个方向：①树立正确的自我意识，包括自我认识、自我控制。自我意识正确的人能对学生的品质和心理状态做客观评价。②具备良好的人格结构，只有教师本身形成积极的人格形象才能对学生有正面的影响。③协调人际关系的能力，这种协调性能够正确处理师生关系，通过教师言传身教使学生获得一种正常友好的交往氛围，获得保持心理健康的重要方法。

2．编写校本教材，选择适当的教学内容，因材施教

广东民政学校基于学生的区域性、特殊性和学校课程特点，开发出适合本校学生实际的校本教材《健康与生命》。首先，广东民政学校的学生大部分来自农村，具有区域文化、经济等方面的特殊性，学校在开发校本教材时关注到这种特殊性，选取学生了解的内容，设置熟悉的活动场景。其次，许多心理健康教育课程有一章学习方法的介绍，中职学生不同于普通高中学生，其学习差不是方法不对，而是学习动机不足，明显不适用。广东民政学校的校本教材着重探讨学生内心真正需求的内容，如如何认识自我、重塑自信等。最后，广东每年青少年安全事故居高不下，主要原因在于学生对突发灾害和急救知识了解不够。生命是最可贵的，因此有必要把在灾害和突发危险来临时如何自救作为培训内容进行普及。结合广东的具体地质灾害和常见高发安全事故，校本教材增设“生命”内容，教会学生如何在危险中自救与他救，比如夏季溺水救护、冬季煤气中毒处理等专题。

四、结语

综上所述，在中职学校开展心理健康教育课程具有重大意义，同时面临复杂特殊的现实状况。心理健康教育课程的实践改革取决于创新性地改进教学的方式方法，以及学校的支持配合和教师的自身素养，探索并找到一个所有人满意且行之有效的课堂模式实属不易，不断学习、不断实践、不断优化是检验教学成果是否有效的唯一途径。

参考文献

[1] 牟书，曾美英．大学生心理健康教育课中视频案例的设计［J］．中国电化教育，2008（7）．

[2] 邹洪升．中职生心理健康问题分析及对策［D］．山东师范大学硕士学位论文，2010．

[3] 陈沫，马辉．中职学校“一二三”心理健康教育模式实践［J］．职业技术教育，2014（20）．

[4] 戴海崎，张峰，陈雪枫．心理与教育测量［M］．广州：暨南大学出版社，1999．

[5] 张建雄．心理健康有效教学探讨［J］．职业教育，2014（2）．

肇庆市农业学校“农业生物技术”课程教学改革初探

黄卓娆

（肇庆市农业学校 广东 肇庆 526070）

摘 要：农业生物技术是中职学校园林、园艺专业的核心课程之一。其授课内容包括植物遗传与育种技术、微生物及其应用技术和植物组织培养技术三部分。作为中职教育，它不单只是一门分析型的实验学科，更是一门在生产上使用率较高的课程。如何让中职生充分掌握本课程的知识与技能，是我校进行教学改革的动力源泉。

关键词：农业生物技术；中职教育；教学改革

前 言

农业生物技术是中职学校园林、园艺专业的核心课程之一，其授课内容包括植物遗传与育种技术、微生物及其应用技术和植物组织培养技术三部分。农业生物技术是一门实用性和实践性极强的专业课。因此，在教学过程中既要注重讲授理论，也要充分突出考核学科所涉及的实验操作能力。

若将课程内容全部详细地进行传授，不仅学生的基础有差异，而且教学课时也不允许。实际上，作为中职教育，农业生物技术不单只是一门分析型的实验学科，更是一门在生产上使用率较高的课程；而且，该课程的知识、实操能贯穿植物栽培、设计、管理工作的方方面面。因此，我校生物科技教研组十分迫切地需要通过教学改革改革“农业生物技术”的课程标准，完善课程的硬件和软件的设置，使学生在较短时间内掌握本课程的精髓。

经过2年的实践，我校的教育改革总体进行得比较顺利，但同时教学改革还不够彻底，课程设计与实际生产还存在一定差距。

一、工作回顾

（一）教学内容重新整合

“农业生物技术”的理论内容十分丰富，但作为中职阶段的教学内容的选择应以一线岗位工作者从业需要，中职生职业生涯规划的知识、技能需要，结合中职生的学习能力、特长特色，立足于学科特色，进行选择性教学。

1. 立足课程，理论与实践相关联

由于中职生的就业方向主要面向基层，要求实际操作能力突出。为了使学生充分消化所学知识，巩固学习成果，满足自己就业技能需要，现将讲授和实践进行合理分配，并将其划分为三个阶段。第一阶段，在讲授“植物组织培养”的内容时，按照工学一体化的模式，在课堂上一边完成相应工作任务，进行实际操作，一边在教师的指导下掌握知识。第二阶段，讲授“微生物培养”，突出“食用微生物”的培养要点及操作技术，凭借学校有限的条件，用案例教学法，配以相关视频让学生了解微生物培养的一般技术。第三阶段，利用课余时间、实训周，安排一次让学生亲自动手设计、实验、管理、记录分析的实验，巩固所学知识，为以后走上工作岗位夯实基础。

2. 加入自我学习环节

在一个情境完成后，要求学生通过小组互助完成工作页，培养学生学习解决问题的能力。另外，在教学内容上加入一些辅助的知识，如在教授培养基成分时加入如何“利用网上数据库搜索文献”的内容。网络不仅是一个娱乐的工具，更是一个偌大的知识库，如何利用使其为自己服务对学生来说十分实用。作为建设新社会的接班人，如何利用互联网的强大功能，无疑是学生素质培养的目标之一。在教学中加入“中国知网”的介绍和搜索操作教授，让学生掌握查资料的方法，开阔视野。

（二）充分利用多种教学手段

1. 教学全面电子化，加强直观教学

在“农业生物技术”的教学中，对于大多数从未接触过植物种植的学生来说，生物技术实验室的布置、设备及操作等都难以理解。为此，作为新时代的教师，应该熟练运用多媒体课件。在教学课件中链接大量的图片、视频和动画等让学生对陌生、抽象的概念能有直观的了解，加深他们的认识。每次有实践操作的教学，教师先提炼重点、提出学习目标，紧跟着播放一段相关视频，让学生记录操作要点，再到实验室操作，大大提高了实验室实操的速度和效率。等到章节复习阶段时，可要求学生一边看视频，一边回忆自己的操作，反思自己的错漏之处。

2. 教学手段多样并举，促进独立思考

俗话说“授人以鱼，不如授人以渔”。在教学中不能“填鸭式”地灌输知识，更重要的是教会学生独立学习、独立思考的方法。如在“培养基的成分”教学中，调配培养基的成分首先要知道不同成分对培养基有什么不同的影响。我们不可能将全部可能的成分都在课堂上一一展开讲述，正相反，教师需要在课堂上教会学生如何通过专业网站搜索相关文献，增加自己这方面的认识，再通过布置相关作业，检验教学效果。

（三）教学过程要有效化，提高教学质量

1. 切实做好小组学习

为了让每个学生都能亲自动手实践，巩固学习的知识，我们应切实做好班中的小组学习。通过小组锻炼，不仅有利于教学的实施，更可以培养学生的团队合作精神。并且每组都要安排负责人。通过上学期对其他课程的实践表明，大部分学生对于实践操作课的积极性较高，在理论课上的精神容易分散。因此，分小组学习不但要运用在实验课上，还要变通地使用在理论教学上。另外，教师最重要的还是要具有调动学生的能力，培养他们在实践中发现问题、勇于提问、解决问题的好习惯。

2. 坚持项目式训练

为了提高学生的实际操作能力，使其能力符合行业需要，在本学期末安排了一个实

训，从实验构思、设计到操作、分析，甚至考核，老师仅作指导，全程由学生自主安排、讨论、评分。全面地考察学生的课程学习情况，提高理论转化为实践的能力。实践证明，通过这样的训练，学生会不断发掘自己的不足，这相当于给了动力让他们不断地查漏补缺，提高了学生主动学习的积极性。

（四）全面考核，强调动手能力

一次考试定成败的考试制度不宜也不应运用在中职教学上。中职教育的目的主要是培训基层工作人员。应该坚持理论学习为辅，实践能力训练为主的教学方针。应由过去的单纯的结果性评价转为过程性和结果性评价相结合，评价内容应包括专业知识、专业能力和职业素养等方面。评价主体从老师“一言堂”转变为老师、学生、企业共同评价。我认为，适当的理论考试还是有必要的。但目的是让学生重视复习，了解自己学习情况。另外，即使是考试，考试的内容也应跟实际操作相关，促进学生巩固实验操作过程的记忆。

二、工作问题

（一）教改不彻底，课程关联性差

本课程分两学期完成。第一学期主要教授“植物遗传与育种技术”，原本每周安排4节课，但我校并无实验条件。第二学期主要教授“微生物及其应用技术”和“植物组织培养技术”，实验课多，地方、设备少，需要分批操作，课程显得前松后紧，想要安排实操考核都来不及。因此，针对以上情况，结合校企合作的要求，我认为从2012级开始，课程内容应倒转过来，另外还要利用上校内的生产实践课。在教学内容上应先教授“植物组织培养技术”及相关操作，并让其一直贯穿于整个课程。“植物遗传与育种技术”中的部分内容不能单单进行理论教授，应结合我校实际，让学生自主查资料、汇报、总结，使其各方面都得到提高。

（二）教学时数安排不合理

可能是经验不足，我在教学过程中对课时的把握能力不强。特别是对学校活动、法定放假的缺课，实验材料、试剂的订购，自己把握不到位，导致上课进度常常与预期不符，需要不定时作出调整。有时候不得不“牺牲”一些内容。在个人提高授课灵动性的同时，我认为学校应在每个学期初，就把全部的教学日程安排发布，并要求教师在制订教学计划时将这些因素考虑进去，在考试方式、考试时间上应给予老师更大的空间。

我校的农业生物技术课程改革还有很多方面需要努力改进，如校本教材的编写、如何将课程内容融合至学生企业生产实践等。而作为专业老师，我也要多方面提升自己的专业知识与技能。只有这样，课堂才会吸引学生，真正使学生受益。

计算机平面设计专业模块化课程体系构建初探

徐雁飞
（肇庆市工程技术学校　广东　肇庆　526070）

摘　要：在"以就业为导向，以能力为本位，以岗位为目标"的现代职业教育观的指导下，围绕"专业设置对接产业需求、课程内容对接职业标准、教学过程对接生产过程"的"三对接"，本文结合工作实际探讨计算机平面设计专业模块化课程体系的构建。

关键词：计算机平面设计；职业教育；模块化；课程体系

计算机平面设计专业融计算机应用技术与工艺美术于一体，教育部把该专业列入《中等职业学校专业目录（2010 年修订）》，表明该专业在服务经济社会、改善我们的生活等方面的地位与作用。笔者在"以就业为导向，以能力为本位，以岗位为目标"的现代职业教育观的指导下，开展了以构建课程为载体，以培养基本素质和技术应用能力为主线，以应用性和实践性为基本特点的计算机平面设计专业模块化课程建设的探索，对实现职业教育目标具有一定的现实意义。

一、专业培养目标

计算机平面设计专业培养与经济社会相适应，德、智、体、美全面发展，具有从事计算机平面设计必需的理论知识和综合职业能力，具有一定的设计理论和创新意识，掌握现代媒体技术，能对计算机平面设计相关行业进行策划创意、设计制作的专门人才。其培养的人才的知识、能力与品德结构包括：具有本专业所必需的文化基础和专业知识；掌握美术基础知识和基本技法，熟练掌握计算机图形图像处理软件的操作应用技巧；具有美术造型和一定的艺术鉴赏能力；具有商品包装、广告、标志、书籍装帧等电脑美术创意、设计与制作能力；具有一定的专业适应能力和自学能力。同时，还应具有良好的职业道德和行为规范，具有健康的心理，能正确认识社会和自我，并具有较强的团队意识和社会责任感。

二、专业课程改革的探索

（一）构建模块化综合课程

按照 2014 年 2 月 26 日，国务院总理李克强主持召开的国务院常务会议，部署加快发展现代职业教育中提出的"三对接"的要求，计算机平面设计专业建设应以人才培养对接用人需求、专业设置对接产业需求、课程内容对接职业标准、教学过程对接生产过程为切入点，深化教学内容改革，形成对接紧密、特色鲜明、内容先进、动态调整的职业教育课程体系。

通过计算机平面设计专业岗位能力的调研，计算机平面设计专业主要的岗位（群）有：计算机操作员、广告设计员、装潢美术设计员、印前制作员等。针对职业岗位能力要求和本专业的特点，在强调能力为本位，突出技术、技能实训课的前提下，对课程结构进行重组和调整，构建专业理论和专业技能相融合的模块化综合性课程体系，具体包括：

（1）美术类课程：根据本专业特点，将素描、色彩、图案、构成、手绘等课程综合为美术基础模块，培养学生对专业美术操作和运用的能力。

（2）设计类课程：①将图形、图像、文本处理类软件（CorelDraw、Photoshop、Illustrator、InDesign 等）综合为图文处理技术模块，以培养学生的图文处理能力；②将图形设计制作类软件（3D MAX、AutoCAD、SolidWorks 等）综合为计算机辅助绘图模块，以培养学生的电脑绘图能力；③将专业理论基础类课程（艺术设计基础、图案设计、广告原理与实务、VI/CI 设计与应用、摄影基础等）综合为广告创意模块，以培养学生的艺术创意与创作能力。

（二）突出实践教学

计算机平面设计专业的实践能力培养应贯穿于学生学习乃至从业的全过程。可分为三个层次：①技能基本功训练，如：计算机使用操作训练、美术基础训练、摄影技术训练；②进行专业技能训练，如：图像处理、电脑绘图能力训练、广告事务案例分析、综合设计训练；③进行岗位技能实践，如：教学实训、顶岗实训、毕业综合实践。同时，还应鼓励学生通过“PS 图形图像处理操作员”（中级）、“平面广告设计师”“网页设计师”等国家技能鉴定并获取相应的证书，提升就业能力。

（三）改革教学方法和教学手段

现代教育技术的应用在学生能力的培养教育中起着至关重要的作用。我们应该不断深化对诸如“教师教什么、怎么教，学生学什么、怎么学”等职业教育本源性问题的认识，不断突破专业和产业、知识与技能、课堂教学与实训实习之间的联系。倡导讲练结合的“理实一体化”教学模式，倡导基于工作过程系统化的任务驱动教学法、项目教学法和行动导向教学法等。运用一体化的多媒体电脑室开展教学活动，边讲边练，讲练结合。这样不仅可以使难以理解的理论和过程形象直观地展现在学生的面前，还可以改变教与学的关系，教师在教学活动中讲授得越来越少，成为咨询指导者的角色，学生动手越来越多，逐渐成为课堂教学的主体，提高了教学效率。

（四）注重培养综合素质

“学生的真正就业是由技能、理论、素养共同支撑的。”中职生在掌握了一定的专业知识的基础上，学习一些人文自然科学知识，有利于改善自己的知识结构，开阔自己视野，提高自己观察、分析和解决问题的能力。

把第一课堂与第二课堂、理论教学与实践训练、学校育人与社会育人有机结合起来，鼓励、引导学生组成各种业余兴趣小组，通过课外活动提高学生的文化素养。同时，还必须重视学生的可持续发展，为学生创造学习的基础条件，培养他们终生学习的能力，使他们既能打下扎实的文化基础，又有较强的专业知识和专业技能，真正成为能力素质和文化素质兼备的高素质人才。

三、专业课程模块的构建

按照岗位（群）、能力与课程之间的对应关系，我们把计算机平面设计课程模块分为文化基础课程模块和专业主干课程模块。

（一）文化基础课程模块

课程设置以专业文化基础、思想品德和职业生涯教育为主，把学生培养成为具有一定思想道德修养和职业观念的高素质劳动者。具体设置以下模块：

文化基础课模块：语文、计算机应用基础、数学、应用写作、体育与健康等。

品德教育模块：传统文化、职业生涯规划、心理健康教育、法律基础、社交礼仪、职业指导等。

（二）专业主干课程模块

专业主干课程整体结构如图 1 所示：

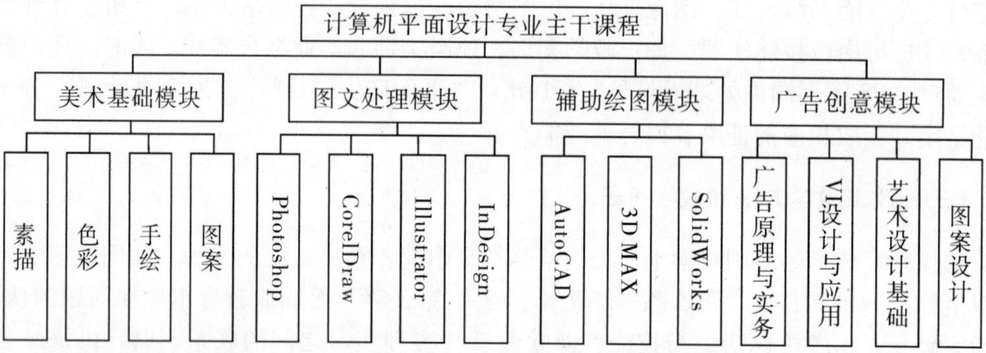

图 1　专业主干课程结构图

（三）实践教学模块

（1）课程项目实训：在专业美术基础、CorelDraw、Photoshop、InDesign、Illustrator、AutoCAD、3D MAX、SolidWorks、摄影技术等实操性课程中尽量使用一体化电脑室进行教学，理论与实践教学有机结合，学以致用。同时，还应设置一些创意设计项目，培养学生独立分析、操作和解决问题的能力。

（2）技能项目实训：技能项目是根据相关课程确定的综合性训练项目，是学生专业技能构成的重要组成，具体包括：计算机基本操作、美术基础、CorelDraw 应用、Photoshop 应用、排版、设计软件综合应用等，训练时数可根据专业课程进度灵活安排。

（3）毕业实践与生产实习：通过产教结合，深化校企合作，加强专业课程建设，组织学生到广告公司、婚纱影楼、印刷厂、包装企业、装饰公司等实习，深入了解平面广告设计、排版、装饰、包装设计与制作、数码影像后期处理等生产制作过程，并在某工作岗位从事具体工作的操作与实践，进一步加强感性认识，提高职业能力。

总之，专业课程体系的构建是一个系统工程，涉及配套教材建设、教学设施投放、实训场室建设、实训设备配备、资金投入、师资队伍建设、校企合作、校内外实习基地建设等多个环节，需要多方面的配合与合作。构建过程中可能会遇到一定的困难，受到一些条件的制约，但笔者认为只要师生共同坚持、努力，大胆尝试，积极探索，一定能形成专业特色。

“计算机应用基础”课程的教学改革与实践

幸海琼
（肇庆市农业学校　广东　肇庆　526070）

摘　要：本文通过对“计算机应用基础”课程内容的改革进行调查论证，提出改革的目标和方案，并对改革的成效进行分析和评价。

关键词：课程内容改革调查论证；课程内容改革方案；改革成效分析与评价

前　言

随着社会经济的飞速发展，计算机技术已经逐渐渗透到社会生活的各个领域中，这势必会促进计算机教育的改革与发展，尤其为中职计算机教育的改革提供了良好的契机。学生的计算机应用能力已成为其职业能力中的一项重要指标，直接影响着他们今后的职业生涯。全面提高学生的计算机操作能力，对提高学生的信息化素质起着重要的推进作用，同时也促进学生其他职业能力的培养与形成。

一、“计算机应用基础”课程内容改革调查论证

“计算机应用基础”课程在我国信息化建设中具有重要意义，随着社会需求的变化，课程也在不断改革和更新。同时，该课程是一门集知识性、技能性与应用性为一体的实践课程，操作性极强，必须通过大量的操作训练，才能达到提高学生计算机应用能力的目的。

学校于 1998 年开设了“计算机应用基础”课程，2003 年申请成为计算机高新技术考试站，开设了办公软件应用模块操作员级的考试。当时办公软件应用模块共有 3 位考评员，到 2006 年共有 6 位考评员。学校一直对“计算机应用基础”课程的建设和改革十分重视，并根据社会发展的需要，不断进行专业方向的调整和教学内容的改革，并取得了一定的效果。但由于改革的步伐较慢，还是无法适应当代科技进步和经济发展的需要，教学中存在的问题也日益突出。

（一）培养目标不明确

随着计算机信息技术的发展，智能化办公、无纸化办公的呼声在政府部门和企业内部越来越高，许多办公应用软件也在不断升级变化，而本课程是大部分专业开设的一门计算机实践课，不同专业培养的目标不一样，但是之前的教学并没有把不同专业的培养目标具体化，所有专业的教学内容是统一的，无法提高不同专业学生的专项技能。

（二）教材落后，教学内容陈旧

“计算机应用基础”课程传统的教学内容为：计算机基础知识，Windows 操作系统，文字处理软件 Word，电子表格 Excel，演示文稿制作 PowerPoint，Internet 基础知识与应用等。目前，有关办公软件的教材有很多，但普遍涉及太多理论，教学内容专业性不强，理论与实践联系不够。同时，传统的教学采用独立的操作方法、步骤和菜单的讲解，学生不感兴趣，难记易忘，教学效果不理想，已经适应不了社会发展对计算机人才的要求。

（三）改革的指导思想和目标

“计算机应用基础”课程内容改革以建设市级精品课程为目标，以教学内容改革为动力，以现代信息技术的应用为突破口，不断深化课程教学改革。通过课程改革，培养学生处理文字、数据和获取信息的能力，提高学生的计算机文化素质，为学生的继续学习打下良好的基础。学习完课程后，学生可参加全国计算机等级考试和计算机高新技术考试，全面提高学生的计算机应用能力。

二、“计算机应用基础”课程内容改革方案

（一）培养目标的改革

“计算机应用基础”课程的改革就是要加强学生的办公软件应用意识，培养学生熟练使用 Windows 操作系统，Office 办公软件应用，搜索网络资源，熟练使用传真机、打印机、复印机等常用办公设备的综合应用能力。

（二）教学内容的改革

针对传统教学中存在的问题，根据专业教师多年来的教学经验，经过充分论证分析，将传统课程的理论知识和实践操作分为基础知识、基本操作和综合应用三个模块，并在三个模块的基础上，设置了五个阶段的实践教学内容，全面提升学生的实践操作技能。

1. 基础知识模块

包括计算机理论基础、操作系统基本概念、Word 基本概念、Excel 基本概念、PowerPoint 基本概念、网络基础知识和计算机病毒知识等。

2. 基本操作模块

以学习情境为基础，实施“理论—实践一体化”的教学，体现“做中教，做中学”的教学理念，共设计了 20 个丰富有趣的学习情境，具体内容如表 1 所示。

表 1　基本操作模块的具体内容

序号	学习任务	学习情境	主要内容
1	“我的地盘我做主”	创作一台别具风格的个人电脑	资源管理器的使用、桌面设置、附件

（续上表）

序号	学习任务	学习情境	主要内容
2	办公文件整理	创建文件夹，把电子文件分类整理	文件或文件夹的新建、复制、粘贴、移动、删除与还原；重命名、选择、查找与属性设置
3	网上冲浪	申请邮箱、微博，网络购物	IE浏览器的基本操作使用；Internet搜索引擎；电子邮箱的使用
4	新手上路	学习功能强大的Office软件	Office软件的安装；Word文档、Excel工作簿和PowerPoint演示文稿的新建、打开、保存、退出
5	“我的日记”	从今天起，用电脑写日记	字符编辑（标点符号、英文小写字母、大写字母、特殊符号等）
6	花样字	Word字体设置，艺术字	字体格式（字体字形、字号、颜色、下划线、着重号、效果、字间距、文字动态效果等）
7	纵横书海	搜索喜欢的散文，下载排版	段落以及边框底纹格式（对齐方式、缩进、特殊格式、间距、边框的线型、颜色、宽度、应用范围、底纹填充、图案）
8	数学笔记	电子版的数学笔记	公式编辑（数学运算符号、公式、运算量等）
9	笔记本电脑	Word绘图，这是我的个人计算机	自选图形绘制（自选图形绘制、填充、边框颜色、图案填充、对齐和分布、组合等）
10	校运会海报	学校要举行校运会，设计宣传海报	图片以及艺术字（艺术字样式、大小、形状、颜色、阴影样式、三维效果样式、横、竖排文本框、图片大小、版式）
11	课程表	新学期开始，制作课程表，打印	表格绘制（插入表格、插入行和列、合并、拆分单元格、单元格对齐、颜色填充、属性、绘制斜线表头、公式计算等）；页面设置（页边距、方向、纸张、文字方向、版式、绘图网格等）；打印
12	毕淑敏散文	搜索毕淑敏的散文，下载后整理，收藏排版	项目符号和编号（项目符号，编号样式、对齐、制表值位置、缩进位置、自定义，编号文字字体等）
13	电影海报	周末放电影了，负责做剧情介绍	图文混排（字体格式、艺术字、段落、图片、分栏、页眉页脚、页码等）
14	“我的成绩单”	期末考试成绩出来了，做个电子版的成绩表	单元格格式以及工作表管理（字体、字号，单元格的合并与拆分，边框与底纹，条件格式，行高与列宽，行、列与工作表的插入、复制、粘贴、移动、保护、删除与隐藏、重命名）

（续上表）

序号	学习任务	学习情境	主要内容
15	数据编辑	Excel真奇妙，不同类型的内容输入后效果不一样	文字、数字、文本的输入、自动填充、日期和时间的输入，数据类型设置等
16	成绩表分析	评奖学金，评优秀班级，用Excel计算更快捷	公式与函数（常用函数：SUM、AVERAGE、IF、MAX、MIN、RANK、COUNT、COUNTIF等）
17	公司销售报表	汇报公司的销售情况	Excel数据排序、分类汇总、数据筛选
18	贺卡制作	母亲节就要到了，制作电子贺卡，祝妈妈节日快乐	PowerPoint 2003的启动，内容提示向导的使用，字体设置（字体、字号、颜色、效果）占位符的添加与删除
19	个人相册	制作个人风采相册	占位符的使用，版式的选择，自定义动画，幻灯片切换，幻灯片的放映
20	职业生涯规划大赛	文明风采“职业生涯规划”制作	文字、图形、图表等综合排版技术（目录、页眉页脚、页码、格式等）

3. 综合应用模块

综合应用设置6个子模块，分别是庆祝五四晚会节目单、电脑板报的设计、个人简历设计、电脑公司销售统计、软件公司产品介绍、学校招生宣传单。主要是针对Word、Excel、PowerPoint软件的综合能力训练，要求学生自行搜索素材，完成任务，全面提高学生应用知识的能力。

（三）实践教学内容

在三个模块知识学习的基础上设置了五个阶段的练习：基础知识练习、文字录入练习、基本操作案例练习、模拟试题练习及综合案例应用。每个阶段都设计了多个案例（试题），学生可以自行把握学习进度。考核内容和方式以过程考核为重点，突出多元化评价标准，注重过程考核与结果评价，以方案与作品的实用性为最终评审结果。

针对计算机应用基础课程信息量大、知识更新快、学时少、学习对象差异大等特点，教学中采用多媒体演示、电子演示文稿、动画演示教学等现代教育技术，优化教学过程，使课堂教学生动活泼，充分调动学生学习兴趣，提高教学的质量和效率。

三、“计算机应用基础”课程内容改革成效分析与评价

本课程是应用性较强的学科，在教学过程中重实践，重技能，把理论教学和实践教学的课时比例调整为1∶2，应用多媒体教学手段和全新的教学方法，以学习情境为基础，实施“理论—实践一体化”的课堂教学，全面训练学生的操作技能，教学效果和质量都得到了明显提高。

通过课程内容的改革，教学方法的改进，组织学生参加全国计算机高新技术考试，参加学生不断增加，考证通过率也在逐年提高。通过课程学习，学生不仅可以考取办公软件

的职业资格证书，还可以参加相应的职业技能竞赛。学校每年举办的学生技能竞赛项目中，有三项与本课程相关的竞赛项目：计算机文字录入、Word 板报设计和 PowerPoint 设计。通过竞赛，能够让学生更好地认识自己，增强他们学习的动力和兴趣。改革实施期间，学校组织计算机教研组教师自编本课程教材，目前已出版教材《计算机应用基础》和《计算机应用基础——上机指导》。通过课程改革，教师的教学能力和技能水平也在不断地提高。

关于每学期的课堂教学质量评价，根据收回的评价表统计，学生对本课程授课教师的评价结果，均达到良好及以上水平。同时通过学生座谈调查，学生对本课程的学习兴趣较高，任课教师教学质量反映良好，认为本课程的教学内容符合实际、实用，能为后续课程打下较好的基础。课程内容自改革实施以来，本课程的授课方式、学习内容、项目实践更加符合企业的用人需求，对于工作中众多实际问题的解决具有重要的作用。大部分学生在走上工作岗位以后，深深体会到了本课程学习内容的价值，教学改革深受学生赞同。

四、结语

实践证明，我们对“计算机应用基础”课程内容改革的方向和思路是正确的。通过学习，学生能掌握现代化办公手段，掌握信息处理的方法，熟练使用各种办公软件，学生学有所长、学有所用。同时，教师的教学水平也有明显的提高，培养出来的学生综合素质较高，得到用人单位的一致赞赏和重用。当然，改革还存在许多不足的地方，如教学内容和教材有待进一步改革。今后，我们将不断学习先进的教学理念，创新教学模式，改进教学手段和方法，紧跟形势，与时俱进，继续深化课程内容改革，努力培养出更多适合社会发展需要的高素质技能型人才。

参考文献

［1］解丽丹．服务职业发展的《计算机应用基础》课程改革［J］．职业教育研究，2012（9）．

［2］郑金洲．案例教学指南［M］．上海：华东师范大学出版社，2000.

［3］赵艳杰，刘道文．“计算机应用基础”分级教学模式研究［J］．教育与职业，2010（33）．

［4］张超，孟莉，耿涛．高职高专“计算机文化基础”的教学问题及其解决策略［J］．计算机教育，2009（5）．

校企合作企业主导课程评价的实践与思考

——基于“汽车发动机机械维修”课程评价实施

胡立光

（广州市黄埔职业技术学校　广东　广州　510725）

摘　要： 为了促进职业教育高技能人才的培养，通过采用企业主导课程评价的方式进行课程评价，在专业建设、课程构建、人才培养、企业用人等方面进一步深化了校企融合，极大限度地激发了学生的学习积极性和主动性，为职业学校培养高素质技能型人才提供了有利保证。

关键词： 课程评价；企业主导；人才培养

一、企业主导课程评价的背景

近期国务院颁布的《中国制造 2025》中明确提出了“力争到 2025 年从制造大国迈入制造强国行列”。从政府层面上，这一政策为我国职业教育的发展指明了方向，培养高素质的技能型人才是职业教育刻不容缓的重任。汽车产业是我国制造业的重要组成部分，要实现由大变强，由“中国制造”发展为“中国创造”的产业升级转型，需要数量众多的掌握最新技术、精通专业技能、长于客户服务、善于一线管理、具备创新能力的汽车技能专门人才支撑。据统计，目前我国汽车紧缺技能人才缺口高达数百万。紧缺技能专门人才的匮乏，已经成为制约我国汽车产业发展的“瓶颈”。按照欧美发达国家的标准，高级技能人才占汽车产业技能型人才的比例应为 40%，而我国不足 10%。高级技能人才出现了严重不足的情况。

造成高技能人才严重不足的原因除了我国职业院校在技能型人才培养质量方面，存在知识老化、技术陈旧等原因外，很大程度上与学生的学习积极性与主动性有关。特别是中等职业教育，中职学生学习基础普遍较差，没有养成良好的学习习惯，学习不得法，若再加上职业院校的教学与企业脱节，学生在从事专业的学习过程中，会对企业缺乏了解，对自己将来的工作环境和工作岗位以及社会需求一无所知，学生对自己的学习根本就提不起兴趣，缺乏学习主动性，学习效果可想而知。要培养出高技能人才恐怕是天方夜谭。

鉴于提升人才培养质量这一目的，我校汽车运用与维修专业积极探索校企合作途径和方式，在课程建设、教学过程管理、质量评价、师资培训、就业服务等方面与企业进行深度合作，校企融合形成合力，着力培养具有先进水平、综合能力强的汽车技术与服务类高技能型人才。特别是在课程评价方面，引进德国“双元制”的第三方评价考核制度，由企业主导进行课程评价，通过这种评价方式，促进教学质量全面提高。

二、企业主导课程评价的实施

根据校企合作人才培养目标要求，核心课程的评价采用第三方评价的方式进行评价。为了实现第三方评价，我们严格采用教考分离，通过教考分离促进教学质量的提高。在本次“汽车发动机机械维修”课程考核实施过程中，考试用题和考评员均由第三方承担，具体从以下几个方面去组织落实：

（1）监考人员（考评员）的确定。根据考核内容以及第三方评价的原则，超过监考人总数的2/3应为非考生的培训师或教师，这些人应该是经验丰富的技师或汽车厂厂主或4S店店主。基于这原则，本次考核采用的考评员均来自于知名品牌汽车4S店的维修总监、维修技术主管、维修车间主任、汽车制造厂培训师等。

（2）考试内容。所有的考题均由企业给定，学生在考试之前随机抽取考题考试。考题具有一定的灵活性，“发动机机械系统检查与修理”课程的考题分为曲柄连杆机构的拆装与检测、配气机构的拆装与检测两个试题。学生考前在这两题中随机抽取一题进行考试。以这种随机抽题的形式来达到质量检测与监控的目的。课程考题范围覆盖面大，考题内容涵盖的知识点和技能点比较全面，考核旨在强调学生职业能力的全面发展。如配气机构的拆装与检测考题所包含的考点为以下11个方面：

①发动机配气机构分解的顺序（操作步骤）；

②查阅维修资料配气机构各部螺栓的拧紧力矩；

③发动机配气机构安装的顺序（操作步骤）；

④发动机配气机构拆装的要求及安全注意事项；

⑤汽缸盖平面变形检测记录；

⑥汽缸盖平面的修复计划；

⑦凸轮轴弯曲测量与修复计划；

⑧气门挺杆与凸轮轴间隙的检测与修复计划；

⑨检测气门杆部的直径（只测量单缸的一个进气气门和一个排气门）；

⑩气门导管与气门间隙检查；

⑪列举检测气门密封性的方法（至少列举三种）。

从这些考点不难看出，考题按企业标准对学生的知识、技能、职业素养等进行全方位的考核。

（3）考试过程。学生整个考试过程为独立操作，采用一对一的考试方式。由监考员向考生提供考题并当场抽题。监考员根据考题，准备并检查好考试用的工具和辅助工具。考试时，检查考生是否能够正确理解考题，观察考生解题过程和解题的步骤后针对解题的步骤提出相关疑问；对考生工、量具的使用、文件资料的使用以及考生自己的记录等方面，客观评分。考生考试结束后，考评员即根据其完成情况给出客观、公正的评定成绩。

表1　项目考核评价标准

作业项目	考核内容	分值	评分标准
分解	分解工艺、工具使用	10	工具使用不正确扣3分 工具使用不熟练扣2分 分解顺序错误扣3分 分解工艺错误扣2分
清洗	清洗零件并用压缩空气吹净	5	未清洗机件扣3分 未用压缩空气吹净扣2分
检查	选择正确的量具	5	选择错误扣5分
	检查校验仪器仪表	5	未检查校验仪器仪表或校验方法不正确扣5分
	检查、检测方法	10	方法错误酌情扣5~10分
	检查、检测步骤	10	检测步骤错误酌情扣5~10分
	检测数值	5	检测结果错误扣5分
	熟练操作	5	操作不熟练酌情扣5分
	检查、检测方法	5	检查方法错误扣5分
	检查过程	5	漏项每项扣1分
	资料查阅	5	未查阅或查阅错误扣10分
组装调试	装配、调试符合工艺要求	15	装配工艺错误扣5分 工具使用不当扣5分 组装后机件运转不正常扣5分
安全文明生产	遵守规程、安全生产、工具使用正确	5	每违犯一项扣1分直至扣完
	现场5S管理	5	不达标一处扣1分
	因违犯操作规程造成事故	5	因违规操作发生重大人身或设备事故，此题按0分计

三、结果分析

（1）学生总体成绩达到预期设想。由于引入第三方评价的考核方式，学生在平时的学习过程中非常认真、自觉，并能主动参与到教学过程中。学生学习的积极性和主动性明显增强。企业专家在考核学生的过程中也发现，该课程学生的学习质量普遍较好，无论是专业技能操作还是与人沟通方面都透露出阳光自信的精神面貌。学生普遍获得企业的认可，有企业总监甚至当场就表态愿意录用该班的学生，这种结果源于学生从一开始就知道要接受企业专家的考核。因此，在平时的学习中特别注意自身素质的培养，愿意在企业专家的面前展示出自己最好的一面。

（2）学生各技能要素的掌握与标准还有差距。从考题内容来看，在作业准备、拆卸与安装、手册使用、测量、工单填写、制定维修计划、安全注意事项等要素方面进行考核时，学生普遍在拆卸与安装、作业准备以及安全注意方面做得较好，但在测量、工具使用、制定维修计划、手册使用等方面存在不足。有相当一部分学生不会以工单为指引，不能根据工单要求查找维修手册。在操作时也是按自己的习惯操作，而不是按维修手册的要求进行规范操作。所有这些都说明，在平时的教学过程中还要加强上述方面的训练。

（3）学生灵活性与适应性还有待提高。在考核过程中，学生知识的迁移能力和灵活运用能力表现较差。对熟悉的内容能很好地完成，当遇到不熟悉的任务时便一头雾水，无所适从。在借助工具获取资讯方面表现得非常差，也反映出学生在平时的学习过程中学习方法和手段过于单一。

四、存在的问题

（1）考试成本高。由于采用一对一的考核方式，考核时间较长，这就要求考核的工位与考评员数量要多，造成考试成本较高。

（2）企业专家参与存在一定困难。由于考核所需企业专家有一定要求，目前可参与的企业专家数量有限，在组织考核时，由于时间冲突，会出现聘请不到企业专家的情况。在协调组织过程中花费大量的时间和精力。

五、企业主导课程评价对教育的启示

通过实施企业主导的课程评价方式，进一步深化了校企融合，在专业建设、课程建设、人才培养、企业用人等方面都有很大的改善和提升。具体表现在以下几个方面：

（1）有利于教学质量的提高。企业专家在参与课程评价的过程中，通过对学生的考评，发现学生与企业的差距，进而暴露出学校课程以及教学的缺陷。缺陷的暴露和发现，有利于课程建设更加优化，课堂教学更加合理，从而提高教学质量。如工单、维修手册的使用，被测试的学生有相当一部分学生不会以工单为指引，根据工单要求查找维修手册；有些学生在操作时按自己的习惯操作，而不是按维修手册的要求进行规范操作。这些行为习惯均反映出在平时的教学中未按要求规范操作。在今后的教学中，要特别注意这些方面的加强和改进。

（2）有利于学生综合能力的提升。企业专家参与课程考核，对学生来说，在专业技能、心理素质、表达能力、灵活运用以及解决问题的能力方面有了更大的挑战，通过面对这些挑战，学生的整体能力得到了提升。

（3）有利于学生学习积极性的提高。通过企业专家参与课程评价，学生会感觉到自己的学习、技能很有价值，对自己的学习充满成就感，从而更进一步重视学习，学习的主动性与积极性得到进一步提高。

（4）有利于学校品牌及学生素质的宣传。企业专家通过参与课程评价，对我校专业教学有一个深度认识，通过这些企业专家，学校品牌形象及学生素质在行业内无形中会得到宣传。

（5）有利于企业选人用人。企业专家参与课程评价，提前与学生接触，并对学生有一定的了解，为企业选人提供了充分了解的机会，坚定了企业来我校选人用人的信心。

六、结论与展望

从企业主导的课程评价的实施来看，企业主导的课程评价能更好地服务于职业教育，提升职业教育质量，实现《中国制造 2025》的伟大目标。后阶段可以从以下几个方面进一步完善企业主导的课程评价：

(1) 建立第三方评价的考试委员会。建议考试委员会成员由学校、企业、行业人员组成。考试委员会委员应当为能准确把握汽车专业学科发展方向，具有较高的学术水平、丰富的教育教学经验或现场工程技术的人员。考试委员会委员参与制定汽车专业教学大纲和考试大纲，确定汽车专业考试内容。课程考核由考试委员会组织实施，从而降低学校的考核成本，节省人力物力。同时在所有职业学校全面铺开核心课程接受第三方的评价考核，以达到全面提升职业教育教学质量的目的。

(2) 建立专门的企业专家考评员库。每次考试的考评员均从考评员库中随机抽取产生，保证考评的公平、公正。

(3) 制定统一的课程评价标准和试题库。组织熟悉汽车专业技术工作和专业岗位需求，具有较高的学术水平、丰富的教育教学经验或现场工程技术的人员共同制定课程评价标准和测试题库，让教学能够有据可依，从而提升教学的有效性。

参考文献

[1] 庄榕霞，赵志群．职业院校学生职业能力测评的实证研究［M］．北京：清华大学出版社，2012.

[2] 柳洁，胡立光，林志伟．中等职业学校学生专业技能测试的实施与分析［J］．教育导刊，2015 (3).

剖析中职物联网实训模拟平台的开发

陈　锐

（广州市黄埔职业技术学校　广东　广州　510665）

摘　要：用模拟软件替代真实设备，培养和训练学生对于移动客户端物联网控制系统的开发能力，不但解决了教学中实训资源不足的问题，保证了教学质量，而且可以获得更好的实训效果和更为科学的实训环境。因为自主开发的模拟设备随时都可以零成本改进和扩展各种功能，保证实训内容与时俱进，同时又可以为学校节约大量购买真实设备的费用，以及后期使用和维护设备的成本。模拟设备的易操作性和模拟动画效果，也非常适合引导中职学生入门，激发学生的学习兴趣，把原本复杂枯燥的应用程序开发变得生动有趣。

关键词：物联网实训模拟器；Socket；通讯协议

自2009年8月温家宝总理提出“感知中国”以来，物联网被正式列为国家五大新兴战略性产业之一而写入“政府工作报告”中，因此物联网在中国受到了社会极大的关注，与物联网相关的产业更是高达千亿市值。作为承载着培养与我国现代化建设要求相适应，具有综合职业能力，在生产、服务一线工作的技能型人才的中职学校，也正在积极探索和研究“中职物联网专业”的课程建设和实施的方案。

要让学生掌握一种技能，实训实操是教学过程中非常重要的环节。目前，有不少物联网企业开发了专门针对中职学校的物联网实训平台，基本上大同小异。以下是某物联网企业的产品，如图1所示：

图1　某物联网综合实训平台

实训平台中的4个方格代表4种不同的功能模块和设备的组合，组合之间通过“宽带路由器”互联互通，学生根据实训教材中项目的任务要求，开发移动客户端应用程序，获取实训平台上各种传感器的数值，以及控制实训平台上的各种设备，实现移动互联、远程控制的功能。平台的整体设计方案和所能提供的实训内容还是比较适合目前中职生的认知和接受能力的，但在实际使用过程中可能会遇到以下问题：

实训平台不支持多个客户端同时连接，也就是说，当某个学生已经连接上实训平台进行程序测试的时候，其他同学是无法连接上去的，这使得调试程序非常不方便。学生写完一段程序之后，需要连接到实训平台进行反复测试，并根据测试的效果不断修改，直到正确实现要求的功能后才能进行下一步的开发。如果调试程序的工作不能顺利进行，会降低学生的学习热情和积极性，增加课堂的不稳定因素，使得实训过程无法顺利开展，影响实训效果。因此，需要为每个学生配置一套实训平台，但平台的价格是5万元/套，40个学生就要花费200万元，而且还要建设更大的实训场地来放置这些设备，如此巨大的投入，一般的学校无法承受。

由于实训过程需要反复开关和连接设备，使得设备容易受损，同时也会增加使用设备的安全隐患。设备一旦损坏，实训无法进行，因此需要购买大量备用设备保证在出现损坏的情况下能及时进行替换，确保实训的正常开展，后期使用和维护的成本同样不是一笔小数目。

物联网技术不断更新和发展，职业学校同样也要定期对实训设备进行改造和升级，以保证学生能学到新的技术和技能。硬件的升级一般采取重新购置的方式，升级的成本会非常高。

解决以上问题的最好办法就是开发一款新软件，模拟和仿真设备的所有接口和功能。一台安装了模拟软件的电脑，就是一个仿真实训平台，学生大部分的实训过程都在仿真实训平台上进行，当所有开发的功能在仿真实训平台上都能正确实现之后，再将软件连接到真实的实训平台上运行和测试，成功率就会极大地提高。这好比飞行员的培训过程，受培训的飞行员在驾驶真正的飞机之前，都要在模拟仿真的飞行器上进行所有飞行操作技术和技能方面的训练，直至达到考核标准之后，才能够去驾驶真正的飞机进行飞行训练，否则，机毁人亡是常见的事情，后果不堪设想。相比真实设备，仿真物联网实训平台基本不需要使用和维护成本，最坏的情况莫过于重新安装软件，扩展和升级也变得简单，可以通过网络升级、安装升级包、重新安装软件三种方式中的任意一种实现。因此，大量的模拟设备搭配少量的真实设备是物联网实训设备配置的理想模式。

如何开发物联网模拟实训平台是问题的关键所在。实训内容中，学生编写移动客户端应用程序，是通过Socket连接实训设备的，连接成功之后，使用Socket发送和接收数据的方法与实训设备进行通讯。实训设备其实就是Socket的服务器响应端，因此我们可以以Socket服务器端的程序设计为切入点来开发模拟软件。VB是支持Socket服务器端程序开发的，同时，VB作为一款传统的软件开发工具，它的简单性和易操作性特别适合开发像教学辅助软件这种对实时性和效率要求不高的小型应用程序。下面是笔者运用VB开发物联网模拟实训平台的整体思路：

①VB开发Socket服务器端应用程序，需要两个Socket，一个负责侦听客户端连接请求（这里命名为tcpwsock），一个负责接收侦听到的客户端连接请求，并与之进行通讯（这里命名为wsock）。由于服务器端应用程序需要支持多客户端连接，因此要将wsock定

义为控件数组，wsock 数组里面的每个控件对应一个客户端连接，负责与一个客户端进行通讯，通过 wsock（i）引用数组中的某个控件，其中 i 为控件数组的下标。在 tcpwsock 的侦听事件 ConnectionRequest 中实现接收客户端连接请求的代码如下：

```
Private Sub tcpwsock_ConnectionRequest(ByVal requestID As Long)
    On Error Resume Next
    Dim i As Long

    i = 1
    Dim free As Boolean
    free = False

    'wsocknum为目前已经加载的winsock的数目
    '在已经加载的空件数组中检查有没有连接的控件

    For i = 1 To wsocknum
        If wsock(i).State = sckClosed Then
           free = True
           Exit For
        End If
    Next i

    'maxconnect为最大连接数,如果已经加摘的winsock控件达到最大，退出
    If wsocknum = maxconnect And free = False Then
       Exit Sub
    End If

    '如果已经加载的控件都在连接，加载新控件
    If free = False Then
       wsocknum = wsocknum + 1
       Load wsock(wsocknum)
        i = wsocknum
    End If

    If wsock(i).State <> sckClosed Then
       wsock(i).Close
    End If

    wsock(i).Accept requestID

    muser(i).mconnected = True '标记wsock(i)已经接收了一个客户端的连接
End Sub
```

程序中最后一行的 muser 是一个自定义 client 类型数组，用于临时保存接收到的客户端数据，client 类型的定义如下：

```
Type client '定义客户端数据类型
    tmpinformation As String '用于保存接收到的客户端的临时数据
    mconnected As Boolean '是否已经连接
End Type
```

②为了让学生开发的移动客户端应用程序能同时兼容真实实训平台和模拟实训平台，需要在 wsock 的接收客户端数据事件 DataArrival 中定义与真实实训平台相同的通讯协议。

真实的实训平台支持两种格式的通讯协议，一种是字符串格式的通讯协议，如：客户端发送字符串命令“0FGIO”，表示客户端请求获取地址为 0F 的数据采集模块中 in0 到 in5 接口上所接的状态型传感器的信息。实训平台接收到命令后，将会传送回字符串格式的数据，如：“0FIO = 011101”，那么表示 in0 到 in5 接口上所接的状态型传感器的信息分别是 011101。另一种是 Byte 字节型数组的通讯协议，如：客户端发送 Byte 字节数组命令{0xDE，0xDF，0xEF，0xD7，0x30，0x01，0x00}，表示客户端请求获取地址为 0x3001 的

Zgbiee 模块中 ach0 接口上所接的数值型传感器（如温度传感器）的数值。实训平台接收到命令后，将会传送回 Byte 字节数组数据，如：{0xDE，0xDF，0xEF，0xD7，0x30，0x01，0x00，0x86}，数组中最后一个元素 0x86 代表了传感器的数值。

由于 Byte 字节类型和字符串类型是两种完全不同的数据类型，VB 中对两种数据类型的操作和处理方法也不一样。因此，根据真实实训平台的通讯规则，需要在 wsock 的接收客户端数据事件 DataArrival 中编写两套与客户端进行通讯的程序代码，分别处理 Byte 字节数组命令和字符串命令。下面是服务器端响应“OFGIO”命令和{0xDE，0xDF，0xEF，0xD7，0x30，0x01，0x00}命令的程序框架：

```
Dim zb1_ach0(6) As Byte '定义获取zgb1上ach0数值的命令
zb1_ach0(0) = &HDE: zb1_ach0(1) = &HDF: zb1_ach0(2) = &HEF: zb1_ach0(3) = &HD7
zb1_ach0(4) = &H30: zb1_ach0(5) = &H1: zb1_ach0(6) = &H0

Private Sub wsock_DataArrival(Index As Integer, ByVal bytesTotal As Long) '数据到达

 '首先处理字byte字节型数组格式的命令协议
 If bytesTotal = 7 Then '如果接收到7个字节，有可能是获取zgbiee1上ach0数值的命令

    Dim tmpbyte() As Byte '存放接收到的byte字节型数组数据

    Dim tmpbytes1(7) As Byte '存放需要发送给客户端的byte字节型数组数据

    wsock(Index).GetData tmpbyte(), vbByte '以字节的方式接收数据

    If StrConv(tmpbyte, vbUnicode) = StrConv(zb1_ach0, vbUnicode) Then

       tmpbytes1(0) = &HDE: tmpbytes1(1) = &HDF: tmpbytes1(2) = &HEF: tmpbytes1(3) = &HD7
       tmpbytes1(4) = &H30: tmpbytes1(5) = &H1: tmpbytes1(6) = &H0

       '根据zgbiee的温度公式转换成要发送的数据
       wd_int = Round((CInt(gl_wd.Text) * 0.044 + 0.8) * 85)
       tmpbytes1(7) = wd_int
       wsock(Index).SendData tmpbytes1 '发送给客户端byte字节型数组数据

       Exit Sub '处理完成退出程序，不再执行后面的代码

    ElseIf 条件 Then
       '程序代码
       Exit Sub '处理完成退出程序，不再执行后面的代码

    ElseIf 条件 Then
       '程序代码
       Exit Sub '处理完成退出程序，不再执行后面的代码

    End If
 End If


 If bytesTotal = 7 Then '如果接收总数为7,前面已经接收过了，不用再接收
    '将前面接收的byte型转变成string，临时保存接收的数据
    muser(Index).tmpinformation = StrConv(tmpbyte, vbUnicode)
 Else '前面没有接收过,才接收，获取发送来的命令信息
    wsock(Index).GetData muser(Index).tmpinformation
 End If
 '然后处理字符型格式的命令协议
 Select Case muser(Index).tmpinformation

   Case "OFGIO" '获取数据模块in0—in5的信息
      tmpstr = "OFIO=" '发送给客户端的字符型格式的数据

      '以下根据各种传感器的状态生成数据
      If gz.Text = "无光" Then      If hy.Text = "无火" Then      If mc.Text = "合上" Then
        tmpstr = tmpstr & "1"          tmpstr = tmpstr & "0"          tmpstr = tmpstr & "0"
      Else                          Else                          Else
        tmpstr = tmpstr & "0"          tmpstr = tmpstr & "1"          tmpstr = tmpstr & "1"
      End If                        End If                        End If

      If ren.Text = "无人" Then     If yw.Text = "无烟雾" Then    If yl.Text = "无雨露" Then
        tmpstr = tmpstr & "0"          tmpstr = tmpstr & "0"          tmpstr = tmpstr & "0"
      Else                          Else                          Else
        tmpstr = tmpstr & "1"          tmpstr = tmpstr & "1"          tmpstr = tmpstr & "1"
      End If                        End If                        End If

      wsock(Index).SendData tmpstr '发送字符型格式的数据给客户端

   Case 字符格式的命令
      '程序代码

   Case 字符格式的命令
      '程序代码
 End Select

End Sub
```

除了以上两种命令，真实的实训平台还定义了很多其他命令，如果命令格式是 Byte 字节类型，那么响应客户端的程序代码应该加到上面程序框架第一个 if 语句的“ElseIf 条件 Then”中；如果命令格式是字符串类型，那么响应客户端的程序代码应该加到上面程序框架 select 语句的“Case 字符串格式命令”中。

③前面两点是 Socket 服务器端应用程序设计的核心，主要是实现通讯功能。除此之外，为了让仿真软件能够更加生动、有趣、逼真、人性化，还要根据设计需要，准备好图片素材，使用 VB 时间控件 Timer，在时间控件 Timer 的 Timer 事件中进行编程，控制图片的播放，产生模拟动画，模拟真实设备的运行效果，如：灯的开关动画、空调运行动画、风扇转动动画、窗帘开闭动画等等。

根据以上思路，笔者用 VB 成功开发出 1.0 版本的中职物联网实训模拟平台软件，并将其成功运用于实训教学中。模拟软件不仅兼容了真实实训平台的功能，还增加了一个真实实训平台中没有的功能模块——“遥控模块”。在“遥控模块”中，学生可以做模拟“雷达系统”、模拟“飞机根据不同飞机场的天气状况自动选择最佳停靠点”等实训内容。由于模拟平台软件是在电脑上运行，电脑与电脑之间是联网的，因此模拟平台之间也是联网的，这样我们就可以利用现有的电脑资源形成一个庞大的网络互联的物联网设备群，能够做更多深层次的复杂的综合实训演练，这是真实实训设备很难做到的，因为购买大量的硬件设备需要耗费巨资。软件界面如图 2：

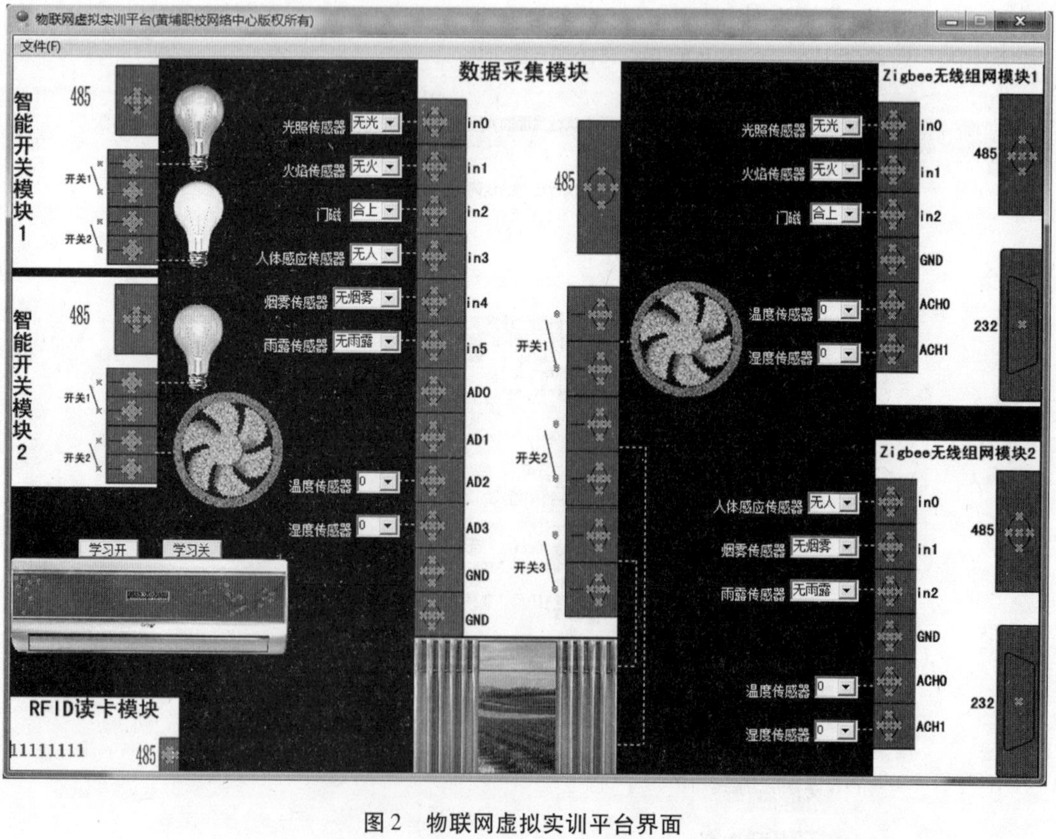

图 2　物联网虚拟实训平台界面

随着物联网技术的不断更新，模拟器也将不断地改进和升级。对于任何一项技术的研究，都是在不断发现问题、不断解决问题中完善和进步的，只有这样才能紧跟时代步伐、适应时代发展，永不落后。

参考文献

[1] 宋慧娟等. 基于 VB 的工程车模拟器数据采集与控制系统 [J]. 建筑机械杂志，2006 (8).

[2] 郭小和等. 基于混合网络环境的航电模拟器的设计与实现 [J]. 系统仿真学报，2007 (15).

[3] 鹿曼. 基于 Android 的智能家居控制系统的设计与实现 [D]. 山东建筑大学硕士学位论文，2013.

技能大赛助推中职专业教学改革

——动漫专业包班搭课项目教学模式的探索与实践

史宪美 邱 青

（佛山市胡锦超职业技术学校 广东 佛山 528300）

摘 要：如何让技能大赛真正成为推进职业教育教学改革的助推器，是每所职业院校面临的课题。本文以胡锦超职业技术学校为例，介绍该校动漫专业借技能大赛助推专业教学改革，形成包班搭课项目教学模式的具体探索和实践。

关键词：技能大赛；包班搭课；项目教学；动漫专业；教学模式

近几年来，从来没有哪一项具体的实践活动能够像职业教育技能竞赛一样，如此深入、持久地影响着职业学校的教育与教学及学校的各项工作。“普通教育有高考，职业教育有大赛”，在全国已形成了“校校有比赛，层层有选拔，全国有大赛”的局面。但如何让技能大赛真正成为推进职业教育教学改革的助推器，是每所职业学校面临的课题。本文以胡锦超职业技术为例，介绍该校动漫专业借技能大赛助推专业教学改革，形成包班搭课项目教学模式的具体探索和实践，希望能起到抛砖引玉之效。

一、背景

自2007年在重庆举办全国首届职业教育技能大赛以来，胡锦超职校每年都通过层层选拔学生，代表广东省参加全国计算机类技能大赛，所有选手均有所斩获。目前，已获省级、国家级一等奖近百项，特别是动漫、视频类项目成绩尤为突出。但技能大赛只能算是培优的教育，而职业教育是要为企业培养大批优秀的技能人才。回过头来看看我们的常规教学，情况仍不容乐观：学生学完了多门专业课后，却不能学以致用，会使用软件，却做不出作品；传统的教学模式让学生在课堂上提不起学习兴趣，甚至出现上课玩游戏、睡觉等现象，毫无学习的主动性。与之相反，技能大赛训练队的学生却是学习热情高涨，主动刻苦地学习、夜以继日地训练、热情地参加比赛。教师采用任务、项目、团队合作等教学模式，教学效果极佳，两者形成鲜明的对比。造成常规教学效果不理想的主要原因如下：一是课程设置不科学，各门专业课之间各自为政，专业课教学时间安排滞后；二是美术课与专业课脱节；三是教学目标不明确，不能让学生学以致用；四是教师的教学观念陈旧，以传统的教学模式为主。而技能训练队效果显著恰恰是因为解决了以上问题。

针对常规教学中存在的问题，学校也曾提出让教师们进行项目教学等方法，但效果始终不太理想，因为项目教学对教师的要求较高，需要教师掌握完成整个项目的所有知识和能力。只靠一个教师真正实现项目教学，存在一定的难度，这也是为什么项目教学难以实施的主要原因。为此，老师们进行了深入的分析，提出了设想：为何不把技能大赛训练模式转化为常规教学模式，实施包班搭课项目教学模式，真正实现以赛促教、以赛促改呢？

二、包班搭课项目教学模式的内涵

所谓“包班”，即由三到四位各具专业特长的专业教师从一年级开始承包一个班的所有专业课教学；所谓“搭课”，即包班专业课教师的课不是独立的，而是以项目为主线，由几位教师根据项目的需要随时讲解做项目要用到的知识和技能，也就是说，几位教师经常同时出现在同一课堂上。因此，“包班搭课”不是简单的“包班”，更重要的是“搭课”，是各科知识和技能的相互渗透与融合。

三、包班搭课项目教学模式的具体实践

我们提出了“以赛促教，以赛促改，学以致用，服务社会”的教改理念，把动漫专业作为教改实验班。具体实施如下：

（一）组建教改团队

由动漫、视频等技能大赛项目组的三位教练组成教改团队，负责动漫教改实验班的所有专业课的教学工作。这三位教师各有所长，其中一位核心人物作为组长，负责核心课程的教学及项目的设置，三人统一教学理念和教学思路。

（二）制定教改目标

教改的目的是培养企业所需的高素质技能人才，同时要注重组织能力、合作能力、沟通能力等职业技能的培训，注重耐心、坚持、共赢、感恩等职业素养的培养。因此，我们制定动漫教改实验班的教学目标是：完成一本漫画、一个动画短片、一部微电影。只有目标明确，学生的学习才有动力和积极性。

（三）调整课程设置

要实现以上教学目标，采用传统的课程设置是行不通的，因此，必须对原课程设置和教学安排作大刀阔斧的修改。一是把专业课的教学提前到一年级。二是要有一门核心课程（动漫创意）贯穿三年的学习。三是专业课的教学安排不再是独立的单节课，而是在不同的学习阶段，采取以半天、一天、一周甚至以月为时间单位来教学，由三位教师包班共同授课，从而保证了项目教学的连续性和递进性。

（四）调整教学策略及方法

要顺利地进行项目教学，激发学生的学习热情，教学策略和方法非常重要，教改团队的具体做法如下：

1. 采用各种方式，做好入学初的专业教育和激发学习热情

刚入学的学生对专业的认识是模糊的，更搞不清楚将来的就业方向，因此，非常有必要及时做好专业教育，加深学生对专业的了解，明确学习目标和就业方向。有了明确的目标才会有学习的动力和兴趣。老师们采用如下方法对新生进行专业教育：让技能大赛训练

队的学生把专业介绍做成视频和海报，从视觉上给新生以冲击；请往届的优秀毕业生讲述他们的成长故事，给新生以启迪和激励；请在国赛中获奖的学生分享他们学习专业的方法和感悟，激发新生对专业学习的兴趣等，再加上老师的及时点拨、正确引导和鼓励，实验班的学生对专业学习充满了自信和兴趣。

2. 采用各种策略和方法实施项目教学

（1）科学合理地设置项目。

教学项目的设置至关重要，关系到项目能否顺利推进和学生能否学以致用。教改团队认真分析研究，结合技能大赛训练的经验以及动漫工作室做过的实际项目，设计了若干个教学项目，同时在项目进行中注重对学生职业能力和职业素养的培养。

（2）采用各种策略推进项目。

项目教学主要是“以项目为主线、教师为引导、学生为主体”，学习过程成为一个人人参与的创造实践活动。但要让学生一下子改变以往“教师讲，学生听”的被动学习方式很难，需要一个适应的过程。因此，老师需要不断地采用各种策略来激励学生，逐渐建造使学生主动参与、自主协作、探索创新的新型教学模式，保证项目顺利推进。如采用小组互助模式、及时的过程评价和作品展示、让技能大赛训练队的队员下班辅导、与高年级的班级一起上课、聘请企业工程师进行指导等。学生的活动由教师全程指导，教师成为学习活动的引导者、管理者、帮助者。

（3）建立有效的多维评价机制。

在项目教学中，最终的结果固然重要，但完成项目的过程同样重要。因为学生在项目实践过程中，要学习新的知识和技能，体验创新的艰辛与乐趣，需要团队的协作，分析问题和解决问题等，这些能力的培养更加重要。因此，建立有效的多维评价机制有助于创造优良的学风，能有效地引导学生充分发挥主观能动性和创造性，发掘潜能。老师们采用如下的多维评价方式：把项目分解成若干个小任务，每完成一个小任务都进行评价，每完成一个项目再进行整体评价；采取自评、组内互评和师评的方式，让学生从评价中感受到自己的点滴进步，从而提高学习的兴趣和主动性。

（4）多样化地展示学习成果。

要实现最初所定的教学目标，在三年的学习过程中须完成若干个项目和任务。学生的学习积极性需要不断地激发才能保持的。因此，在不同的学习阶段要及时地展示学生的学习成果，让学生认真对待每一次的任务和项目。从人物素描、场景素描、动画角色、视频处理、动画片制作以及后来的毕业设计，每一阶段的作品都采用不同的形式在学校的各个场所进行展示，最后集师生之智慧举办毕业作品展，展厅由师生共同设计和布置，把学生的各种作品用绘画、作品集、教材、多媒体等各种方式进行展示。除了吸引本校的师生进行参观外，学校还邀请了兄弟学校、家长、专家等来校参观，得到参观者的肯定和好评，极大地激发了师生的热情。

四、包班搭课项目教学模式的成效

实践证明，该模式成效显著，具体表现在：

（一）提高了教学质量

因学生的学习兴趣得到激发，学习积极性空前高涨，课堂上打游戏和睡觉的情况大大减少，呈现的是下课后学生仍不愿离开电脑室的场景，有的同学甚至做作品至深夜。同时，学生的创造力也得到了发挥，有一部分学生自己组成创作小组，自编、自导、自拍了《胡职版江南 style》，并做出了超炫的视频后期处理效果，在优酷网上热播，得到网友们的追捧。学生们还主动申请暑假期间回校做作品，一个暑期的努力，他们做出了大量有创意的作品。在老师们的指导下，学生们把这些作品整理加工编写成动漫作品案例集，由机械工业出版社正式出版，其中创作的动画片《新龟兔赛跑》获得了广州国际微电影大赛和珠江数码微电影大赛最佳动画金奖。学生们经过实战训练，技能水平得到很大的提高，参加各级各类比赛取得了优异的成绩。

（二）提高了学生就业质量

实验班的同学已毕业一年，同学们良好的职业素养和专业技能受到企业的欢迎，不少同学在实习期间已成为大型广告公司的正式员工，并作为艺术总监来培养；有的同学毕业后自主创业成立了自己的动漫公司；其余同学则全部通过自主招生考试进入顺德高职院继续深造，因为他们过硬的专业技能，顺德职院将该班设为精英班重点培养。

该模式不仅在本校得到推广，而且受邀在广东省职教学会电子信息年会、中国计算机学会中职学会年会及山东淄博等地做专题介绍，不少兄弟学校慕名前来学习交流，真正实现了“课堂教学出作品，校企合作出产品，技能大赛出成绩，学生就业出人才”的培养目标。

参考文献

［1］动漫制作与设计工作室［EB/OL］. http：//ysx. gzccc. edu. cn/zhuanyetese/dongmansheji/gongzuoshi/2010 – 06 – 30/180. html.

［2］陈世红. 浅析中职学校动漫专业的现状及对策［EB/OL］. http：//www. studa. net/zhiye/110718/10084920 – 2. html.

［3］冯志刚. 项目教学法在专业教学中的应用［EB/OL］. http：//club. topsage. com/thread – 1044332 – 1 – 1. html.

第四编　中等职业学校课堂教学改革与创新

浅析中职语文课堂教学结合专业的三个要点

陈宇婷
（中山市沙溪理工学校　广东　中山　528471）

摘　要：在中职语文教学改革的要求下，需要从每一节课完成情感、能力和知识三方面教学任务的过程中体现语文与专业结合的特点。本文根据服装专业学生技能成长的需要，以《荷塘月色》为例，分析教材和学情，抓住主题设计与专业素养相结合、语文能力与专业技能结合、知识点与工作任务结合等三个要点，设计和实施课堂教学，多元评价教学效果。

关键词：情感；能力；知识点

与专业结合是时下中职语文教学改革的大方向，不过也存在一些争议和疑惑。争议在于结合专业是否会导致语文失去本身的艺术性和人文价值而沦为工具；疑惑在于由于专业局限，语文与文秘、工艺美术等文艺类专业比较好结合，与会计、电子商务等管理类专业结合也有一定的空间，而与汽修、数控等理工类专业的结合就显得难以入手。

根据新《中等职业学校语文教学大纲》的原意，语文教学与专业结合不能也不会脱离语文本身：中等职业学校语文课程要让学生学习必要的语文基础知识，掌握日常生活和职业岗位需要的现代文阅读能力、写作能力、口语交际能力，提高文化修养和审美情趣，形成良好的个性、健全的人格，促进职业生涯的发展[1]。也就是说，中职语文教学以任何形式与任何专业结合，都应该注重培养学生听、说、读、写的能力，提升学生的综合素质，通过培养“人”，达到培养“专业人”。

语文课堂教学与专业结合，需要做好每一节课的教学设计和实施。通常来说，一节语文课大多采取文学鉴赏或应用写作的方式来展开，时间和内容有限，与专业结合最好以点带面。而一节语文课离不开主题情感、能力和知识点这三个要点，这三者也就成为语文与专业的最佳结合点。

一、调查了解学生需要，找好结合方式

每一节语文课要做到主题情感、能力和知识等三个要点与专业较好地结合，需要在设计实施教学前，准确了解学生的现状和学习需求。

2014 年 6 月，我所在的学校语文科组在服装专业开展一次关于中职生语文学习兴趣的调查，高一级 223 名服装专业学生、11 家服装企业和 10 位服装专业教师参与了调查。结果显示，有 33.6% 的学生认为语文很有意思，41.4% 的学生认为语文是学好其他学科的基础；有些学生对语文不感兴趣，认为“语文教学与专业没关系，是浪费时间”；8% 的学生认为“老师很少设计或从不设计课堂情境”，70% 的学生喜欢在语文课上与同学多交流。

企业方面，45%的企业认为中职生的语文学习非常重要，45%的企业认为中职服装专业的毕业生应具备良好的沟通协调能力，希望学生“有较强的合作意识和沟通表达能力，敢于创新，掌握专业知识的同时提高个人综合素养”。而专业教师没有异议，都认为学生学好语文对提升专业技能和综合素质来说都非常必要。

学生学习语文的需求与专业密切相关。以服装设计与工艺专业为例，根据其产业链环节，其岗位链也细化为“设计—画图—选料—裁剪—制版—生产—质检—展示—包装—营销（电子商务）”等环节。在这个岗位链中，语文听、说、读、写的能力要求在各处都有体现：设计前需要设计问题作市场调查、写出调查报告；画出设计图后，要写出创意说明；选料、裁剪、制版、生产等环节需要团队成员准确分析客户需求，并形成书面要求，保持团队间的交流；质检需要理解参照标准，写出质检报告；展示需要写发布会主持解说词并解说；包装和营销（电子商务）需要写广告词和产品介绍。

可见，学生有必要也有意愿学好语文，只是学习语文的意愿长期在课堂上得不到满足，而逐渐消磨了学习的兴趣。因此，语文课堂教学需要了解学生岗位所需的专业能力，有针对性地进行教学设计，组织好内容，采取合适的方法，注重参与、体验和分享，激发学生学习语文的兴趣、信心和成就感，提高课堂效率，促进学生语文能力和专业能力同步提升。

二、分析教材学情，设计和实施课堂教学

为了让学生了解语文课，我将学生入学第一堂语文课设计成了主题为“我们为什么学语文”的讨论课，向大家反馈以上的问卷调查结果，并讨论通过哪些方式可以让语文与专业更好地结合。经过讨论，我们形成以下共识：在课堂上结合服装文化，学习文学知识；互相介绍与服装有关的文学作品，组织读书会；在晚修和课余时间多放一些与服装有关的电影，互相交流。通过这节讨论课，学生的认识有所改变，开始觉得语文课是友好的、灵活的，是相互对话的，也就不那么抗拒了。我对语文课怎么设计、怎么上课也有了较大的把握。

下面，我以朱自清的《荷塘月色》为例，谈论怎么从主题情感、能力和知识点这三个要点来与专业进行结合。

（一）主题设计与专业素养结合

主题设计要与专业素养较好地结合，首先需要教师准确地分析教材和学情。《荷塘月色》是朱自清的经典散文，作品情景相融的写作特色和虚实相生的意境韵味，能让学生培养良好的生活态度和审美情趣，为服装设计和鉴赏带来有益的启发，使得文学和服装设计两者相得益彰。我所教的学生是服装设计与工艺专业高一年级学生。该专业的学生毕业后除从事服装设计和生产工作外，还从事销售、跟单工作，需要加强产品介绍方面的语言表达能力。同时，学生比较活跃，擅长有创意的创作，但语文基础相对薄弱，时常遭遇“美在心中口难开”的尴尬，口语表达能力有待提高。经过分析，我决定把本课主题定为“荷香月韵，天人合‘衣’——《荷塘月色》赏析”。这一主题就像一座桥梁，将语文和服装专业自然联系起来，让学生一看主题就能明白本课的用意。

主题确定后，我遵循小而实的原则，结合专业能力，确定教学目标和重难点。我将情

感目标设定为“感受作者的思想情感，体会自然、恬淡、向上的生活态度”，将能力目标设定为“让学生学习散文的写作方法和语言特色，进行恰当的表达”，将知识目标设定为“体会课文的语言美、意境美，学习通感的修辞手法”。除了在知识、能力、情感三方面设置目标外，我还设置了专业成长目标，“让学生学会在服装产品介绍中运用通感的修辞手法”。教学重难点方面，重点设定为“品读语言、体验情感，体会散文的语言美和意境美”，难点设定为“让学生学会在服装产品介绍中运用通感的修辞手法”。

我分两个课时来完成教学目标。第一课时注重文本解读，完成了解读者、了解文化、朗读课文和品味意境等教学任务；第二课时注重与专业结合，让学生深入理解和体会文章意境，将通感的修辞手法运用到服装设计和鉴赏中。

（二）语文能力与专业技能结合

在第二节课中，我重点将语文听、说、读、写的能力与服装专业技能结合起来。我设计了“品一品”“学一学”“赛一赛”“评一评”“乐一乐”等五个教学环节，将听、说、读、写的能力训练贯穿其中。

（1）“品一品：清香荷塘，你之最爱”，历时 5 分钟。让学生欣赏课文第三部分（第四、五、六自然段）的朗诵视频，默读并找出自己最喜欢的一句话。学生带着问题和自我体验的需要，很快融入到课文中。随后，我请三位同学说出答案，并说明原因和感受。在学生的问答交谈中，我注意提示、点拨，让学生在体会语言中理解色彩和意境美的重点，并过渡到结合服装专业的难点上来。

（2）“学一学：通感修辞，字字珠玑”，历时 10 分钟。我利用微课讲述通感修辞手法的定义和运用，让学生结合例句分析，理解和体会通感修辞手法的运用技巧。重点强调通感修辞手法的作用，激发学生兴趣。

（3）“赛一赛：示范点拨，妙语连珠”，历时 20 分钟。在比赛前，我对一组服装进行示范讲解，让学生明白本次解说的思路和语言要求。随后，我采用合作探究法、情境教学法和角色扮演法，将全班分成八个小组，扮演服装销售员向顾客介绍服装，进行小组比赛，以此锻炼学生的团队协作能力和语言表达能力。

（4）“评一评：分享心得，为你点赞”，历时 5 分钟。让学生在听完各小组长的介绍后，谈谈自己最喜欢哪一组的介绍，并让他们为各小组长的介绍效果点赞，得赞数最多的小组胜出。这时，我特别提醒学生，投票是根据哪一组将服装介绍得好，而不是根据自己喜欢哪一款服装，以此达到开放、公平、互动的评价效果。

（5）“乐一乐：凤凰清音，共唱金曲”，直至课堂结束。我为每小组发放歌词对照，播放凤凰传奇的歌曲《荷塘月色》的 MV，全班一起演唱，让学生丰富艺术感受，融通感觉，在欢笑和歌声中结束课堂教学。

（三）知识点与工作任务结合

知识点与工作任务的结合，主要体现在“赛一赛”“评一评”这两个环节中。

本课最重要的知识点是通感修辞手法。通感修辞手法是把不同感官的感觉沟通起来，借联想引起感觉转移，“以感觉写感觉”。通感技巧的运用，能突破语言的局限，丰富审美情趣，有利于表情达意和增强文采。基于这一知识点对学生写设计创意说明、产品介绍十分实用，我设置了“为服装产品写说明”的工作任务，设置某品牌新款服装产品促销会的情境，让学生给顾客推荐产品。

在上课前一个星期，我把全班64位学生分成8个小组，每组8人。我从网上找到8款借用荷塘景物和意境设计的服装，晒成8幅相片，每个小组发放一张相片和一张鉴赏表格。在鉴赏表格中，我设置了以下三个问题：

（1）按照“通感”的修辞手法，你们觉得这件衣服让人看到什么？像摸到什么？听到什么？闻到什么？（100字左右作答）

（2）你们觉得这件衣服的设计效果与《荷塘月色》一文中哪些语句的描述相吻合？（2～3句话作答）

（3）如果要把这件衣服推荐给顾客购买，你们会怎样介绍？（100字左右作答）

在比赛前，我先对另外一组服装进行示范讲解：这是“白荷丽人”主题系列服装。服装选用优质的荧光丝绸面料，设计上采用水墨画的写意风格，大片留白如同月光下的流水一般沉静，凸显荷花、荷叶的清雅秀丽，动静之间，幽香四溢，让穿着者出尘脱俗。

我的示范讲解让学生似有所悟。接下来，我请各小组代表上台，要求结合课文，主要运用通感的修辞方法进行讲解，每组上台讲解的时间为1分半钟。

8个小组讲解完毕后，我让各小组交叉评价，其他同学从顾客角度评价介绍效果。在学生分享后，我展示了各小组的解说词，其中一个小组为：这一款旗袍采用真丝绸缎面料，款式修身不露肩，图案荷塘月色浓淡相宜，荷叶随风摇曳，荷花清香弥漫，潺潺流水如同缓缓弹奏着的夜光曲，宁静、优雅、养心。我提醒：如果刚才这一小组能这样介绍，大家听起来会不会感觉更好呢？从解说词的展示中，各小组学生回忆刚刚的口语化介绍，对比通感的修辞手法运用的效果，从试错中发现更好的思路。

我提示，这样短小的产品说明是非常实用的，可以用到网店、微店、产品图册中，让顾客很快理解服装的优点。并总结道：荷塘月色，美不胜收。光与影的灵动，云与水的波澜，荷花的清香，月光的柔美，于花蕾、花瓣、花蕊间跳跃着迷人的生命活力[1]。我们从中汲取灵感，将通感的修辞手法、将优美的语句运用到产品介绍中，一定能让我们的服装更加出彩！

在我总结后，全班的学习热情高涨，下课后全体同学起立鼓掌，表示对本课的认可。课后，我与服装专业的老师合作跟进，组织学生为高二级学生毕业作品展写发布会解说词，作为学生将语文与专业结合的实训课，也获得了不错的效果。

三、实施多元评课，结合语文与专业要求改进教学

语文课堂教学结合专业，多元评价十分重要。我将本课作为公开课，邀请了多名语文老师、服装专业教师兼企业设计总监一起听课，对本节课的效果进行评价：学生普遍表示，这堂课没有压力，学得轻松愉快，很喜欢《荷塘月色》这篇文章，更喜欢以此设计出来的衣服；学校语文科组长表示，这堂课充满趣味性、创新性，散文味很浓，学生参与活动时很投入；一位服装专业教师兼企业设计师表示，这堂课不但加强了学生介绍服装的能力，也提升了对服装设计的理解能力。可见，多元评课使得教学效果更加客观、更加全面，有利于进一步改进教学。今后，我将努力将多元评课实施到每一节语文课中。

关于教学反思，在《荷塘月色》这一课中，我采用活动形式，创设职业情境，将课堂内容和工作内容对接，但由于活动环节时间较匆忙，学生一方面由于不够自信，另一方面

还未适应语文与专业结合的课堂，个性化语言不多，不能做到脱离稿讲解，口语能力有待加强。我更加确定，中职语文教学一定要立足学生的语文基础和专业需要来设计和实施。每一节课只要找准一个知识点并讲明、讲透，尚属不易，切忌好大喜功，在声光色电、走马观花中迷失自己[2]。

总之，中职语文课堂教学与专业结合并非朝夕之功。我相信，语文教学的问题也应当通过语文课堂来解决。只要坚持培养听、说、读、写的能力，语文就能在与专业结合中保持本色魅力，与专业知识相得益彰。

参考文献

［1］韩晓霞．利用语文教学提高学生服装设计能力［J］．河南教育（下旬），2010（4）．

［2］刘鹰．中等职校语文教学现状调查及改革策略［D］．南京师范大学硕士学位论文，2004．

“以学生为中心”的计算机应用基础课堂教学模式初探

赖冠常
（信宜市职业技术学校　广东　信宜　525300）

摘　要：计算机应用基础是计算机专业的中职生必须掌握的专业基础课，为适应时代的变革，计算机应用基础课程也必须进行教学改革，以满足社会对中职毕业生的计算机能力和综合素质的要求。针对中职生基础差、学习能力弱和学习兴趣不浓的特点，本文针对“以学生为中心”教学法在中职学校计算机应用基础课堂的具体实践提出了自己的见解与操作方式。

关键词：“以学生为中心”教学法；中职；计算机应用基础教学

一、计算机应用基础教学的现状

随着时代的发展和计算机、智能手机的普及，社会对中职计算机教学提出了新的要求，即在中职计算机教学中注重培养学生的动手操作能力。但是中职生在入学时会出现两种情况，一种是经常接触计算机，另一种是接触计算机较少，两种学生的计算机水平不一致。另外中职生学习动力较弱，学习习惯较差，接受能力也参差不齐。以上所列的情况都使计算机教学难度增大。

另一方面制造业的发展和转型，也对中职生提出了不一样的要求，除了要求中职生掌握基本的技能，还要求中职生有较强的交际能力、语言表达能力和适应工作环境的能力。如何在课堂上模拟现代企业工作环境，并开展高效教学，让学生能轻松掌握计算机的基本技能和提高学生综合素质成为当前计算机教学中的一个难题。笔者经过学习探索，发现在课堂上运用“以学生为中心”教学法能较好地提高学生的学习效率。

二、简述课堂如何结合“以学生为中心”教学法

到目前为止“以学生为中心”教学法还没有一个确切的定义。一般认为它是在构成主意理论的基础上产生的。Semple 认为一个以学生为中心的教学设计，应该能够有效地结合反思学习、合作学习和真实学习这三种学习体验。换句话来说，“以学生为中心”教学法要求教师的角色发生改变，从原来的专家角色变成导师角色。教师综合运用多种教学方法——项目教学法、问题法、头脑风暴法、小组学习法、游戏教学法和模拟法等，从而使学生成为学习的主角，进一步提高学生学习主动性和课堂效率。

整个教学过程根据计算机应用基础的特点，教师提出一项任务，然后各个小组分工合作完成任务，交付作品。实际上这里运用的是项目教学法。除了项目教学法外，在计算机基础课堂教学中以分组为主要形式，辅以游戏、竞争、头脑风暴、演讲等教学方法。下面

以2014级办公（1）班在计算机基础课堂中的一个内容——PPT的制作和运用为例子，开展“以学生为中心”教学法探讨。整个教学过程用下面流程图1来表示。

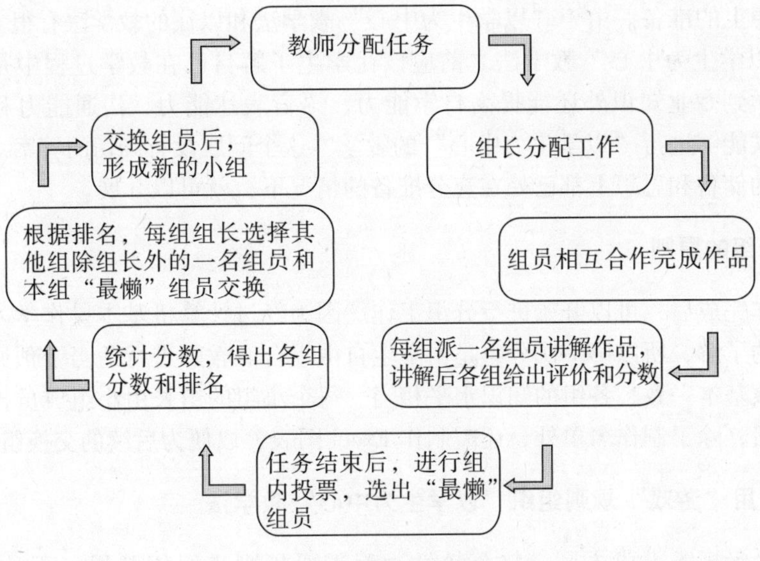

图1　教学流程图

流程如下：

步骤1：教师根据教学任务分配一个需要合作完成的任务；

步骤2：组长根据任务和组员商量，分配好组员任务并上交任务分配表；

步骤3：根据任务分配表，组员分工合作完成作品；

步骤4：每组派一名组员上台讲解作品（时间限定为10分钟），讲解后每组用5分钟的时间来进行讨论。讨论结束，每组派一名组员给出作品的优点、缺点和最终分数；

步骤5：整个任务结束后，进行组内无记名投票，根据票数选出“最懒”组员；

步骤6：根据每组得到的分数，去掉最低分和最高分得出每组综合分。再根据每组综合分由高到低进行排名；

步骤7：根据第六步得出的排名，从排名最后的小组的组长开始进行组员交换工作。组长选择其他小组的一名组员（组长除外）和本组“最懒”组员进行交换；

步骤8：交换组员结束，形成新的小组。

三、开展方式

（一）开展的时机

计算机课程是一门专业知识较强的课程，而且“以学生为中心”教学法需要充分利用学生已经具备的知识和经验。由于中职生刚入学时没有掌握计算机的基本操作，所以在课程刚开始时难以开展“以学生为中心”教学法。但是课程开始阶段是最重要的，一般我们可以完成四个方面的工作：一是知识的准备。包括讲授计算机基本操作知识，了解学生掌握计算机基础知识的程度和学生的性格爱好。二是教学环境的准备。包括计算机机房的摆设、计算机辅助软件和教室课桌的布局。三是制定具体的“游戏”规则。这个规则必须是公平、公正、公开的，并贯穿于整个教学过程，使得每个学生都了解和自觉遵守规则。最后是学生思想上的准备。由于“以学生为中心”教学法和以往的教学法有很大的不同，所以在开展“以学生为中心”教学法之前应该让学生了解自己在教学过程中是处于主导位置，除了能学到专业知识外还能提高自学能力、语言表达能力、沟通能力和协同工作能力。什么时候能够进行“以学生为中心”的教学？这个问题没有确切的答案。当教师认为学生在知识的储备和思想上都已处在充分准备的情况下，就可以开展。

（二）分组的原则

准备工作完成后，可以开始进行分组工作。因为经过计算机基本操作学习阶段，学生间有了一定的了解，所以第一次分组是由学生自由组合。教师进行适当干预调整，使得每个小组的人数基本一致，各组的知识水平相当。每个小组的组长由小组成员投票选出。每个小组确定后，除了制作名单外，还需制作 Excel 图表，以便为后续的交换组员做准备。

（三）利用“游戏”规则组织“以学生为中心”教学法

俗话说：无规矩不成方圆。整个教学过程需要规则来组织开展（下称“游戏”规则）。“游戏”规则是整个教学过程的核心和关键，只有学生愿意自觉遵守“游戏”规则，才能使其发挥作用。因此制定“游戏”规则时，应该遵循公平、民主的原则。“游戏”规则制定步骤如下：首先制定一份规则初稿，交给各个小组进行讨论后，组长收集提交反馈；然后根据反馈意见进行适当修改后，再交各个小组讨论学习；最后由组长同意签名确认后，形成规则定稿。下面具体讲解每个规则的作用：

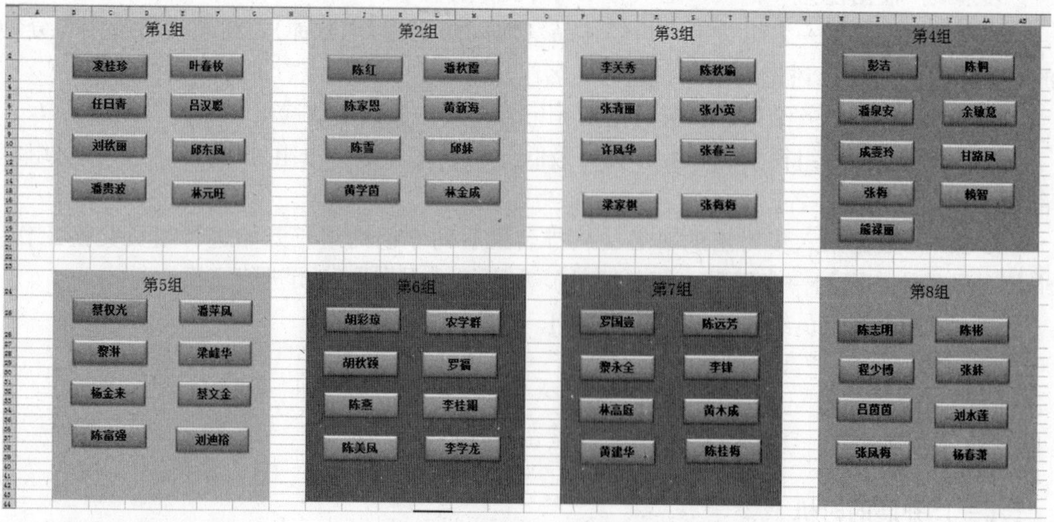

图 2 交换组员 Excel 表图

规则 1：组长由组员投票产生。一方面如果组长由教师指定，有可能这个组长得不到组员的支持和配合，这样也会打击学生学习的主动性。另一方面由于各组在最后都需要排名的，所以组员都希望找有能力的人来担任组长。所以投票产生组长的方法是可行的。

规则2：组长负责组内分工、协调工作和其他小组沟通交流。接到教师的任务后，组长需要对组员进行分工。为了明确任务分工，教师要求组长在限定时间内交一份“分工明细表”。这样教师可以检查组员分工，及时介入给予适当建议，确保每个组员都有负责的小任务。将小任务落实到组员，也为组内评价建立依据。

规则3：组员共同合作，完成最终作品。组员完成作品的过程，也是小组成员相互学习，共同提高的过程。这个学习过程不仅包括课堂也可以包括课外（上网查找资料，求助专业人员、实地调查等）。教师需要了解各组的进度，及时发现各组存在的问题并给出建议，使得任务顺利进行。

规则4：每组必须派一位组员上台讲解其作品。通过讲解这一种方式来回忆总结作品的制作过程，同时能够将作品介绍给其他小组。其他小组成员在听的过程中也能结合经验学到自己没有掌握的知识。

规则5：每组讲解作品结束后，各组通过讨论进行组间评价并给出分数。每组讲解作品结束后，预留5~10分钟的时间给小组讨论。讨论过程中，教师参与到各个小组，引导学生对作品的优点和缺点进行讨论（用到了头脑风暴法）。讨论结束后，各个小组派出一位组员对讨论结果进行总结并给出分数。

规则6：任务结束后，进行组内投票选出“最懒”组员。如果“最懒”组员为组长，则必须重新投票选出组长。利用Excel的统计功能进行无记名投票，方便统计投票结果。投票结果应及时反馈给全班同学。另外为了防止被交换的“最懒”组员一直偷懒，规定如果同一位学生被评为“最懒”组员3次，那么这位学生在下次教学活动中就单独成为一组，这就意味着这位学生必须独立完成整个教学活动的内容。这样就可以有效防止学生在小组活动中偷懒。

规则7：根据各组的打分，去掉最低分和最高分，然后计算各组的平均得分。通过排名可以产生组与组之间的良性竞争，有利于提高学生的注意力和学习主动性。

规则8：根据每组分数从低到高的顺序，每组组长有权将“最懒”组员和其他组一名组员（除了组长）进行交换。由排名最后一组的组长开始交换，排名第一的组的组长最后交换，这就保证分数较低的组长交换权力小，分数较高组的组长交换权力大。这样确保了游戏的公平性。组长一般会选择其他组能力较强的组员和本组“最懒”的组员进行交换。通过交换，使得各个小组的水平更加接近。另一方面，使用Excel制作分组图表，各组组长能够直接通过拖动组员名字方块就可以进行组员交换的操作。

（四）建立有效的评价体系

根据“游戏”规则，组员需要进行组内投票和组间评分的活动。组内投票是针对个人的评价，而组内投票由两部分组成。一部分为组员投票选出“最懒”组员，选出的“最懒”组员在评价得分中扣10分。投票结果反映的不单单是“最懒”组员，每个组员通过自己的票数可以了解到别人对自己的评价。另一部分为组员互评和组员自我评价。一个组员建立一份互评表和自评表，互评表由其他组员打分形成综合评分（满分100分），自评表由组员自己打分（满分100分）和总结。最后计分方式为互评表分数占个人得分的60%，自评表分数占个人得分的40%。组间评分是针对小组的评价。每组建立一张整体评价表，组员通过参与评分过程可以了解到组与组之间的差距和每组的优点和缺点，进而学会反思、总结、学习。最后教师根据评价表，适当对个别学生进行辅导。除解决学生在小组活动中遇到的知识上的问题外，还要着重解决学生小组活动的适应问题。比如，组长分配任务不公、组长号召力不够、组员不愿在讨论中发言等影响小组活动顺利开展的问题。只有这样才能确保下次教学活动可以顺利开展，也使得学生能够在小组活动中建立足够的信心，学到更多的知识和协同工作的技巧。

表1　小组活动互评表

评分对象：______　时间：______年______月

<table>
<tr><th>评价要素</th><th colspan="3">评分参考</th><th colspan="7">评分、参考分值</th></tr>
<tr><td rowspan="3"></td><td>基本分</td><td colspan="2">无重大过失，如因小组成员失误致使其他小组加分即可得到满分10分</td><td>1</td><td>2</td><td>3</td><td>4</td><td>5</td><td>6</td><td>7</td></tr>
<tr><td>作业完成质量</td><td colspan="2">材料采用：100% 10分，70% 6分，50% 4分，50%以下2分</td><td></td><td></td><td></td><td></td><td></td><td></td><td></td></tr>
<tr><td>提出关键性建议</td><td colspan="2">在讨论中发言受到大家一致认同的建议：5次以上10分，五次以下每次2分</td><td></td><td></td><td></td><td></td><td></td><td></td><td></td></tr>
<tr><td rowspan="7">工作态度（30分）</td><td>基本分</td><td>基本能够参与</td><td>各次的学习活动中，态度诚恳，即可得到满分10分</td><td></td><td></td><td></td><td></td><td></td><td></td><td></td></tr>
<tr><td rowspan="3">工作责任感</td><td>出勤率</td><td>上课，讨论会全勤5分，缺勤一次扣1分，扣完为止</td><td></td><td></td><td></td><td></td><td></td><td></td><td></td></tr>
<tr><td>作业完成速度</td><td>按时完成作业加3分，推迟3小时扣1分，以此类推，扣完为止</td><td></td><td></td><td></td><td></td><td></td><td></td><td></td></tr>
<tr><td>活动参与度</td><td>参加一次加0.5分，封顶2分</td><td></td><td></td><td></td><td></td><td></td><td></td><td></td></tr>
<tr><td rowspan="3">工作积极性</td><td>讨论热情</td><td>参与讨论，一次加1分，封顶4分</td><td></td><td></td><td></td><td></td><td></td><td></td><td></td></tr>
<tr><td>课堂发言</td><td>发言3次加3分，2次加2分，1次加1分</td><td></td><td></td><td></td><td></td><td></td><td></td><td></td></tr>
<tr><td>课堂讨论</td><td>课堂参与讨论，一次0.5分，封顶3分</td><td></td><td></td><td></td><td></td><td></td><td></td><td></td></tr>
</table>

（续上表）

评价要素	评分参考		评分、参考分值						
团队合作（30分）	基本分	积极参与，无对团队产生负面影响的行为即可得到满分10分							
	共同完成任务	每次都参与小组讨论，并按时按量完成小组分配的作业即可得到满分5分，讨论缺勤一次扣1分，作业不按时按量交的一次扣1分（扣完为止）							
	帮助其他队员完成任务	帮助其他队员一次加1分，加完5分为止							
	对外沟通次数	每次小组讨论后，与其他小组交流、沟通作业结果。沟通一次加1分，加完5分为止							
	愿与其再次组队	通过多次小组讨论表现，小组成员愿与其再次组队的，一个成员愿意加1分，5个以上愿意的加5分							
附加分（10分）	承包关键环节	制作ppt、上台演讲、参与面试、制作招聘视频、海报等一项加一分（5分封顶）							
	着动组织	3次以上组织小组讨论5分，2次3分，1次1分，其他不加分							
总分（100分）：									

四、总结

计算机应用基础课堂中应用“以学生为中心”教学法还是处在探究阶段，其优势可以归纳如下：

（1）提高学生的学习兴趣和技能。由于游戏竞争模式的引入，提高了学生的注意力和增加了学生的学习兴趣。学生也在“游戏”中相互学习，相互提高技能水平。

（2）提高学生的素质。组长分配工作是领导能力的学习，组员合作完成作品是沟通协调能力的学习，组员上台演示是口头表达能力的学习。

（3）加强学生的自我认识。组员通过组内投票结果和评价对自我重新认识，是一个自我剖析和自我总结的过程。

“以学生为中心”教学法还可以和教学网站、手机教学APP、微课结合，产生更好的教学效果。当然“以学生为中心”教学法也有它的不足之处，比如：备课时间较长，投票、互评可能影响到学生之间的情感，内向的学生容易被边缘化等这些问题都需要在实践中不断总结并加以改进。最终使得“以学生为中心”教学法在中职计算机教学中推广和实施。

参考文献

［1］张勍．以学生为中心——教学法分析及案例［M］．北京：北京出版社，2012.

［2］翟哲．“计算机文化基础”课程教学中重在实践应用的探讨［J］．中国医学教育技术，2010（4）.

［3］刘晓燕．中专卫校计算机基础教学存在的问题及对策［J］．卫生职业教育，2008（7）.

［4］廖善伙．中职计算机实践课分组教学初探［A］．福建省宁化职业中专学校，2009.

案例教学法在“基础护理学”实验教学中的应用

梁伟芳
（肇庆医学高等专科学校　广东　肇庆　526020）

摘　要：本文主要探讨案例教学法在“基础护理学”实验教学中的应用效果。选取本校护理学院2012级专科生4个班共245人为研究对象，再以班级为单位进行简单随机分组分成试验组和对照组，试验组2个班共123人，对照组2个班共122人。试验组采用案例教学法，对照组采用传统教学方法进行同期对照试验研究。结果试验组的理论及实践成绩均高于对照组，差异具有统计学意义（$p<0.05$）；试验组“基础护理学”实验课课堂教学质量评价总分及各维度得分均高于对照组，差异具有统计学意义（$p<0.05$）；试验组学生自主学习能力及各维度得分均高于对照组，差异具有统计学意义（$p<0.05$）。研究结论是在“基础护理学”实验教学中应用案例教学法效果较好，可有效激发学生的学习积极性。

关键词：案例教学法；基础护理学；实验教学

实验教学是“基础护理学”教学中的一个重要环节，起着理论联系实际的作用，为理论学习和临床实践架起了一座沟通的桥梁。目前，随着患者的法律意识和自我保护意识的不断增强，新的医疗法律法规的颁布实施和不断完善，但学生在临床实习时动手操作的机会却越来越少，这就要求学生必须在进入临床生产实习之前更好地掌握操作技能[1]。因此如何在教学中培养学生观察、分析、解决问题的能力以及娴熟的操作技能已成为护理学教师亟待解决的问题。本研究将案例教学法应用于“基础护理学”的实验教学中，探讨案例教学法在提高学生实践技能和培养人文理念方面的作用。

一、案例教学实践

（一）研究对象

采用整群抽样的方法选取本校护理学院2012级专科生4个班共245人作为研究对象，再以班级为单位进行简单随机分组分成试验组和对照组，试验组2个班共123人，对照组2个班共122人，两组学生在性别、年龄、智育及成绩方面的差异无统计学意义（$p>0.05$）。

（二）实施案例教学

提前一周将案例发给学生，让学生带着问题查阅相关资料进行预习，鼓励学生开展课前小组讨论，培养独立分析并解决问题的能力；在教学过程中教师要引导学生围绕相关案例进行讨论，并将讨论结果进行汇报。教师针对小组讨论结果进行归纳、总结，然后根据案例对操作目的、步骤要点、注意事项等进行示教。

（三）评价指标

1. 客观指标

①理论考核。学期末进行闭卷考试，题型参照全国护士执业资格考试的形式；②技能考核采用案例形式进行技能考核，考核内容包括操作前准备、操作过程、熟练程度、沟通能力、发现并解决问题的能力。

2. 主观指标

①“基础护理学”实验课的课堂教学质量；②学生自主学习的效果。

（四）评价工具

1. 案例教学法课堂教学质量评价

采用李领、姜小鹰编制的“案例教学法的课堂教学质量评价量表”[2]评价案例教学法课堂教学质量。该量表有 20 个条目，包括案例质量、教学能力、教学态度、教学效果 4 个维度。该量表的 Cronbach's α 系数为 0. 9485，四个维度的 Cronbach's α 系数为 0. 8256、0. 8341、0. 8204、0. 8925，具有较好的结构效度。

2. “基础护理学”实验课课堂教学质量评价

采用慕宇舸、朱京慈、周厚秀编制的“护理专业实验课课堂教学质量评价表”[3]评价基础护理实验课课堂教学质量。该量表共 20 个条目，包括教学态度、教学准备、教学过程、教学能力、教学效果 5 个维度。

3. 学生自主学习能力评价

采用张喜琰、李小寒编制的“护理专业学生自主学习能力测评量表”[4]评价案例教学法下学生的自主学习能力。该量表共 30 个条目，4 个维度，分别是学习动机、自我管理、学习合作、信息素质。Cronbach's α 系数为 0. 8223，总分半系数为 0. 7883，表明其具有较好的内在一致性。

（五）统计分析

使用 SPSS 13. 0 统计软件建立数据库，并进行数据录入；所有数据用“X ± S”表示，采用 t 检验进行统计学分析；检验水准 $\alpha = 0.05$，$p \leqslant 0.05$ 视为有统计学意义。

二、结果

（一）两组理论及实践考核成绩比较

表 1　两组理论及实践考核成绩比较（“X ± S”分）

组别	人数	理论成绩	实践成绩	总分
试验组	123	82. 87 ± 9. 60 *	88. 50 ± 8. 06 *	84. 32 ± 8. 58 *
对照组	122	70. 35 ± 5. 92	72. 99 ± 8. 32	71. 50 ± 7. 06

与对照组比较，$p < 0.05$。

（二）两组“基础护理学”实验课的课堂教学质量比较

表2　两组“基础护理学”实验课课堂教学质量评价（“X±S”分）

组别	人数	教学态度	教学准备	教学过程	教学能力	教学效果	总分
试验组	123	16.44±1.22*	18.92±2.32*	22.04±2.46*	15.56±1.6*	22.72±2.45*	88.63±9.15*
对照组	122	12.45±1.56	15.46±2.67	18.28±2.75	11.55±1.35	19.33±2.67	79.47±8.77

与对照组比较，$p<0.05$。

三、结论

（一）有利于提高教学质量

本研究表明，试验组的理论及实践成绩均高于对照组，这说明试验组学生的理论及实践知识掌握得比较好。而且通过表2可知，试验组对课堂教学质量评价得分明显高于对照组，这说明学生非常认可案例教学法，这与王磊等人[5]的研究结果一致。临床案例是医学理论知识和实践技能的载体，反映临床患者的真实情况，将学生完全置于真实的临床情境中，激发其学习兴趣，使其有强烈的欲望去学习及解决问题。

（二）有利于人际沟通和合作能力的培养

本研究表明试验组学生学习合作能力显著高于对照组，这与申华平等人的研究结果[6]一致。传统的基础护理实验教学方法是教师示教，然后学生依葫芦画瓢进行练习，在这个过程中学生缺乏主动性，不利于培养学生独立思考能力及应变能力，而且练习时对模型人进行操作，缺少与患者有效的沟通和交流，不利于护理人才的多元化的培养[7]。案例教学的过程是一个人际沟通与合作的过程，讲解时采用的每个真实的临床案例，需要小组成员之间彼此信任、相互理解，根据案例展开学习与讨论，操作中学生分别扮演患者及护士角色，以学生为操作对象，可以进行有效地沟通，提高学生的沟通能力。

（三）有利于培养学生的信息素质和自我管理能力

研究结果表明，试验组学生的信息素质和自我管理能力明显高于对照组，这与刘宇等人的研究结果[8]一致。案例教学法对学生信息素质的培养与操作技能的学习进行有机地整合，有效地提高了学生的信息素质。

参考文献

[1] 杨新月，高颖．在护理学基础实验教学中注重综合实验的开设［J］．中华护理教育，2011，8（5）．

[2] 李领，姜小鹰．案例教学法在“基础护理学”实验教学中的应用［D］．福州：福建医科大学硕士学位论文，2012.

[3] 慕宇舸，朱京慈，周厚秀．护理学基础实验课教学质量评价指标体系的构建［J］．西北医学教育，2007，15（5）．

[4] 张喜琰，李小寒．护理专业学生自主学习能力测评工具的研制［J］．护理研究，2009，3（9）．

［5］王磊，温雅，杨柳娟等. PBL教学法在“护理临床推理与决策”教学中的应用效果［J］. 解放军护理杂志，2011，28（11B）.

［6］申华平，孙建萍. 案例教学法在护理本科“内科护理学”教学中的应用［J］. 齐鲁护理杂志，2011，17（15）.

［7］李领，姜小鹰. 护理本科生一般自我效能感与专业认同的相关性研究［J］. 中华护理教育，2012，9（1）.

［8］刘宇，李秀荣，李玮等. 护生标准化病人培训及应用于“内科护理学”实践教学中的研究［J］. 护理研究，2011，25（11）.

班前班后会在高星级饭店运营与管理专业实训课中的实践运用

唐　华
（珠海市南屏中学　广东　珠海　519060）

摘　要： 班前班后会是高星级饭店标准化管理的一部分，本文分析了职业中学学生状况，阐述了如何将班前班后会运用到专业实训课堂中去，并总结了所达到的效果，做到了专业课堂教学与高星级饭店标准化管理相结合，为中职课堂教学创新做出了尝试。

关键词： 班前班后会；实训课；标准化管理

前　言

《教育部关于深化职业教育教学改革全面提高人才培养质量的若干意见》指出：要遵循职业教育规律和中职学生身心发展规律，推动教学内容和方式方法的变革，避免灌输式教学，提倡互动式教学，充分发挥学生的主体作用，活跃课堂氛围，激发学习兴趣，改善课堂教学效果。这说明国家越来越重视职业教育，注重培养学生的专业技能、职业道德，提高学生的职业素养和就业能力，更有利于学生的职业发展，有利于适应市场对人才的需求。

中职学校高星级饭店运营与管理专业要引导学生提高专业技能和职业素养，一定要落实到具体教学活动和教学实践中，把“上课如上岗”的理念贯穿到学生在学校学习生活的各个方面，让学生深刻体会高星级饭店管理的运作过程，将高星级饭店管理的运作过程与专业课堂有效地结合起来，尤其是让学生能体会到在专业课堂上是在“上岗”，而不仅仅是一堂普通的理论或技能课程。高星级饭店的规范管理中，各个部门都有开例会的要求，各一线部门在上班前五分钟和下班前五分钟都会开展本班次工作的班前班后会。借鉴高星级饭店管理的这种做法，我在教学过程中尝试将其运用到中职学生高星级饭店运营与管理专业实训课中。通过在实训课中运用班前班后会管理专业课堂，促进专业教学与高星级饭店管理一体化，提高学生的专业意识，培养学生良好的职业习惯。

一、对班前班后会的理解

班前会在高星级饭店管理中是督导层（主管、领班）在正式上岗前 5 至 10 分钟，以班组为单位召开的工作会议，主要作用是传达上班工作情况、考核员工签到、传达会议精神、安排具体工作、布置当班任务等，是每天必开的例会。以高星级饭店客房部楼层服务早班工作岗位为例：

高星级饭店客房部楼层服务领班对该楼层员工召开班前会，首先要认真检查了解上一班的设施设备、交班日记、工作间布草用品情况、工作车是否完好等。班前会的主要内容是：①检查员工的仪容仪表是否合格；②检查设施设备的使用情况，是否正常运作；③了解当天客人入住、退房、续住等情况，进行合理分工；④当天工作中客人的特别要求，如VIP入住情况等，并及时跟进。

工作结束，员工填写交班日记，领班主持召开班后会。一方面总结汇报本班工作情况，另一方面要提出存在的问题和整改意见，同时交代下一班组工作及需跟进的事项。班前会是班后会的前提和基础，班后会是班前会的继续和发展。班后会的主要内容是：①组员简明扼要地对当班工作的完成情况进行小结，交代下一班组工作需跟进的事项；②领班提出当班工作中存在的问题和整改意见；③对当班工作中表现突出的员工进行表扬；④对员工工作中出现的问题提出改进意见。

二、如何将班前班后会运用到高星级饭店运营与管理专业实训课中

将班前班后会运用到高星级饭店运营与管理专业实训课中，一方面可以让学生在教学过程中体会高星级饭店的规范管理，另一方面可以培养学生专业意识，还有利于课堂教学的管理，实现专业教学与高星级饭店岗位需求相衔接，通过行动导向教学，发挥学生的主体性，探索有效的教学方法。

（一）分析中职学生现状

中职学校高星级饭店运营与管理专业的部分学生行为习惯较散漫，喜欢我行我素，不受制度约束，认为在职业学校学习可以轻松一些，混个文凭就万事大吉了；有的学生在学习过程中是被动地接收，而不是主动地学习，学习效果不好；还有部分学生或因成绩较差，或因没有明确的职业目标，在选择专业时只能“被选择”，因此自信心不足，职业意识淡薄。

基于上述种种原因，我首先做了一个问卷调查，了解学生对专业和高星级饭店管理的认识度。在调查中我发现大部分学生除了认为高星级饭店运营与管理专业是吃“青春饭”外，并不了解高星级饭店需要标准化的管理、强烈的服务意识、高效的沟通能力和严格的执行力等。

（二）在高星级饭店运营与管理专业实训课中引入标准化管理的班前班后会

单纯的讲解说教对于中职学生来说很难起到预期的效果。有句话说得好：我听到的会忘记，我看到的能记住，我做过的才真正明白。对于中职学生来说，亲自体验是真正明白高星级饭店标准化管理最有效的办法。

在高星级饭店运营与管理专业的“餐饮服务与管理”和“客房服务与管理”两门实训课中将班前班后会运用到了课堂管理之中。每次实训课我安排一名“小主管”，在课前课后利用3至5分钟时间主持班前会和班后会，班前会上“小主管”要组织各小组长整队、检查仪容仪表、清点人数、复习上次课内容、与同学们分析案例等，再在教学过程中协助老师管理实训课堂并完成本次课的教学任务；班后会上，“小主管”要总结本次课的内容和同学们的整体表现，对表现好的同学给予表扬，对本次课中出现的问题提出改进的意见等。学生真正体会了高星级饭店标准化管理中一线部门班前班后会的程序，老师在教

学过程中引导学生更好地完成班前班后会，完成教学任务的同时，更多的是让学生们参与到教学过程中，让学生学会自我管理，培养学生分析问题、解决问题的能力。在每一次实训课中，我都要求学生严格按此标准执行。在开始执行的几周里学生有些不适应，有时是“小主管”不敢表达，有时是学生不听“小主管”的指挥，有时学生们在整队开会时不能按标准的站姿做好。为了形成良好的会议秩序，一方面我用课后的时间指导“小主管”如何主持会议，鼓励“小主管”敢于表达，锻炼胆量，并全力支持“小主管”的管理；另一方面对小组长和组员们严格要求。经过一段时间的实施，效果良好。学生们开始习惯这样的课堂管理，他们会在课前自己检查自己的仪容仪表，符合规范以后再进入实训室，进到实训室首先会排好队等待开会，下课前也会自觉主动地检查好实训室的全部物品并将之一一归位，排好队，等待小主管总结，老师宣布下课后才离开实训室。

（三）问卷调查了解学生的看法

为了了解班前班后会运用的效果，我对所教的学生进行了问卷调查。调查的内容包括“①你所就读的年级？②在学习这个专业之前你了解班前班后会吗？③如果了解，是通过什么渠道了解的？④现在专业操作课上，都有进行班前班后会吗？⑤你认为在专业操作课上，这种分小组进行班前班后会的形式在专业课上起了哪些作用？⑥班前班后会都是同学们自己模拟组织操作的吗？⑦如果班前班后会变成专业操作课程的必须环节，你觉得有必要吗？⑧你认为班前班后会现在所涉及的内容主要是什么？⑨请问你觉得在专业课程中增加了班前班后会之后，与之前的专业课堂有何不同？⑩如果班前班后会需要再增加内容，你觉得增加哪些方面会更符合专业课堂？”等。对于第五个问题92%的学生认为将企业文化引进课程，拉近了学校与实际工作的距离，98%的学生认为更有上专业课的气氛；对于第九个问题，80%的学生认为上课的积极性更高，89%的学生认为更有“上学如上班，上课如上岗”的氛围，90%的学生认为专业意识在不断增强，72%的学生认为自我组织和管理能力不断地提高。

三、班前班后会在高星级饭店运营与管理专业实训课中运用的效果

（一）以学生为主体，调动了学生学习的积极性，课堂由学生做主

中职学生害怕理论知识的灌输，我们专业教师要积极调整教学方法，从学生喜欢的内容入手，引导学生，通过让学生自己动手参与到教学过程中来，调动学生学习的积极主动性。将班前班后会引入专业实训课，就是以学生为主体，重视学生在课堂中的主体地位，让学生充分参与到教学过程中来的教学方式。中职学生很多因学习成绩不理想，在过去的学习生活中较少有机会上台展示自己，因此害怕展示自己；有的学生在台下很多话，一上台就不知道怎么表达；也有的学生不懂得如何在合适的场合恰当地展示自己。每次课让一名“小主管”主持班前班后会，“小主管”课前要做好准备工作，上课过程中要认真观察各小组成员表现情况，点评同学们的表现，一次课结束时才能做好总结。“员工”们要认真听取会议内容，了解自己要完成的任务，班会上向“小主管”汇报自己学习的内容。通过这种方式让学生学习的积极性增强了，真正把课堂交给了学生。

（二）挖掘学生的潜能，培养学生的自信心

每位学生的特点不同，有的学生擅长动手操作，有的学生擅长表达沟通，有的学生擅长观察总结等。在学生作为“小主管”主持班前班后会的过程中，不仅展示了自己的长处，挖掘了自己的潜能，也锻炼了胆量和语言表达能力，还学会了观察总结，分配任务等。综合能力都得到了锻炼，在教学过程中潜移默化地培养了学生的自信心。

（三）提高对高星级饭店管理的认识，培养学生良好的行为习惯和职业意识

专业实训课教学更重要的是以学生为主体，教学结合，充分利用课堂四十五分钟的时间，发挥学生的作用。通过与企业上班一样的程序要求，体会高星级饭店企业标准化管理制度，学会自我管理；通过严格考勤、注重仪容仪表、上岗前有检查、下班前有总结、工作任务做好交接班等，让学生体会高星级饭店的企业文化。在上课过程中规范行为是学生养成良好行为习惯和培养职业道德和职业意识的前提。

（四）规范专业实训课堂教学过程的管理

专业实训课教学对于中职学生来说不仅掌握了专业知识，而且提升了专业技能，对于老师来说，当学生在课堂上养成了良好的习惯、学会自我管理时，课程的教学就形成了固定的模式，老师在教学过程中可以减轻管理课堂纪律的压力，把更多的精力放在专业教学、提升学生的专业技能上。在长期的培养过程中，学生会慢慢地形成习惯，实训课的班前班后会上有什么要求，他们到在上课前就会习惯性地先进行自我检查，实训课上老师的管理变得轻松起来。

四、反思

通过一年多的实践，班前班后会在我的高星级饭店运营与管理专业实训课中已经顺利实施，形成了较好的课堂模式，但也存在一些问题，值得我们反思和改进：①为了让每一位学生得到锻炼，尽量让学生轮流担任课堂的“小主管”，但中职学生的管理能力有限，个别学生在主持会议时不知道该如何表达，会议内容过于简单。②每次课轮流一位学生做“小主管”主持会议，一周一次课，一学期下来不能做到让每位学生都当一次“小主管”，而且做了一次，第二次就换人了，得到的锻炼仍不够。

参考文献

［1］鲁荣平．加强班组安全管理争创一流业绩［A］．云南冶金，2005.
［2］胡群群．项目教学法的逆序实施探索［J］．职教幼教，2008（1）.

基于工作过程系统化的数控铣实训教学改革

——以企业产品“限位挡块”加工为例

李　新

（中山市建斌中等职业技术学校　广东　中山　528415）

摘　要：工作工程系统化在当今的中职教学领域里开展得如火如荼，本文从一个数控铣企业产品“限位挡块”的加工为学习任务入手，通过完整的工作过程系统化的结构流程，让学生学习加工产品所涉及的新知识点，把“知识”转变为实实在在的“能力”。

关键词：限位挡块；企业产品；工作过程系统化；学习任务

工作工程系统化在当今的中职领域里开展得如火如荼，学习任务是其中很重要的环节，一个好的工作过程系统化学习任务应该满足以下几点：

（1）反映真实的职业工作情境，与企业实际生产或商业活动有直接联系，有一定应用价值。

（2）具有清晰的任务轮廓和明确而具体的成果，有可见的产品或可归纳的服务内容。

（3）完成任务需经历完整的工作过程，可用于学习特定的教学内容并促进综合职业能力的发展。

（4）能将某一课题的理论和技能结合在一起并有一定难度，学生在一定范围内学习新的知识技能，解决从未遇到过的问题。

限位挡块（企业产品）的数控铣加工就是一个很好的学习任务，首先它是企业正在做的一个产品，有一定的应用价值，符合第 1 点；限位挡块用在雕铣机的行程限位上，产品的服务内容非常明确，符合第 2 点；完成该限位挡块的加工需要经历一个完整的工作过程，学生能在其中学到很多新知识，提升数控铣的加工能力，符合第 3 点；既然是企业产品，学生得考虑加工产品的效率问题，加工要有效率那就得设计夹具（学生从来没有遇到过），拓展学生针对特定产品夹具的设计思路，符合第 4 点。综上所述，限位挡块的数控铣加工是个很好的工作过程系统化学习任务，下面从工作过程系统化的结构流程入手，论述学生加工限位挡块的过程。

一、明确任务

限位挡块（如图 1 所示，毛坯材料为铝合金）应用在雕铣机的 X、Y 轴的行程限位上，它主要起到行程限位的作用。该产品毛坯大小为（65 × 35 × 20）mm，体积不大，但加工要素较多，知识点涵盖内容较为丰富。产品的检测标准是非常严格的，必须达到“保证零件 $10^{-0.05}_{-0.05}$凸长方块、（60 ± 0.05）mm 长度和（6 ± 0.05）mm 宽度的精度要求，以上尺寸如有超差则为废品”。

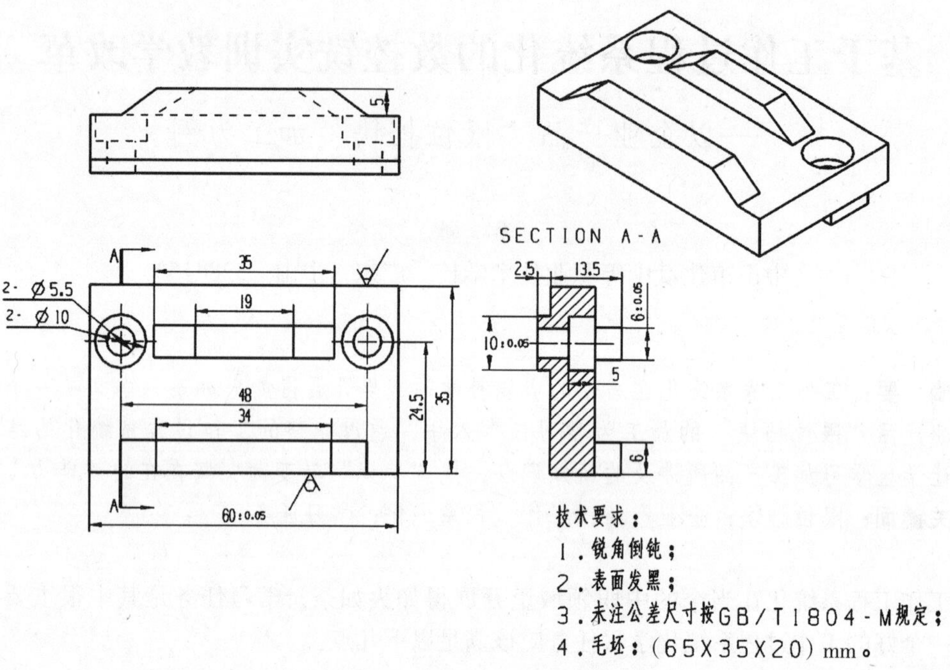

图 1　限位挡块加工图纸

二、资讯

资讯是用户及时地获得并利用，能够在相对短的时间内给自己带来价值的信息。完成限位挡块加工的资讯就是加工前的知识储备，它是很重要的一步，可以说资讯是在铺路，在储备知识。加工该限位挡块需要具备的编程的相关知识点有：面铣、挖槽、外形铣削、平面铣削，所以在开始加工之前，学生应先分点学习以上相关知识，牢固掌握以上各知识点，并能够灵活的运用，图 2、图 3、图 4、图 5 分别展示了相关刀路及仿真加工结果。

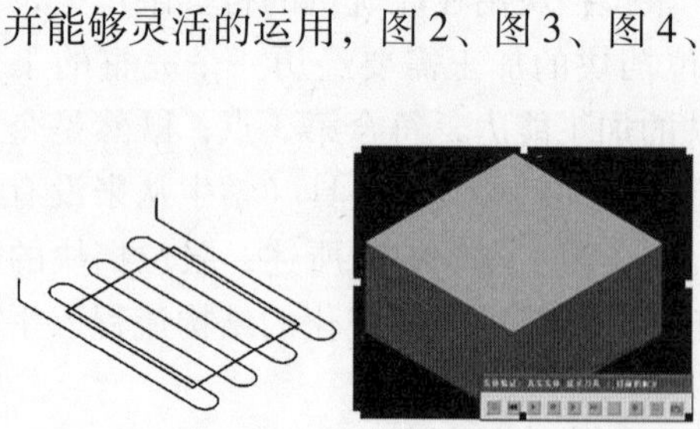

图 2　面铣刀路及仿真加工

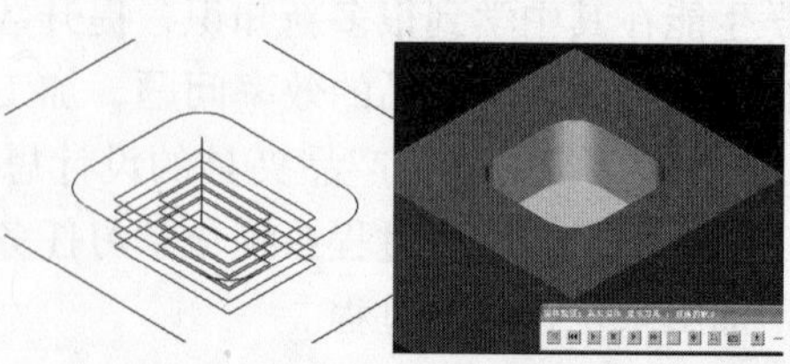

图 3　挖槽刀路及仿真加工

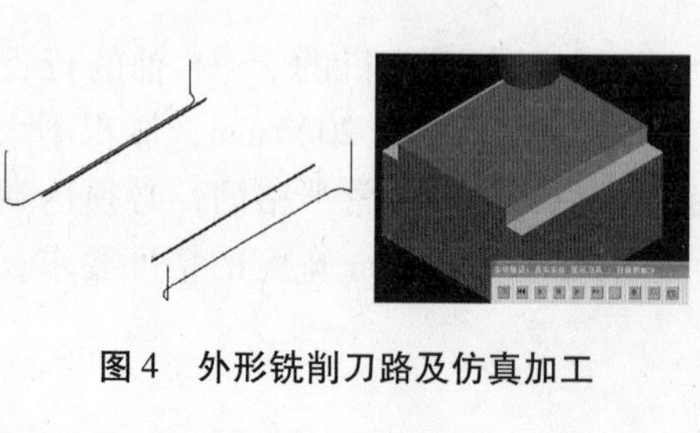

图 4　外形铣削刀路及仿真加工

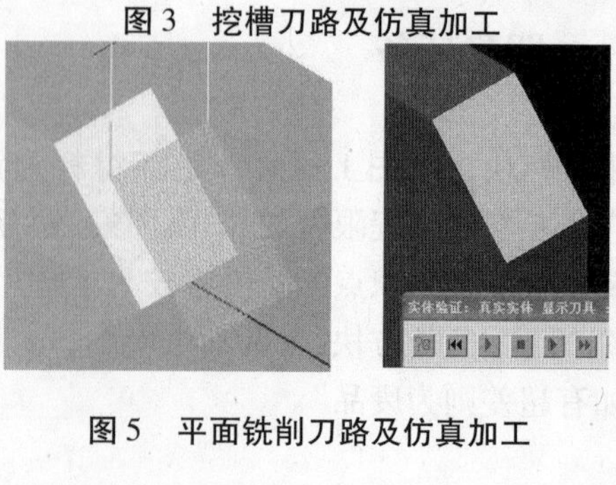

图 5　平面铣削刀路及仿真加工

三、计划与决策

制订计划是师生共同探究完成项目的途径和方法，其过程是一个根据既定的项目任务，确定项目的工作流程、加工工艺和组织形式的过程。本班共有 21 人（小班教学），分为 7 个小组，每组 3 人，让小组展开讨论，制定实施方案，如表 1 所示：

表 1　实施方案表

项目名称		限位挡块的加工								
总课时		13								
小组名称			成员							
序号	内容	工步	余量	刀具类型	下刀方式	进退刀方式	切削用量 转速 r/min	进给 mm/min	切深 mm	课时分配
1	提供加工图纸、收集信息（每位同学）									0.5
2	建立产品模型（每位同学）									1
3	编制刀路、仿真加工（每位同学）	面铣								2
		挖槽粗加工								
		外形铣削精加工								
		斜面铣削								
		钻孔、扩孔								
		反面面铣								
		反面外形铣削粗加工								
		反面外形铣削精加工								
4	小组讨论工艺，最终确定小组的加工方案									0.5
5	分小组轮流到数控铣床上完成零件加工									8
6	完成零件的测评及总结反馈									1

四、实施

任务的实施是最重要的一步，它是计划与决策能否落到实处的体现。实施过程是一个动态的过程，学生可以完全融入到项目的加工中去，通过严谨的实施过程，能较好地把知识转化为能力。限位挡块的加工实施过程包含了“建模、编程及仿真加工、后处理程序、传输加工”这四个环节，环环相扣，每一环都必须贯彻执行到位，整个实施过程才能流畅。

1．建模（如图6所示）

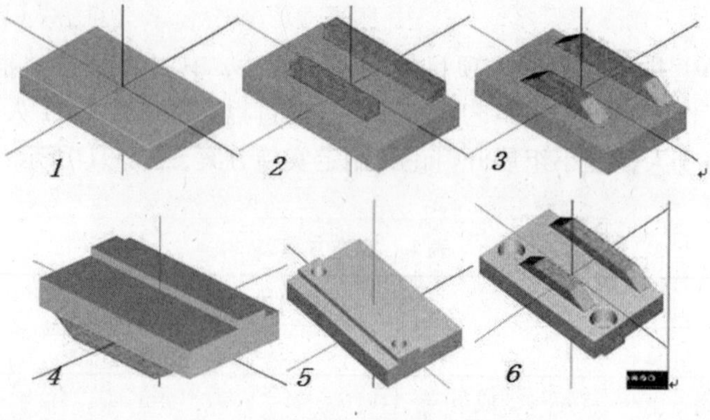

图6　建模过程展示

2．编制加工程序及仿真加工

编制加工程序前，学生要先分析图纸的加工可行性，对毛坯的大小及装夹的方便性做到心中有数，明确先加工零件的正面还是反面，需要用到哪些刀具等。特别是对有尺寸检测的地方，加工工艺的安排一定要保证尺寸到位，如图纸上有个尺寸是$10^{-0.05}_{-0.05}$，由尺寸偏差知识可知，该尺寸最大时为9.95mm，最小时为9.85mm，那么设置参数的时候就把加工的数据放在9.90mm，这样容易保证尺寸。

表2　加工工艺卡

内容	工步	余量	刀具类型	下刀方式	进/退刀方式	切削用量		
						转速 r/min	进给 mm/min	切深 mm
产品加工工艺	面铣	0	φ12 平刀	工件外下刀	直线	2 500	500	1
	挖槽粗加工	0．5	φ12 平刀	斜线下刀	直线	3 000	1 500	1
	外形铣精加工	0	φ12 平刀	直线下刀	圆弧	3 500	500	5
	斜面铣精加工	0	φ12 平刀	直线下刀	直线	3 000	1 000	0.1
	钻孔	0	φ5.5 平刀	直线下刀	直线	1 000	50	2
	扩孔	0	φ10 平刀	直线下刀	直线	200	30	6
	反面面铣	0	φ22 平刀	工件外下刀	直线	2 500	500	1
	反面外形铣削粗加工	0.5	φ22 平刀	直线下刀	圆弧	3 000	500	1
	反面外形铣削精加工	0	φ22 平刀	直线下刀	圆弧	3 500	300	2.5

3. 后处理加工程序

后处理加工程序可以采用两种方式，一种是“先处后加工”，另一种是“边处边加工”，从学习的角度来说，我们希望学生既能高水平的编程，又能熟练地操机加工，所以在实训车间，选择“边处理边加工”这种后处理加工形式。

4. 传输程序并加工工件

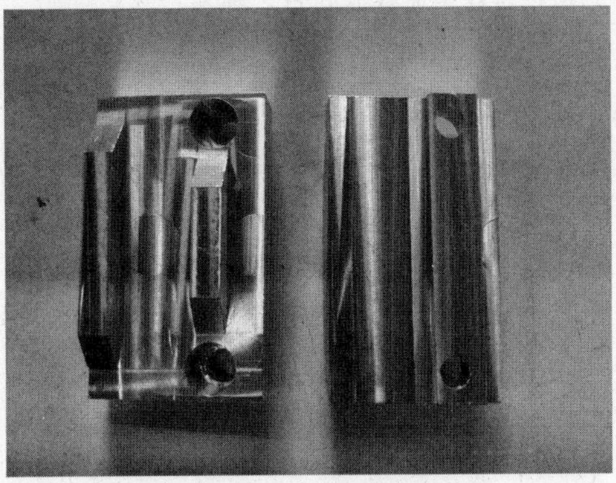

图7　加工完成的工件

（1）启动时控制。

工件加工启动时，我们习惯把进给手轮倍率先调到0%，然后慢慢地调大，同时密切观察刀具的加工运动轨迹，确认运动轨迹吻合编程中刀具的路径，慢慢地把进给手轮速率调整到100%进行正常切削。

（2）外形尺寸精度保证。

对外形尺寸精加工的控制，由于机床存在精度误差，而不同的机床误差还不一样，所以要求我们进行精加工的时候要灵活地调整加工余量进行精度控制保证，注意尺寸公差范围。

五、考核评估

1. 企业产品评价标准

既然是企业的加工产品，我们便采用企业对产品的评判标准去把关，只要有一项不合格就是废品，如图纸技术要求“保证零件$10^{-0.05}_{-0.05}$凸长方块、（60±0.05）mm长度和（6±0.05）mm宽度的精度要求，以上尺寸如有超差则为废品”。

2. 学生工作过程能力培养标准

学生做产品的过程是一个学习的过程，是把知识转变为能力的过程，所以对产品完成效果的评价我们采用三级评价体系（如表3），即学生自评、学生小组互评、教师评价三种方式进行。

表3 评价表

评价项目		评定结果	分值	实际得分
一、成果评价（占60%）	加工工艺过程的合理性		5	
	制造工艺文件的规范性		5	
	加工刀具、切削用量选用是否合适		10	
	数控程序编制校验是否正确		10	
	工件整体测评（小组、老师共同完成）		30	
二、自我评价（占20%）	学习活动的目的性		3	
	独立寻求解决问题方法的主动性		8	
	学习团体合作氛围融洽度		4	
三、教师评价（占20%）	工作态度是否端正		10	
	工作难度适应性		5	
	工具使用能力的提高		5	
	自主学习方法的总结		5	
整体评价			总成绩	

六、总结评比归档

产品加工完成后，在每个小组选出一件最好的产品进行展览，交流经验，评出最优小组、最优组员和最优作品，最后由教师作总结，指出在实施该项目过程中做得好的方面和需要加强的方面。

七、拓展

企业加工产品不但追求产品的高质量，而且把加工效率作为重中之重来考虑。在提高限位挡块的加工生产效率方面，考虑设计专用的夹具（不用重复对刀，一次加工多个产品），工件放在夹具上进行批量生产（如图8、图9所示）。实践证明，该夹具简单实用，加工效率高，一小时能加工产品8～10件，可以满足企业经济效益的要求。

图8 夹具

图9 正面加工

八、结语

在基于工作过程系统化的教学设计中，我们如果能引入合适的企业产品作为学习任务，不但能激发学生学习的兴趣，更重要的是能使我们的专业教学与市场的需求相接轨，使学生在学习专业知识中体会到相关的企业工作情景，更好地培养企业需要的技能人才。

参考文献

[1] 姜大源．基于工作过程系统化的课程开发模式［J］．中国职业技术教育，2008（27）．

[2] 冯穗心．机械零件数控铣削加工工作页［M］．北京：高等教育出版社，2011.

基于校企合作生产实训车间模式的中职专业课教学改革与实践

冯子川
（中山市沙溪理工学校　广东　中山　528471）

摘　要：中山市沙溪理工学校以校企合作共建生产实训车间的模式改革中职专业课教学，实践成效明显，具有较强的推广应用价值和示范作用。其做法是：把企业生产线引进学校，建“生产实训车间”，既进行企业生产，又开展教学实训，把课堂搬进车间，上课就是上岗，让学生在真实的工厂车间环境里“做中学”，让教师在生产性实训中“做中教”，专业教师与企业技师共同参与对学生的教学实训指导，在生产实训中改革教学模式、教学方法、教学内容、评价模式和教学手段，推进校企合作、产教融合，培养与产业要求相适应的技能人才。

关键词：校企合作；生产实训车间；中职专业课；教学改革

前　言

“基于校企合作生产实训车间模式的中职专业课教学改革与实践”项目是校企深度融合、探索全方位育人的教学改革与实践的成果。本项目自 2008 年 9 月开始研究与实践，至 2011 年 7 月完成，2011 年 9 月成果推广应用至今，前后历时近 7 年。项目参与单位包括中山市沙溪理工学校、中山市休闲服装工程研发中心、中纺标（深圳）检测有限公司、中山英仕服装有限公司、中国纺织科学研究院、尚道针织服装生产线、硕森高级定制生产线、上海和鹰机电科技有限公司等 20 多个院校、企业和科研院所。项目的创新研究与实践取得了丰富的成果，全面提高了人才培养的数量和质量，打造了中职品牌专业和中职示范学校。项目成果不仅在专业的教学改革与实践中效果显著，而且对全国中等职业教育各专业教学领域也产生了广泛的影响。

一、校企合作生产实训车间模式的内涵

校企合作生产实训车间模式是指将企业生产线引进校园，校企合作共建“生产实训车间”，既进行企业生产，又开展教学实训，把课堂搬进车间，上课就是上岗，让学生在真实的工厂车间环境里“做中学”，让教师在生产性实训中“做中教”，专业教师与企业技师共同参与制定和实施教学计划，共同参与对学生的教学实训指导，并在生产实训中推进全方位教学改革，培养与产业要求相适应的技能人才，实现产教融合、共赢发展。

二、校企合作“生产实训车间”模式的特点

（一）校企合作，产教融合

校企合作“生产实训车间”是产教融合的产物，是中职学校与企业寻求共赢的有效途径，实现了专业设置与产业需求对接、课程内容与职业标准对接、教学过程与生产过程对接。加强了教学与市场的联系，缩短了学校教学与企业生产的距离。

（二）项目教学，能力培养

目前中职的专业教学体系较为强调知识的完整性、系统性和连贯性，其缺陷在于教学的针对性不强，实践性不强，教学的吸引力也不强。校企合作“生产实训车间”模式采用的是项目教学，是以企业产品生产为项目任务，教学过程对接生产过程，其特点在于针对性和实践性强，岗位技能要求高，而且项目涉及的专业面较广，突破了单一课程的内容。这样的教学内容是开放性的，不依附教学大纲和教科书，它可以是课程内容的扩展、延伸和深化，利于扩展学生视野，锻炼了学生专业知识的综合运用能力。

（三）学校教师和企业技师共同培养指导学生

校企合作“生产实训车间”里既有专业技师教师，又配备有企业技师，他们共同制定和实施教学计划，共同培养和指导学生开展生产实训，实现了专业理论教学与生产实践教学的一体化，有效提高学生的专业理论水平和实际操作能力。

（四）工学零距离，缩短了学生毕业后的职业适应期

在校企合作“生产实训车间”，学生直接参与了企业的生产活动，工学零距离，使学生所学知识和技能能够面对企业和市场，积累宝贵的工作经验，同时在这一过程中提高对职业的认知，领悟职业精神。因此，这一过程本身就是提高学生能力和养成素养的过程，学生的岗位能力得到磨炼，使学生在毕业时就能够很快地融入企业的生产活动中，从而缩短了学生毕业后的职业适应期，提高了毕业生的就业率。

三、校企合作“生产实训车间”模式的教学改革与实践

（一）把企业生产线引进学校，建校企合作“生产实训车间”

建立与现代学徒制相适应的“生产实训车间”是当前中职专业实训教学改革的关键，我们的做法是：把企业生产线引进学校，建立“生产实训车间”。这样的“生产实训车间”有别于纯粹的工厂或生产车间，它既要真实地按生产流程和岗位要求来配置设施设备，又要考虑到教学实训的需求。而且，企业生产线也不是随意引进的。首先这种企业生产线在产业链中要有代表性和先进性，其次合作的企业要具有共同培养学生的能力和积极性。如我校近年引进的英仕婚纱晚礼服生产线、尚道针织服装生产线、硕森高级定制生产线、合鹰单量单裁自动裁剪生产线等都具有以上的特点。英仕服装有限公司是专业定制生产高档婚纱、晚礼服的国际知名企业，在北美约占有三分之一的市场份额，所定制生产的

婚纱、晚礼服面料高档、设计时尚、工艺精湛，公司管理先进，新技术、新设备、新工艺广泛应用于生产线上。而且公司也十分热忱地培养中职学生，他们对我校服装专业毕业的学生有较高的评价。因此，无论从产业链还是从教学实训来说，引进这样的企业生产线都是最好的选择。2012 年 12 月，英仕生产线教学实训车间的第一件晚礼服下线，该晚礼服是由 6 名学生完成，原计划用时 2 个星期，结果只用了 4 天时间。这件晚礼服在美国售价高达 1 300 美元，公司人事主管说："我们招工就招沙溪理工服装专业的学生"。通过这一生产线，学生不仅零距离地学习了英仕公司主打产品婚纱和晚礼服的个性设计和精湛的制作工艺，而且使得服装专业的教学实训上了一个台阶。我们的专业也因此培养出技能过硬的学生，从而增强了企业对学校专业的人才的依存度。

（二）在生产实训中推进教学全方位改革

"把课堂搬进车间，让学生上课就是上岗"无疑打破了传统的教学模式，而学校专业教师与企业技师共同培养学生的方案，也使现代学徒制的教学模式初具雏形。

如何在生产实训中进行全方位教学改革？需要从以下几点着手：

1．改革教学模式

为此，我们根据产业链的岗位要求，把企业生产线引进学校，建"教学实训车间"，让学生在真实的工厂和车间环境里"做中学"，让教师在生产性实训中"做中教"，让专业教师与企业技师共同参与对学生的教学实训指导，培养与产业要求相适应的技能人才。

2．改革教学方法

全面推行"项目教学法"、一体化教学，如英仕婚纱晚礼服生产实训车间是围绕婚纱、晚礼服的生产开展的项目教学，而硕森高级定制生产实训车间则是围绕西装、制服的生产开展的项目教学。把尽可能多的专业课教学放在校企合作"生产实训车间"中进行，以学生为中心，以工作任务为驱动，强化学生技能训练，着力提高学生的岗位技能水平。

3．改革教学内容

构建校本课程，开发校本教材，定制出以生产流程为主导的模块式课程，每个模块课程都注重职业岗位上新知识、新技术、新工艺和新方法的掌握和应用，使教学内容也更贴近企业、贴近生产，如我们把校企合作中有代表性的格博服装设计 CAD、单量单裁自动裁剪、数码印花、三维人体测量等先进的技术或工艺引入到课程和教学内容中，让学生有机会学到这些新技术、新工艺。同时，根据改革的课程和教学内容，组织专业教师和企业技师共同开发校本教材。

4．改革评价模式

让企业的技师参与对学生的评价，考查学生的技能水平是否符合企业的要求。我们的教学实训车间都配有企业技师与专业教师，共同负责指导学生和对学生的岗位技能进行考核评价。同时，也通过完成项目任务的情况来考评学生的技能水平，让学生根据自己的兴趣爱好分别组成若干项目小组，如：婚纱晚礼服设计制作小组，西装、制服设计制作小组，休闲 T 恤设计制作小组，时尚女装设计制作小组等。在专业教师和企业技师的带领下完成从设计、选料、制版、工艺、质检到产品推广等各个环节项目的教学实训，而考核评价的方式则是在教学实训完成后举办一场服装发布会，广邀企业家、设计师以及企业生产技术和管理人员到场做评委，现场打分。如果学生设计制作的服装版式被企业选中，要进行批量生产和销售，这个项目的学生的考核评价则为最高分。如此，实现了"学生作品→企业产品→市场商品"的价值提升，也真正实现了专业教学与产业的对接。

5. 改革教学手段

充分利用学校信息化平台，把校企合作“生产实训车间”里开展的岗位技能训练、生产流程等拍摄成教学视频或微课，上传到学校教学资源库平台，教师可随时调用丰富的教学资源来辅助教学，学生也可随时利用丰富的教学资源进行网络学习，大大提高了教学效率。

（三）专业教师到校企合作生产实训车间带项目，企业技师做“生产实训车间”里的兼职教师，打造专、兼职“双师”素质的专业教师队伍

在教学改革与实践中，学校十分重视“双师”素质专业教师的培养，制定了专业教师到企业参加生产实践的管理制度，要求所有专业教师每年不少于一个月时间到企业参加生产实践或挂职锻炼。实践的形式主要有两种：一种是脱产到校外企业挂职，一种是在校内校企合作“生产实训车间”中带项目。在校外企业挂职的教师由企业分配任务，根据任务的完成情况由企业给予评价，学校再根据企业评价给教师相应的奖罚。在校内校企合作生产实训车间中带项目的教师，要完成规定的企业项目任务，如带学生给企业设计服装样板的项目老师，要以有无企业认可生产的服装样板为考评标准；同样对带学生学习电脑绣花项目的教师，要以教会多少学生掌握电脑绣花技能为考核指标。通过这些措施，促进专业教师的成长，使专业教师真正做到“拿起书本能讲，挽起袖子能干”，既是学校教师，又是企业技师。目前，服装专业“双师型”专业教师比例达到专任专业课教师的90%，基本形成了持续培养“双师”素质专业教师的长效机制。专业教师到企业实践也让部分专业教师迅速成长，成为企业聘用的高技能人才，如服装专业的杨珊老师就兼任杉杉集团意丹奴品牌的设计总监，郑慧老师被聘为英仕公司校内生产线的生产主管。

同时，我们还聘请了17位企业技师做服装专业校企合作“生产实训车间”的兼职教师，他们与专业老师共同指导学生完成生产任务及相关项目工作。专业教师到企业实践，企业技师到学校做兼职教师，打造了一支专、兼职“双师”素质的专业教师队伍。

四、改革与实践的成效

（一）提升了专业教学实训能力和水平

近年来，在服装专业重点专业建设过程中，引进企业生产线，新建、扩建了19个校企“合作生产实训车间”，建成包括中山英仕婚纱晚礼服生产实训车间、尚道针织服装生产车间、硕森高级定制服装设计制作一体化车间、EK休闲服装生产实训车间、上海合鹰单量单裁自动裁剪生产实训车间，雅丽绣花公司电脑绣花车间、恒辉印染公司服装数字化印花车间等。各个校企合作“生产实训车间”布局合理、设备先进、与产业对接紧密，能满足每年1 500名全日制学生实训、2 500人培训的需求，大大提升了专业教学实训能力和水平，同时也成为全省、全市中职专业教师培训、师生技能竞赛和技能考证以及为当地产业人才培养、企业员工技能进修的重要基地。

（二）教学改革成效明显

课程和教材建设成果丰富，聘请行业、企业专家与学校专业课教师一起，编写了服装专业3个主要专门化方向的人才培养方案，制定了3门核心课程的课程标准，基本完成了以工作任务为核心、业务流程为主线的核心课程和教材建设，“服装立体剪裁”等7个课

程被评为市级精品课程。一系列与企业对接的校本教材被开发出来，教师主编或参编且出版教材有9本，其中《女上装纸样设计与立体造型》《服装设计款式图表现》两本教材还被评为全国中职示范校创新教材，编写校本教材23本。

校企合作“生产实训车间”模式的教学改革成为广东中职学校教学改革的典型案例之一，为示范校的专业建设和教学改革提供了经验。

（三）教学质量稳步提高

服装专业学生连续七年代表广东省参加全国职业院校学生技能大赛，实现七连冠。截至2014年，我校代表广东省参加全国职业院校学生服装技能大赛，已经累计获得13个一等奖，11个二等奖，15个三等奖，还获得了全国职业院校学生技能展示特等奖和一等奖。服装专业毕业学生双证书率达到99.6%。学校在中山市中等职业学校教育教学质量评价中，连续六年稳居全市一等奖的第一名。

（四）专、兼职教师团队建设成效突出

近年来，服装专业有35名专业教师，已培养出2名专业带头人，8名骨干教师，31名技师或高级技师，其中一位老师被评为“广东省十佳服装设计师”，还有一位老师被评为“高级服装设计师”，“双师型”教师比例达到专任专业课教师的90%。3位教师参加了省教育厅组织的赴新加坡南洋理工学院的进修学习，12位教师参加了国家骨干教师培训，33位教师参加了“以学生为中心”的英国教学法培训。所有专业教师每年到企业参加生产实践或挂职锻炼的时间均不少于一个月，还聘请了17位企业技师做服装专业的兼职教师，专业的发展还吸引了20多位全国知名服装设计师、专家学者和企业生产技术管理人员加盟担任服装专业建设指导委员会专家。

（五）校企深度合作进入良性发展阶段

校企合作共建生产实训车间的举措推动了校企深度、高端和全面合作，如与中国纺织科学研究院合作建立纺织品检测中心项目，与中山英仕服装有限公司合作的婚纱、晚礼服制作设计项目等。目前，学校有校企合作项目21个，合作单位包括中国纺织科学研究院、广州美院、中山英仕服装有限公司等31家科研院所及企业，校企及产学研合作进入良性发展阶段。2012年8月我校被中山市人民政府授予中山市产学研合作奖。

（六）改革与实践产生了广泛的辐射示范作用

校企合作生产实训车间模式的教学改革与实践不仅在学校服装专业及校内各专业的成效显著，对全国中等职业教育各专业教学领域也都产生了广泛的影响，如承办教育部产教对接高峰论坛、吸引20多个省市近100所职业院校单位来校参观交流、在国家教育行政学院向全国近200所职业院校作示范校建设的经验介绍等。

参考文献

［1］金晨怡．基于工作室项目实践教学的服装设计创新教育模式的探索与实践［J］．杭州师范大学学报（自然科学版），2010（2）．

［2］李春光，耿俊梅．基于校企合作的生产性实训基地建设与实践［J］．南昌教育学院学报，2013（8）．

模具车间“产教研”一体化教学实践报告

高振仓
（江门市新会机电职业技术学校　广东　江门　529100）

随着现代制造业的发展，企业对高级模具专业人才的需求出现供不应求的状况。在一段时间内，热衷于学习模具的学生不断增加，各职业学校相继开设模具专业。学生希望毕业后工资待遇好，但他们接触模具专业之前根本就不知道什么是模具，不知道模具是做什么用的。有些学校为了招生，在没有办学能力的情况下开设了模具专业，导致一批学生直到毕业也没见过真正的模具，更不用说参与设计、制造模具了。

我们学校从设立模具专业开始就不断增加相应的教学设备，聘请企业专家来校任教，并不断进行教学改革以适应企业的需求，但同样也面临着如何提升学生专业能力的问题。如何让学生通过实践操作来积累经验，在实践中理解和掌握专业理论知识，提升专业能力成为了学校教学的重大课题。

为此，我们学校于2010年从当地较大型机械制造企业（腾飞科技饮水有限公司）聘请多名工程师来校任教。2011年学校为了发展和教学的需要，加深校企合作，成立了“模具设计与制造研发中心”。中心设在学校模具实习车间，工厂聘任专家汤文辉老师担任研发中心的生产和技术主管。车间配备液压拉伸机床1台、冲床3台、平面磨床3台、外圆磨床1台、铣床3台、车床3台、刨床1台、钻床9台以及钳工装配工位等10个配套设备和工具。随着研发中心的成立和运作，如何让模具车间实现“产、教、研”一体化技能培训模式教学已经成为学校教学和发展的重要课题。

一、模具车间进行校企合作的生产现状

在过去的一段时间内，模具实习车间首先依托设备与技术的优势，通过校企合作很好地实现加工生产的作用。汤文辉老师在企业从事冲压模具设计与加工工作三十年，有着丰富的生产实践经验，专业知识渊博，熟悉各种设备的使用与加工工艺的设置。通过聘请的专家与行业的关系，学校模具车间先后与多家企业建立合作关系，如江门科杰（佳铁）机械自动化有限公司、顺德泳邦厨具厂、金泽电气（集团）有限公司、佛山荣兴五金制品厂等。在校企合作过程中，企业提供产品的设计图纸或实样，学校模具车间技术主管根据图纸要求设计模具加工图纸和加工工艺，并指导车间生产人员完成模具的加工、组装与调试等工作。车间负责加工的人员组成为：实习辅导老师2名，模具加工学徒（学生）10名，参加一体化实习的一个班学生。

模具研发中心成立以后，我校模具车间不断地增加设备，基本能满足教学的需要，但模具加工训练过程中需要消耗大量的耗材，实习成本大，严重制约着实习的规模和训练项目的开展。为此，一些职业学校因无法承担实习过程的耗材开支而无法开展实习；或为节

约实习成本，学生实习只能做一些基本简单的训练，没有真正开展模具加工生产。为了解决以上困难，我校模具车间在汤文辉老师的牵引下，学校与企业制定合作方案，企业按学校要求为模具加工提供原材料，并按生产成本支付设计和加工费用，模具生产过程产生的废料和边角料归学校所有。大量的废料和边角料经处理后，成为了我们学校模具加工实习的所需耗材，如一些被加工成机械专业的考证坯件、教学夹具等，从而大大降低了学校的耗材成本以及机床设备的维护保养费用等。据初步统计，2013 年 9 月至 12 月期间，模具车间就完成科杰（佳铁）机械自动化有限公司的来料加工工件（数控机床上调板、对刀仪板、底板、下调板）的加工，合计 2 000 件，总产值 18 526 元；顺德泳邦五金厂的冲压模具 20 套，模具总产值 35 400 元。通过这种校企合作生产模式，一方面能够让学生真实地参与到产品的实际加工过程中，提高了专业技能；另一方面，模具车间也较好地发挥了生产功能，降低了教学成本并取得了可观的经济效益。

二、制订教学方案，尝试和开展一体化教学

在教学方面，模具车间也担负一定的教学任务。根据教学安排，学校每学期都会安排模具专业的班级到车间进行模具加工实习。但由于教学过程中没有针对车间特点和现状，制定符合车间实际情况要求的实习大纲和教学任务要求，学生在实习过程中只能在形式上参与加工生产，并对模具加工工艺作简单的了解和练习，如机床设备的基本操作，钻孔、画线等技能训练。本学期为了提高模具车间在教学方面的作用，学校教学管理人员与模具车间的负责老师进行探讨研究，共同制定适合模具车间特点的一体化教学计划。针对车间生产任务繁重，教学管理人员不足，工作场地拥挤等客观困难，经过反复研究并取得教学、实训部门的协助，初步制订了一套适合模具车间教学需要的一体化教学方案，并在 2013 年 3 月至 12 月试行，参与试验计划的班级为 2012 级高级工模具班。

根据教学计划和教学任务的要求，在一体化教学过程中实现理论课与实习操作同步进行，教学部门根据实习需要和课程计划，开设相应专业理论课如“模具制造工艺学”“金属工艺学”“公差配合与技术测量”“电工技术”等课程，每周安排 14 节理论课程，由专业老师配合实习需要进行授课，其中重点课程“模具制造工艺学”由企业专家老师负责讲授。另为了调节学生的学习状态，每周还安排 1 次体育课，其余时间安排为实操训练和生产加工课时。为有效开展实习，针对学生技能特点与车间设备的使用情况，把整个实习分为三个阶段，第一阶段（7 周）为模具生产基本功训练，包括设备的使用、模具钳工工艺等。第二阶段（4 周）为模具加工流程训练，学生根据设计图纸，尝试加工整套模具。第三阶段（3 周）为模具加工工艺技术文件的编写与修订。通过小结与制定加工工艺卡等，让学生熟悉机加工的规范与流程。

为解决教学管理人员不足、场地拥挤的困难，实习进行时把整个班级分为 4 个小组，并在班里挑选基本技能掌握较好、组织管理能力较强的学生为小组长。组长带领同学分项目、分时段进行训练，并对后进学生给予帮助，辅助老师做好日常纪律管理。从模具车间的学生学徒中挑选出 4 个技术骨干，并分配到各小组，辅助老师对同学进行技术指导。每个项目开始前，技术主管老师首先讲解和示范技术要领，实习辅导老师负责实习过程的监督，指导学生进行技能训练，监督学生的工作状况。每个项目训练结束后都必须通过由汤老师设定的考试，全组通过考试才能进入下个项目训练。这样一来，小组成员必须团结一

致、互相帮助，这样团队协作意识就得到了增强。通过“以老带新”的传帮带方式，初步有效地减轻了模具车间老师的工作压力，实习也得到了较好的开展。经过7周的基本功训练，学生已经初步具备较好的加工生产能力。为让学生了解企业实际生产状况和特殊加工工艺，配合理论教学的开展，学校联系校外企业（泗丫热处理厂、英姿五金制品厂等），组织学生到企业参观学习，并邀请企业技术专家现场讲解，学生通过参观学习，增长了见识，加深了对专业知识的理解。

教学形式多样，训练要求严格，指导老师专业技能深厚，学生学习过程切实感受到技能的提高，一改以往被动、懒散的学习态度，积极投身到日常的学习活动中，班级精神面貌焕然一新。

三、承担研发任务，初见成效

模具车间另一个角色是“研发中心”。学校在设立研发中心时，赋予了车间另一项工作任务：设计开发出能够满足生产的产品；能够承担模具拆装，试模，维修教学；能够为模具专业课程设计提供服务的一体化实训课题。在过去一段时间里，模具研发的设想一直处于空白状态。为配合模具一体化教学的第二阶段的开展，企业专家老师充分发挥多年进行模具设计所积累的经验，在机械教研组的协助下，设计出一套满足日常教学使用的模具模型，整套模具包括落料模、冲压成型模、折弯模。各模具加工运动的动力采用人工手动的方式，模具加工操作安全，适合学生在课堂进行装配与调试。模具模型另一个特点是对关键部件进行尺寸标准化、系列化设计，可根据冲压零件形状的改变更换模具成型部件，适应零件加工需要。这一设计也填补了现阶段职业学校模具教学模型的使用需求。产品的开发成功，标志着学校产、教、研结合达到了较高级别，体现了我校教学质量的提高和经济效益的创造能力。

学生从单一的基本技能训练转入真实的模具加工过程，他们要将学过的基本技能综合运用到实际加工中。每个小组根据设计图纸共同加工完成一套模具，小组成员必须做到任务目标明确、分工细致、团结协作。由于成员间的技术水平参差不齐，加工过程不断出现问题，如零件加工尺寸误差大、孔位定位精度不达标，造成模具无法定位安装等。经过不断地修正调试，他们最终都能较好完成加工任务。学生在实习过程中真正体会了到实际加工的过程，认识到自己的技能与实际需要的差距，也第一次体会到收获劳动成果的喜悦和满足感。

模具加工完成后，一体化教学进入第三阶段，学生要完成模具加工中各工件加工工艺技术文件的整理与编写。企业专家老师根据企业的生产流程和工艺文件编写要求，认真示范分析，严格规范流程，让学生模拟体验企业技术人员的工作任务，并进一步了解企业工作岗位的特点。

四、技能训练不忘德育指导，喜获双赢

模具车间生产实习和一体化教学过程中，在德育教育方面也有“意外”收获。据了解，在长期参与模具车间一体化训练的同学中有这样一群特殊的同学，他们因各自的原因无心学习、经常不服从学校管理、自控能力较差，学校为了不让他们影响正常课堂教学，

经家长同意，把他们安排在车间里，接受劳动和技能训练。企业专家老师并没有因为他们的“差”而拒绝接收，而是在充分了解每个同学的品行后，通过专家个人出众的技能和专业素养去吸引和感化他们，发挥这些同学动手能力强、头脑灵活的特点，调动他们学习的积极性，让他们感受学习技能的重要性，重新认识自己的人生观并且树立目标，成功成才。如2011级模具（1）班的苏德钦同学因脾气暴躁，经常与学生发生口角、冲突。初中毕业后在家无所事事，家长害怕他会走上违法犯罪的道路，将其送来我校就读，后留在模具车间学习。经过十一个月的学习，他不仅改变了以前的陋习，而且技能提升相当迅速。毕业后他被中山某五金公司选中，在公司里他待人友善、工作能力较强。半年后就被公司提升为模具主管。又如2011级模具（2）班的黎富成同学在上课时经常睡觉、玩手机，不服从老师管理。后被安排到模具车间参加一体化学习，经过一年的教育后，学习变得认真、主动。现在他在本地小岗镇开设了一家制香设备维修店，由于维修技能好、信誉好，生意越做越红火。像这样的事例还有很多，这难道不是一个个奇迹吗？

经过一个学年的尝试与磨合，模具车间在各个方面都卓有成效。在生产方面，业务规模不断扩大，并取得较好的经济效益；在教学方面，逐渐探索出了一条适合模具专业进行一体化教学的方法，教学质量得到提高；在模具研发方面也取得了突破，已经成功研发制造出一套适合教学需要的模具模型，并形成系列化和标准化；在德育方面，对后进生的教育管理也取得了成效。在取得上述成绩的同时，整个教学管理过程也存在一些困难和不足，如企业专家老师的教学管理能力参差不齐，教学技巧需要提高；教育专业设备还要丰富和增加以适应生产的需要；根据一体化教学要求，理论课程的教学计划还需进行调整以配合实习的实施。总而言之，我校在模具专业教学中已经走出一条适合自己发展的道路，相信经过不断的努力创新，我校必将在职业教育上做出佳绩。

模拟公司教学法在基础会计课程中的运用

易明霞
（中山市沙溪理工学校　广东　中山　528471）

摘　要： 本文主要以我校2014级营销班基础会计课程为例，讨论在中职会计课程中引入模拟公司教学法的意义，分析在市场营销专业基础会计课程中引入该教学法的可行性，探讨模拟公司教学法在基础会计课程中的具体应用及教学效果，探索如何将模拟公司教学法应用于中职财经商贸专业教学中。希望通过个案的研究分析，规范营销专业会计基础课的模拟公司教学流程，力求为创新中等职业财经商贸专业教学改革做些有益探讨。

关键词： 模拟公司教学法；基础会计；市场营销专业

前　言

财经商贸类专业是广东省中等职业教育兴办最早、规模较大的专业类别之一，模拟公司教学法是一种非常适合财经商贸类专业学习的教学方法。笔者以2014级营销班会计基础课程为例，探索如何将模拟公司教学法应用于中职财经商贸专业教学中。希望通过个案研究分析，规范营销专业会计基础课的模拟公司教学流程，力求为创新中等职业财经商贸专业教学改革做出有益的探讨。

一、模拟公司发展概况及理论基础

（一）模拟公司教学起源

模拟公司起源于20世纪50年代德国的商务模拟公司，“商务模拟公司”源于德国著名教育家巴斯的商业教学理念。模拟公司是指“人为创造的经济活动仿真模拟环境，是经济类专业的实践教学场所和组织形式”。学生在其中可经历全部的业务操作过程，了解和厘清各环节之间的联系，而又不必承担任何经济风险。根据产品和服务项目的不同定位，学生在模拟公司中可选择进行营销、财务、金融、贸易、储运等业务过程的模拟活动。

（二）国内关于模拟公司教学法的有益尝试

1994年，浙江、北京、上海、山东等地的一些职业院校在财经商贸类专业开始实施“商务模拟公司”这一实践教学模式；1998年，温州商校在丹麦的帮助下建立起我国第一家模拟公司；2010年，广州市教育局教学研究室开始了广州市中高职虚拟商务实训中心项目建设，并进行了模拟公司综合实践课程开发；2013年5月29~31日，中国职业技术教育学会教学工作委员会组织的“中等职业教育商务模拟公司教学模式”高级研修班在广州番禺举行。

国内外的模拟公司教学实践表明模拟公司教学法能较好地培养学生获得、加强职业岗位技能，能有效帮助学生强化专业知识学习，提高实际应用能力，增长见识，体验多元思维方式，使学生各方面素质都得到锻炼和提升，是一种十分适合职业教育的教学方法。

二、在基础会计课程中引入模拟公司教学法的缘由及可行性

本学期笔者任教我校2014级营销班“基础会计”课程，中职市场营销专业主要面向中小型企业，培养学生德、智、体、美全面发展，成为具有良好的职业道德和职业素养，掌握必要的文化基础知识、专业知识和较熟练的职业技能的初级市场营销技能型人才。市场营销专业开设会计基础课程，能培养学生对数字的敏感度，还有对数据的处理能力。市场营销工作中，经常要接触到各种大量的数据，因此对数据有良好的分析处理能力，能帮助学生更好地做市场营销策略，提高学生的销售核算能力。

笔者2010年至2013年参与了由广州市教育信息中心与广州市教育局教学研究室共同主持的广州市中高职虚拟商务实训中心项目建设，并参加了与项目相关的中职学校模拟公司综合实践课程的开发，对模拟公司教学法有一定的了解，在日常教学中也经常运用这一教学法。所教的学生普遍反映模拟公司教学模式能帮助他们强化专业知识的学习，极大地提高了他们学习的积极性。

笔者自2013年9月调入中山市以来，一直在思索如何将本人在广州中职教学中运用的模拟公司教学法与中山市所教中职学生的情况有机结合起来。笔者将本学期任教我校2014及营销班“基础会计”课程作为一个有利契机，在实践中探索如何将会计基础课程里的财会知识与技能与所任教的营销专业进行有机地结合。

基于上述背景，笔者以2014级营销班会计基础课程为例，探索如何将模拟公司教学法应用于中职财经商贸专业教学中。希望通过个案的研究分析，规范营销专业会计基础课的模拟公司教学流程，力求为创新中等职业财经商贸专业教学改革做出有益探讨。

三、模拟公司教学法在基础会计课程中的具体应用

（一）组建模拟公司，演绎相关角色

将2014级营销班的46位同学分成六间公司，每间模拟公司7～8人，角色安排为CEO、财务总监、财务助理、营销总监、采购总监、生产总监各1人，其他岗位可由各公司根据各自经营范围设置。

物色具有组织领导能力而又获得团队拥护的CEO，是成功组建团队的关键，也为将来模拟公司的顺利运营打下良好基础，所以课前要熟悉学生的特点，组织好各公司CEO的竞选。

（二）建立公司制度，强化激励机制

团队组建后，各公司CEO召开的第一次工作会议，明确职员的岗位职责，布置工作任务，布置公司办公环境，汇报公司职员岗位职责的安排情况，明确公司制度和部门分

工。明确公司纪律，如不得迟到，上课期间手机静音，不得闲聊，不得随意出入或走动，积极参与课堂讨论等。老师要引导学生做好会后相关事项的实施，做好监督和跟进工作，确保公司制度与激励机制的有效性。

（三）规范教学过程，理论知识迁移到实训任务中

教学过程分为各公司资金积累情况披露、情景引入、任务布置、实训练习、归纳评价、课后延伸六个阶段。

（1）各公司资金积累情况披露。结合基础会计的核心技能，起初每个公司注资100万元虚拟币，随后根据各公司任务的完成情况给予增资或减资，每次课前公布各公司现阶段资金积累情况，表扬资金排名居于前列的公司，鼓励资金排行榜靠后的公司奋勇直追。

（2）情景引入。教师结合我校校企合作项目黑龙茶理工店，将学生引入基础会计知识与技能情境，如学习会计科目与账户内容时，笔者将学生带到黑龙茶理工店实地参观。根据实景导入，让学生直观地了解原材料、固定资产、库存商品、主营业务收入等会计科目。

（3）任务布置。每次课发放课堂任务表，各公司在CEO的带领下召开五分钟的工作短会，填写任务落实安排，进一步明确公司成员的任务分工。

（4）实训练习。学生以模拟公司小组为单位开展实训练习，教师主导，学生积极参与、完成实训任务。强调发挥学生的自主学习能力，小组协作完成基础会计实训任务，在探究中完成基础会计知识与技能自我建构的学习过程。

（5）归纳评价。传统的模拟公司教学方法一般用分数评价学生的学习效果，除吸收传统模拟公司教学法评价体系中的学生自评、组内互评、组间互评以及教师评价四种方法外，笔者还结合所任教的会计课程的特点，为促进学生提高营销核算能力，在2014营销班的会计基础课程模拟公司教学中，采用了资金积累制，六家公司启动资金都是100万元。根据课堂表现、任务完成情况等多方面不同角度进行多重考核，每完成一个模块，就进行及时的考核评价，如提前超额完成任务的公司每次加2 000元虚拟币，按时按质完成任务的公司每次加1 000元虚拟币，未及时完成任务或不达标的公司每次扣1 000元虚拟币。

（6）课后延伸。建立2014级营销班模拟公司微信群与QQ群，课后教师可以通过移动网络平台把课堂教学延伸到课后，相互探讨，巩固、提升所学的知识。

四、模拟公司教学法在基础会计课程中的教学效果

经过一个学期的任教，笔者采取了问卷调查法和访谈法调查了2014级营销班对模拟公司教学法在“基础会计”课程中的教学效果。2014级营销班46位同学，除了1人长期病假、1人参加英语竞赛培训外，其余44位同学都完成了教学效果调查问卷，并在学期初与学期中通过访谈法随机访谈了10名同学。

（一）模拟公司教学法得到了学生的高度认同

2014级营销班44位同学中有41位表示喜欢模拟公司教学法，占总人数的93.18%，仅有一位同学表示不喜欢模拟公司教学法，其中两位同学表示对模拟公司教学法喜好程度

为一般。在访谈中不少同学表示模拟公司教学法能让学生大胆地发挥，比起传统教学方法更能激发学生的学习兴趣，让小组成员相互督促学习，更好地学习基础会计知识，很喜欢这种教学方法。

（二）模拟公司教学法有效地培养了学生团队的合作能力

2014 级营销班的同学普遍表示在模拟公司课堂上学习到了如何在团队中合作，认识到了团结的重要性。在模拟公司中，每个人都很重要，因为一个人的错误可能会影响到整个公司的资金积累。

（三）模拟公司教学法有效地培养了学生的责任意识和担当意识

2014 级营销班的同学在模拟公司教学法的资金积累环节中学到了只有为公司做出贡献，具备高度责任感的人，才能取得公司成员的信任；只有与他人真诚合作，学会分享，才能更好地立足社会。

（四）模拟公司教学法还培养了学生其他多方面的能力

2014 级营销班的同学表示在模拟公司课堂上还学习到了很多其他方面的综合职业能力，如同学之间的沟通能力、部门之间的协调能力、遇到突发事件的应变能力、工作心烦时的受挫能力、动手操作能力等。

五、结语

模拟公司教学法是一种根据工学结合理念开展的实训教学法，能做到教学一体化，实现“做中学”“做中教”。市场营销班的学生能在仿真操作中学习会计知识，提高营销核算能力，在实际教学中笔者发现模拟公司教学法在今后的教学中还有很多工作要做。笔者调查了 2014 级营销班表示不喜欢模拟公司教学模式的那位同学，发现该生不喜欢的原因是模拟公司上课不按本班座位坐而是以公司分组坐，他不喜欢搬来搬去。座位问题今后可尝试与班主任沟通，把模拟公司教学模式从课堂延伸到班级管理，班级座位直接按模拟公司小组就座，不用学生大范围地更换座位，更好地体现过程性的评价。采取教育、教学一体化管理模式，真正体现出营销专业特色。

参考文献

［1］余久宏．模拟公司综合实践（组建·行政·人事·客户）［M］．北京：高等教育出版社，2012.

［2］余久宏．模拟公司综合实践（营销·交易·财务）［M］．北京：高等教育出版社，2012.

［3］林继玲．“模拟公司教学法”在外贸函电课堂上的应用［J］．教育教学论坛，2014（3）.

［4］邵燕珠．模拟公司教学法在会计电算化实训教学中的应用探讨［J］．中国校外教育，2014（32）.

企业参与项目化教学评价在“VI设计”中的应用

胡晓胜
（阳江市第一职业技术学校　广东　阳江　529500）

摘　要：在职业学校的专业建设与教学改革中，项目化教学方法已越来越多的应用在课堂。在该种教学法的实施过程中，企业也逐渐成为了其中重要的一个角色，并参与到项目设置、项目开展等多个教学环节中，但在项目评价中却少见其身影，从而使得项目化教学缺失了一个关键部分。本文就以自身教学实践过程作具体分析，阐述企业参与项目化教学评价的重要意义。

关键词：企业；项目化教学；评价

前　言

随着职业教育改革的深入，项目化教学模式走入了职业教育专业课的课堂，项目化教学以项目为载体，任务为驱动，突出学生的主体地位、加强学生的能力实训，实现学生实践能力和理论知识一体化。这种教学模式已被越来越多的职业教育者采用，在职校学生综合素质的培养上起着不可忽视的作用。

一、项目化教学现状分析

在项目化教学中，首要任务是确定项目，实训项目选择的成功与否直接影响着教学效果。项目来源主要有企业实际项目、虚拟项目和竞赛类项目等。不管是哪一类型的项目，都需突出其实践性，按照任务驱动的思想，从实践中来，到实践中去。因此，项目的内容本身就与企业有着不可分割的关系，基于企业项目的教学模式有一定的可行性和实用性。其不仅能提高学生学习的兴趣，增强学生的学习能力、交流能力、创新能力和团队协作能力，而且还有利于教师更好地完成教学任务，提高教学质量。

项目与企业有着紧密的联系，自然离不开企业的指导。项目中，让学生与企业充分接触，可实现学生就业的无过渡上岗，切实提高育人的针对性和实效性，提高技能型人才的培养质量，从而实现企业与学校的双赢。因此，随着职业学校教学改革的深入，多数专业都与企业保持了紧密的联系，成立了专业专家指导委会员，召开实践专家研讨会，提炼典型工作任务、制订课程标准、编写项目计划等，企业参与到了项目化教学的多个环节之中。但是，到了最后的“项目评价”环节，企业这一重要角色却被慢慢淡化了。

二、企业参与项目化教学评价的必要性

职业学校课程项目化，是按学生将来的职业活动实施项目式教学安排的。由于中职毕业生主要从事一线工作，要使学生职业能力得到行业、企业等用人单位的认可，就必须让行业、企业专家参与到中职学校教学质量的评价中。因此，项目化教学的实施须在行业指导下，有企业的参与才完整。目前，职业学校的专业建设改革中，企业参与专业建设、教学管理的方法多种多样，但很多在学生、教师眼中的优秀作品，也许在行业、企业专家的眼中却成了绝对不会让客户满意的作品。主要原因有：①任课教师多数是大学毕业后就从事教师这一职业的，缺乏企业经验。②项目实施过程缺乏企业专家的有效性指导。③作品评价环节无行业、企业专家点评。这样一来，学生在实训过程中，项目完成了不少，似乎可以独立承担具体的工作任务，但一进入企业，情况却截然不同。

因此，企业需要深入到项目教学实施的各个环节中，包括对项目成果的评价，这样才能对专业建设与人才培养进行有效指导。这种做法其对后期项目的定位与开展，以及学生技能实训的提高都有着不可忽视的作用。

三、企业参与项目化教学评价的具体做法

针对上述种种状况，我校的平面设计专业组进行了大胆的改革。本专业与本地多家企业合作，让企业骨干走进校园、走入课堂、走近学生，并参与到项目教学最后的项目评价中，取得了喜人的效果。下面就以笔者教学的实际情况为例，具体描述企业参与项目教学评价的具体做法：

（一）项目确定

在我校计算机平面设计“VI 设计”项目化教学中，每个项目的下发实训任务都是我们从各企业、公司项目中特别选取出来的，目的就是让学生的实践与市场紧密相连，实训环境尽可能的企业化，这也为企业骨干进校评价打下了很好的基础。

（二）项目实施与汇报

在学生设计过程中，也是模拟企业合作分工方式，根据学生的特长与表现，对其进行分组。小组成员的分组，多以 3 至 4 人为一组，组员自由组合。当成员确定后，要求各组列出项目计划、活动步骤和具体分工，共同完成项目成果的设计，并选派代表对项目的完成情况进行汇报。建议选择成员时取长补短，分配任务可根据组员自身的特长来决定。为了对项目完成进行公正的评价，这个过程离不开企业骨干的参与。

（三）项目评价

1. 企业参与共同制订项目化教学作品评价方案

原有的评价方案不能考虑到企业、用人单位等方面的因素，存在一定的不足。企业骨干加入后，与本专业教研组成员一起，共同制订课程项目实施评价标准，综合多方面的因素进行考虑，对具体情况、能力方法、团队协作等方面进行测评，客观地评价学生的综合

能力。具体内容如表1：

表1　"VI设计"项目实施评价标准

评价项目	评价内容	评分等级				评分（分）	总分（分）
		优	良	中	差		
项目完成情况	1. 能否正确理解设计理念（10分） 2. 是否在规定时间内完成（10分） 3. 设计方案是否合理（10分）	27～30分	23～26分	17～20分	10～16分		
方法能力	1. 软件使用是否熟练（15分） 2. 设计时是否能采用最优方案（10分） 3. 设计创新能力（15分） 4. 汇报时，语言组织与表达能力（10分）	45～50分	39～44分	33～38分	20～28分		
团队协作	1. 组长协调能力，分工是否合理，有无详细的分工方案（10分） 2. 组员的团队协作能力、职业道德（10分）	18～20分	15～17分	14～16分	8～13分		
总体评价							

2. 项目成果评分环节添加企业评分

在项目化教学实施过程中，多数专业都很重视企业的参与，学生在校内的实训项目也基本是以企业真实或模拟项目为主，但是到了最后的评价环节，却往往又缺乏企业的参与。项目成果展示与评价，最典型的评分项目就是"自评、小组互评、教师评分"这几个评分点，却忽略了"行业、企业专家评分"这个极其重要的环节。因此，在本表中，添加了企业评分一栏，并在总分中占35%，体现了在成果评价中企业参与的重要性。具体内容如表2：

表 2　“VI 设计”课程作品评价表

分组	项目名称	自评与小组互评（占 30%）				老师评分（占 35%）	企业评分（占 35%）	总评
		第一组	第二组	第三组	第四组			
第一组								
第二组								
第三组								
第四组								

3．企业代表设定评价补充表

除了在课堂上对作品进行评分和点评外，还需收集企业评价方的宝贵意见，需再设计项目化教学企业方评价补充表，让企业对学生的每一项项目成果进行更加详细的分析、指出优点与存在的不足，并提出改进的建议，从而对学生今后的实践给予有力的指导。具体内容如表 3：

表 3　“VI 设计”项目化教学企业方评价补充表

项目名称：　　　　　　时间：

评价内容	等级（A、B、C、D）	意见
项目内容设置		
学生完成项目的方式		
项目成果评价		
优点：		
存在的问题：		
改进建议：		

（注：A——很好　B——较好　C——一般　D——较差）

项目教学的评价环节要注重企业的参与，与企业共同制订项目化教学作品评价方案，保证了项目化教学评价的客观性；在项目成果评价环节加入企业评分，以及设定的企业代表设定评价补充表，为学生今后的专业技能的发展和综合素质的提高带来了极其有力的指导，使我们职业学校培养出的人才也正是行业、企业需要的人才。在我校平面设计专业项目教学实施企业骨干进校评价之后，学生的综合实践水平的提升速度大大提高，毕业生对口就业率、就业单位的满意率都比之前提升了20个百分点。

总的说来，企业参与项目化教学评价，应该成为职业学校项目化教学实践一个重要的部分，它将有利于评价方案的再优化，并能对项目化作品给予有效性指导。行业、企业参与中职学校教育教学管理、教学评价等环节，实现校企良性互动，是共同培养职教人才的最佳途径。在实践中，我们还应该借鉴发达国家、国内先进地区行业、企业参与职业教育的成功经验，不断更新优化校企合作，制订出更符合本地区、本校学生的评价方案，推动职教项目化教学的多元化发展。

参考文献

[1] 唐继红，徐江涛．建立高职院校教学质量监控体系的探索与实践 [J]．管理研究，2010 (1).

[2] 蔡继梅，顾平．构建第三方物流企业服务质量评价体系的研究 [J]．铁道经济研究，2009 (3).

[3] 吴双．高职院校教学质量第三方评价机制初探 [J]．中国科教创新导刊，2012 (20).

浅析中等职业教育中研究性学习的教学改革

符　娜
（广东省财经职业技术学校　广东　广州　510445）

摘　要：在中等职业教育改革中，对于研究性学习模式的探索取得了一定进展，本文主要从中等职业教育中研究性学习的教学改革的角度出发，了解目前研究性学习的应用现状及存在问题，分别从学生、教师、学校三方面进行阐述，为我国中等职业教育中开展研究性学习的教学改革探索提供可借鉴的参考价值及指导性建议。

关键词：中等职业教育；研究性学习；教学；改革

前　言

中等职业技术学校作为我国一类特殊的学校，与普通高中不同，其侧重“技术”，即注重实践，具有推行研究性学习教学模式的基础和条件。研究性学习的核心是从问题出发，在问题中动手实践，从实践中发现问题并解决问题。本文主要通过阅读相关文献资料，并在中等职业院校中开展问卷调查，以中等职业院校的研究性学习为研究对象，旨在通过对职业院校的研究性学习现状的清晰认知，从而提出在中等职业院校开展研究性学习的策略和指导建议，为中等职业学校开展研究性学习提供可借鉴的方法。

一、中等职业技术学校开展研究性学习的必要性和可行性

（一）研究性学习的内涵与特点

1．研究性学习的内涵

对研究性学习的认知，无论是国内还是国外，都存在着广义与狭义之分。从广义上来讲，研究性学习不仅是一门课程改革规划中规定的校本课程，还是一种特殊的学习方式，应用范围十分广泛，被普遍认为是一种特殊的教育理念。从狭义上来讲，研究性学习类似于探索性学习，主要是带着问题进行探索，在实践中发现问题并解决问题的过程。本文对于中等职业院校研究性学习的探讨主要是从广义角度进行研究分析的。

2．研究性学习的特点

研究性学习作为教学改革中的一种新型模式，有着自己独特的特点，主要体现在学习性和实践性这两个方面。首先，研究性学习作为一种特殊的学习方式，具有学习性特点。主要是指在教师的指导下学生进行自主学习的过程。其次，相比于传统教学而言，研究性学习更注重学生的实践能力，主要是以问题为基础，带着问题组织教学活动，围绕问题进行探讨，最后在实践中发现并解决问题。这样的教学活动不仅能够让学生学到丰富的知

识，还能提高学生运用所学知识甚至直接解决问题的能力，实践性的特点不言而喻。

（二）中职学校开展研究性学习的必要性

在我国中等职业学校开展研究性学习是非常有必要的，这既是推动素质教育发展的需要，也是改革传统教学模式、提升教学策略的需要，同时还是改善课程体系、促进学生全面发展的需要。

1. 改革传统教学模式，提升教学策略的需要

中等职业学校开展研究性学习，是改变传统以教师为本的教学模式的需要。研究性学习要求解放教师，将课堂还给学生，学生自主学习，教师指导学生学习。在这种教学模式中，教师将会面临学生实践过程中遇到的各种问题，这是对教师职业技能的挑战，更是提高学校师资水平质量的机会。

2. 改善课程体系设置，提升学习质量的需要

中等职业学校开展研究性学习，可以使学校课程体系的设置更加完善，使课堂氛围更加轻松，有利于教学质量的提升。把研究性学习的教学思想应用于学校的课程体系中，更加有利于学生将所学的理论知识快速应用到实践之中，同时将实践中发现的问题快速反映到课堂教学之中，有利于学生对知识和问题的有机整合，有利于课堂教学形式的多样化。

（三）中职学校开展研究性学习的可行性

1. 研究性学习与中等职业学校的人才培养目标相契合

中等职业学校是以提高学生的专业知识水平以及职业技能为培养目标，即以培养理论与实践相结合并得到全面发展的应用型人才为主。而研究性学习思想则是在教师的指导下不断实践，在实践中发现并解决问题，不仅包括对专业知识的掌握程度，而且还包括运用所学知识解决实际问题的能力。所以可以看出中等职业学校存在研究性学习的土壤和环境，在一定程度上二者的人才培养目标是相契合的。

2. 校企合作的教学模式为开展研究性学习提供有力的后盾

与普通高中不同，中等职业学校在人才培养以及教学过程中具有自身的独特性。而学校与社会、企业之间的合作为教学实践提供了极大的保障，校企合作一方面能缓解学校的财政压力，另一方面也可为学生提供充分的实践保障。在企业实践过程中，学生又会遇到各种在教学中不会遇到的突发状况，这又决定了研究性学习的范围将会得到扩展。由此可见，校企合作可以为研究性学习的开展提供充分保障。

二、中等职业学校开展研究性学习的现状及存在问题

（一）中职学校开展研究性学习的现状

本次研究数据主要采用问卷调查的形式，在广州市某中职学校随机抽取 200 人进行调查，共回收有效问卷 190 份。

调查结果显示，约 77% 的学生对研究性学习“非常感兴趣”，而选择“兴趣一般”的同学比例达 18%，但是也有个别同学表示没有什么兴趣（如表 1）。这反映了在中等职业学校开展研究性学习具有一定的学生基础，同时也一定程度上反映了大部分学生对于研究

性学习具有非常浓厚的兴趣。

表1 学生对研究性学习的兴趣程度表

对研究性学习的兴趣程度	比例（%）
非常感兴趣	77
兴趣一般	18
没什么兴趣	2
非常不感兴趣	3

此外，通过调查结果可以发现，只有40%的学生仍然希望通过传统方式进行学习教育，其余60%的同学希望开展研究性学习，即基于问题的学习，通过解决问题来提高自己的技能水平。结果如表2所示。

表2 学生希望的学习方式表

学习方式	比例（%）
老师讲，学生听	40
老师提出问题后，学生讨论	25
学生提出问题后，师生共同讨论	35

此外，在调查过程中，当被问及“你认为在中等职业学校开展研究性学习课程有必要吗”这一问题时候，绝大的多数师生都持赞成态度，认为研究性学习对于提高学生综合素质起到了非常重要的的作用。培养创新能力以及应用知识解决实际问题的能力，无论是在学习过程中，还是今后踏足社会都起到了很好的帮助。

（二）中职学校开展研究性学习存在的主要问题

对于中职学校而言，虽然一直致力于实际技能操作，但是仍然面临教材、设施等更新周期较长、教育内容相对滞后等问题。虽然我国教育体制改革已经取得了明显的成效，但是在教学过程中，仍然是以传统教学方式为主，研究性学习的开展存在一定的意识阻碍。

三、基于中等职业学校对研究性学习的教学改革探索

（一）中职教改的内容如何适应研究性学习模式

1. 树立正确的人才培养观，促进学生综合素质的提升

我国中等职业教育为社会主义现代化建设培养技能型、专门型人才起到了非常重要的作用，所以中职学校教育过程中必须树立正确的人才培养观，以提高学生综合素质为目标，从而使中职学校培养出来的人才具备终身学习的能力，具备较强的动手操作能力，以期不断适应教改的要求以及时代变革的需求。

2. 完善课程体系设置，加强学生职业实践技能的发展

课程体系的设置是学校教育过程中的一个重要环节，课程体系的不断完善对于中等职业学校的教学改革起到非常大的推动作用。此外，学校在推行教改过程中，可以采用学分制、推行选课等方式，提高学生参与研究性学习的积极性。

3. 改革教学模式，加强师资队伍的建设

中等职业学校想要进行教学改革，必须深化师资队伍建设。在教改过程中不断改革教学方法和教学内容，进一步发挥学生自主学习能力，并为其自主学习能力的提升创造良好的氛围和条件，把课堂让给学生，使之成为课堂的主体。在加强理论建设的同时更加重视实践能力的提升，充分体现中职学校理论与实践相结合的教育理念。

（二）中职的教改氛围环境如何适应研究性学习模式

1. 加强教学硬件设施建设，为开展研究性学习提供物质保障

目前我国中职学校对学生实践能力培养，主要依靠校内实训基地和企业实习基地两种形式。中职学校实行教学改革，必须加强校内实训基地建设，不断改善并完善实训基地的硬件设施建设。此外，中职学校还应当加强与企业合作，实现技术与资源的优势互补，为研究性学习的开展提供充足的物质保障。

2. 完善教学监管机制，为开展研究性学习提供制度保障

对于中职学校的教学改革必须建立有效的监管机制，对于教改思想必须贯彻落实到位，提高领导和管理层面的重视程度，强化教学工作，将教学工作质量纳入到中等职业学校的评估指标之中，以保证教学改革的有序进行。

3. 深化师资队伍建设，为开展研究性学习提供师资保障

建设高质量的师资队伍必须改变教师传统的教学方式，让学生成为课堂的主体，充分发挥教师在课堂中的引导作用，使教师在引导学生进行研究性学习的过程中发挥重要的推动作用。

四、结语

研究性学习作为我国教学改革中的一种新型模式，在中等职业学校教学改革开展过程中取得了一定成效，本文分别从中等职业学校开展研究性学习的可能性和必要性、当前现状及存在问题这两方面进行了探讨，为中职教育教学过程中开展研究性学习及应对存在的问题提供可行性的合理化建议，为我国教学改革的深化提供可借鉴的方案。

参考文献

[1] 李运萍．高职院校研究性学习研究综述［J］．河南机电高等专科学校学报，2012（5）．

[2] 周春香．浅谈研究性学习与中等职业技术教育实践课的区别和联系［J］．教育视角，2011（5）．

[3] 苏亚娟．职业教育中实践研究性学习的探讨［J］．无锡南洋学院学报，2006（1）．

[4] 周玉芬．从研究性学习的内涵看高职教育如何开展研究性学习［J］．中国高教研究，2005（3）．

[5] 杨剑民．研究性学习在中职室内设计教学中的运用［D］．内蒙古师范大学硕士学位论

文，2008.

［6］王懿，张亦军，王丽萍，杨志杰．在职业教育中倡导和开展研究性学习活动的探索与思考［J］．卫生职业教育，2007（11）.

［7］顾霞．职业学校开展研究性学习的探索与实践［D］．南京师范大学硕士学位论文，2005.

［8］赵明仁，黄显华．西方研究性学习的研究综述［J］．教育理论与实践，2008（13）.

调动中职学生课堂参与积极性的九大策略

黄德汉
（韶关市始兴县中等职业学校　广东　始兴　512500）

摘　要：本文针对当前中职学生课堂参与积极性欠佳的现状，提出课堂教学中应使用引起注意、激发记忆、告知目标、呈现内容、进行引导、强化练习、提供反馈、评估成果、举一反三等九大策略，从而提高学生课堂参与程度，增强课堂教学效果。

关键词：中职教学；课堂参与；策略应用

中职学生入学前对“学一技之长”满怀期待，但入学后由于学习习惯不良、基础知识薄弱等诸多因素，对所学专业的兴趣明显降低，使其课堂学习积极性备受打击。尽管中职教师不断明晰各个专业的发展前景，明晰各门学科的价值所在，在教学中有意识地展现课程的教学内容对学生生涯发展的价值，期望学生对所学专业建立信心，让学生真正意识到学习的价值。然而，学生还是“说了又不听，听了又不懂，不懂又不问，问了又不做，做了又做错，错了又不认，认了又不改，改了又不服，不服又不说”。基于中职学生课堂参与积极性欠佳的现状，笔者意识到最好的教学手段应该是学生最能接受的手段，最好的教学方法应该是最适合学生学习的方法。因此提出中职课堂教学中应使用引起注意、激发记忆、告知目标、呈现内容、进行引导、强化练习、提供反馈、评估成果、举一反三等九大策略，努力提高学生参与课堂的积极性，增强课堂的教学效果。

一、吸引学生注意

注意力是保证课堂效率的重要因素。如果中职学生能够集中精力学习，把所学的知识技能固定于意识之中，他们的注意力越集中，印象就会越深刻，记忆会越牢固，学习效果也会越好。有一项调查表明，学生注意力集中的课，记忆效率和学习效果分别保持在70%和73分左右；对于学习注意力不集中的课，记忆效率和学习效果分别为35%和41分。因此，激发兴趣、引起注意对于学生学习效果的提升起着至关重要的作用。

中职课堂教学要使用多媒体吸引学生注意。多媒体课件中图像、文字、音频、视频等的刺激对学生的吸引力会很大。如果中职课堂上所教的知识毫无意义，缺乏引起学生兴趣的感染力，那么其所引起的注意就会是短暂的。而通过增大强度和对比度，就会激发中职学生对知识的兴趣，就能保证学生注意力的持续性，最终使其产生强烈的求知欲望。比如，电子商务课程教学中的理论内容较为枯燥，如果教师只借助一支粉笔和一块黑板来讲解店铺装修，对于学生来说就会索然无味了。但如果添加信息化元素辅助教学，通过多媒体展现根据不同经营产品而装修的不同风格的店铺，并链接相关网站进行教学，那么学生就会兴趣盎然了。这样，设计店铺的Banner区域，因注意力集中，学生对于图片的选择、店铺信息的安排会更趋向合理，对互动板块的设计也会更科学。

中职课堂教学还要以有趣的事实引起学生的注意。比如，在“PLC”课程教学中，教师通过播放花样喷泉视频，激发学生强烈的兴趣。当学生注意力集中时，就可以引导其进行可编程控制器及其应用的实训。在老师的指导下，学生通过小组合作，进行编程并安装或改装线路，使之实现控制水泵喷水的高度和强度，形成美丽的花样喷泉。当教学引起了学生注意的时候，就可以激发相关记忆了。

二、激发相关记忆

记忆是人脑对经历过的事物的反映。感知过的事物、思考过的问题、体验过的情感、从事过的活动等都会在头脑中留下不同程度的痕迹，有的会在头脑中保持一定的时间，并在一定条件下重现出来，这个过程就是心理学上讲的记忆。记忆包括识记、保持、回忆三个基本过程。

中职课堂教学可通过提问与过去所学相关的知识，使学习内容长期储存在记忆库中。首先让信息进入记忆，学生就会有一个识记的过程。通过激发记忆，信息会在记忆中储存一段时间，有一个保持的过程。再通过激发记忆，信息又会通过回忆从记忆中提取出来。

比如，在“计算机应用基础”五笔字根记忆的教学中，可通过“曹冲称象”的故事，引导学生找到这个故事的称量思想——巨大物体要化整为零。并请同学们找到称量一粒小米的方法，从而找到另一称量思想——微小物体要化零为整。这样，将化整为零和化零为整相结合，激发学生的相关记忆，学生记住并使用字根就轻车熟路了。又如，中职学生对于记忆英语单词颇为头痛，为了短时间内记忆，有些同学会对单词进行任意切分，或者借助汉语拼音进行记忆，只能死记硬背了。事实上，在中职英语教学中，可通过构词法、熟悉词、国际音标等方法激发学生的联想记忆，这样学习效果好的同学就会总结规律，采取一些归纳性的方法帮助记忆，使单词记忆进入良性循环。

当激发了学生的相关记忆时，复习旧知识及学习新内容的衔接就顺畅了。为了学生能够有效地参与课堂学习，教师要告知学生该节课的学习目标。

三、告知学习目标

制定教学目标并告知学生，就是在分析教材内容及分析学生特征的基础上，进一步分析教学内容中的学习结构与学生原有的学习结构之间的差距，从而提出教学过程所要解决的具体问题。这样就确定了教学目标，同时也确立了学生的学习目标。同一学习内容可制定出不同的教学目标，并注意将其有效地转化为学生的学习目标。设计教学目标并在课堂教学中将其有效地转化为学习目标其实是一项带有技巧性的工作。比如，老师要使用教学技巧来推定教学结果；要通过演示概念、规则或步骤所适用的活动来生成学生的智慧技能；要通过描述或演示策略来达到学生认知的目的；要通过描述期盼学生陈述的内容来获取学生的言语信息；要在过后告知学生在课堂学习中应持有什么样的态度；要通过演示所期盼的操作来促进学生动作技能的形成。

告知学生学习目标，便于明晰评估标准，便于明晰该学习的知识，从而提高其学习积极性。当学生清楚学习目标后，就可以呈现学习内容了。

四、呈现学习内容

学生对学习内容本身的兴趣，是推动学生积极主动学习的最实际、最直接的内驱力。因此，呈现学习内容就成了调动中职学生课堂参与积极性的重要策略之一。

呈现学习内容就是使用多媒体辅助教学来解释所要教学的内容，并示范其应用的原理。改善学习内容的呈现方式是当前教育技术的重要目标，合理地呈现学习内容可以优化学习过程和学习资源，并提升中职学生学习的效果。

在传统的课堂教学中，学习内容常常以抽象的文字形式出现，知识点的呈现缺乏直观性，知识点之间的关系不够明确，学生很难把握内在关系复杂的整块知识。因此，要改善不良的学习内容呈现方式，可以通过类聚的方式借助信息化手段展示图表、图形和动态画面等来罗列概念、要素或实例等多个知识点，比如曲线图、柱状图、饼图、流程图、思维导图、组织图、循环图的合理使用等。当学生清楚学习内容并对之产生兴趣时，老师就可以进行学习引导了。

五、进行学习引导

引导是教育的基本方式，是一种自在、自为、自觉的行为。不是谁让谁怎么做、谁按谁的指令办，而是着力促使所有教育者与受教育者积极主动地去学习、去思考、去辨析、去领悟，并通过体验、意会达到把握教育真谛的目的。

对中职学生进行学习引导，是使学生主动地奋进，而不是被动地驱赶。在进行学习引导时，要注意使用图像解释抽象化概念，或引用例子佐证概念，或引用个案说明应用原则。这样，学生才会从“要我学”变成“我要学”，从“不会学”变成“我能学”，并进入“我在学”的状态中。合理的引导会促使学生积极参与理论学习以及实操训练，因此，引发强化训练是必要的。

六、引发强化练习

中职学生的学习容易出现“一听就懂，一放就忘”的情况，因此需要通过强化练习来巩固其所学知识和技能。当然强化练习并不等同于题海战术，一味地增加量的训练是不科学的。对于中职学生来说，强化练习是要确认学生学习的正确度，通过重复正确的行为以增强其学习效果。

设计课堂练习是为了巩固教学成果，锻炼学生技能，深化教学内涵。强化练习不是强人所难，因此练习的安排要注意适度；内容设定要注意深入浅出，便于学生理解记忆，并贯穿教学的整个过程；训练形式要紧扣学生实际，侧重实践探究；并且要通过正反处理，拓宽学生思路，挖掘学生潜能，达到培养学生综合技能的目的。当然，引发强化练习后，要对其练习效果提供及时的反馈。

七、提供及时反馈

教师反馈对学生修正错误有积极的影响。教师反馈一般有肯定和否定反馈、强化和惩罚反馈、有意和无意反馈、评价和非评价反馈、言语和非言语反馈以及纠正性反馈。教师反馈可以帮助学生及时了解学习过程中出现的问题、不足并对其失误进行提示，也可以通过教师积极肯定的反馈，使学生获得心理上的满足。积极肯定的反馈有助于增强中职学生学习的信心和动机，消极否定的反馈可能会引起学生某种程度的焦虑和沮丧。因此要教育学生正确对待负面和否定性的反馈，这样才能更好地激发学生的学习动力，提高学习效率。

同时，反馈又具有双向性，因此要注意及时反馈和有针对性地反馈。中职教师在进行信息反馈的同时也要根据学生对教学内容的理解和接受程度从中获取反馈信息，并在此基础上对自己的教学进行科学的调整和改进。中职课堂中往往会有一些不可预估的精彩，因此，学习之后要进行成果评估。

八、评估学习成果

中职学生学习成果评估以目标为驱动、以经验为基础、以改善为导向，是调动学生学习兴趣、培养学习能力的必要手段。实施课堂教学前，首先要明确学习的目标，并结合学生的实际情况来确定难度，比如，一般设置成功的指标为80%至90%的正确率。

要注意从多维角度帮助学生获得理想的学习成果，让学生在无任何辅助的情况下能独立达到学习目标，成功地完成某一项目，并能展现所学的专业知识和专业技能，从而提升中职学生的综合能力。比如让学生通过竞赛方式、表演方式、辩论方式、图形展示、材料展示、作品展示等方式进行学习成果评估。在多元评估方式中让学生不断体验成功，形成正能量的驱动力，还可以通过举一反三让中职学生的学习积极性得以保持。

九、学会举一反三

“举一反三”是孔子提出的“启发式”教学思想，其实就是让学生灵活地思考，在学习了一项技能后，能将其运用到其他相类似的实践中。一直以来，我们都反对“填鸭式”“满堂灌”的教学模式。学生若能够在充分进行独立思考的基础上举一反三，老师再进行启发、开导，这就符合教学的基本规律。在中职课堂教学中，教师若注意在教学情境创设、教学内容安排、教学活动组织、技能训练作业等方面引导学生举一反三，会使学生学会学习、提高认知、深化思维、学以致用。这样，学生就能在实际工作环境中将所学知识应用其中。

综上所述，中职课堂要提高学生参与教学的积极性，应该引起学生注意、激发相关记忆、告知学习目标、呈现学习内容、进行学习引导、引发强化练习、提供及时反馈、评估学习成果、学会举一反三，这样才能进一步增强课堂教学效果。

参考文献

[1] 陈桦. 儿童英语词汇记忆策略及相关变量研究 [J]. 基础英语教育, 2007 (4).

[2] 陈夏云. 高中生物课堂教学中几种记忆策略的比较研究 [D]. 南京师范大学硕士学位论文, 2014.

[3] 刘旭亮. 大学英语口语课堂教师反馈策略调查研究 [J]. 河北广播电视大学学报, 2011 (6).

[4] 马彦利, 胡寿平, 崔立敏. 当今美国高等教育质量评估的焦点: 学生学习成果评估 [J]. 复旦教育论坛, 2012, 10 (4).

[5] 彭维文. 增强广告效果的策略——谈引起注意 [J]. 广东机械学院学报, 1995, 13 (2).

[6] 邱杨, 高荣国. 以知识可视化表征改善学习内容的呈现 [J]. 江苏教育学院学报 (自然科学版), 2007, 24 (4).

[7] 尚海, 王欧. 在生物教学中以探究激发兴趣　引起注意　保持记忆 [J]. 云南教育 · 继续教育, 2006 (12).

[8] 由布西. 掌握学习的有效手段——强化练习法介绍 [J]. 医学教育, 1990 (1).

[9] 尹雄杰, 张淑华. 物理教学中要告知学生学习目标 [J]. 物理通报, 2003 (6).

[10] 张俭福. 自控式学习的引导策略 [J]. 中小学管理, 2000 (5).

微课改变中职课堂教学结构

张玉茹
（肇庆市农业学校　广东　肇庆　526070）

摘　要：随着信息技术和移动设备的快速发展，传统的课堂教学结构也发生了很大的变化，特别是教学结构的组成部分——教学媒体的改变。为了适应这种变化，在现代教育中引入“微课”是必要的。本校的实践证明，利用微课可以优化课堂教学结构、增强学生的动手动脑能力、减轻学生负担、促使师生关系和谐发展，从而提高学习效率。

关键词：微课；课堂教学结构；中职课堂

引　言

课堂教学结构是在一定的教育思想的指导下为完成一定的教学目标，对构成教学的诸因素在时间、空间方面进行设计的较稳定的、简化的组合方式及活动程序。课堂教学结构由教师、学习者、教材（教学内容）和教学媒体四大部分组成。课堂教学结构不是一成不变的，为了更有效地实现教学目标，可以通过改变课堂教学结构的组成部分来优化课堂教学结构。微课这个新型教学媒体的引入和运用，很大程度上改变了中职学校的课堂教学结构，使传统的课堂在时间和空间上得到了延伸。

一、传统课堂教学结构

传统的课堂教学结构主要表现为“教师—教学媒体（黑板、粉笔、书本）—教学内容—学生”单向互动模式或消极、低效的双向互动模式。单向互动教学结构完全以“教”为中心，以传授知识为目的，灌输教学内容，强化教师的课堂权威地位和技能训练，学生学习的主动性、主体性被忽视，师生间缺少互动与对话。师生之间的互动和反馈，主要通过提问的方式使学生参与到课堂中来，然而通过对课堂的观察研究可以发现，许多教师提出的问题主要是知识的复述或者简单的是非判断，其实质内容经不起推敲，教师的提问是低效甚至无效的，学生的回答体现不出理解的程度，甚至是机械地照搬教材。学生的主体地位被弱化，教师与学生关系从一定意义上说是一种知识的依附关系，如图 1 所示的便是传统的课堂结构要素和相互关系，在图 1 中的教学媒介主要是黑板、粉笔和传统的纸质课本。教师通过教学媒介传授知识，而学生被动地接受知识。

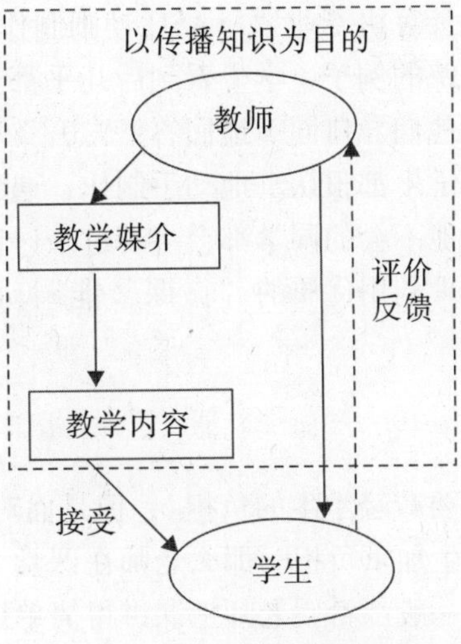

图 1　传统课堂教学结构要素及相互关系

二、“微课”改变传统课堂教学结构

由于多媒体技术和移动设备的不断发展，以视频为主要载体的“微课”应运而生。“微课”在教学中的应用得到教师、学生乃至各方面的认同，课堂上合理地利用“微课”进行教学能大大地优化课堂教学结构，开发学生智力，减轻学生负担，促使师生关系的和谐发展，从而提高学习效率。同时，这也能给传统课堂教学结构要素及其相互关系带来很大的改变。

（一）优化课堂教学结构

采用“微课”辅助教学能优化课堂气氛，优化教学内容，优化教学活动，从而达到优化课堂的教学结构，提高师生的课堂效率。如园林专业的“植物保护”这门课程通过利用“微课”辅助教学，在大屏幕投影下，播放鸟语花香、绿树成荫的画面，教师适时地提问学生各种不同植物的名称，然后镜头突然转至植被遭受破坏，自然灾害、环境污染对植物生长造成很大的威胁，甚至引起物种灭绝的画面。通过这些视频的播放适时地要求学生对这些现象发表议论，使学生意识到保护植物的重要性。优美的“微课”能将书本上枯燥的文字转化成动态形象，给学生以直观的认知，使学生在观看“微课”学习的同时，充分发挥自己的积极性，主动思考，大胆发言，从而更好地掌握知识。“微课”能活跃课堂气氛，提高学生的兴趣，大大地提高了课堂的学习效率。

（二）增强学生动手能力

传统的教育思想和课堂教学模式，在教和学的关系上，强调以教师为中心，忽视了学生主体作用的发挥；在教学要求上，重视知识教授，轻视学生动手，培养出来的学生综合能力较低，缺乏动手操作能力，不适应现代社会的需要，而中职学生动手能力的强弱直接影响其就业。因此如何去激发学生的学习兴趣，激发他们亲自动手制作的热情，是上好每一节课的关键。

“微课”制作通常会综合图片、色彩、声音和视频的处理，上课的时候合理利用，能激起学生动手制作的兴趣。如计算机专业“FLASH动画制作与设计”课程，利用“微课”展示动画，给学生演示鼠标跟踪的例子，学生看到后几乎都会说：“好漂亮啊！”然后问他们想不想制作出更好的动画，他们异口同声地回答：“想。”这样就大大激发了他们学习的兴趣和热情。到了上机操作，学生都很认真地动手制作，遇到不懂之处也会主动地请教老师，而且请教老师的时候，其他不会的同学都会主动过来讨论和观看老师操作，这样上课就取得了很好的效果。因此合理利用优质的“微课”能调动学生学习的主动性和积极性，能增强学生的动手动脑能力。

（三）减轻学生的负担

教学专家整天都在呼吁“要减轻学生的负担”，但是面对未来的升学压力和就业压力，家长和老师又会很自然地给学生加重负担。那么老师在课堂上如何做才能既减轻学生的负担又使学生掌握知识呢？学生一般都希望老师把课讲得简单形象而又能很好地把重点难点讲解清楚。而老师希望在有限的课堂时间里，把知识传授给学生，让学生能很好地理解和识记。利用“微课”在一定程度上能解决这些问题。如在讲授“计算机专业英语”这门课程时，因为大部分中职学生的英语基础比较差，如果单一用传统的教学方法，通常是刚教完单词，马上又忘记了，让他们去理解文章内容就更是难以办到。然而提前把“微课”发给学生，让学生在课余时间里，把“微课”多观看几遍，待到上课的时候，学生对生单词就有了熟悉的感觉。不过“微课”一定要做得精彩，将单词和图片结合起来，通过形象的描述和动态效果的展现，学生能很好地掌握单词，而且还能延伸到其他相关的单词。比如“键盘”的英文是“keyboard”，学生看到了屏幕上的键盘图片就会说“keyboard”，然后他们又会主动地问：“鼠标的单词是什么啊?”，这样学生能在轻松愉快的环境中学习到新的单词和词组，他们的学习就会由被动变成主动。通过“微课”的应用能有效发挥学生的主体、教师的主导作用，将计算机专业英语的单词形象化，加快学生对知识的理解与识记，从而在课堂上减轻学生负担。

（四）促使师生关系的和谐发展

在中职学校上好每节主题班会课，是班主任综合能力的体现，但学生大多数都不喜欢上班会课。传统的班会课几乎都是班主任在台上传达学校的通知或者落实任务，导致学生对班会课不感兴趣，来上班会课也只是为了应付班主任或者应付考勤。利用微课来展示班会课的主题，大大激发学生的兴趣。通过生动的视频、悦耳的音乐、恰当的动画，使学生踊跃地参与到班会课中，调动他们的积极性。教师在充分发挥主导作用的同时，适当地让学生成为课堂的主人，使学生由被动接受变为主动参与，师生能更好地交流，在和谐愉快的气氛中共同完成主题班会。通过微课的交互作用，老师能更好地把班会的主要精神传递下去并将任务落实，学生也能愉快接受，构成双向和谐发展。

如“八荣八耻”的主题班会课，班主任可以提前到课堂播放“八荣八耻”歌曲营造气氛，让学生慢慢地进入角色，上课之后要求学生跟着唱“八荣八耻”的歌曲，这样学生对“八荣八耻”的内容有了一定的认识，然后播放一些相关的小片段，让学生讨论什么是光荣的行为，什么是羞耻的行为，最后联系生活实际指出哪些行为光荣，哪些行为可耻，并且讨论遇到这些现象时应该怎么做。这样，一节班会课下来，几乎所有的学生都能参与其中，大胆说出自己的意见，连平时不爱说话的同学也在大家的讨论中大胆发言。老师也可针对一些发言的内容作出评论，适当引导学生。在班会课快结束的时候，班主任做总结，然后大家再次跟着唱“八荣八耻”的歌曲结束这次班会。通过这种方式把整节班会课建立在师生双边互动的基础上，促使师生关系的和谐发展。

（五）提高学习效率

随着社会的发展，其对人才的素质提出了新的要求，要适应当前教育教学改革的新形势，提高课堂教学效率，必须采用现代教育教学模式，加强师生合作教学。“微课”已成为现代教学的一个重要部分，恰当地利用这一媒体辅助教学，是我们现代教师应用教育技术的重要任务。

通过跟学生的聊天，我了解到大部分中职学生都不喜欢上“政治与经济”“职业道德”“哲学”等道德教育课程。其原因几乎都是课程内容枯燥，没有意思，对以后工作没有什么用处等，但是这些课程是必修课。笔者上过“政治与经济”这门课程，如果只用传统的教学模式，无论备课花多大的力气，学生的兴趣都只是乏乏。但是利用“微课”辅助教学，能很好地提高学生的兴趣。通过对书本内容的了解，将其制作成“微课”，教师通过“微课”，将枯燥的定义和抽象的概念，转化成形象而生动的视频，提高教师的教学效率。“微课”生动的界面和交互性环境通常能给学生创造一个生动、有趣的学习环境，有助于提高学生的学习兴趣和学习积极性；更有便于学生走进现实生活中难以实现的特殊环境，体验和经历那些平日无法实现或难以实现的事物物理变化的过程，从而提高学习效率。

三、结语

微课在一定程度上能提高师生的课堂效率，但是上课不能仅仅依靠微课。要在课堂上起到事半功倍的效果，教师还要把自己、学生和微课综合起来，发挥各自的优势。这样才有利于发挥教师的主观能动性，才能充分调动学生自主学习的积极性，发挥学生的主体作用，从而达到提高课堂学习效率的目的。

参考文献

［1］高丹丹．未来课堂的教学结构探究［J］．现代远距离教育，2012（2）．

［2］赵拴科，杨宏．从教学实际看多媒体英语教学［M］．外语电化教学．北京：清华大学出版社，1999.

［3］赵慧芳．浅谈多媒体在中职教学中的运用［J］．上海教育，1999（9）．

［4］李冬梅．中职英语教学中多媒体课件运用的思考［J］．中学教学参考，2010（31）．

［5］庄智象，黄卫，王乐．我国多媒体外语教学的现状与展望［J］．外语电化教学，2007（1）．

［6］毕玉敏．试论多媒体技术在英语课堂教学中的应用［J］．广东教学研究，1998（6）．

以参与式教学的思路构建高效课堂

——中等职业学校课堂教学改革与创新

罗　晓

（信宜市职业技术学校　广东　信宜　525300）

摘　要：新课程教学改革已经推行多年，但是中职学校课堂教学仍然面临着无效教学、低效教学的困境。如何提高课堂教学的效率，是当前中等职业学校课堂教学改革迫切需要解决的难题。本文以“推销技能实训”这门课程为例，以参与式教学的思路，对中职学校课堂教学改革与创新进行积极的探索。

关键词：有效教学；参与式教学；自主学习；以学生为中心

苏霍姆林斯基说过：“如果学生在掌握知识的道路上，没有迈出哪怕是小小的一步，那对他来说，这是一堂无益的课。无效的劳动是每个教师和学生都面临的最大的潜在危险。”传统的教学模式强调教师的“教”，认为课堂的主动权掌握在教师身上，教师根据预先设定的进度进行教学，注重知识的传播，忽视了学生的“学”。事实上，知识讲授的多少与学生接收的多少并不对等。教师首先要进行有效教学①。所谓“有效”，主要是指通过教师一段时间的教学后，学生所获得的具体进步或发展。教学有没有效益，并不是指教了多少知识、教得如何，而是指学生学了多少、学得怎样。如果学生不想学，或者学了没有收获，教师教得再辛苦也只是无效教学。同样，如果学生学得很辛苦，但没有得到应有的发展，也是无效或低效教学。因此，学生有无进步或发展是教学有没有效益的唯一指标。在有效教学的基础上，才能追求高效课堂。高效课堂是有效课堂的最高境界。提高学生的参与度，是高效课堂的基础。

一、参与式教学的思路

参与式教学是指全体师生共同建立民主、和谐、热烈的教学氛围，让不同层次的学生都拥有参与和发展机会的有效学习方式，是一种合作式或协作式教学法。

学生是学习的主体，充分调动学生的积极性，引导他们自主学习②，教学就能获得比较好的效果。以参与式教学的思路贯穿课堂教学，借助教学任务这条线索，以学生的自主学习为主体，让课堂教学向课前、课后延伸扩展。在参与式教学的思路下，学生在课前进行预习、任务准备、小组讨论、演习；课堂上进行学习成果的展示、评价、总结；课后通过实践对学习成果进行检验。

---

①　有效教学：就是在符合时代和个体积极价值建构的前提下其效率在一定时空内不低于平均水准的教学。

②　自主学习：是与传统的接受学习相对应的一种现代化学习方式，以学生作为学习的主体，通过学生独立的分析、探索、实践、质疑、创造等方法来实现学习目标。

二、课堂教学的改革与创新

中职学生的厌学情绪是无效教学、低效教学的主要原因。对于不想学习的学生，无论教师再怎么努力地教，效果也是差强人意。教师首先要做的是让学生爱上学习。

（一）课堂教学的改革

下文以“推销技能实训”这门课程为例，以参与式教学的思路，从教学设计、教学环节、教学方法、教学管理、教学评价这五个方面对课堂教学改革进行探讨。

1. 教学设计改革

格罗（G. Grow）提出：学生对某一学科的学习会经历“依赖、产生兴趣、积极参与和自导学习”四个阶段。与之对应，教学设计可分为“学生依赖—教师主导”“学生参与—教师引导”“学生主导—教师促进”“学生自导—教师服务”四种模式。教学模式要循序渐进，逐步提高学生的参与性，将课堂的主体地位让渡给学生，教师作为教学设计者，主要职责是解答疑惑。

教学设计改革是指在进行教学设计时要针对学生的情况进行分析，根据学生所处阶段，采用不同的教学模式。中职学校的一年级学生属于“学生依赖—教师主导”阶段，教师要注重学生“学习兴趣”“学习能力”的培养，即“授之以渔”。所以，面对一年级学生，在教学设计上要逐步向“学生参与—教师引导”的模式进行过渡。接着，根据学生的参与程度、学习情况，再逐步转向“学生主导—教师促进”的模式。这时，在特定的学习任务下，学生已经能够较好地驾驭自主学习的方法和进度，课堂的主导地位已经让渡给学生。“学生自导—教师服务”是参与式教学的最高级别，对师生的要求都非常高，教师可结合实际情况进行分析。

“推销技能实训”的课程特色是通过训练习得技能，授课对象是二年级学生，适用“学生主导—教师促进”模式。进行教学设计时，既要考虑到符合新课程标准提出的课堂教学三维目标①，又要考虑将教学内容与当地企业情况接轨。与当地企业合作，按其业务类型设计教学任务，这样能为教学提供实践的场所，教学成果能通过实践检验，效果更佳。比如，我校与当地某家具城有合作，推销的产品可定位为家具产品。同时也要注意训练学生“举一反三”的能力，不能局限于某种特定的产品。

2. 教学环节改革

课堂教学一般包括：新课导入、设定目标、课内探究学习、练习反馈、作业布置这几个环节。在中职学校，专业课程的教学内容较多，课堂时间有限，如果在课堂上完成所有的教学环节，留给学生练习的时间就非常有限。像“推销”这种以训练为主要技能习得方式的学科，传统的教学方式显然不合适。

以高效课堂为出发点，笔者认为可通过将教学环节进行前推、后移，课堂主要用于学生学习成果的展示、评价反馈。具体来说，包括三个阶段：第一阶段，将全班学生分成不同的学习小组，运用班级博客、QQ 群等方式，提前将新课内容、教学目标、任务书、评价标准传递给学生，鼓励学生通过各种资源、方法进行学习，并提前练习、讨论；第二阶

① 课堂教学三维目标：知识与技能、过程与方法、情感态度与价值观。

段，在课堂上，学生展示学习成果，相关知识的总结、提炼、评价与反馈，并将作业布置下去；第三阶段，课堂的拓展，主要以学生的作业、实践为主，通过班级博客、QQ 群、实习报告等方式进行检验。这样，既可以解决课堂时间有限的问题，又可以最大限度地调动学生的学习热情，提高学习效率。

3. 教学方法改革

根据学习金字塔理论①，团队学习、主动学习和参与式学习的学习效果在 50% 以上。教学方法改革是指运用参与式教学法，强调以学生为中心。

“参与式教学法”是与传统教学法不同，在教学过程中强调学生是主体，教师是引导。在教师的引导下，调动学生的积极性，鼓励学生通过小组讨论、团队协作等方式来解决问题、进行学习，强调培养学生独立学习的能力。

“参与式教学法”并不是指某一特定的教学方法，而是对一种类型教学方法的总体概括。教师要分析学科和学生的特点，选择合适的方法，也可根据具体情况将不同方法配合使用。适合“推销技能实训”的这门课程的教学方法是“任务驱动型”，同时以“小组合作学习”法贯穿整个教学过程，其中穿插使用的教学法还有“案例法”等。总之，以学生的高度参与为前提，结合教学任务的内容，可以综合运用各种参与式教学法开展教学。

4. 教学管理改革

课堂教学管理是指对课堂教学的引导和控制。以学生为中心，教师放手让学生进行自主学习，但并不是“撒手不管”，教师要了解学生的学习情况、进度，并参与其中，在必要时候提供引导或帮助。承接上述提出的教学环节的延伸，教师课堂教学管理的范围也要相应地进行扩展。教学管理改革包括：管理时间的扩展（课前任务的布置以及课后实践的监督、指引、反馈）、管理手段的多样化（包括面对面交流、多种网络交流手段）。根据“90 后”学生的特点，利用网络的手段更有利于交流。教师通过建立网络虚拟空间，供师生进行学习、交流、讨论，分享学习的成果。通过这种方式，学生会感觉学习的时间、空间更灵活了，自己更容易把握。

5. 教学评价改革

不同的学生存在不同的认知水平、学习能力和个人素质。教学要“因材施教”，在评价上面也应该关注学生的个体发展，不能搞“一刀切”。为每个学生建立“学习档案”，将学生在各个教学任务上的表现，一一记录在档案中，从而形成针对学生个体的动态评价。“学习档案”由学生本人、学习小组成员、学习小组长和教师共同填写。这样做的好处有：对于教师来说，分析学生的个体情况，能提出更有针对性的学习建议，评价更具客观性，做到因材施教；就学生自身而言，清楚自己的问题所在，学习的目标性更强，适合制定出阶段性的目标。

如“推销技能实训”，根据学生的基础大致可分为 A、B、C 类。不同层次的学生在小组学习里发挥的作用各有不同，对他们的要求也有差别：对于 A 类的学生，对他们的要求最高，除了完成自己的学习任务，还要负责统筹、组织小组学生，帮助小组成员完成学习任务；C 类学生在其他同学的帮助下水平逐步提升。高效的教学评价机制应该是这样的，即帮助学生认清自身情况、肯定他们的进步，使他们能最大程度地发挥个人的潜能。

---

① 学习金字塔理论：是一种现代学习方式的理论，1946 年由美国学者、著名的学习专家爱德加·戴尔发现并提出。它用数字形式形象显示了：采用不同的学习方式，学习者在两周以后还能记住多少内容（平均学习保持率）。

（二）教师观念的创新

教师观念创新主要包括以下两个方面：

（1）教师也是学生。

科技日新月异，知识更新换代的速度非常快，教师要不断学习，更新知识库，与学生一同成长。作为中职学校的教师，除了授业解惑，教师还是学生进入某一专业领域的开门人、引路人。教师不应该只局限于自己所任教的某一科目，应该帮助学生去了解行业的情况、发展趋势、最新动态等。所以，教师在平时要注意学习、积累，为课堂教学注入“新鲜血液”。

（2）教师要做“年轻人”。

年轻是一种心态，与年龄无关。“年轻人”有以下特征：对新事物保持一种开放、包容的态度，不断学习，充满活力。让教学成为“年轻人”与年轻人之间的交流，让思想的沟通更畅行无阻。

三、高效课堂的构想

让我们来想象这样的一节课：“上课铃声响起，教师面带微笑地走进课堂，学生早已将教室摆放成一个舞台，跃跃欲试。本节课的任务是向客人推销手机，学生在课前已经做好充分准备，并且经过多次演练，各个学习小组将派出最优秀的代表在课堂上进行展示，他们深信自己的表现一定会得到教师和其他同学的肯定。结合学生的表现，各个小组给出诚恳的评价和建议，最后由教师将其中的知识和技巧进行总结。下课铃声响起，课堂仍未结束，同学们将自己的体会记录下来，在课后继续探讨。当他们遇到问题时，可以选择与其他同学讨论或者是通过各种方式向老师提出，也可以通过实践来进行检验……”这无疑就是我们理想中的高效课堂。真正的学习不是被动灌输，而是主动寻求。构建高效课堂教学的关键在于最大限度地提高学生的参与度，把课堂交给学生。

以学生为中心，运用参与式教学的思路对传统课堂教学进行改革和创新，对教师本身提出了极高的要求，同时，课堂教学也充满“不可预知性”。对待“不可预知性”的方法只有一个——“以万变应万变”。通过课堂教学改革和创新，教师在教学的成长道路上哪怕只是迈出了小小的一步，也是很有价值的。坚持学习、交流，相信我们会逐步发现更多宝贵的经验。

参考文献

［1］钟启泉，崔允漷，张华．为了中华民族的复兴，为了每位学生的发展——《基础教育课程改革纲要（试行）》解读［M］．广州：华东师范大学出版社，2001.

［2］许崇文．“有效教学”的理念与实施策略［J］．当代教育科学，2011（4）.

［3］张勍．以学生为中心：教学分析及案例［M］．北京：北京出版社，2009.

以就业为导向，工学结合为契机

——浅谈中职学校酒店英语教学改革与研究

田雪琴

（惠州商贸旅游高级职业技术学校　广东　惠州　516001）

摘　要：中等职业教育是为社会经济发展提供基础性技能型人才的重要阵地，是我国教育体系的重要组成部分。面对日益严峻的就业形势和日趋激烈的就业竞争，中职学校在不断探索新的途径，积极加强倡导产教融合、校企合作、工学结合。中职学校要以教育教学改革创新为动力，进而促进中职学校发展。在这样的背景下，中职学校酒店英语专业在教学改革方面有了很大的改进，并且有一些积极的研究与对策。

关键词：就业；中职；酒店英语；教学；改革与研究

随着社会的不断改革和发展，中国的旅游业也得到了迅速发展，酒店作为朝阳服务行业跟上了当今世界的脚步。酒店所涉及的人员多元化，这也意味着酒店要求从业人员在服务过程中具备良好的涉外语言能力，特别是英语，它作为国际通用的语言显得尤为重要。在酒店服务考核的过程中，能够流利地与客人沟通也是一项重要的考核指标。

中职学校开设酒店英语的课程和学生在学校课堂所学的专业知识已经不能满足行业需求，这对就业形势很不利，这就要求中职学校必须加快酒店英语专业教学改革，与企业建立良好的合作关系，这样不仅有利于学生的专业学习，更有利于解决学生的就业问题。通过这些年的英语教学，本人积累了一些教学上的经验，在处理教学问题上也有一些相应的对策。

一、加强模拟实践教学，增强学生的应用能力

中职学校酒店英语专业实用性非常强，要求必须在教学上着眼于学生应用能力的培养，这就需要在教学上实施“课堂实践教学—模拟实训基地—工学结合”的方法。通过制订一系列的教学计划，使学生在实践运用能力方面能够得到快速提高。

课堂教学是有目标、有计划、有组织的活动。同时，课堂教学的情境又是复杂多变的，要处理好课堂教学的预设与生成关系，寻找平衡点，顾及课堂上师生共同活动中促进学生发展的各种方式，这些都需要教师具有教育的智慧。通过教与学，使学生掌握知识和技能，发展智力，形成态度和相应的品质。如何开展酒店英语课堂教学，这就需要专业老师花更多的时间在备课方面，尤其是准备教材和了解学生情况。

1．分析教材

酒店英语分为前台岗位模块、餐饮岗位模块、客房岗位模块和购物与娱乐中心模块。前台岗位包括：迎宾、接待/入住登记、外币兑换、结账退房、处理顾客投诉；餐饮岗位包括：订餐、迎客、点菜、结账、投诉等；客房岗位包括：前台服务、整理房间服务、房

间服务（包括做晚床服务、洗衣服务）、处理顾客投诉等；购物与娱乐中心岗位包括购物、娱乐中心、美容、美发等，教师需要整理好每个模块内容的重难点（包括单词和句型）和需要强化的部分，而需要强化的内容就是学生在课堂上需要掌握和训练的。

以客房预订（Room Reservation）为例：首先，教师在备课时注意归纳出客房的基本类型有哪些，让学生查资料得出结论。其次，总结出客房预订模块的重难点，主要是重点单词和句型，尤其是对话中的精选句型。最后，编写一些相关情境的对话由学生进行操练。

2. 分析学生

教师一定要了解本班的学生，尤其是学生的学习状况和学习态度。老师要调动课堂的气氛就必须改进教学方法，提高教学能力。教师可以安排由活跃的学生带动不活跃的学生，成绩好的学生带动成绩差的学生。教师布置任务由学生分组完成，营造学习氛围。教师在教学过程中，要把握学生对知识掌握的程度，根据不同班级不同学生对知识掌握的程度做适当的调整。需要的时候要在班上做一些调查，询问学生对知识点是否已经掌握，这是很重要的。因为如果学生前面的知识没有搞清楚，学到最后会容易出现懈怠或厌学的现象，这样不利于教师的教学和学生的学习。因此，分析学生的学习状况和学习态度是非常必要的。

3. 设计教学

课堂上主要安排以听说为主的训练，采用项目教学法和情境模拟教学法。

（1）项目教学法（Project-based Pedagogy）是指通过实施一个完整的项目进行教学活动的方法。教师围绕前台服务、餐饮服务、客房服务和购物与娱乐中心，亲自指导学生处理每一个项目的全过程，在这一过程中学生学习掌握教学计划内的教学内容。教师分配教学任务，由学生全部或部分独立组织、安排学习行为，并且解决项目中遇到的问题和困难。

以前台（Front Desk）迎宾为例：教师在项目教学法处理上可以是教师分配如何迎宾的教学任务，由学生分组查资料、讨论完成后进行演练。在演练过程中，教师和学生都可以扮演客人，让迎宾服务员即兴回答不同的问题，这样可以让学生在体验中克服心理障碍，变得更加自信，同时也增强学生酒店英语学习的时效性。

项目教学法不仅锻炼了学生的英语听说能力，而且提高了学生的兴趣，自然能调动学生学习的积极性。

（2）情境模拟教学法：教师通过设计一些场景并对场景的内容详细讲解，然后由学生在规定的时间内完成布置的内容。

以餐饮（Food and Beverage Department）为例：主题是在中餐厅（At a Chinese Restaurant）。

教师要求学生分组设计的环节是：

①设计有标志中餐厅的招牌、场景布置、人员安排（服务员与客人）、菜单等。

②教师设计不同的场景给学生，由学生们自己围绕主题和重点句型编写对话，然后进行排练。

③分组完成教师布置的任务，教师对学生们在完成情境环节中的优缺点作出评价，再由学生改进他们的对话和表演。

以客房部（Housekeeping Department）为例：主题是处理顾客投诉（Settling Guests'

Complaints）。

①教师在学生设计前讲解酒店处理顾客抱怨的重要性，如何处理顾客的抱怨，出现顾客抱怨的环节主要有哪些等。通过教师的讲解，学生才能认识到处理客户抱怨的重要性以及如何应对顾客的抱怨。

②教师设计顾客抱怨的不同场景给学生，由学生们根据实际情境来设计内容、对话，然后进行排练。

③分组完成教师布置的任务，教师对学生们在完成情境环节中的优缺点作出评价，再由学生改进他们的对话和表演。

通过情境模拟法，学生对学习的内容有了比较深刻的印象和了解，这样有利于激发学生学习的积极性和主动性。

二、利用模拟实训基地，开展模拟实践活动

目前很多中职学校为酒店专业建立了模拟实训室，模拟实训室为学生开展教学实践活动提供了有利场所。教师在教学上要合理运用这个实训基地，这样可以增强学生的英语听说能力，同时也让学生对自己的专业有比较深刻的认识。

开展实训基地活动要按照项目教学法和情境模拟法进行，从课堂的模拟操作到实训室的实际操作来完成每个项目的内容，让学生能够在操作中很好地运用英语。

以客房做晚床服务（Turn-down Service）为例：在实训室进行晚床服务的实操训练。

①教师指导学生如何做晚床服务，以规范的动作教会学生如何铺床、如何为客人营造舒适的入睡环境（为客人拉开床罩、调好床灯、拉好窗帘等）。

②教师设计做晚床服务的不同场景给学生，由学生们根据实际情境环节来设计内容、对话，然后进行排练。

③分组完成教师布置的任务，教师对学生们在完成情境环节中的优缺点作出评价，再由学生改进他们的对话和表演。

三、积极开展工学结合，提高英语交际能力

以就业为导向，工学结合为契机是中职学校酒店英语专业教学的一大改革，也是中职学校进行专业对口的选择。它在真正意义上让学生学习和领会酒店英语所涉及的内涵。中职学校会选择一些四星级或五星级酒店让学生去实践，我们学校会与康帝酒店、凯宾斯基酒店等高级酒店合作，进行“订单式”培养。学生在学校通过一年多的专业学习，再到酒店进行二至四个月的工学结合实践，这是专业教学的一大突破。学生可以真正意义上使用英语，在真实的场合和部门进行英语交际，使学生的英语专业能力和专业技能有了较大的提高和突破。而带队的教师也会与学生一起在酒店工作，参与酒店一些日常事务，这样也有助于教师对企业需要的员工类型有一定的了解，从而改进教学方法和提高教学能力。

以工学结合为例：教师会带一批学生到星级酒店进行工学结合实践。在教师安排的工学结合过程中，酒店管理人员每周会安排课程培训学生，对他们培训酒店各个部门的操作过程，还会培训学生如何与顾客打交道，如何使用日常英语口语，应注意哪些礼仪礼节，如何处理顾客抱怨等。通过一段时间的培训，教师会根据学生的特点安排他们在不同的部

门工作，如：性格外向、英语口语较好的学生可以安排在前台接待、餐饮、购物与娱乐中心等岗位。这样学生接触外宾、使用英语的机会多，通过一段时间的磨合与锻炼，这些学生会比之前更加自信，而且会比较容易进入工作氛围；性格较内向，英语口语一般的学生可以安排在客房。因为这些岗位使用口语的频率会比较少，口语的模式比较固定。对于基础一般的学生会比较容易掌握顾客的需求，这样也可以提高这些学生的自信心；教师也会根据学生的意愿安排他们到理想的部门工作，这样也会让他们在其部门快乐、安心地工作，不会有抵触和反感的情绪。因为根据以往的经验，学生在见习过程中会遇到很多问题。在酒店工作是比较辛苦和忙碌的，学生年龄偏小，心智都还不是很成熟，所以当他们遇到困难的时候，教师一定要做好学生的心理工作，积极引导他们克服困难，坚持在岗位上做好本职工作，不退缩，学会吃苦耐劳。只有这样，学生才能比较顺利地完成本次工学结合的任务。

通过几个月的工学结合实践，学生们在与外国客人的交往过程中，英语口语运用能力和酒店专业能力方面都有了较大的提高，学生在真实的场合下运用英语也是中职学校教学改革的一大突破。

四、积极编写校本教材，提升教育教学能力

1. *教材编写应以学生为本*

编写教材的过程是教师更加透彻了解学生能力的过程。教师们通过多年的教学经验，组成互助合作的编写团队，以学生为本，围绕中职学生在学习上遇到的困难对教材进行改革和突破。这些年，教师们在中职学校酒店英语专业方面积极主动开发和编写校本教材，目的就是编写更适合中职学生的酒店英语教材。教师互助合作是校本研究的标志和灵魂，在一个教师群体当中，能够有不同的思想、观念、教学模式、教学方法的交流与冲突，是非常宝贵的。

2. *教材编写提升教师教育教学能力*

编写教材的过程也是提升教师教育教学能力的过程。教师们会根据学生的特点，与企业专业人士对接，对教材的章节、重难点把握得更加透彻，编写更适合中职学生学习的教材。教师在编写的过程中也提升了自身的专业技术能力，这样有利于提高中职学校的整体办学质量和办学能力。

21 世纪以来，我国的旅游业持续不断地发展，入境旅游的人数在逐年增加，促使酒店行业不断地改进企业管理。酒店行业不仅需要高素质的高级管理人员，更要一大批懂英语的、在第一线操作层面的技能型人才。而中职学生也是受酒店行业青睐的技能型人才，因此中职学校教师在酒店英语教学方面一直在不断地跟上时代的步伐，从而使中职学生能够更快更好地就业，同时也为企业输送更多的优质人才。

参考文献

［1］刘云燕，王景．新课程热点问题探究与校本学习［M］．北京：中国轻工业出版社，2006.

［2］肖璇．酒店职业英语［M］．广州：广东旅游出版社，2009.

［3］黎奇．新课程背景下的有效课堂教学策略［M］．北京：首都师范大学出版社，2011.

［4］杨石云．酒店英语［M］．西安：西北工业大学出版社，2013.

支架式教学在中职计算机专业教学中的实践与运用

张楚生

（广州市黄埔职业技术学校　广东　广州　510665）

摘　要： 基于建构主义学习理论的支架式教学模式已得到教育界的普遍认同。本文从学生的思维出发，关注学生的最近发展区，结合教学实践，阐述支架式教学法在中职计算机专业课堂中的运用。

关键词： 支架式；最近发展区；计算机；学习

支架式教学（Scaffolding Instruction）是根据维果斯基的最邻近发展区理论，对较复杂的问题通过建立“支架式”概念框架，使得学习者自己能沿着“支架”逐步攀升，从而完成对复杂概念意义建构的一种教学策略。①

学习者所需要解决的问题与他原有水平之间有差距。这种差距使他无法独立解决问题，而必须依靠教师提供的帮助。在他借助支架解决问题后，潜在水平变成现有水平，既而又出现了新的“最近发展区”，学生又需要更高层次的帮助。这不断地使最近发展区的水平变成现有水平，再开拓新的最近发展区，学生的智力才能从一个水平到达另一个更高的水平，才能实现教学以学生的发展为方向，并不断开拓未知领域。支架式教学法就是让学生顺利地通过最近发展区，沿着支架不断地向上攀登，如图 1 所示：

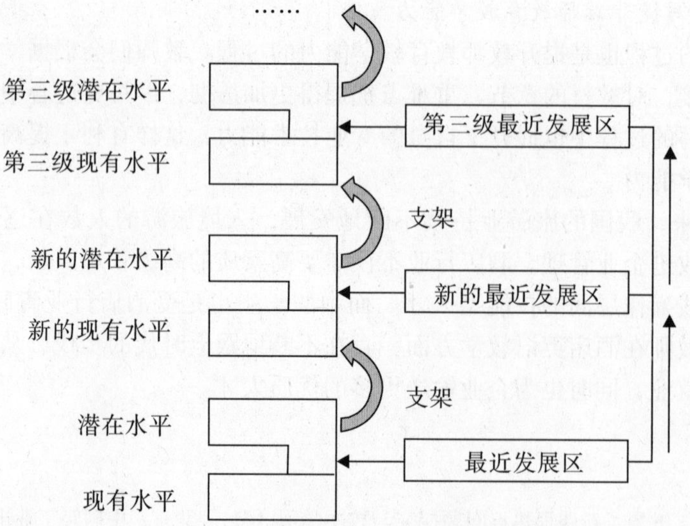

图 1　支架式教学演示图

① 支架式教学策略［DB/OL］. http：//baike. baidu. com/view/2112589. htm.

在中职计算机专业教学中，很多时候会采用任务驱动教学法，学生具备了一定的自主学习能力，但学生计算机基础水平参差不齐，因此他们需要的帮助不一样，如果能够在学习过程中，为他们搭建合理的支架，让学生顺利地通过最近发展区，沿着支架不断地向上攀登，这样能够更好地帮助他们学习，实现个性化学习。结合教学实践，笔者认为可以通过以下几种方式为学生搭建支架，促进学习。

一、微课支架，突破重难点

“微课”是目前流行的课堂教学有效补充形式，它把呈点状、碎片化的知识点通过多媒体的形式进行了展示、讲解，适合学生进行个性化的、深度的学习。

在中职的计算机专业知识的教学中，实操占据了课堂教学的很大一部分，让学生动手去尝试并掌握操作技能往往贯穿于整个课堂。但是学生在操作过程中会碰到不同程度的困难，每个人都有从现有知识水平往潜在水平进步的需求，这就要求教师根据学生的现有水平，给学生制定带有一定难度的学习目标，学生就可以借助这些支架往目标攀爬，发展至潜在水平，此时微课可以作为支架发挥作用。

例如在学习 Office 办公软件的时候，学生在学习 Excel 中的“if 函数”过程中，他们现有的知识在于对 Excel 的自动填充、自动求和、求平均数，以及他们对函数如何引用、应用的格式有了相应的了解。“if 函数”是潜在发展水平，它的条件区域和判断结果是学生最容易混淆的。为了帮助学生进行自主学习，教师将“if 函数”的使用方法做成“微课”，课前让学生进行学习，课中教师又提供了必要的练习和指导，基础较弱的同学在课堂的练习过程中依然可以通过微课再次学习函数的使用方法。

二、范例支架，激发创作

范例教学法是通过范例展示、讲授，使学生达到掌握同一类知识规律的方法。在课堂教学中，教师往往针对某个知识模块设计具有代表性的范例，并且对该范例进行详细的讲解。

在网页设计这门课中，学生在学习了网页制作的技术后，需要对学习的成果进行检验，并且有掌握网站设计的相关知识点的需求。这时学生就面临着一个新的学习目标，如果让学生自主利用所学的网站制作技术去设计整个网站，他们往往会感到陌生而无从下手。此时教师能做的事情就是利用范例进行展示，将学习目标分解为若干个子目标，通过子目标的完成来实现总目标。例如，教师向学生展示“中国传统节日”网站，并且对网站的规划和设计过程作详细的介绍，如网站主题的确定，网站的运行环境，网站层次结构及导航、交互的设计等。然后让学生以小组为单位，利用现有掌握的知识水平，根据范例，写出本小组的网站设计脚本。

三、问题支架，引导思考

在课堂教学中，教师可以通过设计问题，引导学生思考知识技能的运用。例如在学习编程的时候，学生已经学习顺序结构的编程方法，他们的潜在发展水平是循环语句的运用。对于如何顺利地引导学生学习循环语句，笔者首先提出如何编程实现打印乘法口诀:

1×1=1，1×2=2，…，1×9=9。学生自主尝试，他们基本上都使用了顺序结构来实现，语句冗长。教师提出如何简化程序语句这个问题，引导学生思考、讨论，从而引出了循环结构的编程思想。

通过问题支架，引发学生思考、讨论、操作，在思想碰撞中，将学生的思维带到主干知识的轨道上。

四、概念图支架，分析任务需求

学生在掌握了一定知识技能后，进行综合运用时，使用概念图支架，分析综合任务的需求，让学生更加清楚要解决的问题，以便找到解决问题的方法。

例如，在综合运用Word文档制作电子报的时候，学生已经掌握了Word的操作技能，但是往往不知道如何开始制作。这个时候，借助概念图可以帮助他们分析电子报包含的各类要素（如图2所示），在此基础上进行制作，他们可以更加清晰地理解电子报制作的脉络。

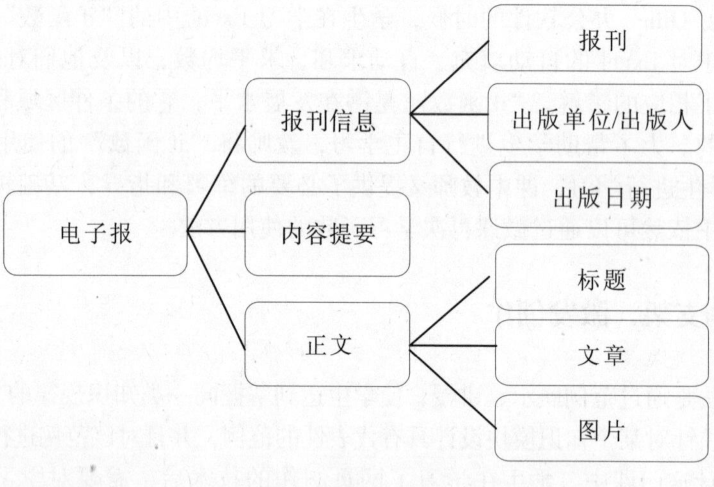

图2

综上所述，在教学过程中，我们要从学生的思维出发，关注学生的最近发展区，选择合适的支架。要根据学习内容，对支架进行甄选，精心设计并制作支架，让学生能够通过支架一步一步地构建知识。通过支架引导学生思考，启发学生的创作，突破教学重难点。在教学过程中，我们还需要不断地摸索，搭建合理的支架，为学生的学习提供更恰当的帮助，让学生沿着支架不断地攀升。

参考文献

［1］曹娜，周志明．浅谈高中信息技术课中支架式教学模式的几种应用［J］．中学教学参考，2013（14）．

［2］王青．建构主义下的教学策略［J］．科教文汇（中旬刊），2008（2）．

［3］高艳．基于建构主义学习理论的支架式教学模式探讨［J］．当代教育科学，2012（19）．

中等职业技术学校课堂教学改革与创新
——巧用反态情景，激发学习兴趣

罗飞凤
（英德市职业技术学校　广东　英德　513000）

摘　要：中等职业技术学校电工类课程，教学内容多且理论性强，许多学生感到枯燥，对其提不起兴趣。对于原本学习基础差又无心学习的学生而言，要其抬头认真听课就变得难上加难了，有时还会因此导致师生关系紧张。所以本文以中等职业技术学校电子技术课堂教学中的反态情景为例，探索如何巧用其反态情景，激发学生求知欲、增强学生自我约束的能力等问题，以达到课堂教学改革与创新之目的。

关键词：改革创新；反态情景；求知欲

在科技日新月异的时代，人们对其发展的关注总是锲而不舍，这对善于利用高新科技来提高学习与工作效率的人而言确实是福音，而对于学习基础差、自我控制能力弱的中职学生而言，却成为其荒废学业，甚至严重影响正常生活的隐形杀手。所以，中等职业技术学校课堂教学改革与创新是所有职业教育工作者探索的主题。笔者多年的职教生涯中验证，激发中职学生的学习兴趣，是解决学生在课堂中低“抬头率”的关键，也是课堂教学改革与创新顺利推进的基础。

让中职学校的许多老师感到最头痛的不是繁重的工作，而是学生课堂“抬头率”不高的现象。笔者同样也被其困扰了好长一段时间，后来经过自己不断学习、观察、研究、与人讨论、实践、归纳与总结，得出课堂教学中学生的这种反态情景，只是“杜”效果的不理想，而在具体改进方法上，应该以“导”为主，“杜”为辅，“导”“杜”结合方为上策。以下以笔者在中职电子技术的课堂教学为例浅谈笔者个人的体会。

电子技术是中等职业技术学校电工类专业的专业课，教程分为模拟电路和数字电路两部分。教学内容多且理论性强，许多学生感到枯燥，对其提不起兴趣。针对这种情况，笔者一改以往以批评学生为主的方式，采用了反态情景、让学生做课堂主人的模式，让学生由被动转变为主动，从而积极参与课堂，并让学生充分利用信息技术如手机、网络等来提高自己的学习能力和团队的合作能力，收效令人欣慰。

一、转变观念，激发学生学习兴趣

一个人的处事观念往往决定其处世的成败。所以笔者在电子技术教学的首节课中，一改以往介绍绪论之后，强调学校规定的课堂纪律和学习方法等做法，而是依据“激发学生形成正确的学习态度、认识兴趣和对知识的需要感”这一原则，播放关于该学科相关应用、往届优秀毕业生代表的学习心得及其现在所发展平台的视频，引导学生初步认识学习电子技术的重要性、学习方法等；随后播放往届课堂上学生打瞌睡或偷玩手机等违规画面，让学生就应如何上课进行分组讨论，并让每组的代表上黑板列出其结论；笔者随后引导全班同学分析每组的观点，对其进行归纳、总结及补充，从而得出学习电子技术的方法、上课的相关要求及应对措施。这种让全班在视、听、想、讨论后得出的方法与要求，令学生印象深刻，且其中的意义一目了然，使学生把克服困难列入自己愿望的范围，从而会相对乐意去执行，师生之间的紧张氛围不再出现。

二、课堂“随手拍”，强化学生自我约束力

对中职学生而言，要使他们全身心地投入到每节课中，确实是件难事，尤其是在电子技术这种理论性强的专业课上就更难了。在课堂教学中，学习基础差、自控能力弱的学生总会开小差，以前笔者总是采用指名提问或点名提醒的方式，让其调整好上课状态。为了更有效地激发学生的学习动机，笔者还让学习委员用手机拍下来，作为课堂记录，课后让学生自己来观看他在课堂上的表现，引导学生分析其中原因及如何改正；对于屡劝不改的学生，则将其视频传上电脑，播放出来作为反面典型，让全班进行讨论，让学习小组对该学生多关心与督促。课后笔者与此类学生约法三章，促使其调整好学习态度，否则让其父母观摩其课堂开小差的视频，引导学生不要去伤父母的心，如此一来，学生都会较理智地去控制自己的课堂表现。对调整好状态且能坚持两周的学生，学习委员用手机拍下其课堂视频上传到电脑，笔者将在班上表扬其进步表现。每三周评出“课堂表现进步之星”，并将其进步的视频取代原来课堂开小差的视频，让学生获得进步的喜悦。

三、让学生当主角，提升实操技能

在实录实验课、第二课堂中，让学生当主角，提升实操技能。在所有课程中，实验课是最考验老师综合能力与全班学风的一门课程。用传统的方式去要求学生，总是会有一小部分学生在偷懒，最后拿别人的实验数据或直接拿别人的作品来充当自己的实验成绩，深究其中原因，主要在于他们精神空虚。而苏霍姆林斯基曾说：“精神空虚是人的最可怕的灾难。”笔者考虑到学生喜欢当主角的心态和各组学生的特点，有区别地选择教学任务、内容、方法和形式，实录实验过程并上传到班级群里，让学生观看、自评及互评，让最优秀的学生协助最弱的学生完成实验任务。对于复杂的操作，则预先录下老师全程的讲演，上传到班级群里，让对此有疑问的学生可随时查询，以解决实验课时遇到难题但无足够时间与老师沟通释疑的困扰。

充分利用课余时间，开设第二课堂，让学生能根据所学的知识进行趣味电子制作等创作活动，并发挥个人才能与小组协作能力，以激励其树立正确的志向和生活目标；指导学生利用手机上网快速查找相关的资料及其中的技术要领；通过门铃、光控电子鸟等小制作，逐步过渡到功放、多级充电器等较复杂电路的创作，录下学生制作的过程并举办作品展；此外还将视频上传到班级群让学生互评，同时让学生将作品带回家作纪念或使用，也让其家长观摩学生的作品及其制作过程，了解其孩子进步的历程，从而促进亲子关系。由此使学生树立对自己的信心、维护学生自己的人格尊严。实践证明，这有利于调动学生动手操作的积极性，同时加强了学习小组之间的沟通与学习，培养了团队协作能力。

四、建立学生作业库，让学生明晰自身进步点滴

建立学生作业库，让学生明晰自身进步的点滴，促使其快速进步。做作业是大部分中职学生最无可奈何的事情，马虎应付是他们常用的招式，有的学生干脆就漏做或不做。针对这种情况，考虑变化了的条件和可能性，相应校正教学，建立学生作业库，并充分利用学生作业库来调动学生做作业的积极性。笔者会很严肃认真地向全班同学强调认真完成作业的重要性，介绍学生作业库的意义。拍下学生每次所做的作业上传到作业库中，每次上课时就调出最好的与最差的进行对比互评，表扬好的，并指出做得不好的原因及给出修改意见，让学生明白作业库是学生自己学习进程的真实记录。因为物过必留痕迹，所以这种记录将会伴随学生成长。第一，作业库将会传给家长，让家长了解自己的孩子在校学习的真实状况；第二，将会传给招生就业部门，让企业招聘员工时能直观地了解全班每个学生的学习态度及其进步足迹；第三，将经典作业（最好的）打印出来夹在其档案中，让其跟随个人档案；第四，将作业库保存好，学生可以在离校时带走以作纪念。当学生作业有明显进步时，笔者会告诉学生家长，招生就业部门及个人档案留下的是有进步的作业记录，同时引导学生去思考此举的重要性与必要性。教育是讲究情、理、法的，经过笔者多次向学生强调与点评，学生都能逐渐形成认真完成作业的积极态度，而且学生的作业质量和学习积极性都明显提高。

实践证明，中职学校的课堂教学过程中，总是会有教师们意想不到的教学情景发生，这需要教师教育思维具有灵活性。如果教师能转变观念，提升自己的教学水平，加强学习与学生沟通的技巧，同时不断提高自己对突发事件的应对能力，善于抓住学生的非常态情景为教学契机，就能激发学生的求知欲，达到良好的教学效果。

参考文献

[1] 崔录，李玢．现代教育思想精粹［M］．北京：光明日报出版社，1987.

[2]［苏］苏霍姆林斯基．给教师的建议［M］．杜殿坤编译．北京：教育科学出版社，1984.

[3]［苏］巴班斯基．论教学过程最优化［M］．吴文侃等译．北京：教育科学出版社，1982.

中等职业学校面向老龄化社会的教学改革

黎　瑛

（中山市沙溪理工学校　广东　中山　528471）

摘　要：随着中国老龄化社会的来临，职业教育的方向和教育方式急需进行相应的转变，以便更好地应对老龄化社会带来的年轻劳动力缺乏和经济发展停滞等问题。当前的职业教育虽然非常强调校企结合、教学创新，但是从长远来看，我们目前改变的速度远远跟不上科技发展和人口老化的速度。本文着眼于新兴起的在线教育和未来产业发展的机器人方向，以及未来以智能家居为载体的物联网护理，为中等职业学校课堂教育改革探索方向、规划蓝图。

关键词：老龄化；中等职业教育改革方向；在线教育；机器人；物联网居家护理

职业教育的使命是为社会培养必需的人才，它的发展离不开其所处的时代。随着我国社会的老龄化速度加快、人口红利消失、环境破坏严重等问题日益突出，对职业教育发展提出了更高的要求。职业教育拥有教育时间短、教育成本低、以就业为导向等优点，是缓解老龄化问题强有力的人力资源来源。

随着高科技的快速发展，互联网在线教育、机器人、物联网和居家医疗几大行业得到前所未有的发展，而从长远来看这几个产业对解决人口老龄化和劳动力缺失导致的生产力水平下降有非常好的缓解作用。中等职业教育必须考虑未来发展趋势，提前布局和及时改变，更好地适应未来社会需求，为社会培养和提供更多综合实力强的职业英才。

一、目前中国社会老龄化的特点和老年产业发展趋势

根据《中国人口老龄化发展趋势预测研究报告》，到 2020 年，中国老年人口将达到 2.48 亿，老龄化水平将达到 17.17%，到 2050 年，老年人口总量将超过 4 亿，老龄化水平将超过 30%。目前我国已进入快速老龄化阶段。

老年产业又叫“银色产业”，是随着老龄人口数量的不断上升而出现的一种新的经济活动。目前我国涉老的职业教育无论是专业建设、培养体系还是科学科研的水平都尚待提高。发达国家已经有体系完备、内容丰富的相关职业教育。早在 1976 年，美国开设老年学课程的学校就达 1 275 所，其中仅 27% 是大学。一些发达国家涉老服务人员已占总人口的 1% 以上，这些人员一般需要经过培训才能上岗。

由于我国特殊的国情，未来将出现大量的空巢家庭。在目前社会化服务程度较低的情况下，老年人的护理服务、长期照料等社会问题面临很大的压力，长期照料服务不同于一般的社会服务，专业性较强，涉及医疗、康复、护理、心理、临终关怀以及管理学等多学科内容，需要专业人才。因此中等职业教育必须提前布局，加强在老年医疗护理、老年养

生保健等方面的学科建设以培养懂老年人护理技术、有较强的操作技能和管理水平的社会服务人才。

二、目前中等职业学校教育现状和问题分析

（一）专业设置未能长远考虑经济转型和社会发展大趋势

根据中等职业学校专业目录的 18 类专业分类设置，劳动密集型的专业未来不可避免地会被机器人和更高级的生产流水线代替，如服装制作、棉花加工、塑料成型、模具等。从珠三角的机器人产业发展势头来看，未来 5 年内肯定会出现中等职业学校学生毕业即失业、岗位被机器人代替的现象，这违背了职业教育的初衷，浪费了教育投入的资金、时间和精力。与此同时，涉老产业每年都有很大的就业缺口，中等职业学校急需提前做好规划，培养适合社会需求的人才。

（二）师资力量稍显不足

职业技术教育内容日新月异，且肩负国家产业转型、经济复兴的历史重任，而不少中等职业学校都面临教师编制已满、教师相对技能知识落后、教师继续教育流于形式、无法再为教学改革创新引进新人才的困境。虽然校企合作和名师工作室在一定程度上解决了师资问题，但是科技含量比较高的机器人、物联网等专业相关的师资非常稀缺。

（三）学校课堂教育受场地和设施的约束，长远发展乏力

随着近年来国家政府和教育部门对职业教育发展的重视，中等职业教育也得到了蓬勃发展，在发展过程中也慢慢显露出因先天不足所带来的后天发展乏力的问题。比如说，实习场地和设施设备有限，学生宿舍和食堂规模约束招生人数，师资力量不足以支持开设新专业等困难。虽然通过积极寻求政府和社会力量支持，用校企合作的形式解决了部分实习场地和设施问题，但是并不能真正地缓解当地产业技术人才缺乏的问题。在此情形下，互联网在线教育和产业工人再培训必须被迅速提上日程，才能从根本上解决这个问题。

三、针对老龄化的中等职业学校教育改革方向

（一）中等职业教育必须积极引入互联网在线教育

随着互联网的发展，在线教育不受时间和空间的限制，知识传递更迅捷、知识内容更丰富、表现形式更生动的特点为教育行业注入了新的活力，也为我国的职业教育发展提供了新思路。通过网络技术、3D 技术、动画技术所呈现出来的知识点，无论在表现形式、理解程度还是创新发散程度上都要远强于教室内有限设备所呈现的。

当今科技快速发展，短短两年的中等职业教育校内学习，并不能保证学生可以在走出社会之后拥有幸福的人生。近年来海外掀起“翻转课堂”教育新潮，这种非常有针对性的在线教育，受到了广大师生的欢迎。互联网在线教育很好地弥补了中等职业教育课程设置、师资力量以及学生学习时间不足的缺陷。为了为中等职业教育在校学生提供更好的互

联网教育，学校可以从以下几个方面入手：

（1）联合高校，搭建校内在线教育平台，尽量为学生提供好的学习资源。

（2）推介好的在线教育平台如中国大学慕课、网易TED、邢帅等已经在业内有品牌和口碑的平台，鼓励学生利用业余时间在家充电学习，获取相关的课程毕业证书。

（3）提高教师的网络教学水平，鼓励广大教师积极学习如何制作在线课程，抓紧时间开发和建设本校精品课程，将本校强势专业的教学过程进行系统的梳理和设计，一方面方便学生更好地利用业余时间复习巩固专业技能，另一方面也有利于扩大本校的品牌影响力。

（4）针对职校学生自学能力差的特点，组织学生集体进行远程教育学习，科学安排在线教育的场地和时间，将晚修时间充分利用起来，给学生提供更多的学习机会。

（5）积极寻找对外合作，以在线教育的形式，引入与国际接轨的新技能教育教学，弥补自身师资不足的缺陷，节约更多成本。

中等职业教育及时借助互联网教育这一先进技术的载体在更短的时间内更好更全面地培养学生、协助当地产业结构加速转型升级，是实现人才战略、教育发展战略中重要的一环，也是为日后储备高素质职业技能人才的关键。

（二）中等职业教育必须适应机器人产业的发展

随着科技的发展，机器人早已进入生产领域并发挥着人力作用，中国科学院自动化所国家863计划智能机器人主题办公室主任、高级工程师王全福认为："从某种意义上讲，一个国家机器人技术水平的高低反映了这个国家综合技术实力的高低。"《国家中长期科学和技术发展规划纲要》明确把智能机器人列为我国大力发展的四大先进技术之一。2008年后部分大生产商和企业慢慢开始用机器人进入生产流水线，以提高生产效率，降低生产成本。工业机器人代替人工的趋势已经逐渐显现出来，业内专家预言，大批机器人上岗后，短期内挤占真人岗位的现象是不可避免的。

短期内来看，机器人产业的发展给职业教育带来的冲击比较小，但是这个危机是隐性的。从长远来看，如果职业教育不及时采取相应的改变措施，就有可能出现职业教育培养的人才被机器人在就业上挤压的尴尬后果。面对机器人时代的到来，中等职业教育作为基础职业教育的开端，必须提前布局，从课堂教育抓起。

（1）普及机器人知识，开设专门的机器人基础课，当机器人产业发展到一定程度的时候，开设相应的机器人维护与应用专业。

（2）提高机器人应用水平，重视校企结合过程中学生的参与。以深圳市为例，目前从事机器人生产与制作的企业有237家，其中工业机器人企业192家，服务机器人企业45家；东莞市从事与机器人产业相关的企业已有200多家，校企合作的方向可以从传统制造业慢慢转向引入机器人应用的行业，鼓励学生多去机器人参与生产的企业实习，培养复合型职业人才，就业做好充分的准备。

（3）积极迎合机器人时代的需要，侧重机器人实际操作、维修和生产工艺、技术改造。

（4）从中等职业教育技能竞赛角度提前布局，以赛促教。打造好的竞技平台，扩大机器人相关学科的影响力，引导全省的中等职业学校重视培养未来机器人行业复合人才的潮流。目前已经有高等职业院校利用乐高教育机器人实现了对各种机器人的设计、制造、控制等过程，相信不久的将来，以赛促教将更好地在中等职业教育阶段实现机器人技术人才的发掘和培养。

(5）承接当地经济转型，为现有的产业工人提供机器人知识和技能的再教育、再培训。

综上所述，机器人为职业教育带来挑战的同时，也带来了机遇。中等职业学校在这方面要勇于承担起培训现有劳动者掌握机器人使用、维护和维修的技能的历史重任，预见行业需求并积极作出调整是中等职业教育必须履行的社会职责。

（三）中等职业教育中必须普及家庭护理、物联网和可佩戴智能设备知识

目前我国老年人口平均生活不能自理率为8.81%，而我国各类养老机构能够提供的养老床位只有149.7万个，而且主要收住健康老人，长期照料服务床位更是少得可怜。由于大量的病人不能长期留院进行健康监测和治疗，采取的是定期健康检查和诊断的方式，为此老年人必须常年往返医院，看病难成为当前老年人医疗健康保健最突出的问题。

物联网是在互联网的基础上，将用户端延伸和扩展到任何物品和物品之间，进行信息交换和通信的一种网络概念。而可穿戴智能设备则是整合用户的衣服或者饰品配件对用户进行如心跳、血压等检测，通过软件和对数据的交互实现强大的功能。居家养老以物联网和可穿戴智能设备为辅助，可以大大减少老年人看病难的问题，提高晚年生活质量。

目前清华大学已经初步研制出“家庭贴心小护士”系列，可以实时监测使用者的心电图和血压并进行数据分析，还可将数据传送到医疗监护中心处理，而中科院自动化所目前正在对物联网监控病人等活动进行研究。小米手环等一系列智能穿戴设备正蓬勃发展。

着眼未来，20年之内，上文提到的物联网智能家居和可穿戴智能设备应该会在全球范围内普及开来，实现舒适又有尊严的养老生活不是梦想。与此同时，中等职业教育应该抓住机会，在培养学生的时候要注意以下几个方面：

(1）加大对适应社会需求的涉老专业人才的培养力度，对部分不再适应未来社会需求的专业进行方向调整或转型。

(2）开设基础护理课程，邀请医学专家做家庭基础护理、涉老护理、育儿知识等的讲座，或者是做成在线教育内容，所有中等职业学校学生不分专业，必须认真学习掌握并通过考核。这既能保证以后社会养老的人才供应，又对学生自身未来的家庭生活有积极的作用。

(3）对已经开设的涉老专业进行课程调整，增加物联网家居的使用和维护、可穿戴智能设备的维修等内容，培养复合型涉老专业人才。

四、结论

基于人口老龄化的发展需求，积极进行职业教育的相关调整，既是建设和谐老龄社会的需要，也是提高我国社会整体幸福感的需要，更是国际社会发展的大趋势。笔者认为，中等职业教育更需要利用互联网教育支持，着眼未来，提前布局规划，建设、完善可以缓解老龄化问题的机器人行业、物联网及居家医疗护理行业，加强对这些职业人才的培养，大力发展现代职业教育，更好地解决社会问题，顺应时代需求。

参考文献

[1] 刘康声，闫志刚．“机器人”来了，职业教育如何应对？[J]．教育与职业，2013（25）.
[2] 卢德生，周娟，宋岱虹．人口老龄化背景下的职业教育应对［J］．成人教育，2012（2）.
[3] 于新容．网络教育在职业教育行业的应用［J］．电脑知识与技术，2011（20）.
[4] 周俊山，尹银．人口老龄化趋势下的职业教育改革［J］．职业技术教育，2008（4）.
[5] 郑世宝．物联网与智慧养老［J］．电视技术，2014（22）.

中等职业学校课堂教学改革与创新

孙云华
（茂名市第二职业技术学校　广东　茂名　525000）

摘　要：本文根据职教现状阐述了课堂教学改革的必要性，针对当前中等职业学校课堂教学改革中存在的消极对待，为了改革而改革的现象，造成学生厌学、教师厌教等对职业教育发展不利的问题，提出进行课堂教学改革与创新的有效措施。

关键词：中职；课堂教学；改革；创新

一、中职学校课堂教学现状分析

（一）学生基础差，知识水平参差不齐

中等职业学校生源较差，加上这些年大办中职学校，导致其招生异常困难，为了完成招生任务，无论学生的知识水平怎么样，只要他们愿意来，学校就录取他们。这些学生基础很差，上课根本听不懂，而学校为了防止学生流失，为了让每个学生顺利毕业，不断地降低要求，以确保绝大多数学生能通过。因此，学生感到没有任何压力，也就缺乏了学习的动力。

（二）教材选用、课程设置不合理

课程设置不合理，体现在课程知识点多、操作性强，文化课与专业课脱节，可以说这是当前中职学校教育普遍存在的问题。中职的培养目标是技能型、应用型人才，如果教材选用不合理，就会造成教材与教学、理论与实践应用的脱节。

（三）对专业课不感兴趣

在中等职业学校中，由于没有升学压力，加上一些学生本身对课业不够重视，专业课教学普遍存在着一个现象：在课堂教学中，多数学生反应冷淡，缺乏应有的学习积极性和主动性。这种沉闷的课堂氛围会影响教师的教学，造成教师教学缺少激情和动力的现象，学生在课堂中更体会不到学习的乐趣，教学效果如何可想而知，这样的恶性循环导致学生上课玩手机、睡觉、讲话等不良现象的发生。

（四）教师自身存在缺陷

教师管教不管导，无创新精神，教学理念滞后，一味地采用填鸭式的枯燥教学模式，使得想学习的学生也不再努力了。教师只注重理论而不能从社会对人才的需求角度来培养

学生的实际操作能力。

结合以上几点状况，中等职业学校课改势在必行。近几年，各地中等职业学校都在进行课堂改革，多数教师在课堂上进行实践，也取得了不错的效果，整个职业教育有所改观。但就目前改革的效果来看，课堂教学中仍然存在各种各样需要解决的问题，包括消极对待、以不变应万变、无目标的积极、为了改革而改革、因课改多动症引发的教师的改革疲劳症等，造成的结果还是学生厌学、教师厌教。那么，目前中等职业教育课堂教学改革多数仍是“雷声大，雨点小”，这对职业教育的发展很不利。

所以，当前中等职业学校的课堂改革不仅是课堂内容要改，教学方法也要改，而且是有效的、创新的改革。首先我们必须明白职业教育发展的目的是什么，课改的目标是什么。中职教育是为企业服务的，必须实现学校人才培养与企业用工需求的无缝对接。课改应致力于提升教师的专业素质和教学能力，调动学生的参与性、积极性和主动性，摸索出一套科学、合理而又行之有效的教学方法，从而保证课堂教学的质量。

二、中等职业学校课堂教学改革与创新措施

（一）改进教学方法，优化教学设计，创新教学模式

教师作为引导者，要转变观念，以学定教，突出学生的主体地位，就要在课堂教学中采用灵活多样的教学方法和手段，比如项目教学、启发式教学、案例教学、角色扮演、模拟教学法等来调动学生的主动性和积极参与性。为此，我们应大力改进教学方法，优化教学设计，创新教学模式，采用多种教学方法来提高学生的学习兴趣，消除学生对专业课的陌生感。

因为学生本身的知识基础、能力水平和个性特征各不相同，对学习内容的理解和掌握也不一致，因而对他们的指导和培养也要因人而异。通过分层教学、练习、辅导和矫正，协调教学要求，使教学要求与学生学习可能性相互适应。当然，分层次教学中的“层次”并不是一成不变的，为了有效激发学生在学习上的潜力，我们还要把握动态分层的原则。

想要改变中职课堂的现状，除了改进还需创新。我们知道，课堂教学的创新就是倡导“多法并举，兼容并蓄”，鼓励教师积极探索教材；充分运用科学的教学方法，将有特色、有效率的课堂形式推而广之，逐步形成新的规范。那么，专业课的实操教学，需要打破传统的座位法和授课制度，比如钳工专业实操这门课，实训教师演示动作时，可采用小班化、分组围坐的方式，让每一位学生清清楚楚地观摩到教师的示范动作，教师过程中还可以邀请小组长一起示范动作。同时应及时纠正不规范动作，给差生创造成功的机会，使他们感受成功的喜悦，达到心理满足而乐于受教。

此外，教师还可以组织学生通过举办项目竞赛活动或让一些志趣相投的学生组成专业课兴趣小组的方式，满足学生不断进取的要求。笔者在教学中注重为学生提供思考、创造和提问的机会，帮学生搭建学习的平台，比如，以专业兴趣群、微信、微博等多媒体方式使同学们在互助、交流中提高自我，激发他们的创新思维。

（二）加强建设有专业特色的校本教材

专业课的教学目的是培养学生的职业技能，所以教材的建设要符合社会需要的职业技

能，并包含一定的岗位培训的内容，如营销专业的接待与推销岗位。虽然并不是每个岗位学习都有涉及，但至少保证他们毕业后能掌握最基本的岗位需求知识技能。因此专业教材对于教学效果来讲发挥着至关重要的作用，只有选择合适的教材，教学才能收到理想的效果，中职学校课堂教学也是如此。

对于中职学校所使用的教材，笔者认为，在编写前应该调查了解各专业所运用的基础知识，与各专业课教师进行沟通，然后整理并开发出一套适合本校实际的教材。同时，在编写教材的时候应该增加一些有趣味性的知识，内容深入浅出，可分层教学，也可以尝试用故事、动画、童话、笑话等不同的形式组织和编排教学内容，关键是要注意应与专业课紧密配合。

在加强技能性课程的建设的同时，笔者认为对思想品德和文化基础课的建设也要重视，在坚持以学生为本、教师为导的教学过程中，把思想品德贯穿于教学过程之中，培养学生成为德、智、体、美、劳全面发展的社会主义接班人。文化基础课可进行适当的调整，重点是如何在课改中加入职业教育的元素，形成鲜明的、有别于普通中学的职业教育特色。

（三）建设高效的师资队伍

我们都知道，建设一支既有丰富专业理论知识又有实践技能的职业教师队伍可以说是办好一所职业学校的关键。当前的专业课教师大多还是“从学校到学校”的理论型人才，而中等职业学校的最终目的是为国家培养合格的、高素质的就业人员。那么负责培养他们职业技能的教师理应由有相当丰富的实践技能的人员来担任。要改变这一局面，首先应采取适当的措施来吸引社会上有丰富实践经验，并热爱教育事业的人员来校补充专业课教学的空缺岗位；其次要对当前实践技能不足的在岗教师，要为其安排适当的时间到企业顶岗实习，以提高专业技能。教育管理部门也曾规定职业学校从事专业课教学的教师必须是“双师型”，也就是理实一体化教师，如从事数控教学，既要有理论也要有实践技能，营销专业课教学，既有要“讲师”资格，同时又要有“推销员”资格等。那么为推进中等职业学校师资队伍的建设，可以这样做：

1. 举办技能大赛

技能大赛的举办，要求教师必须大力提高自身的技能操作水平，不然就不能指导学生，更不能在技能大赛中取得好的成绩。也就是说大赛是中等职业学校加强专业课教师实践操作技能的动力，有利于学校培养“双师型”教师，促进中等职业学校师资队伍的建设。

2. 在中职教师选聘上，优先选择有实践经历的教师

中等职业教育主要培养技术型人才，强调学用结合、分析和解决实际问题的能力。目前，我国中职教师的选聘虽然不能严格按照这一标准来进行，但在同等条件下，应优先选择有实践工作背景的教师。

3. 加强师资培训

培训使教师的课堂教学技能得到提升。采用校内和校外培训相结合的方式，校内培训主要通过开展示范课和公开课比赛活动来进行，校外培训是安排教师参加研讨和学科培训班，邀请专家讲授，让教师最大程度地获得前沿学科的知识、经验，以提高教学质量和效益。鼓励教师利用自己的特长在企业挂职，引导教师积极参与社会生产实践，不断丰富自

身的实践经验，提高解决实际问题的能力。

（四）加强教学工厂实训，校企合作

加大校企合作，是提高学生企业学习和实践能力的途径。近年来，中职学校均加大了校企合作的力度，特别是企业对用工需求的加大也使部分企业在用工招聘上更加依赖中职学校的人才培养，这为双方的合作奠定了良好的基础。以广东铁路职业技术学院为例，学校大力加强校企合作，把相关专业的企业、工厂引进校园，学生可到工厂进行参观、学习和实践，实践期间做得好的，企业还给予一定的补贴或者留下来直接上岗。平时学校教学实训的材料由企业提供，可邀请企业的专家或技术人员来指导学生实训和讲授理论，而学校为企业的生产和研发提供设备、技术及专业人才。校企合作这一平台促进了校企之间的学习和交流，一方面能够让教师了解最前沿的实践技术，另一方面也为学生的上岗就业提供了坚实的基础。在中等职业学校的课改中，笔者认为，教学方法改革成功的关键就在于大力推行“教学工厂”的实训模式，使车间与教室合二为一，实现理论与实践的有机结合。

想要改变当前中职学校课堂现状，提高学生的知识与技能水平，需要学校的重视，学生的参与，尤其是广大专业教师不懈的努力与创新。国家现已重视，也已出台招生政策，相信不久的将来职业教育一定能够蓬勃地发展。

参考文献

［1］陶黎．浅谈中等职业教育课堂教学中存在的问题及对策［J］．卫生职业教育，2010（23）．

［2］钟经经．浅谈中等职业学校课堂教学改革［J］．职业，2011（S1）．

［3］王东美．职业学校课堂教学模式改革初探［J］．考试周刊，2008（19）．

［4］刘荣福．中职学校课堂教学如何改？［EB/OL］．焦作网，2012－05－10．

中等职业学校课堂教学模式新变

何安妮

（潮南职业技术教育中心　广东　汕头　515141）

摘　要：中等职业学校作为我国职业教育的主体，其定位是在义务教育的基础上培养大量技能型人才与高素质劳动者，然而，当下中等职业学校的教育依旧传统，课堂教学模式仍然表现为单一的授课。此种形式已经不能适应新形势下国家对中等职业学校发展趋势的倡导，如何改进中等职业学校的课堂教学模式，开拓新的教育教学方式成为当下中等职业学校教师必须深思的一个问题。

关键词：自修自得；攻心教学；启新教学

当前，职业教育发展的重要性日益突出，并得到了国家、省、市各级政府的高度重视。2014 年 6 月 22 日据新华网报道，国务院印发《关于加快发展现代职业教育的决定》，全面部署加快发展现代职业教育，明确了今后一个时期加快发展现代职业教育的指导思想、基本原则、目标任务和政策措施，提出“到 2020 年，形成适应发展需求、产教深度融合、中职高职衔接、职业教育与普通教育相互沟通，体现终身教育理念，具有中国特色、世界水平的现代职业教育体系”。中等职业学校作为我国职业教育的主体，其定位是在义务教育的基础上培养大量技能型人才与高素质劳动者，然而，当下中等职业学校的教育依旧传统化，课堂教学仍然表现为单一的授课模式，对学生的引导也还是禁锢式、限制式引导，学生在课堂上除了坐正、坐直、听课、举手回答问题、抄笔记，便没有其他行为。这一传统的教学模式，不仅违背了新课标“以教师为主导，以学生为主体”的教学新模式，同时也不能适应新形势下国家对中等职业学校发展趋势的倡导。如何改进中等职业学校的课堂教学模式，开拓新的教育教学方式成为当下中等职业学校教师必须深思的一个问题。

近几年，中等职业学校的学生很多是没有考上高中的，或者是没有参加中考的，甚者是辍学一两年，突然觉得在外面闲荡“很无聊”，于是“将就”“凑合”报名。他们进入职校只有一个目的，即掌握适合在社会上使用的技能，找一份赚钱的职业。像这样的学生，如果教师在课堂教学上还是故步自封，理论为主，传统讲授，其结果可想而知——课堂上，学生大多情绪低落，经常开小差，更有甚者直接趴在课桌上睡觉。一节课下来，不仅学生神情黯淡，连授课教师也倍感心力交瘁、挫败不已。那么，如何让中职学校的教学课堂活跃、有生气、有激情呢？笔者通过教学摸索与实践，认为可以从以下几个方面入手。

一、攻心教学

南朝梁代的刘孝标在《辩命论》中说：“自然者，物见其然，不知所以然；同焉皆得，不知所以得。”这句话形容的是只了解表面现象，不了解事物的本质或事情的根底的问题。经多年授课研究，笔者发现许多学生对于自己学习一门科目的原因与目的并不是非常明白，他们大都只知道学校安排了这门课程，这门课程需要学习、需要掌握，却不知道这门课程为什么要学习，不知道掌握之后对于他们以后的运用到底有多重要，这种半知不解的状态，造就了学生茫然生活、学习拖沓、求知欲弱的情况。这样的情况被带到课堂学习上，便体现为各种“不可思议”行为。所以笔者觉得，要让学生学习一门功课，首先必须做的是让学生不仅要知其然，更要知其所以然。学生只有知道这些课程设计的意义，以及这些课程习得之后之于自己的意义，他们才会有兴趣、有激情、有动力去听课、去学习、去钻研。

这里与各位读者分享一个真实的教学案例。都说语文、数学、英语是中等职业学校最要命的三门“无聊课”，学生逢上必晕，逢上必睡，逢上必神游，在学生们的内心，总有迫切的呐喊声：“快来点什么事情吧，把这三门课随便哪一门冲掉，就算只少掉一节也是好的。”我对此十分不解，学生为什么如此讨厌语数英这三门课？它们貌似与其他课程没有差别呀！好奇心驱使我追问他们缘由，在我的一再追问下，学生们才吞吐道：“从小到大都学这三科，而且课程节数也多，可细数下来，就属这三科最没用，别的科目最起码还能知道学来干什么，可这三科，貌似用处不大，就业貌似也可以不用依靠它们。”听完学生们的解释，我才明白，原来在他们周而复始的学习中，并不能很好地去思考和参透一门科目到底有什么价值。为了避免片面了解问题，我又私下询问了其他一些学生，有不同专业的、不同年级的，意外地，大家都道出了同一个心声：“不知道学来干吗，就没什么兴趣咯。”针对这一现象，我意识到课堂教学难以活跃的第一道阻碍——学生不能自我挖掘兴趣。为此，我特地挑了一节班会课给学生“洗脑”，告诉他们松下幸之助曾说过的“不会自修自得，学多少年也不能成大器”，当下各个学习科目的存在意义，并引导他们懂得自修自得。存在必有其道理，存在便有其价值，需要他们自己去挖掘、去提炼。如是也，一来二去，我发现班里的学生开始懂得思考了，其语数英三科的学习兴趣有了显著提升。

二、启新教学

对学生心理、意识进行引导、指向，让他们自修自得，从而对课堂有期待、有憧憬，是教师开启创新教学的第一步。都说兴趣是最好的老师，攻克前面的“洗脑”战后，教师在课堂教学上便需要把握最好时机，一改之前“木头式”的传授方式，开创新的教学模式，让学生的兴趣与激情不断上扬。

（一）知己知彼

通过与学生沟通，抓住学生的盲点，并针对盲点进行扫盲，使学生心向于己，肯定自己。相信大家也深切地懂得知己知彼的重要性。因此，教师在进行课堂教学前，可以设置有趣的调查问卷，通过有目的的调查，了解学生的兴趣爱好、对接下来授课内容的期待指数、对所学内容的掌握程度以及学生的个人功底。通过这些数据，教师可在接下来的教学过程中掌握学生的情绪，游刃有余地发掘学生的优点，对课堂出现的特殊情况能灵活变通。例如，如果教师接下来要讲授的是口语发音的相关课程，在课前便可设计小问卷，询问学生喜欢看什么剧集，喜欢什么语言，在自己周边有没有什么语言笑话，同时也可以加入开放性题目，让学生收集身边的语误趣闻等。这类资料的收集，可引起学生对接下来课堂教学内容的期待，激发他们的求知欲。这样，学生便不会像以前那样，以看书作为课前预习方式，枯燥无味，课还没开始上，学习已经没有了激情。

（二）分班结派

既然有前面搜集的“情报”，那么课堂教学上势必要有竞争，才能让积极响应收集任务的学生有展示的机会，满足他们的成果展示欲。如何营造适合课程的竞争环境？组建团队是最优选择。教师可结合之前收集的调查问卷，将班里学生分成几种类型，并有意识地将各种类型的学生集合为一个整体，使每一个分组的层次平衡，从而不至于因为各组队员实力过于悬殊，而使课堂上的竞争比赛呈一面倒，出现不利于团结的现象。团队组建，有利于在潜移默化中培养学生的组织能力和团队精神。

（三）变讲为听

就读中职学校的学生年龄一般为 16 ~ 19 岁，他们已经具备独立思考的能力，有着自己独到的见解和处事风格，只是当下的教学环境一直没有给予他们机会发挥自己这一特性。因此，教师在课堂教学上要做的另一个创新便是改变授课模式，将“讲授式”换成“自主式”。所谓自主式，是以学生为主体，以教师为引导，学生是课堂的主要人物，课程的习得方式由学生自己开创，教师仅在旁边起到引导、补充的作用。下面分享笔者几个自主式创新上课模式。

1．团队竞赛模式

在将学生分成几组之后，以比赛的模式引入授课内容，让学生自己从教科书上发现问题，提出问题，讨论问题，解决问题。以对则加分、错则减分的方式激发学生的寻找动力，提升学生的自主学习能力，激活课堂学习气氛。采取互相竞争的模式，促使每个学生都参与到课堂活动中来，精神集中程度高。这种学习模式有利于营造活跃、有趣的课堂氛围，使学生在学习中充满激情，同时培养学生的团队合作精神。

2．演绎式

根据新课内容，让学生自主创新，安排相应的表演与展示，在课堂上让准备好的学生先做表演，其他学生认真欣赏并复述演出内容，教师提出问题，学生结合欣赏的表演对照书本内容寻找问题，发现问题并解决问题，如果学生在思考中遇到阻碍，教师可结合生活实际加以引导，让学生在“戏如人生，人生如戏”中得到启发，从而发现答案。这样的讲课模式不仅增加了课堂的生动性、趣味性，贴近生活的同时也增强了学生对习得的知识的记忆。

3．自主实践式

教师根据所要教授的内容，结合生活实践，模拟生活环境，设计场景，让学生在场景中提前感受社会氛围。如在讲授战略营销时，设计买卖环节、交易准则及结果，然后让学生通过购买、设计、动手创建，结合教师设定的条件，在最短的时间内完成教师提出的设计要求，期间为了增加实践的难度，教师还可结合生活实际设置阻碍，让活动更有真实感。这类教学模式不仅锻炼了学生的动手实践能力与生活应变能力，还提升了学生的组织能力与活学活用能力。

4. 学生讲解式

让学生自主决定上讲台讲课的顺序，每次课安排两到三人，让学生提前找资料、找重点、设问题、做总结，在课堂上为其他同学讲授知识，台下同学提出自己的疑问，形成互动学习形态，让学生在这种氛围下将课本里的知识以“自给自足”的模式纳入自己的知识库。如果内容习得不完善，此时教师也只需从旁引导，让学生再自行补充完整即可。这样的学习模式不仅激发了学生的求学能力，也锻炼了学生的课堂应变能力和上台自我展示的能力。

（四）赏罚分明

有趣的学习模式总离不开教师的鼓励与支持，每一次的互动课堂如果只是在课上玩玩，久而久之，学生对于这样的教学模式也会感到麻木，兴趣也会逐渐下降，创新课堂所要得到的效果也会越来越不乐观。因此，在互动竞争中，赏罚便是开启下一次课程的源头。在每次创新课堂上，教师可制定规则，赢的队伍分配任务给输的队伍，而分配的任务内容得紧紧围绕你接下来的上课主题。这样，学生们又可以开启新一轮的学习备战，教师也可以从他们的学习备战与课堂互动中发现问题，当场解决这些问题，使得学生们的习得连贯，知识成体系。

三、实操教学

纸上谈兵终是输。在生动的教学课堂贯穿理论知识之余，教师要带领学生跳出课堂、跳出课本，进行实操，从而提高学生的实践能力。如果学校资源充足，教师可以将学生带到与学校合作的企业，让学生在企业中进行实践，将理论应用于实际；如果学校无法提供此类资源，教师也可以通过社会资源来提高学生的学习维度。例如，学校可以组织学生观看与所学专业相关的单位、企业运作的影片，鼓励学生在课余时间多与企业人员联系，可利用暑假、寒假时间进入企业实习，提前了解社会。同时，也激励学生活用课堂所学设计构想，支持有志于自主创业的学生边学习边创业。

四、保障教学

校企合作、现代学徒制人才培养模式是国家接下来着力提倡的创新教学模式，它们是在国家政策的扶持与推动下，以校企合作为基础，以学生（学徒）的培养为核心，以课程为纽带，以学校、企业的深度参与和教师、师傅的深入指导为支撑的创新型人才培养模式。2013 年 3 月 22 日，据《南方日报》报道：国家教育规划纲要和党的十八大报告提出，到 2020 年基本实现教育现代化。而广东省教育厅厅长罗伟其对此也表示，广东率先基本实现教育现代化的时间节点是 2018 年。发展现代职业教育是我省今年教育工作的重点，今年将开展职业教育等级证书试点，建立高职院校人才培养质量年报制度，开展高职院校与应用型本科院校合作办学、联合培养试点，进一步推进教产对接、校企合作制度化，推广职业教育集团化办学，并构建高等学校与科研院所、行业企业联合培养人才的新机制。这无疑为时下研究创新型教学的教师提供了勇往直前、开拓创新的保障。

中等职业学校的课堂教学创新与改革仍是当下中职教育前线的教师须讨论、反思与改进的命题，实现新颖、与时俱进的课堂教学任重而道远，不仅需要教师不断丰盈自身的知识库，及时分析、剖析时下学生的内心与思维状态，同时还需教师时刻关注生活实际与国家政策，结合课程需要，创设新颖、有趣、贴合实际的课堂教学模式。

参考文献

［1］关于加快发展现代职业教育的决定［EB/OL］. 新华网，2014－05－02.

［2］今年制定中职教育免学费新政策［N］. 南方日报，2013－03－22.

［3］王策三. 论教师的主导作用和学生的主体地位［J］. 北京师范大学学报（社会科学版），1983（6）.

［4］刘孝标著. 罗国威校注. 刘孝标集校注［M］. 北京：学苑出版社，2003.

［5］王育琨. 松下政经塾如何锻造未来政商领袖［EB/OL］. 王育琨频道.

［6］胡秀锦. “现代学徒制”人才培养模式研究［J］. 河北师范大学学报（教育科学版），2009（3）.

［7］侯彦红. 如何调动学生学习语文的积极性和主动性——关于中职语文课堂教学的一点思考［J］. 学周刊，2015（13）.

中等职业学校小组合作课堂教学改革的探究与实践

何　芳
（佛山市李伟强职业技术学校　广东　佛山　528300）

摘　要：小组合作学习模式是人们普遍认可的一种有效的教学模式，学生在构建的合作学习平台中发展潜能，全面提升个人综合素质。全国数以千计的普教学校纷纷效仿，而中等职业学校传统课堂状态不如人愿，传统授课方式在这里“水土不服”，必须加以改革与创新。

关键字：中等职业学校；小组合作；教学改革；探究

说到小组合作学习模式，人们即刻会联想到全国名校——山东昌乐二中。其高效的教学模式，学生出色的综合素养，吸引了全国数以千计的普教学校纷纷前往调研取经，希望开阔视野，促进本校顺利开展新课程改革，积极响应《国务院关于基础教育改革与发展的决定》明确指出的“鼓励合作学习，促进学生之间的相互交流、共同发展，促进师生教学相长”。

我校是一所中等职业学校，如全国职业学校一样，生源素质相对不高，教师在课堂中常常疲于应付学生的组织纪律管理，教学效率低。鉴于传统教学方式的不适，学校决定在2015年春季招生班中引入小组合作学习模式，全面推进课堂教学改革，开创了广东省乃至全国中等职业学校班级全面实施小组合作学习模式的先河。

一、中等职业学校小组合作课堂教学改革背景

（一）小组合作学习模式的内涵与现状

小组合作学习源于20世纪70年代初的美国，20世纪80年代中期取得实质性进展，是人们普遍认可的一种有效的教学模式。它创设了学生自主、合作、探究的学习活动，学生在构建的合作学习平台中锻炼与成长，在教师的指导下，通过合作与竞争发展潜能，全面提升个人综合素质。早在两千多年前，我国教育著作《学记》就曾提出“独学而无友，则孤陋寡闻”“相观而善谓之摩”等合作学习的思想。

小组合作教学模式在山东昌乐二中如火如荼的十年探究与实践中，不断得以提炼与升华，学生出色的综合素养与高效的教学效果，吸引了数以千计的普教学校纷纷前往调研取经，其中顺德区罗定邦中学就是一个成功借鉴引用的普通高中，其教学成绩逐年提升。据不完全统计，顺德区初级中学正逐步加入该教学模式探究行列中，积极响应了《国务院关于基础教育改革与发展的决定》。

（二）我校课堂现状

我校是一所中等职业学校，生源素质相对低下，绝大多数学生学习习惯差，缺乏学习目标，兴趣不浓，动力欠缺。家长期望值低，主要目的是让孩子在学校“圈养”三年。面对如此现状，教师在课堂中常常疲于应付学生的习惯和纪律养成，教学效果低下。为了改变现状，学校决定从2015年春季招生班中引入小组合作教学模式，从课堂入手进行综合教学改革，切实让师生课前、课中、课后动起来，提高教学质量。

二、中等职业学校小组合作课堂教学改革的基本目标

（1）学生层面：通过合作学习，建立学习群体，在教师指导下进行自主学习、合作学习、探究学习；通过小组分享，培养学生的语言表达能力、文字组织能力、规范用语等，逐步激发其自信、大方和阳光的一面，发扬互帮互助精神，取长补短，培养学生人际交往能力、合作能力、团队意识和主体学习意识。

（2）教师层面：通过改变课堂教学模式，更新教师教育教学观念，构建新型的师生关系，促进教师进行教学科研活动，改变教师现有状态，提高课堂教学效率，让教学更生动有效。

（3）学校层面：通过小组合作学习模式的教学改革，活跃课堂，推动学校教学质量的整体提升，打造学校教学内涵，有助于提升学校知名度，担当教育职责，顺应学生与家长意愿。

三、中等职业学校小组合作课堂教学改革流程的初步构建

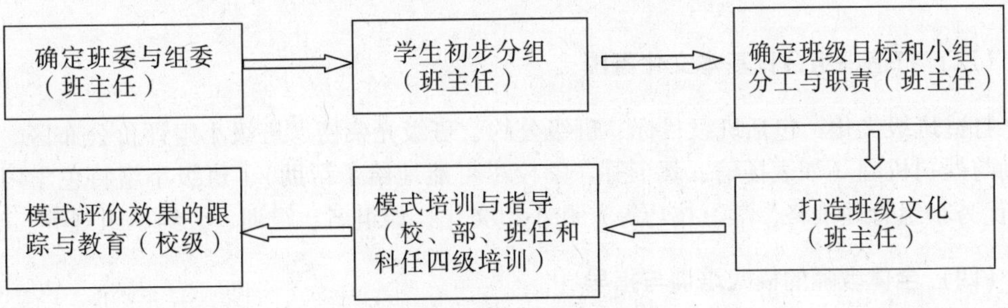

图1　合作课堂初步构建流程图

四、中等职业学校小组合作课堂教学改革的实施措施

（一）建立班级学习小组

按组内同质、组间异质的组建原则，将学生按成绩、能力、个性、爱好、家庭背景等差异，组成4~6人的小组，班级座位布置如下图（以6人组为例）：其中1、2号为优生，

3、4 号为中等生，5、6 号为后进生。

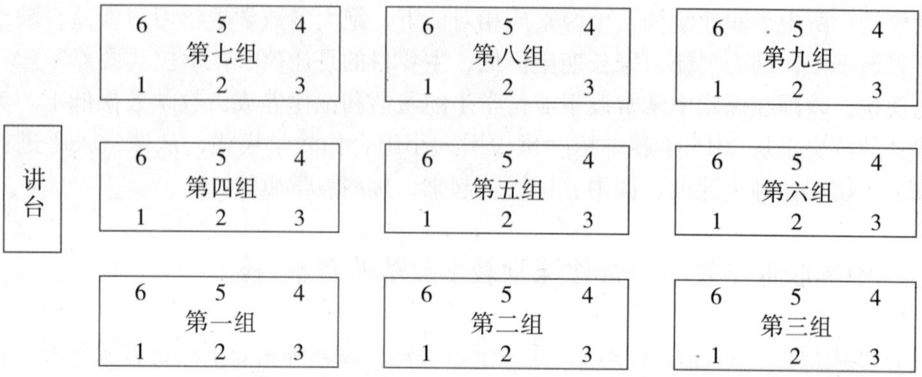

图 2

（二）构建班级管理架构与职责

1．班级基本职务设置与职责

常务班长负责整个班级事务的管理，同时协调管理行政班长、学科班长和记录班长事务。行政班长负责开展各行政组长工作，协助完成各组事务。学科班长负责开展各学科组长工作，协助完成学科事务。记录班长负责开展各记录组长工作，协助完成各组评价事务，同时收集并公布各组每周的评价结果，并向班主任汇报。

2．组内基本职务设置与职责

行政组长负责管理整个小组事务，包括纪律教育、团结合作、卫生保洁等事务。学科组长担当课代表，负责开展组内学科学习与分享，导学案的分发、收集、评价等，协助科任教师完成学科事务。记录班长负责记录教师对本组的评价分，每周汇总上报给记录班长。

（三）打造小组合作基本文化氛围

打造班级文化，包括班级目标、班级公约、班级光荣榜、班级小组评价公布区、班级奖励与处罚机制（如表扬信、贺卡等，学校尽可能地给予帮助）、班级小组特色学习指南（如优秀小组管理策略、学习技巧等）和小组文化，如组名、组训、公约、组规等。

（四）全体教师的模式培训与指导

为了推动小组合作模式，学校多次开展全校教师培训，如 2015 年 1 月初，学校就小组合作模式邀请了罗定邦中学的三位教务处主任对全校教师进行模式培训；2015 年 2 月开学初，教务处组织全体教师进行我校小组合作模式的实施策略培训；2015 年 3 月推出向艳智部长的小组合作探究公开课；2015 年 5 月进行山东昌乐二中学习分享，为顺利推进工作奠定坚实的基础。

（五）实施导学案的编制培训与指导

1．分类设立备课组长

中职学校班级课程内容和普通中学大相径庭，带有很强的专业特色，以专业发展为界。而专业课程更加错综复杂，一个专业多门课程。为了推进小组合作学习模式，学校要求各个科组根据现状和学情，进行归类分组，实施导学案前的分工、协调与编制。

2. 指引导学案的编制

根据学校课程的专业性，学校分别设计出文化课和专业课导学案模板，分为指导学习案、合作探究案、巩固拓展案三部分，注重呈现本节课的核心内容、核心能力、重难点突破技巧和“三维目标”（知识与技能、过程与方法、态度情感价值观），让导学案符合学生实情。同时，学校要求所有科组必须按照四原则进行编制：①主体性原则。根据学生认知水平和理解能力，由浅入深，小台阶、低梯度，让大多数学生体验成功，激发学生自主学习兴趣。②分层设置原则。将题目设置成 A、B、C 三个层次，因材施教，确保不同层次学生在原有基础上都得到最大程度提高。③能力培养原则。设置的环节和问题注重发展学生的观察能力、思维能力、判断能力、推理能力、合作能力以及语言表达能力等。④创新性原则。面对不同学情，导学案内容、方法、问题要不断更新，同时，随着教材不断调整及社会形势的变化，导学案编制应不断创新和完善。

（六）建立校级和班级评价奖励体系

为了切实推进小组合作学习模式，学校制定小组合作学习指导性评价量化表，要求班主任训练学生并监管实施与落实，尤其是记录组长每天如实记录的课堂评价表，每周汇总、小结汇报于记录班长，记录班长如实汇总每周课堂评价表、小结并汇报给班主任，协助班主任了解班级学习情况，并于每周五第七节课及时将各组评价结果公布于班级小白板上，为班主任每天放学点名或每周小结与教育准备第一手资料。学生的学习表现与德育考核挂钩，规定对表现优秀的小组、班委、组委，班主任要在学月德育量化考核表内加分奖励，按一、二、三名依次奖励每人 20 分、15 分、10 分，制造评价氛围，引导学生朝学校既定轨道行进。

学校在推动过程中，安排专人负责课堂的检查、记录与反馈，教务处每学月根据检查结果，对小组合作班级实施全校性学月表扬、鼓励等评价制度，逐步引领班级打造良好的合作模式。

（七）设定班主任和科任教师任务与职责

为了初期能顺利推进教学改革，要求班主任随时随地进行总结、培训与指导，尤其是对班委或组委的课堂组织管理能力、团队凝聚力、会议组织能力的指导。同时要求班级科任教师随时培训学科班长和学科组长，课中引导学生完成学习案、成果展示、课堂评价、课后小结与思考等，努力推进小组合作模式。

五、中等职业学校小组合作课堂教学改革的主要成效

短短的两个月，学校一步一个脚印地坚实推进小组合作模式，教学模式初具端倪，教学效果比往年有很大进步，具体概括为：

（一）2015 级春招班有序地实施推进小组合作课堂教学改革，初具成效

小组合作课堂教学改革，在校长的大力支持下，在教务处的扎实推进中，全校 11 个

春招班全部做到模式分组、座位安排与布置、组牌摆放、组名确定、班级文化建设等，学生课堂玩手机的少了，睡觉的少了，听课的多了，讨论问题的多了，这些是以前少见的。同时班主任按小组分配班级事务，实施团体奖励与处罚，树立团队意识和集体荣誉感，学生们自信、阳光的一面逐步建立起来。

（二）教师利用科组教研日或技能日，积极开展小组合作教研活动

为了配合小组合作课堂教学改革，学校推进每周二文化课教研日和每周三专业课技能日活动，进行科组教研和问题的探讨。从校长、教务处、其他行政的每周巡查结果来看，教师们已经逐步投入到活动当中，积极参与导学案的编制、模板制作等活动，积极提出教改中存在的问题，并就问题提出解决策略。教师们通过教改平台，主动参与学习，更新观念，积极推动课堂教学改革。

（三）教研活动日拉近教师间距离，增进理解，缓减压力，促进合作

近几年来，在校长的带领下，全体教师勤勤勉勉，八小时内完不成学校任务，经常是夜晚加班才勉强完成。在这样的高速运转下，教师们没有时间休息和总结。通过教研活动日，给教师们提供沟通交流机会，增进理解，互相体谅，相互安慰，缓解压力，促进合作。

六、中等职业学校小组合作课堂教学改革的瓶颈与改进措施

（一）教学改革的瓶颈

（1）教师方面：本次教学改革时间短、涉及面大，整体效果较好，但对全体教师是一个很大的挑战。面对改革，平均年龄偏大的教师，不想更新观念，情绪抵触，发出反对声音。也有想改革，但对模式模糊不清、环节不明的观望者，但始终不积极配合，走一步算一步，更加没有与其他教师相互配合。

（2）学生方面：学生的学习主动性差，纪律差，自卑，语言表达、使用规范用语、归纳总结、质疑评价、互助合作等能力低，影响小组合作和教学效果。

（3）中职学校课程群的复杂性方面：中等职业学校课程最大特点就是专业性、复杂性和多样性，导致备课团队甚至缩小到一个人，同时专业性质又要求文化基础课与专业素养要有机地融合一体，相互服务。因此解决课程的复杂性、多样性和专业性，才能有效推进专业课的教学改革。

（4）教改团队的理论研究水平方面：中等职业学校的小组合作学习模式，目前没有可以参照的典范，一切靠学校教改团队付出大量的时间与精力，在摸索中前行，在探究中反思，但始终不能达到很高的研究水平和研究能力，影响了模式的有效开展和深入推进。

（二）改进措施

（1）实施请进来和派出去的原则，充实教改力量，提高教改专业水平。在教改过程中，学校可以邀请专家对教学改革团队进行培训与指导，或派团队外出学习，拓展改革思路，丰富改革理念，有效实施教改策略，保证改革方向和进程顺利。

（2）利用教研日和技能日召开文化课与专业课的头脑风暴式的研讨，形成统一认知的课程内容与课程设置。同时，加大专业之间的相互学习与交流，丰富专业改革的策略，解决专业难题。

（3）不定期、分类别地开展文化课和专业课的观摩探究课，让教师零距离感受小组合作学习模式，感知环节，内化业务。加强探究课后的小结反馈环节，促进展示者和听课者的共同提高。

（4）模式的完整性与有效性离不开科任教师的大力支持与合作，班级小组合作的有效开展。因此，要求任课教师主动配合班主任的培训、教育和小结，提高模式的执行效率。

参考文献

陈德权．在“研学后教”理念下，小组合作学习教学模式的实践研究［EB/OL］．牛 bb 文章网，2014－04－11．

中等职业学校幸福课堂的建设

杜新儿
（广东省食品药品职业技术学校　广东　广州　510663）

摘　要：本文提出建设中等职业学校幸福课堂的理念，分析了幸福课堂的内涵和理论基础，揭示中职学校幸福课堂的影响因素，并探索了建设中职学校幸福课堂的方法与实践，为中职教师课堂教学改革提供参考。

关键词：幸福课堂；中职学生；教学改革

一提起中等职业学校的课堂，很多人都会认为中职学生的课堂就是玩手机、睡觉、迟到、旷课、捣乱、顶撞老师，气氛乱哄哄或者沉闷闷。也有很多人，包括老师和家长对中职学生的学习持悲观态度，认为他们就是普通高中的“弃儿”，是因为学习不好才上了中职学校，甚至还为学生贴上一些“扶不起”“教不会”“不想学”“学不会”的标签，导致中等职业学校的课堂充满了倦怠、无奈。作为中等职业学校的教师，面对这样的课堂该如何寻求变革，该如何找寻师生的共同幸福是具有现实意义的。

一、中等职业学校幸福课堂的内涵和理论基础

当今社会，对幸福的追求非常迫切。人们找寻幸福，追求幸福，却发现幸福和物质的丰富并没有很大关系。泰勒博士告诉我们：“幸福的人把快乐和意义作为幸福，这是人生的至高财富。”积极心理学采用科学的原则和方法来研究幸福，倡导心理学的积极取向，研究人类的积极心理品质，关注人类积极情绪与健康、人类幸福与和谐发展。所以根据积极心理学理论，幸福是一种主观体验，主要是指能体验到快乐、积极的情绪。中职学校幸福课堂就是师生都能获得积极情绪体验、都能体验快乐幸福的课堂，能够激励师生主动投入教学活动、产生愉悦教学情感体验、提升教学效率的一种集体心理氛围，体现为民主平等、合作交流、和谐宽松的课堂气氛。其主要有以下三层含义：

（一）中职幸福课堂首先要让教师幸福快乐

幸福的教师才能播撒阳光，照亮和温暖学生的心。教师首先要热爱教育，愿意在传道、授业、解惑中去研究教育教学的新方法，在自己的职业中去体验幸福，这就需要全面提升教师自身的生命质量和生活质量，要想引领学生走向幸福，教师自身要先幸福。

（二）中职幸福课堂要让学生感受幸福

我们常说：学生是课堂的主体。幸福的课堂要从“人本主义”的观点出发。人本主义强调尊重与自我实现，把人的自我实现归为潜能的发挥。人本主义教学思想关注的不仅是

学生认知的发展，更是教育教学活动中学生的情绪、兴趣等的发展规律，关注和重视学生的心理，开发学生的潜能，促进学生自我实现。所以幸福课堂要相信学生有积极向上的愿望，相信学生有积极的潜能，对学生的积极面给予充分的关注。中职学生正处于人生重要的青春期，有许多叛逆的心理和行为表现，但他们也存在很多积极的特质。中职学校的快乐课堂在于中职教师要积极关注中职生的积极面，在课堂上以学生为中心，关注学生的特长和兴趣，用自己对教育的激情去点燃学生生活的激情，让师生共同体验幸福。

（三）中职幸福课堂是师生互动、富有活力、合作共享的课堂

照本宣科、填鸭式、“一言堂”“灌输式”的教学模式已经让师生身心倦怠，更不用提幸福了。苏霍姆林斯基说过：“上课并不像把预先量好、裁好的衣服纸样摆到布上去。我们的工作对象不是布，而是有血有肉的，有着千奇百怪思维的儿童。而如果我们以此为教学的契机，好好地把握它，并对它加以合理开发和利用，就能使之对教学起到推波助澜的作用，从而创设出无法预设的精彩，让教学充满无比的活力和智慧。”这样的课堂必须是由幸福的老师和快乐的学生合作创造的精彩课堂。

二、中等职业学校幸福课堂的影响因素分析

目前，很多中职学校的课堂让教师害怕，也让很多学生难受。师生都感到煎熬，以致现实中有很多的教师不想留在一线进行教学，或者是说被迫留在一线教学，也有的是做一天和尚撞一天钟，消极倦怠、得过且过。这些教师普遍感到中职课堂教学缺乏成就感、幸福感。改变这种无效课堂主要依靠教师，教师就像课堂的轴，要靠教师这根轴才能推动学生这个轮，从而一起幸福地转动。教学改革首先是教师观念和教学方法的改革。所以，分析影响幸福课堂的因素才能针对问题进行课堂教学的改革。

（一）中职教师缺乏教育教学改革的意识和方法

当前社会飞速发展，E 时代和微时代对传统的课堂提出了新的挑战，但是很多中职教师不适应信息时代给课堂带来的变革，依然一支粉笔、一块黑板、一本教案、一人讲课，而“95 后”的中职学生对社会的新事物的敏感远远超越了教师，甚至在知识上比教师更丰富，他们习惯网络，熟悉网络，从网络上获得大量的知识。教师教学观念的落后和教学手段、方法的陈旧与学生的观念不断更新形成对比，造成矛盾，导致传统的课堂无法满足学生的知识需求，无法激起学生的求知欲，这样的中职课堂是枯燥和低效的。

（二）中职教师缺乏对中职学生心理和年龄特点的正确把握

大部分中职学生由于是“95 后”，正处于人生的青春期，受多方面因素的影响，厌学、抽烟、冲动、狂暴、人际冲突等不良行为增多，这些行为是人成长过程中难以避免的。很多中职教师因此对学生失去信心，甚至排斥、厌恶中职学生，无法悦纳中职学生客观存在的问题，更不用谈积极研究学生心理，用积极的方法促进学生顺利过渡和发展。但中职教师假如能用积极心理学指导自己的思想，学会换一种角度看问题，就可能有不同的收获。作为中职学生，他们内心同样渴望幸福，渴望被认同，渴求进步，渴望能学有一技之长，渴望自己成长，他们一样具有积极的潜能。中职教师要研究中职学生的年龄和心理

特点，才能找到开启中职学生智慧的钥匙。

（三）中职教师缺乏对任教专业课程知识的熟练掌握

由于中职学校要培养适应市场需求的技术人才，所以专业设置随市场的变化会有相应的调整，中职教师不像中小学教师任教的科目是相对固定的。很多中职教师随着学校新专业的开设，需要不断学习、重建自己的知识结构。有的教师经常要转型，转到专业相近的学科任教，有的教师甚至要跨专业、跨学科任教。而且随着国家大力发展职业教育，随着市场对技术工人需求的增大，中职学生的招生人数不断增多，中职教师的任教科目和任教课时都剧增。在这些情况的影响下，中职教师普遍感到压力超大，对任教的学科知识不熟悉，甚至完全不懂，在这种被迫的情况下进行教学，就好比带着镣铐跳舞，何谈幸福呢？

（四）中职教师缺乏驾驭中职课堂的能力和智慧

很多有经验的老师会发现，课堂的环境其实总在影响课堂的质量。比如一个学生突然提出一个棘手的问题，而这个问题是教师课前没有研究的，那么教师就要有驾驭这种课堂突发情况的能力与智慧。教书多年，笔者认为课堂能成功，其原因在于智慧地调控和把握课堂的变化，随时调整教学的方法，不断激起学生思维的火花，才能让学生体验学习的幸福与快乐。但很多教师缺乏关注课堂变化、利用课堂契机的能力，对课堂学生的表现视而不见，对课堂的气氛漠不关心，欠缺随时调整教学方法的能力和智慧。因此，只按计划而不关注变化的课堂只能是一潭死水。

三、中等职业学校幸福课堂建设的方法与实践

（一）以教育教学改革为抓手，建设中职幸福课堂

在第十二届全国人民代表大会第三次会议开幕会上，李克强总理在政府工作报告中提出“互联网＋”行动计划，“互联网＋”就是互联网加各行各业。“互联网＋教育”被认为是未来互联网行业最受关注的领域之一。在此背景下，教育同行开始兴奋并积极进行教学改革。既然中职学生是在网络环境下成长的一代，是依赖网络的一代，那么中职教师也要放好心态，接纳中职学生离不开网络的事实，利用网络来建设中职的幸福课堂。所以，我们开始学习和建设“慕课”“微课”，开始进行“翻转课堂”，开始师生共写博客、师生网络交流的尝试，改变传统的灌输式和“填鸭式”的压抑教学，取而代之的是师生共同学习，共同促进的课堂形式，让中职学生找到学习兴趣的教学方法，把教育从句号变成问号，多提出探究性的问题让师生共同探究，让学生通过网络知识和信息，结合教材进行自学，多提出问题，多体验，多感悟，真正把学生变成学习活动的主体。当一个个体产生内在动力和学习效能感的时候，他才能体会到幸福。

（二）以学生为中心为主要理念，引领中职幸福课堂

以学生为中心进行教学是幸福课堂的重要理念。我们发现，成功的老师都有一个共同的特点，即能理解学生的需要，激发学生的情趣和动机，从而培养学生的学习行为。这就是对以学生为中心教学理念的最好的理解。在此理念的指引下，教师们不再是“我要教什

么”，而是“学生要学什么”，也不再是“我要给学生什么”，“而是学生需要什么”。

中职学校的学生独立意识强，加上初中阶段有些学生养成不良学习习惯，带有学习无力感。但老师们不能讨厌学生，而是要了解学生行为背后的原因，了解学生心中的需要，创新课堂教学方法。中职学生在课堂上都有这样的心理：他们想学，想老师引导他们学；他们想表现，想老师能搭设平台让他们表现；他们也想能快乐地学，想老师的方法更新、更有创意。

在知识大爆炸的信息时代，学生不再是乖乖接收老师信息的容器，而是具有丰富知识、独立意识的个体。现在很多中职学校创新课堂模式，学生在家完成知识的学习，或者教师根据主题给学生一个任务，让学生有创意地完成任务，而课堂变成了老师与学生之间和学生与学生之间互动的场所，包括答疑解惑、运用知识等，从而达到更好的教育效果。有一些中职学校开始翻转课堂的实践，晚自习学生自己学习知识或播放一些教学视频——“微课”，而课堂上学生提出自己的问题，然后进行合作探究教学，或者是在课堂上根据中职学生心理，设计游戏，让课堂游戏化。让学生动起来，才能学起来。快乐的课堂一定是师生共同营造的幸福课堂。

（三）以专业教学实践为重点，保障中职幸福课堂

中职学生动手能力强，职业目标明确，一进入职业学校，心中就定下要学一技之长的目标，而目前很多职业学校仍采用传统的授课方式，难以满足学生的需要。倘若中职教学能符合学生的愿望和兴趣，就能激发学生的幸福感。所以，中职学校的教学目标要以职业为导向，重视学生的专业能力和职业素养，真正保障中职幸福课堂。现阶段很多中职学校为了能突显专业教学实践的意义，把传统的课室装修成“一体化”教室，让学生通过专业实践进行学习。也有的学校先把学生带到工厂进行实践，以半工半读的方式，让学生从企业中学习专业实践知识，培养职业道德，再回到学校进行理论上的讨论与探索；还有的教师利用情境模拟进行活动教学，让学生在模拟中丰富专业知识，比如我校模拟药房的教学，还可以在课堂上举行技能比赛，也可利用生活情境进行教学，如把学生带到药物园学习药物知识，或者带到工厂一边参观一边学习，提高学生的专业实践能力。中职课堂以专业实践为重点，符合中职学生的年龄、思想、心理和能力特点，有助于学生得到全面的锻炼和发展，也使教育与生活、间接传授与直接锻炼、理解信任与严格要求、教育目标与教育效果等辩证地统一起来，提升了教师的职业效能感和学生的自觉学习意识，保障了中职幸福课堂的实效。

（四）以课堂灵活变化为亮点，提升中职幸福课堂

千篇一律的教学方法一定会让学生因疲劳而失去吸引力。因为课堂常会发生意想不到的情况，所以根据学生的课堂反应灵活调整教学方法，才能保证课堂的鲜活。善于调控和引领课堂的教师才是真正优秀、幸福的教师。教师在课堂上要做到“心中有模，心中有法，教无定法”，要备好课，备好教学方法，灵活运用多种教学方法。教师可以用最常见的提问方式引起学生的注意，也可以用缓慢平稳的声音讲哲理故事来控制学生激动的情绪，还可以用交换思想、游戏、接龙的方法来活跃课堂的气氛，更可以用夸张的语调绘声绘色描绘学生身边发生的事来引发学生的思考，还可以幽默风趣地对待个别正在玩手机和睡觉的学生，还可以借助音频、视频、网络等媒介来刺激学生的思维。要让课堂活起来，教师要用激情点燃学生的热情，微笑进课室，平和、平等地教育学生，耐心地教导每一个学生。假如教师的眼睛总盯着问题，就会觉得学生都有很多问题，也容易产生职业倦怠；但假如教师能热情关注学生的优点，就会获得发展，心中也会萌生对工作的激情。教师要“活”起来，学生才能“活”过来。心有多大，舞台就有多大。讲台就是教师的舞台，只有用心、用情、用欣赏的眼光，才能带着学生起舞，让师生共同成长。

参考文献

［1］［美］泰勒·本—沙哈尔．幸福的方法［M］．北京：当代中国出版社，2007.

［2］崔丽娟，张高产．积极心理学研究综述［J］．心理科学，2005（2）.

［3］曾德琪．罗杰斯人本主义教育思想探索［J］．四川师范大学学报，2003.

［4］闫学．跟苏霍姆林斯基学当老师［M］．上海：华东师范大学出版社，2009.

［5］黄蔚．奔跑吧智慧教育［N］．中国教育报，2015－03－10.

中职“网页设计与制作”教学方法的探索与应用

黄秀茵
（怀集县职业技术学校　广东　肇庆　526400）

摘　要：“网页设计与制作”是目前中职院校计算机专业必开的课程之一，目的是培养技能型、应用型人才，使学生掌握制作网页、建设网站的基本技能，最终成为一个职业的网页设计人员。常用于本学科的教学方法有传统教学法、任务驱动教学法和项目教学法，它们各有优势与不足。本文主要阐述了将任务驱动教学法和项目教学法结合在一起的实践过程及其教学效果。实践证明，此教学方法值得在中职院校应用和推广。

关键字：网页设计与制作；传统教学法；任务驱动教学法；项目教学法

中职院校开设网页设计与制作的目的是培养网页设计、网页制作和网站组建专业人才，使之能够胜任网站管理员、网页设计师、网页美工师等工作岗位，或者利用所学到的网页制作技能在其他领域发挥作用。然而现有的传统教学方法很容易使学生失去学习兴趣，以致课程结束时难以设计出具有一定水平的网站，更别谈凭此找到工作了。因此，笔者根据授课经验，突破传统教学模式，将任务驱动教学法和项目教学法结合在一起，探索出一条更适合中职院校且灵活性更强的教学方法。

一、现有常用于网页设计与制作的教学方法

（一）传统教学法

传统教学法就是根据教材章节顺序讲解知识点及相关的操作步骤，简单地说，就是重视基础知识却忽略了实践能力和技术应用能力的培养。这种被动接受知识的过程往往会导致学生失去对学习的兴趣。就算学生掌握了部分理论知识和操作方法，但是这些知识也往往与实际应用相脱节，学完课程后学生并不能独立完成网站的开发，教学效果也不理想。

（二）任务驱动教学法

任务驱动教学法就是把课程的所有内容分解为若干任务，每个任务有相应的实训，学生通过完成若干的实训任务而掌握网页设计与制作的技能。虽然学生能够完成这些任务的操作，但由于教材的局限性，有些任务本身就脱离实际，同时学生又缺乏系统实践的经验，最终难以独立完成实际网站的开发。

（三）项目教学法

项目教学法就是以项目为主线，教师为主导，学生为主体的教学方法。具体来说，在

教师的指导下，将一个网页制作的项目交由学生，从信息的收集、方案的设计、项目实施到最终评价，都由学生自己负责。一般情况下，学生通过该项目的进行，了解并把握整个过程及每一个环节中的基本要求，从而达到学习制作网页、建设网站的目的。相对来说，项目教学法具有一定的优势，但是因为教材、教师实践经验和学生知识层面等方面的影响，它的开展往往难以收到预期的效果。

二、网页设计与制作新教学方法实践

（一）基本思路

从上面的分析可以看出，目前教师常用于网页设计与制作的三种教学方法，虽有优势但其缺陷也相当明显。由此笔者尝试在传统教学法的引领下，结合任务驱动教学法和项目教学法（以下简称“新教学方法”）来提高教学效果。

如何提高课程的教学质量，从而提高学生的网页设计与制作能力，以适应新时代企业对中职网页设计与制作人才的要求，是每个网页设计教师追求的目标。网页设计与制作是一门实际操作、技能要求都较为明显的学科，学生的学习兴趣也较高。怎样把握学生的兴趣，培养其网页设计师需要的专业技能，使学生上岗后的能力能适应工作岗位的要求，这是教学的总体目标及教师工作的切入点。

笔者把网页设计与制作课程分为三个阶段（假如本课程开设一个学期），即入门阶段、中级阶段和高级阶段。教师利用传统教学方法传授某些理论知识的同时，每个阶段都有相应项目，每个项目包含若干个任务，即将任务驱动教学法与项目教学法结合起来，使学生最终在理论知识的指导下，完成每个任务及项目，从而达到掌握网页设计与制作技能的目的（具体方法在“实施过程”部分会进行详细的介绍）。

（二）实施过程

1. 入门阶段的学习

（1）分析学生知识层次，激发学生学习热情。

中职计算机专业的网页设计与制作一般安排在第三学期或第四学期，这时学生已经掌握了计算机基础、图形图像处理及动画设计与制作等相关知识了。根据实际情况分析学生所处的知识层次后，教师通过展示往届优秀作品及一些经典网站来激发学生学习本课程的兴趣。

（2）让学生自主遨游在知识的海洋中。

在完成前面的铺垫工作后，教师不必急于讲解新课。大部分中职网页设计与制作教材的开头都是 Web 服务工作原理、HTML 标记语言之类的，如果教师马上利用传统教学方法去传授理论知识，很可能会因为知识的枯燥无味而打击学生的学习热情。笔者觉得与其按教材顺序来讲解知识点，倒不如引导学生主动地进入本学科的学习中。当学生进入角色了，教师只需要稍加引导就可事半功倍。如在第（1）点中已经展示网站给学生看，教师可以通过让学生自己观察来了解网页的组成元素，从而引出什么是网页，什么是网站，制作网站的具体流程是怎样的等知识点。自然的过渡，会让学生不知不觉中遨游在知识的海洋中。

(3) 为中级阶段的学习作铺垫。

在入门阶段，教师应当做好充分的准备，根据学生的特点准备好两个项目及相关任务，并及时让学生了解本学期本课程的具体学习要求和目标，这样学生也能做好规划。笔者一般在开学就设计好两个项目，其中中级阶段的项目是个人网站（作为期中考核网站作品），高级阶段的项目是类似于商业网站的建设（作为期末考核网站作品）。

(4) 入门阶段的任务。

①网页 Logo 和 Banner 设计：为自己的个人网站设计 Logo 和 Banner（相当于复习图形图像处理和动画设计与制作知识）。

②主页的设计（可以用 Photoshop、Fireworks、CorelDraw 和 Adobe Illustrator 等软件设计，也在复习旧知识的同时慢慢过渡到新知识的学习）。

③“我的第一个网页”：从切片到网页。

④“我的第一个网站”：创建站点，建立、打开、保存与预览网页，简单的超链接等。

2. 中级阶段的学习

中级阶段的学习目标是师生共同完成一个项目——个人网站。教师在所有学生前示范具体的步骤，然后由学生独立完成。项目的完成时间应在期中考核之前。

任务驱动教学法和项目教学法有一个共同点，就是分组学习。但在新教学方法中笔者不建议急于分组，特别是在学生没有任何网页设计与制作基础的情况下盲目分组，否则不仅会造成分组不合理的后果，还会在一定程度上使学生产生依赖心理从而形成惰性。根据经验，笔者会让学生在上半学期独立完成一个项目——个人网站。这个项目会作为期中考核的一部分。同时，笔者会跟学生明确表示下半学期会根据各自表现进行合理分组，这样可以给予学生一定的压力和动力。

中级阶段的学习可以让学生自由发挥其想象力及创意，是学生打好基础的关键阶段。具体实施过程如下：认识网站与网页→创建站点→设计 Logo、Banner 和导航等关键要素→设计主页→设计其他页面→应用 CSS 美化网页→完善网页元素→给网页添加动态行为→为导航添加超链接→创建其他必要的超链接→美化超链接→拓展（完善网站）。

中级阶段的每个过程都作为一个任务，师生要对每个任务的练习及时总结、反馈。在完成任务过程中教师要积极引导学生主动探索、发现问题并尽量在课堂上解决，教师还要及时收集学生所遇到的典型问题作为拓展任务并呈现给全班同学，同时提醒学生要把在任务中掌握的知识点应用到自己的个人网站中，做到学以致用。

一般情况下，上半学期结束，绝大部分同学都能完成这个项目。虽然有少数学生的个人网站还是显得比较粗糙，但通过独立完成这个项目，他们已经掌握了创建站点、制作网站的基本流程、布局网页和超链接等基础知识，这为后面的分组和完成大项目打下了较好的基础。

3. 高级阶段的学习

通过上一阶段网站项目和相关任务的完成，相信学生们对制作网站已经胸有成竹。现在可以在教师的引导下进行合理分组了。明确分工后，教师要跟踪学生的学习进度并在适当的时候给予合适的建议。

大项目的实施有一定难度，要根据商业网站的要求，强调学生在学习中体验到实际工作的过程。该项目的具体实施过程如下：学生明确项目主题→制订网站设计方案→收集、整理相关信息→确定栏目和板块→确定站点目录结构→形象设计（Logo、色彩、颜色、字体和 Banner 等)，主页和子页的设计→定义站点→制作网站→测试网站→上传网站→拓展（如网站的宣传与推广等）。

该过程与上一阶段有很大的不同。中级阶段的学习，基本上是教师设计好任务，演示给学生看，然后学生根据教师的演示做练习，完成任务，最后把任务中的相关知识点应用到自己的个人网站中，是教师为学生构建知识和技能的过程。而高级阶段的项目实践就是构建网站的实际项目，需要学生按照行业规范进行操作，要养成良好的操作习惯，可充分发掘学生的创造潜能，培养和提高他们的实践能力、分析和综合能力，让每个学生都体验到成功的乐趣。

（三）考核方式

基于新教学方法的特殊性，笔者以作品评价代替了传统的理论考试。

考核内容设计如下：

期中考核：除上机 100 分钟的现场考核外，还要求每个学生独立完成一个个人网站。

期末考核：除上机 100 分钟的现场考核外，还要求学生分组完成一个综合网站。笔者给出了四个选题供学生选择：①中国梦，我的梦（关于梦想的网站）；②人与自然（关注环境）；③反腐倡廉公益网站；④笔者或学生在猪八戒网、技术交流论坛和任务中国威客网站上找的一些招标项目网站。

当然，这个项目设置也比较灵活，如期中考核作品学生也可以做“我的中职生涯”、校园风貌和班风班貌等与自己息息相关的网站，而期末考核作品学生也可以提交其他作品作为友情参评，教师可以根据作品质量进行适当加分以鼓励学生。

期中作品考核标准：各页面均有主题，主题鲜明、突出；页面布局合理；主页有 Logo、Banner 等；主页、子页风格统一；网站有创意。

期末作品考核标准：站点的颜色搭配合理；主题突出；技术含量较高；整体规划合理；风格设计独特、有吸引力。

教师要在每次学生完成任务后，及时组织学生依据标准要求进行自评、互评，以鼓励和引导学生发现不足并加以改正。最后，教师也给学生一个评价，作为平时表现分的参考之一。

通过期中和期末考核，学生的最后得分如下：期末成绩（总分 100 分）＝平时表现分（25%）＋期中考核分（30%）＋期末考核分（45%）。

从考核标准可以看出，新教学方法注重的是学生实践操作和应用开发的能力，可以大大调动学生的学习积极性和主动性。

三、新教学方法的效果

这种新教学方法突破了传统教学模式，通过完成任务和项目的方式来体现学生对网页设计与制作技能的掌握程度，提高了学生学习的主动性与积极性，提升了学生的实践能力。毕业后大部分学生能够独立设计与制作网站，实现零距离上岗，不用企业重新培训。自从尝试用新教学方法进行教学后，笔者发觉学生制作的网站作品质量得到了极大的提高。对此，教师也颇有成就感，提高了教师进一步改进此教学方法的信心。

四、结语

综上所述，新教学方法突破了传统教学方法，将任务驱动教学法和项目教学法结合在一起，要求师生共同参与教学过程，通过共同完成项目和任务来达到教与学的目的，提升了学生的自主学习能力，充分调动了学生的学习积极性和教师的教学热情，有效提高了教学质量。由此可见，新教学方法值得中职院校应用和推广。

参考文献

[1] 林金富．项目教学法在《网页制作》中的应用［J］．福建电脑，2009（5）．

[2] 姜大源．职业教育学研究新论［M］．北京：教育科学出版社，2007.

[3] 欧阳炜昊，吴振峰，罗卓君．基于工作过程导向的“网页设计与制作”课堂教学改革研究［J］．计算机教育，2010（4）．

中职学校课堂教学困境及对策

张士翠
（广州市黄埔职业技术学校 广东 广州 510665）

摘 要：职业技术学校要提高教学效果，必须加强对学生职业能力的分析，改革教学模式，整合教学资源，改革教学方法和教学评价方法，加强对学生和教师行为的研究。
关键词：职业能力分析；教学模式；教学内容；教学方法；教学评价

一、当前中职学校教学现状

当前中职学校的老师们普遍感到生源素质越来越差，教学难度越来越大，具体表现为：学生行为习惯差，普遍厌学，课堂纪律差，经常是上课睡倒一大片，听课的只有少数几个同学。老师自己在讲台唱独角戏，为了完成教学任务只能硬着头皮往下讲，导致老师们普遍有挫败感。

二、当前中职学校课堂教学存在的问题

1. 培养目标有偏差

职业教育的实质是就业教育，中等职业学校的毕业生应熟练掌握一门或几门专业技能，并具备一定的关键能力（沟通、团队合作、创新和职业道德）。但是，一些中职学校仍在提倡“宽基础、活模块”的教育理念，开设的课程多而全，重点不突出，学生学习目标不明确，学习困难大，一门也学不好；教师授课多理论、少实践，更由于缺乏条件，而少技能性的训练。有的学校干脆以高职升学为主要工作目标，紧紧围绕升学考试来开设课程，组织教学，将中职教育变成了另一个应试教育。

2. 专业设置随意性突出

在专业设置方面，许多学校缺乏市场调研，不管是否具备师资、硬件、软件等必要条件，盲目设立专业，造成培养目标无法实现，影响了学校办学声誉和可持续发展。例如，前几年电子商务专业大热，许多学校就都开设这个专业，这几年物流专业人才缺乏，便又都开设物流管理专业，这些新开专业的办学条件并不具备，大部分专业老师要么是经过短暂培训就上岗，要么是边学边教，教学效果很难保证。

3. 办学模式落后

很多学校还处于“闭门办学”的阶段，缺乏与企业、与社会的联系，课程设置和教学内容严重脱离实际，偏重理论教学，缺乏必要的实践实习内容，造成学生所学的知识在就业时用不上，学生动手能力差，就业竞争力不强。

4．教学方法落后，教学效果差

一些中职学校的老师普遍教学任务重，所教课程门类多，没有很多精力来学习和探索更好的教学方法，普遍还是采用讲授法，偏重对理论知识的演绎，学生参与性差，教学效果不好。

5．教学评价方法单一

中职学校目前采用的基本还是"一考定终身"的选拔性评价方式，不仅单一，而且缺乏对学习过程的评价，也缺乏对学生关键能力方面的考核。因此，这种考核方法对技能性的课程就很不适用，不能对中职学生起到激励作用。

6．教师实践能力不足

经过调查，有近一半的中职学校的老师没有下企业实践的经历，缺乏行业经验，教学内容基本拘泥于理论教学，不能进行理实一体化教学。

三、提高中职学校教学效果的对策

1．加强对学生职业能力的分析，明确中职学校的教学目标

中职学校的教学目标是：以职业能力为本，培养学生的综合职业能力（包括职业道德），以满足社会对他们的职业需求。要达到这一教学目标，我们首先要了解我们的学生就业的岗位群，熟悉这些岗位群所需要的关键岗位能力和核心岗位能力。只有明确了这一点，我们的教学才有明确的目标，这就需要我们对学生的去向进行及时跟踪，对学生在工作岗位的表现进行调查反馈，定期召开企业专家访谈会，及时调整课程内容，让我们的教学更有针对性。

2．教学模式改革

采取多种办学模式，如订单式培养、"校中企"、现代学徒制、集团化办学等。将学校办到企业，将企业引入学校，引进企业专家进课堂，校企在合作的过程中共同开发培训教材，共同建设实训场室，共同开发教学资源，使课堂内容完全与企业接轨，让学生与企业零距离接触。

3．教学内容整合

将理论与实操相结合，开展理实一体化教学。如广州市的基础会计课程，以往是学完理论再集中两周做实操，老师们普遍感觉难教，学生也感觉难懂、枯燥。而现在大家普遍采用项目教学教材，实行任务引领式教学模式，按工作岗位来安排教学内容，用仿真单据进行实操，学生真正动了起来，学习兴趣也提高了，看到自己填制的单据和表格，他们能体会到学习的快乐和成功感。同时这种教学也更贴近实际工作，培养了学生的动手能力，实现上学如上班，上课如上岗。

在市场营销课程中，以往采用比较多的是案例教学，学生缺乏对营销理论的应用体验。目前很多学校在教学中引入了模拟公司，学生分组成立自己的模拟公司，成员之间分配角色，分工协作，有的甚至会进行真实的促销会或网上营销，实行自主经营、自负盈亏，学生自己完成策划、组织货源、营销等整个过程。学生学到的理论知识得到了及时的应用，学生的学习兴趣大大提高。通过以上两门课程教学内容方面改革的探索，我们充分认识到学生不是不想学，而是不知为何要学，这就要求我们的教学内容要更切合他们的需要。

4. 教学方法多样化

教学方法应该灵活多样，如行动导向教学法、案例教学法、角色扮演法、小组竞赛法、项目教学法、分层教学法、游戏学习法等。让学生充分参与课堂教学，真正成为学习的主体。只要是能提高教学效果的方法，都要大胆地多加利用，这就要求我们的老师要成为学习型老师，不断更新自己的教育教学理念，不断学习新的教学方法并加以广泛应用。

5. 教学评价方法改革

改变过去终结性的选拔性评价，而应采用过程性评价、发展性评价、形成性评价、档案袋评价等多种评价方式，以激励为主，注重对学生职业素养的评价。在技能教学中多采用无失败技能考核方法，采取游戏通关模式，让学生在不断战胜自我的过程中去体验成功感。在平时的教学中，老师应对学生的每一点成绩都应给予充分的肯定，如对正确回答问题的学生给予加分、发小奖品等。老师还应经常对学生说“你真棒”“你真行”等激励性话语，避免“这么简单，连小学生都会做”等贬低性的评价语言。学生需要自尊，需要老师对他们的欣赏。作为职中的老师，我们应该具有一颗包容心，从心底里爱所有的学生，欣赏学生，承认和尊重学生的个体差异，为他们创造一个宽容、理解、尊重与合作的学习环境。

6. 加强教与学行为的研究

我们要研究教师的行为特征，如优秀的教师一般具有的特征，我们可以对其进行归纳，然后在老师们中间进行宣传普及。同时也要对学生的行为进行研究。如一些学生不学不是真的不想学，而是因为基础差听不懂，长期听不懂就对自己失去了信心，加上老师的批评、同学的歧视，时间久了就产生了厌学情绪，成了所谓的“差生”。我们在了解了这些情况后能不能通过单独辅导让他在没落后太远的情况下尽快赶上来呢？现在很多老师对一些差生缺乏信心和耐心，在自己原本工作不忙的情况下也不太愿意花太多的时间去辅导他们，这是对学生和教学的不负责任行为。

7. 提高教师的实践能力

中职技术学校要提高教师的实践能力，主要通过以下六点。一是校企挂钩，有计划、有目的地组织专业课老师经常深入企业第一线，熟悉企业的生产环节和操作工艺，拓宽教师知识面，提高实际操作技能，加快“双师型”教师培养。二是利用假期举办专业教师技能培训班，对教师集中培训。三是设岗练兵，变消费性实习为生产性实习，教师通过指导学生实习达到锻炼自身的目的。四是定期分批选派素质好的专业教师参加相关部门组织的专业技能培训班脱产学习。五是进行试验室建设，实验室是教师完成实践教学任务、进行科研活动的重要场所，教师参加实验室建设，既可节约经费，又能培养实践能力和组织能力。六是依托学校实习场所，有计划地组织教师承担本专业相关的生产管理项目。总之，要提高教学效果，就是要让学生真正参与教学，以学生为主体，做中学，做中教，践行“知行合一”的教育理念，不断提升职业教育的质量。

参考文献

赵志群，白滨．职业教育教师教学手册[M]．北京：北京师范大学出版社，2013.

中职学校药剂专业“药理学”课堂教学改革与创新

何　洛　邬小赢
（河源市卫生学校　广东　河源　517000）

摘　要： 药理学是中职药剂专业的一门实践性、应用性、逻辑性很强的专业核心课程，此文从医药行业背景与专业优势出发，通过对药理学课堂教学的现状分析，从而对中职药剂专业药理学的课堂教学提出改革与创新，目的是培养初、中级药剂专门人才和高素质劳动者，以适应当今社会对中职药剂专业创新型人才的需求。

关键词： 中职学校；药剂专业；药理学；教学改革；创新

药理学是中职药剂专业的一门实践性、应用性、逻辑性很强的专业核心课程，是学生参加全国卫生资格考试和执业药师准入考试的必考科目之一，它的主要任务是阐明药物作用机制、临床应用、不良反应、用药注意事项及指导临床合理用药等，在学生的专业知识结构中占有重要地位，因此，药理学作为中职药剂专业的专业课程，越来越受到医院、药品经营企业、药品生产企业等的高度关注，它的课程教学改革与创新刻不容缓。

一、医药行业背景与专业优势

从行业整体来看，我国医药行业一直保持较快的发展速度。随着人民生活水平的提升，居民对身心健康的重视使得医疗药品、保健品的市场份额迅速增长，这对医药行业来说是一个不可多得的机遇，“十二五”规划的出台又将成为医药行业快速发展的又一重要推进器。

从不断提升的增长速度和盈利水平来看，医药行业较其他制造业体现出较为明显的优势。随着医改深入和经济环境变化，医药行业将步入新一轮的并购重组，大型国药集团将成为中国医药行业的超级航母。医药行业发展迅速，药剂专业学生人才供不应求，市场需求广阔，就业前景可观。

二、中职学校药剂专业药理学课堂教学的现状

（一）教学方法陈旧

随着中职药剂专业的扩招，我校药剂专业一个班级有 60 多名学生。教师在药理学的教学中，长期以来普遍采用以教师为中心的传统教学模式。教师以一支粉笔，一台电脑为道具，“自导自演”故事情节，学生们则只是被动地“看戏”。课堂气氛不活跃，不能充分地激发学生们的学习热情和教师对学生的创新能力与综合素质的培养热情。

（二）知识点多，内容枯燥乏味

目前，我校中职药剂专业采用的是张庆主编的《药理学与药物治疗学基础》一书，是全国中等卫生职业教育部“十一五”规划教材，由人民卫生出版社出版，共35章，教学大纲规定为126学时，其中理论90学时，实践36学时。

在教学过程中，据学生反映，该门课程枯燥乏味，学习难度大，是一门“六多”课程，即抽象概念多，药名多，药物别名多，作用多，用途多，不良反应多，即使在该门课程上投入了很多时间，也未必能达到好的效果，而且很难将所学的基本知识应用于具体的实践当中，理论和实践脱节。即使将知识点进行梳理总结，也存在内容庞杂枯燥，难于理解与记忆等问题。

（三）实验、实训方法与专业培养目的不衔接

中职药剂专业学生课程安排中的药理学实践内容，一直以来与药学专业专科、本科的药理学实验内容相差无几，是建立在动物实验的基础上的。殊不知药学专业专科、本科的药理学实验是以药物研发过程为线索，将具体的实验技术与实际应用相联系，培训学生的科研兴趣及科研能力，同时注重行业工作规范及相关理论知识的阐述，培养学生的实际工作能力。

而中职药剂专业目的在于培养能在医院、药品生产企业、药品经营企业等单位进行药品销售、药品调配、药物保健等工作的能力，初步具有开展合理用药宣教和指导非处方药合理应用的能力；具有从事药剂工作所应有的良好职业道德，科学工作态度，严谨细致的专业学风的初、中级实用型技术人才。因此，中职药剂专业药理学的实验内容与专业培养目的不衔接，影响了学生职业生涯的规划。

三、中职学校药剂专业药理学课堂教学改革与创新的内容

（一）改革教学方法

坚持以“做中学、做中教”为职教特色，体现“项目为载体、能力为本位、学生为主体”的课程改革思路，对中职药剂专业综合技能实训课程进行教学改革。

在药理学的教学中我实行项目教学法。首先我改变传统教室的布局，将5~6张课桌拼成一张大桌，学生围桌而坐，布局的改变，不仅吸引了学生的眼球，也提高了他们对本课程的关注度。在教学前，我将每班学生分成8~10人为一组，在课前发给他们药品、药品说明书、处方分析题等资料以便他们预习；采用这种方式的预习，提升了学生的学习兴趣，同时在课堂中，学生也容易接受新的知识点。在教学中，通过启发式教学、播放视频、巧编歌诀、案例分析等方式讲授新课；然后以组为单位讲解处方分析题，充分发挥学生学习的主动性和积极性，培养学生科学思维和分析问题的能力；最后再对所学内容进行总结和课堂练习，并布置课后作业及预习内容。课堂气氛融洽，学生的积极性高涨，师生配合良好，教师教得轻松，学生学得快乐。所以说，项目教学法在中职药剂专业教学中可以有效促进学生职业技能的形成和专业知识的掌握。

项目教学的教学过程中，药理学教师的工作任务会加重，因此既需要得到备课组其他老师的帮助，也需要得到学校教务科和学校领导的大力支持；上课所需的药品来源还需要

得到药品经营企业的赞助与支持。在整本书药理学的教学过程中，不是所有的章节都适合项目教学，因此要适时地采用其他的教学方式，如现场趣味教学、药厂、药店、医院的实践教学等，充分体现教师的教学风格，充分调动广大学生作为学习主题参与教学的积极性，激发学生主动学习知识的欲望。

（二）改革实验、实训方法

多年来，由于受传统教学思想的束缚以及实验条件的限制，药理学的实验内容大多为纯验证理论，其教学方法不利于培养学生的思维能力与动手能力，远不能适应医学模式的转变。且中职学的药理学实验是建立在动物实验的基础上的，已经不能适应中职药剂专业的发展。

在中职药剂专业药理学的实验教学中，笔者对张庆主编的《药理学》的实践内容做了调整。一些验证性的实验，如删除中枢性抑制药药理作用的验证性实验、正性肌力药的药理作用等内容，而增开病例讨论、处方分析等符合中职药剂专业学生发展的创新性实训，鼓励学生独立思考，加强学生临床合理用药的能力；在实验教学中采用多种灵活多变的实验形式，教师引导，师生共讨，极大地激发了学生的学习兴趣，从而在教师和学生两个层面提高了药理学实验教学的效果。

（三）创新课堂外的教学模式

中职药剂学专业毕业生就业面临着严峻的挑战。县级以上医院药剂人员基本饱和，且医院制剂规模又逐步萎缩，逐渐转为药学服务。中职中专教育作为一个独特的教育层次，受到政治、经济、教育结构及其发展水平的制约，其毕业生素质难以胜任许多医药部门岗位的需求，只能就业于营销、药厂、社会药房等。

为了让药剂专业毕业生在严峻的就业形势中脱颖而出，提高学生就业率，教师必须基于现实，从教学入手，把实践性、应用性、逻辑性很强的药理学课程延伸到课堂外的教学。教师可以利用模拟药房、社会药房、医院药房等资源，在周末或是节假日带领学生扮演药师的角色，加强与患者的沟通，把书本知识转化成为顾客服务的药学服务中去。

在药剂专业学生中成立药学协会，药理学教师利用课余时间定期给学生进行药物方面的知识讲座，并以小组为单位，每月或每周完成一次教师布置的任务。例如，要求学生在近一个月内收集解热镇痛药的包装盒及说明书，并自行设计此类药品中一个药品的包装盒、广告词，把此药品推介给周围的同学或朋友。一个月后，教师根据其他同学所获取到的药品信息，给予评价。在学期末评选出“广告设计能手”“沟通能手”等荣誉称号，这样极大地激励了学生学习本课程的热情。

中职学校药剂专业药理学课堂教学改革与创新是一个漫长的过程，如何提高药理学教学质量，使实验、实训教学充分发挥作用，还需不断探索、总结和体会。

参考文献

[1] 龚其海．《药理学》课堂教学中学生学习兴趣的培养 [J]．中国医药指南，2011 (9).

[2] 朱礼龙．基于学生能力培养的管理学课程教学改革探讨 [J]．高等农业教育，2009 (10).

[3] 薛清．项目教学法在中职药剂专业教学中的应用研究 [J]．职教通讯，2013 (3).

[4] 高允生，宋玉云等．临床医学本科药理学实验教学模式的改革与实践 [J]．中国高等教育，2000 (2).

[5] 刘蜀宝．高职高专药学专业与中职中专药剂学专业的比较分析 [J]．医学教育，2005 (5).

多元化结合

——中职英语兴趣教学创新

吴　睿

（广东食品药品职业技术学校　广东　广州　510663）

摘　要：随着时代的变迁，科技的发展，学生认识世界的速度在加快，然而对学科的好奇度也在流失。面对这一现状，中等职业教育下的教学工作必须进行改革。本文以中职英语课堂的实际教学工作为基点，旨在不断开拓和探索新形式的教学模式，并阐述了通过将英语教学与科技、"以学生为中心"教学法和日常素质教育等职校培养导向"多元化结合"，发展渗透式英语教学，激发中职学生英语兴趣，促进学生学习。

关键词：中职英语；兴趣培养；多元化结合

随着中国国情和改革开放的不断深入，作为为社会培养实用技术型人才的中职教育是不可忽视的一部分，中等职业学校也越来越受到社会和教育行业的重视。与高中教育相比，中等职业教育虽然没有应试高考的压力，但是学生对于学习容易抱有懈怠的态度，这种客观因素对中职教学工作的开展带来了不利影响[1]。其中，作为中等职业教育中基础组成部分的英语教学，也面临着相应的挑战。这就需要教师的教学从课堂出发，并非以课堂结束，教学工作可以扩大延展开来，主要以学生兴趣为中心展开"多元化结合"的中职英语教学新方法，着力提高学生英语学习兴趣，增强中职学校教学水平，逐步达到学生主动学习的状态，使学生英语学习和多元化能力共同进步发展。

在中职学校的英语教学中，常见问题有以下几个：①学生英语水平普遍不高。在学习过程中，学生学习自信心容易受到不同程度的挫败，导致英语教学工作难开展。②中职学生自控能力不足，对于手机、电脑、iPad 等高科技产品有着普遍迷恋性，课堂易三心二意，教学工作步履维艰。③固定教材式英语教学导致教学套路固定，教学水平落后。教师按照授课计划完成教学任务时，常常容易按照教材给出的模式进行，反观教材内容中应试类的知识，如：语法、单词、句型、习题等相对较多。教师单纯遵循教材讲授，容易使课堂变成枯燥的灌输式教授，学生每堂课的内容流程相似，导致学生对于英语课堂的好奇指数和期待度不断下滑，这对于课堂教学工作十分不利。④部分中职学校中，教师身兼多职，分身乏术，教学创新工作很难突破。部分中职学校中，教师除授课任务外还兼负管理班级或者其他教学外的工作，教师对于教学无法做到全身心投入，这类教师易缺乏足够精力和动力来研究探索出新的教学方法，师资后备力量出现"漏油"情况。

综合以上分析，中职英语教学工作从学生到教师到课堂，三方链接都存在诸多漏洞和问题。结合中职学校的现状，为使职校学生能真正获得知识，提高自身素质和能力，达到适合当下社会发展的高素质使用型人才的要求，笔者结合自身实践，探索出一套"多元化结合"的中职英语教学兴趣培养方法：

一、把英语教学与科技相结合，全方位拓宽教学延展性

在以科技为支柱的现代化社会，学生深受科技产品的影响。充分了解“90 后”学生眼下喜欢的现代科技，有助于我们教师对英语教学工作和课堂重新审视，让教学方法和课堂设计不断与时俱进。

根据对在校学生的情况调查，学生在校常用的电子产品有：电脑、手机、iPad 等，学生对于这些电子产品有极大的依赖和迷恋，衍生出剪不断理还乱、让老师家长们头疼不已的“坏兴趣”。但我们却不得不承认这些电子产品对于学生的吸引力确实持续时间最长，作用力度最大，影响范围最广。如果教学工作能够很好地利用和结合科技，有针对性地让学生借助科技手段，最终达到学习的目标，这不但能很好地引导学生的兴趣方向，而且极大地培养了学生学习的积极性，为教学工作创造更有利的环境。以英语教学为中心，笔者通过自身探索得出以下几种将英语教学与科技结合的教学法。

（一）借助英语手机软件拾起学生日常的求知欲

笔者在探索过程中发现，近些年科技的兴起同时伴随着许多英语学习软件的诞生，其实这都可以成为英语教师教学的巨大资源。对于这些学习类科技软件的使用，学生就表现出浓厚的兴趣。比如：英语扇贝软件，学生可以借助它背诵句型，单词和文章，英语课后学习中的背诵环节不再是“攻不下的城墙”；还有英语趣配音软件，学生借助它完成各式各样有趣的电影、歌曲、演讲、听力和广告的配音，软件可以自动矫正学生发音，锻炼学生听、说、读等多方面的能力，让许多学生开始张开嘴巴，大胆地说英语、读英语。任课教师还可以在课后作业中加入科技元素，如让学生将完成好的英语软件记录或者音频发到老师邮箱，从而老师可以便捷并充分地了解每位学生的学习程度并且纠正学生学习中的错误，帮助学生进步。通过这些学习型英语软件的使用，笔者逐渐发现学生开始主动学习英语，并且在快乐学习的过程中不断进步。

通过这个探索过程，我们不难发现，学生学习状态的表现范围不仅仅局限于短暂的课堂当中，更多的散落在学生日常的生活中。充分利用学生习惯用的手机，拾起学生散落在日常活动中的求知意识，既培养了学生学习的主动性和兴趣，同时也提高的教学工作的效率和落实度。

（二）充分运用课件、多媒体技术，促进视觉教育

课堂教学过程中，常常受到讲授主体单一和空间局限的限制，学生的学习程度和效果也随之受到限制。根据美国哈佛商学院有关研究人员的分析表明，人的大脑每天通过五种感官接受外部信息，其比例分别为：味觉占 1%、触觉占 1.5%、嗅觉占 3.5%、听觉占 11%以及视觉占 83%。由此可见，要让学生学习并且掌握知识，就要在课堂教学中首先让他看到知识。

因此，在英语课堂中加入课件、多媒体元素是让学生看到知识的最好方法，同时也最有利于学生大脑接收知识信息的。实际运用中，课件和多媒体的使用可以依照实际课程进行不同的设计和调整，比如中职英语教材中的一个单元，它的教学目标是让学生掌握用英文在餐厅点餐。首先设计课件时可以借助图片帮助学生掌握相应的单词（当中可以穿插图

片猜词游戏等活动)，让学生看到菜单上的图片就能习惯性联想到相应的英文单词；接着，可以播放一段实际生活中外国人点餐视频，让学生看着视频模仿学习；最后，综合课堂所学知识通过情景剧的方式让学生模拟英语点餐的全过程。实践结果证明，利用课件和多媒体元素进入课堂，使得视觉学习放大，是更有利于学生能够持久保持注意力，并且在短时间内掌握知识的较好的英语教学方法。

二、把英语教学与“以学生为中心”教学法相结合，激活中职英语课堂

在近些年的中职英语教学工作中，学生对于课堂的热情呈现消极趋势。究其原因不得不将注意力放回到设计课堂的教师本身，老套的授课模式设计筹备课堂，强硬地灌输学生知识，这种“填鸭式”的授课，只是在强迫学生接受老师让他们学习的知识，久而久之学生不但容易对课堂知识感到厌倦，而且容易产生逆反心理，不利于课堂效果和课堂管理。在这样的现状下就对中职英语教学提出了新要求，英语课堂必须要进行改革。笔者通过实践探索把英语课堂与“以学生为中心”教学法将结合，让课堂能够主动吸引学生，调动学生学习的积极性，培养学生的学习兴趣，让学生从“要我学”转变为“我要学”，使之乐学、爱学、好学，从而“激活”中职英语课堂，下面就“以学生为中心”的教学法，谈几点笔者的具体做法：

（一）“以学生为中心”制定英语学习目标

教师备课的过程就是课堂模式和氛围的基本呈现。所以筹备课程，设计好每一次的英语课堂，备课至关重要。教师备课过程中的首要任务就是制定学习目标，常规学习目标的制定，教师经常习惯性遵循教师的授课计划进行直接拟定，而实际授课中，学生的学习水平和课堂效果在不断变化，就容易造成实际和计划出现大误差的情况。所以制定学习目标应该由“以教师为中心”转为“以学生为中心”，根据学生学习情况和实际课堂效果来制定相应的学习目标。

具体“以学生为中心”的英语学习目标的制定过程可以依照三个过程完成：①学生可以学到什么；②怎样帮学生学会；③怎样知道学生学会了。比如说中职英语教材模块一 Unit 1——“Nice to meet you!”，了解课程内容后，从学生的角度，针对这单元知识对应三个过程进行设计：①学生可以学到英语的问候用语和单词；②首先，问候由多人完成，团队学习更有利于本单元学习；其次，帮助学生解答他们的习惯问候语如何用英语表达；最后，用视频帮助学生学习模仿；③通过角色扮演的方式让学生演绎从而判断学生是否真正学会了。根据以上过程，我们的英语学习目标显而易见了，即“分组完成英语日常问候”。学习目标的设计是完全围绕着学生来完成的，贴合实际课堂并且激发学生求知意识，突破教师一味完成授课任务的僵硬备课模式，以动态的“以学生为中心”的全新备课模式找到学习目标。

（二）“以学生为中心”的教学法丰富我们的英语课堂

在英语课堂教学中，很多教师常常为一个问题而苦恼：“我明明讲得非常清楚了，怎么学生就是不懂。”这个问题的答案就是我们常常忽略学生的主体性，一次课堂的作用和效果的优劣全取决于我们的学生。所以课堂教法的设计“以学生为中心”展开才更能真正

达到学生学习的目的。

我们经常说“兴趣是最好的老师”，在英语课堂中，“以学生为中心”展开教学，以学生兴趣为出发点，能够极大地拓宽课堂的延展性。从学生兴趣出发，首先让学生在纸上写下自己最喜欢的事物或者是对象，在进行汇总发现，很多学生的兴趣会有类似或者雷同的情况，比如表演、画画、唱歌、看电影、玩游戏、舞蹈等。这些普遍的兴趣爱好的共同点就是能动性都相对高，教师可以根据这一点展开“以学生为中心”课堂教学法的设计。笔者对于“以学生为中心”的教学法给予一下几种做法作为参考：

（1）课前，笔者一边让学生唱着英文歌曲一边进行“击鼓传花”的游戏，歌声停止后挑一个或者几个“幸运儿”回答上节课所学的相关知识，完成回顾环节。不但让学生温习了上节课的内容引出接下来的授课，同时也让学生以最短的时间精神紧绷地回到了上课状态。教师可以不断变化各种形式，以学生喜欢的活动方式，相较于枯燥地坐着回顾，这类结合了学生爱好的活动教学法更能激发学生对于课堂的兴趣。

（2）课中，结合上课内容，英语内容可分为“听、说、写、背”这四大模块。①听和说是英语课堂的必备元素，笔者将其结合以配音竞赛的方式，选取与授课内容相应的听力材料，发给学生进行课堂配音比赛，然后将学生音频回收，任意发给另一个学生，由其点评和打分。学生对比原听力和同学配的听力进行打分和点评，并上交英语老师。接下来老师根据学生的音频和评分同时了解学生的“说”和“听”的问题，并给予纠正和指导。两种元素结合，以学生感兴趣的方式进行，学生的积极性和学习效果显著。②背诵一直是学生头痛的问题，原因不是学生背不下来，而是由于背诵过程很枯燥，学生缺乏兴趣。笔者结合学生兴趣，利用学生常玩的益智类游戏设计课堂“单词连连看”活动。将 30 个英语单词与 30 个单词对应的中文意思分别做成卡片，任意混合 60 张卡片后反面朝上摆放整齐，任意翻开两张，如果是单词正确对应其中文意思的一组可消除两张卡片，翻开是不正确对应的一组则重新翻回反面不能消除，最短时间消除所有卡片的学生获胜。总共给学生在 15 分钟记忆单元的 30 个单词，单纯的死记硬背下，许多学生都反馈时间太短无法背下，但在游戏中并加入了竞争，实际教学中学生基本全部能够参与并且完成“单词连连看”的活动，背诵单词成了学生喜爱的一个课堂环节。③写是英语课堂必不可少的环节，但很多学生对于写就表现出不耐烦的态度。笔者借助学生兴趣出发，在设计学生课堂活动中，有意识地一点点加入写的部分，比如设计英文情景剧，剧本就由学生自行完成，在活动中让学生无意识地加入了写的元素，让学生不再排斥写英文，习惯写英文，从而锻炼学生写的能力。

（3）课后，是教师容易忽视的关键，有效地利用课后时间是“以学生为中心”的教学法的极大渗透和延伸。在课后教学中，笔者让学生制作课程内容的手抄报或者反映上课内容的手工制作品，让学生在创作兴趣中不断一次又一次回忆加深知识框架和结构，整合短暂的课堂内容，做到真正的“温故而知新”。

以上是将中职英语课堂教学结合“以学生为中心”的教学法，笔者通过自身的实践经验的具体做法，希望能对读者在课堂教学改革创新中有所启发，实践中读者可根据学生的实际情况进行丰富和创新。

三、把英语教学与日常素质培养相结合

挖掘“材”源，用活教材。中职英语教学中不仅要教授教材，而且要用活教材。教师在教学中应充分挖掘教材中的思想教育精髓，将教材生命化，在枯燥的知识中融入生动的活动实践，把教学内容融入学生日常丰富、具体的实际生活中，增强英语教学实用性的同时，让学生习惯用英语，喜欢用英语，从而促进对英语学习兴趣的培养[4]。

上课——是点燃求知欲和道德信念火把的火花，上课对于学生的影响就像黑夜中的一盏指路明灯，不断点亮学生前方的路，对学生产生深刻的影响。中职英语模块一教材中 Unit 1——“Nice to meet you!”，结合教材内容，教师可以细心设计课堂，让刚刚入学的学生用英语相互介绍自己，加速班级学生相互了解，锻炼学生学会大胆表现自己。Unit 2——“I can do it”，引导学生学会用“can”谈论自己的能力，在这个话题中让学生学习各种句型和单词的同时，学会尊重自己，学会自信，同时也能发现他人身上的闪光点，学会尊重他人。Unit 5——“What's your hobby?”，教师可以在学生学会各种表达爱好的句型和单词的同时，开发学生课外的爱好活动，开阔学生的视野，开拓学生思考问题和分析问题的角度。Unit 7——“Can I speak to Sara , please?”，结合教材学习内容，组织教学活动——让学生主动用英语向英语老师或同班同学打电话，并将电话内容记录下来，训练学生英语口语的同时培养学生主动沟通交流的能力和胆量。

在英语教学中有意识的加入素质教育元素，引导学生学会正确看待问题和思考问题，同时结合学生兴趣，有目的性和教育性的来设计每一次课堂教学。教师在课堂教学的过程中，空洞的说教式对学生进行思想教育或者单一的讲解式对学生进行知识教授，都容易让学生对于课堂学习的期待在不同程度上有所下降。教师应当将教学由“灌输”转为“渗透”，逐步达到学生“无意识学习”的状态，不断将“渗透”的延展性扩展到最大，由课堂内延伸到课堂外，让学生最终达到活用知识，并能将知识的方方面面融入到日常的语言、行为、思考等多方面，让学生不知不觉在生动的课堂上获得一次又一次的洗礼。

以上多元化结合的英语教学法，读者可以根据实际情况进行变换调整。结合实际经验，笔者在充分了解新时代下“90后”中职学生的特点后，将英语教学与科技资源结合，将英语课堂教学融入“以学生为中心”的教学法，同时在全方位英语教学中加入日常素质教育元素，加深了学生对英语的兴趣，逐步强化英语教学的延展度，做到英语教学“以课堂开始，并非以课堂结束”。进一步将英语教学推向渗透教学的道路上，让学生在无意识学习的过程中不断获得知识和成长。

参考文献

[1] 谭雪燕. 中职英语交际能力教学的探讨 [J]. 教育与职业，2010 (11).

[2] 焦峰. 对中等职业学校英语教学的思索 [J]. 内蒙古电大学刊，2008 (3).

[3] 王慧. 中职生英语学习兴趣培养之我见 [J]. 学科课堂，2011 (5).

[4] 黄安红. 浅谈班主任工作英语化，英语教学班主任化 [J]. 中国科教创新导刊，2012 (36).

“以学生为中心教学法”在中职体育与健康教学中的运用

姚　斌
（广东省食品药品职业技术学校　广东　广州　5106663）

摘　要：“以学生为中心教学法”在体育与健康课程的教学过程中使用越来越多，起到了积极的作用和影响。在教学中以学生为中心，可以发掘学生主动学习的兴趣，提高学生的学习能力，让学生在学习体育技能的同时，管理组织资源、决策、说服与影响、接受挑战与克服障碍、人际交往、分析和解决问题、积极主动寻求自我发展等能力均能得到提高。

关键词：以学生为中心教学法；学习目标；学习过程；学习评价

“以学生为中心教学法”，即在教学活动过程中，将学生作为教学的主体，教师作为促进学生学习的角色存在于教学活动中，并引导学生学习的方向、目标。以学生为中心的教学法注意在学习过程中发挥学生的主动性、积极性，相应的教学设计主要围绕“自主学习策略”和“学习环境”两方面进行。下面，将从学习目标的制定、学习过程的促进、学习评价的方式三个方面进行论述。

一、“以学生为中心教学法”学习目标的制定

学习目标是教学目标的一部分，是学生在教学过程结束后要完成的任务和达到的目的。学习目标的制定要做到具体明确，目标越明确，越符合学生的实际情况，学生越容易完成。在体育与健康课程的教学中，定量是较为直接可行的方法。可以用准确的数字描述明确学习目标。

在“以教师为中心”的教学法中，学生在教学过程中不能获得清晰明确的目标指引，导致学生没有方向性和目的性，学生的学习兴趣不能被积极地调动起来。没有学习目标的学习过程，犹如一次没有终点的比赛，茫茫然看不见终点线，学生的学习会变得茫然而不知所措。

那么在制定学习目标时，“以学生为中心教学法”制定目标的原则是：具体的，可测量的，可达成的，相关的，有时限性的。在制定学习目标的时候，就必须要考虑到这几点要求。经过对部分学校的教师教案进行收集、汇总，体育与健康课程的教学目标可以归类为以下几个方面：

目标 1：培养学生组织纪律性，促进身体协调发展；

目标 2：发展速度、力量、弹跳、灵敏、协调素质、提高学生的跳跃能力；

目标 3：培养学生对乒乓球的兴趣，增强学生的体质；

目标 4：使学生掌握短跑蹲踞式起跑的技术动作，提高学生的速度、灵敏度；

目标5：培养学生刻苦耐劳的思想情操和勇敢果断的精神。

利用“以学生为中心教学法”对学习目标的制定原则来分析，目标1不具有具体性和可测量性，目标2不具有可测量性和时限性，目标3不具有可测量性、可达成性和时限性，目标4不具有可测量性和时限性，目标5不具有具体性、可测量性、可达成性及时限性。那么在实际制定学习目标的过程中，应该如何确定学习目标呢？“以学生为中心教学法”指出，学习目标的制定至少要有三个方面：第一，给定学生能获得或者拥有的条件；第二，学生利用何种方式履行任务；第三，完成学习目标的要求。以排球课双手正面垫球教学为例，制定学习目标时可以采用以下描述：

例1：两人一组，一个排球，运用所讲解的排球正面双手垫球技术动作，进行原地一人抛球一人垫球的练习，完成20次，限时15分钟完成。

例2：两人一组，一个排球，进行对垫球练习，发现搭档一个或一个以上技术动作上的缺点，并帮助其纠正，限时20分钟完成。

如此，学生不但在学习过程中要完成什么样的任务变得具体而清晰，而且将任务量化后，学习目标可以测量，学习目标的难度适当，在规定的时间内进行认真的练习后比较容易达到。学生在练习的过程中，知道要达到什么样的要求，也就不会再盲目的进行练习，会直接利用要求达到的练习次数作为指导，自主的进行学习。通过改变学习目标，在上课过程中积极主动进行练习的学生增多了，在学习中主动提出问题的学生也明显增加，说明学生不仅体育技能得到了一定的提高，学生的观察能力，解决问题的能力均得到了不同程度的发展和提高。

二、“以学生为中心教学法”学习过程的促进

在学习过程中，教师要对学生学习的形式、方法及过程进行有效的控制，维持学习过程的稳定，将学习过程中不良因素的影响减少到最小，帮助学生获得一个完成学习目标的理想环境，这样学生就会更容易达到学习目标。

（一）学习过程中学生的学习形式

学生在学习过程中的形式，将直接影响其学习的效果。在体育与健康课的教学过程中，很多时候需要学生在学习时相互帮助，所以，分组在教学过程中是一种比较重要的形式。分组的标准可以多种多样，如以学习小组为单位分组，以宿舍为单位分组，以临时组合为单位分组，以人数为标准进行分组，以情感为标准进行分组等。分组形式的选择，需要考虑学习的内容。

好的学习形式能在学生的学习过程中起到积极的促进作用，利用给组长布置任务的方式对全组的学习过程进行督促。在教学过程中经常采用的分组形式是以宿舍进行分组，好处如下：①清点人数变得快捷、简单，节省了时间；②宿舍成员间相对熟悉，更利于学习过程中的交流；③组员间的相互对比有利于激发学生学习的兴趣；④宿舍长在生活中担任管理者的角色，在学习中管理者角色得到了进一步的拓展和深化，对于学生的学习过程会有积极影响。

（二）学习过程中学生的学习方法

在“以学生为中心教学法”中，教师直接教学的参与度降低，就要求学生主动学习的能力增强，教师需要为学生的主动学习提供必要的条件。首先是本文前面所提到的布置具体、清晰的学习目标，然后在学生分组学习的过程中进行课堂巡查，收集所需要的信息，这些信息可以是积极的，也可以是消极的，需要在最后的成果总结中进行讲评。

分组学习的过程中，教师除了让各组组长进行自主学习的组织和管理外，还要控制学生学习的时间，每一学习阶段完成后，各小组有5分钟左右的时间进行一次小总结，可以是完成学习目标情况的汇报，可以是本阶段学习过程中发现并解决的一个问题，也可以是在本阶段练习过程中不能解决的问题。学习过程中教师要辅助各组组长完成小组的管理，要让不积极参与、不服从组长管理、消极练习的同学参与到小组的学习过程中来，对练习中开小差的同学进行及时指导和纠正。可以使用情景模拟、小组讨论、角色扮演、互评等方法促进学生的学习。

通过使用不同的学习方法，使各种学习风格的学生都能在学习过程中受益，使视觉型、听觉型、动觉型的学生都能找到适合自己学习风格的切入点，尽可能多地照顾到各种学习风格的人群。尽量让学生在学习过程中去实际体验，因为学习＝体验＋反思，所以，首先要让学生充分进行体验，只有亲身体验，才能有反思的基础。第一步是让学生在学习过程中先动起来，即使是在这个过程中他仅仅是帮助积极练习的同学进行一些辅助的工作，这都是有益的。

（三）学习过程中学生的学习流程

学生的学习过程是一堂课的重点，过程安排科学、流畅，才能给学生营造一个良好的学习氛围和学习环境。合理的教学过程的安排，能使学生在过程中获得更多知识和能力的提升，中职学校的体育与健康课程，不再是只要求学生掌握体育技能，在体育与健康课的教学中提高学生的职业素养同样重要。

学习过程一般采用创造条件（示范学习的技术动作）—履行（学习的方式、方法）—评价（对过程进行评估）。创造条件时教师的讲授和示范要尽量简洁、清晰、重点突出。从笔者长期从事体育与健康课程教学的经验来看，集体的讲解效果是很差的，能真正记住教师所讲授内容的学生只有一部分，越详细地讲解技术动作构成，学生记忆的效果就越差。教会学生最基本的技术动作（条件），然后就让学生自己去按照学习目标去努力。让学生在学习过程中去实践，能取得更好的效果。在学习过程中教师不要急于纠正学生不正确的技术动作，而是引导学生去发现他们（她们）存在的问题，促进学生的思考，学生对学习的兴趣也会变得更加浓厚。

学生在练习过程中，教师随堂巡查，对学生的练习情况进行简单的记录，记录的结果为学生学期平时表现成绩的依据，并且巡查、记录的过程，也是促进学生自主学习的过程，对积极进行练习的组和个人进行肯定、表扬，对消极进行练习的组和个人进行督促，并提出一些学生自己未能发现的问题，引导同学思考，最终找到出现问题的原因和解决问题的办法。和学生在学习过程中一起分享学生取得的进步和成功的喜悦，让学生明确知道自己在练习过程中获得的进步和成功，这样更能激发学生的学习热情。

在学生练习过程中，将学生的学习过程与实际的生产生活联系起来。通过研究，就业能力一般包括以下几方面：①能够管理组织资源；②做决定；③能够说服和影响；④适应变化；⑤接受挑战和克服障碍；⑥表现出商业意识；⑦提升个人交际能力；⑧分析和解决问题能力；⑨对个人发展表现积极主动。

与学校实习就业中心进行协作，了解实习企业对员工的要求，在课堂学习的过程中将这些信息传达给学生，学生在学习的过程中会更加认真和自觉。如在实习就业中心了解到，企业喜欢能对生产过程提出改进意见的学生，那么在学习过程中要求学生相互观察对方的练习，至少找出同伴一个或一个以上的优点或缺点，提高学生观察—发现—思考—解决问题的能力，对就业能力中运用分析和解决问题能力的提升是一个很好的途径，同时能够说服和影响及个人交际能力均能得到不同程度的发展和提升。由此也解决了学生为什么要练习的疑问，不仅是为了让他们获得体育技能，还有综合素质的提升。学生了解了以后，学习过程中变得认真，体育技能目标的完成也变得更为容易。

三、“以学生为中心教学法”学习评价的方式

学习评价方式主要有终结性评价和形成性评价。“以学生为中心教学法”要求评价采用多种多样的形式进行，比如说上/下课纸片、小测验等。“以学生为中心教学法”要求对学习的评价应该：

第一，准确（熟悉标准）；第二，公正（使用有效的方法）；第三，可靠（结论应前后一致）；第四，有用（明确如何进步）；第五，突出重点（找出学生的学习障碍）；第六，连续（每个评价阶段要非常清楚）。

在体育与健康课中，评价形式要采用多种方式来进行。评价最主要的是对学生有用，并且能从学生那里得到反馈。这种反馈可以是口头的、书面的或非语言的。由于体育与健康课的特殊性，小测验的评价方法使用很多，一般情况下的反馈形式是非语言的。要求学生在经过一个阶段的学习后，教师或者学习小组对学生的阶段性学习进行评价，学生利用口头或者非语言的方式对评价作出反馈。

“以学生为中心教学法”在教学过程中将学生处于学习的主导地位，学生产生想学的欲望，教师给予学生可学的环境，让学生在学习过程中能获得多元化的学习成果，使学生能真正感受到学习的知识是有用的，在学习过程中体育技能和自身综合能力均能得到提高。

综上所述，做好以下几点，“以学生为中心教学法”将会发挥出更大的积极作用。

（1）制定学习目标一定要切实考虑到学生的实际情况，表述清晰还要实际可行，并逐步增加难度。尽可能地照顾到大部分学生的学习能力，对于极少数特殊的学生可以进行个别要求，但必须是在学生自愿的情况下，不要让学生感受到你是在刻意特殊对待他。

（2）学习形式要根据学习目标进行合理设置，不要把不合理的或者不相关的学习目标设置到根本完不成的学习形式中来。

（3）学习的评价一定要及时且准确，无论学生获得多少进步，都要进行肯定，并让学生感受到你的评价是真诚的。

（4）学习环境要适当放松，让每一位同学能体会到宽松、舒服的学习环境，有利于学生在自主学习中获得自由探索的空间和时间。

参考文献

［1］中等职业技术学校《体育与健康》教学指导纲要．2009.

［2］毛振明．体育教学论［M］．北京：高等教育出版社，2005.

［3］林沛春．浅谈“以学生为中心”教学法在体育教学中的运用［J］．新课程，2013（6）.

［4］胡斌．“以学生为中心”教学法在教学中的运用［J］．广州化工，2013（1）.

关于中职学校化学教学现状分析与改革措施

吴 丽

（广东省食品药品职业技术学校 广东 广州 510663）

摘 要：本文根据对中职学校的化学课堂教学进行的现状分析，针对教学中出现的问题，探究教学改革的措施。为了突破传统的教学模式，更好地激发学生的求知欲，引导学生学会学习，教师应做到因材施教、积极转变教学观、灵活运用多种教学方法、加强个人修养等，不断优化教学效果，使课堂由“以教师为中心”转变为“以学生为中心”，实现教学相长的良好态势。

关键词：中职学校；课堂教学；教学模式

前 言

教学课堂是学校教育中最重要和最基本的活动形式，在学校教育中居于中心地位。在众多中职学校中，化学作为向学生开设的一门重要的基础课程，其教学效果也非常引人关注。中职学生普遍基础较差，对于抽象难懂的化学，学习起来非常吃力，甚至产生厌恶心理。对于医药类、化工类学生而言，学好化学对后续开展的专业课学习有着重要意义，然而学生在最初没能打下良好的化学基础，将会给专业课的学习带来极大的障碍。目前，大多数学校关于化学的教学仍使用传统的填鸭式教学，实际收到的效果甚微，本文试图对化学的教学课堂进行分析，并提出一些建议。

一、中等职业学校化学教学现状

（一）学生现状分析

中职学生的化学基础相对薄弱，初中时只学过一年化学。多数中职生自学能力较差，缺乏学习目标，动力不足。化学知识本身较为抽象难懂，使其更容易产生对学习的排斥心理。大多数学生未认识到化学课程与专业课之间的紧密联系，所以并不十分重视这门基础课程。在中职学校普遍存在如下现象：很多学生不能完全掌握元素周期表中常涉及到的元素，如1~20号元素；再者对很多基本的概念、化合物的性质、简单的反应式等，表示不理解或记忆模糊。对于化学实验的开展，学生好奇心较强，对新鲜事物感兴趣，喜欢动手操作，但平时进入实验室动手操作的机会少，较少体会到实验探索的乐趣。此外，分析、归纳能力还有待于进一步提高。

（二）教师教学现状分析

在化学的课堂上，教师习惯充当知识的传递者角色，课堂中大部分时间，更侧重于进行传统的“填鸭式”教学，学生的大脑就像一个“知识的容器”，被动接收教师灌输的信息。在授课过程中，知识的传递是单方向的，学生作为知识的被动接受者，听从教师对课堂的安排，贯穿课堂的主线为“讲—听—记—练”，形成了“以教师为中心”“以课堂为中心”“以书本为中心”的教学模式，呆板严肃的课堂无法营造活跃的学习气氛，长久以往导致学生感到枯燥乏味，对于难以理解的化学内容渐渐失去兴趣。

（三）学校教学存在教学资源相对短缺以及课时安排不合理的问题

化学本身是一门理论与实验探究相结合的科目，应该要辅以实验，才有利于教学。在多数中职学校里，可以很明显看到教学资源相对短缺或课时安排不合理的现象。大部分的教学依然在教室中展开，每学期只开展少量的实验课，学生动手操作、感受化学探索的机会较少。同时，在理论授课过程中，出于对学生安全的考虑以及学校管理制度的限制，教师很少能将所需的一些简单实验试剂或用品带到课堂来进行直观教学，因此，授课地点多局限于教室，内容多局限于教材，难以创造机会给学生感知化学生动的一面。再者，学校的其他教学资源也需继续完备，如可设立电子阅览室或是增加化学方面图书、报刊的订阅数目，以便学生利用资源查找相关资料，增加知识的涉猎。另外，由于课时安排较为紧凑，教师所讲授的内容多数情况下只局限于书本，很少有足够的时间为课堂设置一些有趣的活动或者对内容进行知识拓展。

二、中职学校化学课堂教学改革的措施

对中职学校化学教学现状进行分析后，发现教学方面存在着较多弊端。通过学习“以学生为中心”的教学法，我从中得到启发，课堂是师生交往互动的地方。闻道有先后，术业有专攻，因此，教师在教学过程中起主导作用。而学生是学习的主人，其主体性地位也不可忽视。因此，在教学过程中既要充分重视、发挥教师的主导作用，又要顾及学生主体作用的存在。为了更好地开展化学课堂教学，提出以下几点措施：

（一）教师应了解学生，因材施教

了解学生的年龄、性格、心理特点、认知规律和学习上的困扰，有利于教师在施教时，采用适当方法，适时鼓励、表扬学生的优点，肯定学生的表现，使学生看到自己的长处，调动其学习的积极性、主动性，增强其自信心，从而提高学习效果。

对于学习动力不足的学生，教师可与学生进行谈话，或是询问班主任、班干等方式了解情况，使其端正学习态度，明确学习的目标。而对于学习有困难的同学，要详细了解原因：是否与授课内容的难度过大有关，或与学生的学习方法、心情、家庭因素等有关。为此，教师和学生均需进行反思，教师所授课内容应符合学生的认知规律，避免难度过大，避免将简单问题复杂化，用通俗易懂的语言化难为易，对于关键知识点可适当放慢教学速度，随时注意学生的接受情况。而学生本身要端正学习态度，对于疑惑不解的问题，应及时请教老师、同学，才能及时扫除障碍，使得学习变得更加顺畅、轻松。

（二）教师应转变教学观念

教学不再是忠实实施课程计划的过程，而是课程创造、开发的过程，同时，教师的独白应转变为师生交流。在新的教学观念中，学生应有更多的机会参与课堂活动、表达自己的想法，师生间能够更加充分地分享彼此的经验、知识、情感等，实现教学相长。课堂中教师扮演的角色有传递者、开发者、引导者，而学生成为课堂的参与者、开发者、体验者。师生互动一方面有利于对教材进行活化、补充，使教材内容更加丰富和完善，更具有生活性、趣味性，另一方面，课堂气氛变得活跃，学生参与率高，使得师生交往融洽，互相受益。

（三）教师应灵活运用教学方法，优化教学模式

上一堂好课，教师要善于结合多种教学方法，提高教学质量。倘若在教学过程，只是单纯采用“教师讲，学生听”的方法，学生面对的是枯燥的纯理论知识，机械地背诵、记忆，便丧失了兴趣。教师也未能充分调动起学生学习的积极性，也没有激发学生的求知欲，所以，为了活跃课堂气氛，丰富课堂的内容，教师必须在教法上多下功夫。具体实施可以有以下几点建议：

1. 结合学习偏好，创设情境导入新课

不同的人，学习偏好是不一样的。学习偏好可以分为：视觉型、听觉型、动觉型。因此，了解学生的学习风格，有助于教师在教学过程中，注意满足学生的偏好。如采用多媒体、讲授法授课、穿插视频、播放音乐、制作各式各样的海报、图片、插图、模型、设计广告、表演、做游戏等等。但要想在实践中满足学生的多种学习偏好，就要求教师在备课时花费更多的时间完成教学设计，才能优化教学效果。

同时，教学依赖于情境，要善于使用多媒体，集图片、音、像、动画为一体，也可以通过举例、讲故事的形式介绍熟悉的场景和个人的直接经验，通过多种因素的交互作用优化课堂教学，使知识在传递中获得改变、创新、增值。通过创设情境，可以吸引学生注意，激发起学习的兴趣，带领学生一起进入新的学习内容。

2. 任务引领，设疑诱思

可以适当地布置一些学生有能力完成的任务，如课前通过预习新课，明确将要学习的内容，有利于学生在课堂中有意识地去学习自己尚未理解的知识。或是通过网络、图书馆、报刊等途径搜集相关资料，制作海报或手抄报，促使学生增强学习的主动性，在查找过程中，丰富了学生的知识面。还可以针对上课内容，要求学生带相关的实物来教室参与教学过程，在课堂中进行展示。学生通过观看实物，更加直观地理解知识，教学过程中注重理论联系实际，使得学生认识到化学就在生活中，可以增添对化学学习的兴趣。在任务引领方面，教师要掌握好一些要求：①布置的任务学生可以完成，同时也具有一定的挑战性。难度要适度，以免学生产生畏难情绪。②教师要检查各组完成的情况，并给予评价，归纳优缺点。

在教学中要善于设疑，可以从生活中的普通实例或专业相关的问题切入，通过设疑的形式向学生提问或是引导其思考、讨论，循循善诱，充分调动学生的自觉性和积极性，引导他们独立思考，启发学生积极动手、动脑、动口去解决学习中的各种疑难，促使学生学会学习、学会思考，能独立获取知识。

3. 鼓励合作探究，互帮互助学习

在化学课程中，可以安排可操作的实验，根据学生的性格、学习情况等进行分组实验，引导学生进行合作探究。在教学过程中可使用演示法，学生通过观察、模仿等方式，以小组为单位进行化学实验，观察实验现象，进行分析、讨论，再写出实验结论。学生在实验过程中，形成自主探究、互帮互助的“学习共同体”，容易理解相关的化学知识。

在布置小任务或其他教学相关的活动时，学生按小组进行讨论、执行活动，这样的方式有利于避免学生独自完成任务时产生畏难情绪，鼓励大家在小团体中积极参与，克服害羞、胆怯的心理。通过互帮互助的形式，可以使得学生更多的交流思想，获得更多的成功体验，从而增强其信心和积极性，使得他们从“要我学”走向“我要学”，形成积极、主动学习的良好态势。

4. 制作微课视频，突破难点重点

针对抽象难懂的知识点，如化学公式的计算、仪器的介绍等，有条件的情况下，教师可以专门针对该内容进行制作微课视频讲解，借助信息技术手段突破教学中的难点，化难为易。该种方法要求教师在课前需要投入更多的时间和精力去制作微课。如紫外分光光度法计的构造学习，由于学生未接触过仪器，所以不能一味地进行理论授课，可带学生参观实验仪器进行直观教学，也可提前录制好仪器构造和使用相关内容的视频，后期完成微课制作。

5. 适当进行知识拓展，归纳巩固新知识

要使学生灵活运用对于所学知识，有必要进行额外的拓展。教材的内容和练习往往是有限的，所以要求教师在上课时，通过举例子丰富、活化教材，或是通过练习考查学生对知识能否灵活运用，是否会结合所学知识进行问题分析并解决问题。这既拓宽了教学内容，也使得学生从教师举一反三的例子中活学活用，巩固已学的知识。再者，较多的学生在课余时间不把心思放在学习上，因此学过的知识很容易遗忘。教师有必要在下课前归纳主要知识点，或是上新课前回顾前一次课的内容，可以采取提问或其他形式，让学生在反复问答、回顾的过程中，得以巩固基础知识。

6. 教学反馈，评价教学效果

一节课下来，考查老师是否教得好，学生是否学得会，不能忽视教学反馈环节。通过让学生做练习，或是提问讲解一些相关的内容，或是请学生发言，谈谈自己在学习中已经掌握的知识或是疑惑之处，也可以谈谈课堂设计的优点以及存在的不足。通过反馈，可以让教师能更了解学生的学习情况，也可以得知自己在教学中运用的方法是否恰当，是否和预定的教学效果有差距，对今后的工作如何更有针对性地去提高。同时，也可以让学生认识到自身的学习情况，便于自己在课后进行查补缺漏，尽量完善知识学习。

（四）教师应注意个人的言行，不断提高综合素质

在教学过程中，教师应以饱满的热情投入到工作中，间接地感染学生。以熟练的语言技巧，清晰、简明地表达内容，教学中尽量多使用幽默风趣的语言，创造舒适愉快的学习氛围，消除学生的紧张心理。注意观察学生的情绪变化，把握好教学内容的难易，灵活运用不同的教学方法，不断总结经验，不断学习，提高教学水平。

综上所述，要想突破传统的化学课程教学模式，要求教师积极了解、关心学生的情况，做到因材施教。同时，还应转变新的教学观念，从“以教师为中心”转变为“以学

生为中心”，施教过程注意灵活采用多种教学方法，不断激发学生的求知欲，引导学生学习。最后，要求教师不断提高自己的师德修养和业务水平，以自己的学识和言行影响学生。

参考文献

[1] 张晓献，杨金栓．关于中等职业学校课堂教学现状的分析与思考 [J]．教学与教研，2004 (6).
[2] 李海燕，许占权．教育学 [M]．北京：北京大学出版社，2011.
[3] 李懂琴．中等职业学校英语教学改革与创新探析 [J]．甘肃高校学报，2012，17 (2).
[4] 罗惠光．以学生的发展为中心的化学高效课堂 [J]．课改研究，2014 (4).
[5] 胡江山．利用现代信息技术建立以学生为中心的化学教学模式 [J]．中国教育信息化，2010 (4).
[6] 黄美英．优化中等职业学校的课堂教学 [J]．职业圈，2007 (16).
[7] 赵河生．中等职业学校课堂教学模式改革的探索 [J]．江苏技术师范学院学报，2009，8 (24).

行动导向教学法下中职英语学习参与度探究

——以从化市职业技术学校为例

黄小莉

（从化市职业技术学校　广东　广州　510920）

摘　要：学生的积极参与，是中职英语行动导向教学实践的一个重要保证。笔者以从化市职业技术学校为例，通过对本校中职英语行动导向教学法参与度现状进行分析，研究导致参与度不高的主要原因，并根据自身的教学实践尝试针对不同班级实施不同的行动导向教学计划，同时引入个人分数银行的概念，探究提高学生参与度的措施。

关键词：中职英语；行动导向教学；参与度；个人分数银行

行动导向教学法来源于20世纪80年代德国的双元制教学模式，是以职业活动为导向，能力为本位，学生同时用脑、心、手进行学习的一种教学法。区别于传统教学的教师讲、学生听模式，行动导向教学法讲求课堂以学生为主体，通过互相合作解决实际问题，学生参加全部教学过程；老师从知识的传授者、教学过程的主要承担者变成一个咨询者或指导者。这样的教学模式将实现教师单方面的传授向学生主动学习的转变，更有利于学生职业能力的发展和综合素质的提高。

一、中职英语行动导向教学法课堂参与现状与分析

（一）中职英语行动导向教学法课堂参与现状

行动导向教学法区别于传统的课堂形式，学生成了课堂的主体，以小组合作形式共同进行各种内容丰富的自主学习活动，是很多学生喜欢的上课形式。然而，在行动导向教学法教学实践中，笔者发现了以下问题：

（1）学生对行动导向教学法这一相对新颖的教学方式普遍表示欢迎，但在真正的课堂上，学生的参与积极性却不如预期的高。

笔者在所在学校抽取了100名学生进行了问卷调查，回收问卷95份，其中有效问卷95份，调查结果如下图：

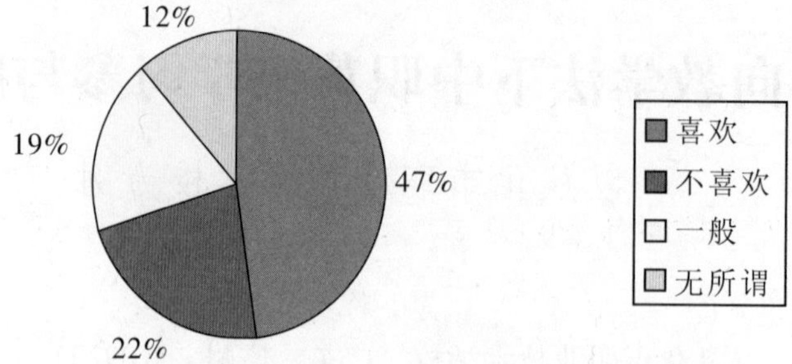

图 1 该校学生对行动导向教学法喜爱程度的调查结果

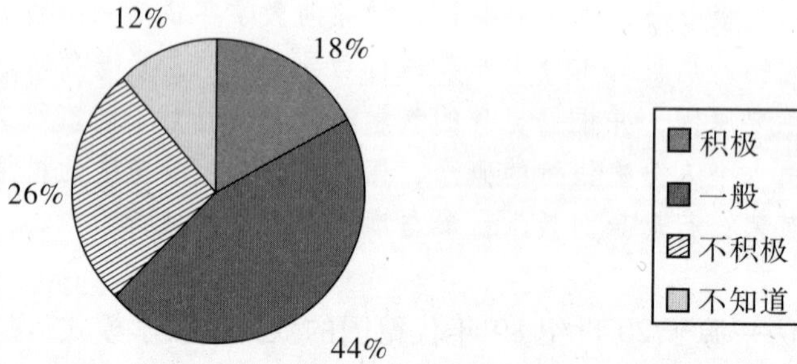

图 2 该校学生对行动导向教学课堂参与度的观察结果

根据调查结果，47%的学生对行动导向教学法表示欢迎，只有22%的学生明确表示不喜欢。然而在另外一个调查结果中，笔者发现在学生的心目中，普遍积极参与行动导向教学课堂的只有18%，不积极和一般的比例为70%，出乎笔者意料。

（2）笔者还通过对该校英语教师进行访谈，发现很多中职英语教师抱怨使用行动导向教学法后，英语课越来越难教了，问题还是学生的参与度不高，导致教学活动无法很好的开展，因此，不少老师干脆回归到传统的“教师讲，学生听”的课堂。

（二）中职英语行动导向教学法课堂参与度分析

针对以上现象，笔者就本校实际情况，分析行动导向活动课堂参与度不高的原因如下：

（1）教学内容没有真正符合学生的实际水平。调查表明学生其实非常愿意参与行动导向教学，但其参与度不高，原因首先应该是教师在选择教学内容时，没有科学地从学生实际水平出发，对教学内容进行选择和筛选，因此学生在参与过程中会感到力不从心，进一步产生畏难情绪，久而久之便失去了参与的兴趣。

（2）学生普遍缺乏参与的动力。中职学生入学时普遍基础较差，甚至很多学生对英语学习有抵触情绪，加上现在学生深受网络的影响，逐渐变得对外界事物不关注。因此要学生对行动导向教学法感兴趣，仅仅靠教学内容精彩是不足够的，还需要通过外在的激励机制给予学生行动的动力。

（3）学生很难发现行动导向教学的活动价值。学生在参与教学中，需要发现自我的参与价值，才能产生持久的参与动力。而在实际的行动导向课堂中，学生仍然缺乏发现自身进步和成绩的能力，这需要教师在平时的教学中进行引导。

二、中职英语行动导向教学参与度探索

（一）“量身定做”不同班级的行动导向教学计划

要让学生主动参与行动导向教学，首先学习的任务应该是他们力所能及的，或是通过适当地努力能够做到的。这要求任课教师在课前要做好充分的调查，了解学生的实际水平，在行动导向教学中有的放矢，方能达到理想的教学效果。在新学期开始，笔者对任教的班级进行一次英语水平的摸底测试，根据学生的情况，结合《广州市中职学生英语学业质量评价标准（试行）》中 42 个评价任务，“量身定做”一学期各教学班的行动导向教学计划。

对于英语水平总体偏差的班级，制订行动导向教学法计划应以模仿学习为主。如本人任教的一个电气班（男生班），很大一部分学生只能理解非常简单的句子，甚至有学生仍对 26 个英文字母不熟知。据此，笔者制订了该班的一学期行动导向教学计划，如表 1 所示：

表 1　电气班行动导向计划

教学计划	行动任务	学生行动内容	学生行动要求	教师评价维度
个人信息	英语互相交换个人信息	小组通过英语对话，交换个人信息，班上成果分享	模仿学习相关词汇、句型，并通过练习进行巩固	活动参与度；准确度；熟练程度；综合表现
方位	A 要到地方 B，询问方位	小组根据情景，结合教师所画地图进行对话练习	模仿学习相关词汇，句型，并通过练习进行巩固	活动参与度；准确度；熟练程度；综合表现
购物	购物过程角色扮演（对话）	小组在简单购物过程中角色扮演	模仿学习相关词汇句型，并通过练习进行巩固	活动参与度；准确度；熟练程度；综合表现
日常活动	询问并安排日常活动	小组 A 要用英语调查其他组的日常活动，并组内交流汇总	模仿学习相关词汇句型，并通过练习进行巩固	活动参与度；准确度；熟练程度；综合表现
预算表	读懂预算表	小组合作读懂教师所给预算表，并作分享	按教师的问题指引，通过小组回答问题，找到完成任务的方法，并作分享	自主学习情况；完成任务情况；准确度；综合表现
菜单	读懂简单西式餐单	小组合作读懂教师所给西式餐单，并作组间分享	小组自主通过查阅单词表、字典、请教教师，完成任务并与全班分享	自主学习情况；完成任务情况；准确度；综合表现
求职广告	读懂并制作简单的求职广告	小组合作读懂简单的求职广告，并模仿制作一则求职广告	课前学习相关内容；课上微课学习，通过小组合作完成阅读并制作求职广告	活动参与度；准确度；制作成果；综合表现

学生参与本学期的行动导向计划，基本要求其通过小组的合作学习，找到英语知识的规律，通过小组活动，对所学内容进行巩固，从而提高英语词汇量、初步形成英语表达句子的写作能力。行动导向计划需有梯度性地调整，一则保持适度的挑战性，维持学生兴趣；二则让学生从模仿学习向自主探索学习过渡，为下学期学习作准备。

而对于英语水平总体中等偏上的班级，行动导向教学法则应以自主探索为主。以本人任教的另一幼师班（女生班）为例。该班女生大部分拥有较好的语感，有一定的英语听说读写能力。据此，笔者制订了一学期适合该班的行动导向教学计划，如表2所示：

表2　幼师班行动导向计划

教学计划	行动任务	学生行动内容	学生行动要求	教师评价维度
个人信息	制作个人信息卡片	小组间互相交换个人信息，并以此帮组内成员制作个人信息卡片	小组按照教师的指引，自主学习课文，并回顾所学，完成活动任务	活动参与度；自主学习情况；准确度；活动成果；综合表现
方位	制作地图	组内互相交流自己家的方位，并制作组内的联络方位地图	小组自主学习课文，并回顾所学内容，可请求教师指导，完成教学任务	活动参与度；自主学习情况；准确度；活动成果；综合表现
购物	购物情景表演	小组选取日常购物情景，进行5分钟的角色扮演	小组课前自主学习，借助各种途径完成角色扮演任务，课上进行演绎和分享	活动参与度；自主学习情况；准确度；活动成果；综合表现
工作计划	制作小组团队的一天工作计划	小组内进行信息交流，并制作小组工作计划表	小组课前收集日常及工作活动的词汇及表达，自主学习课文	活动参与度；自主学习情况；准确度；活动成果；综合表现
预算表	制作个人月预算表	小组合作进行学习，并互相帮助制作个人月预算表	任务前微课学习，小组自主探索读懂预算表，根据交流所获信息结合自身情况自主制作预算表	活动参与度；自主学习情况；准确度；活动成果；综合表现
菜单	制作简单的菜单	小组合作模拟成立一家特色饭店，并制作本饭店的菜单	课前收集相关西式菜式表达与词汇，小组借助各种工具途径学习新课文，读懂菜单，并以小组模拟饭店，制作自己的菜单	活动参与度；自主学习情况；准确度；活动成果；综合表现
求职广告	制作简单的求职广告	小组合作自主学习读懂求职广告，并自主搜寻相关资料，制作简单的求职广告	小组课前进行微课学习，并自主搜集相关求职广告信息，结合新课文，课上读懂并制作简单的求职广告	活动参与度；自主学习情况；准确度；活动成果；综合表现

学生在本学期的行动导向计划中，基本都通过小组的自主探索学习复习知识要点，总结新知识，并自主学习日常生活与职场中的英语应用。

总而言之，只有找到真正适合学生的行动导向教学内容，才能保证学生参与进去；只有找到有趣多样的行动导向教学内容，才能保证学生的积极参与。

（二）建立学生的个人分数银行

创新评价方法，提高形成性评价比重，加大行动导向教学所占总评价比例，提高参与度标准参照比重，使学生切实重视行动导向教学，并激励其更加积极地参与。

笔者在任教班级给每一位学生建立了个人的分数银行，银行的最初存款为0分，所有的存分须由学生通过参与课堂活动来赚取。最终存分为学生的平时表现成绩，占学生最终成绩评定的50%。而且银行的存分最高不是100分，而是120分，即只要学生平时表现足够好，基本能保证最终评定及格。笔者根据学期初的行动导向教学法计划，将最高存分额度（120分）的大部分分配到每一次的行动导向教学任务当中。本着“参与即得分、多贡献多得分、少贡献少得分”原则，根据每次任务过程的组员工作记录，结合每次任务的评价标准，教师会给每一个同学评定得分，对于合作学习有突出表现的小组还将获得加分，如此一学期的得分累计将成为该生的平时成绩。教师会定期公布学生的个人分数银行“存款”，“余额不足”的学生需要在以后的行动导向教学中更加积极表现，才能获得更多的加分，不然就需要在平时的英语课堂上更多地参与课堂活动来获得额外的“进账”。

建立个人分数银行以后，笔者发现任教班级在行动导向课堂中出现了不少变化，一是睡觉、玩手机的学生减少了，有的学生虽然不是很懂，但也愿意和小组成员一起去尝试学习；二是参与任务的积极分子多了，很多小组成员为了获得加分，轮流担当分享发言的代表。分数银行的激励作用取得了初步的效果。

（三）给学生提供一个潜能展示的平台

英语学习是一个需要量变才会发生质变的学科，因此需要坚持再坚持。而这对于基础本来就不好的中职学生来说，是一个不小的挑战。因此，要让学生坚持参与行动导向课堂，教师要懂得给活动“保鲜”，其中最主要的经验，就是要不断帮助学生在活动参与中找到自己的进步，获得成就感和满足感。

笔者在任教班级专设了一面行动导向活动成果展示墙，按照行动导向教学计划，把各小组每次活动任务的活动成果及活动照片在班上展示，并按照一步一脚印的轨迹，将各小组一学期的全部成果、作品有序地展示，以便让学生感受自己的进步。

（四）探索后的调查对比

为了解措施对提高学生参与行动导向教学活动积极性是否具有有效性，笔者在学期末对所教班级再次就同一份问卷再次进行调查。三个任课班级学生共103人，收回问卷98份，有效问卷95份。对比学期初的调查结果，实施相关措施后，学生观察到本班同学积极参与的占29%，不积极参与占21%。笔者认为行动导向课堂参与度高的比例增大了，参与度不高的比例降低了，认为参与度一般的也减少了（笔者觉得是认为一般的学生转向积极），证明了措施实施后的确给课堂带来了变化，学生更愿意参与其中，而这些变化也得到了学生的认可。

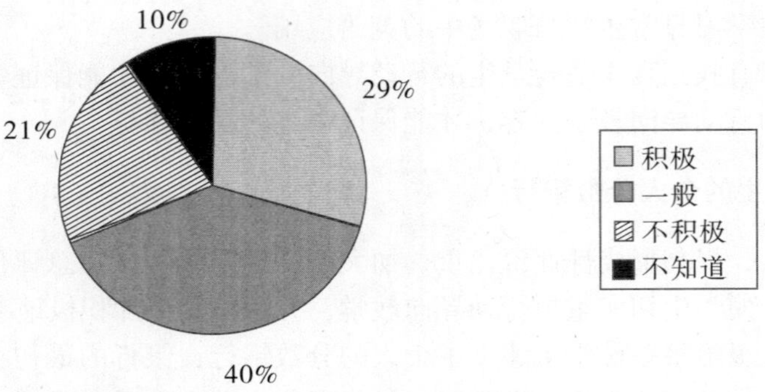

图 3　该校学生措施后对行动导向教学课堂参与度观察结果

三、结语

以上措施实践在一定程度上有效提高了学生在行动导向课堂的参与度，但同时我们也应该看到，课堂上仍有这样一个“弱势群体”，因为英语基础太薄弱，导致即使教师按照学生总体实际水平选择了教学内容，他们的学习仍旧非常吃力，甚至跟不上。因此，在下一阶段的教学实践与研究中，如何在激励性措施的基础上，通过科学地分层进行行动导向教学，是一个非常有现实意义的研究课题。

参考文献

[1] 李静．行动导向教学法在中职英语教学中的应用［J］．才智，2013（23）．
[2] 张皓明．职业技术教育中行动导向教学模式的研究［D］．华东师范大学硕士学位论文，2006.
[3] 陈启琛．浅谈行动导向教学法的催化作用［J］．中国职业技术教育，2005（12）．

行动研究法在培养中职机电专业学生职业胜任力中的探索

——以“电子技术基础”课程为例

付　强

（从化市职业技术学校　广东　从化　510920）

摘　要：为了切实培养中职机电专业学生的职业胜任力，提高学生的就业竞争力，以“电子技术基础”课程为载体，采用行动研究法对本课程开展了两轮教学改革研究，探索每轮中计划、行动、观察、反思四个环节，并运用调查研究法验证了行动导向教学法能够有效提升学生职业能力，将更符合当前企业对中职生的入职要求。

关键词：行动研究法；职业胜任力；行动导向教学法；中职生

一、引言

中职教育是为社会各行业输送具有一定综合职业能力，在生产、服务一线工作的高素质劳动者和技能型人才。但很明显，当前企业的用人需求和中职毕业生的职业能力出现了矛盾。矛盾的根本原因在于中职教育与企业需求之间存在严重脱节，中职生素质与企业素质要求之间存在巨大差距。教师怎样在教学活动中帮助中职生提升职业能力，使其满足企业的用人需求呢?

电子技术基础是中等职业学校机电专业必修课程，是一门为机电中职生今后从事相关工作岗位所必须掌握的专业知识和技能所开设的。该课程教学内容涉及广泛，重在培养学生的实际动手能力。为了提升本课程的教学质量，满足中职生的学习要求和企业的用人需求，本人采取行动研究法开展两轮教学活动，即先理论后实操的传统课堂教学法和以行动导向教学法为主的教学改革。其研究目的在于：通过对一门课程两轮不同类型教学方法循环的研究，在实践中进行反思与改进，实现该课程的改革与创新，进一步探索培养和提高学生职业胜任力的途径。

二、职业胜任力与行动导向教学法概念

（一）职业胜任力概述

“胜任力”这个概念最早由美国哈佛大学心理学教授戴维·麦克利兰于1973年正式提出，指的是能将某一工作中有卓越成就者与普通者区分开来的个人的深层次特征，包括动机、特质、自我形象、态度、价值观、某领域知识、认知或行为技能等任何可以被可靠测量或计数的并且能显著区分优秀与一般绩效的个体特征。由于胜任力概念一般是针对某个特定的职业工作情景而言的，因此又称为职业胜任力。

国外学者经过近40年的研究，积累了大量的有关职业胜任力的研究成果。美国学者

斯潘塞（Spencer）于1993年在麦克利兰教授研究的基础上提出了一个著名的冰山模型，将个体特征的不同表现划分："冰山以上部分"为表面的、显性的个体特征，"冰山以下部分"为深藏的、隐性的个体特征。而这些内隐、深藏的个性特征往往对人外在的行为表现、未来的工作绩效起着决定性作用。当今国际很多知名跨国企业，包括3M、三星、微软、苹果等都采用职业胜任力标准来管理、选拔、招聘员工。我国自20世纪90年代末开始着手职业胜任力的研究，也有了长足的进展。

（二）行动导向教学法概述

1996年，德国的一次州文化部长联席会议首次提出"要以学习领域为基本原则组织与职业相关的教学内容"。这个决议在1999年正式颁布，要求职业学校的教学计划要按企业生产任务的要求组织教学，要用职业行为体系代替专业学科体系，要求职业教育的目标要全面包含知识、技能和关键能力，即培养学生的职业行动能力。传统的授课方式无法实现促进和开发学生能力的效果，因此要达到这种培养目标，就必须寻找一种新的教学方法来完成任务，确定了应用行动导向教学法来开发学生的职业行动能力。近几年来，我国部分地区推广行动导向教学法，取得了较大的收获，教学成果显著。

本次研究将在现有研究的基础上，结合当前广州市各中职学校机电专业开展的教学改革，以行动研究法为抓手，从职业胜任力这一视角去探索在机电专业基础课程中开展行动导向教学法的可行性。

三、行动研究法概念

在自我反思的教学模式下发展起来的行动研究是近年来国内外推崇的一种教学理论研究方法。行动研究引导教师在教学活动中通过观察和反思，运用先进的教学理论和方法对课堂上遇到的问题进行分析，并采取一定的行动加以解决。通常，行动研究法具有以下三个特点：对教学行动中出现的问题进行研究；行动者必须亲自参与整个研究过程；研究始终处于一种动态情境中。

本次研究使用了两轮行动研究法，每轮都采取四个基本步骤，如图1所示，具体包括：①计划。它是行动研究的第一个步骤，包括了总体计划和每一个具体行动步骤的设计方案，是行动研究能得以进行的基础。②行动。它要求行动者必须按计划实施，并不断吸取参与者的评价与建议进行自身修正的行动过程。③观察。它是行动者灵活运用各种观察技术以及数据、资料的采集和分析技术，整合整个行动过程和结果后，明确下一步行动的依据。④反思。它是行动研究中第一循环周期的结束，又是过渡到另一个循环周期的开始，在前后两轮行动中起着承上启下的作用。

四、行动研究总体方案

为了提高中职机电专业学生职业能力，提升其就业竞争力，有效获得相关企业的认可，实现个人可持续发展；同时有效提升电子技术基础课程的教学质量，为本校机电专业课程教学改革与创新提供借鉴，本次研究开展了两轮行动研究，以电子工业出版社出版的《电子技术基础（第二版）》为教材，以我校2012级机电专业1班49人和2013级机电专业1班53人共102名学生为研究对象，具体计划如图1所示。

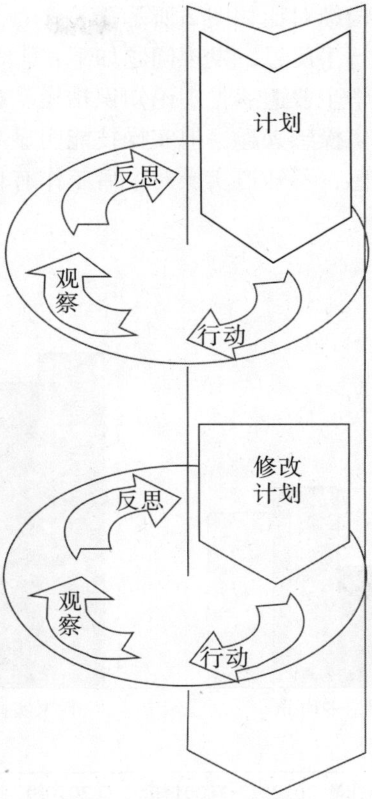

图1　行动研究示意图

五、行动研究实施过程与效果分析

（一）第一轮行动研究

1. 实施过程

第一轮行动研究是传统意义上的先理论后实操的教学方法，时间为2013年3月至2013年12月，计划首先是2012年3月至2012年7月一个学期时间对2012级机电1班按照传统教学方法，依该课程教学大纲理论与实操课时比例要求进行授课，完成该课程考核并统计成绩，接着于2013年9月前完成学生调查问卷，最后在2013年12月前完成本轮行动研究的评价、反馈。

整个过程开展的行动包括：①严格按照该课程的教学大纲制订教学计划、实操计划、教案编写、课件制作；②按照学期初制订的计划严格实施，先理论学习，再实操；③编制了符合教学大纲要求的考核内容，包括理论考试、实操考试；④所有学生都参与课程学习效果的问卷调查；⑤分析本次行动研究的效果。

在教学过程中，我们对本轮行动研究的效果进行了观察，具体内容包括以下几个方面：①观察学生课堂的学习状态；②利用“课程学习效果调查问卷”对学生进行跟踪调查，分析学生学习效果；③将学生考试成绩与往届学生成绩进行对比分析。近四届学生该课程理论、实操期末考试平均成绩对比如图2所示。

最后，对本轮行动研究进行了反思，发现问题如下：①学生的学习积极性不高，理论和实操成绩与往届基本持平，学生普遍感觉理论知识枯燥、难理解，在实操课上往往又将理论知识忘记；②虽然学生对实操感兴趣，但实操技能明显掌握不牢固，基本上是按部就班，缺乏实操的参与感和真实感，不知道实操对今后工作有什么作用；③学生要求教师改变教学方法的想法强烈。

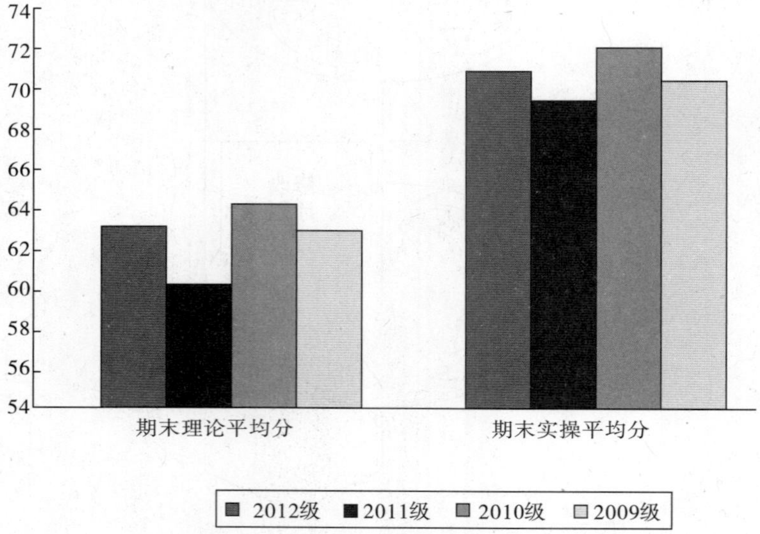

图2　理论、实操期末平均成绩图

2. 效果分析

为了了解学生对这门课程整个学期学习的效果，在学生放暑假之前，用“课程学习效果调查问卷”对其进行调查，并在当年9月份完成相关结论的分析，抽取部分调查结果如图3、图4所示。

由图3可以看出，有24.4%的学生对该课程的学习非常不感兴趣或不感兴趣，而感兴趣和非常感兴趣的学生只占19.42%。由图4可知，绝大多数同学在学习效果上只保持基本满意的态度，由此可见，传统教学既体现不出企业对学生技能要求，又埋没了学生学习的兴趣，扼杀了学生的自主性和创造力，几乎不能在课堂教学中培养学生团队合作、沟通协同、语言表达、文字表达等隐性能力，学生学习没有成就感，因此需要教师改进教学方法。

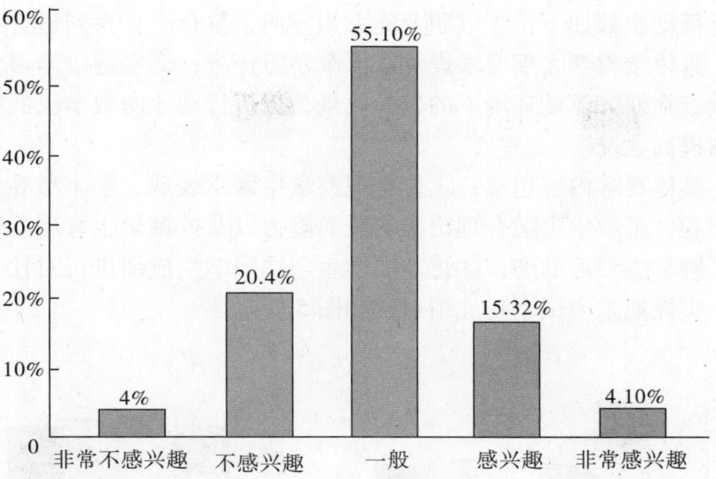

图 3　课程学习感兴趣程度

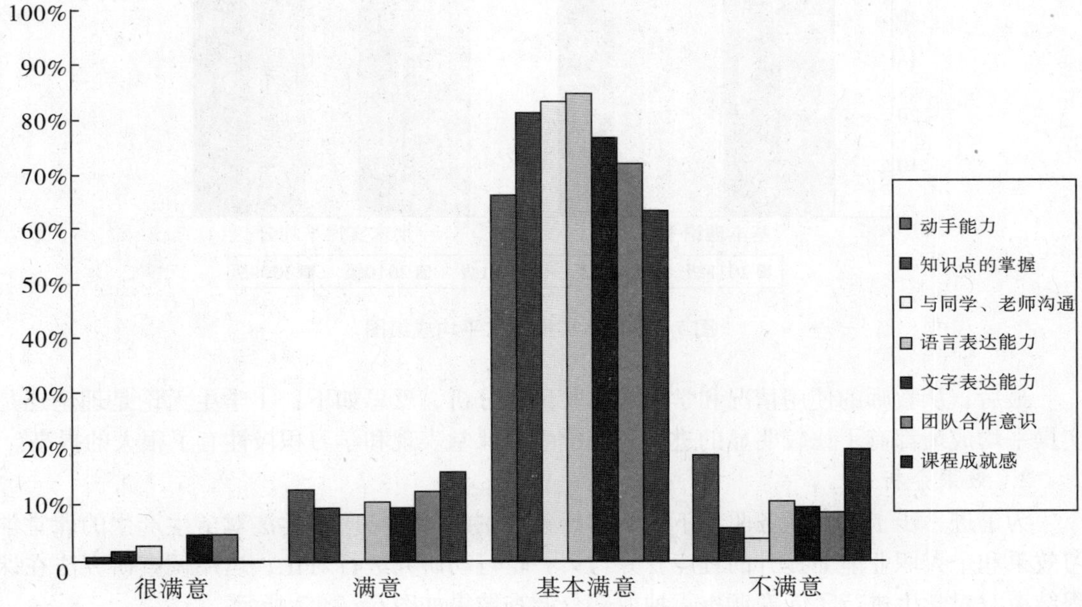

图 4　课程学习效果自我评价反馈

（二）第二轮行动研究

1. 实施过程

第二轮行动研究是基于行动导向教学法为主的课程教学改革与创新，以 2013 级机电 1 班为研究对象，时间为 2014 年 3 月至 2014 年 12 月。基于第一轮行动研究的反思，第二轮计划开展行动导向教学法进行教学，通过围绕某一课题、问题或项目来设计教学，以学习任务为载体，采用非学科式的以能力为基础的教学模式组织教学，整个课堂学习是一个引导学生自主学习和探索的过程。

第二轮研究行动步骤如下：①以职业能力为导向，整合出一系列适合我校实际情况使用的教学资源，具体按教学大纲要求设计若干个学习任务；②实施以学习任务为主的课堂教学活动；③调查在任务驱动环境下的教学效果，分析行动导向教学法的师生互动性和学生职业胜任力的提高状况。

在本阶段，具体观察内容包括：①分析观察学生课堂表现、学生考卷情况，对学生进行访谈和调查问卷，了解学生融合理论与实践的能力以及挖掘学生背后隐性的个人职业能力；②多方面了解学生学习动态；③将本届学生与往届学生成绩进行对比分析。近五届学生该课程理论、实操期末考试平均成绩对比如图 5 所示。

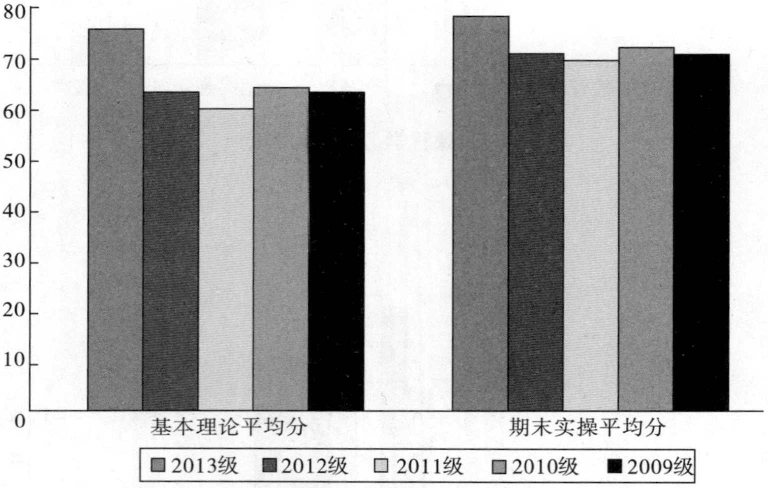

图 5　理论、实操期末平均成绩图

最后，从教师的使用情况和学生的体验情况分析，反思如下：①学生无论是理论还是实操平均成绩都有了比较明显的进步；②学生的课堂表现和学习积极性有了很大的提高。

2. 效果分析

为了进一步了解在任务驱动下以学习任务为主的行动导向教学法对学生产生的课堂学习效果和个人职业能力提升的程度，并与第一轮行动研究进行对比，运用调查研究法在课程结束时对学生进行了问卷调查，抽取部分调查结果如图 6、图 7 所示。

由图 6 可以看出，超 70% 的学生认为在行动导向教学法的环境下，可以有效提高其课堂学习兴趣，说明这种教学方法让学生更加积极主动地参与到课堂教学活动中。而从图 7 可以看出，大部分学生对自己在整个学期的课程学习感觉满意，既有课程学习的成就感，又增强了语言、文字、沟通等职业能力，深层次地挖掘和培养了学生内在的、深藏的隐性能力，带给学生的是强烈的满足感和荣誉感。

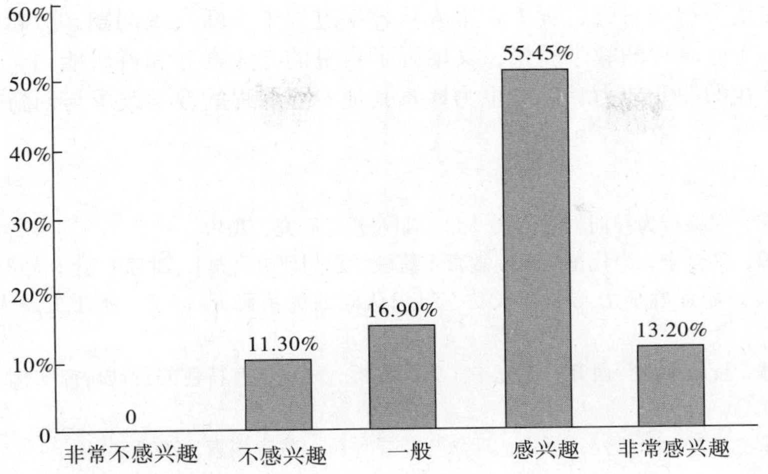

图 6　课程学习感兴趣程度

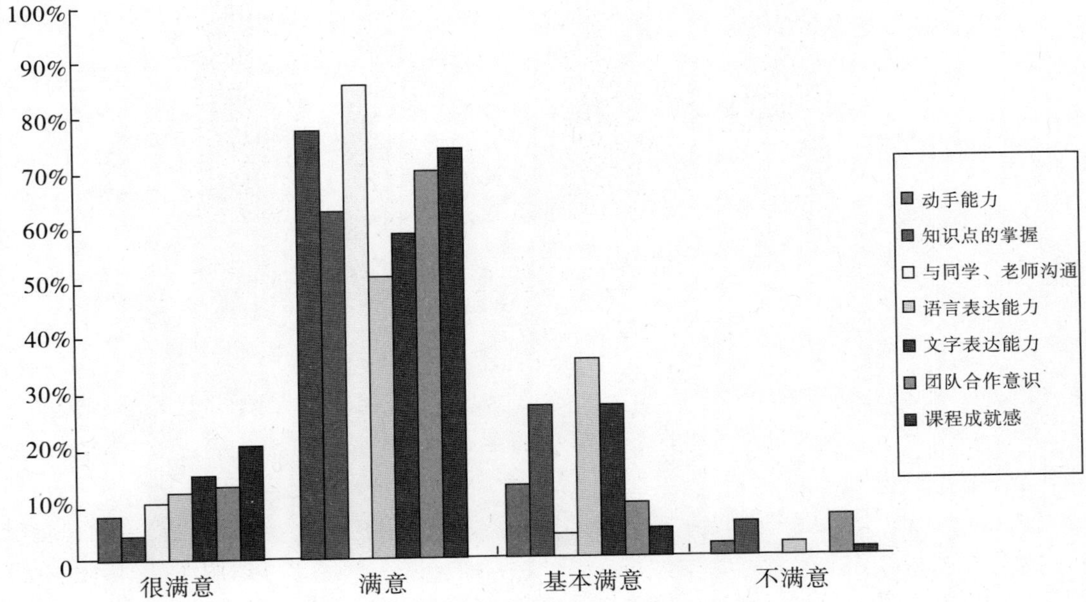

图 7　课程学习效果自我评价反馈

六、总结

本次采用行动研究法对中职机电专业电子技术基础课程进行教学改革与创新，经过两轮的计划、行动、观察、反思，对每一轮的教学效果都进行调查分析。从数据结果可以看出，行动导向教学法的应用打破了学科本位的传统模式，学生对专业课程的学习有了新的认识，真正领悟所学要领，最终达到能力本位的职业教育目标。但是，中职生的职业胜任力不是一朝一夕就可以形成的，也受中职教师个人素质、学校实训场所和现有教材等方面的制约。

另外，在整个行动研究过程中，本人从教学过程中不断发现问题、分析问题、解决问题，既提高了专业课程的教学质量，又增强了自身的专业素养和科研能力，更激发了学生学习兴趣和潜在的职业能力，同时也为探索其他专业课程的教学改革与创新提供了参考。

参考文献

[1] 蔡立锋．漫谈行为导向教学模式［J］．职业教育研究，2010（4）．

[2] 姜大源，吴全全．当代德国职业教育主流教学思想研究［M］．北京：清华大学出版社，2009.

[3] 郑晓霞．职业胜任力与职业成功、组织认同的关系研究［D］．浙江工商大学硕士学位论文，2011.

[4] 郑正林．行动中进行研究　研究中实施课改析——一个有特色的行动研究实例［J］．中国教育学刊，2004（1）．

[5] 刘秀江．教育行动研究：背景，理念与需要［J］．教育探索，2003（1）．

浅谈“汽车电气维修”工学一体化教学实践

阮颜妹　谭计恒
（阳江技师学院、阳江市第一职业技术学校　广东　阳江　529500）

摘　要：本文根据工学一体化的含义及本质，探讨工学一体化教学在汽车电气维修课程的实践，并以其中的“起动系工作异常故障诊断与维修”学习情境为例，介绍工学一体化教学的实施过程，继而提出工学一体化教学的优势及存在的问题。

关键词：工学一体化；教学；汽车电气维修；实践

一、引言

随着我国汽车工业的飞速发展，市场对汽车专业人才的需求也与日俱增。在实践中，那些进入角色快、学习能力强、动手能力强、创新能力出色的学生备受企业的青睐。在这种形势下，学校对汽修和模具专业进行高级班试点教学改革，以工学一体化教学取代以往的传统教学模式，然后逐步向各个专业推广和应用。笔者通过参加专题培训和现场教学，对工学一体化教学有了更深的认识和体会，并积极运用到各个课程的教学上，从而提高教学效果。

二、工学一体化的含义和本质

（一）工学一体化的含义

工学一体化是一种利用学校和企业的教育资源及环境，发挥学校和企业在人才培养方面的优势，将以理论知识讲授为主的学校教育与直接获取实际经验和技能为主的生产现场实训有机结合起来，基本实现学生职业能力与企业岗位要求之间应用型人才培养模式的无缝对接。

（二）工学一体化的本质

工学一体化教学是现代职业教育的一种新型的教学方法，是职教课改所提倡和鼓励的，与传统教学模式相比，有以下特点：①强调以学生为主体，学生在操作过程中发现问题并在教师的指导下完成学习任务；②促进学生认知能力发展和建立职业认同感，克服了课堂教学抽象枯燥的缺点，提高了学生的动手能力和创造能力；③教学的过程是讲解示范、实践操作、发现问题和提升技能；④学校教育与企业实践相结合，学生通过对技术（或服务）工作的任务、过程和环境进行整体化感悟和反思，实现知识与技能、过程与方法、情感态度与价值观学习的统一。

三、工学一体化教学在汽车电气维修课程的实践

汽车电气维修是汽车维修专业的一门主干专业课程，全书共有六个学习情境，每个学习情境均用实际维修案例来展开，依据典型的故障诊断流程编制，包括提出任务、任务资讯、制订计划、决策计划，实施计划和评价六个步骤。下面以知识点“起动机不运转的诊断与维修”为例分析工学一体化教学的实践过程。

1. 导入新课

教师利用多媒体播放“顾客将点火开关旋到起动位置，起动机不运转”的视频，继而提出知识和能力目标，以及知识的重难点，并提供学习的参考方法。

2. 提出任务

教师根据视频的案例提出“起动机不运转的诊断与维修”学习任务，学生根据教师发放的任务指导书和工作页，完成相关的准备工作。

3. 任务资讯

学生分组，选出小组长。学生根据任务书的要求，以小组讨论等形式，分工合作，收集相关信息，找出常用的维修工具。

4. 制订计划

各小组通过多媒体或互联网等手段查阅资料，制订实施计划，并完成相应的工作页，由教师巡回指导。

5. 计划决策和实施

（1）各组讨论计划的可行性。例如A组制订的计划如下：

第一步：认识起动机各部件的结构及功能，熟悉工作任务单的内容，准备常用维修工具。

第二步：了解起动机常见故障，并分析故障的原因。如造成起动机不运转的原因有机械和电路两部分，通常检查的项目有定子、转子、刷架及电刷、单向离合器、起动继电器、起动开关及电磁开关的电磁线圈。

第三步：故障诊断与维修。小组分工合作，查找故障所在并进行排除，记录操作的数据信息，填写任务单。故障诊断流程如下：

在接通起动开关前，打开前照灯，观察灯光亮度。如果灯光暗淡，则可能是由于蓄电池亏电过多或连接线松脱。在蓄电池正常的情况下，起动机不工作可按图1的故障树进行诊断。

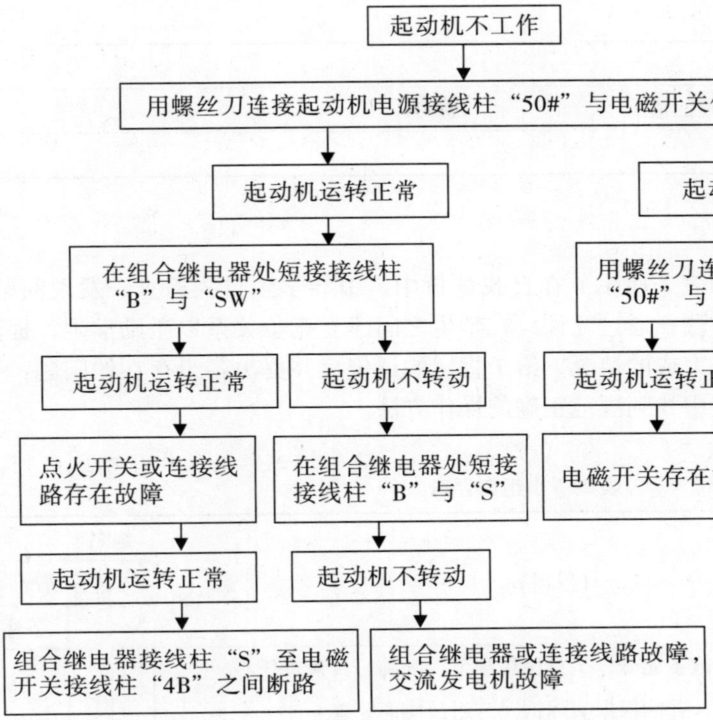

图 1　起动机不工作故障诊断树

第四步：竣工检验。对全车进行复检，如发现问题应重新维修。

第五步：6S 管理。

（2）计划实施。学生按照工作任务单（如表 1 所示）的要求进行操作，由教师进行检查和巡回指导。

表 1　工作任务单

<table>
<tr><td>进厂编号</td><td></td><td>牌照号码</td><td></td><td>厂牌车型</td><td></td><td>施工日期</td><td></td></tr>
<tr><td>VIN 码</td><td></td><td>发动机号</td><td></td><td>组别</td><td></td><td>组长</td><td></td></tr>
<tr><td colspan="7">工作程序指引及记录内容</td><td>完成打“√”</td></tr>
<tr><td colspan="4">1. 请说明引起该故障的检修部件、以及组成的结构与工作原理</td><td colspan="3"></td><td></td></tr>
<tr><td colspan="4">2. 列出起动机无法正常工作的检查项目内容</td><td colspan="3"></td><td></td></tr>
<tr><td colspan="4">3. 选取合适的检测工量具、设备，并记录</td><td colspan="3"></td><td></td></tr>
<tr><td colspan="4">4. 查阅维修手册等资料，列出相关检查项目的技术要求（如间隙值、预紧力矩、保护措施、测量方法等）</td><td colspan="3"></td><td></td></tr>
<tr><td colspan="4">5. 完成检修后，如需进行调试，请指明方法（可包含采用工具、设备及标准）</td><td colspan="3"></td><td></td></tr>
</table>

（续上表）

6. 记录工作过程中出现的情况		
7. 记录执行6S现场管理工作过程的情况		
备注		

6. 评价

各组进行自评和互评，如表2所示。在自我评价中，引导学生自我检查、发现问题、面对问题并找出解决问题的方法；通过互评，在学生之间建立竞争关系以激励学生，提高学习效果。教师根据各组任务完成的情况，给予肯定的评价，并提出各组存在的问题，要求学生加以改进，以期在错误中找到规范正确的操作方法。

表2 小组自评表

项目	评价内容	组名		
		达标情况		
		√	×	备注
实践活动准备	1. 实践活动所需材料准备充分，工具使用规范、准确，具备责任心 2. 实践计划详细可行，并能根据实际情况与组员协商完善			
实践活动管理	3. 组长责任心强，履行指导职责，协调好小组与组员之间的关系 4. 小组组长对组员管理严格，保证实习过程的安全			
实践活动开展	5. 严格按照实践计划开展工作，听从实践小组同学的安排 6. 学生积极主动，勤学好问，能够理论联系实际 7. 学生在人际交往能力、沟通协调能力、反应能力、学习能力、团队意识等综合素质方面的表现			
实践活动成效	8. 圆满完成实践活动计划 9. 对实践单位小组提出改进意见			

四、工学一体化教学取得的成效及存在的问题

（一）工学一体化教学取得的成效

1. 学习方式的重大变化

以工学一体化教学取代了传统教学模式，利用校企合作形式为教学营造了一个真实的、具有浓厚职业氛围的学习环境，学生亲身体验“在做中学，在学中做”的滋味，形成了良好的观念和习惯，为以后的就业做了充分的准备，提高了就业竞争能力。

2. 培养学生综合运用知识的能力

在工学一体化教学中，学生通过多种方式查找资料，获取所需知识，并结合学材运用于实际操作中，提高了学生独立学习的能力；通过小组讨论，采用分工合作方式，加强了

学生的交流、沟通和合作能力，培养了学生的团队合作精神；学生能根据所查找的资料分析并排除故障，体现了学生的综合运用能力。

3. 学会分享和合作

工学一体化教学，为学生提供了一个交流和合作的平台，通过团队合作，共同学习、共享经验，形成了一种积极、主动、合作的学习方式，培养了学生与他人分享的品质；而在传统教学模式下，学生都是独立地学习，缺乏团队合作精神。

4. 训练学生的言语表达能力

工学一体化教学，鼓励学生锻炼言语表达能力和思维能力，提高学生的自信心，对学生综合能力的培养有很大的帮助。

（二）存在的问题

1. 传统教材不适用于现代企业对汽修人才培养的目标

传统教材已不适应现代汽车维修企业对汽车专业高技能人才的需求，但又找不到合适的替代教材。学校只能根据社会和企业的实际需求，通过深入的市场调研，开展实践专家研讨会，以学生就业为导向而自编内部教材，但由于教师水平有限，难以保证教材的质量。

2. 教师的素质和技能有待提高

在工学一体化教学中，对教师的素质和技能提出更高的要求。教师必须具有足够的引导能力、教学组织能力和控制能力，以及更强的实践操作能力。

五、结论

工学结合一体化教学是一种新的教学改革，更是一种有效的教学方法，它使学生在实践中“学会”与“会学”，将做与学有效融为一体，不仅锻炼了学生的动手能力、分析能力和解决问题的能力，培养了学生分工合作的团队精神，提高了学生各方面的情操，还丰富了课堂教学和实践教学环节的内容，大大提高了教学质量。但要在各个专业全面推广，其过程还是曲折的，在具体实施过程中会遇到很多不同的问题，所以我们必须积极探索，找到学校资源与社会需求人才培养计划的最佳结合点，促进工学结合一体化教学的顺利开展，使我们学校的教学改革迈上一个新台阶。

参考文献

[1] 赵志群. 职业教育工学结合一体化课程开发指南［M］. 北京：清华大学出版社，2009.

[2] 温国标. 汽车电气设备构造与维修［M］. 北京：机械工业出版社，2008.

[3] 刘红娟. 工学结合一体化教学模式的探索［J］. 职业技术教育，2011（7）.

[4] 童剑锋. 职业活动导向教学法在汽车专业课程教学中的应用［J］. 广东技工教育研究，2011（2）.

[5] 刘承志. 汽修专业工学一体化教学模式构建［J］. 中国培训，2011（11）.

在“哲学与人生”中开展行动导向教学的研究

林绮芳
（广州市黄埔职业技术学校　广东　广州　510730）

摘　要：德育课要适应时代发展的要求，尤其是要从培养学生职业精神的目的出发，学校尝试以行动导向教学在二年级德育课“哲学与人生”中开展教学模式实践性研究，将德育教材的内容与学生的社会生活进行有机整合，以此展开生活化、校本化德育课的教学改革。

关键词：行动导向教学；德育课生活化；教学模式；实效性

一、对“哲学与人生”展开研究的意义

任何教学活动都不应该是用教科书对学生进行简单地传递和灌输。然而，这种方式对教师来说，却是最节省人力资源成本的。但众所周知，在中职课堂上，我们看到的一个普遍状态就是：凡是照本宣科、或者脱离学生实际学习水平和能力的满堂灌，学生睡倒（或者开小差）一大片的概率几乎是百分之百。这种状态，普遍存在于公共基础课和专业理论课上。

关于如何改进德育课堂生态，让学生在德育课堂“动起来”、让德育课堂“活起来”，新修订的《中等职业学校德育大纲》中明确提出德育课“要紧密联系实际，坚持以价值观教育引领知识教育，改进教育教学方法，……做到知识学习、情感培养和行为养成相统一”的显性要求，以及教学“为专业和岗位职业能力提升服务”的隐性要求。在这两者的双重作用下，我们以二年级德育教程“哲学与人生”为试点，引入行动导向教学模式，对德育课的教学组织形式和教学内容的适当整合展开研究，探索把“德育”学习融入学生“生活”的最佳方式。

对“哲学与人生”进行行动导向教学的实践研究，一是因为这门课在学生成长中的作用是其他课程所无法代替的，它对学生认识、解决人生问题，启发学生思维与行动的智慧，构建学生初步的世界观、人生观、价值观具有非常重要的意义。二是该课程知识结构和体系相对比较严密，知识和原理较之于其他德育课程也更为抽象，教师在教学中如果不注重方式方法和内容的结合，很难有效地开展教学。三是德育教师通过创造性的实践活动，更加能激发教师主动提高专业水平和科研意识，并且为学校德育教师开展其他德育课程的课改提供了可以借鉴的科研路径和实践经验。

二、对“哲学与人生”课堂教学模式研究的思想起点

把德育学习融入学生的生活的最佳方式的研究，使“哲学与人生”课堂教学生活化、

实践化，其核心理念来自陶行知先生对生活与教育关系的表述。陶行知先生早在20世纪30年代就提出了他最著名的观点之一——生活即教育。他认为，生活即教育是以生活为中心之教育，教育的根本意义是生活之变化，生活无时不变即生活无时不含有教育。从陶行知理论出发，我们应该认识到，离开了生活的德育将会走向抽象化、虚幻化，并也会使这种教育流于形式化。

对该课程进行行动导向教学的研究归根结底是要解决在“哲学与人生”课堂中如何生活化地开展课堂教学的问题。认知心理学认为，高级心理过程的发展需要经过社会协商和相互作用，所以建构主义学习观建议，面对复杂的学习环境和真实的学习任务，应该重视合作方式的学习，并运用多种方式表现教学内容，让学生通过一系列教师指导下的知识建构过程，做到在尊重他人主张的同时以自我批判的方式选择、发展和维护自己的主张。同时，杜威的实用主义知识观和教育理论认为知识的价值在于引起有益的行动结果，获得知识必须通过人的行动。求知即行动、做中学等理论，进一步为行动导向教学模式提供了理论支撑。

因此，在职业教育领域的学者们根据建构主义和实用主义相关理论，提出了行动导向教学模式，就是通过师生共同确定的行动引导学生，学生通过主动和全面的学习，达到脑力劳动和体力劳动统一。学习行动是为达到学习目标而进行的一种有意义的行为。

此外，现代管理学理论认为，建立企业文化最好的方式就是开展团队管理。所以，在德育课堂上结合所学知识开展初步的职场合作能力和团队意识的培养，也符合职业教育规律和要求。

综上所述，在“哲学与人生”课程开展行动导向模式的实践研究中，笔者始终贯穿这几个要素：一是师生之间、生生之间合作式地学习。二是通过行动的产品把所授知识融合于实际生活或者工作实践中，在实践中获得知识。三是行动导向教学呈现方式是多种多样的，以教学内容和学生学习能力实际来开展设计与组织，并以此为基础整合课程内容。四是学生在学习中应实现主体地位最大化，也就是说，学习的过程和评价方式由学生完成，教师只是起到在行动中的组织、督促和引导作用。五是通过团队拓展活动把哲学知识与生活感悟融合在一起。

我们开展实验活动的思想起点就是利用行动导向教学模式打破原有课堂教学与组织方式，改善课堂生态，以学生喜欢和擅长的方式理解和掌握技能，并在学习活动中帮助中职生学会参与、学会合作，在积极参与与合作中培养包容、积累、坚韧、奉献等道德品质和良好的职业操守。我们要让这些所谓的中考“失败者”用适合他们的方式学习和成长，让他们更好地适应职场要求。

三、课程研究实例研究

如何最大程度地激发学生在积极探究世界本质的基础上，学会用马克思主义哲学基本观点和方法学会做事，并在学会做事中学会做人，有效地提高学生学习兴趣，通过兴趣激发学生行动，促进学生学习动机的形成，并能在学习实践中学有所悟、学有所行，以“正确认识和学会处理矛盾”一课为例，笔者是这样实施教学的：

（一）团队破冰——活动引领，吸引兴趣

拓展游戏：心心相印

比赛要求与场地：略

比赛评价：第1名有四次抽牌机会，第2、3名有三次抽牌机会，第4、5名有两次抽牌机会，第6名有一次抽牌机会。

（二）小组讨论——活动分享引出新知（略）

（三）教师活动——提出课题，启动学习

介绍课题矛盾是事物发展的动力（改为正确认识和学会处理矛盾）。

（四）合作探究——建立情境，构建知识

美国有一个自然保护区，原来有许多鹿群和狼群。……狼又捕食鹿，鹿群又恢复了生机。问题和讨论。（略）

（五）学生活动——打破节奏，发散思维

话题：生活中处处有矛盾。

事物自身包含的这种既对立又统一的关系就是矛盾。

看图说话（教师活动）：深入分析获得认知

漫画：《张三敢剪吗?》

话题：矛盾的两种基本属性。

同一性和斗争性；实例分析。（略）

（六）合作探究——深化理解，不断掌握

小组任务：下列成语、俗语或名言各包含什么哲学道理？（略）

启示：生活中处处有矛盾。

①不要把辩证矛盾与逻辑矛盾混为一谈。

②怕麻烦、怕问题、绕着问题走，都是否认、回避矛盾的表现，这样的心态和行为对我们有很多意想不到的负面影响。播放视频《白马非马》。

小组任务：《白马非马》的视频包含了什么哲学道理?

启示：不同的事物有不同的矛盾（矛盾的特殊性）。

①矛盾的特殊性及作用——《医生给猪把脉》漫画。（略）

②学会具体问题具体分析矛盾的特点——量体裁衣的故事。（略）

（七）学习小结——总结归纳把握重点（略）

（八）作业布置——活学活用学会做事

课外作业：给妈妈写一首三行诗歌。（建议内容上体现今天学习的矛盾观点）

四、“哲学与人生”中行动导向教学模式的概述

根据上述案例，对其中的教学行动进行分析，其教学思路如下：

团队破冰——活动引领，吸引兴趣⟶建立适当的评价

⇩

小组讨论——活动分享，引出新知

⇩

教师活动——提出课题，启动学习

⇩

合作探究——建立情境，构建知识⟶建立适当的评价

⇩

学生活动——打破节奏，发散思维

⇩

合作探究——深化理解，不断掌握⟶建立适当的评价

⇩

学习小结——总结归纳，把握重点⟶建立适当的评价

⇩

作业布置——活学活用，学会做事

（一）各教学环节功能与方式的界定

在第一、二环节中，笔者结合哲学中的知识，设计拓展游戏，让学生在游戏活动中初步建立起对知识的感受。小组讨论中，教师务必有较强的引导能力并渗透职业素养的教育。在第四环节中，笔者主要是以各种行动导向教学方式，包括角色扮演、案例教学、头脑风暴、项目教学等教学行为。在第五环节中，笔者主要考虑中职学生学习注意力下降的问题，开展适合学生身心特点的小活动或者小游戏，1～2分钟为宜。在第六环节中，笔者主要是以辅助性练习为主，让学生能够得到适度的应试能力。在第八环节中，笔者初步解决学以致用的问题，把学回归到“做”即实践中，这是一切教学的目的。

（二）关于教材中相关知识的“调整、加工和创造性开发”问题

建议把脱离学生生活与工作实际且难以理解的知识点进行简化处理，譬如“同一性和斗争性关系问题”“改造主观世界和客观世界关系问题”等。对于学生生活工作中比较实用的知识进行深化，譬如量变与质变的原理在生活中的运用，包括重视量的积累、把握适度原则、注重目标管理等，其简化或深化准则以学生实际生活运用程度和学生实际理解能力为依据，使之充分体现哲学与人生两者的密切关系。

（三）关于评价问题

实施科学、合适的评价是教学有效性实现的关键一步，它的成败关系到学生学习行为

的发展与持续。为此，在评价方式上，既要注重平等性、开放性原则，也要以学生学习兴趣为激发点创设评价方式。为了进一步激励课堂的学习行为，相关教育理论认为，“合理需要的尊重与满足是人生成德性的基础和原动力”。所以，在德育课要实现合理需要的尊重和满足，除了关注课堂教学中学生通过一定的评价方式获得自身的尊重与满足外，更重要的是让他懂得将来入职后需要面对怎么样的环境，以此促使学生树立正确的价值观和人生观，使价值观教育“无痕”地进行。当然，在评价主体上，也要注重多元化参与。如果有条件，学生、教师和家长都可以是评价的实施主体。

参考文献

［1］赵志群主编．职业教育工学结合一体化课程开发指南［M］．北京：清华大学出版社，2009.

［2］赵志群主编．职业教育与培训学习新概念［M］．上海：科学出版社，2003.

［3］赵志群，白滨．张元．职业教育教师教学手册［M］．北京：北京师范大学出版社，2013.

［4］姜大源．当代德国职业教育主流教学思想研究——理论、实践与创新［M］．北京：清华大学出版社，2007.

［5］徐国庆．21 世纪职业技术教育系列——职业教育课程论［M］．上海：华东师范大学出版社，2008.

［6］皮连生．学与教的心理学［M］．上海：华东师范大学出版社，2009.

［7］汪凤炎．德化的生活［M］．北京：人民出版社，2005.

职业中学专业教学改革探索
——“微课”显威

魏人友[①]
（清远工贸职业技术学校　广东　清远　511510）

摘　要：本文从教师、教学资源、学生三方面剖析了当前职业教育存在的问题，陈述了基于专业教学改革的视频教学尝试，以及与信息技术发展的产物——“微课”的契合及其应用与成果，进而阐述了“微课”这种新的教学模式和资源的特点、制作及其意义。

关键词：微课；视频；电子；微课程；教学改革

一、当前职业教育的诟病

（一）教师问题

人的惰性以及革新所需投入的时间和精力较多，课上得好与不好待遇等同、重管理轻教学等制度缺陷；不招聘企业工程技术人员，教师从学校到学校，缺乏实践经验和创新能力；教师培训从国培到省培多是理论，与市场脱节，教师知识、技能逐渐老化，导致教学改革举步维艰；有些教师不认真备课，不努力提高技能，只是纸上谈兵、照本宣科；上课用通用 PPT 代替板书，沿袭传统的教学方式，教师在台上滔滔不绝，期待学生认真听讲、思考和做笔记，忽视了学生心理、学习习惯的转变，忽视了学生作为听众和观众的耐心的缺失，缺少让学生有兴趣的、能够开心参与的环节设计和掌控能力。

（二）教学资源问题

现有教材普遍文字居多，缺乏图文并茂的呈现，更没有语音提示和讲解。教学资源，无论是课件、教案、同步训练，还是教学视频，大多是以课时（包括单元和章节）为单位，资源过大过长，资源主题和特色不够突出，使用不方便，较少关注学生的学习过程，缺乏能直接解决教与学的实际问题而又同时满足教师与学生需求的资源类型。技术发展迅速导致实训资源与企业资源脱节，教材不再适用。

（三）学生问题

大学扩招、助推普高扩招、职校本身的教学质量有待提升，导致吸引力不足，优秀生源被蚕食；高中教育的普及推广、职业学校的扩招、来者不拒导致生源质量下降；采取春季招生，多数没希望考上普高的学生提前半年进入职业学校，生理、心理年龄的滞后，使得学生越发不懂事，且秋季不招生，后期想读职校的优秀生源被拒之门外；学生缺少吃苦

---

①　魏人友，从事教育工作 12 年，负责电子与机电专业教学管理工作。

耐劳的精神和忧患意识，不主动学习而表现为学习能力下降；在自控能力欠佳又缺乏有效引导的情况下，手机成为新型玩具，导致学生上课不听、课后不学、晚修不做，欠缺对知识的理解、掌握和应用，分析问题、解决问题的能力堪忧，以图1为证。

图1　学生晚修睡觉、桌上无书或没翻开任何书、玩手机等现象严重

二、教学改革尝试的契合

“学生是否可以带手机进校”这一话题在网上曾进行激烈的争辩，清远市三所学校也严禁学生带手机到学校。但随着信息化快速发展，特别是上网智能手机、平板电脑的普及，加快了移动学习时代的到来。顺势而为，疏而不堵，合理利用，班主任、科任积极引导学生使用手机，已成为当下教师的唯一出路——开发实用、易用、想用的学习资源，让学生充分利用手机进行自主学习。

教学改革势在必行，需要在实践中摸索。在多年的电子技术教学中，笔者发现每次开展学生电路制作项目时，困扰的问题很多：

（1）顾此失彼。学生太多，教师辅导这个就疏忽那个，课堂秩序难以维持、实训问题难以纠正、评价环节难以开展、归纳总结肤浅。

（2）操作示范效果有限。学生围而观之，往往最里层的6人左右可以看清楚，外围就难了。可以提前焊接1～3个电路样板给学生参考，但学生看不到焊接过程和技术难点突破。发现问题再纠正、辅导，效率又太低，没辅导几人就已经下课了。

（3）传帮带难以开展。尝试小组长集中辅导再让他们去辅导其他组员，但经过二次传递效果打折了，且在辅导他们时其他学生的任务空置。虽说可利用第二课堂、兴趣小组等提前辅导，一个班耽误点休息时间可以解决问题，但学校一届有8个电子班，就算每班抽8个人都会由于人数众多而难以成效。

能否将自己的操作过程拍成简短的视频？上课时用多媒体插播给学生看，学生可边操作边看，图声并茂，直观且所有学生都可以看到，教师在下面巡视辅导时，还可以就某一个操作过程重播，通过反复来强化学生的理解。学生还可拷回家或课余时间用手机看，进行自主学习和巩固。

说干就干，笔者恰好发挥了自己喜欢摄影的优势。经过精心准备，向管理员拿到实训室钥匙，画好电路图，准备好焊接工具、耗材、仪表、录像机、三脚架，边操作边讲解，在摄像机前语言力求言简意赅，操作力求去繁化简，感觉不满意就重来，利用两个周末的时间，根据实用程度和实训难点，共拍摄了“烙铁保养”“元件测量”“测量调试”“万用表的使用”“示波器的使用”“信号发生器的使用”等9段视频，每段视频3～8分钟，以图2为证。

烙铁保养　　元件测量

布局　　焊元件

图2　实训操作视频截图

视频采用AVI格式、640像素×480像素，因大概66.5M/min，8分钟的视频500多兆，文件很大，后来用暴风影音进行压缩和转换为FLV和M4格式，用绘声绘影进行处理，加字幕，音频滤波与强化等，供大家使用。重点实训环节、知识点视频化后，还有两大好处：其一，学生感兴趣或感觉还没看懂的，或者学生想提前自学的，可以让学生将所有视频拷回家实操（要求学生在家自己有一套焊接工具和仪表供课余练习），培养了学生的兴趣，利用了课余时间，学生可自主提高。其二，好的教学视频可以资源共享，其他教师可以借鉴利用，帮助教师减少工作量和工作难度，提高教学效果。

三、“微课”的药到病除之效

忽如一夜“微”风来，微博、微信、微课百花开。随着微博、微信的横空出世，MOOC（Massive Open Online Courses，大规模开放网络课程，又名慕课）、微课程、微课接踵而来。

去年有幸在江门参加了广东省电子信息专业委员会会议，听了汪晓东教授的讲座“微课”——以微型教学视频为主要载体，针对某个学科知识点（如重点、难点、疑点、考点等）或教学环节（如学习活动、例题习题、主题、实验实训操作、项目任务等）而设计开发的一种情境化、支持多种学习方式的新型网络课程资源，让我有如醍醐灌顶、眼前一亮的感觉——这不是笔者 2009 年就开始尝试的知识点、操作技能视频化教学的升华吗?!只是笔者停留在微课的初级阶段——教学视频，缺乏规范和技术提升。

受此启发，笔者开始查阅有关“微课”方面的资料，观看全国的微课视频，并在专业教学中应用、推广。优酷网的“Intel project bridge”视频，让笔者震惊——多么理想和高效的课堂！如图 3 ~ 图 6 所示。

图 3　触摸屏教学、平板电脑学习

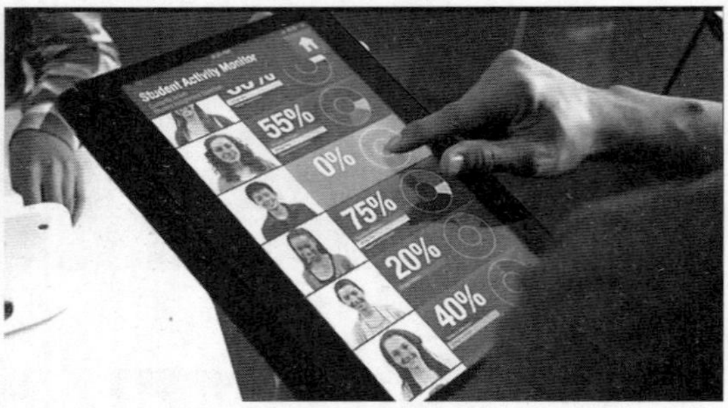

图 4　学生完成情况随时监控及时辅导

图 5　人人参与

图 6　成功的喜悦、快乐的学习

如果我们的各类微课资源库都很丰富，而且免费提供给学生，那带手机进校就由隐患变成促进学生学习、成长的工具，帮助学生真正做到随时随地学习、自主学习和积极探索。

由于内容集中、精短，教师随堂灵活运用，帮助教师革新教学方式，将上课讲授的关键内容制作成微视频让学生自主学习，课堂上则帮助学生解决不懂的问题，师生互动讨论，或者给予学生个性化的辅导，学生的参与程度和对知识的掌握程度都高，激发了教师享受课堂教学的乐趣。

四、“微课”的特点

传统的教学资源大多是以课时（包括单元和章节）为单位开发，资源数据过大、时间过长，不管是教师借鉴还是学生学习，都不方便，不能直接解决教与学的实际问题。“微课”取长补短，只讲述一个教学知识点，而非一节课的内容，主题突出、目标明确，资源多样、情境真实，使用方便，可在移动终端上使用，旅途、等待、闲暇时间都可得到充分利用。

“微课”区别于其他以往资源的核心特征是“面向学习者”，解决个性化学习，关注教学内容的传递而非教师、学生的表现。胡铁生老师用成语“短小精悍”巧妙地概括了微课资源的特点：

（1）“短”。视频时长5～8分钟，不超过10分钟，非常符合学习者的视觉驻留规律和认知学习特点。

（2）“小”。文件的容量小和选题小，时间短，所以视频的文件容量大幅减少，只有十几兆甚至几兆，便于短时下载和传递，使得传播和分发有了较好的物理基础；选题小，不是一个完整的单元，只针对某个知识点、某个主题、某个实训环节进行讲解。

（3）“精”。设计精确到分钟，作脚本规划及镜头的组织安排，精致、紧凑，不拖泥带水，简明扼要地概述知识点，点拨难点，突出重点，循序渐进地帮助学生掌握知识和技能，呈现精华达到授课目的。

（4）“悍”。效果强悍，学生不懂，看了你的“微课”后就明白了，有针对性地解决了学生的困惑。

五、“微课”的制作

用DV、带录像功能的数码相机、手机、摄像头摄制，也可通过Camtasia Studio、Snagit或Cyberlink You Cam、屏幕录像专家V2012等录屏软件制作，还有“可汗”常用的手写板制作微课。

（一）拍摄

第一步，针对“微课”主题，进行详细的教学设计，形成教案；第二步，利用黑板或白纸展开教学过程，利用拍摄工具将整个过程拍摄下来；第三步，对视频进行简单的后期制作，可以进行必要的编辑和美化，或写好脚本，准备好工具，将操作过程拍摄下来，再添加文字注解，后期完善。

（二）录屏

第一步，针对所选定的教学主题，搜集教学材料和媒体素材，制作PPT课件；第二步，在计算机中安装录屏软件；第三步，在电脑屏幕上同时打开视频录像软件和教学PPT（Word、画图工具软件或手写板输入软件等），录制者带好耳麦，调整好话筒的位置和音量，并调整好PPT界面和录屏界面的位置后，单击“录制桌面”按钮，开始录制，录制者一边演示一边讲解，可以配合标记工具或其他多媒体软件或素材，尽量使教学过程生动有趣；第四步，对录制完后的教学视频进行必要的编辑和美化。

制作时要注意：用户是学生，且是教师与学生一对一，而非集体教学，故应力求讲解生动、便于理解；时间为10分钟；有（颜色线标示、关键词、符号图形标注等）提示性信息，颜色搭配好；有促进学生思考的提问，有总结，字幕言简意赅；背景要合适，处理或删除喧宾夺主的与教学无关的图标、教师头像；处理好稳定性（用三脚架）、视角、光线（辅助光源）等问题；环境要安静、不要有噪音；软件录屏时鼠标不要乱晃，速度不要太快。

教师在制作“微课”的过程中要始终保持一种危机感，要不断思考，学生在看到这段时会不会厌倦、会不会关闭这个微课视频，如果会，就需要在这个节点设置一些活动或环节来使得学生保持学习的兴趣。

六、“微课”的意义

对学生而言，“微课”以学生的自主高效学习为中心，让学生感觉实用、易用和想用，更好地满足学生对不同学科知识点的个性化学习、按需选择学习，掌握和理解一个有价值的知识点，既可查漏补缺又能强化巩固知识，是传统课堂学习的一种重要补充和资源拓展。

对教师而言，“微课”革新传统的教学与教研方式，突破听评课模式，其设计与开发本身就是教研过程，对课前备课、课堂实施、课后反思、教学研究等环节都能提供有针对性的优质资源支持。课例简单，学习内容与目标清晰，学习和研究时间减少，教师从“微课”中可以受到启发，有些甚至可以照搬或者迁移到自己的教育教学之中，实现教学观念、技能、风格的模仿、迁移和提升，从而迅速提升教师的课堂教学水平。这种近乎理想化的教学模式能极大地激发教师的兴趣，促进教师的成长。

参考文献

[1] 胡铁生，黄明燕，李民．我国微课发展三阶段及其启示［J］．远程教育杂志，2013（4）．
[2] 金陵．从联系中看 MOOC、微课和微课［J］．中国信息技术教育，2013（6）．
[3] 桂耀荣．微课及微课的制作和意义［J］．化学教与学，2013（5）．
[4] 黎加厚．微课的含义与发展［J］．中小学信息技术教育，2013（4）．
[5] 汪晓东．微课的外在特点与核心特征［J］．中小学信息技术教育，2014（1）．

中职教学质量的问题与对策

——借鉴“驾考宝典”改革考核与评价模式

魏人友

（清远工贸职业技术学校　广东　清远　511510）

摘　要：本文剖析了当前职业教育教学质量存在的问题，通过分析、思考，探索解决问题的途径，最后通过国内自主学习与考核的成功案例——驾考宝典，阐述改革考核评价模式，将知识做成移动资源包或可供手机应用的学习与考评一体化应用软件，推广随时随地、自主考评的学习与考评新模式，提高教学质量。

关键词：教学质量；改革；驾考宝典；评价；考核

一、发现问题

很多专家、企业、家长、教师评论：中职教学质量下滑，亟待改变！问题的根源在哪里呢？

（1）少不更事。随着家庭条件变好，独生子女增多，学生参与家庭事务越来越少，思虑少，解决问题的能力、忧患意识普降，心理年龄落后于生理年龄，表现为好吃、好玩、懒做，没有把学习与父母的辛劳付出、与自己的就业和未来联系起来，没想过或没能坚持通过学习来改变自己的命运。

（2）基础差、学习能力差。有些家长和学生认为读中职是耻辱，是没能力、成绩差的学生的选择，所以挤破脑袋、花高价也要进普通高中。大学扩招、普通高中扩招，而中职是杯残羹冷炙，学生普遍基础差、学习能力弱，主动学习的少，所以教学质量难以提高。

（3）没压力、没制约机制。有人说，中职学生没学习压力，不用升学高考，学期各科目考试不及格，不用补考，且毕业证照发。相比大学教育：考试不及格，按 50 元/学分补考，一门 4 个学分的课就 200 元，且补考没有人给你复习和模拟试题，每学期统一时间和地点补考，补考不及格继续交钱补考，直到考过为止；不补考就会有科目不合格而不能毕业，不发毕业证也就很难找到工作。所以即使平时懒惰，或想偷懒，也会因上述原因而自主收敛，最起码会在快考试时认真看书，学点知识。

二、思考问题

殊不知，像广东省顺德区梁球琚职业技术学校这样的中职学校却也办得非常优秀，与普通高中一样划分数线，分数不够而选读的还要交过万的额外费用，教学质量一直很好，该校的毕业生很受用人单位欢迎，发展前景好，所以报读火爆。

为什么另一些中职学校却办不好？是师资、设备、硬件设施不好吗？清远市公立的市职业技术学校每年接受的省、市政府投入都是以千万计，教师人数达 400 人，教学楼、实训楼、宿舍楼鳞次栉比，可以说硬件要什么有什么，但却招生困难，师生比严重失衡；地处山清水秀的县属连南职业技术学校，年招生也萎缩到仅有200人左右，靠政策扶助的社会培训艰难度日；市区私立职校“长江职业技术学校”，鼎盛时期在校生在1 000人以上，现在也因招生困难（年招生仅100人左右）而窘境连连，难以为继。清远工贸职业技术学校作为清远市最好、最大的中职学校，年招生2 000人以上，硬件设施堪称全省一流，但学生流失情况也很严重，个别班入学时50多人，一年下来仅剩30多人。

凡此种种，终极原因只有一个——教学质量出了问题，学生感觉学不到东西另谋出路或转学；企业不愿接受或低薪接受学校的毕业生，学生找不到好工作，经口口相传，最后家长也不认可！那教学质量为什么会出问题呢？这就是机制体制的问题。

（1）没有合理的教师评价、考核、激励制度，没有贯彻落实教师职业标准，没有教学事故的责任追究，没有不合格教师的培训、退出机制。教师课上得好与不好，与其待遇的关联度太小，对教师不备课，对学生睡觉玩手机行为放任熟视无睹，对上课看小说、玩游戏、看韩剧、炒股等现象不作为或“无能为力”。

（2）没有落实教育部《中等职业学校学生学籍管理办法》（教职成〔2010〕7号）。

第十八条：一学期旷课累计达90课时或擅自离校连续两周以上，学校可以作退学处理。

第二十四条：考试、考查不合格，提供补考机会，补考次数和时间由学校确定。学生缓考、留级由学校规定。学校应当及时将留级学生情况报教育主管部门备案。

第二十七条：顶岗实习和工学交替结束，企业和学校共同完成学生实习鉴定，记入学籍档案。

第三十六条：规定的学习年限内，考核成绩（含实习、思想品德评价）仍有不及格且未达到留级规定，以及实行学分制的学校未修满规定学分的学生，不发结业证书。

没有合理的学生考核评价体系、补考制度、留级制度、退学制度、不合格不发毕业证不推荐就业的制度；没有有效地执行教育部的文件和相关制度，导致教师教学没有压力，教学计划难以完成；学生学习没有压力，就不会主动学习，助长了学生懒惰的心性。

三、解决问题

（一）解决教师问题

（1）完善机制体制。组建管理部门，明确分工，制定或完善教师管理制度并贯彻执行。诸如教案检查、课堂巡查、评价考核、奖励、听课评课、调代课、教师培养、外出学习或实践、职务晋升、绩效工资等制度。因为部分老师不会主动去学习、阅读有关制度，所以最好是全校老师参与、学习、考核制定的制度，提高了解度和执行力。

（2）培训与学习。对所有教师，尤其是教学管理部的主任、教学部长、科组长、新教师，每周一次，分组进行校本常规培训，学习有关教育部、省教厅下达的政策文件；学习教师职业标准、教学标准；学习教师培养计划、方案的制订与执行；学习教学计划的制订与监督执行；学习教案、学案、教学设计、教学反思、教学论文、听课记录、评课记录、教研记录、总结的撰写与要求；学习教学理念、观念、方法等理论及其应用；学习新的教学工具“微课”的制作与录制、网络资源和移动资源库的创建与利用、教学仿真软件的应用；学习上课、说课与课堂组织的技巧等。技高以师德高为范，老师若是优秀又认真负责，让学生学有所获、学得开心，教学质量自然就上去了。

（3）宣传与示范。积极开展课堂教学、教师技能、说课、教案、自编教材等竞赛活动，言传身教、以优带新、以优带差，展示推广优秀教师的各方面技能和理念，及时表扬优秀教师的教学事例，宣扬典范，逐渐形成积极向上、以教学能力出众为荣，努力、主动、创新做事的风气。

让教师明白标准、要求，做得好与不好的差别，贯彻执行制度落到实处，不能成为摆设，空有其表。通过课堂巡查、教案检查和查看实训室的监控视频，及时公布并处理违规违纪情况，以儆效尤。让教师认真备课、上课和批改作业，努力提升自我，杜绝不负责任、误人子弟现象的发生。

（二）解决学生问题

（1）完善学生手册。根据教育部2010年的《中等职业学校学生学籍管理办法》、广东省教育厅的《中职学生守则》和《中职学生行为规范》等文件的要求，完善学校《学生手册》。新生入学人手一册，边军训边学习，明确学校各项要求，明确奖惩制度、考勤制度、补考制度、留级制度、毕业制度，让学生明事理、知利害，学好专业，学会做人。

（2）贯彻执行制度。对屡屡迟到旷课的学生进行跟踪教育，对无教育效果，累计旷课达到制度规定的学生，坚决执行劝退。对期中、期末考试无故缺考、考试不及格、考试作弊的学生，严格执行每学期定期补考制度。对不及格达到规定数目的且不补考或补考仍然不及格的学生，坚决执行留级制度。对毕业时有考试不及格科目的学生不推荐就业，延迟发放毕业证（直到通过补考所有科目全部及格）。

无规矩不成方圆，没有压力就没有动力，没有要求就会为所欲为，学生贪玩本性凸显，学习主动性堪忧，在缺乏正确的引导下，中职生上课、晚修、深夜玩手机越的情况来越严重。

（三）解决评价考核问题

（1）考试时间改革。现在清远工贸职业技术学校的期中、期末理论考试规定每门课考试时间统一为60分钟，题量被压缩，难度被大幅降低，这显然需要改革。

（2）教考分离改革。部分老师不按规定给学生全面复习，看自习或将期中、期末的统考题改个标题为“模拟试题”，让学生做，或直接将答案贴出来，让学生直接抄。平时便可以不读书，只要将老师发的模拟试题背熟就能得高分，所以每年监考都能抓到考试作弊的学生拿模拟试题出来抄袭，一比对，真题率有时竟为100%！这就完全失去了考试作为检验和评价学生学习效果、老师教学水平的作用，反映不出学生对知识掌握与否。应该禁止这种风气，让老师脚踏实地、兢兢业业地开展教学、复习指导工作。

（3）成绩统计作风改革。过于追求高平均分和高及格率，动辄平均分七八十分，及格率达80%、90%，甚至100%，追求形式主义和不切实际的数字游戏，完全背离了成绩的科学正态分布。学校应正确引导，扼制歪风，形成求真务实的作风。

（4）模块化技能考核改革。中职最重要的技能考试缺乏标准和要求，以电子专业为例，万用表、示波器、信号发生器等仪器仪表的使用，焊接技术、电子产品装配与调试、CAD绘图与制板等基本技能没有统一标准，没有过关式模块化统一考试。学校应召集备课组长、专业教师编写诸如元器件识别与测量、仪器仪表使用、电子产品装配与调试、SMD焊接技术、电子绘图与制板、家居布线六个基本模块的技能考核试题，并分期、分批统一组织考试，每个学生必须在规定的时间全部通过，否则要补考，毕业时不通过不发毕业证、不推荐就业。

四、案例借鉴

大家熟知的驾照科目一、科目四的考试，没有培训，没有老师上课和讲解，全部靠自学，通过教材、电脑、智能手机等途径都可以学习，不学就过不了。尤其是将学习内容统一做成软件后，可以在网上免费下载，可用手机或电脑进行学习，因此移动学习、随时随地、有空就学已成为新的学习方式。题型全部是选择题和判断题等客观题，练习做错时每道题会弹出标准答案和注释，还有交流互动平台，帮助学员理解。如图1所示。

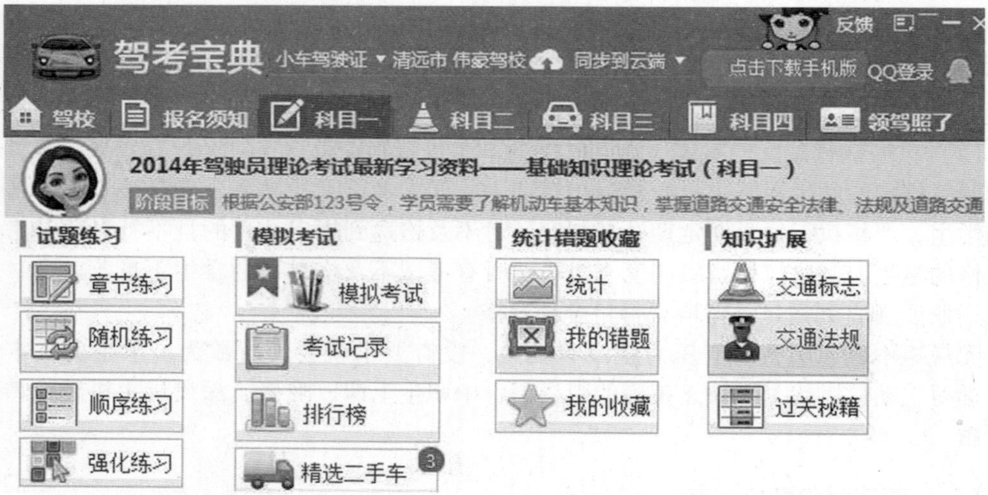

图1　学习资料

驾照科目一分为试题练习、模拟考试、统计错题收藏、知识扩展四大板块，训练途径多样，复习强化设计合理。如图2所示。

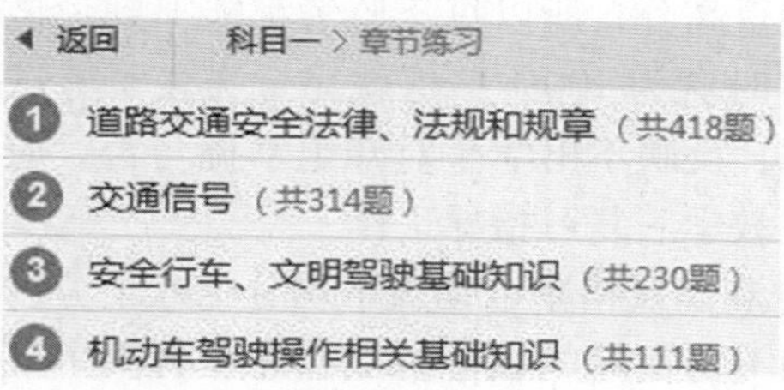

图2　章节练习

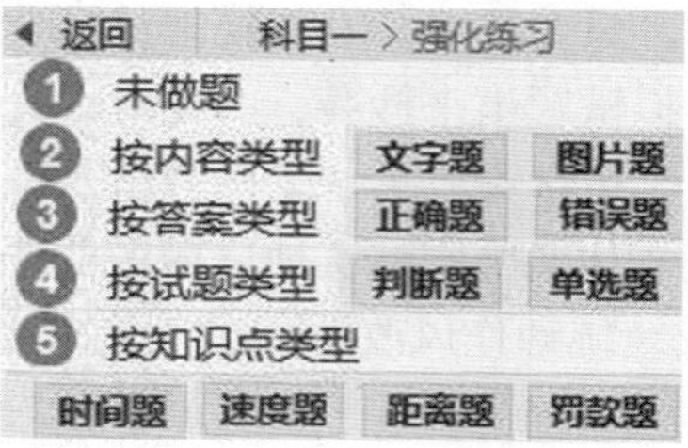

图3　强化练习

（1）试题练习。其分章节、随机、顺序、强化练习，章节练习题目全面，每一个知识点一般有四道题以上，选择、判断相互补充，题目自动生成，每次都不同，同一道题每次做选项顺序都不同，避免死记硬背。

每道题右边都有“详解模式”对题目进行分析，有值得借鉴的网友的精彩分析，对题目的批注包括辅助理解的经验，可帮助理解与识记。很多题都是图文并茂、形象直观，便于学生理解。如图 4 所示。

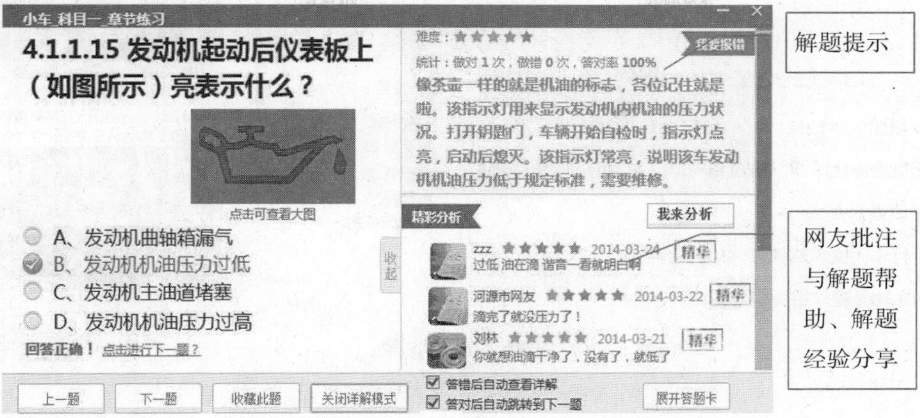

图 4　图文并茂的练习题

（2）模拟考试。有考试须知（考场纪律与要求）、考生信息、温馨提示、错题提示、时间提示，并且在模拟考试结束后会自动将错题标注整理，可让学生重新做一次，并弹出正确答案。如图 5 所示。

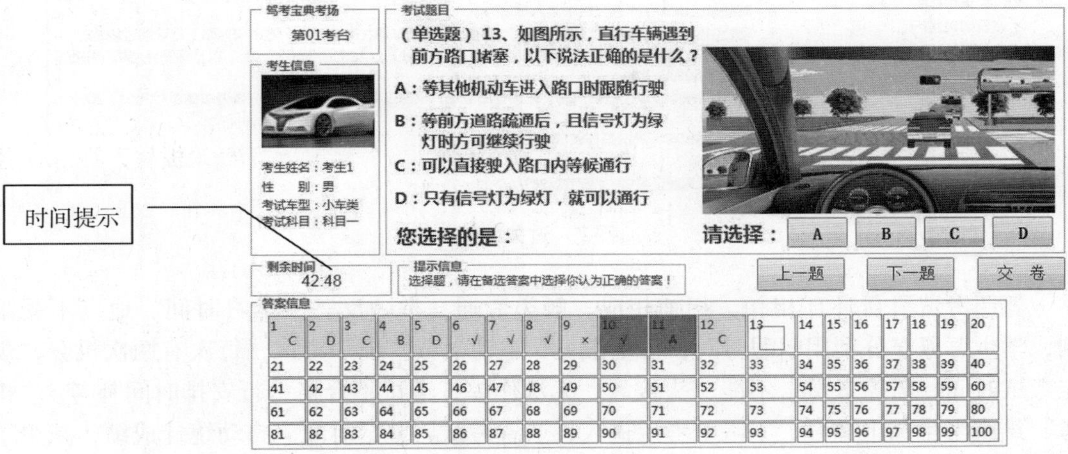

图 5　模拟考试题

（3）统计错题收藏。（如图 6 所示）对于在顺序练习或章节练习中做错的题进行归纳整理，做对的题就一般不用再练习，只强化做错的、还不理解或容易混淆的，以节约时间和精力，重点突破。如点击图 6 中的③，就会弹出“交通信号”的错题，让学生重新做，做对后该题会自动在错题库中消失，方便强化训练其他试题。

（4）知识扩展。有交通标志、交通法规、过关秘籍三个模块，将各个知识点进行归纳分析，便于学生自主学习的理解与记忆。如图7所示。

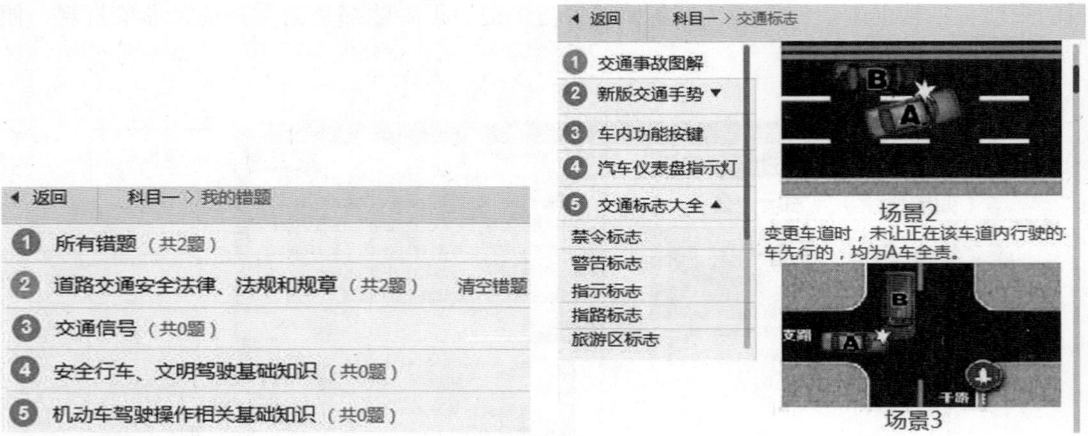

图6　错题收藏

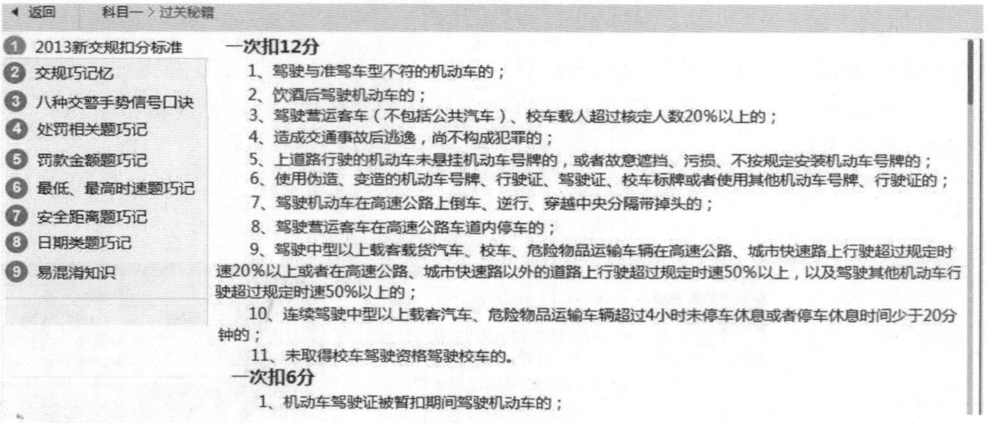

图7　过关秘籍

驾照考试科目环环相扣，相辅相成，触类旁通，举一反三，学习时间、地点不受限制，学生可以充分利用闲暇时间，自主学习、主动学习。统一考试，每次有两次机会，规定考试时间，监控考员，不能交头接耳，无法作弊，考试不合格另行安排时间补考。“机考”结束考生马上离开，下一个考生进入，节省考试、鉴定时间。自动统计成绩，减少了阅卷工作和出错概率，告知通过与否，并模块化分科目发放成绩表，全部合格发放“毕业证书”——驾照。“驾考宝典”这种将知识及考核练习做成资源包或应用软件，尤其是手机应用的方式，非常值得借鉴和推广，应该也是未来移动学习、自主学习、终生学习的趋势所在。

学校正在对电子技术应用专业的电子技术基础、电工基础两门课程，进行考核与评价改革，与企业合作共同开发移动学习资源包与考核软件，要求学生必须进行模块化过关式理论考试，否则不发毕业证。采用题库的形式，每门课程 1 000 道题，由书本上的理论知识加上历年企业的笔试试题演变而成，图文并茂，解题分析、注解一应俱全，变被动学习为主动学习、自主学习，提高了教学质量。

五、愿景

如果广东省教育厅，甚至是教育部，能组织专家、学者、软件公司，将中职各专业基础课程的理论部分，全部做成“驾考宝典”式的应用软件，全国推广，不但利于提高教学质量、节约资源、集中优势力量开发最合理适用的学习与考评一体化软件，还利于监测各学校的教学质量，不用无奈地举办少数人参与、劳民伤财的中职技能大赛作为评价各校教学质量的依据。

中职室内设计专业工学结合课程模式下的教学改革

郭　咏

（广东省民政职业技术学校　广东　广州　510310）

摘　要：中等职业学校开设的室内设计专业是艺术设计大类下的主要专业之一，其实用性很强。中等职业学校室内设计专业的人才培养目标是使学生具备根据建筑结构基本情况与功能需求，结合美学、力学、工程学等原理，为建筑进行室内设计的能力。但是，当前中等职业学校室内设计专业教学方面存在着学生基础参差不齐、教学内容缺乏整体性、缺乏将知识转换为技能的平台、缺乏能力提高的空间等问题。据此，文章探索了基于工学结合课程模式下的教学改革，具体包括课程体系改革、教学团队改革、教学方法改革、培养平台改革。

关键词：中职；室内设计专业；工学结合；工学结合课程模式；教学改革

近年来，国家对于中等职业教育的重视程度逐年提升，国务院提出了有关大力发展职业教育的若干规定，各省市地区也纷纷结合地方实际，出台了促进中等职业教育发展的政策，为中等职业教育的发展提供了更好的机会与平台。

一、中职室内设计专业教学内容分析

当前，随着我国经济社会的进一步发展，室内设计也正处于蓬勃发展的上升期。单从家装室内设计来讲，由于商品房销售的热情未减、农村的城市化改造、农村住房的美化需求等，室内设计人员的需求量剧增。另外，由于城市生活质量的提高，人们对餐饮环境方面的需求也在不断发生变化，因此，大量新开业的餐厅需要室内设计，许多原有的餐厅需要重新进行室内设计继续营业，这也是室内设计专业就业的主要方向之一。另外，当前办公室空间设计、公共空间设计、商业店面设计等都有较高的要求，所以，对室内设计方面人员的需求量很大。“居室空间设计”“餐饮空间设计”“商业店面设计”“办公空间设计”“公共空间设计”是中等职业学校室内设计专业的主要教学内容，同时也是学生就业的主要方向。

当前，各中等职业学校的室内设计专业所开设的教学课程各有千秋，不尽相同。专业课程大多围绕美术绘画开设，如三大构成、素描、色彩、室内设计原理等。另外，电脑艺术设计专用软件如Photoshop、AutoCAD等的使用方法也是教学的主要内容，学生需要通过相应的软件来完成设计。

二、中职室内设计专业教学现状分析

（一）学生基础参差不齐

中职室内设计专业在过去的招生中要求学生有美术功底。随着中等职业学校的扩展以及生源的不足，当前中职室内设计专业招生时，很多学校不再进行美术课程的加试。这样就导致招收的学生没有美术功底的较多，而有美术功底的学生也以美术基础薄弱的居多。

另外，学生在学习过程当中，对专业课程的兴趣较浓，但是对于文化基础课程却毫无兴趣，文化基础课程教学困难，学生知识掌握不好，知识面单一。而室内设计专业不仅仅需求学生具有美术功底，作为一个设计师还需要有较深的文化底蕴，了解市场需求，具备推广设计产品等能力，这也造成了中职室内设计专业学生在工作中的“短板”。

（二）教学内容缺乏整体性

室内设计专业并不是一个独立的设计过程。试想一位室内设计的专业设计师如果只会进行室内设计，却不了解市场需求、不了解装饰材料特性与价格、不懂得施工工艺流程等，其设计作品只能是纸上谈兵，在实际应用中很难满足用户的需求。当前，由于中等职业学校室内设计专业学制只有三年，而很多学校的学生在三年级期间要频繁参加各种面试等与就业相关的活动，真正学习时间只有两年到两年半，所以，教学内容通常仅局限于室内设计本身的内容，而对其外延知识讲解不到位，使得学生在就业时不能够满足用人单位的实际需要。

（三）缺乏将知识转换为技能的平台

中等职业学校的室内设计专业当前正在进行教学改革，但是教学中的主要问题之一就是缺乏将知识转换为技能的平台。教师的“教”与学生的“学”大都是纸上谈兵，教师们努力地教书本上的东西，学生掌握的内容以理论知识为主，其技能却是单一的、简单的训练，缺乏技能综合应用的平台。当然，部分学校有合作企业，在这个问题上有所改善，学生有机会在合作企业当中进行顶岗实习，能够弥补这一不足。但是，当前中等职业学校室内设计专业的普遍情况是，与企业的合作能够深入到让学生去顶岗实习的学校数量不多，大多数学生还是坐在学校的课堂上练技能，平台匮乏。

（四）缺乏能力提高的空间

室内设计专业的知识更新速度相当快，室内设计风格每两三年就会有变化，装饰装潢材料也会随着时间的变化而改变，包括室内艺术设计所使用的工具软件也会更新版本。因此，对于室内设计专业来说，教学的根本不是在于让学生学会多少知识，掌握多少技能，更重要的是提高学生的综合能力，如审美能力、沟通表达能力、团队合作能力、开拓创新能力等，这些能力在教学当中训练得很少。

三、工学结合课程模式分析

工学结合是将学习与工作结合在一起的教育模式，主体包括学生、企业、学校。它以职业为导向，充分利用学校内、外不同的教育环境和资源，把以课堂教学为主的学校教育和直接获取实际经验的校外工作有机结合，贯穿于学生的整个培养过程之中。在这一过程中，学生在校内以受教育者的身份，根据专业教学的要求参与各种以理论知识为主要内容的学习活动，在校外根据市场的需求以“职业人”的身份参加与所学专业相关联的实际工作。

（一）校企深度合作是实现工学结合的先决条件

培养高素质的技术应用型人才队伍，需要职业院校与企业共同做出努力。只有学校企业双方紧密协作，毕业生才能更具体地了解企业的用人标准，掌握真实岗位需要的相关技能，才能更好地适应企业的用人需求。只有企业的积极参与，才能让职业院校根据企业的实际需求设置课程，制定科学合理的人才培养目标。

（二）有利于提高学校的办学能力

实行工学结合的人才培养模式，需要学校安排学生到合作企业里进行顶岗实习，了解企业真实岗位的需要，或是直接引企入校，与企业合作，在校内建立企业实训基地，通过这种办学方式，不仅能提高学生的就业能力，同时还可以通过加强校企深度合作，在为企业输送技术人才的同时，提高学生就业率，增强学校竞争力。

（三）有利于合作企业的长远发展

实行工学结合的教学模式，在提高了学校的技能型人才培养质量的同时，也能够为企业提供现实劳动力，缓解当下企业技术工人紧缺的状况。通过工学结合教学模式，企业可以按照内部岗位需求，设定实训课程及人才培养目标，可以缩短学生从毕业生到企业员工的培养时间，缩短技能型人才到企业后的适应期，为企业节省成本。校企合作、工学结合也能提升企业品牌的内涵和影响力，有利于学生接受企业文化的熏陶，就业后能很快融入企业员工团队，是企业保持持续稳定发展的长期战略。

（四）增强了学生的就业竞争力

学生通过工学结合，直接参加企业生产，不仅操作技能迅速提高，而且还增强了工时观念、质量意识和效益观念，学会将理论知识与实践经验相结合，加深对自己所学专业的认识，提高适应企业生产的就业竞争力和综合能力，快速向职业人转变。学生通过实训，完成相应技能的学习，得到企业的认可，就有可能使当前的实训基地成为日后的就业基地，毕业后即可获得相应的工作。

（五）有利于学校“双师型”教师的培养

专业教师通过带领学生到企业顶岗实习，不仅可以了解到企业生产一线的劳动组织、岗位配置、经营理念、技术工艺等，还可以根据真实岗位的需求，重新审定自己的教学模式、知识结构，发现并弥补不足，通过和企业人员的学习交流，改善教学效果，为学生传授实用有效的技能知识，使自己在掌握理论知识的同时，努力提高实践能力，成为有利于学校长远发展的“双师型”教师。

实行工学结合的人才培养模式，建好校内、校外实习基地，实现校企深度合作是高技能人才培养的内在需要，是社会经济发展对职业教育的客观要求，也为实现学校、学生、企业三方共赢奠定了基础。

四、基于工学结合课程模式下的教学改革内容研究

（一）课程体系改革

工学结合课程模式下的教学改革首先要从课程体系改革开始。按照企业全程参与的模式重构课程体系，具体内容包括校企共同制订人才培养目标和方案。课程体系结构必须符合企业的需求才能培养出市场需要的人才，要积极进行行业调研、企业调研，了解企业用人的标准与质量要求，确定人才培养方案。在工学结合培养模式中，需要按照企业需求开发课程体系，对于专业应该开设的课程、学时，以及其先后顺序等，一定要依据企业需求进行设置。对于室内设计专业来说，市场调研、装饰材料等课程都应该作为专业基础课程或者选修课程开设，同时要本着系统性、科学性、应用性为原则进行课程设置。

（二）教学团队改革

传统观念中教学应由校内教师来主导，然而基于工学结合课程模式下的教学团队需要吸纳企业一线人员来从事教学工作。校内教师主要从事基础课程的教学工作，企业人员主要承担实践教学工作任务。校内教师通过与企业员工的交流和探讨，提高实训能力，改善知识体系。教学团队组成的多元化，既有利于学生提高专业技能，同时也有利于校内教师的成长，使他们专业技能迅速提升。

（三）教学方法改革

中等职业学校教学改革的最终结果是通过教学方法的改革来体现的。作为中等职业学校来说，学生不喜欢也不习惯于长时间认真听讲，因此，传统的讲授法在教学中并不能取得很好的教学效果。教师虽然讲得很卖力，但是学生听不进去、不买账，因此，课堂教学有效性低是中等职业学校课堂面临的主要问题。室内设计专业是一门需要实践操作与设计的课程，既是技术的熟练过程，也是艺术思维的凝结。因此，教师在教学中一定要改变教学方法，让学生不仅在学习过程当中学到专业技能与方法，同时还需要提高学生适应岗位与社会要求的能力。这些能力的培养依靠传统课堂是很难实现的，必须进行以学生为主体的教学方法的改革，将课堂还给学生，让学生在课堂上发挥主观能动性，主动参与到学习当中来。

（四）培养平台改革

中等职业学校过去一直是将课堂作为人才培养的唯一平台。但是，随着工学结合的不断的推进，学校应该发挥企业的主观能动性，让企业参与人才培养。通过企业提供的实践

平台，让学生通过轮岗的方式实现顶岗实习。当然这需要与企业进行深入合作，寻找共同的利益点，达到学生、学校、企业三方共赢的效果。

五、总结

总之，基于工学结合课程模式的中职室内设计专业的教学改革，必须依靠校企深入合作为前提，将企业资源、文化、用人标准、管理方法等融入学校的教学当中。让学生通过企业顶岗实习、“工作室”工作等具体平台实现“做中学、学中做”。工学结合课程模式有利于提高学生的综合素质和就业竞争能力，同时提高学校教育对社会需求的适应能力。中职院校在科学的教学模式下，开发合理的课程体系，将会为企业和社会输送更多更优秀的人才。

参考文献

［1］李素枫．中等职业学校室内设计专业分层教学初探［J］．福建轻纺，2014（2）．

［2］马搏．中职室内设计专业课程体系探讨［J］．职业技术，2012（1）．

［3］徐娟．中职室内设计专业教学改革设想［J］．广西教育，2010（15）．

［4］严增镔．高职艺术设计专业工学结合教育模式实践与研究［J］．价值工程，2010（35）．

［5］张星海，龚恕．高职“工学结合”人才培养模式探索［J］．安徽农学通报，2007（19）．

微格教学走进中职学前教育课堂

吴　文[①]

（肇庆市农业学校　广东　肇庆　526070）

摘　要：时代的发展对中职教学的要求进一步提高，微格教学已不仅仅是高校师范生学习的专利，中职学前教育专业学生的学习与技能也不能脱节，教学方法不能与知识脱节，所以微格教学要走进中职学前教育课堂。中职幼师生在课堂上可以通过微格教学方式训练一些学科的教学技能，将客观的理论知识转化为自身能力的一部分。课堂上通过实践应用微格教学，给予学生课堂试教的机会，帮助中职幼师生充分树立自信心，尽快掌握教学规律、方法和技巧，并把教学的影像记录下来，然后分组观摩、讨论，使练习者获得大量的反馈意见，使学生教学技能训练得到科学有效的控制。让学生在自由的环境下相互实践、反馈、讨论，对自己的教学行为进行改进，让学生掌握娴熟的职业技能，以适应学前教育事业发展的需要。

关键词：微格教学；教学技能；幼师生；教学实践；信息反馈

以微格室为载体的多媒体信息技术教学——新世纪的“微格教学法”，越来越受到人们关注。它是在基础理论与实践之间架起的一座桥梁，最大的特点和优势在于它重视教学实践。

“微格教学”于20世纪60年代产生于美国的斯坦福大学，20世纪80年代开始传入中国。在英国，微格教学获得全体教师的认可，师范生到各中学进行教育实习前都必须接受微格教学训练。在欧美，微格教学已成为教师培训的基本课程。目前，我国各类师范院校中，几乎都建有微格教学设备，大部分师范院校的学生也都接受了微格教学训练后再到实习单位进行教育实习。因此，师范类院校实行微格教学，是提高师范生教学技能的最快捷、最有效的途径。

一、微格教学对幼师学生教学技能的培养

（一）丰富了教学内容和方法

微格教学以现代化的视听设备为媒介，通过课堂教学中师生的各种教学活动引起信息的反馈，教师可根据学生的反馈信息调整教学，还可以通过重放录像、自我分析、讨论评价，及时了解学生的学习情况。但调查研究显示，微格教学在中职课堂上的应用还未普及，中职学前教育专业开展微格教学的学校并不多，中职学校教师对微格教学的认识不够深入，微格

① 吴文，女，广东肇庆市人，本科，肇庆市农业学校，讲师。研究方向：学前教育。

教学课时不足，微格室少，设备不完善，管理不到位等问题都存在。过去，肇庆市农业学校学前教育专业的学生在上岗前进行“学前教育学”“教育活动设计”等课堂模拟教学上也没有微格室，幼师生和科任教师的教学技能训练只限于观摩、示范、试讲实习等一些传统教法，甚至在“幼儿教育学”这门课上讲到游戏设计时，教师局限于带着学生在课室里试教一些体育游戏、音乐游戏，学生不能观看并总结自己在游戏过程中出现的一些不规范动作，而这些传统方法更不能对受训者进行课堂上的有效控制。以前，学生在幼儿园课堂上进行一些学科领域的试教，2 个课时的教学，最多只能 4 个学生进行试教练习，其余学生观看，这样就不能满足大部分学生试教的欲望。但 2014 年学校为了幼师专业的不断发展，校领导相当重视，投入一笔资金在教学楼创建了 4 间微格室和微格教学设备，幼师课堂上微格教学的出现使学生教学技能训练得到了科学、有效的控制。全面培养学生的教学技能，使观摩、评价及时化，并使练习者获得大量的反馈意见，从而使学生课堂试教的能力大大提高。所以，在我们的问卷调查中，94% 以上的学生都喜欢到微格室上课，喜欢教师的微格教学法。

微格教学调查问卷统计表

序号	问题	微格教学法占比（%）	传统授课法占比（%）	备注
1	学生喜欢的教学法	94. 67	5. 33	
2	学生希望多科目实施的教学法	92	8	

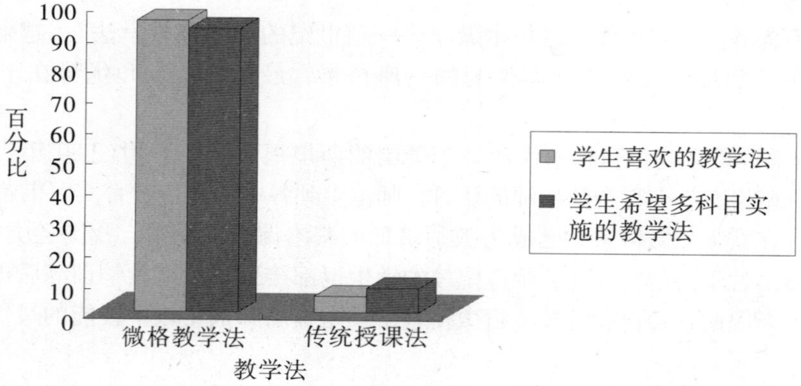

图 1　微格教学法问卷统计柱状图

（二）微格教学对学生教学技能和专业水平的训练

时代的发展对中职教学的要求进一步提高，微格教学不仅仅是高校师范生的学习专利，也是中职学前教育专业学生的专利。在微格教学课堂上，指导教师可以给出特定的授课内容，让学生自己思考，用什么方法导入新课才能达到最好的效果。然后把学生分组，在微格室进行实验性教学，并把教学的影像用设备记录下来，然后分组观摩、讨论，让每一个学生讲解自己导入新课的想法和具体措施，并且解说为什么要采用这种形式。采用微格教学，有针对性地提高学生的导入技能、语言技能，能提高中职学前教育学生的专业水平。

二、微格教学在幼师课堂上的运用

（一）教、学、做一体化要求落到实处

微格教学实际上是提供一个练习环境，借助现代教育技术设备，录像机、全场录音系统、视音频遥控系统，对学生进行某项专门的训练，使日常复杂的课堂教学得以精简。例如，在“幼儿园活动教程”这门课上，教师可以把一个有40人的班级分成四组，每组10人，由学生担任“教师”，利用5～10分钟的时间模拟幼儿园教学，或对某一两种教学技能进行训练，学生既有学的体验，又有教的体验，既有理论认识，又有实践经验，有效提高了教学效率。

在“幼儿教育学”“幼儿园活动教程”的课堂上，我们可以先制订切实可行的微格课堂教育教学安排计划，把其中一些安排计划再进行微格教学的课堂设计，然后有重点地通过微格教学方式训练各种教学技能，将客观的理论知识转化为自身能力的一部分。

经过前期微格知识的储备，学生可以进行模拟教学技能的训练，每节微格课训练一两种教学技能，每人教学训练15分钟，教师选取其中一个学科作为切入点去进行教学分析与研究，微格室具有全方位的监视功能，教师可以监视各模拟教室的教学实况，用录像记录学生的模拟教育过程，并做好记录，及时准确反馈。在语言故事讲述的过程中，学生可以通过回放，听到自己讲述的声音和看到自己的表情，增加了学生的学习兴趣，并将微格课堂教学的用法推广到其他学科课程当中去应用。加强学前教育专业学生基础技能、一般技能的训练，可降低学习的难度，让学生在自由的环境下相互实践、反馈、讨论，对自己的教学行为进行改进，并充分发挥学生的想象力和表现力，有利于学生培养自信心和创新能力。

图2　微格教学视频

（二）微格教学可以提高教师的创新能力

培养教师创新能力是在实践中进行的。微格教学是利用现代教学技术提高教师教学能力的先进方法，教师的创造能力也是在教育实践中形成的，具有很强的实践性。通过微格教

学，在动态过程中研究教师的教学行为，还可以提高教师的创新教学能力，有利于教师精讲。教师要废止“注入式”“填鸭式”教学，采用精讲结合训练的方式，将时间交给学生，发挥学生的主体性。在学生教学展示的过程中，教师学会静静观赏学生的“表演”，扮演好“观赏者”的角色，同时也是“指导者”，起着引导、监督作用。

三、微格教学实践所取得的应用价值

我们通过在课堂上实践应用微格教学，帮助中职幼师专业的学生充分树立自信心，尽快掌握幼儿园课堂教学规律、方法和技巧，更体现出以学生为主体、以教师为主导、以技能训练为主线的原则，适应千变万化的学前教育事业发展需要。对于促进中职学前教育专业的教学改革具有重要的借鉴作用，也是中职学校进一步提高学前教育幼儿教师培养质量的新途径。

微格教学法的应用，充分应用了现代信息化技术——微格室，改变了传统的中职学前教育专业教学中固定的面对面的集体式备课、试讲、听课、评价的教学模式，引入了实证、分析等现代化的教育教学方法，按照特定的教学需要设置不同的教学情境，建立起即时有效的教学过程反馈、评价和调控机制，实现小组个性化交互式教学，将教、学、做一体化的要求落到实处，有利于树立以学生为本的新型教学观，大力提升教学质量和效率。对于一名“准幼儿教师”的中职生来说，加强其课堂教学技能的训练，对其具备娴熟的职业技能有极大的帮助。

所以，在中职学生教学技能的培养中，要充分应用微格教学，挖掘微格教学的内在价值和作用。我们将通过学习、研究和不断实践，使微格教学走向成熟，成为学前教育专业的教育科研活动，成为课堂观察的支点。

参考文献

李乐为，李岳玲．师范生教学技能培养中微格教学的应用研究［J］．湖南师范大学教育科学学报，2010（5）．

中职美术课堂教学的实验

彭利荣
（中山市沙溪理工学校　广东　中山　528471）

摘　要：把“以学生为中心”的英国教学法带入美术课堂教学，通过对模拟课堂与真实课堂中教学设计、学生对象等的比较，探索教育教学中每个细节，寻找从教过程中的不足，以此引发更多新的教学灵感及思路，来提高自身的教学水平。

关键词：以学生为中心；英国教学法；SCL 模式①

欲求教育革新进步，必先有试验，以养成其自得之能力。笔者常常在思考美术课堂教学如何开展下去，如何有所突破？“以学生为中心”的英国教学法送教上门，让笔者受益匪浅。主讲教师是来自英国哈德斯菲尔德大学的 50 多岁的英籍女教师安教授。她生动的肢体语言打破了我们之间的语言障碍，为期两周的学习，让我们领略到英国教学法的魅力所在。

在学习英国教学法之前，笔者在进行将法国主题教学法运用到中职美术教学的研究。相比较两者后，发现有异曲同工之处。国外的教育方法强调以人为本，充分考虑学生的需求和学习爱好。英国教学法也是如此，倡导课堂轻松、快乐，积极培养学生的独立思考和解决问题的能力，强调团队协作，强调老师的角色始终是学习促进者。安教授在培训第二阶段提出要求，让大家完成 45 分钟的小组合作式模拟课堂来探讨 SCL 模式，检验我们对教学模式的理解和运用。SCL 模式目前已成为西方国家教育界的主流教育理念及教学模式。它的核心思想是以学生为本，教师是学习活动的组织者和指导者，通过教师的引导，充分发挥和调动学生学习的积极性。

为此，笔者将美术学科“包装设计”中“包装的功能”这堂课转换到课堂教学中。后期这门课在中职教育教学中进行实践研究，同时笔者对两种课堂——模拟课堂及真实课堂进行对比，找到两者之间的共性及互相延展的空间，通过实验研究的形式深入探索教育教学中每个细节，从而清晰地了解从教过程中的不足，并迸发出更多新的教学灵感及思路，来提高自身的教学水平。

---

① SCL 模式：以学生为中心的教学理念（Student-centered Learning，简称 SCL），由美国人本主义心理学家罗杰斯提出，自 20 世纪中期产生以来，在西方国家教育界迅速发展，目前已成为西方教育界的主流教育理念。

一、课堂模拟实验

（一）教学思路

主题确定了，该如何进行教学设计？这时想到安教授提出贯穿教学的三个问题：想让学生学什么？怎么教他们学？怎样知道他们学会了？大家都很清楚此次模拟课堂的特殊性，特殊在于授课的对象并非真实的学生，而是来参加培训的老师们。面对一群具有较强观察能力及丰富教学经验的老师，要上完整而没有破绽的一节课相当困难。老师们长期在教学一线工作，经常更新自己教学方式和观念，一丝的不连贯或者细节上的失误都会被他们发觉。对于学生来说十几个课时的专业课才能完成的项目，现在要成年人在45分钟内完成也是教学设计中必须要考虑的。所以，笔者认为在内容上以小见大来阐述课堂上的教学理念最佳。如何控制课堂教学，把握教学难易度？基于对专业的了解，先由笔者设计课堂教学，再由合作的组员对照SCL模式一项项讨论分析，提出看法再修改，最后制订出最佳的方案。所以，这堂课的教学目的主要是让教学对象在45分钟内了解包装设计的设计因素，通过小组合作完成简单的鸡蛋包装，共同检验包装的实用性和美观性。

（二）教学设计

1. 主题

包装的功能。

2. 教学对象分析

本次课授课对象是40位培训班学员，该学员全部是中职学校各学科的骨干教师，对教育教学具有独到的见解及扎实的教学基本功。

3. 教学内容

（1）教学设计结合了三种学习体验，依次是反思学习、合作学习及真实学习。因此在设计过程中要突破传统的教学模式，选择合适的教学方法。设计生动有趣的小品开场（某人买了鸡蛋，在路上摔了一跤，鸡蛋破碎，引发鸡蛋包装的看法……）引发反思，导入概述包装功能的概念及本节课教学的目标。由此引入项目驱动任务（合作学习部分）：完成单个鸡蛋包装的制作。在规定的要求下，选择所提供的材料，团队共同完成项目，在活动中挑战学生的能力。

（2）教学中教师充当学习的促进者，不是知识的呈现者，全程鼓励学生提出自己的想法，充分利用自己已有的知识和经验，积极参与团队合作，并发挥自己的力量。

（3）评价以“检验成品”的环节体现，每组派一名核心人员到展示区检验对方作品的实用性，并安排检验活动（鸡蛋从1.6米高度下自由落体）将全场气氛带至高潮，最后同学评估（投票选出最佳的作品）。

（三）课后反思及建议

课堂实施过程跟笔者预想的那样顺利开展，英国教学法中重视的教学以学生为中心的鲜明特征，在课堂上发挥得淋漓尽致。利用对概念的质疑，刺激教学对象互动，鼓励教学对象通过竞争和合作进行小组学习和独立的学习；形式多样的活动保障了学生参与面广、学习程度深，能更好地调动学生学习的积极性，融学习于快乐的氛围之中，很好地发掘了学生的潜能，培养学生探索问题和解决问题的能力，有效地将理论学习和实践密切联系起来，从而大大提高了学生的学习质量。整个课堂连贯性好，给人留下深刻的印象，如课件中倒计时的安插，让教学对象把握了解游戏的时间性等，这些都无疑增加了课堂的趣味性。

（四）模拟课堂教学中出现的一些不足

（1）项目驱动环节中，过早把鸡蛋等物品给教学对象，导致教学对象顾着手中的东西，没有认真听授课教师布置任务，导致后期重复布置任务。

（2）游戏规则不明确。比如制作过程中每组派有两枚鸡蛋，没有说清最后剩下几枚完整才算成功，若是失误导致其中一枚鸡蛋破碎，算不算失败？

（3）预设教学难度不够。教学后半段，教学对象出现较多实验成功的情况，掌控教学的教师立刻改变游戏规则，增加了课堂教学的环节，出现了超时教学的现象。

（4）评价环节方面无法突破。传统教学评价再次出现，教师权威性评价作品的优劣，没有考虑到以学生为中心的鼓励原则。

二、真实课堂的实验

“工欲善其事，必先利其器。”教师若想要把教育教学搞好，准备工作非常重要。培训班结束后，笔者思考着如何将模拟课堂真实呈现在现实教学中。教育过程是否能够收到最好的效果，要看能否充分发挥教育者与受教育者两个能动作用和这两个能动作用是否结合得好。要展示“教”与“学”的统一，在45分钟的堂课里，教学对象已转换成中职生。此时应多思考：想让学生学什么？怎么教他们学？怎样知道他们学会了？同样的三个问题，对于成人与学生来说，教学设计呈现的应该有很多不同。

（一）设计思路

中职美术课堂如何体现当前信息化教学的特色，如何突破教室的空间，如何找到教学的突破口，如何让学生在45分钟内掌握学习知识等都是值得我们教师深思的内容。教师可以将英国教学法运用到美术学科中包装设计课程的课堂上，利用最新教学资源，探索教育教学中每个细节，寻找从教过程中的不足，引发更多新的教学灵感及思路，来提高自身的教学水平。

（二）学习需要的分析

本课教学将创设环境引导学生定位目标，具体问题团队合作解决，提高学生动脑与动手相结合的能力，加深课堂知识的深化。教学对象是一些已具备基本绘画理论、手工制作及电脑设计软件使用能力的学生，且对包装设计有所了解。

（三）教学内容分析

本节课选用的是高等教育出版社出版的中等职业学校实用美术类专业教育部规划教材《包装设计与制作》（郑军主编），本书结合中等职业学校实用美术专业的特点，较好地将包装的专业理论知识与具体实践相结合。本节课节选第一章“包装设计的概要”中第四节“包装的功能"的内容。本节课主要利用灵活多变的教学方式，阐述包装的功能。

（四）教学资源和技术分析

整个教学活动在课室进行，课室里需要提供多媒体设备、投影机等。课室桌椅摆放为分组教学形式，排成8组，每组4～6人坐在一起，不同程度的学生自由选择团队。课前准备小组协作的手工制作材料等。

（五）教学对象分析

本节课的授课对象是中职学校工艺美术专业高二年级动漫班的学生，共有49人。该班学生年龄一般在十六七岁，是一个需要特别关注的特殊群体。他们正值青春期或青年初期，这一时期人的心理变化最激烈，也是最易产生心理困惑、心理冲突的时期。该班学生学习态度两极分化严重，一些学生学习热情高涨，另一些学生学习积极性不高。但他们已具备基本绘画理论及电脑设计软件应用的能力，同时对包装设计有所了解。

（六）课堂特色

教学设计中，教学内容、课堂流程预设上保持不变，与模拟课堂不同的是：

（1）课堂时间的安排。课堂45分钟的时间，组织教学及正文导入的知识点控制在10分钟以内，手工实践为20分钟，作品展示与评价、总结12分钟，预留3分钟时间作为机动（突发）事件的补充。

（2）微课技术渗透课堂。10分钟内把组织教学的形式、整堂课的知识点说清楚，若是采用传统讲授方式时间是不够的。经过考虑，笔者决定把知识点制成微课，缩减教师教学中的时间。

（3）图片头脑风暴。在教学设计中必须考虑到学生现阶段的情况。考虑到学生的思维、接受面及知识点等方面与成人不同，20分钟内自发完成包装设计，会不会出现其他状况？为了避免课堂出现学生不会做或是遇到困难就放弃的状态，笔者决定在课件上出现思维引导的图片，这样有助于课堂教学中更充分把握学生的思维变化。

（4）小品变成Flash动漫视频。在模拟课堂中，开场以小品形式可以让大家深刻了解包装的重要性，而且迅速调动了课堂的气氛。但是小品的表演时间比较长。因此，在设计中把小品改成Flash动漫视频，由中职生熟悉的朋友"麦兜"来述说。通过课堂上生动地引导学生去帮助好朋友，如何去做？场景描述：好朋友麦兜近期有些郁闷……妈妈要麦兜去买鸡蛋，麦兜买东西摔在地上，想起妈妈生气的样子，麦兜唉声叹气……

三、实验总结

当我们认真用心去体会教学的点滴，就会发现打开教育教学之门的钥匙。每一次的实验给自己都是深刻的触动，每一次的实验都能给自己教育教学带来新的思路。课堂如预料中顺利进行，比对两种课堂，同一项目，同一内容，不同的教学对象，产生的效果是不同的。这种教学方式的共性都是"欢乐在进行"，师生在课堂教学中显得比较融洽和睦。实验总结具体如下：

（一）需要继续发扬与探讨的地方

从课堂时间结构的安排，可以发现知识传授者角度的转变，主动权还给学生，让他们自主地获得知识。在当今的信息时代，师生之间知识传递是综合信息交流和互动的过程。教师更多扮演的应该是促进者的角色，由统一性的教育者转变为真正意义上的因材施教者。

在对待教学关系上，教学中强调互相帮助，强调合作。小组之间的配合，师生之间的沟通，构建课堂教学中综合化趋势发展的方向。任何学习都应该是合作的过程，教师和学生都是学习者，也是合作者。这体现了中职岗位对接的模拟环境的引导。

从学生作品来看，课堂由重传授向重发展转变。成人的思维在于如何最快最好地达到目的，而学生的作品更多在于变化，在于与众不同的展示。让人很惊奇的是，成人常规思维下的创作，竟然不及个别学生的灵机一动。有一位学生制作的包装采用了力学原理，既省材料又较好体现了包装的实用性。小组的协作、充足的思维发散空间，形成了较好的学习氛围，改变了以往课堂中教师只管“教”的现象，而更多地重视学生的“学”，让学生在“学”中发现问题、分析问题、解决问题。

（二）需要改进的地方

两种课堂教学中都出现时间把控方面的问题，课堂教学的重点在于引导学生在协作中自发发现问题、分析问题和解决问题。最后课堂的总结与反馈方面就是画龙点睛之笔，但往往在课堂教学中间部分，即小组在愉快学习并完成项目任务及展示作品中浪费太多时间，导致收尾不够完美。

另外，项目任务的难度预设不准确，实际课堂教学中特意考虑学生的思维可能会比成人差些，为了预防之前出现的问题，把教学难度降低了。但是从教学实践来看，学生的应变能力很强，思维很活跃，不亚于成人，教学过程中显现出教学的难度预测过低等问题，这也再一次证明，做教学设计非常重要，不但要“备课本”，还要认真“备学生”。

参考文献

［1］陶行知．人民文库——中国教育改造［M］．北京：人民出版社，2008.
［2］于光远．教育认识现象中的“三体问题”［J］．中国社会科学，1980（3）．

基于Excel的考试平台在中职专业技能考证中的应用

——以数控铣工技能考证为例

罗亚平 朱治国

（中山市第一中等职业技术学校 广东 中山 528400）

摘　要：从解决“设备少，时间紧、考点多、范围广”等矛盾入手，把老师从烦琐的简单劳动中解放出来，让计算机辅助学生学习技能理论，提高效率，设计开发一个电子模拟考试平台，并介绍如何开发，公开源代码。

关键词：电子模拟考证平台；Visual Basic for Application；降低教学成本

一、问题的提出及研究背景

中职学校如何规范“专业实习与考证”教学，如何解决“设备少、学生多，时间紧、任务重，考点多、范围广”等矛盾，如何探索一种科学高效的考证教学模式，提高专业实习与考证教学质量，培养高质量的实用型人才，是亟待研究的课题。

目前的中职教育，基本上属于终端教育。绝大部分中职学生毕业后就直接就业（极少数可能继续深造）。所以，中职学生必须参加国家职业资格考试，取得相应的职业资格，才能顺利毕业和就业。国家职业资格考试是一种以能力为基础的资格认证考试。虽说证书不能代表一切，但从就业情况来看，证书影响着用人单位对求职者的第一印象。证书也是学生职业能力的标志之一，还是学生顺利就业的通行证。双证书教育模式强调实践教学体系的能力训练和职业资格证书考核相结合，将代表学生核心能力的职业资格考证教学纳入教学计划必修课范畴，做到核心能力考核人人过关，以提高毕业生的就业率。学生从中职学校毕业之后，学到了真正的技术，亦取得了证书，这对学生今后的就业是十分必要的。

现以数控铣工为例展开论述。“数控铣削实习与考证”是一门理论性和实践性都很强的专业综合实训课，涉及两大门类的课程：一是专业理论类课程，二是专业实操类课程。前者为应知部分，后者为应会部分，按照国家职业资格考试的要求，应知、应会必须都合格，才能颁发相应级别的职业资格证书。

应知部分的教学有一定难度。从《中级数控铣工国家职业标准》来看，考查的知识点很广，涵盖机械制图、机械基础、机械制造工艺、刀具原理、公差配合、数控原理、手工编程、自动编程、数控机床操作与维护等课程。要在相当有限的时间内完成这么多课程的复习，难度非常大，根本不可能按照课程体系安排很系统地讲授。那么，如何才能做好理论复习，帮助学生顺利考试过关呢？笔者认为，以《中级数控铣工国家职业标准》为依据开发建立试题库，是一条较好的解决途径。于是，中山市第一中等职业技术学校相关课题组的教师利用业余时间，根据《中级数控铣工国家职业标准》的考点要求，拟定了大量的复习题与模拟考试题，建立了与《中级数控铣工国家职业标准》要求基本相符的试题库，并组织学生开展模拟考试，初期成效显著。

但是，随着题库题量的加大，新的问题出现了：纸张的消耗量相当大，一份试卷一般有6至8页，而且只能使用一次，教学成本很高。为了降低印制试卷的成本，课题组教师又按照技能考证的题型要求，结合题库的实际情况，制定了答题卡。学生考试时不准在试卷上填写答案，只能在答题卡上答题，这样一来，一份试卷就可以多次使用，每次练习或考试，只要重新下发答题卡即可，比起原来直接用纸质试卷考试，成本大大降低。

但是上述做法在实行了一段时间后也暴露出很多问题：答题卡上的答案很集中，学生很容易作弊；教师批改试卷的工作量也很大。另外，每套试卷的考题顺序固定，学生很容易投机取巧——强记答案，不记知识点。于是，课题组希望开发一个电子模拟考试平台，将题库分题型制成若干套试题，学生可在电脑上随机抽题进行考试。所以，课题组开发了基于Excel的考试平台。

二、基于Excel的考试平台的概况

标注化考试是当前中职学校考试改革的一个趋势，教考分离是必不可少的手段。为切实提高教学质量，学校课题组运用Excel中Visual Basic for Application的二次开发功能创建了考试平台及试题库系统。该系统录入方便、结构简单、管理科学、使用便捷，大大减轻了一线教师的工作量，同时提高了工作效率和教学质量。

（一）考试平台系统的开发技术

系统工作表分为两个部分，第一部分是试卷区（人机对话区），如图1到图3所示，考生在这个区域内输入准考证号，系统根据内部数据生成考生名单，防止学生输入不规范，便于统计；随后显示随机抽取的80个选择题，20个判断题，并把这些题目的答案存在数组中，可供学生提交答案后参考；答题区用下拉列表来让学生选择，以保证学生答题与答案的ASII码一致。第二部分是教师工作区，一页为学生信息，做好后一定要保护，可以隐藏；一页为选择题题库，可以设定函数判断有无重复题目，同理也做好判断题的题库。代码要点为：随机出题代码；判卷代码；提示学生错题题号及标准答案，以便学生复习错题，提高复习效果。

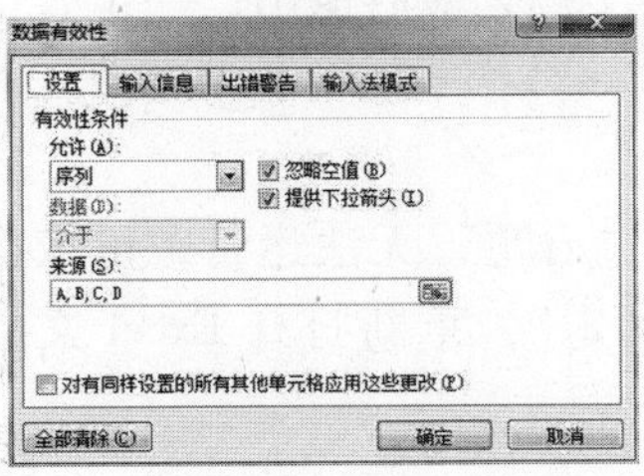

图1　设定选择题数据有效性

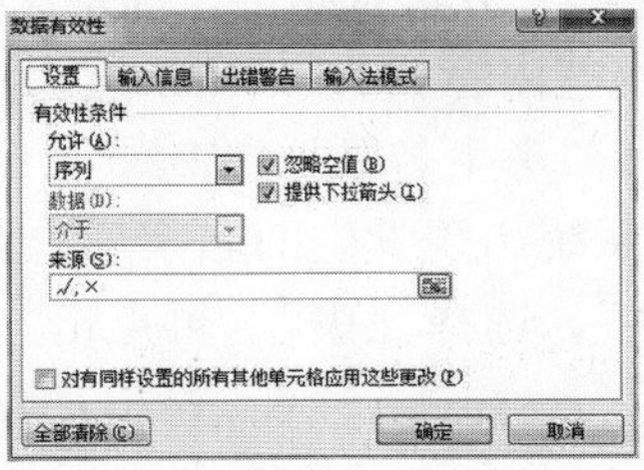

图2　设定判断题数据的有效性

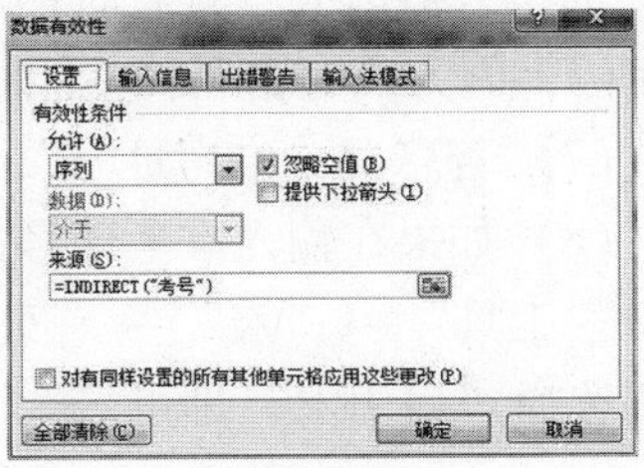

图3　设定考号输入数据的有效性

（二）考试平台系统的使用方法

（1）本系统由“试卷”“单选题”“判断题”“考生名单”和“成绩记录”组成。每一

次出题将随机抽取不同的题组成一份试卷。

（2）要进行系统更新必须先输入 VBAProject 工程属性密码，再将 Visible 项的值改为“-1-xlsheetVisible”才能显示相应的题库工作表。其方法是：单击“工具/宏/Visual Basic 编辑器”，在弹出窗口的“属性”列表中找到 Visible 项并修改。

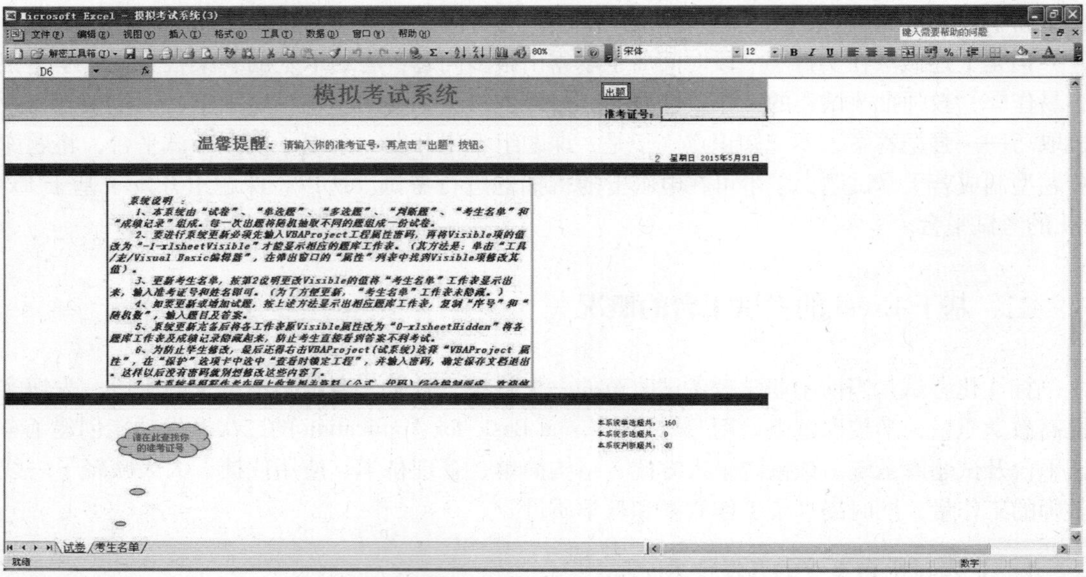

图 4　人机对话界面

（3）更新考生名单，按第 2 步更改 Visible 的值，将“考生名单”工作表显示出来，输入准考证号和姓名即可。为了方便更新，未隐藏“考生名单”工作表。

（4）如要更新或增加试题，按上述方法显示出相应题库工作表，复制“序号”和“随机数”，输入题目及答案即可。

（5）系统更新后，将各工作表原 Visible 属性改为“2-xlsheetHidden”，将各题库工作表及成绩记录隐藏起来，防止考生直接看到答案。

（6）为防止学生修改，最后还得右击“VBAProject”选择“VBAProject 属性”，在“保护”选项卡中选中“查看时锁定工程”，并输入密码，确定保存文档，最后退出。一定要记住密码，因为没有密码就不能修改这些内容。

（7）若忘记“准考证号”，可在“考生名单”中查看。

（8）如果在输入准考证号并且系统出现学生的名字后，点“出题”无法运行，可依次单击“工具”→“宏”→“安全性”，选择“中”，再点击“确定”，重新打开 Excel 文档后，选择“启用宏”即可。

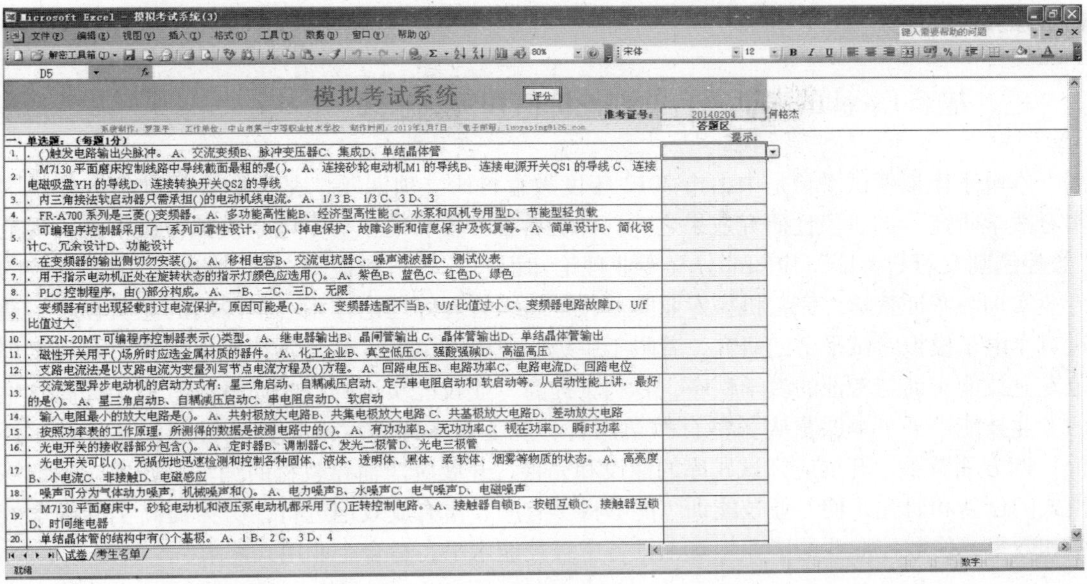

图5　答题界面

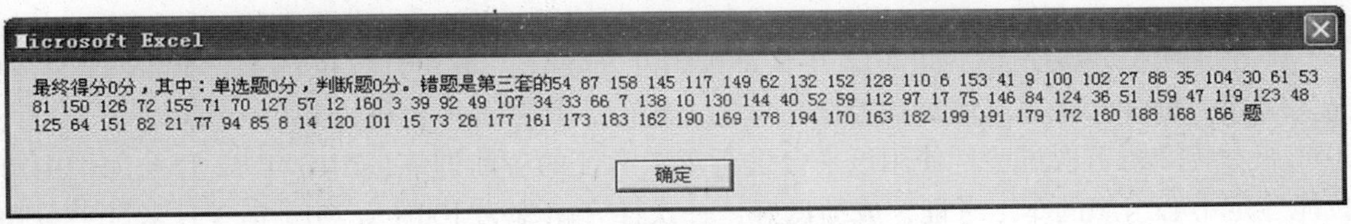

图6　提交答案后的评分页面

（三）基于 Excel 的考试平台的优越性

现有的 ATA 考试平台系统，内容、结构都比较复杂，不便于普通教师管理和掌握。而应用 Visual Basic for Application 在 Excel 中创建试题库系统有如下优点：

（1）试题库的建设、使用、维护只需要在 Excel 环境中进行，稍作修改就能在 Word 中使用，一般老师都能掌握其操作方法。

（2）由于习题、试卷、答案等都能在 Excel 和 Word 环境中显示，可以简单高效地处理试题中的文字、图形、表格、公式等内容。

（3）题库信息按章节、试卷号、题型编码，可以进行单元测试、期中测试、期末测试以及模拟考试等。

（4）个性化的内容编辑工作量小，通用性强，简单方便。

（5）即考即用，不用安装其他软件，简单、灵活、便于推广。

（6）教师可以查阅以前的考生成绩，便于对比学生的学习情况。（只要已评分，学生不保存，或者非正常关机，成绩都可以查询。）

该体系实现了教考分离，实现了教育的信息化、现代化，是课程建设的重要组成部分。它减轻了一线教师编制试卷的负担，促进了教师提高教学水平，为教师和学生提供了沟通的平台，方便学校教育教学管理和评估，实现了测试科学化、数据分析电子化，保证了考试的科学性和规范性。

三、基于 Excel 的考试平台的理论价值和实践意义

本电子模拟考试平台是中山市 2012 年度教育科研立项课题“基于职业标准的数控铣削实习教学研究”的阶段性研究成果之一。课题旨在开发和建立一个电子模拟考试平台，规范“数控铣削实习与考证”应知部分（专业理论知识）的教学和检测，进一步规范中职学校的专业实训与考证教学，完善机械专业实习教学组织管理等理论体系。本课题的意义在于，通过对本电子模拟考试平台的研究，着眼于中级职业资格标准，整合各种教学资源，有利于规范专业技能实训与考证的教学秩序，有利于提高专业技能实训的教学质量，有利于提高学生的专业技能水平。本课题从“整合教学内容、规范教学组织，强化教学管理，完善教学评价”四方面着手，开展应知试题库的建设和完善，开展应知辅导教材的编写、开展应知训练模式的创新和研究，使专业技能训练能够科学有序、富有成效地进行，努力提高实训教学效率和效果，使数控专业的毕业生真正具备中级技能水平，适合企业用人需求。

四、基于 Excel 的考试平台的使用效果反馈

本电子模拟考试平台，自 2012 年 9 月开始开发建设（最初分数控铣工、车工两个工种充实题库，2013 年 1 月又增加数控车工、电工题库，其考试平台可以共用），2012 年 11 月，2011 级数控 2 班首次试验性使用该平台进行车工考证的考前训练，2012 年 12 月参加中山市技能鉴定中心组织的车工考证，成绩良好，一次性合格率为 100%。2013 年 3 月考试平台初步建成，并在中山市第一中等职业技术学校机电部推广试用，多个班级的考证应知训练，均在该平台进行，效果很好。2011 级数控 1 班、数控 2 班分别于 2013 年 4 月、7 月参加中山市技能鉴定中心组织的中级数控铣考证，一次性合格率均为 100%。2012 级数控铣专业于 2014 年 7 月参加中山市技能鉴定中心组织的中级数控铣等考证，应知考试首次在电脑智能考试平台上进行，55 人参加考试，仅有 4 人不合格（59 分一人，54 人两人）。2015 年 5 月初，2013 级数控铣专业 54 人参加考证，仅有 2 人不及格，考试成绩优秀率、合格率均很高。

中山市第一中等职业技术学校基于 Excel 自行开发的电子模拟考试平台与省市用于技能鉴定考试的智能考试平台，有异曲同工之妙，其最主要的的特点是：无须安装其他专用软件，维护方便，通用性强。经过一年多的试用、改进，各项功能不断完善。本电子模拟考试平台的投用为学校节约了大量试卷用纸，大大减轻了老师出卷、印卷、发卷、改卷、统分的工作量，为学生提供了方便快捷的考试方式，且相邻电脑随机抽题，避免了学生作弊等不良现象的发生。最关键的是，教学效果比以往好了很多。特别值得一提的是，本电子模拟考试平台现已向学校英语学科推广试用，师生反映都不错，训练效果良好。

谈“情境—发现—感悟”模式在中职德育课中的实施与评价

黄小燕

（广州市黄埔职业技术学校　广东　广州　510730）

摘　要：德育课的实效性问题是一直困扰德育课教师的现实难题。为了破解难题，本文探讨了在课堂教学实践中，如何通过构建“情境—发现—感悟”教学模式，改善学生的学习方式，让学生在学习过程中充分拓展思维，提升参与的积极性，从而形成自我认识和自我教育、自我进步的能力。

关键词：“情境—发现—感悟”模式；德育课教学；实效性

一、当前中职学校德育课课堂教学模式改革的重要性

中职学校培养职业人才是要让学生从“学校人”转变为“职业人”，德育课在这其中承担了重要的职责。但是从笔者的观察来看，尽管德育课教师花了很大力气去开展课堂教学，但是由于受到社会负面价值观、教师陈旧的教学方式、教师职业倦怠、学生厌学、家庭教育失当等主客观因素影响，不少中职、技工学校的学生尽管经过两年多的教育仍然存在着“学法不懂法、学德不道德”的现象。这从一定程度上说明了学校道德与思想教育还需不断改进和创新思路，而其中作为有效载体、发挥重要育人功能的德育课，更有其改进的迫切性和必要性。因此，探求德育教师在如何才能更好地适应国家与社会发展的要求，在注重德育课的实效性和知、情、意、行有机统一上下功夫，是符合现实要求且具有重大意义的一项课题。如何有效地开展德育课课堂教学，是很多中职德育教师不断思考并致力于解决的问题。笔者从教学实践上着手，以黄埔职业技术学校德育课程“职业素养”教学为例，着重从构建德育课堂教学的实效性模式去研究与实践，希望能为中职学校进行有效德育、改善学生行为习惯提供支持和帮助。

二、在中职学校德育课堂中构建“情境—发现—感悟”模式的依据

有效的德育课堂，首先要求德育教师正确认识人才培养的本质。美国教育学家诺丁斯教授认为，教师要转换思考的角度，要从“怎么教这些知识”转换到“怎么教这些知识和技能才能有助于学生成为更好的自己”。教师应建立“让学生成为更好的自己”的教育观念，并付诸行动。这就要求教师在德育课堂上运用适当的方法，使学生实现知识、技能在自身情感、行为上的内化，并成为一个懂得自觉管理自己的人，即懂得学以致用、承担责任。从这个意义上看，德育课能够承担起其他学科和专业课所不能承担的责任。这也是德育课引入“情境—发现—感悟”教学模式的重要理论前提。

同时，在中职学校德育课中实施“情境—发现—感悟”模式，也符合教育学和人的发展规律。

从深刻影响我国职业教育的建构主义理论看，“情境”“协作”“会话”和“意义建构”是学习环境的四大要素或四大属性，所以这个模式就是在教学中为学生构建有意义的学习情境，让学生主动、自由地根据自己的已有学习经验和必要的学习资料，在与其他人（包括教师和同学）的合作下，通过意义建构的方式而发现知识、技能并获得真实的感受。

教育家何克抗先生提出，建构主义让学习者与周围环境产生交互作用，对于学习内容的理解起着关键性的作用。这是建构主义的核心概念之一。他认为，在建构主义学习理论指导下的教学设计是针对学习环境而设计的。这样的设计让学习者更主动、更自由地学习。

教育家布鲁姆认为，学生积极的情感特征是“掌握学习”的内在因素。同时，学生成功地学习一门学科与他们的情感特征有着较大的关联。

以此为依据，本文认为，德育课的“情境—发现—感悟”模式，就是德育教师以真实的生活、生产和服务实践为载体，在课堂教学中创设相关的情境或问题情境，以小组学习的形式引导学生对情境进行体验，并调动学生积极的情绪或情感，激发学生的主观能动性，学会与小组其他成员一起协同思考、发表意见，从中实现每个学习个体自觉发现知识、自觉培养技能和自觉感悟，并学会初步将已掌握的知识、技能运用于生活和工作之中的整个教学过程。这个过程中，学生习得的不仅仅是先进的知识和熟练的技能，同时也开始学会团队合作，懂得培养积极发现、善于观察、灵活解决问题的素养。因此，从这个意义上说，德育课“情境—发现—感悟”模式实际上就是教师引导和帮助学生在各种生活情境中去积极发现和自觉寻找更好地适应自己的教学过程。

因此，以“情境—发现—感悟”的教学模式开展德育课教学，提升德育课实效性和教育有效性，既符合教育规律，也是现实的迫切需要。

三、“情境—发现—感悟”模式在教学中的运用

要更好地开展教学模式的实施，必须有一定的教学流程。为此，笔者以“仪容仪表”礼仪教学为实例，对“情境—发现—感悟”模式做了实践性的尝试。

（一）设置情境，启动发现

把课程目标寓于情境中，寓情于景和借景说情。从调动学生学习的积极性角度看，德育课设置情景启动课堂教学过程，无疑是一个可行的方式。

在这个环节中，笔者结合企业的培训模式，在每堂课都进行一个破冰行动。所谓破冰行动，就是为了使教学目标顺利实施，通过适当的、不同形式的活动，改变学生原有的思维定势，并通过激发学生参与构建新的思想观念，使学生僵化的思想活跃起来，达到融会贯通的目的。

在破冰行动中设置情境，其方法一是组织自我体现活动，即通过学生的“现身说法”，进行自我教育。例如笔者在组织“仪容仪表”礼仪教学时，就组织学生在舞蹈房里，对照镜子进行一次个人形象的自我诊断，以此启动学生的学习开关。可以说，从学生投入的态度来看，教学效果是良好的。方法二是组织案例教学，可通过多媒体技术将视频片段、音乐、动漫等设置成情境，也可以以学生角色扮演方式来展示直观、具体、生动的教学情景，以感染

和激发学生情绪。

（二）小组合作，共同发现

以上述“仪容仪表”礼仪教学为例，笔者在完成了个人形象自我诊断后，为进一步强化“展示怎样的仪容仪表才能得到企业的认同”这一问题的学习，要求各小组成员之间互相点评各自的形象，并以小组为单位对互相点评的情况进行汇报。这个环节的目的在于让学生在与小组成员的共同活动中学会发现问题、分析问题并得到初步的认知。

（三）小结归纳，评价发现

这一环节除了有结尾和归纳知识点的作用以外，还能让大多数学生在潜移默化中受到积极因素的影响，最大限度地实现教育效果。所以，这个环节是对前面所有环节学习活动的升华。在这个环节里，应该以正确的价值导向引导学生通过客观的评价来获得共同价值观，并渗透道德品质教育的元素。还是以“仪容仪表”礼仪教学为例，在完成了小组互相点评的环节后，笔者适时请全班同学推荐大家公认的个人形象比较好的学生上台接受大家的点评。通过这种形式教学，初步让学生懂得良好的仪容仪表是有一个标准和尺度的，越是个性化的仪容仪表得到的认同度越低，而在大家公认标准下的仪容仪表会更容易获得更好的发展机会。

（四）回归生活，发现感悟

为了更好地开展礼仪教学，笔者为每个小组提出了一项在公共场合“寻找身边好形象”的课外任务，以微视频的方式展示学习成果。微视频制作完成后，要求学生在家里和班里各完成一次展示，并对学生的成果进行讨论和评价。让家庭成员和班级小组成员都能共同参与、分享和评价学习的成果，这种方式对所有参与人的教育意义都是不言而喻的。这一环节是为了对学生的学习成果进行保温，以增强教育效果的持久性，并让学生甚至家庭成员从中感悟良好形象是有一定的社会标准的，进而能够从中觉悟并自觉改进自身的行为习惯。我们以学生身边的实例为出发点，让学生通过真实的环境发现问题，并做出积极的回应，以学以致用的方式深化教育效果。

四、实施“情境—发现—感悟”需要注意的原则

（一）德育思想与德育行为有机结合

德育之所以充满魅力，就在于学生学习德育知识后开始能够学会分析人生，并从中获得人生的感悟，感受人生的幸福，这个转换是以知识转化为行动来实现的。因此，这一模式的教学要充分调动学生的学习行为，并以生活化的实践让学生实现思想的升华。

（二）自主学习和合作学习有机结合

在教学中，一方面我们既要保证学生独立学习的机会，同时也要倡导小组合作的观念。从人力资源学的角度看，越是成熟的组织，越是强调合作和配合，为了完成一个项目，通常会将相关的人员组合在一起，并通过小组集体活动来研究问题或者协商重大问题，并寻找解决办法。所以，目前中职学校一体化教学均以组织小组模拟完成企业项目来开展课堂学习活

动。小组合作学习的方式一方面对培养学生团队精神和合作意识有着积极的作用，另一方面也有利于学生未来进入企业后从“学校人”到“职业人”角色的顺利转换。

（三）课内与课外有机结合

学习既然是为了学以致用，那就应该把在课堂学习到的知识运用到现实生活中去。这样的德育才是有源有根，才能达到教育效果。

（四）学生学习和教师引导有机结合

德育课堂注重遵循教育规律，只有按规律办事才能更好地达到育人的效果，所以在德育课堂里，我们要尊重学生的学习主体的地位，让学生自己最大限度地分析、发现和感悟学习内容。而教师课前设计合理的教学、机智的课堂教学与恰当的引导，就是学生参与学习的润滑剂和加速器。

（五）注重多元评价的原则

适当和合理的评价方式对促进学生良好和持续的学习行为是非常关键的。毕竟，学生个体的成长背景、学习能力、学习层次都是有差别的，从因材施教的角度看，教师应该在参与评价的主体、评价的内容、评价的标准上建立多元化的机制。多元化的评价其实更多的是为了促进和保障课堂教学的有效性。

在德育课“情境—发现—感悟”教学活动实施中，由于学生的学习打破了原有单一的课堂教学空间，教师对学生学习活动的全过程无法全面了解和掌握，此时家长、小组成员与学生本人一起作为活动评价的实施主体参与评价是非常必要的。一方面这样的做法对家长也是一种教育，另一方面也会对学生在课堂内外的行为有监督和警示的双重作用。由此，德育实效性的增强也是显而易见的。

参考文献

［1］［美］内尔·诺丁斯．关心：伦理和道德教育的女性路径［M］．武云斐译．北京：北京大学出版社，2004.

［2］何克抗．建构主义的教学模式、教学方法与教学设计［J］．北京师范大学学报（社会科学版），1997（5）.

［3］汪明帅．读一点教育史［M］．北京：中国人民大学出版社，2011.

［4］赵志群．职业教育工学结合一体化课程开发指南［M］．北京：清华大学出版社，2009.

基于微课的中职教育信息化改革

徐乐真
（广东省食品药品职业技术学校　广东广州　510663）

摘　要：随着技术的不断发展，我们由信息时代逐渐进入网络时代和微时代，与时代相适应的技术手段也在不断发展，中等职业技术教育也进入了新的发展历程，利用移动互联网技术提升教学水平将是中等职业学校探索的新方向。微课作为一种新兴的资源，加快了中职学校教学资源的共享，促进了中职学校信息化教学改革。

关键词：微课；信息化；中职教育；教学改革

面对现在学习条件日益成熟的现状，微课为传统课堂教学的成功转型提供了一个新的转折点，受到教师和学校管理者的高度重视，在教育界掀起了热潮。“微课程”和“翻转课堂”作为一种新型的教学形式，颠覆了传统意义上的课堂教学模式，让人们看到了信息化教学课堂改革的希望。

一、微课的定义

微课最早起源于美国，两位化学老师给一些耽误了上课的学生录制了在线视频课程，创造了翻转课堂模式。“微课程”（Microlecture），是从“翻转课堂”延伸出的新概念，它是以微型教学视频为主要载体，针对某个学科的知识点（如重点、难点、疑点、考点等）或教学环节而设计开发的一种情景化、支持多种学习方式的新型在线网络视频课程。其核心理念是在课程中把教学内容与教学目标紧密地联系起来，核心组成内容是微型流媒体教学视频，学生可以多次学习，完成学习任务的微课学习单。微课程内容直指具体问题，主题突出，将知识进行碎片化、情景化、可视化处理，使之可以为智能手机、平板电脑等各种移动终端提供资源共享服务。微课受到国内外教育者的广泛关注，在移动学习和在线学习方面取得了良好的教学效果。

二、微课的特点

微课是一种新型教学资源，人们倾注了更多的关注和希望。实际上，其根本原因是适应学习的需求，即人们需要知识的可视化和需求化。以往我们表达知识的手段是文字，而可视化比文字更容易理解和接受。从信息技术上讲，随着智能手机、平板电脑等移动终端的发展和普及，移动互联网也快速进入人们的生活，这为移动在线学习创造了条件和环境。从授课角度讲，传统课堂的授课时间为45分钟，信息量非常大，学生学起来非常困难，因此制作5~10分钟的微课程便成为一种趋势。微课可以称之为“课堂片段”或“微课例”，具有教学视频短小精悍（教学时长一般在5～7分钟，最长不宜超过10分钟），教学信息清晰明确，复习检测方便快捷等特点。它们以一定的组织关系和呈现方式共同“营造”了一个半结构化、主题式的资源单元应用“小环境”。学生能够按照自己的需要安排时间，也可以随时在线与同学互动交流，教师巡回指导或进行个别辅导，体现了个性化学习理念。

三、微课在中职教育课堂应用的优势

经过多年的课堂教学实践，我们总结了教学中存在的问题：学生不喜欢教师长时间地讲授过多的理论知识。一方面是因为学生注意力集中时间较短，根据相关的调查，中职学生的注意力一般可以保持8～15分钟，超过一定时间以后，学生的注意力将会大大降低，而微课一般在8分钟左右，最长也没有超过10分钟，从而可以有效利用学生的课堂注意力，提高教师的授课效率。另一方面是因为理论教学形式单一、内容枯燥。据“中职学生厌学与流失课题组”对全国近200所中职学校进行调查获得的一组数据，我们可以知道：针对过去中职学校流失的学生，其中有75%的学生对学习产生厌倦情绪，觉得学习内容太难、基本没有参与技能训练、学习氛围差等。对于授课内容而言，中职课堂教学一般是一节课一个知识点，然而，8分钟长度的微课视频一般可以对教学中的知识点进行形象化的讲解，这样可以帮助学生进一步理解课堂知识点，提高学生的学习效率。微课是针对某个知识点而制作的，适合学生进行个性化的深度学习，对于没有掌握该知识点的学生，课后可以通过微课学习，从而掌握该知识点；对于已经掌握该知识点的学生，课后可以通过微课学习进行巩固，学生也可以通过互联网学习其他优秀教师的微课，共享优质教育资源。

对于微课而言，没有限定专门的学习人员，因此中职学生的家长也可以参与“微课”学习，从而能就微课中的某个问题和学生进行探讨和交流。互联网和移动设备便于微课的传播，便于相同地域、相同学段、相同教学环境的教师间相互学习好的教学经验和教学方法。如通过建立QQ群、微信群，结合使用微课的交流形式，让教师群体形成个性化的网络学习共同体。

微课是一种新兴产物，有利于中职师生的共同进步，它以问题为核心，针对有价值的教学课题，组织教师和学生共同探讨、研究，从而深入解决教学中所遇到的问题。在现在的中职教学课堂中，大多教师追求的是大而全、小而全的教学模式，教学知识不分主次，失去了学术研究的机会，师生之间也缺乏互动。而微课制作的各个环节都需要师生的互动交流、探讨研究，真正达到了各施所长、共同学习、共同提高的目标。微课用于教学能激发学生的学习兴趣，与其他网络化资源相结合，能更好地提高学生的自主学习能力，使用移动技术的教学方法更符合互联网的特点和人的学习系统的认知规律。

四、中职学校的微课建设

微课适应现代教育的发展，它以一种全新的形式应用于课堂教学，以现代教育理论为指导，能起到事半功倍的效果。微课设计是微课程中的主体和最关键的部分，其质量的好坏直接影响学生的学习效果，因此要十分重视微课的设计。微课的形式多种多样，按照课堂教学方法可以分为：讲授类、问答类、讨论类、演示类、练习类、实验类、探究学习类等，老师们可以根据具体实践采取相应的方式。

（一）微课设计的基本思路

正确认识微课与课程、专业之间的关系，认真分析各微课之间的关系，有序整合微课前后相续的关系，构建微课的课程资源，按照“碎片化资源、结构化课程、系统化设计”思路创建微课。

（二）微课的教学设计

著名教育家加涅曾说过，教学设计强调为学习设计教学，学不等于教，教也不能替代学，但教必须促进学，教学设计就是要使教学达到最优化。教师在微课设计之初就要先定位，需要对微课有清晰、准确的认识，以便及时调整设计策略，从而更科学、更有针对性地进行微课设计，保证学生的使用效果。微课程教学设计要充分考虑其教育性、目的性、趣味性，可运用任务驱动、问题导向、反馈互动等方法，将“分布式知识”“松散知识”“关联知识”和“即时知识”作为重要的教学设计内容，这也是与传统课程教学设计不同的地方。内容选取方面，教师有必要对教学内容进行适当的加工、修改和重组，尽量选择那些具有较大教育教学价值且相对简短又完整的知识内容。其实施过程可分为七大步骤：确定微课的主体；选择和分析处理知识点；选择合适的微课类型；构建完整、精练的教学过程；制作实用的微课教学课件；反思修改；微课教学结束。

（三）微课的制作

常用的微课设计软件有 PowerPoint、视频处理软件、录屏软件等，制作课件时要注意，主体文字用 28 号字，标题用 32 号字，标题和主体文字用不同颜色和字体加以区别，主体文字用宋体字或黑体字，容易识别。教学内容应易于识读，文本内容结构明了，能吸引学生的注意力。一张幻灯片只需将关键词和观点表达出来即可。另外，一个版面的课件色彩最好不要超过三种，整个课件背景色调最好能与所讲主题保持一致，主要信息与背景有强烈的对比，将重要信息分离出来。课件页数不要过多，以充分展示或讲透内容为宜，并且图文并茂、字体合适、颜色搭配合理、动静结合、有视觉美感。视频处理可以运用绘声、绘影软件方便实现视频、文字、语音的编辑，并且在具体制作微课过程中具备多图层、画中画等功能，较难控制的是视频、语音、文字之间的协调处理，这些都是微课实际制作过程中的难点和重点。

微课常用的制作方法有以下几种：使用快课工具 + PPT 录制；使用摄像机直接拍摄教学视频；使用电子白板软件录制；使用平板电脑 + “涂鸦” 工具录制；使用录屏软件录制等。下面就介绍使用快课工具制作微课的方法：①打开准备好的 PPT 课件；②准备好麦克风、摄像头；③应用快课工具逐页录制讲解；④加入互动活动内容，如互动练习题、测试等；④生成“快课”课程资源（可选 Flash 格式、HTML5 等）并上传至网络。

微课录制解说技巧：录制过程要求安静、无杂音；解说词要先打好腹稿或落实到纸面上；口语化；语调抑扬顿挫，有节奏感，语言流畅；录制视频时，应适当看镜头，与学习者有眼神交流。鼠标动作：充分利用鼠标的拖、点配合解说。拍摄要求：不背光，适当打光，确保光线充足（可使用带灯光的摄像头）。

微课程资源，不是单向传输，在教学设计时应利用这种资源构建全新的学习交流与沟通机制。基于网络平台强大的引导作用，为了适应当前管理体系多样性的特征，需要保证网络平台的多样性，将学习评价、学习路径及资源利用进行有效的整合，借助辅助功能软件实现资源的共享，不断调整动态形式，保证其与现有的教学模式相辅相成，体现微课教学资源的多样性特征。移动互联网的发展解开了传统教育校园、课堂、教材的束缚，使教学从固态化走向碎片化。教学设计、创意和教师的教学智慧是微课开发设计真正重要的东西。每个微课的制作要有自己的亮点，可以是深入浅出的讲解，可以是精彩剖析，可以是创新性的结构设计和活动安排，也可以是丰富生动的语言组织。

五、微课与传统课堂相结合

中职学校需要为学生提供更多个性化的学习空间，使学生能够掌握自己的学习。让学生拥有能够控制学习进度的舒适环境，提供最简单的帮助，使学生对学习感兴趣并积极参与到自主学习中去。采用混合式学习可以更好地提高学习效率。混合式学习是指将面对面学习与在线学习相结合的学习方式。在教学应用中，主要设计了“在课中引入微课”和“在课前引入微课”两种教学过程。然而，无论哪种教学设计取向，均结合了在线学习与面对面学习。在线学习主要体现在课前和课后两个阶段，课前在线完成相关教学准备活动，课后在线进行拓展学习；面对面学习则体现在课中，通过师生研讨、教师示范、学生操练等方式进行。

在传统课堂教学应用实践中，微课可以在课堂中扮演不同的角色。在导学环节，微课可以承上启下地复习之前的课程内容，并引入新内容；在助学环节，教师利用微课为学习者提供支架，帮助学习者建构知识体系，促进学习者对知识深度了解和掌握；在自学环节，课程中重点、难点部分的微课设计，可以为学习者提供自主学习支持，帮助学习者利用课余时间自学。翻转课堂模式中，课堂外教师为学习者提供微课视频学习，学习者根据教师引导观看微课视频，完成练习；回到课堂上，学习者和教师开展讨论、内化知识、拓展提升。学习者与教师的互动交流时间增加，颠覆了传统教学流程，从形式和理念上都予以革新，提高了学习效率。

六、微课推进中职学校的信息化教学改革

微课教学内容简洁明了，相对单一，教学主题突出，微课的设计和制作使得教学过程突出了学生的主体地位和教师的主导地位，同时也反映出了教学更关注学生的个性差异，较好地完成了教学目标，对教学效果的提高起到了一定的作用。

相对于传统的面授课堂，微课问题集中、主题突出，更适合教师的需要。首都师范大学教育技术系主任焦宝聪教授提出，微课必须是要教师讲述才能理解的内容，是学习的重点、难点、易错点或考点。在学习层面，建设优质资源供学生个性化自主学习，可以提高学生学习效率；在教学层面，可以促进教师专业的发展；在同行交流分享方面，可以提高教师教学水平；以微课程为载体变革现有的课堂教学模式（如翻转课堂式教学），与课程教学资源进行整合。总之，微课在信息化教育方面将具有非常广阔的应用前景。教师和学生在这种教与学的情景中，更有利于知识的教与学，实现教学观念的转变。对教师而言，提高了教学技能，从而提升了课堂教学水平，提高了业务水平；对学生而言，微课能更好地满足学生对不同学科知识点的个体学习，既可查漏补缺又能强化巩固知识，是传统教学课堂学习的一种重要补充和拓展。微课必将成为新时代一种新型的教学模式和学习方式，更是一个可以让学生

自主学习、进行探究性学习的平台。

微课的开发也使得“翻转课堂”的新教学模式成为可能。翻转课堂的革命性在于课外提供视频教学的时间，而使得课堂变成面对面的互动时间，为学生和教师之间、学生与学生之间的互动和个性化提供了时间。由于新教学装备的引入，学生的学习过程从被动地接受转变成了主动地交流，这是课堂教学模式的真正变革。

微课是传承优秀教师教学经验和方法的一种载体，可以使青年教师快速成长。制作微课是一个反思的过程，教师在反思中能够不断地成长。微课能促进区域教育均衡发展。开展各种微策略、微课的信息化比赛，可以激发教师的积极性，积累优秀的微课经验，成为本地区教师的特色资源。微课便于传播，使优质教学资源得到共享，促进区域教育均衡。学生家长可以通过网络平台学习微课程，了解教师的讲解过程与学习要求，有针对性地指导孩子学习。在中职教学中，改革传统的教学手段，应用微课教学，能充分激发学生的学习兴趣。微课是一种新兴的课程，已经为中职学校信息化教学和教师专业能力的提高开辟了新天地，微课的使用实现了中职课堂教学方法的改进，可以使教师更深入地探讨中职课堂中的教学问题，从而提高教师的教学研究能力和学生的自主探究能力，推动教学改革不断向前发展。

参考文献

［1］胡铁生．“微课”：区域教育信息资源发展新趋势［J］．电化教育研究，2011（10）．

［2］程岚，肖贵桥，王英，朱莉．微课教学设计思路探讨［J］．江西电力职业技术学院学报，2013（2）．

［3］寇红平．中职信息化教学设计探索［J］．生物技术世界，2014（11）．

［4］胡铁生．我国微课发展的三个阶段及其启示［J］．远程教育杂志，2013（4）．

专业课教学与第二课堂活动相结合的改革实践

颜淑芳　黄喜如　龙　秀
（广东食品药品职业技术学校　广东　广州　510663）

摘　要：专业课教学无论在哪个阶段，纯粹的课堂教学都是枯燥的。全方位多角度地开展第二课堂活动，将富有挑战性的各项活动与课堂教学结合起来，是学校教书育人应遵循的基本原则，也是打造特色育人环境的有效途径。

关键词：专业课教学；第二课堂活动；改革；实践

前　言

2014 年“五四”期间，习近平总书记在北京中职师生座谈会上的讲话中提出“要笃实，扎扎实实干事，踏踏实实做人。道不可坐论，德不能空谈”。教书育人于实处用力，知行合一方为正道。

战国时期的荀况也说过：“不闻不若闻之，闻之不若见之，见之不若知之，知之不若行之，学至于行而止矣。”[1] 南宋哲学家、教育家朱熹在《中庸》里提出“博学之、审问之、慎思之、明辨之、笃行之”[2] 五大教学环节，意思是说，如果要成为品德与才智兼备的好学生，就要努力学好各种学问，最后还要切实实践已认识的道理。可见行动是最好的学习方式，行动也是所有学习的目的。中职第二课堂活动就是一种行动的载体，通过活动学习，通过活动育人。

一、中职第二课堂活动的内涵及特点

第二课堂活动，是指课堂教学大纲以外的由学生自愿参加的多种教学、科研活动及各种文娱活动，属于中职教育的一种辅助方式。

第二课堂活动，以全面提升学生的专业素质和综合素质为重点，以丰富多彩的活动形式来实现全面育人的基本目标，与第一课堂共同构成完整的育人体系。同时，第二课堂活动也是提升学生专业素养和综合能力的有效实现形式。

二、中职第二课堂活动育人功能的分析

现代社会对学生成才的界定更加多元化，优异的学业成绩已不再是唯一的评判标准，学生自身所具备的综合素质和能力显得尤为重要。第二课堂活动承载着开拓学生专业视野、夯实专业知识、提升综合素质和能力的重要任务，是中职教育体系的重要组成部分。其自身的育人功能主要表现在以下三个方面：

（1）在纯粹的课堂教学过程中，所有学生处在同一种教学方式下被动地学习专业知识，无法满足学生学习的个性化诉求，第二课堂活动是第一课堂教学活动的有益延伸和重要补充，可以培养学生个性化学习能力。

（2）第二课堂活动是营造和谐校园文化的重要实施载体。第二课堂活动以新颖的活动内容和独特的表现形式，在繁荣校园文化、丰富学生课余文化生活、营造积极向上的校园文化氛围等方面发挥着不可替代的作用。

（3）第二课堂活动是培养学生社会适应能力的重要平台。中职教育是学生步入社会前的重要准备阶段。第二课堂活动恰好为学生提供了锻炼良好的人际交往能力、心理调适能力、团队协作能力、理论实际运用能力等各种社会适应能力的有利平台。

三、以食品营养保健协会活动实现食品营养与卫生专业课教学的实践与探索

为开展校园第二课堂，“食品营养保健协会”在学校食品化妆品系的支持下正式成立。协会旨在为全校师生传播食品营养和安全知识，为协会成员提供学习和交流的空间。协会不定期组织丰富多彩的活动，如“回馈园丁——教师膳食调查与配餐活动”“家庭小小营养师——我在行动”、营养小故事比赛、模拟营养师话剧比赛等活动。同学们在竞技的过程中不仅加深了对营养学知识的了解，也更加关注自己和家人的身体健康，在活动过程中传递亲情、增进友情，学会与人相处。

同时，当今国民经济快速发展，人民生活水平不断提高，人们对营养与保健知识的需求越来越强烈。因此，食品营养保健协会将定期刊出《营养知识宣传报》，旨在宣传生活中的营养常识，让学生熟悉营养与保健的相关知识，学以致用，指导家人生活。

食品营养保健协会通过内容丰富、形式多样的协会活动，将公共营养师的主要工作内容贯穿在活动始末，使学生在前期策划、中期开展和后期总结评价过程中发挥主观能动性，把膳食指导的相关知识技能与公民健康素养培养紧密联系在一起，具有实用性与可操作性。

（1）协会活动“回馈园丁——教师膳食调查与配餐活动”可以深化学生对食品营养保健课程“中国居民膳食指导”的理解，使学生在享受活动带来的愉悦感与成就感的同时，真正学以致用。

国民营养与健康状况是反映一个国家或地区经济发展与社会发展、卫生保健和人口素质的重要指标。从全球来看，我国是营养不良问题比较严重和复杂的国家；从总量上来看，由于人口众多，我国属于世界上营养不良人数最多的几个国家之一。

食品营养保健协会发起“回馈园丁——教师膳食调查与配餐活动”的活动，正是将所学的“营养膳食调查与评价方法”学以致用的一次成功尝试。学生通过访问教师的日常饮食情况，获得数据，加以计算分析，然后与中国营养膳食宝塔的推荐摄入量相比较，得出结论。最后将结论与评价反馈给受访教师，指导教师调整膳食结构。

本次活动受访的教师共有20名，调查结果显示，大部分教师在日常饮食中严重缺少水果、豆制品及乳制品的摄入，易引起维生素与矿物质缺乏症；部分教师肉制品摄入过量，存在肥胖风险，膳食结构有待调整。

通过本次活动，学生发现，在食品营养保健协会中，不仅可以学会合理安排自己的膳食，而且可将所学知识用来指导教师，从而对自己所学的知识信心满满，无形中增加了学习专业课的兴趣。同时，学生通过调查核算提出的膳食建议，对受访教师也有一定的参考

价值。在活动过程中加强了师生沟通，增进了师生感情。

图1　第一组成员采访并记录叶江帆副校长三天的饮食情况

图2　第二组成员采访并记录李天龙老师三天的饮食情况

（2）协会活动“食品营养标签设计大赛”充分发挥了学生的想象力与创造力，让学生对食品营养标签从感性认识上升到理性认识。

五颜六色的食品包装，各式各样的营养标签说明，食品标签所隐藏的秘密学生了解多少呢？食品营养标签是指包装食品容器上的文字、图形、符号以及一切说明物。

食品营养标签的所有内容，不得以错误的、引起误解的或欺骗性的方式进行描述；介绍食品时，也不得以直接或间接暗示性的语言、图形、符号致使消费者将食品或食品的某一性质与另一食品混淆。

此外，食品营养标签的所有内容，必须通俗易懂、准确、科学。查看食品营养标签是依法保护消费者合法权益的重要途径。

食品营养保健协会举办食品标签设计大赛，学生在国家标准 GB7718—1994《食品标签通用标准》的原则下，设计食品标签与包装。此次大赛充分发挥了学生的想象力与创造力，让学生对食品营养标签从感性认识上升到理性认识。同时，在食品标签的配料表书写、固形物含量标示、饮用指南说明等内容的设计上，有效地融会贯通了食品专业各课程的内容，学生受益匪浅。

图3　学生自己动手设计的食品包装

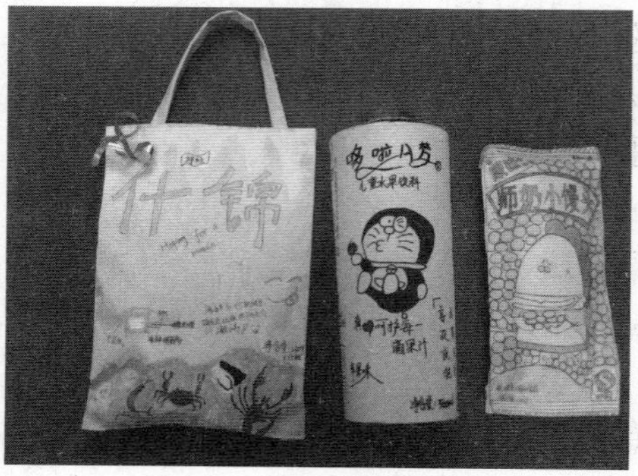

图4　学生上台讲解所设计包装的科学性、趣味性与创新性

（3）协会活动“践行餐饮卫生　共享食品安全”不仅让同学们学会如何将餐饮食品

安全管理知识落在实践中，还对学校食堂的卫生状况起到监督作用。

民以食为天，食以安为先。为了让同学们有个温馨的校园生活，同时把食品安全与营养的理论知识带到实践中去，2013 年 5 月 27 日下午，食品营养保健协会顺利完成一次饭堂突击检查。

检查对象是广东省食品药品职业技术学校第二食堂，检查内容有食堂的餐饮许可证、制度及人员管理情况、场所卫生和设施设备情况、食品及食品原料采购贮存经营和使用等情况、加工操作情况、餐饮具清洗消毒情况、食品运输情况等。检查结果表明，第二食堂的卫生情况与餐饮具清洗消毒情况良好，不过一些管理措施仍有改进的空间。

这次实践活动，不仅让同学们学会如何将餐饮食品安全管理知识落在实践中，还对学校食堂的卫生状况起到了监督作用。良好的调查结果让同学们对校园生活有了更强的幸福感。

图 5　学生到学校食堂检查场所卫生和设施设备情况、餐饮具清洗消毒情况、食品运输情况等

（4）协会活动“小小营养师——百家行动”让学生利用所学营养知识，为家庭膳食进行营养评价，并纠正一些不合理的营养搭配，使其成为家里的一名小营养师。

《中华人民共和国营养法》规定：在托幼机构、养老机构、妇幼保健机构、食品生产企业、医院、学校、餐饮机构、特殊职业工作部门、社区、集体供餐单位均配备营养师，公共营养师将强制准入。

目前，国内一线城市（北京、上海、广州、深圳）经济快速发展，人民生活水平较高，营养渐受重视，营养师慢慢成为稀缺人才。

学生从自己的家庭开始，指导家庭膳食，合理调整膳食结构，让家人在享受健康饮食的同时，提高自己的专业素养。实践是检验真理的唯一标准，在实践过程中，学生不仅可以发现自己知识的薄弱点并予以完善，而且可以激发强烈的求知欲，提高学习的效率。从理论中来，到实践中去，用实践来深化食品营养保健知识的理论学习。

通过这次活动，学生更深刻地了解到，国内食品营养保健知识的匮乏以及家庭膳食的不合理、盲点多。求知、探索自然而然地成为自发行动，学生从被动接受变成主动求知。

（5）协会营养知识宣传报制作应用于食品营养保健专业的尝试。

由协会成员亲自选题并动手制作营养知识宣传报，向广大非食品专业的老师、学生宣传食品营养保健常识。通过自己动手、自选主题的营养知识宣传报制作，学生能更有效地理解食品营养保健知识，并在活动中学以致用、寓教于乐。这些措施改变了传统教育“教师讲学生听”的填鸭模式，让学生主动探索，孜孜以求。

图6　学生调查记录家里一日三餐的营养搭配情况

四、总结

将第二课堂活动与专业课教学有机结合，使教学内容的展开呈现出生动有趣的一面。活动是第二课堂存在和发展的核心，赋予了第二课堂鲜活的生命力。第二课堂活动的积极开展，对丰富中职学生课余生活，扩展学生知识面，挖掘学生潜力，提高学生自我管理、自我服务、自主学习能力具有重要作用，其效果是纯粹的课堂教学无法达到的。

参考文献

[1]（清）王先谦．荀子集解［A］．北京：中华书局，1998.

[2] 中共中央文件选集（1934—1935 年）[M]．北京：中共中央党校出版社，1986.

工作室教学模式初探

陈晓明
（肇庆市农业学校　广东　肇庆　526070）

摘　要： 培养企业需要的技能型人才已经成为现在中等职业教育教学改革的重要方向，本文针对中等职业教育如何培养与社会发展、行业需求接轨的技能型人才的问题，结合现代学徒制及先进教育的理念，提出“工作室”教学模式，在教学过程中进行改革实践，为社会、企业培养“又红又专”的实用型、技能型人才。

关键词： 工作室；实际项目；传帮带

一、问题的提出

（一）随着高等教育的蓬勃发展，中等职业学校生源不断萎缩，生源质量大幅下降

过去中等职业学校的生源质量和普通高中的生源质量不相上下。许多学生有着较强的自主学习能力和较强的文化基础知识，在入学后很容易适应专业课程的学习。而从目前的情况来看，随着高校的不断扩招和受传统观念束缚的家长的影响，中等职业学校的生源数量和质量都每况愈下，进而导致学生很难适应现阶段的专业课程学习，原有的“大而全”的教学内容、教学方式已经无法适应现实情况。

（二）各个专业课程各自为战，教学目的难以贯彻始终

以笔者所教的计算机网络专业为例，从一年级到三年级分别开设了图像处理、动画制作、网页制作、ASP 动态网站开发等核心专业课程。但是每门课程都是按学期开设的，不同课程的任课教师的教学方式不尽相同。学生一门课程学习下来，刚刚有所体会，课程就已经结束了，导致学生无法真正掌握课程内容，而且各门课程之间也不能很好地串联整合。

（三）课程开设、培养目标和社会实际需要存在差距

就我们学校而言，许多教师都是从校门进校门，从学生到老师，对现在社会发展、行业需求的人才标准了解不深，而如今我们办学的方向又是以社会需求、行业需求为导向。随着社会的发展和学生就业形势的日益严峻，这个矛盾愈加突出。因此，我们需要在学校就把学生培养成一个有一技之长的高素质劳动者，能适应整个劳动过程的合格人才。

二、问题的解决

（一）面对以上暴露出的问题，我们将如何应对

我们学校组织了计算机专业骨干老师利用寒暑假时间，对珠三角地区与计算机相关的企业进行了多次行业发展方向、企业人才需求的专门调研活动。通过多次调研活动，我们的专业老师对行业、企业发展现状及其人才的需求状况有了深刻的认识。在与企业座谈交流中我们发现，无论哪个学校毕业的学生进入公司工作都需要跟着相应的“师傅”学习一段时间才能符合企业的实际需要。这就给了我一个启示：我们为何不在学校学习过程中就模仿企业“以师傅带徒弟”的方式，这样我们的学生一毕业进入企业时就能很快地满足公司相应工作岗位的要求了。

（二）尝试建立工作室教学模式，是探索中等职业学校教育改革特别是计算机专业的发展以及解决上述问题的一条可行办法

笔者的工作室教学模式，借鉴德国“包豪斯”工作室教学的成功之处，结合现代学徒制并且汲取新加坡南洋理工学院的教学工厂教学模式的丰富经验，尽力探索出一条适合中等职业学校教育工作室的发展之路。

1. 工作室教学有利于完善实践课课程和选修课体系

一般的中等职业学校都设置有实践课程和选修课程。以计算机专业为例，一般的实践课程和选修课程要么是为了迎合学生的兴趣需要，要么内容陈旧，如几届学生总是做一个项目，与生产实践严重脱轨。而笔者所负责的工作室每个学期都主动承担校外网站开发的实际项目，让有兴趣的学生和网站建设专业的学生走进工作室，参与项目实施的全过程。项目的开发是以客户的需求为导向的，在做项目的过程中让学生把所学的 Photoshop、Flash、Dreamweaver 等多门课程的知识融会贯通。

2. 工作室教学模式有利于打破陈旧的教学体系，调动学生自主学习的积极性

目前的课堂教学改革力度是远远不够的，没有完全发挥学生的主体作用，极大地阻碍了学生的积极性和创造性。为了给学生一个展示才华的舞台，让他们在工作和劳动过程中掌握专业知识并能健康快速地成长。我们在工作室的筹备、布置过程中，让学生充分参与，如由学生来进行工作室徽标和展示标牌的设计、工作室员工胸牌的设计制作等。

工作室成员的选拔也是从全校进行海选，扩大被选中的成员在学生中的影响力。在实际的项目运作过程中采用传统的“传、帮、带”运作模式，老师只是指明设计和开发的方向，不讲解技术细节，让高年级同学教低年级同学并影响低年级同学，逐渐形成团队建设，逐步建设良好的工作室文化。

3. 工作室教学模式有利于教师个人素养和教学水平的提高

教师的个性特征与人格魅力对于学生有着潜移默化的影响，其高尚的品德、广博的才识、崇高的人格魅力会感染学生。工作室教师要具有高尚的人格魅力、高度的责任心和爱岗敬业的奉献精神，并精熟本专业的课程，具有把握和驾驭知识的手段和能力，对本专业的发展和未来具有前瞻性。教师要为不同的学生制订个性化培养方案，在把握知识结构的同时注重学生综合素养的提高。

工作室教学模式对于提高教师业务水平和综合技能具有重要意义，将利益、专业、责任及荣誉结为一体，提供塑造自我的环境，使学术、科研价值得以催生，教学和科研有机结合在一起。工作室教师要面对许多压力：一是工作室教学模式的改革才刚刚开始，没有经验可以借鉴。二是要花费大量的课余时间使自己成为行业专家，需要教师转变角色，成为真正的双师型教师。

4．工作室也可以成为学校课程改革的试验田

计算机专业发展迅速，如何紧跟市场的步伐？就是要不断地调整课程设置。工作室除了承接实际的工作项目外，还要把最新的技术引进来，在开发项目的过程中使用并记录下来，根据学生的实际能力开发教材、开发新的课程、改革教学方法，为中等职业改革积累第一手资料。

5．工作室的建立有利于学生就业教育的开展

工作室教学使课堂教学与实践教学融为一体，这不是仅靠课本的传授，而是在师生互动的课题研究和实际项目中产生的。在这个过程中，实际项目的开发使学生的就业意识、团队精神逐步增强，学生个体的创造力不断催生。教师的经验指导，学生的互动探讨，为学生走向社会、自主创新、认清自己的职业道路打下坚实的基础。

三、存在的问题

1．教师自身能力的问题

由于大多教师不是技术专家，很多教师没有社会实践经验，因此在项目开发过程中，要摸着石头过河，在工作室刚开始的阶段肯定是困难重重的。因为笔者也没有大中型网站的开发经验，所以刚开始的时候压力很大，但这也是综合素质、技能快速提高的阶段，要注意不要闭门造车，要广泛地咨询业界专家，积极参与相关企业的社会实践活动，有条件也可以与相关企业进行合作。

2．项目和工作室的管理

工作室是个新生事物，工作室的管理不同于班级管理，所以常规制度的建立和工作室文化的形成都是一个长期积累的过程。项目开发经验的缺失也给项目管理带来了相应的问题，这里我们借鉴了许多企业管理、项目管理的方法与经验。

四、结语

工作室教学模式，不仅能够促进教师不断学习新知识、积极参与社会实践，努力把自己打造成技能型专家，而且为学生提供了一个锻炼自己专业技能、培养团结合作、创新精神的良好学习环境，还为企业培养了满足工作需要的技能人才，是对当今中等职业教育改革的一次有益的探索和尝试。

行动导向教学法在“仓储作业实务”课程中的运用

徐　馥

（广东省财经职业技术学校　广东　佛山　528231）

摘　要： 行为导向教学法是中职学校物流专业甚至是中职学校教学的一次革命，本文通过对物流专业的核心课程“仓储作业实务”进行典型工作任务提炼，将典型工作任务转化成课程学习情境（项目），下达任务，帮助学生理解任务要求，通过任务达到学习目标，自主学习并探讨，从而由学生形成方案决策，最后进行自评、互评和教师点评，以达到真正掌握仓储知识的效果。在实施过程中，总结出这种行为导向、教学法的好处以及实施中存在的问题。

关键词： 行为导向教学法；仓储作业实务；任务

中职课堂教学对提高学生的培养质量起着关键作用，中职学校的学生是一个特殊的群体，以往教师的课堂教学行为对他们来说，并非是美好的记忆。中职学校教师在追求教学效能的同时，更大意义上担负的是纠正他们已经形成的课堂学习行为。面对这样的群体，如果我们仍然不改变课堂教学行为的话，对他们来说，只是以往教师教学行为的复制，无法激起他们内在的学习动力。

面对害怕以老师为主体的教学方法的学生，中职教学需要一次改革。而行动导向教学法可以作为改革的一种方法，在中职教学中大范围使用，它将带来中职教育前所未有的面貌。

“仓储作业实务”是物流专业的一门专业核心课程。仓储是在仓库中的业务，这门课实践性和操作性较强，学生对传统的纯理论教学缺乏兴趣，所以这门课采用行动导向教学法是非常合适的。

一、行动导向教学法的含义

行动导向教学是以“行动导向驱动”为主要形式，在教学过程中充分发挥学生的主体作用和教师的主导作用，注重对学生分析问题、解决问题能力的培养，从完成某一方面的“任务”着手，通过引导学生完成“任务”，从而实现教学目标。从学生接受知识的过程看，知识来源于实践，在实践中得到感性认识，经过反复实践才能上升到理性认识，并回到实践中去。[1] 最常用的有任务教学法、项目教学法、基于项目的引导文教学法、案例教学法、角色扮演法、情境教学法等。可以说，行为导向教学法 = 用心 + 用手 + 用脑（职业活动）。

二、行动导向教学意义

（1）让学生即学即用，激发和培养学生的学习兴趣。采用“行动导向”教学，可以变抽象为具体，变枯燥为有趣，能让学生内心产生成就感、喜悦感，让学生乐于去操作、掌握。这样大大提高了学生学习知识和技能的兴趣。

（2）“任务”贯穿始终，在学中做、做中学，从学生讨论任务、分析任务到操作完成任务中顺利建构起知识结构。

（3）针对中职生爱动不爱静的特点，我们因材施教，更能突出培养学生的实践能力和创新能力，达到教学的情感目标。

三、行动导向法在“仓储作业实务”课程的实施

（一）提炼确定仓储典型工作任务

典型工作任务分析是行动导向教学法的起点。我们对广东太古可口可乐有限公司、中国达能饮料、广州宝供物流公司、广州新易泰物流有限公司、南方物流、唯品会（中国）有限公司、百佳配送中心等多家生产企业、商业企业的仓储部门进行了调研，和仓库管理者一起对仓储管理岗位的工作任务进行分析，提炼出典型工作任务，然后对仓储管理岗位的典型工作任务进行深入分析，包括工作岗位，工作过程，工作任务的对象、工具、方法，工作的组织，对工作和技术的要求等。例如通过调研，我们掌握了第三章的内容：入库作业分为入库单证填写、入库验收、入库堆码、入库上架，需要托盘和装卸搬运设备，还需要指定的货物。

（二）教师设置学习情境，学生明确学习任务

教师在“仓储作业实务”这门课的教学上，要对课上枯燥的理论进行处理，将理论改成任务驱动型的教学。教师根据企业仓储管理人员的完整思维、职业特征及工作任务，可将“仓储作业实务”课程的全部内容具体化为学习情境，下达任务，帮助学生理解任务要求。以下是由我转换该门课程后的学习情境、学习任务、学习目标和具体内容。

表 1　“仓储作业实务”任务情境与学习目标内容

学习情境	学习任务	学习目标	具体内容
仓储企业建立和管理	创建仓储企业	学生能够理解仓储企业的创建流程，提炼企业的经营理念，合理安排企业结构	创建仓储企业，提出企业经营理念，建立企业人员结构树图
	招聘仓管员、仓库文员	学生能够根据仓管员和仓库文员的素质要求，拟定符合企业实情的招聘消息	仓管员的素质要求，招聘信息的内容

（续上表）

学习情境	学习任务	学习目标	具体内容
仓库规划	画出仓库布局平面图	学生要理解仓库布局规划的注意事项，掌握仓库布局的原则和仓库动线的类型	仓库规划注意事项，仓库布局的原则，仓库动线类型和特点
	按照搬运频率布置仓库货位	学生要理解为何周转越频繁越离门口近，熟悉每个货位搬运频繁率的计算，按照频繁程度进行排序安排货位	分区分类规划的方法
	仓库有效面积和面积有效率的计算	学生要理解仓库面积计算应注意的原则，理解仓库面积的构成，掌握仓库有效面积和面积有效率的计算	熟悉仓库总占地和建筑面积、仓库使用面积、仓库有效面积、仓库面积有效率的含义和计算
	选择仓库设备	学生要熟悉全部仓库设备，理解仓库设备的选择	熟悉仓库设备，选择仓库设备的规则，选择仓库设备
入库作业	入库通知单和到接货交接单的填写	学生要熟悉货物接运的方式，理解入库通知单和到接货交接单的作用，掌握单证的填写	接运方式的选择，入库通知单填写和接货交接单填写
	货物验收	学生要熟悉货物验收的方式，明白不同货物在验收中的重点，根据货物情况进行货物验收	熟悉货物性质，进行数量和质量检验
	验收入库单证填写	学生要理解入库流程相关单证的运用情境，掌握单证的填写	验收所需单证的填写和入库所需单证的填写
	入库堆码	学生要熟悉不同堆码方式，不同方式的优缺点，掌握堆码的技巧以及方法	堆码方式的优缺点、技巧和注意事项
	入库作业综合实训	学生要熟悉入库的流程，对接受订单、接运货、入库、入库手续整个流程进行实训	入库的作业流程和入库作业的单证转换

（续上表）

学习情境	学习任务	学习目标	具体内容
在库作业	仓库的温湿度管理	学生要会设置温、湿度测试计，会登记库内温湿度，能对照库内外温湿度和天气状况，采取不同的温湿度控制方法（密封、通风、吸潮）	温湿度的常识、库内外温湿度的变化、温湿度计的使用方法和温湿度控制方法
	商品养护方法	掌握各种商品养护的方法（防霉、防虫、防锈、防污染、防泄漏等）	商品养护的含义以及不同商品的不同养护方法
	库存商品的盘点	掌握库存商品数量和质量检查的方法，掌握账、卡、物核对的技能，掌握盘点单和盘点表的填写，熟悉盘点工作过程	盘点的方法和类型、填写盘点单和盘点表，掌握盘点工作过程
	堆码垫垛苫盖	了解垫垛和苫盖的方法，掌握堆码的方式	垫垛的方法、苫盖的方法和堆码的方式
出库作业	出库作业综合实训	理会出库的基本要求，能够熟悉商品出库的一般程序，会审核填制出库所涉及的相关单据，能熟练地进行物品的出库操作。	出库的基本要求、一般程序、出库单据的填写和物品的出库作业
仓库安全管理	仓库安全管理	熟悉防火安全制度，能正确使用消防器材，会对人员、车辆的进行出入管理	防火安全和人员车辆出行出入管理

（三）学生自主学习、自主探讨

在这个课程中学生采取团队的方式进行自主学习，不是由教师直接告诉学生应当如何去解决所面临的问题，而是由教师向学生提供解决该问题的有关线索，如需要搜集哪一类资料，从何处获取有关的信息资料等，强调发展学生的“自主学习”能力。更重要的是，在课堂上采用自主探讨和交流的方式，通过不同观点的交锋，补充、修正和加深每个学生对当前问题的解决方案。对有争议问题的讨论，教师可以从旁加以提示，引导他们更深入地思考问题。如果是课外学习，教师不在场，可以把有些不明白的地方记下来，待下一步和老师一起讨论，并弄清楚。[2]

（四）学生形成方案决策

学生自主学习、自主探讨之后，通过团队讨论对得出的可行方案进行论证决策，形成团队实施方案。如，在做仓库规划的仓库布局平面图时，让每组同学先画初稿，经过理论讲解，他组点评后再做最终稿，最终的团队实施方案都很不错。

（五）学生展示工作成果，自我评价、相互评价和师生共同评价

1. 任务成果展示

任务完成后，在课堂上学生对自己作品进行成果展示。从任务成果展示中，我们可以知道学生完成任务的情况，清楚学生掌握的课程理论知识情况，还可以锻炼学生的口才，同时还能让学生体会成功的喜悦和与人合作的乐趣，并且逐渐将兴趣转化成稳定的学习动机，并提高学生的演讲能力。这种展示可以由每个团队的代表学生通过课件来讲解，也可以以书面形式交给老师，再由老师解读。

2. 自评与互评

把评价的主动权交给学生，让学生开展自评和互评，学生更易接受，评价的效果会更好。自评一般在小组交流结束时进行，学生对自己在任务完成过程中的投入或贡献做出客观的评价。互评可以扩大学生的知识面，有很多东西，单凭一个人或一组人的智慧是不行的，因此，通过自评与互评，能增强学生的学习效果。[3]比如在仓库设备选择这个内容上，我采用互评和自评的方式进行。

3. 教师评价

老师对学习效果的评价主要包括两部分内容，一方面是对学生是否完成当前问题的解决方案的过程和结果的评价，即所学知识的意义建构的评价；而另一方面是对学生自主学习及协作学习能力的评价。过程评价强调找到学生在完成任务过程中的优点与不足，进行鼓励、表扬和纠正，帮助学生总结提高。结果评价是对学生完成任务所形成的成果进行评价。教师在评价学生的时候尽量用鼓励性的评价语气，目的是激发学生的学习兴趣。

四、行动导向法在“仓储作业实务”课程中运用的好处

（一）提高了学生对这门物流主干课程的兴趣

这门课程是动手能力较强的物流主干课程，但是以前的纯理论教学效果不太好，学生缺乏兴趣。通过行动导向法的运用，“仓储作业实务”老师上课的时候很轻松，学生也活跃。

（二）提升了学生的团体精神

通过这种团体活动，增强了学生的上进心，提升了学生的团体精神，特别是组内同学会为了得到高分，督促同组同学改变学习状态。

（三）增强学生的表达能力

这种上课方式以学生为主，很多时候学生需要上台表现，学生的表达能力得到了很大的提高。

五、行动导向法在“仓储作业实务”课程中运用中遇到的问题和思考

（一）部分学生积极性不高

在团队里，总有一些学生完全融不进题目中，自己做自己的事，在这种方式中得不到任何锻炼。由于团队里有学习能力比较强的同学，部分同学就依赖他们，不愿意动脑，这样上课有时两极分化。这样的情况该如何改变呢？

（二）评分的不公平

一到自评和互评，学生经常存在不公平的做法，自评总是往高分打，互评总是评别人的低分。这样的自评和互评不认真，但又无法控制学生的评分。评分标准该如何制定？如何控制学生评分的不公平？

（三）分组的合理化

分组人数少，可能会造成一些组直接放弃成绩；分组的人数多，很多同学又有依赖心理，就变成了少数人的活动。分组时该多少人一组更好呢？

总的来说，行动导向法在“仓储作业实务”课程中的运用还是比较成功的，但是刚开始实施，还是存在很多问题。作为一名中职教师，特别是这种文理兼具的物流专业，教师要担起行动导向教学改革的重任。对物流体系的课程进行改革，是我们学校物流老师的意向，将“仓储作业实务”这门课程的改革作为先行者，为物流课程的改革做榜样，从而带动其他物流课程的全面改革，这样可以更好地利用物流实训室，同时大大提高物流教师的教学水平。作为准备承担行为导向教学改革重任的教师，应从多方面加以学习、锻炼和提高。

参考文献

[1] 张琳．行动导向教学在高职酒店管理专业教学中的应用［J］．新课程学习（中），2011（5）．

[2] 董先剑．导向教学法在仓储管理实务课程中的具体实施［J］．首都教育学报，2012（9）．

[3] 董先剑．行动导向教学法在仓储管理实务课程中的具体实施［R］．罗定职业技术学院“行动导向教学法在“仓储管理实务”课程中的应用”课题，2012．

第五编　中职教师实践能力提升与专业发展

中职教师实践能力提升与专业发展

——化妆品专业实证分析

何朝晖
（广东省食品药品职业技术学校　广东　广州　510663）

摘　要：中外各类教育的发展证明，师资是教育发展的关键。中职学校教师培养培训的质量一直是我国职业教育改革关注的重点，也是提高教师质量和地位的关键因素，“十一五”期间，国家拿出5亿元用于实施中职学校教师素质提高计划即可证明之。鉴于此，研究探索和建立中职学校教师实践能力提升，带动学生综合技能提高，推动专业发展，培养人才，适应社会所需的新模式，是当前中职学校专业教师培养培训的重要举措。

关键词：中职教师；实践能力；专业发展；化妆品

进入21世纪，中国职业教育呈现出快速发展的趋势。2009年，全国共有中等职业学校1.44万所，年招生规模868万人，在校生规模接近2 200万人；2010年7月13—14日，中共中央、国务院召开了21世纪第一次全国教育工作会议，标志着中国职业教育改革发展进入新阶段。面对教育的发展趋势和现代社会对人才的要求，中职教育的教师应该具备什么素质、如何提升教师的实践技术能力、如何以就业为导向培养化妆品专业的相关技术型人才、如何在国家经济及行业背景下根据学校自身特点发展中职化妆品专业成为亟待解决的课题。目前，在中职学校的教学中，实践能力提高意识还比较薄弱，急需中职教师在实践能力的提升中发展相关专业。

中职教育的特点决定了专业教师必须具备较高的实践能力。本文希望用化妆品专业老师的在实践能力的不断提升和化妆品专业的发展来佐证教师能力和专业发展的正相关关系，通过分析当前中职学校专业教师实践能力方面存在的问题，探讨了提升教师实践能力的方法。

一、中职教师实践能力和专业发展

（一）实践能力

实践能力是以实践为主。提升能力，首先要走出去实践，再运用切实可行的方法提升学习能力。实践能力主要有四方面：

（1）技能提升。中职教师的基本核心是职业教育，培养技能型人才，中国现在是工业大国，需要很多技术人才，教师的个人技能有多强，能教予学生的有多少，说小了关乎学生的就业能力，说大了关乎整个国民经济发展。

（2）行业理解。首先是对行业的系统认识，这包括对产业的认知，行业是社会分工后细化的一类工作，产业是按照规模经济和范围经济要求集成的行业群体，是一个行业发展到一定程度时可以大规模地拓展市场和商业机会，其次是对行业能否可持续发展或者说是方向定位的感知、嗅觉能力。

（3）个人素质。其一为品德，品德是内质、是修养、是事无巨细的与人心态、是自律和礼法，无德不树人。其二是责任，责任是为人、为事去担当的一种心态和行为。其三要自律，教师除教授专业知识外更多的是做榜样，学生经常自觉不自觉地以师为镜，教师的形象深深地影响着学生。

（4）教学方法。这包括教师教的方法（教授法）和学生学的方法（学习方法）两大方面，是教授方法与学习方法的统一，包括以语言传递信息为主的方法、以直接感知为主的方法、以实际训练为主的方法、以欣赏活动为主的方法、以引导探究为主的方法等。

（二）专业发展

专业的发展核心是社会认可度的提升，大致包括三个部分：

（1）学生的认可度，包括专业的认可、学习的兴趣提升、成绩的提高、动手实践能力的强化等方面。

（2）企业的认可度包括学校能否培养出以企业需求为导向的学生、企业是否愿意在学徒制模式下和学校共同培养学生、学生走出校门后的专业稳定度如何。

（3）学科的发展，包括生源是否呈上升趋势、专业能否细分、升学途径多元化及就业形式如何。

（三）实践能力和专业发展的关系

实践能力与专业发展是正相关，是“学与教—教与学”的关系，是教师本身与学生的角色转换关系，是一种螺旋向上的递进曲线，随着实践能力的不断提升，专业是向前发展的。

1. 强将手下无弱兵

职业教育突出的是技能培养，教师实践能力水平的提升，中职教师整体素质和质量的提高，是可以带动学生综合技能的提高的。而中职教师培养培训朝着专业化方向发展，也是当前中职学校教师培养培训的重要举措，这种以“强将”为手段、以“强兵”为目的的发展方式是社会对教育的需求，满足需求就促使专业被社会认可，便是专业发展。

2. 与时俱进

时代前进社会发展，行业也会随之变化，社会对相关人才的需求也会变化，真正做到与时俱进就要中职教师提升自己的社会实践，多观察、多了解，要具备当下性、前瞻性，对行业的发展有了解有准备，而不是闭门造车，这样才可以有的放矢地培养学生，发展专业。

3. 筑巢引凤

实践是全方位的，实践能力的提升既包括教师的个人专业技术技巧的提升，接触社会了解行业所需能力的提升，也包括对相关行业的政策、法规及行业发展导向的理解的提升，其目的是“走出去，拿进来”，“走出去”是学技能、学方法、开阔视野，“拿进来”是树人才、盯行业、发展专业。学校的发展离不开专业发展，专业的发展可以吸引更多的学生选择职业教育，广东的特色是“传、帮、带”，有的哥哥姐姐在完成学业后，弟弟妹妹也来跟着报考就读，这实际上是对学校、对专业的认可。好的老师好的专业设置好的课程，何愁没有学生报名就读，当然，这些和专业老师的实践能力提升是分不开的。

二、化妆品专业关于实践能力提升和专业发展现状及实证分析

广东省的化妆品生产总值占全国将近二分之一，在全国3 000多家化妆品企业中，有2 000多家坐落广东，因此能够胜任化妆品研发、生产、销售、监督和管理的一线中级技术应用型专门人才缺口非常大，这是中职化妆品专业的契机，也是挑战，专业教师应以各种形式、理由和内容去增强自身素质，尤以提升实践能力为重。下面以提升实践能力和专业发展两个部分举实例分析。

（一）实践能力的提升现状及分析

这是三年来笔者走出学校进行的各种主要实践能力提升及观摩学习，主要分三个部分简述并分析。

1. 技能的提升

（1）2012年，笔者去广东省保化检测中心学习化妆品的一般检验和毒理学检测，对“化妆品质量检验技术”及“化妆品安全与有效性评价”两门专业课中的重要章节有很大的教学领悟，这在之后的教学中成为很强的实践支撑，尤其是增设了专业实践课，使得专业课程建设得到充实。

（2）2014年，笔者参加了全国轻工行业指导委员会在广州举办的第一届化妆品配制培训，此次最大的收获就是规范操作。之前在专业的实验教学上，配制产品时一些操作细节和流程不甚规范，通过学习可以规范教学。另外，化妆品产品的特点是品种多、更新快，不同的品种有着不同的配制工艺，尤其是一些新开发的品种，还有化妆品的安全及有效性评价的学习，也是此次收获的重点。总之，通过此次实践学习，笔者对使用的仪器设备和配套的技术操作的认识都得到了加强，实践能力得到提升，并能立刻将这次所学应用到教学和对专业的建设发展中去。

（3）2013年，笔者随同实习学生去花都一家化妆品公司实习，目的有三点，一是给新来的实习生调整心态、稳定情绪，二是向企业了解什么样的中职生是企业所需的，三是对企业研发、生产、管理、销售等做全方位的了解和学习。以某化妆品公司为例，发现生产企业需要生产一线的管理者，质量管理不单有质量控制、质量保证还有全面的质量管理，而我们课程只传授质量控制而没有质量保证，更缺乏全面质量管理及标准化良好行为企业的学习点建设，这就需要对课程做适当的调整和改革。另外，笔者也与其化妆品研发和质检部门的主要技术负责人进行了深入探讨，甚至对现有的教材也进行分析，通过讨论，对某些章节和内容的教学教法有了更符合实际的认识，这也是提升专业的一种实用和有效的手段。

2. 教学的改进

2014年，笔者参加了由广州师范大学组织的为期一周的“以学生为中心的教学法”中英合作培训班。2015年参加了药监局下属协会化妆品大讲堂学习，学习新形势下的化妆品生产企业对国家政策监管的认识和执行，以及行业的法律法规解读和如何保障消费者权益，让企业更好地发展。这些培训增加的是专业教材之外的内容，用于教学更能培养出企业所需人才。所以，这些学习和信息的收集，客观上能推动专业的发展。

3. 视野的开阔

笔者多次参加美博会和化妆品行业材料、设备博览会及参观化妆品公司。美博会是化妆品行业的盛会，信息量大，是行业发展的导向标，笔者每次去都关注行业的各种新原料、新技术、新仪器、新理念，而这些积累增加了专业教师的知识，可以很好地应用到教学中去，客观地提升专业的发展。去企业参观可以学习和收集不同的经营管理理念，了解各种企业需求，进行目标性教学。

（二）专业发展的现状及分析

专业的发展有宏观也有微观，有直接跃升也有逐渐从量到质的改变。下面是通过各种对自我实践能力的提升对专业发展的一些整理及总结：

1. 学科教学的提升

化妆品专业学生兴趣有很大提升，从2011级的学生上课打不起精神到2014级的上课主动提问，2011级对专业的茫然到2014级对专业的热忱。从2011级到2014级，专业学生学习成绩呈上升趋势，成绩分析显示，各项指标均有改善，尤其是良好率，2013级在系、学校、省级各项比赛中学生均有突出表现，整体素质均衡，各种技能通过率提升。

2. 实践教学的提升

从2011级开始，除专业学习之外，化妆品专业还成立了DIY化妆品协会，带头人是专业老师，会长是学生，学生积极发挥主观能动性，学校支持，协会开展顺利，毕业班学生可以自主设计一些化妆品配方并能做出产品。

3. 学科建设的提升

有部分学生对专业认可度很高，经过一年的实习期后准备考高职。2013年之前，学生向上晋级的方式只有“3＋证书”和成人大学。2013年推出自主招生，另外因专业发展，2015年招生简章已经另外写明学校招生可以分段，扩大招生名额并细分了专业，招“化妆品检验”及“化妆品应用与营销”两个专业。学校自2009年开设化妆品专业以来，已有六届，前四届都是小班，每班都只有20人左右；自2013年开始成为50人的独立班级，并且进行了专业申请，新专业为化妆品应用与营销，并于2015年获得广东省教育厅颁布的中职学校专业代码。对学校及学生而言，这都是进步，因为专业得到拓展，生源得到增加，已经有学生的弟弟妹妹及亲友被介绍到本专业就读。

三、结语

本文以个体为单元，以专业为依托，以一个时间段对中职教师实践能力的提升和专业发展做的实证分析，内容也主要以教师主观驱动为主、客观环境为辅的这条主线作为陈述，没有过多地分析外界环境对中职教师实践能力的提升和专业发展的正相关的巨大影响，这是本文主要不足之处。实践能力的提升是个系统问题，不单靠教师本人主观努力，也希望通过政府、学校、社会、企业多种渠道，给职业教师提高实践能力的条件和机会，有些企业为了保密甚至不让教师去学习一些该学的以确保实践能力提升的内容，这是一种落伍的心态，国外的开放性先进职教模式很值得我们借鉴和尝试，中职教育该积极研究探索和建立中职学校教师实践能力的提升，有效实施实践能力水平的鉴定评估以及各种培养培训，以驱动中职教师整体素质和质量提高，带动学生综合技能的提高，适应社会所需，并使职教教师培养培训朝着专业化方向发展。最后，希望不为一家之言，让提高中职教师实践能力作为专业发展的一条有效或必经途径成为共性，以为社会培养更多技能人才而努力工作，与各位同仁共勉。

参考文献

［1］范文敏．职教师资专业成长的秘诀［J］．教育学，2014（6）．

［2］马树超．工学结合：职业教育模式转型的必然要求［J］．教育发展研究，2005（30）．

［3］何文明．我国职业教育教学方法研究述评［J］．职业技术教育，2011（25）．

浅论中职教师专业实践能力提升的途径

——以模具数控专业教师为例

陈　兵

（惠州商贸旅游高级职业技术学校　广东　惠州　516000）

摘　要：专业实践能力是中职教师的核心能力之一。提高中职教师专业实践能力是建设“双师型”的师资队伍，培养技能型专业人才，实现中职人才培养目标的关键。本文根据从教几年的具体实际情况，提出通过企业顶岗或兼职锻炼学习、技能练兵竞赛、加强校企合作、转变中职教师的继续教育与培训方式、学会利用信息技术学习新技术等途径，来提升模具数控专业类教师的专业实践能力。

关键词：中职教师；专业实践能力；提升途径

一、引言

专业实践能力是当前中职学校专业教师亟待提高的关键能力之一，是提高教育教学质量和实现中职人才培养目标的重要保证。很多学校都提出要建设“双师型”教师队伍，“双师型”教师不仅指教师拥有双证书、双职称等，最重要的是“在实际能力上要具备较好的教育教学能力，同时更要具备专业实践能力以及专业技术能力”。而对于模具数控专业来说，鲜明的行来特色，对于模具数控专业教师的专业实践能力和教育教学能力提出了更高的要求。

二、目前中职学校专业教师队伍的基本情况

目前，我国大部分中职学校的师资队伍主要来源于以下几个途径：一是高校毕业生通过学校公招考试直接进入中职学校；二是部分企业单位技术人员跳槽到学校；三是外聘兼职教师。但是从高校毕业后直接从事教学的人员是最多的。从高校毕业的人员通过在高校的系统学习，掌握了丰富的理论知识，也充满了工作激情。但是由于这部分人员刚出校门，缺乏教育教学经验以及专业实践等，从而普遍存在专业实践教学实训能力不足，在教学过程中理论教学多于实际操作教学的问题。特别是模具数控专业，因为模具数控专业教师除了需要具备较高的理论水平，还必须要有丰富的实践经验和生产经验；而刚从大学毕业就到中职学校从事教育教学的工作者，则没有积累到任何的生产加工或设计流程上的实际经验。虽然教育教学能力可以通过锻炼来提升，但是在专业实践能力上，由于学校的教学实践和企业行业生产实践的情况有较大的差别，所以模具数控专业刚毕业就踏入中职学校任职的教师往往在经验上存在较大的不足。而中职学校教师的专业水平的高低直接决定了教学质量的好坏，尤其是中职学校教师的专业实践能力更是决定了该教师能否上好专业课，是否能为社会培养合格的技术人才的关键。所以，如何提高中职教师的专业实践能力

成了国内大部分中职学校亟须解决的问题。

三、提高中职模具数控专业教师专业实践能力的途径

"劳动光荣、技能宝贵、创造伟大"是国家主席习近平在全国职业教育工作会议上对加快职业教育发展做出的重要讲话。对于每一个人来说，技能都是宝贵的，古语有云"积财千万，不如薄技在身"。对于中职教师来说技能更是宝贵，因为中职教师担负着技能人才的教育重任。中职老师的技能就是专业实践能力，而对于模具数控专业教师，除了教育教学技能外，更重要还必须具备专业实践能力。如何提高模具数控专业教师的专业实践能力？从教这几年，从所了解的具体情况出发，笔者认为可以从以下几点来提高模具数控专业教师的专业实践能力。

（一）企业顶岗或兼职锻炼学习是提高教师实践能力的最主要的途径

企业顶岗或兼职锻炼学习是模具数控专业教师获得全面的系统的专业实践知识和经验的最好方法。通过深入企业顶岗或兼职锻炼，教师可以全方位接触模具数控的生产实践，现场学习和积累，突破专业课理论框架的限制，了解和学习先进的模具设计理念、现代模具制造技术和生产工艺流程的全过程，同时可以随时请教企业生产一线的工程师或技术人员，解决自己在教学中发现的或没有完全弄明白的问题，并且可以学习先进的数控加工知识，学习先进的数控加工设备的操作。这样对提高教师的专业实践能力有非常显著的效果。学校可以根据教学安排的需要，派出专业教师到模具数控企业进行顶岗或兼职锻炼。如果在正常上课期间确实因教学安排无法派出教师到企业锻炼学习，可以在寒暑假中给予教师支持，让其到模具数控企业中进行锻炼学习。

就目前的情况，大部分中职学校模具数控教师都缺乏企业锻炼学习，特别是对于一出校门就踏进中职学校任教的毕业生尤为突出，所以不管是在学校层面还是个人专业发展层面上，都应该努力推动企业顶岗锻炼或兼职学习的措施，这样才能有效地提高模具数控教师的专业实践能力。就以笔者为例，2008 年大学毕业后进入某知名空调企业任产品结构设计工程师，在这一年的工作中，所学习到的专业实践技能和企业的管理等内容，为后来在学校的任教都提供了非常大的帮助，特别是企业中的专业技能，如模具数控方面的专业软件的使用等，这些技能和在学校学习是有很大的区别的。2009 年任教后，在学校工作中虽然教学技能有了很大的提升，但是在专业实践能力上却不敢说有很大的进步。因为学校教学和企业的实际生产存在一定程度的差距，很多先进的加工制造理念和加工技能，学校是无法和企业同步更新发展的。所以，笔者认为应该大力推动中职教师到专业相关的企业中顶岗锻炼学习，这样才能有效提高教师的专业实践能力。中职学校教师下企业顶岗锻炼学习，是加强专业教师队伍建设、提升教师教学能力、丰富专业实践经验，同时更是密切校企合作的重要举措。

（二）技能练兵竞赛是提高教师专业实践能力的重要手段

技能练兵竞赛是检验教师专业实践能力的有效办法，通过参加竞赛，可以以赛促练、以赛促技，集中精力训练，提高技能水平；也可以通过竞赛找到自身不足，发现差距，明确努力方向，以改进提高。教师参加各级教育部门、行业企业举办的竞赛，既是对教师能

力的检验，也是对学校办学能力、师资队伍建设水平的检验。模具数控专业可以依托学校现有的实训设备，利用假期或周末，组织专业教师参加技能练兵活动或竞赛，比如可以举行学习数控铣床、数控车床（或加工中心）、电加工机床或模具拆装等操作技能。在学习的过程中老师要放下架子，改变技能操作低于理论推导的思想，虚心向有经验的老师或技师学习。

技能练兵除了各个学校交流学习、比赛外，最好能邀请行业或企业的对应的技术能手作为师傅。企业一线师傅的指导，可以让教师更深入地把理论和实践结合在一起，能让教师的技能水平实现质的飞跃。

（三）加强校企合作，促进教师与工程师之间的学习交流

随着社会的进步以及科学技术的迅速发展，高新技术以及高新设备的应用会越来越广泛。但是很多中职学校由于办学经费不足的原因，教学设施和设备都比较有限，所以不能满足现代职业技术教育的发展要求。对于先进的设备，仅依靠政府或学校购买是不现实也是不必要的。学校可以借助校企合作平台，为中职教师专业实践能力的提高创造机会。如模具数控行业的各种高精度、高速度加工的设备，可以通过校企合作平台，加强与企业的学习交流，采取教师轮流到企业实践锻炼学习，同时企业人员也到学校兼职授课，促进校企之间的交流与学习。这样可以使得中职学校教师了解和学习到最新的加工设备和加工工艺，掌握完整的模具设计流程，也为企业的发展提供了人才的来源，同时学校还可以把教师到企业兼职锻炼学习实践与学生的顶岗实习有机结合起来。这样既可以发现顶岗实习时学生遇到最多的问题，也可以让教师有足够的时间和精力进行有效的专业学习，从而解决专业上的一些疑难问题。

（四）转变中职教师的继续教育与培训方式，加强教师专业实践能力的培训

目前，中职教师在工作中每年都有规定的接受继续教育和培训的课时要求，但在培训中绝大多数还是以理论培训或会议培训为主，实践实操培训非常少，有时甚至没有。比如模具数控专业的继续教育培训，在很多地方短期的培训都是以理论为主。所以要切实提高中职教师的专业实践能力，教育主管部门或劳动部门应加大继续教育中教师的专业实践（或实操）能力培养的力度，或者每年安排中职学校各专业教师深入企业锻炼学习。建议教育主管部门连同各行业的企业，邀请行业中的精英或技术工程师对中职学校各专业教师进行专业实践能力培训。比如模具数控专业教师的继续教育培训，教育主管部门可以联同行业知名的大中型企业，如广州数控设备有限公司给中职教师进行切合实际的专业实践能力培训，同时还可以鼓励中职教师利用寒暑假实践到模具数控企业进修学习，教育主管部门给予一定的生活补助或者给予其他方式的支持。这样可以有效地将中职职业教育与行业之间连接起来，同时为提高教师的专业实践能力起到更大的促进作用。

（五）掌握信息技术，学会利用信息技术学习新技术

在信息时代里，中职教师可以通过网络平台等信息技术来提高自己的专业实践能力。由于中职教师除了承担日常的教学工作外，还会有其他的一些事情需要处理，所以不可能参加所有的培训和学习，这样就可能导致一些先进的加工工艺、加工方法等不能让每一个教师都学到。所以，中职教师可以利用信息技术来学习各种新技术、新工艺。比如模具数

控专业教师可以加强仿真技术和仿真软件的应用。目前仿真技术和仿真软件在教学中可用在学生的学习上，这样可以有效减少学生实际操作中出现的问题，同时仿真技术也可以用在专业教师的学习上。比如数控加工的部分操作可能会因为存在较高的危险性、较多的加工费用或较长的加工工时而不能实际生产时，可以采用仿真技术和仿真软件来模拟实践的操作，这样可以大大降低危险性。还有模具设计等都可以通过各种仿真技术和仿真软件来提高技能训练。仿真技术和仿真软件的开发和应用对中职教师专业实践能力的提高提供了很好的帮助。

综上所述，随着国家对中职教育越来越重视，中职学校的课程改革和教学改革进程将会加快。中职教育培养的学生需要具备扎实的动手实操能力，所以对专业教师的专业实践能力提出了更高的要求。为了让学生能学到和掌握更多的实操技能，中职专业教师必须具备全面的专业知识和扎实的专业实践能力。为此中职教师应该不断提高自己的专业实践能力，同时更要不断地提升自身的综合能力和素质。中职教师除了要有继续教育的理念，还要根据自身的情况积极参与相关的专业培训和学习，努力使自己的教学技能、专业实践能力更上一层楼，以真正的“双师型”为发展目标，为社会培养更多的技能型、应用型人才。

参考文献

[1] 郭丽．中等职业学校实训教师教学反思能力现状研究［D］．辽宁师范大学硕士学位论文，2010.

[2] 易玉屏，夏金星．职业教育“双师型”教师内涵研究综述［J］．职业教育研究，2005（10）.

[3] 谢新宇，曹辉．职业教育应加强实践教学［J］．吉林教育，2007（5）.

[4] 徐健．校企合作：教育与生产相结合的必然要求、实然状态与应然趋势［J］．职业教育研究，2008（3）.

[5] 胡江，易芳，何金明．模具专业“双师型”教师队伍探索与实践建设［J］．萍乡高等专科学校学报，2010（6）.

[6] 周德生．模具专业教师参加实践锻炼方式的研究与实践［J］．模具制造，2012（8）.

[7] 何成梅．提高数控模具专业年轻教师教学水平的几点思考［J］．装备制造技术，2012（2）.

试析中职学校学前教育专业教师实践能力提升的途径

蔡铭烨　陈　颖
（茂名市第二职业技术学校　广东　茂名　525000）

摘　要： 目前，中等职业学校专业教师绝大多数是高校毕业后直接走上教师岗位的，他们缺乏工作经历，专业实践能力薄弱。针对以上问题，本文试以学前教育专业教师实践能力的提升作为切入点，提出了完善机制选人才、建好基地搭舞台、利用平台勤练兵等途径，进一步促进中职学校专业教师实践能力的提高。

关键词： 中职学校；学前教育；专业教师；实践能力；途径

从国外职教研究资料看，日本、英国、德国等国家招募职业教育教师时，除了对学术方面有要求外，还特别重视其工作经验。我国在20世纪90年代之前，职业学校也曾从企业引进职教师资，他们具有丰富的实践经验，对职业学校学生技能水平面与职业素质的提高产生了积极的作用。但随着经济的发展与事业单位人事制度的改革，企业的能工巧匠进入职校工作变得不可能，中职学校具有丰富实践经验的专业教师越来越少。

《国家中长期教育改革和发展规划纲要（2010—2020年）》发布之后，我国职业教育改革发展进入加快建设现代职业教育体系、全面提高技能型人才培养质量的新阶段。把技能型人才培养质量作为衡量一所中等职业技术学校十分重要的标准，对其教师队伍建设提出了更高的要求。如何提升专业课教师的实践动手能力，打造一支既能教书又能育人，既能上讲台又能下车间，既是专家学者又是能工巧匠的“双师型”教师队伍，是当前提高中职学校教学质量的关键，成为职教同仁的共识。

以粤西中等职业技术学校为例，在对近十年里录用的60多名专业教师进行考察和分析后发现，其中95%以上是高校毕业生，且有三分之一是非师范专业，仅4人具有企业工作经验。新教师的教育教学能力与专业实践能力只能在教学中逐步培养。本文，笔者就学前教育专业的教师实践能力提升等问题进行探究，以期起到抛砖引玉的效果。

一、学前教育专业教师的现状分析

（一）教师来源单一

笔者通过对茂名市第一职业技术学校、茂名市第二职业技术学校等5所公立中职学校近40名学前教育专业教师的调查结果来看，发现95%以上的教师是从高校毕业直接走上教学岗位的，学校对他们的实践能力满意度不高，普遍反映专业教师的实践能力亟待加强，与新时期职业学校培养高技能型人才的要求差距较大，导致所培养的学生技能技巧较差，与本行业的社会需求相差甚远。

长期以来，受传统观念的影响，我国的高等教育都是以“精英教育”“学术教育”为主，重知识、轻技能，重理论传授、轻实践操作的现象普遍存在，这种方式培养出来的大学生，实践能力不足已成必然。与此同时，中职教师直接从学校到学校，从课堂到课堂，没有在幼儿园等学前教育机构的工作经历，对当前学前教育机构人才需求的认识不足，导致教师在教学过程中也会重理论的传授、轻实践动手能力的培养。

实践能力，顾名思义应该是完成实践活动的能力，专业教师的实践能力是指专业教师完成本专业领域具体生产实践活动所需要的实际工作能力，而不是完成教师工作的能力。在学前教育专业中，实践能力包含了与幼教行业紧密相关的班级管理能力、教育教学经验、技能技巧等内容。因此，专业教师的低水平，尤其是专业教师普遍较差的实践能力成为制约当前我国职业教育发展的短板。

（二）缺乏教师实践能力培养的长效机制

首先，教师对提高自己实践能力的认识不足。传统观念认为，教师的工作就是上讲台教书，传授学生知识，加上专业教师自己本身也只是纸上谈兵，并没有给幼儿园的孩子上课的经验，实践能力严重不足，再学起来费时费力，所以也就不愿意再去努力。

此外，参加省市级技能大赛并取得骄人成绩的专业教师曾表示，他们的专业技能水平都得到了检验和提高，但他们认为参加过企业脱产实习的参赛教师，技能大赛的应赛心态和应变能力更胜一筹，课堂教学也更生动，全脱产企业实践的锻炼机会更有意义。

当前，中职学校教师的继续教育可分为学术（学历）、教学能力和专业实践技能三个方面。在职业教育中，专业教师实践能力培养尤为重要，它需要一个良好的环境和长效的激励机制，但现实中各中等职业学校往往停留在想法、会议、口号上。传统的人才培养模式、教学模式和评价方式，总量相对较少的专业教师，繁重的教学任务等方面又制约着专业教师实践能力的提高。假期期间，教师的各种学习和培训活动甚多，无法抽出时间参加社会实践，蜻蜓点水式的企业实践收效甚微。

综上所述，即使中职学校专业教师参加了各种形式的继续教育活动，他们的教学活动仍然是理论有余而实践不足。专业教师实践能力的不足，与实际的行业要求严重脱节，极大地影响了技能教学的有效性，也无法促进学生实践技能水平的提升。

二、提高学前教育专业教师实践能力的有效途径

（一）完善机制选人才

当前，粤西中职学校招录教师的工作基本上是由教育主管部门和人社部门组织，学校只能提出专业、学科及数量要求，没有选择权。而负责招录教师的教育行政、人社部门工作人员对职业教育缺乏了解，采用普通中学教师的招录方式，以同一张试卷、同样的课堂试讲来评判。职业学校对教师的特殊要求无法得到有效的反映，职业学校对专业课教师的目标要求也不能得到反映。另外，中职学校无论在区域上还是福利待遇上都与城市学校存在差距，高素质、技能型紧缺人才极少来应聘中职学校。所以根据中等职业学校的培养目标和教学特点，建立和完善科学的进人机制，给职业学校更多话语权已成为当务之急；同

时考虑实际，政府在编制允许的情况下，给学校“虚拟岗位”，让学校到企业，或在有企业经历，或非师范学校毕业生中进行招聘，也是很好的解决办法之一。目前，学校学前教育专业教师严重不足，加上本专业教师流失率较高，导致部分专业教师教学任务繁重，制约了学前教育可持续的良性发展。

（二）建好基地搭舞台

目前，茂名市有1 868所幼儿园，全市2010—2014年度幼儿入园人数逾22.5万人。全市开设学前教育专业的中专、大专院校约20所，每年的毕业生人数为1 000多人，且大部分毕业生去到珠三角等地任教。而茂名市中等规模的幼儿园有300多所，其中公办幼儿园占了10%，并呈稳步发展趋势，私立幼儿园等早教机构快速发展、异彩纷呈，为学前教育专业的发展提供了广阔的空间。此外，各早教机构、幼儿园为了适应市场的竞争，开设一些特色课程，如蒙氏教学、奥尔夫音乐教育、亲子教育、感觉统合训练、思维训练等。这些课程的开设深受家长们的欢迎，使幼儿园能更好地生存与发展。因此，能够驾驭这些课程的特色教师成为早教机构的急需人才。这为我们学校的学前教育专业教师及学生的培养发展指明了方向。因此，建好实训基地显得十分重要。

中职学校在支持鼓励专业教师提高自己实践动手能力的同时，要千方百计地建设好学校每个专业的实训基地，为老师、学生搭建动手实践的舞台。如茂名市第二职业技术学校学前教育专业的实训基地建设可根据学前教育人才培养的需要，在完善钢琴室、舞蹈室、合唱室、手工室及幼儿园综合活动模拟实验室的基础上，建成数码钢琴房、管乐团、民乐团、蒙台梭利教室、奥尔夫音乐教室、育婴实训室等。中职学校由于先天不足，办学经费短缺，实训基地要根据办学定位、专业规模等方面进行科学合理规划，通过校企共建、分步实施的方式来建设，既要重视校内实训基地的建设，又要通过校企联姻，建设好校外实训基地。另外，学校还可通过多建理实一体化教室和数字化教室等方式，促使教师改变教学模式，精讲理论，给实训教学更多的时间；引导专业教师开展项目教学、案例教学、场景教学、模拟教学和岗位教学，通过数字仿真、虚拟现实等信息化方式，在教学中应用现代信息技术，通过多种渠道系统优化教学过程，增强教学的实践性、针对性和实效性，提高教学质量。此外，也可聘请行业的专业人才担任兼职教师。国外职业教育的成功经验表明，注重从企业聘请专业人才、能工巧匠到学校里担任兼职教师，通过兼职教师与专任教师之间的交流能够弥补专业教师专业实践能力经验方面的缺陷。

（三）利用平台勤练兵

近几年来，茂名市各级教育主管部门十分重视职业学校的教师队伍建设，出台了一系列政策，搭建了多个平台。如定期举办各级技能大赛制度，每年开展的各级教师培训和到各行业挂职锻炼制度，以培养和锻炼中等职业学校的“双师型”教师队伍。对于参加技能大赛，学校不应该过分看重获得几块奖牌，而应该引导教师总结如何在技能大赛中提高自己的实践能力。对于教师参加培训和挂职锻炼，学校应该让教师及时反思总结，通过培训和锻炼教师掌握了哪些新理念、新知识、新方法、新技能，并向本专业组教师汇报和交流，这样既促使参训教师认真学习和锻炼，提高培训和下企业锻炼的效果，又能让知识共享。此外，学校加大了新教师的企业培训力度，学前教育专业教师已先后派出两名青年教师进行为期半年至一年的全脱产专项培训学习，边工作边学习边总结，其专业实践知识和技能水平得到了迅速提高。

国务院决定自2015年起，每年5月的第二周为“职业教育活动周”。活动周的设立，是国家弘扬劳动光荣、技能宝贵、创造伟大的时代风尚，促进大众创业、万众创新，加快发展现代职业教育的又一重大举措。茂名市政府、茂名市教育局积极响应国家政策，于5月11日在茂名市第二职业技术学校启动了“首届职业教育周”活动，参与活动的中职学校代表多达200人。这个“职业教育周”的平台，不仅仅给予了各中职代表学校积极宣传办学成果，彰显茂名职教风采的机会，而且还更好地引导社会各界对职业教育给予支持和帮助。

三、评价体系及未来展望

职业教育是最贴近经济发展的教育，强调专业对接产业。产业的蓬勃发展，必然需要职业学校的专业教师传授给学生更多、更实用的技能。而每一个专业教师由于时间和精力的局限，很难做到精通本专业全部的核心技能，这就需要教师给自己的专业发展确定方向，做到“一专多能”，即在对本专业基本知识和基本技能熟练掌握的前提下，对某一两个领域的技能也有很深的见解和更高的建树。只有这样才能有利于教师的专业成长，有利于打造一支结构优化、高效精干的教师团队。有了这样的教师团队，教学质量才会有保障，培养行业、社会需要的人才才会有可能变成现实。

科学的评价体系对教师实践能力的提高十分重要。传统的评价体系是重终结性评价而轻过程性评价，重教学效果的评价而轻育人效果的评价，重奖惩性评价而轻发展性评价，重教师理论教学效果的评价而轻学生职业能力的评价。这种评价体系与现代职业教育的培养目标相差很大。建立一个以技能教学效果为主的多元评价体系，引导教师由原来的系统理论知识体系的传授向对学生进行职业能力的培养转变、由原来的单一的课堂教学向对学生进行实践动手能力的培养转变、由传统的“一书一黑板”的教学方法向“项目教学”“任务驱动”等教学方法转变，成为现代职业教育评价教师的趋势。改革传统单一的评价方法，建立由教师、家长、行业多元参与的评价体系，来评价教师的教学效果，并将评价结果与教师的考核和奖惩挂钩，以激励教师实践动手能力的提高。

总之，职业教育的职业性和实践性特点，决定了职业学校的专业教师不仅必须具备教师的基本能力和人文素养，还必须有丰富的现代新型知识和实践能力，既能讲课又能指导实训操作，是教师也是师傅。但“双师型”教师队伍建设是一项系统工程、长线工程，当前的职业教育现状决定了，打造一支数量充足、结构合理、爱岗敬业、业务精湛的“双师型”教师团队的路还很长，任务还很重，这不仅需要学校结合自己的实际，建立激励教师专业发展的长效机制，还需要企业的广泛参与和深度合作，更需要各级政府大力支持，出台相关政策，搭建多个平台。

参考文献

[1] 廖晨君. 关于加强中等职业教育内涵建设的思考 [J]. 职业技术，2009 (7).

[2] 唐小艳，刘春光，罗汝珍等. 职教集团发展之成效、困境与对策 [J]. 现代教育管理，2011 (7).

[3] 王晶，宁永红. 中职学前教育专业教师培训模式的构建 [J]. 河北科技师范学院学报（社会科学版)，2012 (4).

提升专业教师实践能力　推动专业建设加快发展

苏德余

（高州市第一职业技术学校　广东　高州　525252）

摘　要： 当下，中职教育提速，明确要求培养的人才必须掌握实用技能方能适应当代社会发展的需要。社会经济与职业教育等方面的不断发展，对职业教育教师的质量提出了越来越高的要求，而且特别注重教师切合企业生产实际的技术技能水平，教师实践能力提升与专业发展关系日益密切，前者对后者的作用更加关键。本文在归纳总结现有成果的基础上，以茂名市7所主要中等职业学校为实证，采取问卷调查、现场访谈等方法，分析了茂名市中职教师实践教学能力的现状，找出其中存在的问题，分析其对专业发展的影响，并提出提升专业教师实践能力，推动专业建设加快发展的途径。

关键词： 中职教师；实践教学能力；专业发展；关系；途径与方法

没有一流的师资，就没有一流的职业学校，也就没有一流的职业教育。教育的质量取决于教师的质量，职业学校专业课教师的教学能力更是决定了学校的办学方向和学生的专业素质，影响着职校生的就业前途。尤其近几年，从经济的快速腾飞到金融危机，再到现在的低碳经济，每一个阶段都对职教专业教师提出新的知识挑战。特别是当下，国家决定加快发展现代职业教育，李克强总理倡导“崇尚一技之长、不唯学历凭能力”，中职教育提速，明确要求培养的人才必须掌握实用技能方能适应当代社会发展的需要，因此提高中职专业教师教学能力是学校的重要工作，而专业教师贴近生产实际的实践能力的提升对提升自身的教学能力甚为重要，对职校的专业发展，对创建一流的职业教育，对提升职校毕业生的质量更为重要。因此，中职教师必须具备丰富的实践经验和能力，通过教学与实践的紧密结合，把学生培养成为符合生产、技术、服务、管理第一线需要的应用型人才。显而易见，教师实践能力的提升与专业发展关系日益密切，前者对后者更加体现关键作用。

一、茂名市职业学校提升专业教师实践能力的现状与存在的问题

从全国来看，我国职业学校专业教师实践能力普遍较差，职校组织专业教师到企业对口实践锻炼远远不够，这成为职校发展工作的软肋，已严重影响职业教育的质量。

从笔者调查的茂名市第一职业技术学校、茂名市第二职业技术学校、信宜市职业技术学校、高州市职业技术学校、高州市第一职业技术学校、广东省高州农校、化州市职业技术学校这7所茂名市的主要公办职校来看，在提升专业教师实践能力方面，工作做得十分欠缺，可以说很多职校不够重视，存在各种各样的问题。

一是组织专业教师进企业对口实践的职校不多。在调查的7所茂名市的主要公办职校

中，只有3所职校组织专业教师进企业对口实践的次数、人次稍多；有2所象征性、应付性地组织了一两次；还有2所尚未开展过此类工作。

二是组织专业教师进企业对口实践的专业数量较少。在调查的7所茂名市的主要公办职校中，组织专业教师进企业对口实践的专业主要是机电类、电子类、汽车类等少数几个工科类专业。

三是有机会参与企业对口实践的专业教师数量较少。在少得可怜的参与企业对口实践的几个工科类专业中，也并不是每个专业的所有老师都有机会参加。

四是每年的招生工作影响教师参与企业对口实践的时间和资金。茂名市各职校每年都要组织教师下乡宣传、招生，大部分职校教师人人肩扛指标，不完成任务就要被扣款，对教师工作、生活产生严重影响，严重侵蚀老师的休息时间、培训时间。同时“有偿招生”令职校经济损失严重，压缩了老师培训、教研等各项用来提高教学水平的经费。

五是政府对教师参与企业对口实践工作重视不够，支持不够。由于政府重视不够，支持不够，缺乏资金，茂名市至今无法建立统一的职校教学教育经验交流平台，无法统一学习和交流，市内各职校严重缺乏资源共享资讯交流的机会，缺乏支持专业教师进企业对口实践的有关地方政策。

因此，茂名市各职校大部分专业教师确实缺乏把教学与生产实际密切联系的经验。茂名市大部分职校难以做到产教学一体，除了茂名市第一职业技术学校、茂名市第二职业技术学校、高州市第一职业技术学校和广东省高州农校有部分专业做过尝试外，大部分职校把专业教师送到对口企业的对口岗位进行锻炼提高仍然停留在形式上，难以真正付诸行动。

二、茂名市职业学校的专业教师实践能力对专业发展的影响作用状况

在调查的专业教师中，大家都众口一词地肯定“专业教师进企业对口实践”的作用，对自己、对学校、对企业都有裨益，是三方共赢的好事，当然对学校的专业发展会有明显的推动作用。

高州市第一职业技术学校数控科组的黄育佳老师从2004年7月第一次到深圳横岗工厂参加对口实践，此后多次参加，促使他的专业技能不断得到提高：①夺得2013年茂名市职校教师专业技能大赛第一名；②主编并出版《UGNX数控加工案例精讲》《UGNX8.0基础应用与案例详解》两本教材，为我省中职学校推广应用；③经培训考核成为省中级数控铣床工考评员、中级数控加工中心操作工考评员和高职类高考机械类工种考官；④连续五年被评为省市中职学生技能竞赛“优秀指导教师”；⑤成为学校与茂名市数控专业的职教名师和茂名市学科带头人，此外，他还使学校的专业发展得到长足进步：①从2009年到现在，他辅导的学生连续五年参加茂名市中职学生技能竞赛均获第一名，多次夺得广东省中职学生技能竞赛二等奖和三等奖，学校数控专业在茂名中职学校学生专业技能竞赛中一直几乎包揽所有比赛项目的前两名，并作为主力军代表茂名市参加省中职学生技能大赛；②学校数控专业成为茂名市的龙头专业、省重点建设专业，多次夺得省级实训中心竞争性资金分配专项资金250万元；③学校数控专业建成茂名市实训配套设备最先进的数控实训中心，是茂名市职校学生技能竞赛赛场，每年都承办茂名市职业技能等级考试、茂名市职业学校学生技能大赛等赛事，并出色完成。

茂名市第一职业技术学校的龙成帅老师、茂名市第二职业技术学校的潘超海老师在企业实践中有效提升了能力，分别成长为各校机电专业的学科带头人或骨干，并促进了学校专业发展。多次参加企业实践的广东省高州农校丁富贤老师、茂名市第一职业技术学校的曾基明老师分别成为学校电子、汽车专业部长，并带动专业发展为茂名市的骨干专业。

同时，专业教师进企业对口实践对企业也是大有益处的。教师扎实的专业知识和智慧对企业的技术改进创新可以提供帮助。如高州市第一职业技术学校数控科组的黄育佳老师在广州冠通有限公司实践时，和其他老师一道帮助企业解决了矿泉水灌装设备无法同时灌装大小瓶的技术难题，受到企业表彰。

三、提升专业教师实践能力，推动专业建设加快发展的途径与方法

（一）政府重视，学校重视

不论政府层面还是学校层面，主管领导必须懂行，在认识上真正清楚教师实践能力提升与专业发展的密切关系，真正清楚专业教师贴近生产实际的实践能力的提升对提升自身的教学能力的重要性，对职校的专业发展、对创建一流的职业教育、对提升职校毕业生的质量的重要性，真正清楚“崇尚一技之长、不唯学历凭能力”的内涵，方能加快发展现代职业教育。

（二）政策支持，制度激励

1. 政策支持

教师参与企业实践是加快“双师型”教师队伍建设的重要途径，它需要政府和企业的大力支持。政府层面需要制定提升职校专业教师水平能力的政策，加大对职教的投入，拨出提升职校专业教师水平能力的专项资金，为中职学校师资队伍建设提供强大保障和动力，体现对专业教师贴近生产实际的实践能力的提升的重视。而教育主管部门则应加大继续教育中教师实践培养的力度，安排教师深入企业挂职锻炼。以台湾职业院校教师实践培养为例，台湾教育部门制订了职业院校教师赴企业短期进修和挂职实践两套方案。教师利用寒暑假到企业进修，教育部门将给予一定的生活补贴；教师带薪带职到企业挂职实践半年或一年，所服务的机构与学校签订产学研合作协议，并付给学校一定的费用。这些措施可有效地将职业教育和产业界连接起来，为提高教师的实践能力起到良好的促进作用。

一是政府部门要做好组织工作，要加强领导作用，协调学校与企业的关系，建立健全企业参与学校教师实践的奖励机制。

二是政府要牵头筹建专业教师实践基地。如通过在大中型现代化企业或高中等职业学校，建设培养技能型人才的高水平职业教育实训基地，来实现建立中职学校专业教师实践基地的目标。相关教师分期分批到基地实践，提高实践能力。

三是要完善政策、措施，建立健全教师参与企业实践的激励机制和约束机制，将教师参与实践与教师考核、评优、职称评定和继续教育等有机结合起来。同时，定期派出教师深入企业锻炼，感受企业文化，探索培养符合企业实际需求人才的路径，规定专业教师每两年必须至少有两个月到企业或生产服务一线实践。

茂名市自“十五”以来，制定了一系列发展职业教育的有力措施，加快了职校师资队

伍建设的步伐。但是，相对珠三角职校和当地普通高中而言，茂名市各级政府对职校的投入还是比较少，总让人觉得职校以及职校教师低人一等，是个“二类”教育。市级政府要加大对职教的投入，特别是对县级职校的投入，在政策上均衡普通高中与职校的地位，切实解决职校招生难的问题，避免挤占职校教师参加企业实践的时间与资金。

2．制度激励

学校必须加强对教师参与企业实践的扶持，制定完善的制度进行推动激励。

第一，要把教师参与企业实践在政策上进行硬性规定，规定专业教师每两年必须至少有两个月到企业或生产服务一线实践，并长期贯彻下去。调整教师继续教育和培训的方式，注重教师实践能力的培养，中职教师在工作中虽都有接受继续教育和培训的机会，但大部分的培训仍以理论培训为主，实践性培训偏少。

第二，建立健全企业参与学校教师实践的激励机制和约束机制，将教师参与实践与教师考核、评优、职称评定和继续教育等有机结合起来，向“双师型”教师和继续教育学时中实践培训学时完成优秀的教师倾斜等。

第三，无论经济多困难，每年都要安排足够的专项资金，保障教师参与企业实践工作的顺利进行。

第四，鼓励教师利用业余时间自主提高实践能力，如鼓励教师利用自己的特长在企业挂职，鼓励教师利用课余时间参与各类社会性活动，引导教师自主参与社会生产实践，不断丰富自身的实践经验，提高解决实际问题的能力。

第五，广泛开展实践，均衡专业类别。教师深入企业锻炼的专业不能只是集中在工科类专业，文科类如学前教育、商务文秘、商务英语、会计等也应定期派出教师深入企业锻炼，提升实践能力，推动专业发展。

（三）校企融合，强调实践

1．深化校企合作，深化产教融合

校企双方商讨制订定期派出教师深入企业锻炼、感受企业文化的计划，探索培养符合企业实际需求人才的路径，以及考核方法。企业作为考核方，必须实事求是把好关，对参与企业实践的教师做出准确评价鉴定。

2．建设稳定长期的专业教师实践基地

茂名市第一职业技术学校、高州市第一职业技术学校在此方面做了大胆有益的实践，合作企业达到200多家，建立稳定长期的专业教师实践基地30多个，为教师参与企业实践提供了强大的支撑。

3．坚持开放式的办学体系，实行产学研一体化

即使职校在专业建设上投入了较多的资金，实训设备条件也相对较好，但是和企业的真实环境总是有距离的。因此，职校可以利用校企联合、工学结合的方式实现产学研一体化。在办学中坚持学校走出去、老师走出去、学生走出去、课程走出去，借此提升专业教师实践能力。同时，职校可以请有公司一线工作实践经验的工程师来给学生讲课，一些课程也请企业工程师来上，甚至可以让企业办到学校来，并把他们作为行业专家聘为学校专业建设指导委员会的专家，指导专业建设；把他们作为“行业师傅”聘为参与企业实践教师的“师傅”，指导专业教师参与企业实践，提升教师实践能力，提高整个专业师资水平。高州市第一职业技术学校在此方面积累了较多的经验。该校与港商合办工厂，把生产线建

在学校实训楼，为学生进入真实工作环境实习、教师进入企业实践提供了良好的基地和机会，提高校企学习和交流的频率。这样，一方面能够让教师了解最前沿的实践技术，另一方面也能够为企业的发展注入新鲜力量。促进学校产学研一体化的发展，加快推动专业建设的发展，真正实现中职学校“以就业为导向，以能力为本位”的人才培养目标，真正培养出高素质的劳动者和技能型人才。

问课促反思

——新教师成长案例

黄小莉

（从化市职业技术学校　广东　从化　510920）

摘　要： 新手教师缺乏经验积累，教学上很容易照本宣科。本文提供了通过“问课”帮助自我反思，促进自身经验积累和专业发展的教学行为案例。问课分为两个阶段，第一阶段通过“问形式”，改进教学方式方法，提高学生的学习兴趣；第二阶段通过“问内容”，教授贴近生活的英语知识，提升学生学习英语的自信。案例中的新手教师利用问课解决教学难题，积极反思，加强教学自信心，从而得到了很好的成长。

关键词： 案例；问课；反思；专业成长

一、案例背景与分析

朱熹曾说：“学贵有疑，小疑则小进，大疑则大进。”如此，做学问需要质疑，教学同样需要质疑，即问课。所谓问课，就是对课堂教学进行反思发问，找到提升和改进的空间。问课是反思课堂教学的有效手段，理性的问课，积极的教学反思，已被广泛看作教师职业发展的决定性因素之一。

2013 年笔者刚入职，与其他刚上路的新手教师一样，按照教学大纲，达到“进一步巩固基础知识，提高听、说、读、写的基本技能，具有初步的运用英语进行交际能力和继续学习英语的能力”的要求，基本遵循着教材的教学步骤进行课堂教学，一心希望通过课堂给学生讲授尽可能多的英语知识。

一个学期下来，笔者却发现这种教学模式的收效并不理想。课堂上学生的兴趣和热情不高，甚至经常出现学生睡觉、玩手机的情况，学期末的考试成绩也不理想，远远没达到笔者的预期。

笔者开始反思：为什么课堂会不受欢迎？为什么学生们的成绩没有提高？对此，在第一学期末，笔者在教学班进行了一项“民意调查”，了解学生对英语课堂的看法，结果出乎本人的意料。学生提出了上英语课的三大困难：“听不懂”“英语课堂很枯燥”“对所学知识不感兴趣”。

笔者总结了英语课堂不受欢迎的原因：一是中职学生英语基础比较薄弱，特别对于来自农村的学生来说，教材的难度相对比较大；二是基础差引起积极性不高的问题，传统的教学方式与教学方法无法有效提高学习热情；三是学生认为教学内容“没用”，即与自身关联不大，不是他们希望所学的。

学生对英语课堂缺乏兴趣热情和自信，是一个复杂的教学难题，对新手教师更是一项巨大的挑战。怎样才能让学生喜欢英语课堂？怎样才能找到学生真正需要的课堂？笔者认为这需要通过问课来进行反思，让学生给出答案。

二、案例实施

（一）第一阶段问课——“问形式”

1. 目标：找到学生喜欢的英语课堂形式

2. 实施过程

（1）突破口。新学期刚开始，笔者就利用第一次英语课的时间，向学生问课：“你期待的英语课是怎么上的?”本希望能和学生面对面进行交流，但在提出问题后，没有一个学生主动说出他们的想法。于是笔者转变方式，让学生把想法写下来，最后惊喜地发现，很多学生对英语课堂有自己的想法和期望，包括“多玩点游戏”“能多动动手”“形式多样”等。原来学生希望的是有活力的英语课堂！有了学生的启发，笔者以全新的视角对教材再一次进行解读，发现之前平淡无味的知识讲授其实都是可以用更鲜活的形式去进行的，可以进行游戏教学、小组合作、小组竞赛、话剧表演，也可以让学生动起手来，制作英语名片、菜单、简历，还可以综合多种教学形式，让英语课堂充满趣味。

（2）问课实践。其后在每一次英语课结束前十分钟，本人都会向学生“问课”“问评价”，从一开始简单的问题：“你喜欢这种上课方式吗?”慢慢引入，再深入了解学生的意见，“你觉得这样上课好吗？怎么样能更好?”如此通过每次十分钟的问课，让问课逐渐自然成为英语课堂的一部分。这样能很好地反思每个课堂教学方法：哪些教学活动和方法是受欢迎且有成效的，哪些活动是需要改进的……学生也逐渐感受到英语课堂气氛的改变，了解到他们的评价意见被采纳、被重视，便会慢慢参与进来，这也让他们更加“慷慨”地在问课中给予评价。

3. 第一阶段问课的效果反思

从第一阶段问课改进了教学方法和形式以后，英语课堂出现了令人欣喜的转变，睡觉、玩手机的学生减少了，课堂活动参与积极了，整个课堂气氛都提升了不少。但同时，也应该看到英语课堂仍存在不少问题，一是仍有一部分同学对课堂提不起兴趣而睡觉、玩手机或开小差；二是教材内容对于学生难度偏大，以至于不少教学活动无法很好地开展和达到预期效果。

（二）第二阶段问课——“问内容”

1. 目标：使英语课堂“接地气”

2. 实施过程

（1）突破口。在问形式的基础上，接下来的一个新学期，笔者同样利用了第一次英语课的机会，继续问学生，但这次是要问：“你希望在英语课堂学到什么?”有了上个学期的问课实践，这次能和很多学生进行面对面的意见交流，并再次书面收集了学生的意见。对于教学内容，学生提出了自己的想法，包括“流行的口语”“英语歌曲”“各国文化”“英语电影”等，原来他们希望能学到贴近生活、“接地气”的英语。

（2）问课实践。在第一次问课的反思基础上，结合第二次问课中学生的需求，笔者再一次对教材进行了整理。对于这一学期的英语教学，依据《广州市中等职业学校学生英语学业质量评价标准（试行)》，笔者结合中职学生的实际水平对教材内容进行了精简、重新编排，同时在每一次的英语课堂增加文化拓展内容：引导学生读报刊，了解“大妈”（Dama）等热门新词；和学生一起探讨网络流行语——“我也是醉了”（Are you kidding me?）；介绍“南有小蛮腰北有大裤衩”（广州塔和央视大楼）的文化知识；解读 Apple Watch、苹果手机发布会等。如此兼顾了知识和文化，也大大提高了课堂的趣味性，让英语课“接地气”了。同时坚持每次英语课最后十分钟的问课——“问效果”，“课堂印象最深的是什么?”虽是很简单的问题，能看出学生对本课堂知识文化的学习情况；“为什么印象会最深?”能知道怎样的内容和形式最能让学生接受，这样在下一次的英语课才能做出调整。

3. 第二次问课的效果反思

在笔者任课的班级里，你会发现，学生开始用所学的英语网络流行语开玩笑了，虽然有时候用得很笨拙；一聊到文化，学生的话题多了，而且你会惊奇地发现虽然没有一味地讲授考试的英语知识，在课程难度加大的情况下，学生的平均考试成绩提高了。当然，部分学生因基础问题依然无法跟上进度；学生的口语有了进步，但仍不能很自然流畅地运用所学的知识表达自己。

三、案例分析

从一个照本宣科、依赖教学参考书的新手教师，如今成长为一位能上让学生喜欢而受益的英语课、以课堂教学活动多样吸引学生的教师，在这过程中问课扮演了很重要的角色。问课能让教师了解到学生内心的想法和需求，同时让笔者这样的新手教师发现原来的课堂缺少的元素。将英语课的最后十分钟用于问课，并将其常态化，能非常有效及时地评价每一节英语课堂，改进效果欠佳的方面。

面对复杂的教学难题，通过“问形式”能提高学生的学习兴趣，只有提高了学习兴趣，学生才有学下去的动力；通过“问内容”可在提高学习兴趣的基础上，让学生感觉学有所获；通过学生拓展学习贴近生活的英语知识，能提升学生学习英语的自信。而新手教师在解决这一教学难题的过程中，通过一次又一次的课堂问课，不断地反思，不断地改进，教学经验不断地得到积累，教学资源也在不断地丰富，教学自信也在不断地加强，从而得到成长。

参考文献

[1] 陈君英．教师专业成长道路上的 ETC——问课［J］．新课程学习（中），2013（8）．
[2] 邢庆耷．教师应多“问课”［J］．山东行政学院山东省经济管理干部学院学报，2006（S1）．
[3] 汤海燕．创新学科教研方式　引领教师专业成长［J］．教学与管理，2007（2）．

电子商务专业教师实践能力提升方法的探索

唐汉邦
（中山市沙溪理工学校　广东　中山　528471）

摘　要：电子商务作为一门新型交叉学科，在中等职业教育领域对专业教师提出更高的要求，纯理论式的教学俨然不能满足教学需要，新形势下的专业岗位需求及电子商务人才培养对教师的实践能力提出更高的要求。师资队伍建设是学校发展的基础，专业教师的水平决定了专业的发展。没有一支高水平、高质量、高素质的教师队伍，也就没有职业教育质量的根本提高。本文从专业实践中探索提升电子商务专业教师实践能力的方法，总结一些经验以促进专业教师的成长和发展。

关键词：电子商务；专业教师；实践能力；提升；探索

2014 年 6 月，全国职业教育工作会议召开，习近平总书记就加快职业教育发展做出重要指示，要求各级党委和政府要把加快发展现代职业教育摆在更加突出的位置。《国务院关于加快发展现代职业教育的决定》提出，现代职业教育要走产教融合、校企合作之路，坚持工学结合、知行合一，服务经济社会发展和人的全面发展，推动专业设置与产业需求对接、课程内容与职业标准对接、教学过程与生产过程对接、毕业证书与职业资格证书对接、职业教育与终身学习对接。从“五对接”可以看到，国家在加快发展职业教育的同时对职业教育教师提出了更高的要求，并且更强调教师的实践能力。其实，从 20 世纪末以来，随着我国经济的飞速发展，职业教育日益受到社会各界的关注。职业教育的发展离不开教师，师资队伍建设成为职业教育的核心。没有一支高水平、高质量、高素质的教师队伍，就没有职业教育质量的根本提高，就更谈不上职业教育的发展。因此为了适应新形势和新时代的要求，培养一支高水平、高质量、高素质的教师队伍就成为目前职业教育的一项重要任务。

电子商务作为一门新型交叉学科，涉及内容范围更广，在中等职业教育领域对专业教师提出更高的要求。纯理论式的教学俨然不能满足教学需要，新形势下的专业岗位需求及电子商务人才培养对教师的实践能力提出更高的要求。师资队伍建设是学校发展的基础，专业教师的水平决定了专业的发展。中山市沙溪理工学校作为首批国家中等职业教育改革发展示范学校，电子商务专业是学校的重点建设专业，正是因为拥有一支专业素质过硬、实践能力高、综合素质强、懂创新、肯坚持的电子商务师资队伍，才能胜任创建示范校的各项任务，并将电子商务专业打造成特色鲜明、示范辐射作用明显的专业。本文结合学校电子商务专业的特点及改革实践，探索提升电子商务专业教师实践能力提升的方法，总结出了一些可供参考的经验。

一、电子商务专业教师要求达到的实践能力

目前，中等职业学校主要培养企业需要的一线基层技术人才，电子商务专业主要培养的是企业需要的综合素质高的技能型人才，绝大多数的学生将来并不从事理论研究或技术开发工作，更多的是从事服务管理工作。因此，电子商务专业教师应达到的实践能力大致以下：①具备电子商务系统网站的开发、管理能力；②具备电子商务项目的评价能力；③具备电子商务系统安全管理能力；④具备网络营销项目的策划、实施和管理能力，以及网络推广及营销、产品信息的发布及维护、售后服务、客服工作的能力；⑤具备市场营销项目的策划、实施的能力。

二、电子商务专业教师实践能力提升的方法

（一）通过推进电子商务校企合作，挑选专业教师到企业挂职锻炼的方式促进教师实践能力提升

2014 年 7 月，学校成功与中山市暴风科技有限公司实现了校企合作。中山市暴风科技有限公司目前作为珠江地区唯一的阿里巴巴集团认证的“金牌淘”拍档，与学校共同筹建了中山市服装行业电子商务产学研合作公共技术服务平台，并携手众多优质服装供应商提供资金和技术支持，共同参与运营管理。此前，学校电子商务专业与中山市网商联盟、中山市迪希亚网络科技有限公司、中山市华讯网络信息有限公司等进行合作，打造电子商务合作平台，直接把企业办到学校来。通过校企合作平台，学校挑选电子商务专业骨干教师到企业挂职锻炼，教师全程参与电子商务涉及的设计、开发、制作、分销、美工、推广、客服、物流、管理等岗位，锻炼提升教师的实践能力。

专业教师到校企合作的企业挂职锻炼，企业的项目对教师更加开放，可以实现专业教师与专业岗位的无缝对接，在此基础上接触社会真实项目，能直接参与项目管理，熟悉企业和市场实际运作流程，了解行业态势，学习到一线的管理经验，强化操作技能，丰富专业知识。另外，企业的工作经验对于教师来讲是丰富的教学资源，教师通过参与企业一线实践，不但能提升实践技能，还可以拓宽教师的人际交往渠道，培养教师的职业素养。教师将自身的理论知识运用融会贯通，使得教师在课堂上不仅能结合实践讲理论，也能结合自己的亲身经历以叙事的方式向学生传授知识，既能够活跃课堂气氛，丰富教师的教学内容，同时也能确立实践教学体系，不断探索、总结和推广示范专业教育教学的新模式、新方法，将实践教学、课堂教学结合起来，使整个教学过程成为一个实践过程，提高教育教学质量。

（二）通过电子商务技能竞赛促进教师实践能力提升

电子商务技能竞赛是一项理论与实践综合性很强的项目，竞赛一般以网店开设装修、运营推广、客户服务、经营分析四个关键任务的完成质量以及选手职业素养作为竞赛内容，全面考查选手的商品整合能力、视觉营销能力、网络营销能力、客户服务能力、运营能力、团队合作能力和创业能力，提高选手利用大数据实现精准营销的能力。专业教师通

过自身或指导学生参加电子商务技能竞赛，可引领电子商务专业教学改革的方向，对接产业前沿技术，迎接大数据时代的挑战。

近几年来，学校每年积极组织教师参加中山市电子商务专业行业技能竞赛、组织学生参加省市电子商务技能竞赛，都取得突出成绩。教师通过自身参赛或指导学生参赛能有效提升专业实践能力。通过竞赛，教师能深刻体会到不管是什么样的商务形式，首先要重视营销活动，企业需要能为其创造利益的人才；电子商务网站的建设不仅要靠技术实现，更应侧重于营销，注重企业的流程改造和网络资源的整合能力。参加职业技能竞赛对教师和学生的实践技能提高都会有很大的促进作用，也为教学提供了新思路。另外，通过校际或与行业交流可以及时了解电子商务专业教学与人才培养的动态，不断调整专业课程体系结构，丰富专业教学内容，并通过交流教学经验和教学思路，不断完善教学理念，有利于专业改革与发展。

（三）通过参加专业建设及与企业行业交流促进教师实践能力提升

电子商务产业是一个新兴产业，电子商务专业也是一个新专业，为了切实加强电子商务专业的建设，专业教师需要积极主动参加一些全国性的有关专业建设的研讨会或区域行业交流沙龙，及时了解电子商务专业教学与人才培养的动态，并将了解到的资讯落实到专业建设中。另外，电子商务专业与计算机技术联系紧密，使得在计算机网络技术发展起来的电子商务专业的知识总量在不断地增加，知识的淘汰率较高，因此，赶潮流、追踪计算机新技术是电子商务专业的一个突出特点，这就需要走出校园，积极地参与交流，聆听专家学者和企业行业专家的主题讲座，学习他们的成果，便于及时调整教学安排，挖掘探索学校与社会零距离的发展方向。

学校深厚的校企合作基础，为专业教师与企业行业进行深入的、近距离的交流提供了便利。与学校合作的中山暴风科技有限公司、中山市网商联盟、校企合作“E 电园”经常举行有关电子商务的主题培训讲座和高级电商交流沙龙，学校电子商务专业教师经常参与其中，以了解最新的电子商务发展动态。此外，近年来学校为了加快专业的发展，三次组织专业骨干教师参加全国性有关电子商务专业建设主题研讨会，得到深刻的启发，积累了不少经验。同时通过校企合作平台，企业、学校、专业教师共同参与专业建设，基本实现了《国务院关于加快发展现代职业教育的决定》中提出的“五对接”，不仅使教师的实践能力得到快速地提升，学校电子商务专业也走上了健康、快速发展之路。

（四）通过推动教学环节改革、及时反思总结促进教师实践能力提升

教师不可能长期在企业实践，学校教学才是教师的首要任务。专业教师在企业实践锻炼回校后可以利用校内实训基地继续巩固和提升自己的实践能力。学校“专业对接产业链、教育对接价值链”的办学模式可以细化为“专业教学对接产业链、实训基础（中心）对接产业链、专业拓展对接产业链”及“教育目标对接价值链、教育过程对接价值链、教育效果对接价值链”。其中，实训基础（中心）对接产业链就是教学环节改革的一个重要环节，校内实训基地的建设使教师实践能力可持续发展成为可能。此外，学校要求专业教师在教学结束后要及时反思、总结，教师的教学反思、总结会在专业部内交流讨论，形成文字材料上交教务处。这样教师在不断反思教学实践能力、思考总结教学活动过程中，对自己所做出的行为、决策以及由此所产生的结果进行审视和分析，从而能提高教师的自我觉察水平，促进能力发展。

学校通过整合资源及利用争取到的广东省中等职业教育“五位一体”竞争性专项资金（电子商务专业）加大对电子商务实训基地（中心）的建设，保障了教师专业实践能力的可持续发展。教师可以合理调配业余时间，充分利用校内实习实训条件，在科学理论的指导下，自我探索、自我实践。在教学活动中结合自身在企业实践的经历和成果，能更好地安排好实践教学课程，使得实践课程教学有的放矢。充分利用实训基地进行实践教学锻炼，补充课堂理论教学，经过对教学的及时反思、总结，教师应主动参与教学改革，参与课程标准的制定及校本教材的编写。事实证明，教师自主编写的校本教材及出版发行的正式教材正是教师对教学反思改革、实践能力提升的最直接的体现。

（五）通过科研手段促进教师实践能力提升

教师不仅仅是完成教学任务就可以了。教师的科研能力，对教师的创新能力的提升及专业发展有很大的帮助。教育科研对教师专业素质的提升，包括对教师专业理论水平的提升、对教师专业能力的提高、对教师专业知识的拓展及对教师专业自我的形成都具有积极的促进作用。专业教师的水平决定了专业的发展水平，因此，教师需要善于积累总结教学经验，注重科研，逐步形成科研成果指引和推动专业的发展。

学校作为全国中小学科研兴校示范基地单位，一直以来非常重视科研，并取得了突出的科研成绩。近年来学校获得国家级科研成果奖 3 项、省级 6 项、市级 10 项。学校以教学科研为抓手来促进教师专业能力提升，鼓励专业教师敢于实践、勤总结思考、善于提炼，并通过科研来提升自身的实践能力。2013 年，电子商务专业市级立项重点课题“电子商务专业人才培养模式与课程体系改革的实践研究”就能带动一批专业骨干教师对专业进行实践研究，而教师的实践能力在科研实践过程中必然得到有效快速的提升。

总而言之，要想成功地获得实践知识，真正提升电子商务教师的实践能力，学校需要付出艰苦的努力，教师更要脚踏实地、实事求是，这样才能达到我们的目的。

参考文献

郭崇．电子商务专业青年教师实践能力提升刍议［J］．课程教育研究，2012（29）．

引入企业文化理念　发展中职教师文化

——以中山市沙溪理工学校为例

赵　波

（中山市沙溪理工学校　广东　中山　528471）

摘　要：随着中职教育对“双师型”教师要求的提高，中职教师文化发展日渐引起重视。鉴于中职教师文化的特殊性，引入优秀的企业文化理念成为中职教师文化建设与发展的必然选择与有效途径，本文以中山市沙溪理工学校为例展开论述。

关键词：企业文化；教师文化；文化育人；校企合作

作为学校文化的核心部分，教师文化是指教师在教育教学活动中形成与发展起来的职业群体的思维方式、价值取向、行为方式与情感态度倾向等，主要包括教师的职业理想、工作环境、教育教学理念、职业道德及教师个人的人格、教学工作方式和风格等。根据学术界的分类，我们可将教师文化分为四个层次，由高到低依次为精神文化、制度文化、行为文化和物质文化。

教师文化规范着教师教育教学活动，是一种隐性的、无声的教师行为准则，对教师有制约和激励的作用，同时也对学校文化的形成与发展起到了有力的支撑作用。

一、中职学校教师文化的特性

中等职业教育是我国中等教育的重要组成部分，既有中等教育的共性，又有职业教育的特性。它培养人才的目的不同于普通中等教育，并不是为高一级学府输送合格新生，而是直接为社会经济建设输送高素质的技能型人才，为促进社会发展和劳动力就业提供服务。这也对中职教师提出了不同的要求：既要具备普通中学教师的教育教学知识，又要具备职业背景知识；既能胜任理论教学，又能指导技能实践，成为高素质、强技能的“双师型”教师。在这一前提下，中职教师文化的发展必然离不开企业文化。但就目前来看，大多中职学校教师文化的现状不尽如人意，教师缺乏职业理想、教学积极性不高、生产实践经验不足、实践能力与产业技术进步相脱节，这从侧面警醒中职学校要对教师文化的发展提起重视。

二、引入企业文化理念的必要性

（一）引入企业文化理念是中职教育教改的必然要求

党的十八届三中全会提出，要“加快现代职业教育体系建设，深化产教融合、校企合作，培养高素质劳动者和技能型人才”。《国务院关于加快发展现代职业教育的决定》也强调，要“强化校企协同育人”，指出了中职教育的发展方向，即产教融合与校企合作已成必然趋势。在产教融合、校企合作的过程中，一方面，企业参与到中职教育的教学过程中，参与课程设置、实训实践，为学生提供顶岗实习的机会等；另一方面，企业文化能融入到校园文化及教师文化中。

（二）引入企业文化理念是强化中职教师文化功能的必然选择

中职教师文化具有多元功能，从专业发展的角度来讲，教师文化不仅能影响教师的群体行为，而且能使教师有意识地把追求理想的专业发展变为自觉行为，并始终保持自我更新的发展方向；从教书育人的角度来讲，教师文化内在的引导、凝聚、激励、约束和发展功能，以及外在的协调和辐射功能等对学校与学生的发展，甚至对社会的发展都有很重要的影响。引入企业文化，拓宽教师的文化视野，学习企业的优秀文化理念，通过共同的价值观与和谐的文化氛围将全体教师凝聚在一起，最大限度地激发和调动教师的积极性与创造性，形成教师文化精神，增强教师文化中导向、激励、教育、感化、约束、凝聚等功能，将是中职教育发展的必由之路。

三、引入企业文化理念助推中职教师文化发展

以中山市沙溪理工学校为例，从以下几个方面阐述引入企业文化助推中职教师文化发展的情况。

（一）以精神文化为引领，形成共同的愿景

精神文化是企业文化的核心，也是教师文化的灵魂。中职学校吸收先进企业文化的理念，把企业所崇尚的创新意识、竞争意识、质量观念、效率观念、服务理念及创业、敬业精神渗透到教师文化的职业道德、教育思想和教风学风等核心理念中，凝聚成新的教师文化精神。

中山市沙溪理工学校吸收企业文化中“鹰成长”的理念，总结出师资队伍建设的“鹰成长计划”，在教师分层培养中，每个层次都有目标、有要求，形成全员积极进取，逐步实现职业理想的工作氛围。通过学习联想集团的文化理念，将教师个人发展融入学校发展之中，将职业教育做成行善积德的事业，时刻铭记学校的办学理念，“让学生学会做人，学好技能，为学生幸福而有意义的一生打下良好基础”，提炼出“求真、务实、崇善、尚美”的校风，“德能兼备，爱生敬业”的教风，“有为才有位，有位更要有为”的团队精神，做到“以学校为家、以工作为乐、以学习为本、以奉献为荣”，最终凝练成“沙溪理工人精神”的文化精髓，也是全体教师的精神共识——打造幸福的职业教育。

在这个兼容并包的过程中，教师的职业理想目标明确，精神面貌焕然一新，职业素养更上一层，教育理念也由保守固化走向开放创新，整个校园文化也随之充满生机与活力。

（二）以制度文化为规范，建立健全教师文化发展机制

制度文化是企业文化的中间层次，包括领导体制、人际关系以及各项规章制度和纪律等，是企业文化管理的重要组成部分。在制度文化上，中职学校吸取企业文化中所倡导的优秀职业道德、严明职业纪律等制度和规范，在实习、实训环节中把企业生产、管理的各环节规章也融入教师制度文化建设之中，根据中职教师基本情况，制定出符合实际的、操

作性强的科学化、人性化的规章制度。

中山市沙溪理工学校吸收合作企业6S管理和文化管理等理念，健全各项教师工作与管理制度，包括教师教职工管理制度、实习室制度、教学管理制度等，也包括教师评优、评奖、绩效考核等激励制度。

此外，根据师资队伍建设的“鹰成长计划”，健全教师各层次发展的培养及考核制度，让教师在个人成长的每个阶段都能达到发展有目标、考核有标准，也为教师文化发展提供制度方面的规范与保障，并将逐渐形成长效健全的发展机制。

（三）以行为文化为抓手，促进教师个人成长

行为文化是企业文化的浅层体现，主要是指企业员工在生产经营、学习娱乐、个人成长中产生的活动文化，包括企业经营、教育宣传、人际关系活动、文娱体育活动中产生的文化现象。中职学校可以借鉴企业行为文化中先进的活动、学习等方式，通过教师培训、下厂实践、教科研活动、人际交往等方面形成良性的、和谐的动态文化形式，让教师可以从多渠道进行知识的更新补充、技能的锤炼提升，激发和鼓励教师在专业学科及非专业领域积极进取的热情。

中山市沙溪理工学校邀请企业高管为教师培训，并借鉴联想集团的员工活动方式和培训经验，通过多种渠道，形式灵活地开展教师培训，其中包括国（境）外培训、国内培训、省市级培训及校本培训，并聘请专家教授、行业名师等到校开展各类讲座，建立名师工作室，鼓励教师参与教科研等活动，从理论层面提升教师的知识素养、文化底蕴。通过组织专业教师到企业参与实践，开展技能服务社会的活动，参加各类技能竞赛等方式提升教师的技术技能水平，让教师“拿起书本能讲，挽起袖子能干”。各级各类学术讲座或培训、教研、竞赛等活动的增多不仅让中职教师得到了自我提升的机会，也为他们提供了自我展示的平台。

此外，丰富多彩的文体活动也为教师文化增添了亮丽的色彩，如开展修身大讲堂，让教师将专业知识、社会公德、职业道德、传统文化等知识送到社区、医院、企事业单位等，扩大了教师文化服务功能的影响力，也让社会、家长更好地认识职业教育和职业教师。而教师运动会、教师歌唱比赛、教师健身操等活动，不仅丰富了中职教师的生活，更为他们拥有健康的体魄、积极的心态提供了必要条件。

教师的行为文化虽然处于教师文化的浅层，却是教师言传身教的直接体现，是教师精神导向和价值观的动态折射，更是教师个人成长的重要环节。

（四）以物质文化为依托，营造环境育人的氛围

物质文化是教师文化的表层体现，是显性文化的一种，除了校园的物质环境，也包括各项教学设施、图书资料、名师雕塑等。在职业学校，实习实训场所、教室的布置装饰等也都应该凸显企业特色，班纪班规的制定等也应有别于基础教育班级，要体现出市场对人才的需求信息、行业与专业的发展趋势、企业用人的最新要求等与职业息息相关的内容，以便能让学生感受到行业的日新月异，增强自身学习的紧迫感和学习的动力。要做好这些，教师必然要做很多功课。中山市沙溪理工学校吸收合作企业的先进理念，了解企业的文化内涵等相关信息，在工作室、实训室、班级等地，随处可见与行业、企业紧密相关的文化展示，校内碑石、名师雕塑也充满职业教育的特色，甚至与企业合作的英仕生产线、

名师工作室、电商孵化基地的“E 电园”也已经采取企业化管理，教师与学生身兼企业的工作岗位，在“学校人”与“职业人”的角色中感受双重文化的熏染。

四、成效及影响

（一）强化文化育人功能

在教师文化自觉的引导带动下，中山沙溪理工学校文化育人效果明显。在课程设置上，开设女生课、心理课、国学课、职业生涯规划课等课程，帮助学生树立积极的人生观和价值观。同时，也开展个性文化教育，大力发展社团文化，增设了书法社、摄影社、轮滑社等社团，还针对财经与电商行业特点，开设了商务礼仪课等，强化文化育人功能。在教学相长的过程中，不仅教师的综合素质得以提升，出现了广东省十佳服装设计师、全国技能竞赛优秀指导教师、中山市名教师、中山市师德标兵等，也涌现出一大批品行优良、技能精湛、得到社会广泛认可的优秀毕业生，包括“中国好人”、奥运火炬手、中山市十杰市民、生产劳动标兵等。

（二）创新专业文化理念

在教师文化发展的推动下，学校创新了各具特色的专业文化，最具代表性的是专业理念鲜明的部服文化。此外，针对专业特点提炼出不同的专业文化理念，如服装专业——美的事业，时尚人生；汽车专业——创新动力，品质生活；财经专业——诚信为本，精准理财；工美专业——设计生活，陶冶思想；计算机专业——分享信息，畅想世界等理念。

（三）拓宽社会服务功能

通过修身文化讲堂，学校的修身文化讲师团队将中国传统文化、社会公德、职业道德、家庭美德、中国梦等积极健康的文化输送到基层、输送到社会，有助于提升全民文化素质，增强社会的和谐稳定。此外，教师带领学生的志愿者活动，将各类便民服务送到社区、家庭，让社会和家长更好地认识职业教育，也更充分地发挥了职业教育服务社会的功能。

教师文化是一种资源、一种力量，更是一种境界，对中职学校与学生的发展影响深远。在校企合作中，引入优秀的企业文化理念助推中职教师文化的发展是中职学校文化建设的核心内容。中山市沙溪理工学校通过多渠道引入优秀的企业文化，将其全面融入教师文化建设中，很好地提升了教师的综合素养，打造了一支专兼结合的高素质“双师型”教师团队，为中职教师文化的研究提供了可借鉴的参考。

参考文献

[1] 薛立晶. 新型教师文化构建策略研究 [J]. 广西教育，2010（18）.

[2] 马庆发. 职业教育发展的若干深层次问题 [J]. 江苏教育，2014（4）.

[3] 周平，魏芹. 校企合作中企业文化对接的研究与实践——以南京铁道职业技术学院为例 [J]. 职业教育（下月刊），2015（3）.

[4] 苏飏. 优秀企业文化融入校园文化的探索与研究 [J]. 文教资料，2011（35）.

[5] 黄艳蓉. 中职教师文化中的冲突及解决对策 [J]. 教育观察（中下旬刊），2015（3）.

试论中职专业教师实践能力的培养

——以中山市沙溪理工学校为例

卢永辉

（中山市沙溪理工学校　广东　中山　528471）

摘　要：随着经济的蓬勃发展，企业对技能人才的需求也越来越紧迫，作为培养主要技能人才的中等职业教育迎来了新的发展机遇，同时也有了新的要求。培养学生扎实的职业技能和就业能力，实现学校人才培养与企业用工需求的零距离对接，是当前中职专业教学的主要目的，这就决定了中职专业教师必须具备丰富的实践经验和实践能力。加强中职专业教师的培训，提高专业教师实践能力，是中职学校实践教学的需要，是培养学生成为高技能人才、提高就业率的需要，也是中职学校发展的需要。

关键词：中职专业教师；实践能力；方法途径；成效

随着现代职业教育的快速发展，人们对中等职业教育提出了越来越高的要求，同时也更加关注中职教师的教育教学质量。因此，中职学校教师专业发展也显得越来越重要，它不仅有利于改善我国中职教育的质量，促进学生的发展，而且关系到教师自身的成长和职业能力的提升，关系到中职学校教师的群体素质以及社会影响。

一、中职专业教师实践能力的现状

当前，我国中职学校教师的主要来源有：师范院校的应届毕业生，专业院校的应届毕业生，从企业引进的专业技术人员。其中，前两者所占比例较大，一般在95%左右。

众所周知，在我国，无论是普通师范教育还是职业师范教育均自成体系，它们的明显缺陷是学生学习的内容狭窄，教学偏重于知识的传授，“认知”教学模式仍占主导地位。这些师范毕业生具备较系统的教育教学理论知识、职业知识，但基本不具备实践教学能力。他们在任职之前既没有经过像德国学徒制那样的师资专训，也没有经过国家统一组织的、有严格考核的资格认证，更缺少在企业实践的经验和能力。因此，他们最常见的问题不仅是教育教学素养不足，而且专业实践能力也不强。

二、中职教育对专业教师实践能力的要求

中等职业教育的培养目标在于“树立以能力为本位的观念，培养与现代化建设要求相适应，德、智、体、美等全面发展，具有综合能力，在生产、服务、技术和管理第一线工作的高素质劳动者和中初级专门人才”。中职教育的这一培养目标决定了在中职教育阶段，是以培养学生职业能力为核心的。因此，中职教师不仅要满足普通中等教育知识和素质的要求，更重要的是要满足职业教育能力的要求，成为“双师型”中职专业教师。第一，具

业实践培训。

（2）促进了教学质量的提高，打造了中职教育品牌学校。学校办学质量不断提高，形成了“出口畅，进口旺”的就业招生良好局面。毕业生就业率达100%，专业对口率在85%以上。各专业毕业学生双证率均达100%；近几年学校代表广东省参加全国职业院校学生服装技能大赛共获得13个一等奖、11个二等奖、13个三等奖，还获得了全国职业院校学生技能展示一等奖和特等奖，在社会上赢得了良好的口碑。

五、后续思考

近年来，我国高度重视中职学校的教师专业发展，逐步加强“双师型”教师的培养力度，努力提高专业教师的实践能力，取得了一定成效，但总体来说，还处于不完善的阶段。

（1）强化科学管理制度体系。要促进中职教师专业实践能力发展，培养“双师型”教师需要建立一套科学、规范的制度体系来保证实施。就目前来看，“双师型”教师培养及管理制度体系仍有待完善，这在一定程度上影响了教师专业水平的提升。

（2）建立长效培养机制。就目前来看，我国政府并没有教师专业发展的长期规划。教师专业发展是一个长期持续的发展过程，需要政府健全相关措施，建立起完善的职前、职后一体化的“双师型”教师长效培养制度。

（3）营造良好发展环境。发挥政府的主导作用，加强对中职教育发展规划、资源配置、条件保障、政策措施的统筹管理，为中职教师提供强有力的公共服务和良好的发展环境，拓宽现有培训渠道，如“双师型”教师培训研究班、校企合作培训、相关课题研究、职业资格培训与考试、教师实训基地建设、邀请专家开设专题讲座、加强校际交流和国际交流等，为教师创造更多的发展机会，也给予更多的政策激励，使中职教师能够普遍受益。

参考文献

[1] 林国曼．提高教师实践能力，培养高素质技能人才［J］．中国人才，2011（14）．
[2] 曹荣．论中职教师的积极期待［J］．江苏教育，2014（7）．
[3] 吴霏，徐朔．职业能力及其相关概念辨析［J］．中国职业技术教育，2011（27）．
[4] 刘君义，方健．中职专业课教师教学能力测试方案研究［J］．职教论坛，2010（1）．

新经济常态下职业学校对外职业培训工作的实践与探索

甘冠宏　彭勇良
（广州市白云行知职业技术学校　广东　广州　510000）

摘　要：新经济常态下，我国加快发展现代职业教育，需要推动职业学校利用自身资源广泛开展对外职业培训。本文论证了职业学校开展对外职业培训的必要性和可行性，从领导管理、政行企校合作、市场、教学质量等四个方面总结了广州市白云行知职业技术学校开展校外职业培训的实践经验，并对职业学校开展校外培训存在的问题进行探讨。

关键词：职业学校；新常态；职业培训；校企合作

在我国经济发展进入新常态和职业教育综合改革不断深化的形势下，党中央国务院对加快建设现代职业教育做出了一系列重大部署。2014 年教育部召开全国职业教育工作会议，会前国务院印发了《关于加快发展现代职业教育的决定》（以下简称《决定》）。《决定》明确提出并强调要“利用职业院校资源广泛开展职工教育培训”，“推进县级职教中心等中等职业学校与城市院校、科研机构对口合作，实施学历教育、技术推广、扶贫开发、劳动力转移培训和社会生活教育”，开展“面向未升学初高中毕业生、残疾人、失业人员等群体广泛开展的职业教育和培训”，“建立有利于全体劳动者接受职业教育和培训的灵活学习制度，服务全民学习、终身学习，推进学习型社会建设”，实现“到 2020 年，从业人员继续教育达到 3.5 亿人次”的目标任务。职业学校应以高度的使命感和责任感，围绕大局，抓住机遇，发挥自身特点和优势，积极促进和推动职业学校校外培训工作的发展，为国家经济转型升级、培养高素质技能人才做出应有的贡献。

广州市白云行知职业技术学校结合学校发展的实际，把做好对外职业培训作为学校建设的品牌工程，在区教育局的大力支持下，该校从加强专业和实训中心建设，逐步向拥有整合区内职业教育资源、社区教育、继续教育和社会培训等四种功能的区级职教中心转型发展。该校培训中心被评为“2014 年广东省成人教育协会先进集体”，工作成果得到了有关部门的肯定。本文结合该校开展校外职业培训的一些做法，对中等职业学校开展校外职业培训工作进行初步探讨。

一、职业学校开展培训工作的必要性和可行性

（一）经济发展新常态下，我国存在巨大的技能培训缺口

随着我国经济进入发展新常态，产业由劳动密集型向技术密集型、资金密集型转变，经济增长方式由粗放型向集约型转变，企业对技能型人才的需求量越来越大。同时，我国劳动预备制度、就业准入制度、职业资格证书制度的实施，构建学习型社会、城镇化建设

推动的农村劳动力转移等因素都极大地增加了人们对职业培训的需求。这就为推进技能型人才培养、实施就业前的引导性培训、职业技能培训、在职继续教育等提供了广阔的空间和强劲的动力，同时也给我国职业院校的职业教育与培训带来了巨大的挑战和重要的机遇。

（二）我国中等职业学校积累了丰富而优质的教育教学资源

一是拥有一支教学经验丰富的师资队伍；二是有较为完善的教学设备和实训场所；三是绝大多数学校为部门和行业所办，几十年来为本部门或本行业培训了大量的在职员工，有着丰富的办学培训经验。这些条件为中等职业学校面向社会开展培训奠定了良好的基础和办学优势。中职学校应该顺应社会发展趋势和适应市场的需求，深刻认识自身在社会中的使命和作用，发挥自身优势，从树立服务社会的理念、健全社会培训机制和加大对社会培训方面的投入等方面入手做好社会培训工作，完成历史赋予的使命。

二、职校开展职业培训工作的实践

（一）高度重视职业学校对外培训工作，制定有力的措施

广州市白云行知职业技术学校由一把手亲自抓对外培训工作，制定有力的措施，积极推动职业培训工作。学校明确提出：对外职业培训是职校的重要职责，又是服务地方经济、社会发展的重要力量，更是宣传职业教育和职校办学特色的有效途径。该校紧紧把握时代脉搏，整合校内培训力量并创建了具有独立法人资质的培训机构——广州市白云区行知培训中心，并充分利用这一平台和学校的办学优势，与军队、白云区民政局、广州市农村信用社、监狱、社会培训机构等单位开展广泛的合作，采用独立培训、联合培训、送教下乡、送教进监等方式积极开展职业培训工作，使校外培训在数量和质量方面都有了显著的提高。2011 至 2014 年间，该校对外年培训量均超过 6 000 人次，培训质量也受到了学员和社会各界的一致好评。

（二）政、行、企、校四方合作，创新职业培训形式

作为白云区唯一一所公办职业学校，该校以白云区为职业培训的根据地和大后方，得到了区委区政府、区各职能部门，特别是白云区教育局的大力支持。来自政府、各行业的各种资源为该校职业培训“出得去”“走得好”提供了坚实的基础。其中，培训中心、会计专业部、计算机专业部与白云区纪委、白云区教育局民职科、白云区劳动人事局培训中心合作对白云区在职会计人员进行了轮训，并对白云区幼儿园教师进行了继续教育培训。

此外，学校充分利用了校企合作平台，与企事业及军警单位进行广泛合作。多年来，该校培训中心与广东女子监狱合作；汽修专业部与广东武警后勤基地、凤安驾驶员培训中心联合；烹饪专业部与广东省华美烹饪职业技能鉴定所合作等，开展了服刑人员、武警汽修人员、机动车驾驶员、会计从业人员、农民工、保育员、农村信息员、计算机操作等工种的培训。培训的形式有校内培训、网上学习、送教下乡、送教到军队和监狱等。多种形式的培训既方便了学员，又减轻了学员的经济负担，深受学员的欢迎。

（三）紧跟市场，通过各种途径加强宣传

目前，社会上存在各式各样的职业培训机构，招生市场的竞争异常激烈，中职学校在激烈的职业培训市场中取胜需要深挖潜力，利用自身优势资源与市场对接。如白云行知学校培训中心根据自身实际，制定了“传统项目稳中有进，新型项目对口开发，特色项目精心打造”的策略。汽修、制冷、烹饪培训是传统项目；农村信息员、保育员、农民工、服刑人员培训是新型项目；机动车驾驶、调酒、武警汽修人员是要精心打造的特色项目。同时，利用政企平台、媒体和学校等作为对外宣传的途径，广泛宣传学校的培训项目，对促进该校培训工作的发展也起到了良好的效果。

（四）精心管理，确保质量

职业培训的对象文化素质参差不齐，并且学习时间没有保证，基本上是边工作边接受培训。为了保证培训质量，必须做到组织高效、精心管理。该校在严把教学关上很有经验。一是采取了竞争性选拔制度，挑选师德高尚、师技精良的培训教师。二是确保设施设备量足质优。三是处理好校内教学与校外培训两者的关系，加强对授课教师教学过程的监控，综合运用考勤、考核、考证等途径，调动学员的学习积极性。四是注重实践性环节的教学质量。五是学校和合作单位适当运用激励机制，通过奖励优秀学员和优秀教师，充分调动教与学的主观能动性。

三、有待完善的问题

（一）理顺财务管理机制

对外培训必然涉及设备损耗、场地租赁、课酬等资金往来，因此如何理顺财务管理机制很重要。目前，职业学校实行中小学财务制度，培训中心实行企业财务制度，如何适应制度的要求，充分发展不同制度的优势来推动职业培训“反哺”学校建设，已经成为职业学校对外培训工作亟须解决的问题。

（二）培训者的再培训

随着社会的发展，知识更新周期越来越短，许多学科知识的更新周期已缩短至2～3年。而广州处于中国经济发展前沿地带，经济转型升级对从业者知识更新、职业技能提升的要求更为迫切，标准也更高。作为职业技能的培训者，虽然有着深厚的学科基础知识和职业基本技能，但是也必须随着行业、职业的发展而更新知识、提高自身技能。因此建立健全“培训者的再培训”机制显得尤为重要。对此，该校与行业协会、知名企业以及高职院校，如广东省技术师范学院开展广泛合作，采用教师轮训、下厂实习等方式对教师进行“再培训”，效果非常明显。

（三）搭建职业学校对外培训平台，加强职业学校之间的合作

目前，由于缺乏一个合作平台，职校开展培训工作基本上处于各行其是、一盘散沙的状态。倘若职业学校间能加强合作，充分利用自身的优势和自己的名师，实现优势互补，

将会收到事半功倍的效果。在工作中我们也认识到，中职学校要进一步做好职业培训工作，在深化校企合作、政府部门加大支持、职业学校优势互补、职校培训机构企业化运作、培训部门市场开发能力的提高等方面都急需进行深度探索。

多年校外职业培训的工作实践证明，职业学校校外培训工作既能有效地提高劳动者素质，服务地方经济发展，又能推动学校自身的发展。如果全省的中职学校行动起来，积极适应经济发展新常态，结合自身实际和地区实际大力开展校外职业培训工作，以此推动现代职业教育体系建设，推动终身教育体系和学习型社会建设，一定能为实现中华民族复兴的中国梦做出更大的贡献。